U0538570

史學年報

(三)

史學年報

第二卷第一期

章鈺題耑

史學年報第一期目錄

本期定價大洋四角五　（一二兩期已絕版）

史學年報第二期目錄

本期定價大洋七角

史學年報第四期目錄

本期定價大洋七角

史學年報第五期目錄

本期定價大洋七角

（以上各期皆歸北平景山書社代售）

史學年報第二卷第一期（即第六期）目錄

最近出版

數種重要引得！

(一)毛詩引得附標校經文　引得特刊第九號　民國二十二年九月出版　定價大洋三元外埠酌加郵費

詩爲詞章之祖，且包含古代社會史料甚多，爲治文學，小學，史學，與夫研究中國古代民俗者所必參考之書。本處以其在學術上之價值既大而爲用又宏，因據阮刻十三經注疏本，將毛詩經文，校勘標句，並加篇章號碼，重爲排印。又仿照西洋『堪靠燈』(Concordance)作法，取新印經文，逐字爲之引得。其便於檢查，不待言喻。凡爲學術之研究而須取材於毛詩者，當人手一編也。

(二)藝文志二十種綜合引得引得第十號　民國二十一年一月出版　四厚册每部定價大洋十元外埠酌加郵費

此書爲二十種藝文志——漢書藝文志，後漢藝文志，禁書總目等——所載書名及人名之引得。凡欲研究目錄學，或欲知某一書見於何種藝文志，某一人約有若干種著作，以及某一書約亡於何時者，皆不可不備此書。

(三)四庫全書總目及未收書目引得引得第七號　民國二十一年二月出版　每部定價大洋四元外埠酌加郵費

四庫全書總目及未收書目引得，分二巨册，上册爲書名引得，下册爲人名引得。不僅採輯無漏，且凡一書而有二稱，二人而同一名，僞書之假託，數人之合著，箋注之另有其人，附刊之別爲一書，往往分作兩條，依次排印。手此二册，則總目二百卷，及未收書目五卷，絕無難檢之病矣。引得據大東書局影印本，卷首有卷頁內容表及推算公式，俾有其他版本者，亦可適用。又洪煨蓮教授序文一篇，詳述四庫全書及各目錄提要之編纂，並評論其得失，殆亦留心四庫掌故者所欲一讀者也。

(四)封氏聞見記校證引得特刊第七號　趙貞信編　民國二十二年十一月出版　兩厚册定價大洋五元外埠酌加郵費

封氏聞見記，唐封演撰。雜記歷代掌故，而尤詳於唐。近代傳刻以雅雨堂叢書本最爲通行，惟譌誤脫落頗多，其他諸本，亦無十分完善者。趙貞信先生據雅雨堂本與其他諸本互相勘校，並參攷百餘種書籍，詳爲證釋，補闕正訛，顏曰封氏聞見記校證。學者手此一編，非徒可爲鑽研之參考，且可藉以窺知整理古書之門徑也。

編輯兼發行者　引得編纂處北平燕京大學　國內總代售處北平文奎堂

崔東壁荍田賸筆之殘稿

洪　業

大名崔東壁(述)以四十年之力，著書三十四種，共八十八卷，其弟子滇南陳介存(履和)以刻師書爲畢生事業，鞠躬盡瘁，死而後已。然書之未曾刻者，尚十五種，共三十三卷，未刻之定稿尚存霄壤中否，不可得知。民國十八年，大名士守貞(璧)先生得一詩集抄本以寄顧頡剛先生。(此集已印入頡剛先生所編訂之東壁先生遺書內，但全書現尚未出版。)此東壁妻成孺人之詩集也，聊可以當東壁自訂目錄中之細君詩文稿一卷。二十年一月，業於燕京大學圖書館破書堆中，發見東壁知非集一册，旋斷其爲知非集定本三卷未成前之過渡稿本。(此集已影印在燕京大學圖書館叢書中，民國二十年八月出版。)四月，頡剛先生與業親至大名及舊魏縣訪東壁故里，(參看頡剛先生與業合撰之崔東壁先生故里訪問記，燕京學報第九期。)冀於東壁舊稿，或有新發見也。當時雖無所得，然曾致請大名士人隨時留意查訪。今年四月頡剛先生從大名姚野泛(論)先生得東壁殘稿一册；據野泛先生云，得自大名范廉泉(鑑古)先生，而廉泉先生則得之於崔氏某也。史學年報徵文急，因商得頡剛先生同意，俾先發表焉。

殘稿書竹紙上，共三十三葉，其中葉一闕後半葉，葉五闕前半葉之前半，葉二十九闕後半葉，葉三十一闕前半葉；然葉二十九葉三十一之兩半葉，文相接續，蓋誤訂而然耳。本高營造尺八寸四分半，寬五寸七分半。用端左角紙多殘缺，似爲鼠所嚙者。本中每半葉九行，寬共四寸二分半，行二十一字，高共六寸二分半。文字內容，大約可分三類：詩文拾遺爲一類，多殘闕。函稿爲一類，共二十一通。駢語爲一類，共二十五聯，附題額七語。茲以原文披露於左。其標點，皆業所加，唯單引號(「」)本原文所有，標鈎銷也。方括弧(〔 〕)亦業所加，用以詳原文中塗改，鈎撤，簽貼，刪易之痕迹而已。

知非集拾遺

捫蝨歌，乃余未學為古詩時戲作。贈栗上林三首，因其體涉應酬，故皆不以入稿。題畫三首，則偶未存稿，而後遂忘之者。其餘三首，皆訂集時所刪，因有所感，不欲盡棄，並取而附於此。【此段原文為「題畫三首，只歲久不省憶，而遺之。贈栗上林三首，則以體涉應酬，原未入稿，而遺之。其四首者，則訂集時所刪，而後復拾之者。並取而附於此。」經塗改，乃如上。】

夢中送別李琪園因成短韻寄之

琪園與余鄉試同年，交相善也。以癸未進士，入翰林，時方以檢討授知縣，尚未謁選。

□□已如夢，夢中仍送別。琪園從此去，淚盡不忍□，□□□□旋，而我性獨拙，感君重故舊，不肯遺【下闕。以上集一上。】

附摘句【原為「弱弄集摘句，」後於「弱」字上貼「附」字，塗去「弄集」二字。此行書眉有硃筆「二」字。】

余少喜為詩。二十歲後，曾自訂弱弄集，刪去者近半。及訂知非集時，刪去者十之六七矣。暇中偶憶及之，間有一二語足解頤者，未忍悉棄，聊摘錄之如左。想不足當大方一笑也。【「曾自訂」下原有「之曰」二字，後塗去。「刪去者近半」，原無，後所加。「偶憶及之」，原作「偶取閱之」，塗去「取閱」二字，改「憶及」。】

古體【原為「五言古體」，塗去上三字，復於「五」字旁作「古」字。】

四歲讀門聯，解辨平與仄，五齡授經書，便知質疑惑，觀叔讀周易，從旁費奇扐，聽父講春秋，背面說故實。()「縣侯賞駿才金縱賜果食」從此更發憤，日夕務學殖。夜寢常五更，朝餐每日昃。攜齊拾薪芻，帶經摘羅菔。()時會終難料，天心未可測。泰山參天高，半日巔可陟。北辰萬里遠，舉頭見紫極。不然事耕耘，壯懷寄稼穡。不然學著述，為世開茅塞，「文章苟表見名山永不蝕」

述懷【「仄」字原作「昃」，塗改。】

作別鬻塵地，息肩山水州。「主人重夙好勝境相攜遊」楊花密雪布，槐影疎雲流。()「大行列作屏易【原作「易」，塗改。】水環為溝」泉聲引風雨，石勢盤蛟虯。奇峯斷忽起，密徑【原作「經」，塗改。】尋轉幽。【此下原有雙行夾注云：「晚春自都門抵易州洛苞文邀同 仰瞻 行殿」。「晚春自都」四字，適居一行之末，以硃筆鈎去，餘文上貼紙條蔽之，紙條上所書，見下。】

律句【此書紙條上，原為「五言律句」，塗去上三字，嗣於「五」字旁，書「律」字。】

未夜【原作「但」，塗改。】先愁晴，當冬轉愛涼。看書嫌字小，寫賦恨篇長。眼疾【以上集二。凡鈎去符號，「」，皆以硃筆為之。「作別」

上書眉有硃筆「三」字，「律句」上，書眉有「五」字。】

與花同歲月，以筆作生涯。識藥緣多病，甘貧爲少才。春日

倣進退格

月明新雨後，山斷暮雲中。

霧含關月小，雪壓塞雲低。

寒柝隨風斷，邊城入夜寒。

清夜月千里，平沙天四垂。

雲氣乍離合，山光時有無。雪消秦嶺出，日落霸陵孤。西安府途中

今夜長安月，如何只獨看。天清聞笛遠，夢冷到家難。京邸對月

「七言律句」【鈎號以硃筆爲之。】

村從隱隱林中出，人在青青陌上行。清明日郊行

同首暮雲將萬疊，傷心秋雁正雙飛。秋夜懷舍弟

高文直與斗星齊，應笑嬴秦烈焰低。潤筆幸能親雨露，賣灰今已隔雲泥。雁字【「嬴」原作「贏」，塗改。】

飛如飛白雲中寫，行似行書月下排。一字常思補　袞職，人文會見貢　天階。同上【「下」原脫去。先誤加於「排」字下；後塗去，復加於「月」字下。】

字耀金光春日暖，筆穿紙背暮雲開。同上【以上葉三。】

兄弟相依聊若一，主賓有分亦同人。同上【葉四只此一行，餘空白。】

惜賦【此賦書眉有「口吊古今口心人別口」等字。】

原夫慮多偶失，事罕萬全，探驪珠以彈雀，吝一簣於山巔。然天與不取，前功盡捐，【原作「損」，塗改。】悔之無及，比比而然。于是僕【原作「撲」，塗改。】本多情，但爲惋惜，拍案欷歔，掩卷不懌。若深痛乎予懷，神不寧者累夕。有如樂生提旅，深入齊都，彈丸兩邑，指日【以上葉五之後五行，其前四行，並紙闕。】成誅，讒人交搆，懼罪逃逋，降城盡叛，遂失海隅。至若張良發憤，欲雪韓耻，東遊滄海，陰求力士，博浪潛蹤，狙擊天子，【「子」字原脫，後加。】誤中副車，大索不止。若乃武侯出師，祁山乘勝，三郡來歸，關中響應，任遙律之參軍，失街亭之要徑，隴西之地盡亡，偏安之勢遂定。又如鄂王北征，朱仙大捷，太子背【原作背，塗改。】奔，幽燕震慴，義士爭迎，臨河欲涉，忽奉詔以班師，降金牌之重疊。此皆義關宗社，【原作杜，塗改。】事係生民，【原作「民生」，塗改。】大功垂就，一跌不振，哀九京之不作，能勿痛惜夫古人。若夫賢爲民望，善乃國紀，或應運會而後生，或培百年而後起。況夫賈【以上葉五。】誼學期王佐，士元才非百里，道濟乃萬里長城，賓王亦一時才子，張元三輔之奇材，鄧騭關中之壯士，均宜寶此菁人，勿令失所者矣。而乃鵬鳥空賦，驥足難舒，人主生其疑忒，宰相吝其吹噓，右上題詩，反逃身於

異國，市中舞劍，終槁死於蓬廬，數奇不遇，可勝惜歟！「別有寵姬易帶愛妾換馬老侯氏於宮中棄昭君於塞下鴟退打鳳恨大中之粗豪賽鮮開花憐國香之艷冶此其人皆膩質芳姿窈窕淡雅遇人不淑負玆嬌姹慢作人兮難再得隕淚珠兮如瀾所以介千古蛾眉短氣者也」至於池荷並蒂，清姿如雪，夜半淋開，一枝忽折，大宛竹杖，天下所稀，削而圓之，以漆爲衣，使絕世之奇種，竟埋沒其芳菲。更有蘭香馥【原作馥，塗改。】郁，桂影婆娑，淒涼空谷，寂寞山阿，草木有知，傷如之何。「而況酷覆左思之詞賦火焚李賀之詩歌」又何怪乎幽人逸士，憑弔【原作邪，塗改。】山河，恨世界之缺陷，不禁涕泗而滂沱。嗟乎，天意久渺茫，人事多錯誤，豈成功之取忌，亦全美之招妬，惡草能長茂，好花不久開，世人皆欲殺，吾甚獨憐才。歎已往之不可追兮，又何貴乎悲歌慷慨而惜之也哉！【以上葉六〇。】

雜說五則【原爲「爲雜，」後塗改。】

孔子曰：『其言之不怍，則爲之也難。』子貢問：一言而可以終身行之者。曰：『其恕乎？』蓋【原爲「今夫」，後改「蓋」字。】人之爲言，苟欲自顧其行，則必訥然有所不敢盡。其于古人也，詳其時勢人情，位之所値，才之所堪，與【此處有「夫」字，塗去。】年月之先後，道里之遠近，毫釐不失，然後敢爲論說。一有未悉，則惟恐吾一旦處古人之地，而亦不能自行其言也。今之【此處有「爲」字，後塗去。】論者，則不然。不考時勢，不察人情，不問其位與才，年月道里之先後遠近，斤斤焉，求古人之瑕，惟恐其弗得，此其意但欲成我之言而已，豈真有顧行之心【此處有「也」字，後塗去。】哉。慕容紹宗之討侯景也，兵久不決，高澄使諸將往助之。諸將皆尤紹宗，紹宗曰，『來日，君等自與戰，當知之。』來日果戰，皆大敗，幾死；賴紹宗救，乃免。故責人則易，自盡則難。諺曰，『鮑老當筵笑郭郎，笑他舞袖太郎當，若教鮑老當筵舞，想更郎當舞袖長。』多大言而少成事，豈非古今之通患乎？凡此之類，不可悉數，姑舉其著者一事明之。蘇氏【此處原有「之」字，後塗去。】論漢昭烈，【原作「劉備」，後塗改爲「漢昭烈」。】罪其不當棄荊州而入蜀。豈不謂荊州者據漢沔連吳會【此處原有「通巴蜀」三字，後塗去。】進窺許洛而有餘乎？「果如是雖吾亦將罪備豈但蘇氏已哉」不知此乃劉表之荊州，非劉備之荊州也。漢【下闕。以上葉七。鉤號用墨筆。】

與朱松田【此札書眉有紅圈一。又硃筆「一」字。】丁巳年羅源寄【「丁巳」二字旁有「二年」二字。】

接讀手札，得悉近況，並荷睠睠舊雨之情。但不知係何年所寄，目下又在何處；道遠鴻稀，消息茫茫，亦可傷矣。弟於內在【「內春」二字旁有「元年」二字。】選調閩之羅源，於七月間到任。閩中風氣，全異他省，吏玩民弊，事煩缺苦。傳訊則不到案，催糧常親下鄉。兼以權不自由，動多掣肘。「無罪不能救有罪不能」【此處原有「懲」字，塗去。】地方事一毫不能整頓，固已尸位素餐矣。兼以文書旁午，而吏胥常不在衙，地保衙役，差使絡繹。又承前任廢弛之後，積弊累累，稽察不易，事事皆須親督。每日卯起，亥眠，無一刻之暇，又足悲矣。且當清查之後，縣小而貧，捐賠種種，入不敷出。粗衣素食，猶不能給。欲歸，則無路費。欲留，則懼入於清查案中。未知將來作何結果。亦不復望吾兄之好臨也。回思舌耕之日，竟是神仙境界。何況晚香堂畔耶。因便肅泐數行，奉候起居，亦不知何日寄至瀛南也。【鈎號用墨筆。】

與朱松田

【原作「第二札」。此四字乃書紙條上，貼蓋之。又此札書眉有硃圈一，其下有硃筆「八」字。】戊午松田行後十一月羅源寄【「戊午」二字旁有「三年」二字。】

數月談心，得慰三十餘年飢渴之懷，幸何如之！乃翩然遽返，無計挽留，轉多一番消魂別況。不知三哥亦同【以上葉八。】此情否也。昨因制差初過，囊橐拮据，又聞不日旋省。然後往浙，內顧多憂，不能厚贈，【原作「增」字後塗改。】一壯行色，心殊慊仄。別後，每一念及，輒爲悵惘。茲聞制憲擬由福寧赴浙。因念三哥歸後：瀛雲萬里，繼見難期，欲盡此心，遙遙莫必。竊料廣豐署內，亦當有旬日之盤桓。用特當差，再具銀一封【此處有「八」字，塗去。】「十兩庫平」賚趕前途投送，望爲察收，見覆是荷。抵家之後，倘以所餘少加經理，使可長爲娛老之資，則善矣。舟車勞頓，諸惟珍重。專此佈悃，並候旅安，統希心照，不盡。【鈎號用墨筆。】

第三札　辛酉十二月省城寄【「辛酉」二字旁有「六年」二字。】

辛酉十二月初六日在福建省城，值前遣赴廣豐役回，接奉吾兄三月內手書，備悉近況艱辛，且愧且愴。來札言弟宦況太清，是以不能久留。此殊不然。凡人遇合皆有數在，而財尤甚。惟耐心者，能待時耳？吾兄擬到羅時，適逢弟調簾歸後，又值大差往返，所費已多。且弟方謀告病，計算請咨之費，歸途之用，惟恐不給，是以不能多贈。致於吾兄無救於困，而弟亦常留餘憾也。若稍寬耐，豈無從容之時。弟在上杭時，蓋無日不爲兄惜之。今【以上葉九。】弟已於十月十二日卸事，將及兩月，現在省中守候咨文。歸途舟車之費，雖可約略計算，而請咨之需索，守候之歲月，實不能以預決。且現亦無妥人能送至廣豐者。若邀天之幸，使弟得早領咨文，明春至浦城時，定當專送廣豐署中，尚不知吾兩人之際會何如耳。恐廑尊懷，先此奉覆，并候近祉不宜。

第四札　壬戌二月初八日歸至清湖寄【「壬戌」二字旁有「七年」二字。】

歲前曾具一函，由廣豐寄上，未知已寄滇否。今弟已於新正十二日得省，十七日啟行。擬即赶道廣豐，面交陳介存轉寄微貲。不意二月初二日至浦城，而介存已於正月念五日赴省。不得已，岀人趕送者價二百金，屬其到滇面交，以為修建之用。因已卸事，并無妥役可信，是以遲延至今，非敢為出納之吝也。此佈，並候近祺，餘詳前字，不贅。【以上葉十。】

與陳介存履和【書眉有紅圈一，又旁注「二」字。】丁巳五月十一日羅源寄【「丁巳」二字旁有「二年」二字。】

丙辰七【此三字旁有「嘉慶元年」四字。】月抵羅源任，民變吏玩，事雜途衝，「絕無能事官」「親代理一切俱係親辦」兼之前任交代不敷，款目糾纏，經三任監盤而未結。敝精勞力，卯起亥眠，無一刻之閒。以故前兩接手書，並讀尊大人函諭，俱未暇裁覆。何況文槧一道，高閣尤不待言。古人云：『一行作吏，此事遂廢；』每一念及，悔不可言。至於缺之寒苦，差之賠累，僅免虧空，而自奉無異舌耕之日，猶不在意意中者也。且此地風氣，迥異北方，非惟號令不行，并傳人亦不能到案。政多掣肘，舊俗難更，平生志願，至此毫無所施，【原作「庀」，後塗改。】尸位素餐，歸與濃於山色矣。茲於五月初十日，復接手札，乃以循吏儒林相期，豈知其已為循俗吏耶！愚【「愚」字原脫，後加。】雖素好考核，然常不敢自信。今歲所為，明歲輒復竄易。補上古及洙泗兩考信錄，近已多所更定；乃吾介存，竟以舊本付梓，介人駭絕。是彰吾過於天下耳，豈愛我乎！朱子將易簀時，猶改誠意章注，何况吾豬庸人。王右軍一點一畫失所，輒若眇目折肱。愚亦同有此癖，介存何不相諒也！【此處有「觀」字，塗去。】「如是則堯舜以下諸錄安敢復令介存見」望介存於已【以上葉十一。】刊者，勿【原作「而」字，後塗改。】印，未刊者，停刊。「已印送人者索還未送人者棄」【此處原有「之」字，塗去。】俟有定本，再行奉寄，亦不為遲也。「不然俟吾終身以後盡以托吾介存刊之又何患焉」家眷係同來，熊羆尚未兆，亦不敢望也。事忙不暇縷述，惟略陳大概。容俟政暇，細寄一切。此覆，并問近祺，臨池惘【此處有「之」字，塗去。】惘。

洙泗錄備覽一句，移之甚是。【此處有「但此書」三字，塗去。】前因吾介存言，不當立雜錄一門，又周南二則，不當列入餘澤篇，暇中因復改定。別出考終遺型二篇，而刪餘澤雜錄總論三篇名。「其三篇中所引辨或分入考終遺型二篇或竟刪去」其詳俱寫書中，閱之自知。「但未記其次第」【此處有「耳」字，塗去。】補上古錄初本，凡特書提綱者，加補字。詳志其事者，從傳例。故刪末二節，鳳鳥一節，皆無補字。然其義例，近已大加改正。雖未成書，而胸中【此二字原脫，加於旁。】別有一部補上古錄在，亦不較此區區也。

重刻，少刻，依愚見，皆不必增減。重刻，即削爲空白。少刻，即添註一字，無礙也。其餘目下皆不暇，覓過再寄閱，可也。又及。【此札鈎號皆硃筆。】

第二札　丁巳八月羅源寄

月前接手書，及書樣數紙，即裁復，幷力阻刻書之事；從【以上葉十二。】介親棠村先生處轉寄西江矣。不料魚雁相左，前字未達，而書已【二字原顚倒，涂改。】送至。接閱手書，深爲駭嘆。以未成之書，遽爾問世，貽人笑柄，奈何奈何！禘祀三正二考，倘略可自信，至考信錄二種，則猶大須改正。乃今既亦如此，更無方計。惟望介存於未送人者，中止；已送人者，取同，悉行焚去。如必不肯焚，或於總分標題處，悉加『未定稿』三字。其中大可議者，易一葉，即爱【「愛」字原脫，後加。】我之至矣。頃聞來役，知尊大人先生到省二載，幷未一揖縣簽。雖西江與閩，貧富不同，然省郎終屬清苦，何用此不急之費，亦非所望於介存【此處有「閩廣」二字，塗去。】者也。聞廣豐缺頗不善，前任亦無虧缺，可喜之至。尊大人古貌古心，德厚福長，因當有此際遇耳。若夫閩省情形，迥異他省。簿書煩碎，吏玩民健，而羅源又係衝途苦缺。兼承前任虧空廢弛之後，徵輸日拙，整頓無方。不但尸位素餐，一毫不能興革；仍復晨起夜眠，刻無寧晷。竟將詩書一道，付之高閣。亦殊貽笑於大方矣。到任已及一載，結猶未出，自念敝衣疏食，【此處有「不」字，塗去。】一錢不敢浪用，然猶僅免虧缺，縣貧如此，即在任十年，亦不能代彌前任之缺。清查以後，法令甚嚴，身家詎宜輕擲。以故常有【以上葉十三。】去志。少待稍數百金，敷歸途之費，即當苦求上憲，容其旋里。異時或紓道廣豐，盤桓旬日，亦未可知。要之，亦莫非定數也。介存既有宿恙，宜自愛惜。好學固是佳事，然較之身，則身爲本，而學爲末。當爲父母重此身，爲天下重此身，不可徇一日之好，致嬰疾病，如晉皇甫謐可爲殷鑑。倘因【「因」原脫後加。】苦學致疾，與好色貪口腹者，亦不甚相遠也。餘書雖都攜來，然殊不敢自信。前在都時，作有經界考，俟稍暇當抄寄。然恐又付之梓，則不如其已耳。此覆。幷問近好，不一。

與陳介存履和【此寫紙條上。原作「第三札」。書眉有紅圈一。又硃筆「七」字。】戊午【「戊午」二字旁，有「三年」二字。】九【原作「十」字，塗改。】月羅源寄

松翁在署，日訂行期，催促作札。因是簿書碌碌，然每一提

筆，千頭萬緒，竟不知當從何處說起。綿源小縣，事本不多。無如當衝沿海，【原作「河」字後塗改。】刻無寧晷。抑且事多掣肘，經理為難。非惟著史遂廢，而因勞致疾，與吾介存略同。是以今秋調簾入省闈，竣後，即以乞歸之意，面白上憲。未蒙允許。竊念閩中作吏，賠累多端，今幸倉庫無虧，可以脫身。豈宜久戀。意欲遲兩月後，再【「赴」字塗去。】行赴省苦求，未知能遂願否。若更因循，則明歲當大計，例不得病免，歸期尚遙【以上葉十四。】遙也。聞廣豐缺尚平善，蓋天留此以待賢人君子者，殊為忻慰。寄去唐虞考信錄稿四卷，三代經界通考稿一冊，此考與前三代正朔通考（原名三正異同通考）經傳禘祀通考共為一書【原為「三卷題」三字，塗改為「一書」二字。】曰，王政三大典考。此俱已成稿者。其三代考信錄，尚多缺漏及應改之處，未便寄，當俟身輕日，從容訂正。再寄可也。倘能克遂鄙願，歸途當紆道廣豐，作旬日之聚，暢談一切，此不能盡言也。外寄佛手茶葉二種，希查收。此間近好，餘不一。

第四札　　己未【二字旁有「四年」二字。】七月二十四日上杭

稿八月十二日寄

去歲役同時，聞吾介【「在」字塗去。】存尚臥床間，不知近日已全愈，行動如常否也。道途賒遠，音信難通，令人快悶。松翁別時，適值調簾初歸，大差過境，贈遺殊薄。後雖遣役補送，然終未滿此心，至今歉然。愚自去【「去」字原加。】臘赴省，面禀各憲，以病乞歸。未蒙允許，而撫台語尤決。竟不得已，復歸綿源。今春調署上杭，愚又赴省，再四面辭。不允。又不得已，於三月八日卸事，四月二十五日接上杭印篆。簿書訟獄，碌碌終朝，何時復得閉戶擁書，享神仙福也。言之長歎。上杭密邇江西，以為可常通消息。乃到任來，詢之士人，【以上葉十五。】俱莫知廣豐何所。大抵上杭偏南，頗近會昌瑞金。聞直北八站，有白水，有水路可至建昌。不知建昌至廣豐有無水路，可幾許里也。今特專差往候，并令探查路徑。若可通舟，將來告病得允時，即可從此過常玉【原作「至」字，塗改。】山，未嘗【原作「常」字，塗改。】非相聚之一機會也。暑氣熏蒸，統維自愛。書不盡言。松翁何時離江西，何時可至瀨，并寄知之。餘不一。

「外附寄圖章一副畫一幅」【鈎用硃筆。】

與陳介存履和

【寫紙條上。原作「第九札」。書眉有紅圈一，又硃筆「九」字。】庚申【此二字旁有「五年」二字。】七月初上杭寄

客歲接吾介存手書。以尊翁大慶，囑余一言。顧簿書碌碌，非惟無一刻之暇，而意煩心碎，亦無由強牽入文字一途也。庚申元旦，辰巳間，新正事畢，得半日暇。即屏人，坐小閣構思，而漫草一稿，未及點竄，而僕人已告席具。即將衣

冠，延攬客，方邀坐飲酒間，忽外京本府有手書至。折視，則係　欽案，制台已委賴台星夜來矣。自此拘入下鄉，辦差點解，復有命盜各案，陸續紛沓。上府者，兩度。過道台差者，又兩度。直至五月，夏公始至上杭，於二十二日接印。以爲可以少閒，而二十三日即【有「春」字塗去。】奉藩台札調，連夜趕赴行轅。旋隨返上杭，辦查抄事。至初六【頂上業十六。】日往送藩台回，又因交代限迫，督書趕辦，逮十三日始送各項冊於新任。越次日，乃能尋得前稿，而改竄之。言之可嘆，亦可笑【有「矣」字，塗去。】也。交代幸無欠缺，但監盤未委，倉穀未盤。回任尚需時日；又不知能免調釐與否。俟赴省時，當苦口懇于上憲，俾得歸里。然未知命竟何知也。倘如所願，當於啟行後，迂道廣豐作旬日之聚。不知介存於何日赴公車。望先寄一信，以便臨期酌定，不至相左，則善矣。此間近好，不一。

第六札　庚申十一月初十日回羅源寄【「庚申」二字旁，有「五年」二字。】

使來得接手書，知於近日赴京。此亦大佳事，況出之父命乎。但宦途艱【原作「難」字，塗改。】阻，作吏不易。而以弱體跋涉長途，亦宜善自愛也。愚於八月十五日，自上杭起程，沿途擔擱，至九月二十三日始進省垣。本期早賦歸來，而時會未至。竟不得已，於十月二十五日回羅源任。前所云迂道過豐者，亦不知爲何年事矣。久事簿書，經史悉置高閣。雖有著作一二，都不暇正。上杭卸事後，頗將上古洙泗兩錄更定。上古錄已抄有另本；檢出送閱。洙泗錄尚未抄畢，俟異日再寄，可也。唐虞錄前已寄閱，今雖小有更【以上業十七。】定，無大異也。其餘都未敢自信。而自中秋後，碌碌道途，悉緘箱篋。今雖履任，尚未移入署內，行李都未開視。匆匆遣人，亦不及細檢也。此候近好，并望高標，餘不一。

又【寫紙條上，原作「第七札」。書眉紅圈一，又旁下「十」字。】

辛酉十一月初十日羅源卸事後寄【「辛酉」二字旁，有「六年」二字。】

客冬接來書，已具函裁答。今春遣价赴都，復寄一札，至今未接回音。春闈失意，自屬時命未至，但不知赴挑何如，現在已回豐署，當復留京，或赴他省也。海嶠地僻，音信邈然，令人鬱悶，愚歸心久迫，解組無由。九月間離任；部文始到，閩省業已委員接署，於十月十二日交篆矣。交冊雖經早送，但盤倉請咨，皆需時日。未知年前能起身否。遲則在正二月間矣。介存明春北上，當于何日，望寄知一信，俟臨期酌量，如尚及一晤，當由浦城迂道廣豐快聚旬月。否則，自衢州北去矣。洙泗考信錄今已抄有另本。前所寄已刻數十部，因未慊意，尚不敢輕示人。然既已刷印，又未便棄置。因於暇時，抽去二十餘頁，另易十餘頁，補刻之。雖較定本，尚未盡符，然或無大疵纇矣。今特諯人送去二部，並將抄出稿本統寄去。此本亦尚有未愜意處，因繙書歷碌，未及細酌。俟歸里後，復行釐酌，再另付梓可也。明春倘至廣豐，當將【以上葉十八。】十餘頁之版，留之豐署，以便補刷也。三正禘祀二考，本係三種，因壬冬相晤時，經界考尚未脫稿；今已補行刻出，當共爲一部，統名王政三大典考。茲寄去二部，並將新刻者，另寄十部，以便合訂，祈爲檢收。尊大人福履想應康健，宦況想應遂意，祈爲請安。朱松老來豐時，適値大差往來，又方圖告病，預籌歸途之費，以致未能厚贈，至今爲之不樂。惜乎其命駕太早，不於署上杭時來也。不知近日亦有信到否。率筆詢問近好，紙短情長，餘言不盡。

第八札　辛酉十二月省城寄【「辛酉」二字旁，有「六年」二字。】

役回，接閱手書，得悉近況，並知尊大人委辦銅斤，殊爲縈掛。宦途不易，得失無常，愚所以決志辭歸也。然尊大人既精神甚健，處之泰然，即亦無可慮者。至於賠累【「在」字塗去。】一節，據愚聞關中王棠【原作「棠」塗改。】所言：其乃翁運京銅時，俱係親自經理，不委他人，儉於自奉，所領路費，亦足敷用，並未賠累一毫。又前在京師時，有新例：斤兩責之廠員，塊數責之解員，此雖爲京銅而言，然外省恐亦當依倣此也。惟願尊大人善於頤養，不爲道途勤勞所累。吉【原作「及」字塗改。】人天相，【以上葉十九。】早回原任，是所竊祝耳。所索文稿，現留豐署。他種亦俱未及改定。且介存行色匆匆，已送者，尚不暇披覽，又何以多爲？舊板既不能携，新板十餘頁，亦似不必齎去。如有機緣，可以早領咨文，統俟至浦城時，面行商酌可也。朱松老叔姪，理應幫助。但閩省請咨最難，所費不貲，卸事以後，有出無入，咨文一日未發，則有餘不足，一日不敢定。曾有同寅告病，因請咨，致資斧俱罄，流落閩省者。自度或不至此。然現在亦無妥人可送。緣上杭卸事後，曾差衙役進京，銀錢俱被拐【「拐」字原脫，後加。】逃。莫若亦於至浦城時，送至豐署，較爲穩妥。然未知天意如何也。茲因使回，率筆致覆，餘不一。

與陳介存履和【寫紙條上。原作「第九札」。書眉紅圈一，又硃筆「十二」二字。】壬戌二月初八日歸至清湖寄【「壬戌」二字旁有「七年」二字。】

前接手書，當即具札，付來役賫回，想已入覽矣。愚于正月十七【原作「二十六」，塗去「二」字，改「六」爲「七」。】日自福省起程，因雨過多，脚夫遲延至二十六日始抵建寧。即遣役賫夜前赴廣豐，約于月初相聚，幷面致朱松老之項，不料去役于初二日至豐，悉大人已于二十五日起程赴省。數年離思，止因旬日之遲，不得暢談一切，以慰別懷，時也，數也，夫復何言！朱【「朱」字原脫，後加。】松老遣此【以上葉二十。】艱難，恐其懸待甚切，而愁路費之外，亦尙幸有餘財可推。不得已，嵩役送赴省會二百金，祈【此四字原無，後加。】面爲收明，親交松老，毋致參差，是望。【此處有「至」字，塗去。】道遠人單，財物未便多帶。且【以上十一字原無，後加。】朱筠山業已挑發鄰省，想亦【「亦」字原無，後加。】無待於遠水之救也。【原作「而」，塗改。】「道遠人單亦未便於多帶」專此達知，幷問近履，餘不一。【鈎識用墨筆，以上葉二十一。】

與廣平王親家

以下五首並嘉慶二年五月內寄【「五首」之「五」字旁有硃筆「三」字。此行書眉有紅圈一，又硃作「三」字。此行前另有一行曰「閩中與故鄉親友札，」而書眉貼紙條曰，「頭行不寫」。】

夏景舒遲，綠陰繞舍。想老親家先生課耕樹下，攤卷【原作「書」字，塗改。】窗前，淸閒快樂，何羨如之！弟於六月抵福省，七月到任。民貧吏玩，缺苦地衝。兼之前任虧缺頗多，交代難辦。卯起亥眠，常無暇刻。每自笑多此一來也。舍姪年少，諸事全無主意，去家五千里，無由管束教誨。所望老親家，時加訓戒。幷喻令愛，不憚煩瑣勸諫於閨閫中，庶可不致流蕩。子之與壻，分雖異，而理同。總宜愛之以德，不當姑息。若縱其所爲，將來流蕩，必至凍餒，反所以害之耳。丈人乃有服尊長，女婿謂之半子，督責戒飭，不得謂之過也。婦人愛夫，不在日用小節，惟能勸之以正，使能自立，乃爲善愛其夫。非徒愛夫，即是自愛。舍姪果能守分讀書。令愛必不至於失所。設其吃酒賭錢，親近匪類，將來令愛豈能平安度日？但觀杜令壻，便是前車之鑒。紙短思長，筆難盡意。惟望老親家憐此苦衷，代爲舍姪令愛謀永遠之計。是所盼切。

與遂懋如

【以上葉二十二。此行書眉有紅圈一，又硃作「四」字。】

久不相見，想與居定康吉【原作「去」字，塗改。】也。弟本命窮之人，處館常不過數十金，僅給朝夕。出任又得苦缺，復遇苦年。去歲免糧，兼連辦大差。非食惡衣，尙【原作「党」字，塗改。】賠累千餘金。今春始能完補，乃知命有一定，即爲官亦無益也。先姊沒已十年，窀穸未卜。前者猶恃有甥在，歲歲催葬。今甥又亡矣。此非三哥之責，而誰責。春秋責備賢者，況三哥分則家長，情則至親，豈容坐視。若待重甥長而後葬，則亡人之得安，遙遙無期矣。伏望三哥慨然自任，使令兄與先姊，均得早歸泉壤。不但幽冥啣感，即綱友亦必共稱義舉。人之愛其同胞，誰不如我。弟不能忍於先姊，想三哥亦必不能忍於姊夫也。聞棺槨俱已漆成，此外不過酒席雜費，儘可從省。度西院之力，不難以辦。但少人爲董理之耳。萬里寄書，情殷詞苦。萬望二哥憐而勉之，幸甚。

與劉從龍【書眉殘破，然尙留殘筆「五」字之半。】

別後，東至台庄登舟，南歷淮揚蘇杭，泛錢塘江，踰仙霞嶺，於七月十三日抵羅源任。羅源民蠻吏玩，缺苦地僻，文移煩多。兼前任有虧空，歷次核算交代，卯起亥眠，常不暇食。雖有山水松竹之勝，竟無暇時得以觀覽，甚悔【以上葉二十三。】有此一來也。且去歲免糧，又値迭過大差，賠累甚多，一錢不敢浪用。今春始免虧空之慮，然亦苦矣。

與徐融川

憶昔都門寓次，朝夕談心，並承戚誼關情，照料一切。飛光如駛，別來一載於茲。梁月簾風，諒同茲繾綣也。愚於七月到羅源任。山城蕞爾，吏玩民蠻。且地當浙閩南北之衝，送往迎來，幾無虛日。一行作吏，卯起亥眠，以視村居教讀，閉戶著書，此境渺不可追，深悔多此一來也。倘積有盤費，卽當速圖歸去，則晤言聚首，爲期正不遠耳。附上土宜二色，聊展芹私，希哂存，是幸。

與杜承考

不見數年矣。京師千里之隔，閩中兩月之程。每憶山房握手，黃華偕遊，不勝今昔之感。賢五入學，聞之甚喜。更當從此勉力，勿渝初心。弟自正月選授羅源，三月歸家，卽擬赴府面別，而事煩限迫，不克如願。旋於六月抵閩，七月十三日到羅源任矣。福建，民蠻吏玩，全與中原不同。平生志願，一毫莫展，而缺又貧苦，卽以利言，亦無可貪者。雖有山溪泉石松竹之勝，而簿書鞅掌，竟無觀玩【以上葉二十四。】之暇。回思在西山時，閉門著書，眞神仙之樂也。官興索然，歸期在邇。久欲卜居西山，不知究以何村爲善。便中望爲留神是感。署中苦無辦事官親，諸事皆須親理。如此遠道，能者不來。願來者，又不能。求如自新韞言輩，竟不可得，奈何！

與王端植 三年二月寄【書眉墨筆四行曰「端植名楷，[illegible]邑柏莊人。乾隆中恩貢。法書稱爲入聖。」】

前者倉卒遣使，未克札候，乃蒙手翰下頒，愧感奚似！閩省風氣，迥異北方。非惟寒煖不同，而民蠻吏玩，總【「總」字原脫，後加。】不自由：竟使平素讀書之願，一毫莫展，亦可歎矣！本擬卽以病辭，因前任虧缺太多，上憲難於措置，迫弟代墊千金。縣小缺貧，一【「一」字原脫，後加。】時難楚，以故未得如願。少【「少」字原脫，後加。】待事有端緒，卽當歸休耳。古人【「古人」二字旁，有「之」字，塗去。】云：【「云」字原脫，後加。】

一行作吏，此事遂廢。碌碌簿書，原非豪傑之所自命。念吾端楨先生，閒居弦誦，書瀚消憂，眞何啻神仙也。【「也」字原脫，後加。】因便佈候近安，附致土物數種，希爲哂留。臨池神溯。

與族弟熒 五年正月寄【書眉墨筆二行曰：「崔熒乾隆五十一年丙午副榜。」】

戊午歲於羅源接吾弟手書，得悉近況平安，爲慰。閩中事瑣，羅源地衝苦，無暇時；兼之家鄉遠隔，以致音信多疎，良可歎也。愚素性迂拘，不耐世務，屢欲退休，未蒙【有「允」字，塗去。以上葉二十五。】允許。去夏復調署上杭，事益繁，而民益難理。不知何時得返家園，賦歸去來也。乃吾弟反以爲苦盡甘來，亦未知閩中之情形耳。但願吾弟振發，勿至閩中，即是萬幸。

道中與門人張自新 七年四月寄【書眉墨筆二行曰：「張鄉舉人，乾隆五十四年欽賜副榜。」】

辛酉臘盡，議言至閩中，得接汝字，幷悉近況平安，慰甚。所言嶺南諸處田房，具見留心，又喜甚也。我於十月十二日卸事，十一月半交代已清。因到省領咨時，需索過多，是以延至正月十七日始得起身。又因路途就閣，至三月初九日始自杭州北行，過黃河後，尚須進京，大約五月半方能到家也。花園庄盧村二處皆好。我作官不愛錢，所以宦囊甚薄，止可如此打算。若大產業，則力所不能矣。所說府城之房，尤爲良策，然總須到家一看，當面酌定也。但我又有慮者，人情風土，非一過所能知，住之數月，然後可見。且即使鄉俗淳良，而旣無宗族，又無親戚，若非有二三東家學生相與維持，亦未免於孤而難立。所以我意仍欲往西處館，但可有館有房，不必計其束修。富者隨其自便，願送柴米者，聽之；不拘數；送銀錢者，一概不收。貧者【有「欲」字，塗去。】銀米俱免送。若汝與議言來【以上葉二十六。】者，幷不須自備火食，與我同食，可也。惟幼學則斷斷不收，雖千金亦不【有「敢」字，塗去。】肯教也。我雖曾出仕，然自奉無異在家時。切不可謂如今局面大與前不同。我若愛大局面，又何必辭官歸家乎！便中汝可先爲留意，待我歸後，面商可也。【以上葉二十七。】

駢語閒存【原作「摘錄」，塗改「閒存」。】

余自經水以後，移居禮賢臺前，護城堤上。堤傍外城之址，而宅背城外向。門前狹不容車。其臺則鄉人相傳以爲段干木之遺蹟也。余弟邁得首句，余代對之。

負郭陳平巷。

誅茅庾信居。

附額：山不在高。　可以棲遲。

不望如人富貴。
但求與我清閒。

無求於世方爲貴。　惟有文章堪慰我。
有得於心未是貧。　不因貧賤妄求人。

「惟有文章甚慰我
不因貧賤妄求人」

惟大英雄能蟺曲。　豈有文章驚海內。杜少陵句
有眞學問定鵾飛。　要留清白在人間。于忠肅句

「豈有文章驚海內
要留清白在人間」集前人句【以上集二十八。鈎識皆用硃筆。】

映雪囊螢，稽古盍爲干祿地。
縕袍脫粟，傳家幸有療貧方。

家務雖勞，未費嘯歌猶足樂。
吾廬誠小，尚容卷軸不爲貧。

疏食味偏饒，豈爲家貧乏錦粲。
閒居情最適，非因命薄謝簪纓。

新晴山，微雨樹，侵曉烟，薄暮雲，深春花，高秋月，吟嘯其間，微軀復何求哉。

紫陽經，涑水史，昌黎文，少陵詩，南陽表，彭澤詞，典型猶【以上集二十九之前半葉，其後半葉誤訂於集三十之後。】在，丈夫當如此矣。

附額：何陋之有。　自有樂地。　別有天。　尚志。

先慈及弟服除後題

北堂日暖思萱草。
南浦春回憶棣華。

新納侍妾兼有遷居之謀

日暖香【原作「深」字，塗改。】閨雙夢燕。
春深喬木早遷鶯。

余年五旬以外多病無子書以自勉【以上集三十一，僅存後半葉。實爲集二十九之後半葉。】

欲綿世澤須修德。
要享遐齡在養生。

連歲苦旱餓者載道漫題

傳癖書癡，甘把逢迎輸俊傑。
敝衣粗食，得無凍餒即神仙。

乞伏館中

山添新歲壽。　收拾江山詩卷上。
春似故鄉多。　消磨歲月藥爐中。

「收拾江山詩卷上
消磨歲月藥爐中」
「傳僻書癡家中舊聯也至乞伏頗閒適地亦清雅漫改其對句書之」
傳僻書癡，甘把逢迎輸俊傑。乞伏地頗清雅，因取
甘僻詩品，猶堪谿壑作神仙。前傳僻聯改而書之。【此二行小字寫紙條上。又條上第三行以硃筆書曰，「小字旁註俊傑神仙兩行下。」】

附類：風景不殊。

嘉慶改元京邸候選

欣逢初載。　一年經始日。
恭祝萬年。　千里欲歸人。【以上葉三十。鈎號用硃筆。末三行另紙，粘綴於前十五行之後。】

「一年經始日
千里欲歸人」
纔見早春為出谷。
更逢晴日柳含煙。集前人句【此下貼紙條一，失去。】

羅源卸事後志喜

向山野藏其迂拙。
把功名付與英豪。
福建危地也。仕宦者視為畏塗。仙霞嶺浙福交界之地之半，有關帝廟。廟柱題一聯云，『進來福地非為福，出得仙霞即是仙。』余解組北歸，至廟前，具酒殽自慶，因為續其下云：
進來福地非為福，當自種福，以脫危機。
出得仙霞即是仙，莫更求仙，致生妄想。

自羅源歸里後苦無居宅次年春竄居西山孟村漫題

山林地僻堪藏拙。　何處卜居非逆旅。
名利心灰只愛閒。　有時攤卷即康莊。
「何處卜居非逆旅【以上葉三十二。鈎號用硃筆。】
有時攤卷即康莊」
鄰湯廟而居，慨八遷之自古。
卜孟村而宅，知三徙之非多。【以上葉三十三。鈎號用硃筆。】

棠按東壁自訂目錄中有文集共十六卷，分之為正編，別編，附編，而附編中有荍田賸筆二卷。陳介存之崔東壁先生行略曰：「荍田賸筆，詩文拾遺，及偶存尺牘也。」今殘稿中適有詩文拾遺及尺牘二類，故可斷其為編荍田賸筆時稿本之殘餘者。所謂拾遺者，拾知非集及無聞集之遺也。其拾諸定本知非集所遺者，詩十首，今僅存夢

中送李琪園一首中之數句。摘句十六首，惜賦一首。然送李琪園，晚在自都門抵易州二詩，及惜賦，具在知非集過渡稿本中；今所得者，僅遺詩十五首之摘句而已。其拾諸無聞集所遺者，今本僅存雜說五則中之爲雜一則，且闕其後段。雜說五則外，尙有其他文字否，不可知矣。今本尺牘二十一通，似又區分爲三部。與朱松田者爲一部，共四通。與陳介存者爲一部，共九通。閩中與故鄉各親友者又爲一部，共八通。從其辛酉十一月與陳介存函中觀之，可見辛酉春尙有一函不見錄。從其壬戌二月與陳函中觀之，可知正月尙有一函，亦不見錄。則丁巳五月與壬戌二月間，崔寄陳函札，不僅九件而已。又每兩三札之間雖相距經年，而筆跡墨色，往往不殊，故可疑其乃從偶存底稿選錄者也。然當東壁編訂荍田賸筆定本時，此二十一通者，又似僅選其十二。今本眉端之紅圈，疑即爲定本選取之記號，而紅圈旁之數目，則定本中抄錄之次第也。

一　與朱松田　丁巳年羅源寄

二　與陳介存履和　丁巳年五月十一日羅源寄

三　與廣平王親家　【丁巳】五月內寄

四　與遠懋如　【丁巳五月內寄】

五　與劉從龍　【丁巳五月內寄】

七　與陳介存履和　戊午九月羅源寄

八　與朱松田　戊午松田行後十一月羅源寄

九　與陳介存履和　庚申七月初上杭寄

十　又　辛酉十一月初十日羅源卸事後寄

十二　與陳介存履和　壬戌二月初八日歸至清湖寄

右表各札皆以年月先後爲次，而所闕之第六第十一兩札，如尙在其餘十一札中，亦可以法檢尋矣。夫第七第十二兩札既簽曰，「與陳介存履和」則所闕兩札非與陳者也，十一札中去其四，餘七。與廣平王親家以下五首旣選其三，復以硃筆易「五」爲「三」則與徐融川與杜承考二札不入選也。七又去其二，餘五。此五札中，僅戊午二月與王端楨一函，居於丁巳五月與戊午九月之間，而札首眉端紙適有缺，可疑其即爲第六札也。更所餘四札中，唯與朱松田之第三第四兩札可居於闕札第十一之位置，而此二札中，唯第四札札首眉端缺紙之狀況，可以疑其不僅闕去硃筆紅圈，且並其「與朱松田」四字之紙簽亦脫失也。（殘本中紙簽長短不一，僅於上端著糊，偶有霉爛適缺，則簽亦脫落而失矣。）

筱田脞筆之卷數爲二，而其內容爲詩文拾遺，及尺牘偶存二種，疑其以一種爲一卷也。然則駢語間存似不在脞筆定本之中。按東壁自訂目錄中又有筱田綴語二卷，其內容爲三有三無論，論世人讀書，求雨雜記，青山歸去續說，芥子園漫筆附駢語，七十歲自述，薄皮糊總目，共七種。然則駢語間存乃改編入筱田綴語中歟？

殘本中筆跡甚零亂。除書眉墨筆書，據姚野淀先生言乃范廉泉先生所爲者外；細分之，可得八種。自葉一至葉四，葉八至葉二十一之首行，葉二十五自『與王端植』至末，筆跡雖不一，然大體爲甲。葉一之改文，葉一至四紙簽上之字，駢語間存中之改文，及紙簽上字，及移上就下各聯，筆跡爲乙。葉五及六，又駢語間存自首至「附額：風景不殊，」除乙種各字外；筆跡爲丙。葉七除「雜說五則」四字外，筆跡爲丁。葉七之「雜說五則」四字，葉八之「丁巳羅源寄」六字，「戊午松田行後十一月羅源寄」十二字；葉九自「專此佈悃」至「不勝願言」十六字；葉十「歲前曾具一函」中之「函」字；葉十七「庚申十一月初十日同羅源寄」十二字；又第六札中自『濟高閣』至葉十八「並望高標餘不一，」葉二十一上第二，三，四行，並改文：筆跡爲戊。葉二十二至葉二十五「覺不可得奈何；」及葉二十六，葉二十七：筆跡爲己。各函札署題之紙條筆跡爲庚。駢語間存自「嘉慶改元京邸候選」至末，筆跡爲辛。此八種筆跡，未必的是八人所書：蓋年月隔越，則一手筆跡往往不同。今八種中，甲與辛疑爲一人前後所書，戊與己，亦疑爲一人前後所書。甲辛之與戊己：字體之結構頗相類，唯筆勢之軟弱與蒼勁有別耳。甲辛之筆跡僅抄錄而已，戊己之筆跡則抄錄而兼改定者也。改定之筆尚有乙與庚，乙則疎散頹老，庚則雄勁活潑迥不相同。按東壁知非集過渡稿本，抄錄於乾隆己酉。定本成於癸丑（詳葉撰跋崔東壁知非集附於燕京大學圖書館藏書內崔東壁先生知非集後。）東壁無聞集編訂之時　疑在乾隆壬子之末，蓋已收入壬子年所作之書陳履和東山詩解後及贈陳履和序矣。其後續人之作，如侍妾麗娥傳，則於目錄中，署明續作。迨嘉慶壬申，復取「二十餘年」前所已刪去之楊村捕盜記補錄入焉。然則文集定本之成，最早亦不在壬申以前，（按今本無聞集中尚有嘉慶甲戌所作之江西贛縣知縣龍池陳君墓碑。然此碑入集，是否爲陳介存刻集時所加，尚爲疑問。詳葉撰崔東壁書版本表。）而詩文拾遺之最後訂定，殆又在其後也。自詩集定本之成，至文集定本之成，共二十餘年。其中嘉慶丙以前辰，爲居西山乞伏村之一段。其後至壬戌，爲宦遊閩中之一段。（壬戌歸後，居大名數月。）癸亥至乙丑，爲居西山孟村之一段。丙寅至丙子東壁卒之年，則居彰德之一段也。（按癸亥居西山孟村，見今硃稿本末葉。丙寅已在彰德，見彰德刻本三代正朔通考首葉。至於丙寅前二年東壁是否仍居孟村，苦無確證。唯據三代正朔通考總識，則考信錄成於乙丑，而考信錄提要釋例中，有「歸里之後…賦居隘巷：移家山村」之言，故疑其時尚未移居彰德城中也。）今殘稿中嘉慶改元以前之駢語，疑並抄錄於乞伏村時期中。其餘駢語，並知非集拾遺，摘句，並尺牘，則疑抄錄於孟村時期內。至於改訂之筆蹟則疑其於孟村及彰德二時期中前後所爲也。改訂之乙筆戊筆，疑並東壁所爲。戊筆在先，故其姿勢尚健秀。乙筆在後，其時東壁已七十三歲以上，年老且病，眼花手顫，故所寫頗頹散。至於庚筆之字，僅限於籤改函札題目，疑爲抄錄莜田賸筆定本者所爲也。知非集過渡稿本中，業昔疑東壁自抄其詩十九首，詞十四首。今取以較乙戊二筆，雖仿彿有相同之處，而姿態迴異，則其間相距之歲月，短者十四五年，長者二十四五年所致歟？又知非集過渡稿本中，有抄舊序及詩一百四十五首之某種筆蹟；業昔曾疑其爲乞伏村塾中童子，或東壁家中成儒人或妾周氏所爲，而未有以斷。今取以較殘稿中之甲辛二種筆蹟，見其相似之處甚多，乃疑其爲成儒人前後所書。蓋甲戊抄寫填補，接續整錯之密切，似家中所爲，不似塾中所爲；而周氏已卒於閩中也。

今莜田賸筆殘稿之發見，不僅有資東壁及成儒人筆蹟之討論而已。業於二十年作，付爲崔東壁書版本表已付印於史學年報第三期內矣。後又自跋原文如下：

右表既脫稿後數月，承胡適之先生示余以所藏東壁先生書鈔一部；即余前所謂粘貼紙條本也。無書簽，無板首，指明其爲東壁先生書鈔，而有總目一葉，與丁巳書鈔所有者無異。爲書共四種，茲分述如下：

（一）補上古考信錄三卷，蓋取丁巳本，而改刻其十葉，又重刻修改文一段共七行：粘貼於丁巳本原文上。刻工各不同，疑其曾經兩度改刻也。朱筆塗改數處。第一葉眉端有字云：「此係未成之書，今已更定。另有抄本。」丁巳書鈔刻就，陳以數十部寄崔：崔答以「三正禘祀兩考，差可自信，餘二種尚多應更定者，近日胸中別有一部上古考信錄矣。」（見陳後跋中。）版既不在崔處，故崔只能另刻改文。然終不愜於意，故另爲更定抄本，而於刻本眉端加識語，誌其廢也。今本眉端字甚幼稚，疑崔使人抄識語於所藏各刻本上。崔既廢此本；而又未以更定抄本與陳，此陳乙丑修刻丁巳本時，不曾更易上古錄之故歟？

(二)洙泗考信錄六卷。改刻者十二葉，寫補者一葉又二行。卷五葉二十四以後，版心卷數葉數，顛倒淆亂，或以硃筆改之，自卷五葉二十五至四十一，卷六葉一至十九。卷五葉二十五，眉端批云：「此下經先生重改補版；頁數多與原第不同，文中亦有紊亂處，再三分析，乃歸原次。」又云：「重改本五六卷合，看補版時，五六字何未挖去耶？」又以硃筆鈎去版首標題三行，於第四行眉端書「連上」二字。書眉及版心之硃筆，同出一手。蓋誤會東壁刪改次序者，所爲也。丁巳原本卷五葉二十四以後，共得三十七葉。東壁留其十六，改刻其十，而刪去其十一。爲硃筆書者，未悟十一葉已曾刪去，乃取丁巳原本，以爲再三分析之標準。故凡原本卷五卷六除顯然在改版中刪去者；無不在。甚至於原版改版數條重見，亦並存不棄。有原版中一大段，已見改版中，乃取其前後，另寫一葉以補焉。寫補字，刻字匠所爲，似備刊印者也。然則爲再三分析者何人？豈即陳履和耶？然陳之乙丑修刻本，則已盡依東壁改法。豈丁巳乙丑之間，彼師生往返函件之不見於考信附錄中者，有足以解此謎者耶？

(三)經傳禘祀通考與丁巳本乙丑本完全相同。硃筆校改數十條，皆後人以道光四年定本反校所爲。葉三十七下，「則堯享國百年而徂落」既改「徂」爲「殂」矣，旋復圈去「殂」從「徂」，蓋定本亦用「徂」字也。

(四)三代正朔通考版首，書「丙寅九月彰德城中改刻。」與丁巳本，乙丑本皆不同。以校道光四年定本，則除二段外，完全相同，蓋定本又從此本而刪改者也。

綜而論之，此本書鈔可補余前表者有二端：

(一)表中余謂嘉慶丙寅至戊辰兩三年中，不知何時，崔在彰德改刻三代正朔通考。茲乃確定改刻事，在丙寅九月。

(二)補上古考信錄及洙泗考信錄，崔皆曾取丁巳本抽改重刻若干葉。重刻在何時不可考。然似在丁巳之後乙丑之前也。在此七年中，崔所居之地，爲羅源，爲上杭，爲大名；而刻工亦三手各不相同，其重刻不在一時，亦不在一處歟？二十年八月十一日。

今所發見東壁與介存諸札中，頗有足以補正業所爲跋文者。東壁之修訂洙泗考信錄，業前僅擬其在丁巳之後乙丑之前，今乃知其辛酉年在羅源所爲者。修訂竣，東壁付以二部并抄出稿本寄介存。然則介存自不至誤會東壁刪改之次序；而胡適之先生所藏再三分析之本，自非介存所爲者也。至於補上古考信錄，則東壁於上杭卸事後，頗事更定，旋於庚申十一月檢抄本；以寄介存。其自復修訂，疑更在其後。既修訂矣，復有所更定。介存未嘗得後次更定之本，此其乙丑修訂丁巳本時不及上古錄之故歟？

近年來學人之讀東壁書者漸多。既讀其書，則欲詳其人之事蹟，於是乎有編纂東壁年譜者矣。年譜之成書而已出版者，業得見二種。劉汝霖先生之崔東壁年譜，民國十七年由北平文化學社出版。姚紹華先生之崔東壁年譜，二十年由上海商務印書館出版：劉姚二先生作譜時，惜皆未得見知非集及二餘集：此二集者，於東壁中年以前之事蹟，甚有所補益。今萩田牘殘稿之發見，更於東壁游閩一段之年月地理爲甚重要之史料；而即就其二十一通信札觀之，東壁待朋友之眞摯，作官之清苦，及爲學之切實，皆躍躍於紙上。此則後之更爲東壁年譜者，所自能注意者也。　民國二十三年五月二十二日

哈佛燕京學社北平辦公處出版書籍目錄(一)

古籀餘論　孫詒讓著　刻本二冊　實價大洋一元五角

吳式芬作攈古錄金文，搜羅商周彝器銘辭一千三百三十四種，號稱繁富。　此書校正其釋文之誤者一百又五器，多碻當之語。

尚書駢枝　孫詒讓著　刻本一冊　實價大洋八角

詁言之經，莫尚於書。　文言雅辭，非淹貫故訓不能讀。　此書於經學與昔儒詮釋殊異者七十餘事，使後人知雅辭違辭自有焯然之通例，其增益顛倒以爲釋，而終爲隱遊仍不可解者，皆不通雅辭之蔽也。

張氏吉金貞石錄　張塤著　刻本二冊　實價大洋一元八角

此書增訂興平扶風郿三縣金石志而成，凡金七種，石五十五種。　涵芬樓秘笈第五集之扶風石刻記題黃樹穀撰。　張穆修跋謂以較書中金石記，不如此書之完善。　然與此書扶風縣金石志相同，而缺商金刻。可知石刻記乃節錄張氏書而成，題黃氏撰者誤也。　茲據本校圖書館所藏張氏手定本重刻，筆畫皆照原書，並可正石刻記傳鈔之譌。

馬哥孛羅遊記第一冊　張星烺譯　鉛字本一冊　定價三元特價大洋二元四角

此書以英國亨利玉爾所譯注之馬哥孛羅遊記爲藍本，其注刪除者不及十之一，新注增補者約十之三。世界各種文字，皆有此書譯本。　譯者目的在使漢文中有一善譯，所記中國之事有詳細注釋，可供研究史地者之用。

知非集拾遺

刪題畫歌乃余未學為古詩時戲作
題畫上首以歲久不省憶而遺之贈栗上林三
因其
首則以體涉應酬原未入稿而遺之其四首者
故皆不以
題畫三首則偶未存稿而後遂忘之
其餘三首皆
則訂集時所刪而後復拾之者並取而附於此
因有所感不欲盡棄

夢中送別李琪園因成短韻寄之

琪園與余鄉試同年交相善也以癸未進士入翰林時方以檢討授知縣尚未謁選

已如夢夢中仍送別琪園從此去淚盡不[illegible]
[illegible]旋而我性獨拙感君重故舊不肯遺[illegible]

艱難恐其懸待甚切而愚路費之外亦尚幸有餘財可
推不得已嵩役送赴省會二百金祈面爲汲明親交松老母致參
道遠人單財物未便多帶且
差是望至宋筠山業已挑發鄰省想無待於遠水之救也
而道遠人單亦未便於多帶專此達知并問近履餘不
一

頭行不寫

共故鄉親友札

與廣平王親家 以下五三首並嘉慶二年五月內寄

夏景舒遲綠陰繞舍想老親家先生課耕樹下攤書卷窗前清閒快樂何羨如之弟於六月抵福省七月到任民蠻吏玩缺苦地衝兼之前任虧缺頗多交代難辦夘起亥眠常無暇刻每自笑多此一來也舍姪年少諸事全無主意去家五千里無由管束教誨所望老親家時加訓戒并喻令愛不憚煩瑣勸諫於閨閫中庶可不至流蕩子之與壻分雖異而理同總宜愛之以德不當姑息

涓磨歲月藥爐中

傳僻書癡家中舊聯也至乞伏頗聞適地亦清雅

漫改其對句書之

傳僻書痴廿把逢迎輸俊傑

碁聲詩韻猶堪豁壑作神仙

附額　風景不殊

嘉慶改元京邸候選

欣逢初載

恭祝萬年

乞伏地頗清雅因取

前傳僻聯改而書之

小字旁註俊傑神仙兩行下

一年經始日

千里欲歸人

黃帝之制器故事

齊思和

古代各種發明，如蒼頡造字，有苗制刑，王亥作服牛，其說之來，蓋已久矣。古人對發明家極尊崇，皆以「聖人」或「聖王」目之。墨子辭過篇：『古之民未知爲宮室時，就陵阜而居，穴而處，下潤濕傷民，故聖王作爲宮室。[1]』淮南子汜論訓：『古者，民澤處復穴，冬日則不勝霜雪霧露；夏日則不勝暑熱蟁虻。聖人乃作，爲之築土構木以爲宮室，上棟下宇，以蔽風雨，以避寒暑，而百姓安之。[2]』又修務訓：『昔者蒼頡作書，容成造曆，胡曹爲衣，后稷耕稼，儀狄作酒，奚仲爲車，此六人者，皆有神明之道，聖賢之迹，[3]』是也。大戴禮用兵篇：『公曰：「蚩尤作兵歟？」子曰「否，蚩尤，庶人之貪者也，及利無義，不顧厥親，以喪厥身。蚩尤惛慾而無厭者也，何器之能作？」[4]』是謂非聖人不能制器也。然此謂制器者，皆爲聖人或聖王，非謂聖王必制器也。自韓非稱：『上古之世，人民少而禽獸衆，人民不勝禽獸蟲蛇。有聖人作，構木爲巢，以避羣害，而民悅之，使王天下，號之曰有巢氏。民食果蓏蚌蛤，腥臊惡臭，而傷害腹胃，民多疾病。有聖人作，鑽燧取火，以化腥臊，而民悅之，使王天下，號之曰燧人氏。[5]』遂似聖王以能發明器物，而後始爲人民舉爲天子；此說雖未必韓非所自創，然最低限度，亦足代表當時之思想。此說既興，各家所寄託之古代「聖王」，遂皆不能不有所發明，而虙犧神農黃帝堯舜之制器故事，紛紛作矣。然重要器物之發明者，古時蓋皆有十口相傳之說，如墨子謂：『古者羿作弓，伃作甲，奚仲作車，巧倕作舟，』(非儒)[6] 荀子稱：『故好書者衆矣，而倉頡獨傳者一也。好稼者衆矣，而后稷獨傳者一也。好樂者衆矣，而夔獨傳者一也。好義者衆矣，而舜獨傳者一也。倕作弓，浮游作矢，而羿精于射。奚仲作車乘，杜乘作乘馬，而造父精於御。』呂氏春秋君守篇：『奚仲作車，蒼頡作書，后稷作稼，皋陶作刑，昆吾作陶，夏鯀作城。[8]』又勿躬篇：『大撓作甲子，黔如作虜首，容成作厤，羲和作占日，尚儀作占月，后益作占歲，胡曹作衣，夷羿作弓，祝融作市，儀狄作酒，高元作室，虞姁作舟，伯益作井。』[9]淮南子修務訓：『昔者蒼頡作書，容成造曆，胡曹爲衣，后稷作耕，儀狄作酒，奚仲爲車。[10]』諸說究起源於何時，雖不可考，要至當時，已成普通常識，而非憑心肌造，則可斷言也。重要器物，既皆有公認發明之人，而新興之聖王如伏羲神農黃帝堯舜者，又不能不有所發明，勢不能不掠他人之發明，歸之於新聖。管子輕重戊篇之使伏犧神農黃帝舜殷周各有發明，即應用此法。『虙戲作，造六峜以迎陰陽，作九九之數以合天道，而天下化之。神農作，樹五穀淇山之陽，九州之民，乃知穀食，而天下化之。黃帝作，鑽鐩生火，以熟葷臊，民食之無茲胃之病，而天下化之。黃帝之王，童山竭澤，有虞之王，燒曾藪，斬群害，以爲民利。封土爲社，置木爲閭，民始知禮也。當是之時，民無慍惡不服也，而天下化之。夏人之王，外鑿二十虻，韘十七湛，疏三江，鑿五湖，道四涇之水，以商九州之高，以治九藪，民乃知城郭門閭室屋之築，而天下化之。殷人之王，立帛牢，服牛馬，以爲民利，而天下化之。周人之王，循六蓔，合陰陽，而天下化之。[11]』（管子一書，來源極複雜，大抵出于戰國末年及漢人之手。羅君根澤所著管子探源，研究此問題頗作。）於是諸聖王之王天下，無不以其有大發明矣。世本亦用此法，試檢作篇，古代重要帝王，皆有其發明在焉。茲姑依張澍輯本錄伏犧神農黃帝之發明如次：

（1）伏羲　儷皮嫁娶之禮　琴　瑟

（2）神農　琴　瑟

（3）黃帝　井　咸池　火食　旃冕

以上所列，吾人固不敢謂必係二帝自我作故，要三皇五帝制器之說，至此時始發生，則固顯然也。茲將諸子書中，對神農黃帝之變遷，列一簡表如下：

	孟子	莊子	呂覽	管子	世本
伏羲	無	其覺徐徐其臥于于	無	造六峜以迎陰陽作九九之數以合天道	制嫁娶之禮作琴作瑟
神農	有爲神農之言者許行	浮遊乎萬物之祖物物而不物於物	身親耕妻親織	教民耕生穀以致民利	作琴　作瑟
黃帝	無	黃帝立爲天子十九年令行天下聞廣成子於空同之上欲往見之	令伶倫作爲律呂	鑽鐩火	井　咸池　火食　旃冕
堯	舉舜而敷治焉	夫堯畜畜然仁吾恐其爲天下笑後世其人與人相食歟	堯有子十人不與其子而授舜	無	使黃樂爲咸池使禹作宮室闗業
舜	使益掌火…禹疏九河…后稷教民稼穡…使契爲司徒…	舜有羶行百姓悅之	爲二十三絃之瑟令質九招六列六英以明帝德	封土爲社　置木爲閭	簫

就上表觀之，孟子中尚無伏羲黃帝之名，更無論其制作。神農之名雖見於許行章，然明言其為許行所託，毫未言其事跡也。孟子書中，堯舜之故事最多，於其功乂極為表彰；然充其所言，亦不過堯舉舜而敷治焉而已，亦不過謂舜舉禹稷益等為民興利除害而已，初無制器之事也。至莊子書中，大批古代帝王之名，始紛紛出現。然莊子眼中之伏羲神農黃帝，皆形如槁木，心如死灰之人。卽其所鄙視之堯舜，亦不過蹩躠為仁，踶跂為義耳！亦無制作故事也。至呂氏春秋，始有古代帝王制樂故事，然亦不過謂使臣下為之，尚未認之為發明家也。及至管子世本，三皇五帝，始皆成為發明家，此則前此所未有者也。然天下安得有如許發明，以供分配？管子世本所言，亦不過取他人之發明（此當然亦係傳說，但發生時代在前，）歸之於新聖耳。玆將管子世本所言諸帝王發明之來源，列一表如下：

發明＼所見之書	孟子	莊子	韓非子	呂覽	山海經	淮南子	管子	世本
六畜	無	無	無	無	無	無	伏羲	無
教民耕	后	無	無	無	稷	后稷	神農	無
鑽燧火	無	無	燧人	無	無	無	黃帝	燧人
火食	無	無	燧人	無	無	無	黃帝	黃帝
社	無	無	無		無	禹勞天下死而為社	舜	無
門	無	無	無		無	無	舜	無
琴	無	無	無	無	晏龍	無	無	伏羲神農
瑟	無	無	無	士達	晏龍	無	無	伏羲神農
井	無	無	無	伯益	無	伯益	無	黃帝
咸池	無	黃帝	無	黃帝	無	無	無	黃帝
旃冕	無	無	無	無	無	無	無	黃帝
宮室	無	無	無	高元	無	舜	夏人	禹
圍棊	無	無	無	無	無	無	無	堯
簫	無	無	無	有倕作吹苓管	無	無	無	舜

由此表觀之，管子世本所舉伏羲神農黃帝堯舜之發明，除一二種不可考者外，其餘攘奪之迹，蓋可睹矣。

黃帝之成為人王也，雖時代較晚，而後來居上，其聲勢之顯赫，傳說之複雜，則為三皇五帝中之最。古史傳說，至戰國末年，既集中於黃帝，其制器故事，自亦較其他傳說中之帝王為多。故世本所舉伏羲神農堯舜之發明，不過琴瑟蓋簫數事而已。至若井，火食，旃，冕，制樂等重要制作皆歸之於黃帝。不惟使重要之發明歸之於黃帝已也，更以重要之發明家，為黃帝之臣，如蒼頡造字，先秦諸書所同言也，而皆未言其時代，至世本則以為黃帝之史。呂氏春秋勿躬篇已以大撓等十四人為人臣，至其為誰氏之臣，尚未之言也，至世本則曰：『黃帝使羲和占日，常儀占月，臾區占星氣，伶倫造律呂，大撓作甲子，隸首作算數，容成綜六律而著調曆。[12]』（史記曆書索隱引）於是七人又皆成為黃帝之臣；而其創作之功，皆歸於黃帝矣。

聖王制器之說既盛，至西漢之末，京房一派易家，遂採其說入易，以神其術，於是繫辭傳中，遂增觀象制器一章。（說見顧頡剛先生論易繫辭傳中觀象制器的故事，載燕大月刊國學專號。）其說較世本更徹底，凡先秦諸書，及世本所載各器物之發明者，皆一筆抹殺，而將發明之功，盡歸之於聖王，此其一。前此諸書論先民發明器物之原因，蓋有二說：一曰感覺需要，如韓非言火之所以發明曰：『民食果蓏蜯蛤，腥臊惡臭，而傷害腹胃，民多疾病，有聖人作，鑽燧取火，以化腥臊，而民悅之，[13]』是也。二曰模仿自然物，如淮南子言舟車之發明曰：『見窾木浮而知為舟，見飛蓬轉而知為車。[14]』（說山訓）是也。至繫辭傳此章，則謂舉凡器物之發明，皆由易象引申而來，如其謂舟楫之發明曰：『車楫之利：蓋取諸渙。[15]』蓋以渙卦巽上坎下䷺，據說卦，巽為木，坎為水，木在水上，即舟楫也，此其二。易為儒家經典，而繫辭傳又相傳為孔子所作，其勢力自非異端諸子及世本所可比擬；此說一出，自古相沿之說，漸無人置信！而器物發明之功，遂皆歸之於聖王，傳說演變之速，有如是者。

易繫辭傳中所舉發明器物之聖王有五，分為三組：曰包犧，曰神農，曰黃帝堯舜；而尤以黃帝堯舜所發明者為最多。然其中殊有令人大惑不解者，夫堯舜既係同時，又為君臣，混合言之，尚有可說。若黃帝之與堯舜，前後相去甚遠，今亦攏統言之，果堯舜所發明耶？抑黃帝所發明耶？倘略若是，尚藉聖王之發明，侈陳易象之功，寧不令人笑絕冠纓？然此自吾儕觀之似竄入此章者，乃一笨伯；實則倘細察之，其手段蓋亦甚狡獪焉。何則？此章之主旨，在鋪張易象之功，以為聖王之發明器物，皆由研究卦象得來。既稱聖王以表彰易經之功，自必取聲名藉甚者，於是庖犧神農黃帝堯舜皆蒙取錄。其取錄之眼光，固屬甚佳，無如此五帝者，非人人皆有發明。庖犧畫八卦見史記太史公自敍，神農教民稼穡見淮南子，黃帝發明甚多，此猶可附會。若夫堯舜，安有重要發明之可言？亦列之於觀象制器之聖王中，寧能令人置信耶？列之既不足使人置信，擯棄之則人數太少，且舍孔子所祖述之堯舜而不論，亦何以見易之精微？既不能附會，又不能擯棄，於是附驥尾之法生焉。僞竄此章者，乃將皇帝堯舜合為一組，使人謂為黃帝之發明固可，謂為堯舜之發明亦可，謂為黃帝開其端，至堯舜而益精者，亦無不可。既無從指實，更何由非議，其手段之狡獪，為如何耶？經此度安排，堯舜於諸發明，亦忝叅末議，此在僞撰者，固已煞費苦心矣。無如後人仍將發明之全功，歸之於黃帝；如班固東都賦：『分州土，立朝市，作舟車，造器械，乃軒轅之所以開帝功也。[15]』宋衷亦以共鼓貨狄等並黃帝臣[17]，皇甫謐帝王世紀以九者皆爲黃帝之發明（易繫辭正義）[18]堯舜仍遭擯棄，此固足證黃帝聲勢之大，而作僞者之心勞日拙，亦滋人笑噱也。

及後人見易傳所言器物之發明者，多與諸子及世本不同，而易傳乃煌煌聖典，不能據諸子世本以駁易傳，遂不能不爲調停之說。如易傳稱：『黃帝堯舜垂衣裳而天下治。[19]』而淮南子氾論訓言伯余作衣，許愼遂解之曰：『伯余黃帝臣，或曰伯余即黃帝也。』（事物紀原引）[20]及宋衷注世本專用此法，於是舉凡羲和，常儀，臾區，大撓，隸首，容成，沮誦，蒼頡，史皇，胡曹，伯余，尹壽，於則，共鼓，貨狄，倕，揮，牟夷，雍父，胲皆大批投降於黃帝。最可笑者，即伏羲氏之弱妹女媧氏，宋衷亦大書特書曰：『女媧，黃帝臣。[21]』而於倕則既以爲黃帝工臣，又以爲神農臣；於胲則既以爲黃帝臣，又以爲少昊時人。蓋見其作鑄也，則謂之黃帝之臣；見其作耒耜也，則又以爲神農之臣，宋衷之考證法，初不過如是。

雖然，宋衷尙以注世本故，不得不爲調停之說，以之爲黃帝之臣；在他人則逕將發明之功，歸之於黃帝矣。世經：『黃帝……始垂衣裳，有軒冕之服。[22]』班固東都賦：『分州土，立朝市，作舟輿，造器械，乃軒轅之所以開帝功也。[23]』風俗通：『黃帝始制冠冕，垂衣裳，上棟下宇，以避風雨，興事創業。[24]』即相傳發明之人，亦皆抹殺矣。

黃帝之發明愈多，其文物制度愈詳備，後人見黃帝之世，文明已粲爛如是，則某器某物，黃帝時安得無之？凡器之不知確始於何時者，皆委之爲黃帝所作。於是至事物紀原；事物原始，一是紀始諸書，所輯黃帝時之發明，竟爲數百事；吾國文物制度，遂似啟自黃帝矣。

古籍之記載黃帝制作故事者，以世本作篇爲最早。世本之作者，說者不一。劉向別錄云：

世本，古史官明於古事者之所記也。錄黃帝以來帝王諸侯及卿大夫世謚名號，凡十五篇也。（史記集解序索隱引）[25]

漢書藝文志著錄世本十五篇，班固自注曰：『古史官記黃帝以迄春秋時諸大夫。[26]』司馬遷傳贊：『又有世本錄黃帝以來至春秋時，帝王公侯卿相大夫祖世所出。[27]』蓋取子政之說。至顏之推又以爲左邱明所作，家訓書證篇：

世本左邱明所作，而有燕王喜漢高祖……皆由後人所竄，非本文也。[28]

楊泉物理論則又謂爲楚漢之際，好事者所爲：

楚漢之際，有好事者作世本，上錄黃帝，下逮秦漢（意林引）[29]

其後劉知幾因之，史通史官篇曰：

楚漢之際，有好事者，錄自古帝王公侯卿大夫之世，終乎秦末，號曰世本十五篇。[30]

楊氏之說，比較可信，然漢時世本記於春秋，而楊氏所見者則『下逮乎秦漢』，則非漢時之舊；顏之推以爲經後人附益，非其本文，信矣。自元以來，其書漸佚，今据諸書所徵引，知其內容有帝系，有世家，有傳，有譜，有氏姓篇，有居篇，有作篇。帝系，世家及姓氏篇，敍王侯卿大夫之系牒，傳記名人之事狀，譜以表年代，居篇記帝王諸侯之都城，作篇記器物之發明，其書蓋網羅當時歷史知識，爲一分類的敍述，誠中國史學之一大進步，其後司馬遷之紀傳體，蓋即脫胎於是，惜乎其書久佚，此消息無由詳窺矣。今就諸書所徵引，其中所言黃帝之制作，有以下五事：

1. 黃帝見百物始穿井（初學記七）[31]
2. 黃帝樂名咸池（禮記樂記正義）[32]
3. 黃帝造火食旃冕（禮記冠義正義）[33]
4. 黃帝作旃冕（書鈔制作部，御覽六百八十六，路史後紀五注）[34]
5. 黃帝作旃（爾雅釋文，御覽三百四十，玉海十二）[35]

其言黃帝臣之發明，有以下九事：

1. 黃帝使羲和作占日（史記歷書索隱）[36]
2. 常儀作占月（史記歷書索隱，玉海九）[37]
3. 臾區占星氣（史記歷書索隱）[38]
4. 伶倫作律呂（史記歷書索隱）[39]
5. 大撓作甲子（書堯典正義，左傳序正義，史記歷書索隱）[40]
6. 隸首作算數（文選西京賦注，史記歷書索隱）[41]
7. 容成作調歷（書堯典疏，左傳序正義）[42]
8. 沮誦蒼頡作書（廣韻九魚兩引）[43]
9. 伶倫作磬（廣韻）[44]

世本未言，而宋注以爲發明之人，乃黃帝臣者凡十四事：

1. 史皇作圖（文選宣貴妃誄注，御覽七百五十）[45]
2. 伯余作衣裳（淮南子氾論訓注，玉海八十一）[46]
3. 胡曹作冕（左傳昭二十四年疏，路史後紀五注）[47]
4. 夷作鼓（玉海一百十）[48]
5. 尹壽作鏡（事物原始）[49]
6. 於則作扉履（初學記二十六，御覽六百九十七）[50]
7. 共鼓貨狄作舟（山海經海內經注，藝文類聚七十一，廣韻十八尤）[51]
8. 倕作鐘（風俗通義，山海經海內經注，初學記十六）[52]

9. 揮作弓（禮記射義正義　山海經海內經注　御覽三百四十七）[53]

10. 夷作矢（山海經海內經注　藝文聚類六十　初學記二十二）[54]

11. 雍父作杵臼（廣韻八語　御覽百六十二）[55]

12. 胲作服牛（初學記二十九　御覽八百九十九）[56]

13. 相土作乘馬，膈作駕（事物紀原七）[57]

14. 女媧作笙簧（禮明記堂位鄭注　書海一百十）[58]

以上二十八事：次第皆成爲黃帝之發明，今就其可考者，略加疏證如下：

（1）井　作井之法，古人大都以爲始於伯益。呂覽勿躬篇：『伯益作井[59]』。淮南子本經訓：『伯益作井，而龍登玄雲，神棲昆崙。[60]』則漢初尚有伯益作井之神話。惟易井卦釋文引周書云：『黃帝穿井，[61]』世本所云，蓋本之周書也。惟世本又云：『伯益作井。』（初學記引）是前後自相牴牾也。

（2）咸池　咸池本西方星宿名。漢書天文志：『西宮咸池[62]』。淮南子天文訓：『咸池者，水魚之囿也。[63]』是也。其後遂變爲樂名。莊子天運篇：『北門成問於黃帝曰：「帝張咸池之樂於洞庭之野，吾始聞之懼，復聞之怠，卒聞之而惑，蕩蕩默默，乃不自得」。[64]』是以咸池爲黃帝之樂也。其後呂氏春秋更述黃帝制樂之故事曰：『令伶倫作爲律。伶倫自大夏之西，乃之阮隃之陰，取竹於嶰谿之谷。以生空竅厚鈞者，斷兩節間，其長三寸九分，而吹之以爲黃鐘之宮，吹曰舍少，次制十二筒，以之阮隃之下，聽鳳凰之鳴，以別十二律，其雄鳴爲六，雌鳴爲六，以之比黃鐘之宮適合。黃鐘之宮，皆可以生之，故曰：『黃鐘之宮，律呂之本。』黃帝又命伶倫與榮將鑄十二鐘以合五音，以施英韶。以仲春之月，乙卯之日，日在奎，始奏之，命之曰咸池[65]』。則不惟知咸池爲黃帝之樂，且知其採制之法矣。古人以聖王必制禮作樂，於是顓頊有六莖，帝嚳有五英，堯作大章。舜作韶，以及禹之夏，湯之濩，武王之武：周公之勺皆彰彰在人耳目。黃帝既爲古之聖王，自不能無樂，而黃帝聲勢之顯赫，遠非其他古帝王之所能及，其樂自亦必更爲偉大神秘，於是西方星宿，乃成爲其樂之名，而伐竹大夏，效鳳制音之傳說，紛紛作矣。

（3）火食　火食之發明，韓非以爲始於燧人氏，五蠹篇曰：『民食果蓏蜯蛤，腥臊惡臭，而傷害腹胃，民多疾病。有聖人作，鑽燧取火，以化腥臊，而民悅之，使王天下，號之曰燧人氏[66]』。尸子亦曰：『燧人上觀星辰，下察五木。以爲火。[67]』燧人氏除取火外，無他傳說，勢力甚微，管子遂攘其火食之發明，而歸之於黃帝。輕重戊篇曰：『黃帝作，鑽燧生火以熟葷，民食之無茲胃之病，而天下化之。[68]』於是黃帝遂成爲取火與火食之發明者。然燧人氏鑽木取火之說，彰彰在人耳目，擴其發明，歸之於黃帝，未必能使人盡信也。至世本遂將火與火食之發明，分而爲二，以前者歸於燧人，以後者歸之於黃帝，曰：『燧人出火』。[69]（禮記禮運正義，）『造火者燧人氏，因以爲名，[70]』（釋元應大般涅槃經十四，大智度論五十三等，）又曰：『黃帝造火食，』[71]（禮記疏。）此種調停之說，自吾人觀之，雖覺可笑，然不如是，即火之發明，亦恐非燧人氏之所有矣。

（4）冕　世本云：『黃帝作旃冕，』[72]又云：『胡曹作冕[73]』，是冕之發明，在世本上亦有二說也。余按胡曹作衣之說，見於呂覽勿躬篇，淮南子務修訓，但無作冕之說；世本所云；不知何本。至於黃帝作冕之說，前此未見，更不知何所據而云然。禮記郊特牲：『太古冠布，齊則緇之。[74]』又曰：『委貌，周道也。章甫殷道也。毋追，夏后氏之道也。[75]』是謂冠之來源甚古，但於其作者，未之詳也。自世本，以爲冕作自黃帝，後賢有作，率宗其說，如劉歆世經曰：『黃帝……始垂衣裳，有軒冕之服，故天下號曰軒轅氏。[76]』說文解字：『黃帝初作冕。[77]』通典：『黃帝作冕垂旒，目不邪視也；充纊，耳不聽讒言也。[78]』附會之說，遂層出不窮矣。

（5）旂　路史注引宋均注曰：『通帛爲旃。冕，冠之有旒者。[79]』世本所言，未詳何據。

（6）羲和作占日　呂氏春秋勿躬篇：『羲和作占日，[80]』世本所云，蓋本於此。今按最初之傳說，羲和蓋爲生日之女子。此種神話，猶可於山海經中見之。大荒南經：『有羲和之國，有女子名羲和，方浴日於甘淵。羲和者，帝俊之妻，生十日。[81]』是謂羲和爲帝俊之妻，生十日者也。郭注：『蓋天地始生日月者也。[82]』兼日月而言，誤矣。字宙間僅有一日，而山海經乃謂羲和生十日者，以古時有十日之神話也。如海外東經云：『湯谷上有扶桑，十日所浴。[83]』淮南子兵略訓：『武王伐紂，當戰之時，十日亂於上。[84]』是也。天有十日，今又何以獨遺其一耶？於是古人又有羿射九日之神話。淮南子本經訓：『逮至堯之時，十日並出，焦禾稼，殺草木，而民無所食。猰貐，鑿齒，九嬰，大風，封豨，修蛇，皆爲民害，堯乃使羿誅鑿齒於疇華之野，殺九嬰於凶水之上，繳大風於青邱之澤，上射十日，而下殺猰貐，斷修蛇於洞庭，禽封豨於桑。[85]』又淮南子逸文：『堯時十日並出，草木焦枯，堯命羿仰射十日。其九烏皆死，墮羽翼。』（御覽三十二[85]）此種傳說，今尚若存若亡，余孩提時，嘗聞之於鄉間父老，特與此微異耳。依最初之神話，羲和乃生日之女子，其後演變成爲日御。離騷：『吾令羲和以弭節兮，望崦嵫而勿迫。』[87] 王逸注：『羲和，日御也。』[88] 淮南子天文訓：『爰止羲和，爰息六螭，是謂縣車，』[89] 高注：『日乘車，駕以六龍，羲和御之。』是也。至呂氏春秋則曰：『羲和作占日，』[90] 於是羲和又變爲占日者。至尸子更曰：『造曆數者，羲和子也。』（藝文類聚歲時部）則羲和非僅又變曆法之發明者，且顯然變爲男子；及至世本，則又成黃帝之臣矣。此外堯典則又以之爲堯之臣。曰：『乃命羲和，欽若昊天，敬授民時。』[91] 其牴牾複雜如是，而世本人則不究其源流，不辨其牴牾，皆盲然信之，豈不異哉。

（7）常儀作占月　此故事亦起源於神話。山海經大荒西經：『有女子方浴月。帝俊妻常羲生月十有二，此始浴之。』[92] 是月亦爲帝俊之妻所生也。至呂氏春秋勿躬篇乃曰：『尚儀作占月。』[93] 遂以尚儀爲占月者矣。然占日者既已成黃帝之臣，占月者安能使之例外？世本遂亦曰：『黃帝使……尚儀作占月，』而常儀遂亦成爲黃帝之臣矣。羲和，尚儀俱以帝俊之妻，成爲黃帝之臣，固或非其所願！然較之嬖人，伯益之發明之功，全被攘奪者，豈非不幸中之大幸耶？不過中國人究善附會！傳說見採入經者．禁令森嚴，對之或有所顧忌。尚儀之說，既未入經籍，維持無人，安可不施其伎倆，以顯手段！故世本之後，常儀之說又變，淮南子覽冥訓：『譬若不死之藥於西王母，姮娥竊以奔月。』[94] 高注：『姮娥羿妻，羿請不起之藥於西王母，未及服之，姮娥盜食之，得仙飛入月中爲月精，奔月。』案羲，古音讀作我，娥，常一音之轉；故文選注引此作常，嫦娥即尚儀也。於是尚儀又由黃帝之臣變爲羿之妻，由占月者變爲月精矣。後世好事者，於此故事，務有增益，至不可窮詰。自嫦娥被認爲月精。遂成爲文人歌詠之佳題，或愬其淚倒，或志其遐思，帝俊有靈，不知作何感想也。

（8）臾區作星氣　臾區，即鬼臾區也。史記封禪書：『黃帝得寶鼎，宛朐問於鬼臾區。』[95] 又曰：『鬼臾區號大鴻，死葬雍，故鴻冢是也。』[96] 漢書藝文志兵陰陽有鬼容區三篇，[97] 師古注曰：『即鬼臾區也。』是『鬼臾區』又作『鬼容區』。此外世所傳鬼谷子，不見先秦羣籍，或即由此脫衍而出，亦未可知。張澍曰：『古星氣謂占星之昏明流貫，主何瑞禎變異，及雲物惟變，風氣方隅，時候也。』[98]（世本補注）以星象卜吉凶，由來久矣。埃及，巴比崙，古時皆有是術，我國古時亦有是法，而所謂陰陽家者，更爲是學之專家，但先秦羣籍，非惟無言是術始於黃帝者，且鬼臾區之名，亦不經見。世本所云，蓋出於方士之說。至內經中所載黃帝鬼臾區定曆之事，則又由世本推衍而出者也。

(9)伶倫造律呂　見前

(10)大撓作甲子　呂氏春秋勿躬篇：『大撓作甲子，』[99]此蓋世本所本；按干支之由來已久，書皋陶謨：『辛壬癸甲，啟呱呱而泣，』[100]此雖未必可信，然至遲殷代已有干支，以殷代非唯以干支紀日，且以十干名人也。自學者喜託黃帝，一切文物制度，遂無不創始於黃帝。甲子之制，自亦不能例外。於是相傳發明甲子之大撓，遂不能不與黃帝發生關係，一以為師（呂氏春秋尊師篇），一以為史（作秋序正義引宋衷世本注）其言雖不同，其用意則一也。然呂覽世本僅云大撓作甲子，至甲子如何發明，尚未之知也；而蔡伯喈知之。禮記月令章句：『大撓採五行之精，占斗綱所建，於是始作甲乙以名日，謂之幹；子丑以名月，謂之支，支幹相配以成六旬也。』[101]甚矣，後人之博也。

(11)隸首作算數　算數之由來尚矣，然先秦群書俱未言其創始者，世本所言，不詳所本。至宋衷之以隸首為黃帝史，蓋又就世本所記，推衍而出者也。

(12)容成作調曆　史記曆書索隱引世本曰：『黃帝使羲和占日，常儀占月，臾區占星氣，伶倫造律呂，大撓作甲子，隸首作算數，容成綜六律而著調曆。』[102]是容成乃黃帝之觀象臺主任，而其餘六人，乃各科主任也。按黃帝羣臣之出身，當以容成之資格為最高。常儀羲和姊妹二人，俱由帝俊之妻，降為黃帝之佐，其資格不可謂不高，然究屬再醮。至若鬼臾區，伶倫，大撓，隸首，其身家清白與否，尚不可知，資格更不必論。若夫容成氏，固黃帝之老前輩也；不知何以及至耋齡，忽承乏黃帝觀象臺主任一職？則其資格之高，又誰與比隆哉？莊子胠篋篇：『昔者撓成氏，大庭氏，伯皇氏，中央氏，栗陸氏，驪畜氏，軒轅氏，赫胥氏，尊盧氏，祝融氏，伏犧氏，神農氏。當是時也，民結繩而用之，甘其食，美其服，安其居，鄰國相望，雞狗之音相聞，民至老死而不相往來。』[103]是以上十二帝王，俱在草昧之世，黃帝制作之前，既不能應用蒼頡之字，以代結繩，又不能乘共鼓貨狄之舟，奚仲之車，以與鄰國往來。而容成氏又為其中祭酒，則其淳樸可知。不知何以忽不能『甘其食，美其服，安其居』，而為黃帝效奔走，此誠不可解也。首洩露此項消息者，為呂氏春秋勿躬篇曰：『容成作曆。』[104]淮南子修務訓更證實其說。[105]遂成為千真萬確矣。但亦有為之闢謠者，如尸子以為造曆者乃羲和子，[106]楊泉物理論，以為神農造曆，[107]然人微言輕，究不能轉移聽聞也。黃帝既有曆，後世又安能無特別之曆？降至漢初已有六家之曆，曰黃帝曆，顓頊曆，夏曆，殷曆，周曆，及伶曆。漢書藝文志數術略曆譜有黃帝五家曆三十三卷，蓋即其書。漢時尚有容成之學，太初改曆之後，其後學尙不識時務，猶死力爭。漢書律曆志記其事曰[108]：

元鳳三年，太史令張壽王上書言：『曆者，天地之大紀，上帝所爲傳，黃帝調律曆，漢元年以來用之，今陰陽不調，宜更曆之過也。』詔下，主曆使者鮮于妄人詰問壽王，壽王不服；妄人請與治曆大司農中丞麻光等二十餘人，雜候日月晦朔弦望八節二十四氣，鈞校諸曆用狀，奏可。詔與丞相，御史大將軍右將軍史各一人，雜候上林清臺，課諸曆疏密，凡十一家，以元鳳三年十一月朔旦冬至，盡五年十二月，各有第。壽王課疏遠。按漢元年不用黃帝調曆，壽王非漢曆逆天道，非所宜言，大不敬。有詔勿劾。復候盡六年，太初曆第一，即墨徐萬且，長安徐禹治太初曆，亦第一。壽王及待詔治黃帝曆皆疏闊。又言黃帝至元鳳三年六千餘歲。丞相屬寶，長安單安國，安陵桮育治終始，言黃帝以來三千六百二十九歲，不與壽王同。壽王又移帝王，錄舜禹年歲不合人年，壽王言化益爲天子代禹，驪山女亦爲天子，在殷周間，皆不合經術。壽王曆，乃太史官殷曆也。壽王猥曰：『安得五家曆？』又妄言太初曆虧四分日之三，去小餘七百五分，以故陰陽不調，謂之亂世。劾：『壽王吏八百石，古之大夫，服儒衣，誦不詳之辭，作妖言，欲亂制度，不道！』奏可。壽王候課，比三年下，終不服，再劾死，更赦勿劾，遂不更言，誹謗更甚，遂以下吏。

自此次失敗後，容成之道統斬矣。壽王治殷曆，而謂黃帝曆，則所謂黃帝曆者亦可知矣。

容成本上古帝王，而抑之爲黃帝之臣，畀之以曆法之發明權，已不可解，至修鍊家以容成氏爲房中術之祖，則尤令人不可思議已。漢志方技略有容成陰道二十六卷，黃帝三王養陽二十卷。此後言房中術者莫不溯源於容成黃帝。後漢書方技列傳：『冷壽光唐虞魯女生三人者，皆與華佗同時，壽光年可百五六十歲，行容成御婦人法，常屈頸鷮息，鬚髮盡白，而色理如三四十時[109]。』注：『列仙傳曰：「容成公者，能善補導之事，取精於玄牝，其要谷神不死，守生養氣者也。髮白復黑，齒落復生。」御婦人之御，謂閉握不寫，還精補腦也。』又：『甘始東郭延年封君達三人者，皆方士也，率能行容成御婦人術[110]。』邊讓章華賦：『於是衆變已盡，羣樂既考。歸乎生風之廣夏兮，修黃軒之要道。攜西子之弱腕兮，援毛嬙之素肘。形便娟以嬋媛兮，若流風之靡草。美儀操之婈嫿兮，忽遺生而忘老。』[111] 注：『黃帝軒轅氏得房中之術於玄女，握固吸氣，還精補腦，可以長生。』黃帝多材多藝，彼認爲房中術之祖又有可說。若夫容成氏，其臥徐徐，其覺于于，亦竟享房中家之祀，九原有知，吾知其必瞋目而視已。

(13)沮誦蒼頡造書　蒼頡造書之說，由來久矣，荀子解蔽篇：『古之造書者衆矣，而蒼頡獨傳者一也。』[112] 韓非子五蠹篇：『昔蒼頡之作書也，自環爲厶，背厶爲公。』[113] 呂氏春秋君守篇：『蒼頡作書。』[114] 皆以始作書者爲蒼頡，無異辭也。淮南子本經：『昔者蒼頡作書，而天雨粟，鬼夜哭。』[115] 則漢初於蒼頡之造書，尚有相傳之神話。然各書雖俱言蒼頡作書，至於蒼頡之時代，則皆未言。至世本始以沮誦蒼頡爲黃帝左右使(唐六典)[116] 其所謂沮誦者姑且弗論。以蒼頡爲黃帝史官，實始於是。後世學者，於蒼頡之年代，各有所推測，書正義序疏曰：『其蒼頡則說者不同，故世本云：「蒼頡作書，」司馬遷班固韋誕宋忠傅玄皆云：「蒼頡，黃帝之史官也；」崔瑗，曹植，蔡邕，索靖皆直云：「古之王也」：徐整云：「在神農黃帝之間」：譙周云：「在炎帝之世」：衛氏云：「當在庖犧之世」：慎到云：「在庖犧之前」：張揖云：「蒼頡爲王，生於禪通之紀」。』[117] 綜以上諸說觀之，諸家對於蒼頡之推測，可分爲兩大派，以蒼頡爲黃帝之史者，世本以下諸人也：以蒼頡爲古之帝王者，崔瑗以下諸人也。大致西漢人多以蒼頡爲黃帝之史。西漢以後，遂有蒼頡爲古代帝王之說，蓋本緯書也。按緯書所言，亦非鑿空之說。以蒼頡爲古之帝王，其說雖不見於先秦故籍，而淮南子中所記，尚有足資印證者，本經訓：『昔者蒼頡作書，而天雨粟，鬼夜哭。』[118] 修務訓又曰：『史皇產而能書。』[119] 是蒼頡史皇乃一人也。故高注曰：『史皇，蒼頡，生而見鳥跡，知著書：故曰史皇，或曰頡皇。』既稱之爲皇，則其爲上古帝王，而非黃帝之使臣明矣。然諸家所言，皆揣測之談，非探源之論也。夫「蒼」即「青」，依五行言之，東方之色也。故淮南子天文訓曰：『東方木也，其帝太皥，其獸蒼龍。』[120] 史皇而名蒼頡，顯然與原始五帝說有關係矣。吾人試一檢緯書，此中消息，即可大明。緯書出於哀平，誠不足據爲典要，然其中神話，類皆就舊說而傅會之，亦非一人所能僞造，視之爲信史固不可；據以研究古代神話，未始非絕好資料也。如春秋文耀鉤：『太微宮有五帝坐星，蒼帝曰靈威仰，赤帝曰赤熛怒，黃帝曰含樞紐，白帝曰白招拒，黑帝曰汁光紀。』[121] (禮記禮器正義引)其所舉五帝之名，誠不足據，其謂五帝本星座名，則固出於上古之神話也。其記蒼帝也，春秋命厯序曰：『蒼帝史皇氏龍顏。』[122]（路史前記引）是史皇即蒼帝也。春秋合誠圖：『蒼帝之爲人，……視之專，而長九尺一寸。』[123]（初學記帝王部引）春秋元命苞言之更詳：『蒼帝史皇氏，名頡，姓侯岡，龍顏哆哆，四目靈光，實有容德，生而能書，及受河圖綠字，於是窮天地之變，仰觀奎星圜曲之勢，俯察龜文鳥羽，山川指掌，而創文字：天爲雨粟，鬼爲夜哭，龍乃潛藏。』[124]（繹史黃帝紀）觀此可知史皇即蒼頡，蒼頡即蒼帝也。其所稱史皇『生而能書』，『天爲雨粟，鬼爲夜哭』等神話，俱見淮南子。至若『河出綠圖』，見墨子非攻篇，[125]淮南子俶眞訓，[126]仰觀俯察之事見易傳，[127]惟不以爲蒼頡耳。故其神話，由來亦久。而蒼頡之原始五帝中之蒼帝，（即青帝），尤爲十口相傳之古說也。自蒼帝由青帝而變爲文字之發明者，遂不能不爲黃帝之臣；自蒼頡成爲黃帝之史臣，而蒼頡之來源遂不可睹，幸古代神話尚於緯書中略存梗概。否則長夜冥冥，永無睹曙光之日矣！

古書皆言蒼頡作書，無言沮誦者，世本所據今無考。

(14)史皇作圖　史皇即蒼頡，見前。

(15)伯余制衣裳　淮南子氾論訓：『伯余之作衣也，緂麻索縷，手經指挂，其成猶網羅。後世爲之機杼勝複，以便其用，而民得以揜形御寒。[128]』以布始於網，頗與近代社會學家之說相合。此外又有以爲胡曹作衣者，呂氏春秋勿躬篇：『胡曹作衣』，[129]淮南子修務訓同，[130]則衣之發明，古有兩說也。世本則兼採其說，既曰：『伯余作衣裳』[131]，復曰：『胡曹作衣』[132]（路史國名記），前後自相矛盾。胡曹伯余之時代，兩書俱未言，自易大傳有：『黃帝堯舜垂衣裳，而天下治』[133]之言，學者遂以伯余胡曹爲黃帝臣，甚或有謂伯余即黃帝者（許愼淮南子注，事物紀原引）[134]不知伯余之網羅，安得爲黃帝黼黻耶？其後古史考遂謂：『胡曹作冕服九章』[135]矣。

(16)胡曹作冕　呂氏春秋勿躬篇，淮南子修務訓，俱言胡曹爲衣，無言作冕者；世本所云，不知何本。且既云：『黃帝作旃冕』，[136]復云：『胡曹作冕』，[137]亦自相牴牾。

(17)夷作鼓　不詳所本。張澍云：『澍按：夷即黃帝次妃彤魚氏之子夷鼓。其名鼓以其作鼓，猶無句之稱磬叔，相士之號乘杜也。』[138]（世本補注）其說若可信，則夷以作鼓，而見誣爲黃帝之子，較其他之見抑爲黃帝之臣者，更屬不幸矣。山海經有黃帝以夔作鼓之神話，大荒東經：『東海中有流波山，入海七千里，其上有獸如牛，蒼身而無角，一足，出入水則必風雨，其光如日月，其聲如雷，其名曰「夔」。黃帝得之，以其皮爲鼓，橛以雷獸之骨，聲聞五百里，以威天相。[139]』則黃帝已發明神鼓，不必待其子始有矣。

(18)伶倫作磬　不詳所本。伶倫既定律呂，鑄黃鍾，則磬之發明，安能屬之他人？於是伶倫遂作磬矣。伶倫何以造磬，此尚不知也，而羅泌知之。路史：『伶倫造磬以諧八音，五音調以立天時，八音交以正人位，』[140]又何怪乎路史之卷帙如是浩繁耶？

(19)尹壽作鏡　尹壽造鏡，不見先秦諸書，未詳所本。新序：『堯學於尹壽，』[141]是古有尹壽為堯師之說也。張澍云：『按玄中記云：「尹壽，堯臣也，作鏡。」此說誤；蓋鏡作於軒轅，尹壽為臣，昔得統臣，故諸書又言黃帝作鏡也。堯師君疇，一作尹壽，字之誤。』[142](世本補注)今按尹壽，君疇，音形俱近，顯係一人，恐不得析之為二。自尹壽既被認為鏡之發明者，遂不得不為黃帝臣，張澍之以君疇尹壽為二人，宋衷之以尹壽為黃帝臣，其說雖不同，其根本精神則一也。

(20)於則作屝履　未詳

(21)共鼓貨狄作舟　舟之發明者，各書所言不一，墨子非儒篇：『巧倕作舟』[143]，山海經海內經：『番禺是為舟』[144]，呂氏春秋勿躬篇：『虞姁作舟』[145]，其說均彼此不同。世本更以為：『共鼓貨狄作舟』[146]，不知何本。然各家之說，雖彼此不同，尚未有以作舟之功歸之于黃帝者：至易繫辭傳始謂：『黃帝堯舜……：刳木為舟，剡木為楫，舟楫之利，以濟不通，致遠以利天下，蓋取諸渙。』[147]於是舟楫遂為黃帝堯舜之發明品矣。

(22)倕作鐘　倕，相傳古代之巧人也，故或又謂之巧倕。墨子非儒篇：『巧倕作舟』[148]，山海經海內經：『義均是始為巧倕，是始作下民百巧』[149]，淮南子本經訓：『故周鼎著倕，使銜其指，以明大巧之不可為也』[150]；皆言其巧也。惟其巧，故各種發明之歸於彼者尤多，如墨子謂其作舟，荀子謂其作弓(解蔽篇)，海內經謂其作百巧，尸佼謂其作規矩準繩[151](御覽工藝部引)，至世本則以為舉凡鐘，規矩準繩，銚，耒耜，耨，皆倕所作。[152]然倕發明雖多，至其年代，則無從定說。海內經雖明言：『帝俊生三身，三身生義均，義均是始為巧倕，是始作下民百巧』；然學者皆自為荒誕不經。山海經既不足信，於是學者遂由其發明求其年代。見其作鐘也，遂謂為黃帝之工人，[153]蓋以呂氏春秋言，黃帝命榮將造鐘也；[154]及見其作耒耜也，又為之為神農之臣，[155]蓋以易繫辭傳言，神農作耒耜也。[156]宋衷一人之說，已前後牴牾如是。此外高誘注淮南子，[157]郭璞注山海經，[158]又俱謂為堯之巧工。於是倕以一人，而兼事三主，信乎能者之多勞也。

(23)揮作弓　弓之發明者，各書所言不同，墨子非儒篇謂：『羿作弓』[159]，荀子解蔽篇謂：『倕作弓，[160]浮遊作矢』，呂氏春秋勿躬篇謂：『夷羿作弓』，[161]至海內經則又謂：『少昊生般，是始爲弓，』[162]蓋無一定之說也。自易繫辭傳謂：『黃帝堯舜…弦木爲弧，剡木爲矢，弧矢之利，以威天下，蓋取諸睽。』[163]於是弓矢遂又爲黃帝堯舜所發明。易經爲五經之一，繫辭又公認爲孔子所作，此說一興，餘說遂息矣，宋衷尙以注世本故，不能抹殺揮之名，故爲調停之說，以揮爲黃帝之臣。[164]至他人直以爲黃帝所作矣。如吳越春秋言射法之流傳曰：『范蠡進射者，陳音，越王問射所起。音曰：『於是神農皇帝（即皇帝），弦木爲弧，剡木爲矢，弧矢之利，以威四方。後有楚狐父以其道傳羿，羿傳逢蒙，逢蒙傳楚琴氏，琴氏傳大魏，大魏傳楚三侯，麋侯，[illegible]侯，翼侯也。』[165]

(24)牟夷作矢　弓之與矢，猶舟之與楫，鍵之與鑰，作之與曰，以常情度之，似不必爲二人之發明，然據吳越春秋：『努生於弓，弓生於彈，彈起於古之孝子…古者人民樸質，饑食鳥獸，渴飲霧露，死則裹以白茅，投於中野：孝子不忍見父母爲禽獸所食，故作彈以守之，絕鳥獸之害。故歌曰：「斷竹續竹，飛土逐肉」之謂也。於是神農皇帝，弦木爲弧，剡木爲矢，弧矢之利，以威四方』[166]。斯先有射彈之法，而後有矢，諸書間有以之爲二人之發明者，亦未始無可能性也。荀子以爲浮遊作矢，[167]而世本以牟夷，不知何本。及至易傳，則又以爲弓矢皆黃帝堯舜觀睽卦而發明者矣。

(25)雍父作杵臼　呂氏春秋勿躬篇：『赤冀作杵臼』[168]，世本以爲雍父，未詳所本。至易傳則謂：『黃帝堯舜…斷木爲杵，掘地爲臼，杵臼之利，萬民以濟，蓋取諸少過。』[169]於是宋衷遂以雍父爲黃帝之臣矣。[170]

(26)胲作服牛　呂氏春秋勿躬篇：『王氷作服牛』[171]，世本作『胲』，『氷』『亥』篆書形近易誤，當係一人。自易繫辭傳稱：『黃帝堯舜…服牛乘馬，引重致遠，以利天下，蓋取諸隨。』[172]宋衷遂以胲爲黃帝臣。[173]先秦羣籍，如易卦辭，呂覽，山海經，楚詞，等書所載王胲之故事甚多，惟衆說紛紜，迄無以明其究竟。自殷墟甲骨文中，發現王亥之名，經王靜安先生貫串群籍，細加考證，王亥之故事，始大昭於世。王君之言曰：

案卜辭中王亥稱高祖，又其牲用五牛，三十牛，四十牛，乃至三百牛，乃祭禮之最隆者，必殷之先公先王無疑。案史記殷本紀及三代世表，殷先祖無王亥，惟云：『冥卒，子振立。振卒，子微立。』索隱，『振，系本作核。』漢書古今人表作垓。然則史記之振，當爲核或垓之僞也。大荒東經曰：『有困民國，句姓而食，有人曰王亥，兩手操鳥，方食其頭。王亥託于有易，河伯僕牛。有易殺王亥，取服牛。』郭璞注引竹書曰：『殷王子亥賓于有易，而淫焉，有易之君緜臣殺而放之。是故殷主甲微假師于河伯以伐有易，克之，遂殺其君緜臣也。』（此紀年眞本，郭氏隱括之如此。）今本紀年，『帝泄十二年，殷侯子亥賓于有易，有易殺而放之。十六年，殷侯微以河伯之師伐有易，殺其君緜臣。』是山海經之「王亥，」古本紀年作『殷王子亥，』今本作『殷侯子亥，』又前于上甲微者一世，則爲殷之先祖冥之子，微之父無疑。卜辭作『王亥』正與山海經同。又祭王亥皆以亥日，則亥乃其正字。世本作核，古今人表作垓，皆其通假字。史記作振，則因與「核」「垓」二字形近而誤。夫山海經一書，其文不雅馴：其中人物世系亦以子虛烏有視之。紀年一書亦非可盡信者。而王亥之名竟於卜辭見之；其事未必盡然，而其人確非虛構。可知古代傳說存於周秦之間，非絕無根據也。

王亥之名及其事蹟，非徒見於山海經，竹書；而周秦間人著述多能道之。呂覽勿躬篇：『王氷作服牛。』案篆文，冰作仌，與亥字相似，王仌亦王亥之譌。世本作篇：『胲作服牛，』（初學記卷二十引。又御覽八百九十九引）。世本：『鮌作服牛，』鮌亦胲之譌。路史注引世本，『胲爲黃帝馬醫，』疑是宋衷注。御覽引宋注曰：『胲，黃帝臣也，能駕牛。』又云：『少昊時人。』皆漢人之說，不足據。實則作篇之胲，（卽帝繫篇之核也；）其證也。「服牛」，卽大荒東經之「僕牛」，古服僕音近也。楚辭天問，『該秉季德，厥父是臧，胡終弊于有扈，牧夫牛羊？』又曰：『恒秉季德，焉得夫朴牛？』「該」，卽「胲」，「有扈」，卽「有易」，（說見下；）「朴牛」亦卽「僕牛」「服牛」。是山海經，天問，呂覽，世本，皆以王亥爲始作服牛之人。

於是乃得一結論曰：

蓋古之車，或尙以人挽之，至相土作乘馬，王亥作服牛，而車之用始備。管子輕重戊篇云：『殷人之王立帛牢，服牛馬，以爲民利，而天下化之。』蓋古之有天下者，其先皆有大功德于民。禹抑洪水，稷降嘉種，爰啟夏周。商之相土王亥蓋亦其儔。然則王亥祀典之隆，亦以其爲制作之聖人，非徒以其爲先祖。周秦間王亥之傳說，胥由此起也。（古史新證）

由此可見，先秦所傳制器故事，雖衆說紛紜，未必盡屬子虛烏有。惜幾經演變，眞象遂晦。安得如王亥者皆有實物可證，而又安得博洽多聞如王符者，一一爲之疏証也哉？

(27)女媧作笙簧　女媧之傳說，起源頗晚，先秦典籍無言之者，至淮南子覽冥訓始稱：『昔者黃帝治天下而太山稽輔之…然猶未及虙戲氏之道也。往古之時，四極廢，九州裂，天不兼覆，地不周載，火爁炎而不滅，水浩洋而不息，猛獸食顓民，鷙鳥攫老弱。於是女媧鍊五色石以補蒼天，斷鼇足以立四柱，殺黑龍以濟冀州，積蘆灰以止淫水。蒼天補，四極正，冀州平，狡蟲死，顓民生，背方州，抱圓天，和春陽夏，殺秋約冬，枕方寢繩，陰陽之所壅沈不通者竅理之，逆氣戾物，傷民厚積者絕止之。』[175]據此神話觀之，女媧乃虙犧時人，其非黃帝臣明矣。而宋衷見呂氏春秋言：『昔黃帝令伶倫作爲律，伶倫自大夏之西，乃之阮隃之陰，取竹於嶰谿之谷，以生空竅厚鈞者，斷兩節間，其長三寸九分，而吹之以黃鍾之宮，吹曰舍少。吹制十二筒，以之阮隃之下，聽鳳凰之鳴，以別十二律。』[176]斯笙簧起於黃帝時也：今曰『女媧作笙簧』，何以解釋？遂曰：『女媧，黃帝臣也。』[177]而世本又言：『隨作笙。』[178](風俗通)則又注曰：『隨，女媧氏之臣，』[179](路史注)此雖似可笑，然宋衷之考證法，實不過如是也。

(28)相土作乘，胲作駕　荀子解蔽篇：『乘杜作乘馬』，[180]呂氏春秋勿躬篇：『乘雅作駕』，[181]而世本以爲：『相土作乘，胲作駕』。「土」「杜」，形近，當係一人；至其以胲作駕，不知何本。自易繫辭傳稱：『黃帝堯舜…服牛乘馬以利天下，引重致遠，蓋取諸隨』，[182]乘馬之法，遂亦爲黃帝所發明，而宋衷遂以爲相土，胲皆黃帝臣矣。[183]

以上世本所認爲黃帝君臣之發明，及世本所未言，而宋衷以爲黃帝臣所創造者，綜凡二十八事，蓋黃帝已成制器傳說之中心人物矣。黃帝既成爲制器傳說之中心人物，各種器物之發明，歸于彼者愈多；而黃帝之發明遂日就月將，不可數計。茲先將漢前及漢人之說，擇要列舉於下；至漢後人所增益者，另詳於他篇。

(1)清角　黃帝作咸池之傳說，前已略考之矣。然韓非子十過篇，黃帝之樂，尚有清角。韓非稱師曠述黃帝作清角之情形曰：『昔者黃帝合鬼神於西泰山之上，駕象車而六蛟龍，畢方並鎋，蚩尤居前，風伯進掃，雨師灑道，虎狼在前，鬼神在後，騰蛇伏地，鳳凰覆上，大合鬼神，作爲清角。』[184]據此觀之，黃帝乃神而非人王，則黃帝之原爲天神，至此時其迹猶未盡泯也。

(2)門　易繫辭傳：『黃帝堯舜…重門擊柝以待暴客，蓋取諸豫。』[185]於是門戶擊柝遂爲黃帝堯舜所發明，而後人則往往遂將此發明歸於黃帝，如皇圖紀直謂『軒轅造門戶』，(事物紀原八引)[186] 不復連稱堯舜矣。

(3)宮室 淮南子氾論訓曰：『古者民澤處復穴，冬日則不勝霜雪霧露，夏日則不勝暑熱蟁蝱。聖人乃作，為築土構木，以為宮室，上棟下宇，以蔽風雨，以避寒暑，而百姓安之。』[187] 修務訓又謂：『舜作室，築墻茨屋，辟地樹穀，令民皆知去巖穴，各有家室。』[188] 斯宮室乃舜所發明也。管子輕重戊篇：『夏人之王，外鑿三十蝱，韘十七湛，疏三江，鑿五湖，道四涇之水，以商九州之高，以治九藪，民乃知城郭門閭室屋之築，而天下化之。』[189] 又以宮室為夏人所創。世本：『堯使禹作宮室』[190] (初學記，御覽一百七十三) 可以調停二說。至易繫辭傳則又謂：『上古穴居而野處，後世聖人易之以宮室，上棟下宇，以待風雨，蓋取諸大壯。』[191] 但混言為聖人所發明，不言其創始者。然前既以重門擊柝為黃帝堯舜之發明，苟無宮室，安用重門？則宮室亦不能不為黃帝所發明矣。(故白虎通德論曰：『黃帝作宮室以避寒暑』誤引)[192] 風俗通皇霸篇：『黃帝始制衣冠，垂衣裳，上棟下宇，以避風雨。』[193] 於是宮室亦成為黃帝之發明矣。

(4)明堂 學者不僅以黃帝為發明宮室已也，甚成以為明堂亦創始於黃帝。尸子：『夫黃帝曰合宮，有虞氏曰總章，殷人曰陽館，周人曰明堂，此皆所以名其休善也。』[194] (御覽引) 禮記外傳曰：『明堂，古者天子布政之宮，在國南十里之內，七里之外。黃帝享百神於明廷是也。』(御覽引)[195] 是皆以明堂為起源於黃帝也。然學者不惟知明堂始於黃帝已也，且有其圖焉。史記封禪書：『濟南人公玉帶上黃帝時明堂圖，明堂中有一殿，四面無壁，以茅蓋，通水圜宮垣為複道，上有樓，從西南入，命曰「昆侖」，天子從之入，以拜祀上帝焉。』[196] 漢武帝即依此圖造明堂以祭泰一五帝高祖及后土；偽史往往因時代之要求而產生，此類是也。

(5)車 車之發明者，各書大都以為奚仲。墨子非儒篇：『奚仲作車』[197] 荀子解蔽篇：『奚仲作車乘』[198]，呂氏春秋君守篇：『奚仲作車』[199]，淮南子修務訓：『奚仲為車』[200]，世本：『奚仲始作車，』(山海經注，後漢書注，) 唯山海經海內經則以作車者為奚仲之子：『番禺生奚仲，奚仲生吉光，吉光是始以木為車。』[202] 然各書雖大都謂奚仲作車，至其時代，則說者不一。左氏定公元年傳：『薛之皇祖奚仲，居薛以為夏車正』[203]，此以奚仲為夏時人也。淮南子齊俗訓：『故堯之治天下也……奚仲為工』[201]，此又以奚仲為堯時人也。至易繫辭傳始謂：『黃帝堯舜……服牛乘馬，以利天下，利重致遠，蓋取諸隨。』[205] 夫黃帝之世，既已知服牛乘馬，安能無車？譙周遂爲之解曰：『黃帝作車，引重致遠；少昊時駕牛，禹時奚仲駕馬。』206 於是車亦爲黃帝所發明矣。

（6）五行　五行爲吾國人思想之規律，其起源蓋甚古，至其創始於何人，各書俱未之言。及至褚少孫補史記曆書，始曰：『蓋黃帝考定星曆，建立五行，起消息，正閏餘，於是有天地神祇物類之官。是謂五官。』207 於是五行之說，亦起源於黃帝矣。

（7）市　呂氏春秋勿躬篇：『祝融作市』208，世本作篇亦曰：『祝融作市』209（初學記　太平御覽　玉篇引），至易經繫辭傳則曰：『包犧氏沒，神農氏作……日中爲市，致天下之民，聚天下之貨，交易而退，各得其所，蓋取諸噬嗑。』210 市遂又成爲神農氏之發明；至譙周古史考，遂又爲調停之說曰：『神農作市，高陽氏衰，市官不修，祝融修市。』211 然班固東都賦謂：『分州土，立朝市，作舟輿，造器械，乃軒轅之所開帝功也。』212 又以市爲黃帝所創立，吾不知譙氏將又何以調停之也。

綜觀上述，戰國之世，黃帝雖已成爲古史傳中心人物，尚無制器之說。自韓非借古聖王以制器而爲人民衆爲天子之說，於是聖王制器之故事遂作，自呂氏春秋稱古聖王者作樂，於是聖王作樂之傳說以興。然初亦不過人各一二事而已。黃帝既爲古代傳說之中心，制器故事遂亦集中於黃帝；或擴他人之發明，歸之於帝黃；或以發明者爲黃帝之臣；於是黃帝制器之故事，遂日征月邁，愈演愈繁矣。大凡傳說在其創造期中，歷時愈久，事蹟愈多，固不獨此一事爲然也。茲將世本及宋衷注所言之發明，及其傳說之演變，表之於下：

所見之書＼器物	井	成池	火食	冕	旃	占日	占月	占星氣	律呂	甲子	算數	調曆	書	磬
墨子	無	無	無	無	無	無	無	無	無	無	無	無	無	無
荀子	無	無	無	無	無	無	無	無	無	無	無	無	蒼頡	無
韓非子	無	無	燧人氏	無	無	無	無	無	無	無	無	無	蒼頡	無
呂覽	伯益	黃帝史伶倫	無	無	無	羲和	常儀	無	黃帝史伶倫	無	無	容成	蒼頡	無
山海經	無	無	無	無	無	帝俊妻羲和生十日	帝俊妻常儀生十二月	無	無	無	無	無	無	無
淮南子	伯益	[illegible]	無	無	無	羲和日御	羿妻月精	無	無	無	無	容成	蒼頡史皇	無
世本	黃帝伯益	黃帝	黃帝	黃帝胡曹	黃帝	黃帝使羲和	黃帝使常儀	黃帝使臾區	黃帝史伶倫	大撓	隸首	黃帝使容成	黃帝史蒼頡沮誦	伶倫
易傳	無	無	無						無	無	無	無	聖人	無
宋忠	[illegible]臣		同	[illegible]黃臣	黃帝臣	同	同	同	同	黃帝史	黃帝史	黃帝史	黃帝史	同

圖	無	無	無	無	無	無	史皇	無	黃帝臣
衣裳	無	無	無	胡曹	無	伯余胡曹	伯余胡曹	黃帝堯舜	黃帝臣
鼓	無	無	無	無	黃帝	無	夷	無	闕
鏡	無	無	無	無	無	無	尹壽	無	闕
屝履	無	無	無	無	無	無	於則	無	黃帝臣
舟	巧倕	無	無	虞姁	番禺	無	共鼓貨狄	黃帝堯舜	黃帝臣
鐘	無	無	無	黃帝史伶倫榮援	無	無	倕	無	黃帝臣
弓	羿	倕	無	夷羿	般	無	揮	黃帝堯舜	黃帝臣
矢	無	浮游	無	無	無	無	牟夷	黃帝堯舜	黃帝臣
杵臼	無	無	無	赤冀	無	無	雍父	黃帝堯舜	黃帝臣
服牛	無	無	無	王水	無	無	王亥	黃帝堯舜	黃帝臣
乘馬	無	乘杜	無	乘雅	無	無	乘杜[illegible]	黃帝堯舜	黃帝臣
笙簧	無	無	無	無	無	無	女媧	無	黃帝臣

徵引書目

周易正義十卷　魏王弼晉韓康伯注唐孔穎達正義　廣東書局覆刻武英殿十三經注疏本

尚書正義二十卷　舊題孔安國傳唐孔穎達正義　廣東書局覆刻武英殿十三經注疏本

書經集傳六卷　宋蔡沈傳　金陵書局本　本文凡引書經皆據此本

禮記正義六十三卷　漢鄭玄注唐孔穎達正義　廣東書局覆刻武英殿十三經注疏本

禮記月令章句一卷　漢蔡邕撰清馬國翰輯　玉函山房叢書本

大戴禮解詁十三卷　清王聘珍　廣雅叢書本

春秋左氏傳三十卷　晉杜預注　四部叢刊本

墨子閒詁十五卷　清孫詒讓　掃葉山房石印本

孟子注疏十四卷　漢趙岐注舊題宋孫奭疏　廣東書局覆刻武英殿十三經注疏本

莊子集釋十卷　清郭慶藩　掃葉山房石印本

荀子集解二十卷　清王先謙　掃葉山房石印本

韓非子二十卷　清顧廣圻校　浙江書局二十二子本

呂氏春秋二十六卷　畢沅校　浙江書局二十二子本

管子二十四卷　明趙用賢校　浙江書局二十二子本

尸子上下二卷　清孫星衍輯　平津館叢書本

山海經十八卷　清畢沅校　浙江書局二十二子本

楚辭集注八卷　宋朱熹　掃葉山房石印本

世本五篇　清茆泮林輯　十種古逸書本　本文所引世本皆據此本

世本補注五卷　清張澍輯注　二酉堂叢書本

淮南子二十一卷　清莊逵吉校　浙江書局二十二子本

史記百三十卷　竹簡齋本

世經　漢劉歆撰　在漢書律歷志中　此應在新序後

春秋文耀鉤一卷　清馬國翰輯　玉函山房叢書本

春秋演孔圖　清黃奭輯　漢學堂叢書本

春秋元命苞　清黃奭輯　漢學堂叢書本

春秋命歷序　清黃奭輯　漢學堂叢書本

新序十卷　漢劉向撰　四部叢刊本

漢書百二十卷　竹簡齋本

白虎通德論四卷　漢班固撰　育文書局石印漢魏叢書本

說文解字十五卷　商務印書館影印藤花榭藏板

風俗通義十卷　二十一種秘書本

吳越春秋十卷　漢趙曄撰　四部叢刊本

古史考　漢譙周撰清孫星衍輯　平津館叢書本

物理論一卷　清黃奭輯　漢學堂叢書本

後漢書百二十卷　竹簡齋本

文選六十卷　唐李善注　會文堂影胡刻本

經典釋文三十卷　唐陸德明撰　四部叢刊本

通典二百卷　唐杜佑撰　浙江書局九通合刻本

史通通釋二十卷　唐劉知幾撰清浦起龍釋　上海文瑞樓石印本

太平御覽一千卷　宋李昉等奉敕纂　南海李氏重刻鮑氏本

事物紀原十卷　宋高承撰明李果訂　惜陰軒叢書本

一是紀始二十二卷　清魏崧撰　光緒戊子兩北寄廬刊本

古史新證　王國維撰　燕大月刊第七卷第二期合刊轉載本

注

(1) 卷一第十葉前面。爲簡便起見，以下統以 1/10a 代表之。上指卷數，下指葉數，a指上面 b指下面

(2) 13/1b
(3) 19/11b
(4) 11/4a
(5) 19/1a
(6) 9/10a
(7) 15/6a
(8) 17/7b
(9) 7/11b
(10) 19/11b
(11) 24/19b
(12) 26/1a
(13) 19/1a
(14) 16/12b

(15) 12/8b
(16) 文選 1/13b
(17) 張澍輯本 1/16a
(18) 12/8a
(19) 12/7b
(20) 3/19a
(21) 張澍輯本 1/7b
(22) 22下/6a
(23) 文選 1/13b
(24) 1/2b
(25) 史記序 1a
(26) 30/2b
(27) 62/6b

(28) 6, 21b
(29) 15b
(30) 12/5a
(31) 作篇 2a
(32) 作篇 2a
(33) 作篇 2a
(34) 作 2a
(35) 作 2a
(36) 作 2a
(37) 作篇 2b
(38) 作篇 2b
(39) 作篇 3a
(40) 作篇 3a

(41) 作篇 3a
(42) 作篇 3a
(43) 作篇 3b
(44) 張澍輯本 1/14a
(45) 作篇 4a
(46) 作篇 4a
(47) 作篇 4a
(48) 作篇 5b
(49) 張澍輯本 1/14a
(50) 作篇 4b
(51) 作篇 5a
(52) 作篇 7b
(53) 作篇 5b
(54) 作篇 6a
(55) 作篇 4b
(56) 作篇 4b
(57) 作篇 5b
(58) 作篇 5a
(59) 作篇
(60) 8/6a
(61) 周易音義 19a
(62) 26/1b
(63) 3/6b
(64) 5/26b
(65) 5/11a
(66) 19/1a
(67) 上 18a
(68) 24/19b
(69) 世本作篇 1a
(70) 世本作篇 1a
(71) 世本作篇 2a
(72) 世本作篇 2a
(73) 世本作篇 2a
(74) 26/17a
(75) 26/17b
(76) 22下/6a
(77) 7下/7a
(78) 57/1a
(79) 世本補注 1/12a

---

(80) 17/11b
(81) 15/5a
(82) 15/5a
(83) 9/3a
(84) 15/8b
(85) 8/7b
(86) 3/5a
(87) 1/10b
(88) 1/10b
(89) 3/5a
(90) 17/11b
(91) 1/2a
(92) 16/5a
(93) 17/11b
(94) 6/114
(95) 28/7b
(96) 28/7b
(97) 30/8b
(98) 1/9b
(99) 17/11b
(100) 1/41a
(101) 2a
(102) 26/1b
(103) 4/15b
(104) 17/11b
(105) 19/11b
(106) 下/11a
(107) 3b
(108) 21上/5a
(109) 112下/3b
(110) 112下/5b
(111) 110下/4a
(112) 15/6b
(113) 19/6b
(114) 17/7b
(115) 8/6a
(116) 世本補注 1/2b
(117) 序 2a
(118) 8/6a

(119) 19/11b
(120) 3/3a
(121) 1b
(122) 3a
(123) 6a
(124) 48b
(125) 5/9b
(126)
(127) 12/5a
(128) 13/1b
(129) 17/11b
(130) 19/11b
(131) 4a 篇 4a

(132) 作篇 4a
(133) 12/7b
(134) 3/19a
(135) 世本補注 1/13b 引
(136) 世本作篇 2a
(137) 世本作篇 4a
(138) 1 13b
(139) 14/6b
(140) 後紀 5/15a
(141) 5/1a
(242) 1/14a
(143) 9/10a
(144) 18/6b

(145) 17/7b
(146) 作篇 5a
(147) 12/8a
(148) 19/1a
(149) 18/6b
(150) 8/6a
(151) 下/16a
(152) 作篇 7a
(153) 世本補注 1/16b
(145) 5/11a
(155) 世本補注 1/17b
(156) 12/6a
(157) 8/6a

(158) 18/5b
(159) 19/1b
(160) 15/6a
(161) 17/11b
(162) 18/6b
(163) 12/9a
(164) 作篇 5b
(165) 9/15b
(166) 9/15b
(167) 15/6b
(168) 17/11b
(169) 12/8b
(170) 作篇 4b

(171) 17/11b
(172) 12/8a
(173) 作篇 4a
(174) 7
(175) 6/9b
(176) 5/11a
(177) 作篇 5a
(178) 作篇 8a
(179) 作篇 5b
(180) 15/6b
(181) 17/11b
(182) 12/8a
(183) 作篇 5a

(184) 3/4a
(185) 12/8b
(186) 8/39a
(187) 13/1b
(188) 19/2a
(189) 24/19b
(190) 作篇 8a
(191) 12/9a
(192)
(193) 1/2b
(194) 上/20a
(195) 533/11b
96) 28/9b

（197）9/10a　（198）15/6b　（199）17/7b　（200）19/11b

（201）作篇 3a　（202）18/6b　（203）27/1b　（204）11/4b

（205）18/18a　（206）3b　（207）26/1a　（208）17/11b

（209）作篇 6a　（210）12/6a　（211）文選 1/13b

（212）11a

民國二十年四月十六日寫於燕京大學

哈佛燕京學社北平辦公處出版書籍目錄（二）

寶蘊樓彝器圖錄　容庚著　珂羅版本二冊實價大洋十六元（無折）

清乾隆間，敕編內府所藏彝器爲西清古鑑由內府刊行。後復續編寧壽鑑古，西清續鑑甲編，西清續鑑乙編三書。其鑑古及甲編由涵芬樓影印，惟乙編世人尚未得寓目也。乙編之器，貯藏盛京行宮。民國後，移置北平古物陳列所。茲由古物陳列所鑑定委員，燕京大學教授容庚先生從所藏八百器中，選其有文字及形狀異，花紋作者得九十二器，加以考釋，編爲寶蘊樓彝器圖錄。將原器攝影，撫拓，視乙編之摹畫失眞，考釋譌誤者，迥乎不侔，當爲好古家所樂觀也。

歷代石經考　張國淦著　鉛字本三冊　實價大洋四元

石經之刻，漢魏唐後蜀北宋南宋清凡七朝。考其原流及文字者凡十數家。茲考先爲總綱，而以諸家論著疏注於其下。以新方法布勒新材料，自來言石經原流者，未有若此之詳明也。

王荊公年譜考略蔡上翔著**附年譜推論熙豐知遇錄**　楊希閔著　鉛字本六冊實價大洋五元

蔡氏著此書，前後數十年，搜討至勤。立意在表章荊公辯誣歷來官私書之誣妄；而考證精核，不惟荊公積謗於茲大白，即熙豐變革之眞實成績，亦昭然若揭，直宜作政治史讀。舊刊頗不易得，茲爲點讀重印。楊希閔嘗刪節蔡氏書爲年譜節要，於蔡氏書所未備者，恒有補苴發明，今取以散入本書，以省兩讀。楊氏又嘗博證羣書，成年譜推論一卷，又節取李燾通鑑長編神宗荊公君臣問答之語，成熙豐知遇錄一卷，尤足與蔡氏書相表裏，茲亦附刊於後。

碑傳集補　閔爾昌纂錄　鉛字本二十四冊　定價二十元

閔氏之纂此書，蓋補錢儀吉碑傳集，繆荃孫續碑傳集之遺漏及晚出者。全書分二十七類：（一）宰輔，（二）部院大臣，（三）內閣九卿，（四）翰詹，（五）科道，（六）曹司，（七）使臣，（八）督撫，（九）河臣，（一〇）監司，（一一）守令，（一二）校官，（一三）佐貳雜職，（一四）武臣，（一五）忠節，（一六）逸民，（一七）理學，（一八）經學，（一九）疇人，（二〇）文學，（二一）孝友，（二二）義行，（二三）藝術，（二四）黨人，（二五）釋道，（二六）列女，（二七）集外文：凡三十餘萬言，收羅宏富，抉擇整嚴，已備前二書者，不可不備此書也。

武英殿彝器圖錄　容庚著　珂羅版二冊一函定價二十二元

乾隆間，敕編內府所藏彝器爲西清古鑑，續鑑，寧壽鑑古諸書，熱河所藏，獨未編纂。此書從熱河行宮所藏八百五十一器中選取百器爲武英殿彝器圖錄，視寶蘊樓彝器圖錄更爲精美。所收如頌壺，殿句壺，魚匜蓋，衆興金缶，皆獨一無二之品。且器拓花紋與文字並列，尤足爲研究花紋者之絕好資料。

居庸關元刻咒頌音補附考

奉寬

舊京北居庸關，有過街塔，塔久圮，僅餘石臺。臺有甃門，爲通行孔道。門之東西，壁刻蘭咱，加嘛爾，土波，元國書，畏吾，中國，唐古等七種字咒頌；元惠宗至正五年，蜀僧德成書。兩端刻護世四天王像，東西各二。

余未嘗過此處，無由知其原狀，前年秋間，敞肆松筠閣，送來拓片二張，因參考劉半農先生居庸刻石辨文，及其附印之原拓影片（八年，北京大學月刊第一卷第二號，）並載蘇氏譯本波西爾中國美術（十二年之商務印書館世界叢書之一）草此一篇，就正有道。

據余所購拓片，東西壁刻，皆分上下兩部：上部橫刻，約佔全面十分之四；下部豎行，約佔十分之六。上部橫列，分上中下三層：上層五列，爲蘭咱體之梵字；中層三列，爲加嘛爾字，即西番式之梵字；下層四列，是土波字，即西番土伯特藏字。皆由左向右，橫讀。下部豎行，分四段，由左向右第一段，爲元國書，即八思巴所製之新蒙古字。第二段畏吾兒字，即舊蒙古字，皆由左向右豎讀，其由右向左第一段，爲中國漢字，第二段唐古字，即唐古特西夏國書，亦名河西字，皆由右向左讀。東西兩壁，皆此蘭，加，土，蒙，畏，漢，夏，七種字。而各家著錄，多以爲蒙古畏兀女眞梵漢五體書，誤。

東壁拓片，縱七尺七寸，廣二丈弱，上部字種層數，具如上述。其字數，因各體之長短不一，加以剝蝕甚多，不能計算，西壁同此。下部元國書，則大者二十行，小者八行：畏吾兒書，大者二十行，小者十二行，字數亦以長短剝蝕，不能計；西壁亦同。漢字大者二十一行，行三十二字：小者二十一行，行五十八字。西夏字大者二十七行，行二十八字，小者十一行，行五十六七字不一。拓片幅外右傍，附長方石刻云：「正統拾伍年伍月拾伍日，功德主信官林普賢發心修建」二十二字，分作兩行書，並刻有蓮花荷葉承覆之。

西壁拓片，縱七尺九寸弱，廣二丈強。下部元國書，大者十九行，小者十四行。畏吾兒書，大者二十行，小者十四行。漢字大者二十一行，行三十二字；小者二十行，行五十六字。西夏字：大者二十六行，行二十八字：小者十三行，行六十四字。東西壁兩面較嵬，西面面積略廣，東面稍殺。

東壁上部，上層五列，蘭咱體梵書，俗呼平頭字，審爲佛說一切如來烏瑟膩沙最勝總持法門，龍藏臨字函，有宋法天譯本。今喇嘛寺院蒙古宅舍，有印製素帛，懸於門額者即此。按此經譯本甚多，名異實同，法天所譯者，尙有一本，名最勝佛頂陀羅尼經，在龍藏忠字函，咒存經佚。他如佛說佛頂尊勝陀羅尼經，唐不空譯：此間外城慈悲菴，即陶然亭後院，有遼慈智大德石幢所刻，即不空譯本。此外尙有佛頂尊勝陀羅尼經，唐佛陀波利譯。又一本，唐杜行顗譯。又佛說佛頂尊勝陀羅尼經，唐義淨譯。又佛頂最勝陀羅尼經，唐地婆訶羅譯。又最勝佛頂陀羅尼淨除業障經，譯人同上。皆在龍藏莫字函。又據潮州王弘願氏佛頂尊勝陀羅尼之硏究（譯日本密教重興會刊本之一）引傳受集，有日照三藏（即與杜行顗共譯此經此人。又有西明寺漢僧順貞，亦爲譯人之一，見志靜序。）善無畏三藏，金剛智三藏等所譯本。又明蓮池大師諸經日誦所輯佛頂尊勝大陀羅尼，有二種：第一種與龍藏臨字函之法天譯本相符，其第二種，云出本朝仁孝皇后（成祖徐后）夢感佛說第一希有功德經。大師所訂之瑜伽集要施食儀軌語同。世行之明萬曆梵夾本，亦即上述之第二種，謂之廣咒。（余存有此萬曆三十二年二月日內帑刊印梵夾本，簽題佛頂尊勝總持經咒，譯人名不著，以字句較別種爲多，故名廣咒）

此層五列，佛說一切如來烏瑟膩沙最勝總持法門全咒，迄四列而止。四列末二字接連，末一列，審爲此法門之略咒，及尊勝佛母總持心咒，並心中心咒，殿以曼殊室利根本一字眞言。（甲）。

東壁上部中層三列加蘭札字，審爲尊勝廣咒，迄末列之半止，即明蓮池師諸經日誦並施食儀軌所列之尊勝第二種咒，云出仁孝皇后夢感經。釋元度大藏秘要尊勝佛頂眞言注，『按施食儀軌云，「西北安尊勝，」當是此眞言，世人乃以烏瑟膩沙最勝眞言當之，不知其原本宋法天譯，而云出夢感經，夢感僞經，何足爲據』云云，蓋此咒在明代社會，最爲通行，神宗且發內帑刊布之，是無非皆借重於宮庭徵夢之說，蓮池生當明世，固不敢直言夢感之妄，然其於施食儀軌並施食補注二書中，早有後學，當以藏本之說爲正。更以居庸塔咒，刻於元惠宗朝，何有於明成祖皇后？則夢感之說，又可不攻自破矣。（乙）。

東壁上部下層四列，西番十伯特字，即現在通行藏字，審爲偈頌，而非經咒，與兩壁下部各段後之小字同，不必譯音。

東壁下部左第一段，元國書，即當時之蒙古新字。審與上部中層加嘎爾字同，亦爲尊勝廣咒，蓋二十行畢。無他咒。(丙)。

東壁下部左第二段，畏吾兒書，審爲一切如來烏瑟膩沙最勝總持經，與上部上層蘭咱字略同。(丁)。

東壁下部右第一段，漢字，審與左第一段元國書同，亦尊勝廣咒。但至末行第二十字而畢，以下則爲尊勝佛母總持心咒，漢字易曉，可不譯。又此塔所刻漢字，與現在世行各漢本字句，互有多寡同異之差，西壁亦如之。當時所據，何代何師譯本，尚待攷究。

東壁下部右第二段，西夏國書，余不識，不能譯，亦不知何經取證。以上各種，大約亦是尊勝廣略等咒也。

西壁上部上層五列，蘭咱字，前四列，審爲佛頂放無垢光明入普門觀察一切如來心三摩耶陀羅尼正咒，前冒以略咒，末一列前半，乃此經下卷之佛頂無垢普門三世如來心陀羅尼，龍藏忠字函，有宋施護譯本。西壁刻此咒語，劉氏居庸刻石辨文，於西夏字條內，據上虞羅氏說，曾爲指衜。

余因覆按此壁上下部之蘭咱，加嘎爾，元國書，畏吾兒，漢字各種，皆是此咒，祇各咒互有字句繁簡之不同，是蓋譯人譯本非一之故。

此層第五列，殿以佛頂無垢心咒。彼法云，「凡在此咒下經過一次者，得消除千百世之罪孽，」所以喇嘛廟宇，多將此咒揭之門楣，番經店有印成橫幅出售者。此間西山法海寺，鐫此咒於過街塔門洞，（梁思成林徽音平郊建築雜錄，載此咒漢譯云，「唵巴得摩烏室尼沙毗麻列吽發吒」，並言塔門形式，與居庸關者相似，見中國營造學社彙刊第三卷第四期。）此亦鐫之塔洞，行人往來之路；皆取「消除罪孽」之意。猶憶年前班禪國師在舊內太和殿，啓建時輪金剛法會時，有人以加嘎爾字印此咒於黃紙，以漢字注明效果散施之，觀衆見此利益，人皆爭相攘奪，幾致用武，即此佛頂無垢心咒也。(戊)。

西壁上部中層三列，加嘎爾字，審亦佛頂無垢前後二咒，及心咒，與上層蘭咱字同，惟無前略咒，後有大明六字眞言。(己)。

西壁上部，下層四列，西番字，與東壁同，亦偈頌，非經咒，皆不必譯音也。

西壁下部左第一段，元國書，審與上部上中兩層蘭咱加嘎爾字咒語同，祇上下兩卷之前後二咒，無他咒，(庚)。

西壁下部左第二段畏吾兒字，亦與蘭咱加嚨爾字咒語同，前並有略咒，後有心咒，及大明六字眞言，(辛)。

西壁下部右第一段漢字，亦前咒，第十八行第十五字以上爲上卷之佛頂放無垢光明入普門觀察一切如來心三摩耶陀羅尼，第十六字以下，爲下卷之佛頂無垢普門三世如來心陀羅尼，已經羅氏指出。余復按以上二咒至二十行第二十二字，即畢，二十三字以下，則十二因緣咒也。此段漢字不必譯。

西壁下部右 ，西夏國書，既不認識，擬從緩譯，此段據羅氏所說，亦是前佛頂無垢陀羅尼，但不知有無他咒。

此東西兩壁七種字十四層段，除西番西夏漢字三種外，所譯音，凡蘭咱，加嚨爾，元國書，畏吾兒字四種；計八篇，皆以羅馬拼音爲之，取其韵關合拍，且能通行世界，故竊謂蘭咱加嚨爾等梵書，佛經，黃教，喇嘛，率能認識持誦，獨元國書蒙古字及畏吾兒字，識者尙少，今音此四種字陀羅尼，凡遇蘭加兩種原刻字句剝蝕者，任其闕如，後此不難詢考而知。其蒙畏兩種脫落者，則審其所落字跡，任蘭加兩種咒語中，用其完全字句移補之，如不能得，另在他本求之，再不能得。只好亦任其闕耳。

梵藏畏蒙對音，以系統之關係，當取用滿洲字，最爲允協。其次則國音字母，第二式之羅馬拼音系統亦合，若以中國漢字對音，則每因地域時代之差，發生歧異。國音字母第一式之半體漢字，雖本介通行運用，但施之於漢字語言，固稱簡易；如移用於梵唄哀安昂敖各韵母，實與彼中韵關語韵等法，未能相切。祇以滿洲雖係國字，國人研習者不多，版板刊傳且難，反不若國外羅馬字推行之廣；故不得不舍近求遠而用之。但此兩壁各種字各種咒，其用字取音，皆各宗各法，原不相同；即漢字咒語兩面，亦皆與現在通行譯本不盡符合，今各按各種本體本音，用國音字母第二式，羅馬拼音傳寫之。原刻上下部有橫行直行之別，此則概用橫行，從其制也。

余於歐洲字書，學無根底，所譯各字音，難免錯誤，切望惠我大方，賜以匡正爲幸。

第一列　釋東壁梵書蘭咱字音

(甲) om na mo bha ga ba de sa rba dre lo gya bra di bi shi shrdaa ya bu dwaa ya de ra mas da dya taa om bhrum bhrum bhrum sho dha ya sho . . . ra nua ga di ga ga na swa bhaa ba bi shu dwe a bhi shi nytra ndu maan sa . . . ga da ba ra ba tza

naa nrí daa bhi she gee rma haa nu dhraa ma ndra ba dhees aa ha ra . . . ma maa yus sa nbaa ra nui . . . sho dha ya bi sho dha
第二洲
ya ga ga na swa bhaa ba bi shu dwe u shnuii . . 'bi tzha ya ba ri shu dwe sa ha sra ra shmi sa nytzo dhi de sa rba da taa ga daa
ba lo gi ni . . jbaa . . . mi daa ba ri buu . . . taa ga da hri dha ya dhi shcaa naa dhi shci de mu dhre mu dhre na haa mu
. . . ya . . . ha da na ha ri shu dwe sa rba ga rmaa ba ra nua bi shu dwe bra di ni ba rdda ya ma maa . . dwe sa rba da taa ga
第三洲
da . . . ni mu . . . mu ni bi mu . . . ni ma . . . ni ma di . . . dhi ma ha ma di ma ma di sa ma di da ta daa bhun da go ji
ba . . . shu dwe bi . . . ja bu dwi shu . . . dhi shcaa naa . . . ba tzre ma haa ba tzre sa . . . ya . . . bi . . . tzro dhbba
第四洲
be ba . . . rba sa dwaa naa . . . ri shu dwi rbha da du me sa . . sa . rba ga di ba ri shu dwi shtza sa rba da taa ga daa shtza maam
sa ma . . . bu dhwya bu . . . dhwya si dhwya . . . ya bi . . . tza ya mo tza ya bi mo tza ya bi mo tza ya sho . . . bi sho
第五洲
dha ya sa ma ndaa . . . tza ya . . . nda ra shmi ba ri . . . da hri dha yaa dhi shcaa naa . . . ,,na ma saa rba . . . do shmuii ka
ya dre lo gya a dhi shci de sa rba da taa ga da hri dha maa dhi shci de swaa haa,, na mo bha . . . ba de u shnuii ka ya om . . .
ga bum tzha ya . . . bi shu dwe swaa haa,, om a mi dan ya rdha dhe swaa haa,, om bhrum swaa haa,, om lo ga naa ta lam swaa
haa,, om mee . . . haa om ga ga na gam tzha gam swaa haa,, om sa ma nda bha . . . sam swaa haa,, om ba tzhra haa nui bam
swaa haa,, om ma niytzhu shrii mam swaa haa,, om sa rba ni ba . . . sa swaa haa,, om gshi di . . gshim swaa haa,, on tzturlim,,
第一洲 佛頂尊勝陀羅尼咒

(乙) . . . bhrum . . . om na mo bha ga wa de sa rba draee lo gya bra di bi shi kja ya ba da dhaa ya de na ma da da ya
taa om bhrum bhrum bhrum sho dha ya sho dha ya bi sho dha ya bi sho dha ya a sa ma sa ma n da a ba bhaa sha sba ra naa . . .
ga ga na swa bhaa wa bi . . . da dhe a bhi ki niytza na du maam sa rba da taa ga da su ga da ba ra ba tza na a mri da a bhi gaace
ra ma haa mu dra ma n dra ba dee a ba . . . ma ma a . . . nui sho dha ya sho dha ya bi sho dha ya bi sho dha ya ga ga na swa
bhaa wa bi shu da dhe u shnui sha bi . . . ya ba ri shu da dhe sa ha sra ra smi sa niytzo di de sa rba da taa ga da a wa lo gi ni ka
第二洲
'aa ba ra . . . da ba ri buu ra nui sa rba da taa ga da mua di da . . . mi, bra di kji da sa rba da taa ga da hri da ya . . . a dhi
kji da mu dre mu dre ma haa mu dre ba tzra gaa ya sam ha . . . om mu ni mu ni . . . bi mu ni . . . bi mu ni ma di ma di ma
haa ma di . . . ma di . . . ma di da ta da . . . ba ri shu da dhe . . . da dhe . . . bi . . . ya bi . . . ya . . . ba tzte ba
tzte ma haa ba tzre sa ba tzre . . . rba bi taa ya . . . rba ba . . . rbe ba tzro da ba wa . . . ba wa ba tzre ba tzre nui ba tzre m

第三列

ba wa du ma ma sha ri ram sa rba sa . . . . . . dha ya ma tza ya ma tza ya bi ma tza . . . dha ya . . . sho dha ya sa ma n daa mo tza ya mo tza ya sa ma n da ra smi ba ri shu da dhi sa rba da taa ga hri da ya a dhi kjaa na a dhi kjaa . . . dra mu dra ma haa mu dre ma haa mu draa ma n dra . . . daae swaa haa., na mo ra da na dra ya ya om gam ga ni gam ga ni rao tza ni rao tza ni draao ja ni draao ja ni draa sa na draa sa na bra da ha na sa . . . ba ra ni maae swaa haa., om na mo bha ga wa de sa rba du ra ga de ba ri sho dha na . . . tza ya da taa ga da ya a ra ha de sa mya ga sam bu dha ya da da ya taa om sho dha ni sho dha ni sa rba ba bam bhi sho dha ni shu dhe sa . . . kaa na da taa ga daa hya . . . da da . . . kaa na tza . . . ma nui swaa haa.,

第一行釋東壁元圖書數古字音並補闕

（丙）om bharum swaa haa om na mo bha ga wa de st wa dryi lo gya bra di wi shisha ja ya buda dhaa ya de na ma 第二行 ddya taa om bhatum bhatum bhatum sho dha ya sho dha ya wi sho dha ya wi sho dha ya a sa ma sa mu da a wa 第三行 bhaa sa sbaa ra nua ga di ga ga na swa bhaa wa wi shuda dhe a bhi shin tzan du maam st wa da taa ga da 第四行 su ga da wa ra wa tza na a mti daa a bhi she gaar ma haa mu'draa man dra pa daae 第五行 aa ha ra aa ha ra ma ma a yur san dhra nui sho dha ya sho dha ya wi sho dha ya wi sho dha ya ga ga na swa 第六行 bhaa wa wi shuda dhe usha nui shaa wi tza ya ba ri shuda dhe sa ha sra rsha mi san tzo di de sr wa da 第七行 taa ga da a wa lo gi ni sha ja ba ra mi da ba ri bhu ra nui st wa da taa ga da maa di da sha dhu mi 第八行 pra disha ci de st wa da taa ga da hri da ya a dhisha caa na a dhisha ci de mu dre mu dre ma 第九行 haa mu dre ba tza ra ga ya sam ha da na ba ri shuda dhe st wa gr ma a wa ra nua wi shuda dhe pra 第十行 di ni wi da ya ma ma a yur wi shuda dhi st wa da taa ga da sa mya a dhisha ci de om mu ni mu ni 第十一行 ma haa mu ni wi mu ni wi mu ni ma haa wi mu ni ma di ma di ma haa ma di ma ma di su ma 第十二行 di da ta daa bhu da go ji ba ri shuda dhe wisbu ja buda dhe shud dhe he he tza ya tza ya 第十三行 wi tza ya wi tza ya smaa ra smaa ra sbaa ra sbaa ra sbaa ra ya sbaa ra ya sr wa buda dha a dhsha caa na 第十四行 a dhisha ci de shuda dhe shuda dhe buda dhe buda dhe ba tzre ba ma ba ba tzre su ba 第十五行 tzre ba tzre gr bhe tza ya gr bhe wi tza ya gr bhe ba tzra tzwa la gr bhe ba tzra uda bha we ba tzru sm bha we ba tzre ba 第十六行 tzri ni ba tzrm bh wa du ma ma sha ri ram sr wa sa dwaa naan tza ga ya pa ri shuda dhira bha wa du sdaa 第十七行 me st wa ga di pa ri shuda dhish tza sr wa da taa ga dsh tza maam sma ash waa sa yan du buda 第十八行 dhya buda dhya sida dhya sida dhya bo dha ya bo dha ya wi bo dha ya wi bo dha ya mo tza ya mo tza wi mo tza 第十九行 ya sho dha ya sho dha ya wi sho dha ya wi sho dha ya sa man daa mo tza ya mo tza ya sa man da rsh mi da

第二十行

ri shuda dhi sr wa da tzaa ga da hri da ya a dhisha caa na a dhisha ci de ma dre ma dre ma haa mu dre ma haa mu dra man dra pa dae swaa haa

第一行釋東壁長吾兒字音並補闕

（丁） om namo bagawade sarwa dareelogya baradi wishishjaya budaya de nama dadyata oum burung burung burung shoudaya 第二行 shoudaya wishoudaya wishoudaya asama samanda awaba sabarana gadi gagana sawabawa wishudde abishintzandu man sarwa datagada 第三行 sugada wara watzana amarida abishegeer mha mudara mandara badee ahara ahara mama ayur sandarani shoudaya shoudaya 第四行 wishoudaya wishoudaya gagana sawabawa wishudde ushnisha witzaya batishudde saha syra rashmi santzodide sarwa datagada 第五行 awalogini shaja baramida baribyrani sarwa datagada madi dasha bumi bara adishcide sarwa datagada haridaya adishcana adishcidi 第六行 mudare mudare mha mudare wtzira gaya sanhadana barishudde sarwa garma awarana wishudde baradi niwardaya mama ayur wishudde 第七行 sarwa datagada samayi adishcana adishcide oum muni muni mha muni wimuni wimuni mha wimuni madi madi mha madi mamadi 第八行 sumuli datadaa buda goji barishudde wisbuja budde shudde he he tzaya witzaya witzaya symara symara sybara sybara sybaraya 第九行 第十行 sybaraya sarwa buda adishcana adishcide shudde shudde budde budde wtzire wtzire ma wtzire sa wtzire wtzira garbe tzaya garbe 第十一行 witzaga garbe wtzira tzawala garbe wtzira udbawe wtzira samoawe wtzire wtzirini wtziram bawadu mama shariram sarwa sadwanantza 第十二行 gaya barishuddi rbawadu me Sada sarwa gadi bari shuddish tza sarwa datagada tza man samashwa sayandu budya budya sidya 第十三行 sidya bodaya bodaya wibodaya wibodaya motzay motzaya wimotzaya wimotzaya shodaya shodaya wishodaya wishodaya samanda 第十四行 第十五行 motzaya motzaya samanda rshmi barishuddi sarwa datagada hiridaya adishcana adishcidi mudare mudare mha mudare mha mudara 第十六行 mundara bade swaha,, nama sarwa datagada ushnisha ya dareelogya adishcide sarwa datagada hiridaya adishcide swaha namo bagawade 第十七行 ushnisha ya oum bagawan tzayadu wishudde swaha,, oum amida ayur dade swaha,, oum burung swaha,, oum loga nata lang swaha 第十八行 第十九行 oum meedre ya miyang swaha oum gagana gantza gang swaha oum samanda badara sang swaha oum wtzira bani wang swaha oum 第二十行 mantzushirii mang swaha oum sarwa niwarang wishgambun sang swaha oum gashidi garba gashing swaha,,

第一列釋西壁　梵書闕譯字音

（戊） om na mo bha ga ba dyee aa rya sa ma nda bi ma lo shnuii sha bi tzha yaa yee,, na ma ssa . . . taa ga daa naam om ma haa tzi ndaa ma nui tzhwa . . . na . . . ra aa . . . ya aa ga rka ya aa . . . ya aa ga jja ya aa ya nba ra aa yu nba ra sa nba ra gsha nui gsha nui . . . gshi nui gshu nuu gshu nuu sa rba da taa ga da sa ma ye di . . . maam sa rba sa dwaa shtza bha 第二列 ga ba di sa rba baa bam bi ma le tza ya tza ya tza ya la . . . spu ja spu ja spo ja ya spo ja ya bi ga daa ba re nui bha ya ha ra nui ha ra ha ra . . . mri dyu da nuja dha re a bha ya bra de u . . . gi de sa . . . ma nda bye ba lo . . . de ma haa maa ye ma haa baa sha dha re a mo gha ba she a mo gha bi ma lo aa ga . . . ya aa ga rka ya aa ga jja ya . . . ga jja ya bha ra bha . . . mu 第三列 draa bi lo gi de . . . si dwe si dwe bo dha ni . . . sm bo dha . . . bo dha ni . . . sa rba baa . . . da ba dme ga ba . . . bhu 第四列 tza ka . . . ra mi . . . ba ri . . . lo . . . de . . . de swaa haa om aa yu ssa nbaa ra . . . haa om . . . lo gi de swaa haa . . . lo gi de swaa haa om sa dya bi lo gi . . . haa om mri . . . ma raa gca . . . ya swaa . . . nuja ye . . . om . . . haa om . . . nui swaa haa om . . . nui swaa haa om sa nbaa ra nui swaa haa om bra di sa ra nui swaa haa om . . . di swaa haa om de tza . . . haa om tza ya ba di . . . taa ga da mu dhi shjaa naa dhi . . . haa., om na ma sdree ya dhwi sa rba . . . bri . . . ya ga rbhe tzwa la tzwa la dha ima dhaa du ga . . . sm ha ra ma maa yu saa nta ra sm sho dha ya ma ma sa rta . . . sa . . . ga da sa ma ndo shnuii sha bi ma la bi . . . dwe huum huum huum huum am bm sm tzm . . . swaa haa., na mo ra dna dra yaa ya om ga ngga nui ga ngga nui io tza ni lo tza ni dro ja ni dro ja ni draa . . . ni draa . . . ni bra di ha na bra di ha na . . . ga rma ba rm ba raa nui me swaa haa., om ba dmo shnui sha bi ma le hum pa ja swaa haa

第一列釋西藏梵書加暖爾字音

（己）na ma sa rba da taa ga da naam om ma haa tzi ndaa ma . . . tzwa la sa ga ra gam bhii ra a ga ra ka ya a ga ra ka ya . . . yu n dha ra aa yu dha ra sam . . . gshi nui gshi nui gshu nuu gshu nuu sa rba da taa ga da sa ma ye di kja di kja ma haa bu ba saa . . . sam . . . bha ga badi sa rba baa baa bi ma le tza ya tza ya tza ya la ba dhe spu ja spu ja sbo ja ya spo ja ya bi ga da a ba ra . . . mi . . . nua dha re a bha la bra di u shnuii sha bya . . . de sa ma nda mu ke sa ma nda bya ba lo gi de ma haa 第二列 ma ye ma haa ba sha dha re a mo gha bi ma le aa ga ra ka ya aa ga ra ka ya aa ga jjha ya aa ga jjha ya bha ra bha ra . . . haa mu draa bi lo gi de . . . sho . . . sa rba da taa ga daaoo u shi . . . da taa ga . . . dhi kji swaa haa a yu ra da di swaa haa bu nuya 第三列 da di swaa haa bu nuya bi lo gi de swaa haa bu nuya a ba lo gi de swaa haa mri dyu da nua je swaa haa ya ma da nuje swaa haa ya ma duu de swaa haa sam ha ra nui swaa haa sam bha ra nui swaa haa sam dha nui . . . bra di sa ra nui swaa haa . . . tza . . . di swaa haa de tzo ba di swaa haa . . . sa rba da taa ga da mu ra ja . . . dhi kja na a dhi kja de swaa haa., om na ma sdree ya .

. . ga da hri da ya ga rbha tzaa la tzaa la dha ra . . . ga rbha sam ha ra ma ma aa yu ra sam sho dha ya ma ma sa rba . . . huum huum huum am . . . bm sm tzm swaa haa,, om ba da mo u . . . huum pa ja swaa haa.. om ba gi shwa ri mu om ma . . . ba da me huum om ba tzra baa nui huum om su bra di kja ba tzra ye swaa haa

第一行釋西壁元國書蒙古字音並補闕

(庚) na ma sr wa da taa ga daa naam om ma haa tzin daa ma nui tzwa la da saa gra gm ba hi ra aa gra 第三行 sha ya aa gra sha ya aa 第二行 yun dha ra aa yun dha ra sn dha ra sn dha ra gsha nua gsha nua gshi nui igshi nui gshu nuu gshu 第四行 nuu st wa da taa ga daa ma haa sa ma ye disha ca disha ca ma ha bhu wa na saa ga ri sam sho dha ya maam 第五行 st wa sda waan tza bha ga wa di sr wa baa pm wi ma ri tza ya tza ya tza ya ba dhe shu ja sbu ja sbo ja ya spo ja 第六行 ya wi ga da aa wa ra nue bha ya ha ra nue ha ra ha ra haaum haaum haaum mi ri di yu dn ja dare abaya 第七行 bara de ush nui sha wi ya wa lo gi de sa mn da mu ke sa mn da wi ya wa lo gi de ma haa maa ye ma haa ba sha da re a mo ka 第八行 wi ma le aa gra sha ya aa gra sha ya aa gda jha ya aa gda jha ya bha ra bha ra sm bha ra sm bha ra ain dri 第九行 ya wi . . . dha ni bhu sha da bhu tze ma haa mu draa wi lo gi di tza ya tza ya sida dhi sida bhi bhuda 第十行 dhi bhuda dhi bho dha ni smbo dha ni sm bo dha ni sho dha ni sho dha ni sam sho dha ni sam sho dha ni wi sho dha 第十一行 ni wi sho dha ni ha ra ha ra ma ma sr wa paa ba ma sr wa da taa ga da gu la bhu tze sa ma yaa nisha ce pra sa 第十二行 ra du ma ma puna ym wi na shya du paa pm sr wa gila bi sha hri ma nui wi shuda dhi sho dha ya wi ma ,e wi ga si da bda 第十三行 me ga wa tzi da bhu tze shda paa ra mi da pri bu ra nui sr wa da taa ga dau sha nui sha wi lo gi de swaa haa 第十四行 sr wa da taa ga da gu hya a dhisha caa na a dhish ci di swaa haa om a yur da de swaa haa pu nuya da di swaa haa pu nuya wi lo gi 第十五行 de swaa haa pu nuya a wa lo gi de swaa haa mi ri da yu dan di swaa haa ya ma dnua je swaa haa ya ma du de swaa haa 第十六行 sn ha ra nui swaa haa sm bha ra nui swaa haa sn dha ra nui swaa haa ra di sa ra nui swaa haa o tzo wa dia 第十七行 sw aa haa de tzo wa di swaa haa tza ya wa di swaa haa om sr wa da taa ga da mu draa a dhisha 第十八行 ca na a dhisha ci de swaa haa,, cm na ms dri yda wi gaa naam sr wa da taa ga da hri da 第十九行 ya gra bhe tzwa la tzwa la dhra ma dhaa du ghra bhe sm bha ra ma ma a yur sam sho dha ya sr wa paa pm sr wa da taa ga da sa mn da aush nui sha wi ma le wi shuda dhi haaum haaum haaum haaum am wam sam tzam swaa haa

第一行釋西壁長行兒字音並補闕

(辛) oum namo bagawadyee arya samanda wimala ushnisha witzaya yee nama 第三行 sarwa datagadanan oum mha tzindamani 第二行 tiwalana sagara gambira agarshaya agarshaya agajjaya agajjaya ayundara ayundara 第四行 sandara gshana gshana gushini gushini gushunu gushunn sarwa datagada samaye dishja dishja mha buwana sagari sanshudaya man stwa sadwashrza bagawadi satwa baham

第五行

wimale tzaya tzaya tzaya labde sbuja sbuja sboujaya spoujaya wigada awarane baya harane hara hara hung hung hung mirdyu danda dare 第六行 abaya borade ushnisha wiyawalogide samanda muke samanda wiyawalogide mha maye mha basha dare amoga bashe amoga wimale 第七行 agarshaya agarshaya agajjaya agajjaya bara bara sambara sambara dani bushida butze mha mudara wilogide tzaya tzaya sidde sidde 第八行 boudani boudani sanboudani sanboudani shoudani shoudani sanshoudani sanshoudani wishoudani wishoudani hara hara mama sarwa 第九行 babam sarwa datagada gula butze samaya nishce bara saradu mama bunyam winashayadu babam sarwa gilwisha hari mani wishuddi 第十行 shoudaya shoudaya wimale wigasida badme gawa tzidda butze shaj baramida bari burani 第十一行 oum sarwa datagada ushnisha wilogide swaha oum sarwa datagada guhya adishcana adishcide swaha 第十二行 oum ayur dade swaha oum ayu s sandarani swaha oum bunya wilogide swaha oum bunya awalogide swaha 第十三行 oum sadya wilogide swaha oum mirdyu dande swaha oum yama ragshsii ye swaha oum yama dude ye swaha 第十四行 oum yama dude ye swaha oum sanharani swaha oum sambarani swaha oum sandarani swaha oum baradi sarani swaha 第十五行 oum otzo wadi swaha oum detzo wadi swaha oum tzaya wadi swaha oum sarwa datagada mudara adishcana adishcide swaha.. 第十六行 oum nama sdrai yadwi sarwa datagada haridaya garbe tziwala tziwala darma dadu garbe sanhara mama 第十七行 ayus sandara sanshoudaya mama satwa babam satwa datagada samanda ushnisha wimale wishodde hung hung 第十八行 hung hung ang bang sang tzang swaha.. namo radna darayay 第十九行 oum gangani gangani rotzani rotzani darojani darojani darasani daradi hana daradi hana sarwa garma baram baranime swaha . . . 第二十行 oum badma ushnisha wimale hung pd swaha oum mani badme hung oum wtzira bani hung

顧亭林昌平山水記，『居庸關城之中，有過街塔，臨南北大路，累石爲臺，如譙樓，而䆫其下，以通車馬。上有寺，名曰泰安，正統十二年賜名。下䆫處，刻佛像及經，有漢字，有番字。元史「泰定三年五月，遣指揮使兀都蠻鐫西番咒語於居庸關匪石，」今其刻甚多，非一時筆。而元葛邏祿迺賢詩序，言：「關北五里有敕建永明寶相寺，宮殿甚壯麗，三塔跨於通衢，車騎皆過其下」者，今亡其二』云。

光緒畿輔通志（卷一百四十金石三）案語云：『昌平山水記據元史定爲泰定三年刻經，而各家著錄，皆作至正五年，蓋一記其剏始，一記其竣成，皆非誤。』

光緒順天府志（卷一百二十九金石）案語云：『「元史泰定三年正（五字之誤）月，遣指揮僕（使字之誤）兀都蠻鐫西番咒語於居庸關，」蓋始於丙寅（泰定三年），成於乙酉（至正五年）也。』

李若農題仿人印本過街塔圖詩：『過街石塔儼嶔岑，泰定三年鑿字深，書法畏吾兼蒙古，眼明猶有顧亭林。』原注：『泰定本紀：「造兀都蠻刻經咒於過街塔，」事在三年本紀中。余（若農自謂）親至其下，則至正丁（乙字之誤）酉，不云泰定三年也。』

寬按：塔臺咒頌，實刻於元至正五年乙酉九月，為成都寶積寺僧德成所書，明正統十年五月林普賢修之，祥載原刻，斑斑可考。其兀都蠻刻西番咒語，事在泰定三年五月，見元史本紀。明言西番咒語，西番專指士波特（亦作圖伯特），即西藏之字體而言，則非此梵蒙多種字體可知。明言鐫於居庸關石崖，則所鐫或在關城附近各地之磨崖，而非此塔臺兩壁更可知。顧氏固謂其刻甚多，非一時筆，是未嘗便以兀都蠻所鐫，指實即此兩壁也。乃光緒畿輔通志，順天府志，以彼年創始，此年竣成，立說想像牽合，殆非信史。假使其說可恃，則起泰定三年丙寅，迄至正五年乙酉，其間經歷二十寒暑，苟無事變發生，雖工作力求精審，亦未免過於曠持。順天志又將泰定本紀語中之崖石二字節去，用意迴護，是在自圓其說？又李氏詩注，更直謂兀都蠻刻經咒於過街塔，承就失誤，與上同等。幸結語質以至正乙酉字，稍近平反歸極於是耳。

元歐陽元功天曆庚午歲寄諸弟詩：『薊門城頭過街塔，一一行人通寶關，今朝送客又還入，那忍更投名利關。』朱彝尊日下舊聞引十道志「居庸關亦名薊門關」，則居庸之過街塔，元文宗時便有之，此間為大都上都往來孔道，乘輿所在，行李衆多，故其詩所言如此。

居庸之過街塔，顧氏作山水記時，塔身似尚存在，不知何年毀壞，僅餘臺基。已不成為塔形．不知者以其能通行車馬，故多以關城目之，所云「其上有寺，名泰安」，余以為其上云者，應是由此上行之路，蓋臺上面積有限，曷能容一佛寺？其建置處所，必在此路之上行地某處耳。

至其援引迺賢詩序言：『關北五里有敕建永明寶相寺，三塔跨於通衢，今亡其二』云，余未至其地，寺塔基址，併附近崖石尚存；有西番咒語與否，莫得詳考焉。

記石臺刻經，順德某氏之燕京雜記，（上海申報館仿聚珍板印屑玉叢談初集本，有光緒四年蔡爾康序，）亦甚詳悉：可與顧氏之說相表裏，照錄如下，以當臥遊。『居庸關裏有石塔，跨於街者謂之過街塔，俗謂之半截塔，形如塔基，無上截，故名，塔之下橫如石橋，兩邊刻金剛像雜以佛，經字亦端好。四圍刻龍鳳及竹木形，工功精絕』云。

哈佛燕京學社北平辦公處出版書籍目錄（三）

殷契卜辭（附釋文及文編）容庚，瞿潤緡同著　二十二年六月出版　珂羅版本三冊一函定價每部大洋十元

此書將哈佛燕京學社所藏甲骨，由容庚與瞿潤緡兩先生考釋，復經商承祚，唐蘭，董作賓，魏建功諸先生校定，甚爲矜慎。「是編所錄雖無重大發現，然得第二〇片，知殷之先公先王之次與王氏所論者正合。得第三一片知衛人讀『己亥』爲『三豕』之由。得第五九六片知卜法先灼龜而後刻辭，且卜辭不加于兆上。得第三八八片，知卜辭之有誤字。得二二九及二三〇諸片，知有以甲骨爲練習契刻之用者；一鱗，一爪，當有補于研究是學者。（見自序）本書卜辭所有之字別爲文編附于後，尤便檢閱。

中國明器（燕京學報專號之一）鄭德坤，沈維鈞合著，二十二年一月出版，鉛字本一冊，定價一元。

明器雖爲從葬之物，亦頗關學術文化。在宗教方面可以考究民族的信仰；在歷史方面可以反映歷代的典章制度，社會情形及衣冠的沿革；在民族方面可以表現地方性的風俗；在美術方面可以代表陶器及雕刻一部分的演進；甚至中西交通的步驟，文化交換的狀況，亦可由明器的演化而得見其大概。書中分歷代明器爲四期；秦以前爲萌芽時期，漢魏六朝爲發展時期，唐代爲成熟時期，宋以後爲衰落時期。全書七萬餘言，附圖百十餘幅，參考中外書籍論文百五十種，爲解說明器最完善之作，研究考古學者所不可不讀者也。

唐代長安與西域文明（燕京學報專號之二）向達著　鉛字本一冊　定價大洋二元

此書敘述唐代長安與西域間文物之交互影響。唐開元天寶之際，天下昇平，玄宗以聲色犬馬爲羈縻諸王之策，重以蕃將大盛，異族入居長安者多，於是長安胡化盛極一時，如服飾，飲食，宮室，樂舞，繪畫等，宛然西域。至西亞宗教，如火祆教，摩尼教等，亦于此時盛行于長安。本書考此諸題，至爲深博，足供研究交通史者之參考。

明史纂修考（燕京學報專號之三）李晉華著　鉛字本一冊　定價二元

明史作于清初，至乾隆四年始告成，歷四朝逾百年之久，爲前代史所未有。近年研究明史有成績可稱者，如陳守實之明史稿考證，黃雲眉之明史編纂考略，均有創獲，其他則罕聞。李君讀陳黃之作覺有未盡，續寫本書，取材更備，考證亦更詳焉。本書內容共分十章，于明史及明史稿之優劣，輯諸家評語，估其價值，並爲辨實；而四朝修史紀論，及當日館臣往來討論，或錄其全文，或節其要旨，均足以供研究明史之參考。

嘉靖禦倭江浙主客軍考（燕京學報專號之四）黎光明著　鉛字本一冊　定價二元五角

黎先生研究明代倭寇問題，已歷十年，所收集之史料甚多，此爲其第一部著作。書分上下兩編，上編言沿海衛軍之腐敗，故調各省客兵禦倭，然因种類複雜，故約制既難，軍紀尤壞，時人遂主張團練鄉兵，其後乃大收成效，又述軍餉之籌支與辦理之人物；下編則分述各種軍隊之調遣召募與作戰情況，如廣西之狼兵，湖南之土兵，江北山東河南河北山西等處之北方兵，四川廣東福建浙江等處之南方兵，以及衛兵，水軍，家丁，打手，鹽徒，沙民與各文職官，各生員，各義勇所招募之民兵等，皆爲有條理之綜述；代附殷家兵考，亦饒有興趣。全書約九萬字。

遼史源流考與遼史初校（燕京學報專號之五）馮家昇著　鉛字本一冊　定價二元五角

遼史修于元人，而又丁一代國祚將移，氣運垂絕之際。故以史料言，於遼人之譜牒記注既不及見，於金宋之私乘野史亦未能博采，因陋就簡，寧能無闕。馮君費數年之精力，詳爲考證於成書源流言之至爲詳盡。其校勘記則以同文書局本爲藍本，而以百衲，南監，北監本互校之。遇有異同，即予註明，其便檢尋，凡攻遼史者不可不人手一編也。

Yenching Journal of Chinese Studies Supplement No. I. By Mr. John Hefter 1 Vol. Price $1.00

太平天國曆法考

（附太平新曆與陰曆陽曆對照表）

謝興堯

一　太平新曆之創置

太平天國既以反清爲職志，一切制度，均立異標奇，以示殊異。改革之最著者，如政治，軍制，多取法周官；宗教及社會組織，則又效法西洋。在宗教方面，既已崇奉基督，其曆法自當取用陽曆，故太平天國最初改曆時，本擬選用陽曆，嗣因人民仇視其教，人民目陽曆爲西洋人之曆，恐一旦改用，阻礙實多，益增百姓之惡感。（凌善清太平天國野史）乃就陽曆陰曆，損益糅雜，另定爲「太平新曆」。實則仍陽曆之變相也。其法以三百六十六日爲一歲，單月三十一日，雙月三十日，以立春等六氣節，定爲十六日，餘俱十五日，蓋欲分兩次閏餘之六十日，自散於五年之內。初以四十年一加，每月三十三日，後又改爲四十年一斡旋，斡之年每月二十八日，此實陽曆陰曆所絕無者。當時於每年十月，照例鐫刻時憲新書，發於人民，頒行境內。其手續先由諸王擬奏，次經天王旨准，惜原刻時憲全書，今日不可復覩，所可見者，僅癸好（即癸丑）三年之景印殘篇，（見太平天國史料八種，藏國立北平圖書館。）任今觀之，猶爲完璧，並可略窺原書之面目。此外則有甲寅四年，（清咸豐癸丑四年，一八五四年，）辛酉十一年，（清咸豐辛酉十一年，一八六一年，）諸王請頒新曆之奏疏：（按新曆前冠以諸王奏疏，有如新曆之序言，乃駢儷文章，後即依次排列年月日。）與己未九年（清咸豐己未九年，一八五九年）天王之詔旨二件而已。其「奏」與「詔」，皆係說明頒行新曆之理由，大旨相同。而己未九年之詔，更詳述太平天國之紀念日。「新曆書」中干支，改丑爲好，改卯爲榮，改亥爲開。改鬼宿爲魁宿，竄易甚多。以爲丑與醜同音，亥爲文末。又以鬼爲妖魔，而耶教聖經中所斥爲「撒旦」者也。故皆代以他字。（李圭金陵兵事彙略）。所惜者，太平所頒新曆，歷十三年之久，發行於境內者，不知若干册，事後爲清廷所燬禁，至今渺無存帙。而太平癸好三年以前之新曆書，從未發現，實爲考史之遺憾焉。

二　太平新曆實行於壬子二年說

至於太平新曆頒布與實行之年月，說者有二，皆不足信。(一)人謂：由太平天國改革之一切秩序言，則曆法亦當起於太平元年辛開，(即辛亥)因今日所見太平殘餘文件，末署「辛開元年某月時在永安」字樣者甚多。(見程演生太平天國史料第一集，天命詔旨書)太平元年，既已改干支辛亥為辛開矣，則曆法亦應隨之而改。惟詳按「天命詔旨書」中，其詔令之年月，太平元年似尚沿用清曆，因天王詔令末有「又八月初七日時在永安」等字，考「太平新曆」無閏月，實「乃清咸豐元年辛亥閏八月之舊，太平軍沿稱之為「又八月」，可見當時洪楊新起草澤，雖有太平元年之稱號，尚無「新曆法」之創設也。(二)又有人謂：太平元年辛開，改元建國，既尚未創行新曆，則「太平新曆」究開始實行於何時？以今日所見太平時憲書考之，最早者，為太平三年癸好所頒曆書，是當以是年為施行新曆之始。且諸王請頒行新奏中，有：『其餘從前曆書，一切邪說歪例，皆是妖魔詭計，迷陷世人，臣等盡行刪除』等語。既對於從前曆書，目為「妖魔詭計」，改其「歪例邪說」，則新頒者，必為首次新曆，始有此語。試詳按之，此說亦謬。因今日所見最早之太平新曆，為癸好三年，然太平頒曆常例，每年十月，由諸王將明年新曆擬奏天王，經旨准後，乃克頒行。至曆書之內容，與諸王之奏啟，皆刻板文章，照例故事，不過重新印發，改其年月而已。且一切語句，每年相同，如最初頒發時，有「刪改從前之邪說歪例」等語，而癸好三年，固有是言。及至甲寅四年，己未九年，辛酉十一年諸奏，而仍有是言也。足證癸好三年，雖有刪改從前諸說云云，而實不能即斷為「太平新曆」即始行於是年。特吾人今日未能發見三年以前，元年二年之曆書，及諸王擬奏與天王詔旨，然亦決不能因未發見，遂肯定三年以前決未實行新曆。況既已於本身文告中，證明辛開元年尚未創行新曆，則今日之疑問，只求斷定太平新曆究創於壬子二年，或癸好三年而已？

嘗考太平天國所刻之書，以壬子二年為最多。每册書之前葉，均有：「太平天國壬子二年新刻」諸字，而壬子二年之「旨准頒行詔書總目」，共十四種。(按十四種為：(1)天父上帝言題皇詔，(2)天父下凡詔書，(3)天命詔旨書，(4)舊遺詔聖書，(5)新遺詔聖書，(6)天條書，(7)太平詔書，(8)太平禮制，(9)太平軍目。(10)太平條規，(11)頒行詔書。(12)頒行曆書，(13)三字經，(14)幼學詩。)其中十二即「頒行曆書」，是太平新曆創始於壬子二年，毫無疑義。又天德王洪大全口供，（藏北平故宮博物院文獻館。）中有云：『編有曆書，是楊秀清造的，不用閏法，我甚不以爲然。』又云：『二月十六日，是我們的曆書三月初一日的日子。』按大全此口供時，乃咸豐二年三月十一日，是年即太平天國壬子二年，此足爲「太平新曆」創始於是年之鐵證；無可否認者。再者：今日所見太平天國在永安時之文件，其時日最後者，僅至清咸豐辛亥元年九月十月，未有至十二月者，因十二月十五日，已爲太平天國壬子二年正月初一日，即創行新曆之首歲也。據上諸證，是太平天國之改元，雖始於元年辛開，而新曆法之創行，則在二年壬子，此可以取各種資料互相證明而符合者也。

三　太平新曆實行後之情形

上文既已證明太平新曆實創始及頒行於壬子二年，則其頒布後施行之情形如何？較之創造，尤爲重要。因曆法之創沿，不過太平天國本身之法制問題，而頒行後之效果，則直影響於社會之組織與人民之生計，關係至鉅。吾人目覩民國改革後，已二十年，廢棄陰曆，改用陽曆之時多艱阻，遂推想太平新曆當時推行時之困難，良以習俗既成，破壞更改之匪易也。

至新曆頒行後宜注意者，厥有二端：一爲法令的的效力，所謂太平新曆者，是否頒布後即已實行？一爲施行後之效果，是否僅統治者改革提倡於上，而窮鄉僻壤，仍奉行陰曆於下？此二問題，無名氏金陵癸甲摭談云：『清咸豐四年，（一八五五）歲在甲寅，正月元旦，金陵城中女館，有銘相賀，僞女官覺鎖去。或杖或枷，目爲妖。牌尾（太平天國以壯人爲「牌面」，老弱爲「牌尾」，取周官「正卒」「餘夫」之義。）亦有慶賀爲賊所覺，均被杖。時賊曆（太平天國癸好三年）十二月二十四日，（清咸豐四年甲寅）賊以爲元旦，天也。』又云：『正月初七日，大雪，黎明，諂諛美，聲震天地，賊飛轎相慶賀，見面不跪不揖，但曰「高陞」而已。』據此，太平新曆頒布後，即已嚴厲推行。所記情形，距施行新曆後，時僅一年，故館中尚有以陰曆年爲慶賀者。然太平政府不惜以刑罰相督，行政之勇，可以概見。足證新曆頒布後即已實行。又胡長齡儉德齋隨筆，述當時長興之情形云：『有於同治元年十二月三十日賽神者，謂之私過妖年，鄉官例得責而罰之。二年歲在癸亥，賊則謂之癸開，蓋以亥爲支末，故拘忌即諱言之也。民間契券，亦必遵用，否則鄉官偵知，將不堪其訛詐。』據此，是新曆之施行，已下及於州縣鄉曲，不僅上自天朝軍營而已。其方法則以嚴刑峻法，使百姓慴於淫威，無敢反抗，故人民雖忸於習慣，而亦無如之何也。

四　太平新曆之組織及干支時令

太平天國所頒行之新曆書，及當時奏，詔，留存至今日者，共殘餘五篇。（五篇爲癸好三年，甲寅四年，辛酉十一年之殘餘曆書三件。及己未九年天王之詔旨二件。）以癸好三年之曆書與己未九年之詔旨爲最詳。惟各篇文字，大致相同，所異者僅年號與干支耳。每年曆書之前，例由東王楊，南王馮，西王蕭，北王韋，翼王石等，（各王雖有早死者，而仍列其銜名。）啟奏天王，略謂：『太平天日，平勻圓滿，無一些虧缺也。故臣等造曆，以三百六十六日爲一年，單月三十一日，雙月三十日。立春，清明，芒種，立秋，寒露，大雪，俱十六日。餘俱十五日。其餘從前曆書，一切邪說歪例，皆是妖魔鬼計，迷陷世人，臣等盡行刪除。蓋年月時日，皆是天父排定，年年是吉是良，月月是吉是良，日日時時亦總是吉是良，無有好歹，何用揀擇。今臣造曆既成，謹獻我主萬歲作主頒行。』除此照例文章外，下即曆書本身；用排列法，至爲簡單，其干支與禮拜旋轉不已。干支之下，系以星名，亦隨之周轉，似取之月令。茲錄癸好三年之時令干支於后：

正月建　甲寅牛宿

初一　壬寅牛　立春	十一　壬子畢	二十一　壬戌角
初二　癸榮女	十二　癸好觜	二十二　癸開亢
初三　甲辰虛　禮拜	十三　甲寅參	二十三　甲子氐
初四　乙巳危	十四　乙榮井	二十四　乙好房　禮拜
初五　丙午室	十五　丙辰鬼	二十五　丙寅心
初六　丁未壁	十六　丁巳柳	二十六　丁榮尾
初七　戊申奎	十七　戊午星　雨水　禮拜	二十七　戊辰箕
初八　己酉婁	十八　己未張	二十八　己巳斗
初九　庚戌胃	十九　庚申翼	二十九　庚午牛
初十　辛開昴　禮拜	二十　辛酉軫	三十　辛未女
		三十一　壬申虛　禮拜

二月建　乙榮女宿

初一　癸酉危　驚蟄	十一　癸未井	二十一　癸巳房　禮拜
初二　甲戌室	十二　甲申鬼	二十二　甲午心
初三　乙開壁	十三　乙酉柳	二十三　乙未尾
初四　丙子奎	十四　丙戌星　禮拜	二十四　丙申箕
初五　丁好婁	十五　丁開張	二十五　丁酉斗
初六　戊寅胃	十六　戊子翼　春分	二十六　戊戌牛
初七　己榮昴　禮拜	十七　己好軫	二十七　己開女
初八　庚辰畢	十八　庚寅角	二十八　庚子虛　禮拜

初九 辛巳箕　十九 辛榮亢　二十九 辛好危
初十 壬午參　二十 壬辰氐　三十 壬寅室

三月建　丙辰虛宿

初一 癸榮璧 淸明　十一 癸好柳　二十一 癸開尾
初二 甲辰奎　十二 甲寅星 禮拜　二十二 甲子箕
初三 乙巳婁　十三 乙榮張　二十三 乙好斗
初四 丙午胃　十四 丙辰翼　二十四 丙寅牛
初五 丁未昴 禮拜　十五 丁巳軫　二十五 丁榮女
初六 戊申畢　十六 戊午角　二十六 戊辰虛 禮拜
初七 己酉觜　十七 己未亢 谷雨　二十七 己巳危
初八 庚戌參　十八 庚申氐　二十八 庚午室
初九 辛開井　十九 辛酉房 禮拜　二十九 辛未璧
初十 壬子鬼　二十 壬戌心　三十 壬申奎
三十一 癸酉婁

四月建　丁巳危宿

初一 甲戌胃 立夏　十一 甲申翼　二十一 甲午牛
初二 乙開昴 禮拜　十二 乙酉軫　二十二 乙未女
初三 丙子畢　十三 丙戌角　二十三 丙申虛 禮拜
初四 丁好觜　十四 丁開亢　二十四 丁酉危
初五 戊寅參　十五 戊子氐　二十五 戊戌室
初六 己榮井　十六 己好房 小滿 禮拜　二十六 己開璧
初七 庚辰鬼　十七 庚寅心　二十七 庚子奎
初八 辛巳柳　十八 辛榮尾　二十八 辛好婁
初九 壬午星 禮拜　十九 壬辰箕　二十九 壬寅胃
初十 癸未張　二十 癸巳斗　三十 癸榮昴 禮拜

五月建　戊午室宿

初一 甲辰畢 芒種　十一 甲寅角　二十一 甲子虛 禮拜
初二 乙巳觜　十二 乙榮亢　二十二 乙好危
初三 丙午參　十三 丙辰氐　二十三 丙寅室
初四 丁未井　十四 丁巳房 禮拜　二十四 丁榮璧
初五 戊申鬼　十五 戊午心　二十五 戊辰奎
初六 己酉柳　十六 己未尾　二十六 己巳婁
初七 庚戌星 禮拜　十七 庚申箕 夏至　二十七 庚午胃
初八 辛開張　十八 辛酉斗　二十八 辛未昴 禮拜
初九 壬子翼　十九 壬戌牛　二十九 壬申畢
初十 癸好軫　二十 癸開女　三十 癸酉觜
三十一 甲戌參

六月建　己未璧宿

初一 乙開井 小暑　十一 乙酉房 禮拜　二十一 乙未璧
初二 丙子鬼　十二 丙戌星　二十二 丙申奎

初三 丁好柳　十三 丁開尾　二十三 丁酉婁
初四 戊寅星 禮拜　十四 戊子箕　二十四 戊戌胃
初五 己榮張　十五 己好斗　二十五 己開昴 禮拜
初六 庚辰翼　十六 庚申牛 大暑　二十六 庚子畢
初七 辛巳軫　十七 辛榮女　二十七 辛好觜
初八 壬午角　十八 壬辰虛 禮拜　二十八 壬寅參
初九 癸未亢　十九 癸巳危　二十九 癸榮井
初十 甲申氐　二十 甲午室　三十 甲辰鬼

七月建　庚申奎宿

初一 乙巳柳 立秋　十一 乙榮尾　二十一 乙好婁
初二 丙午星 禮拜　十二 丙辰箕　二十二 丙寅胃
初三 丁未張　十三 丁巳斗　二十三 丁榮昴 禮拜
初四 戊申翼　十四 戊午牛　二十四 戊辰畢
初五 己酉軫　十五 己未女　二十五 己巳觜
初六 庚戌角　十六 庚申虛 禮拜　二十六 庚午參
初七 辛開亢　十七 辛酉危 處暑　二十七 辛未井
初八 壬子氐　十八 壬戌室　二十八 壬申鬼
初九 癸好房 禮拜　十九 癸開壁　二十九 癸酉柳
初十 甲寅心　二十 甲子奎　三十 甲戌星 禮拜
三十一 乙開張

八月建　辛酉婁宿

初一 丙子翼 白露　十一 丙戌牛　二十一 丙申畢
初二 丁好軫　十二 丁開女　二十二 丁酉觜
初三 戊寅角　十三 戊子虛 禮拜　二十三 戊戌參
初四 己榮亢　十四 己好危　二十四 己開井
初五 庚辰氐　十五 庚寅室　二十五 庚子鬼
初六 辛巳房 禮拜　十六 辛榮壁　二十六 辛好柳
初七 壬午心　十七 壬辰奎　二十七 壬寅星 禮拜
初八 癸未尾　十八 癸巳婁　二十八 癸榮張
初九 甲申箕　十九 甲午胃　二十九 甲辰翼
初十 乙酉斗　二十 乙未昴 禮拜　三十 乙巳軫

九月建　壬戌胃宿

初一 丙午角 寒露　十一 丙辰虛 禮拜　二十一 丁酉柳
初二 丁未亢　十二 戊子奎　二十二 戊戌星
初三 戊申氐　十三 己好婁　二十三 己開張
初四 己酉房 禮拜　十四 庚寅胃　二十四 庚子翼
初五 庚戌心　十五 辛榮昴　二十五 辛好軫 禮拜
初六 辛開尾　十六 壬辰畢　二十六 壬寅角
初七 壬子箕　十七 癸巳觜　二十七 癸榮亢
初八 癸好斗　十八 甲午參 禮拜　二十八 癸酉軫

初九 甲寅牛 十九 乙未井 二十九 甲戌角
初十 乙榮女 二十 丙申魁 三十 乙開亢
三十一 丙子氐

十月建 癸開昴宿

初一 丁好房 立冬 禮拜 十一 丁開壁 二十一 丙寅參
初二 戊寅心 十二 丁巳危 二十二 丁榮井 禮拜
初三 己榮尾 十三 戊午室 二十三 戊辰魁
初四 庚辰箕 十四 己未壁 二十四 己巳柳
初五 辛巳斗 十五 庚申奎 禮拜 二十五 庚午星
初六 壬午牛 十六 辛酉婁 二十六 辛未張
初七 癸未女 十七 壬戌胃 霜降 二十七 癸申翼
初八 甲申虛 禮拜 十八 癸開昴 二十八 甲辰氐
初九 乙酉危 十九 甲子畢 二十九 乙巳房 禮拜
初十 丙戌室 二十 乙好觜 三十 丙午心

十一月建 甲子畢宿

初一 丁未尾 大雪 十一 丁巳婁 二十一 丁榮張
初二 戊申箕 十二 戊午胃 二十二 戊辰翼
初三 己酉斗 十三 己未昴 禮拜 二十三 己巳軫
初四 庚戌牛 十四 庚申畢 二十四 庚午角
初五 辛開女 十五 辛[illegible]觜 二十五 辛未亢
初六 壬子虛 禮拜 十六 壬戌參 二十六 壬申氐
初七 癸好危 十七 癸開井 冬至 二十七 癸酉房 禮拜
初八 甲寅室 十八 甲子魁 二十八 甲戌心
初九 乙榮壁 十九 乙好柳 二十九 乙開尾
初十 丙辰奎 二十 丙寅星 禮拜 三十 丙子箕
三十一 丁好斗

十二月建 乙好觜宿

初一 戊寅牛 小寒 十一 戊子畢 二十一 戊戌角
初二 己榮女 十二 己好觜 二十二 己開亢
初三 庚辰虛 禮拜 十三 庚寅軫 二十三 庚子氐
初四 辛巳危 十四 辛榮井 二十四 辛好房 禮拜
初五 壬午室 十五 壬辰魁 二十五 壬寅心
初六 癸未壁 十六 癸巳柳 大寒 二十六 癸榮尾
初七 甲申奎 十七 甲午星 禮拜 二十七 甲辰箕
初八 乙酉婁 十八 乙未張 二十八 乙巳斗
初九 丙戌胃 十九 丙寅翼 二十九 丙午牛
初十 丁開昴 禮拜 二十 丁酉軫 三十 丁未女

所謂太平新曆，形式大概如此。其「星宿」，「氣節」，「禮拜」，皆依次旋轉。（按太平新曆之禮拜，與公元之禮拜日相符。）每月後之日數，祇書數目，無「日」字，亦無朔望，更無一切宜忌吉凶之言，力求簡單，實較陰曆之一切迷信為便。初本每四十年一加，加之年每月三十三日，己未九年，天王又下詔，定為四十年一斡旋，斡年每月二十八日，時增時減，不知何義。惟太平國祚，僅十四年而亡，既未至「加」之年，更未至「斡」之歲，故所頒新曆，仍係單月三十一日，雙月三十日之舊法。比之陽曆，實大同而小異也。

至每年頒布之法，命史官於十月獻明年新天曆，蓋璽刻頒，十一月先頒遠省，十二月後頒近省。每年所定節慶紀念日，亦印入曆書，使衆遵守。天王詔旨，並謂：「永遠如是，不能更改。」每年曆書之前葉詔旨中所定紀念日，為：

正月十三　大兄升天節

二月初二　報爺節

二月二十一　天王登極節

三月初三　爺降節

七月二十七　東王升天節

九月初九　哥降節　（見太平天國己未玖年頒新曆詔）

此乃當時之紀念日，其他節慶日尚多，如各王生日及每年元旦等，皆互相慶賀，然不如紀念日之嚴重也。

五　太平新曆與陰曆陽曆對照表

由前之證明，太平新曆，實創行於壬子二年，然頒行後，與陰曆之關係若何，今就各家記載，凡記太平新曆而同時記陰曆時日者，錄若干條，依為根據，並由各種旁證之鉤稽，作一太平新曆與陰陽曆對照表，以便研究太平史及清史者，有一時間上之考核，或者因此考核而得證明若干史料之正確及謬誤焉。

（1）咸豐四年，（一八五五）歲在甲寅，正月元旦，金陵城中女館，若錯相賀，時賊營（即太平軍）十二月二十四也。正月初七日，（即咸豐四年）賊以為元旦。（國名金陵癸甲紀事略葉九）

（2）就起心窺逃。二月十六日，是我們的曆書三月初一日的日子發令逃走。（北平故宮藏洪大全口供）

（3）清咸豐五年乙卯，正月二十一日乙酉，乃太平天國二月初一。（凌善清太平天國野史）

（4）咸豐十年庚申五月初一日甲午，賊中偽造之曆，已五月初九矣。（潘鍾瑞庚申噩夢記上葉二十一）

（5）溫次言詩錄：『嘉平二十四日，（按即同治元年十二月二十四日）同人聯句於子舟，少梅寓舍，談笑盡興，詩以記事，呈竹生先生。中有句云：「恪奉清朝朔，相逢不賀年」。自注云：時為偽曆元旦。（總忠節公遺墨）

下表之中，有*號者，即禮拜日。太平新曆禮拜日與公曆同

太平天國辛開元年（此年仍用清曆見前說）

太平新曆	陰曆	陽曆
正月	清咸豐元年辛亥大正月	公元一八五一年二月(小)
	初三 庚寅	3
	初四 辛卯	4
	初五 壬辰	5
	初六 癸巳	6
	初七 甲午	7
	初八 乙未	8
	初九 丙申	9✱
	初十 丁酉	10
	十一 戊戌	11
	十二 己亥	12
	十三 庚子	13
	十四 辛丑	14
	十五 壬寅	15
	十六 癸卯	16✱
	十七 甲辰	17
	十八 乙巳	18
	十九 丙午	19
	二十 丁未	20
	廿一 戊申	21
	廿二 己酉	22
	廿三 庚戌	23✱
	廿四 辛亥	24
	廿五 壬子	25
	廿六 癸丑	26
	廿七 甲寅	27
	廿八 乙卯	28
	廿九 丙辰	三月 1
	三十 丁巳	2✱
	二月大 初一 戊午	3
	初二 己未	4
	初三 庚申	5

太平新曆	陰曆	陽曆
二月		
	初四 辛酉	6
	初五 壬戌	7
	初六 癸亥	8
	初七 甲子	9✱
	初八 乙丑	10
	初九 丙寅	11
	初十 丁卯	12
	十一 戊辰	13
	十二 己巳	14
	十三 庚午	15
	十四 辛未	16✱
	十五 壬申	17
	十六 癸酉	18
	十七 甲戌	19
	十八 乙亥	20
	十九 丙子	21
	二十 丁丑	22
	廿一 戊寅	23✱
	廿二 己卯	24
	廿三 庚辰	25
	廿四 辛巳	26
	廿五 壬午	27
	廿六 癸未	28
	廿七 甲申	29
	廿八 乙酉	30✱
	廿九 丙戌	31
	三十 丁亥	四月 1
	三月小 初一 戊子	2
	初二 己丑	3
	初三 庚寅	4

太平新曆	陰曆	陽曆
三月		
	初四 辛卯	5
	初五 壬辰	6✱
	初六 癸巳	7
	初七 甲午	8
	初八 乙未	9
	初九 丙申	10
	初十 丁酉	11
	十一 戊戌	12
	十二 己亥	13✱
	十三 庚子	14
	十四 辛丑	15
	十五 壬寅	16
	十六 癸卯	17
	十七 甲辰	18
	十八 乙巳	19
	十九 丙午	20✱
	二十 丁未	21
	廿一 戊申	22
	廿二 己酉	23
	廿三 庚戌	24
	廿四 辛亥	25
	廿五 壬子	26
	廿六 癸丑	27✱
	廿七 甲寅	28
	廿八 乙卯	29
	廿九 丙辰	30
	四月大 初一 丁巳	五月 1
	初二 戊午	2
	初三 己未	3
	初四 庚申	4✱
	初五 辛酉	5

太平新曆	陰曆	陽曆
四六		
	初六 壬戌	6
	初七 癸亥	7
	初八 甲子	8
	初九 乙丑	9
	初十 丙寅	10
	十一 丁卯	11✱
	十二 戊辰	12
	十三 己巳	13
	十四 庚午	14
	十五 辛未	15
	十六 壬申	16
	十七 癸酉	17
	十八 甲戌	18✱
	十九 乙亥	19
	二十 丙子	20
	廿一 丁丑	21
	廿二 戊寅	22
	廿三 己卯	23
	廿四 庚辰	24
	廿五 辛巳	25✱
	廿六 壬午	26
	廿七 癸未	27
	廿八 甲申	28
	廿九 乙酉	29
	三十 丙戌	30
	五月小 初一 丁亥	31
	初二 戊子	六月 1✱
	初三 己丑	2
	初四 庚寅	3
	初五 辛卯	4

太平新曆	陰曆	干支	陽曆
五月			
	初六	壬辰	5
	初七	癸巳	6
	初八	甲午	7
	初九	乙未	8*
	初十	丙申	9
	十一	丁酉	10
	十二	戊戌	11
	十三	己亥	12
	十四	庚子	13
	十五	辛丑	14
	十六	壬寅	15*
	十七	癸卯	16
	十八	甲辰	17
	十九	乙巳	18
	二十	丙午	19
	廿一	丁未	20
	廿二	戊申	21
	廿三	己酉	22*
	廿四	庚戌	23
	廿五	辛亥	24
	廿六	壬子	25
	廿七	癸丑	26
	廿八	甲寅	27
	廿九	乙卯	28
	六月小 初一	丙辰	29*
	初二	丁巳	30
	初三	戊午	七月 1
	初四	己未	2
	初五	庚申	3
	初六	辛酉	4
	初七	壬戌	5

太平新曆	陰曆	干支	陽曆
六月			
	初八	癸亥	6*
	初九	甲子	7
	初十	乙丑	8
	十一	丙寅	9
	十二	丁卯	10
	十三	戊辰	11
	十四	己巳	12
	十五	庚午	13*
	十六	辛未	14
	十七	壬申	15
	十八	癸酉	16
	十九	甲戌	17
	二十	乙亥	18
	廿一	丙子	19
	廿二	丁丑	20*
	廿三	戊寅	21
	廿四	己卯	22
	廿五	庚辰	23
	廿六	辛巳	24
	廿七	壬午	25
	廿八	癸未	26
	廿九	甲申	27*
	七月大 初一	乙酉	28
	初二	丙戌	29
	初三	丁亥	30
	初四	戊子	31
	初五	己丑	八月 1
	初六	庚寅	2
	初七	辛卯	3*
	初八	壬辰	4

太平新曆	陰曆	干支	陽曆
七月			
	初九	癸巳	5
	初十	甲午	6
	十一	乙未	7
	十二	丙申	8
	十三	丁酉	9
	十四	戊戌	10*
	十五	己亥	11
	十六	庚子	12
	十七	辛丑	13
	十八	壬寅	14
	十九	癸卯	15
	二十	甲辰	16
	廿一	乙巳	17*
	廿二	丙午	18
	廿三	丁未	19
	廿四	戊申	20
	廿五	己酉	21
	廿六	庚戌	22
	廿七	辛亥	23
	廿八	壬子	24*
	廿九	癸丑	25
	三十	甲寅	26
	八月小 初一	乙卯	27
	初二	丙辰	28
	初三	丁巳	29
	初四	戊午	30
	初五	己未	31*
	初六	庚申	九月 1
	初七	辛酉	2
	初八	壬戌	3
	初九	癸亥	4

太平新曆	陰曆	干支	陽曆
八月			
	初十	甲子	5
	十一	乙丑	6
	十二	丙寅	7*
	十三	丁卯	8
	十四	戊辰	9
	十五	己巳	10
	十六	庚午	11
	十七	辛未	12
	十八	壬申	13
	十九	癸酉	14*
	二十	甲戌	15
	廿一	乙亥	16
	廿二	丙子	17
	廿三	丁丑	18
	廿四	戊寅	19
	廿五	己卯	20
	廿六	庚辰	21*
	廿七	辛巳	22
	廿八	壬午	23
	廿九	癸未	24
	閏八月小 初一	甲申	25
	初二	乙酉	26
	初三	丙戌	27
	初四	丁亥	28*
	初五	戊子	29
	初六	己丑	30
	初七	庚寅	十月 1
	初八	辛卯	2
	初九	壬辰	3
	初十	癸巳	4

太平新曆	陰曆	陽曆
九月	十一 甲午	5*
	十二 乙未	6
	十三 丙申	7
	十四 丁酉	8
	十五 戊戌	9
	十六 己亥	10
	十七 庚子	11
	十八 辛丑	12*
	十九 壬寅	13
	二十 癸卯	14
	廿一 甲辰	15
	廿二 乙巳	16
	廿三 丙午	17
	廿四 丁未	18
	廿五 戊申	19*
	廿六 己酉	20
	廿七 庚戌	21
	廿八 辛亥	22
	廿九 壬子	23
	九月大 初一 癸丑	24
	初二 甲寅	25
	初三 乙卯	26*
	初四 丙辰	27
	初五 丁巳	28
	初六 戊午	26
	初七 己未	30
	初八 庚申	31
	初九 辛酉	十一月 1
	初十 壬戌	2*
	十一 癸亥	3
	十二 甲子	4

太平新曆	陰曆	陽曆
十月	十三 乙丑	5
	十四 丙寅	6
	十五 丁卯	7
	十六 戊辰	8
	十七 己巳	9*
	十八 庚午	10
	十九 辛未	11
	二十 壬申	12
	廿一 癸酉	13
	廿二 甲戌	14
	廿三 乙亥	15
	廿四 丙子	16*
	廿五 丁丑	17
	廿六 戊寅	18
	廿七 己卯	19
	廿八 庚辰	20
	廿九 辛巳	21
	三十 壬午	22
	十月小 初一 癸未	23*
	初二 甲申	24
	初三 乙酉	25
	初四 丙戌	26
	初五 丁亥	27
	初六 戊子	28
	初七 己丑	29
	初八 庚寅	30*
	初九 辛卯	十二月 1
	初十 壬辰	2
	十一 癸巳	3
	十二 甲午	4

太平新曆	陰曆	陽曆
十一月		一八五三年
	十三 乙未	5
	十四 丙申	6
	十五 丁酉	7*
	十六 戊戌	8
	十七 己亥	9
	十八 庚子	10
	十九 辛丑	11
	二十 壬寅	12
	廿一 癸卯	13
	廿二 甲辰	14*
	廿三 乙巳	15
	廿四 丙午	16
	廿五 丁未	17
	廿六 戊申	18
	廿七 己酉	19
	廿八 庚戌	20
	廿九 辛亥	21*
	十一月大 初一 壬子	22
	初二 癸丑	23
	初三 甲寅	24
	初四 乙卯	25
	初五 丙辰	26
	初六 丁巳	27
	初七 戊午	28*
	初八 己未	29
	初九 庚申	30
	初十 辛酉	31
	十一 壬戌	一月 1
	十二 癸亥	2
	十三 甲子	3
	十四 乙丑	4*

太平新曆	陰曆	陽曆
十二月	十五 丙寅	5
	十六 丁卯	6
	十七 戊辰	7
	十八 己巳	8
	十九 庚午	9
	二十 辛未	10
	廿一 壬申	11*
	廿二 癸酉	12
	廿三 甲戌	13
	廿四 乙亥	14
	廿五 丙子	15
	廿六 丁丑	16
	廿七 戊寅	17
	廿八 己卯	18*
	廿九 庚辰	19
	三十 辛巳	20
	十二月大 初一 壬午	21
	初二 癸未	22
	初三 甲申	23
	初四 乙酉	24
	初五 丙戌	25*
	初六 丁亥	26
	初七 戊子	27
	初八 己丑	28
	初九 庚寅	29
	初十 辛卯	30
	十一 壬辰	31
	十二 癸巳	二月 1*
	十三 甲午	2
	十四 乙未	3

太平天國壬子二年

正月

太平新曆		陰曆（咸豐二年壬子）		陽曆
初一	丙申	十五	丙申	4
初二	丁酉	十六	丁酉	5
初三	戊戌	十七	戊戌	6
初四	己開	十八	己亥	7
初五	庚子	十九	庚子	8*
初六	辛好	二十	辛丑	9
初七	壬寅	廿一	壬寅	10
初八	癸榮	廿二	癸卯	11
初九	甲辰	廿三	甲辰	12
初十	乙巳	廿四	乙巳	13
十一	丙午	廿五	丙午	14
十二	丁未	廿六	丁未	15*
十三	戊申	廿七	戊申	16
十四	己酉	廿八	己酉	17
十五	庚戌	廿九	庚戌	18
十六	辛開	三十	辛亥	19
十七	壬子	正月大 初一	壬子	20
十八	癸好	初二	癸丑	21
十九	甲寅	初三	甲寅	22*
二十	乙榮	初四	乙卯	23
廿一	丙辰	初五	丙辰	24
廿二	丁巳	初六	丁巳	25
廿三	戊午	初七	戊午	26
廿四	己未	初八	己未	27
廿五	庚申	初九	庚申	28
廿六	辛酉	初十	辛酉	29*
廿七	壬戌	十一	壬戌	三月 1
廿八	癸開	十二	癸亥	2
廿九	甲子	十三	甲子	3
三十	乙好	十四	乙丑	4
卅一	丙寅	十五	丙寅	5

二月

太平新曆		陰曆		陽曆
初一	丁榮	十六	丁卯	6
初二	戊辰	十七	戊辰	7*
初三	己巳	十八	己巳	8
初四	庚午	十九	庚午	9
初五	辛未	二十	辛未	10
初六	壬申	廿一	壬申	11
初七	癸酉	廿二	癸酉	12
初八	甲戌	廿三	甲戌	13
初九	乙開	廿四	乙亥	14*
初十	丙子	廿五	丙子	15
十一	丁好	廿六	丁丑	16
十二	戊寅	廿七	戊寅	17
十三	己榮	廿八	己卯	18
十四	庚辰	廿九	庚辰	19
十五	辛巳	三十	辛巳	20
十六	壬午	二月小 初一	壬午	21*
十七	癸未	初二	癸未	22
十八	甲申	初三	甲申	23
十九	乙酉	初四	乙酉	24
二十	丙戌	初五	丙戌	25
廿一	丁開	初六	丁亥	26
廿二	戊子	初七	戊子	27
廿三	己好	初八	己丑	28*
廿四	庚寅	初九	庚寅	29
廿五	辛榮	初十	辛卯	30
廿六	壬辰	十一	壬辰	31
廿七	癸巳	十二	癸巳	四月 1
廿八	甲午	十三	甲午	2
廿九	乙未	十四	乙未	3
三十	丙申	十五	丙申	4*

三月

太平新曆		陰曆		陽曆
初一	丁酉	十六	丁酉	5
初二	戊戌	十七	戊戌	6
初三	己開	十八	己亥	7
初四	庚子	十九	庚子	8
初五	辛好	二十	辛丑	9
初六	壬寅	廿一	壬寅	10
初七	癸榮	廿二	癸卯	11*
初八	甲辰	廿三	甲辰	12
初九	乙巳	廿四	乙巳	13
初十	丙午	廿五	丙午	14
十一	丁未	廿六	丁未	15
十二	戊申	廿七	戊申	16
十三	己酉	廿八	己酉	17
十四	庚戌	廿九	庚戌	18*
十五	辛開	三月大 初一	辛亥	19
十六	壬子	初二	壬子	20
十七	癸好	初三	癸丑	21
十八	甲寅	初四	甲寅	22
十九	乙榮	初五	乙卯	23
二十	丙辰	初六	丙辰	24
廿一	丁巳	初七	丁巳	25*
廿二	戊午	初八	戊午	26
廿三	己未	初九	己未	27
廿四	庚申	初十	庚申	28
廿五	辛酉	十一	辛酉	29
廿六	壬戌	十二	壬戌	30
廿七	癸開	十三	癸亥	五月 1
廿八	甲子	十四	甲子	2*
廿九	乙好	十五	乙丑	3
三十	丙寅	十六	丙寅	4
卅一	丁榮	十七	丁卯	5

四月

太平新曆		陰曆		陽曆
初一	戊辰	十八	戊辰	6
初二	己巳	十九	己巳	7
初三	庚午	二十	庚午	8
初四	辛未	廿一	辛未	9*
初五	壬申	廿二	壬申	10
初六	癸酉	廿三	癸酉	11
初七	甲戌	廿四	甲戌	12
初八	乙開	廿五	乙亥	13
初九	丙子	廿六	丙子	84
初十	丁好	廿七	丁丑	15
十一	戊寅	廿八	戊寅	16*
十二	己榮	廿九	己卯	17
十三	庚辰	三十	庚辰	18
十四	辛巳	四月大 初一	辛巳	19
十五	壬午	初二	壬午	20
十六	癸未	初三	癸未	21
十七	甲申	初四	甲申	22
十八	乙酉	初五	乙酉	23*
十九	丙戌	初六	丙戌	24
二十	丁開	初七	丁亥	25
廿一	戊子	初八	戊子	26
廿二	己好	初九	己丑	27
廿三	庚寅	初十	庚寅	28
廿四	辛榮	十一	辛卯	29
廿五	壬辰	十二	壬辰	30*
廿六	癸巳	十三	癸巳	31
廿七	甲午	十四	甲午	六月 1
廿八	乙未	十五	乙未	2
廿九	丙申	十六	丙申	3
三十	丁酉	十七	丁酉	4

太平新曆 五月		陰曆		陽曆
初一	戊戌	十八	戊戌	5
初二	己開	十九	己亥	6*
初三	庚子	二十	庚子	7
初四	辛好	廿一	辛丑	8
初五	壬寅	廿二	壬寅	9
初六	癸榮	廿三	癸卯	10
初七	甲辰	廿四	甲辰	11
初八	乙巳	廿五	乙巳	12
初九	丙午	廿六	丙午	13*
初十	丁未	廿七	丁未	14
十一	戊申	廿八	戊申	15
十二	己酉	廿九	己酉	16
十三	庚戌	三十	庚戌	17
十四	辛開	五月小 初一	辛亥	18
十五	壬子	初二	壬子	19
十六	癸好	初三	癸丑	20*
十七	甲寅	初四	甲寅	21
十八	乙榮	初五	乙卯	22
十九	丙辰	初六	丙辰	23
二十	丁巳	初七	丁巳	24
廿一	戊午	初八	戊午	25
廿二	己未	初九	己未	36
廿三	庚申	初十	庚申	27*
廿四	辛酉	十一	辛酉	28
廿五	壬戌	十二	壬戌	29
廿六	癸開	十三	癸亥	30
廿七	甲子	十四	甲子	七月 1
廿八	乙好	十五	乙丑	2
廿九	丙寅	十六	丙寅	3
三十	丁榮	十七	丁卯	4*
卅一	戊辰	十八	戊辰	5

太平新曆 六月		陰曆		陽曆
初一	己巳	十九	巳巳	6
初二	庚午	二十	庚午	7
初三	辛未	廿一	辛未	8
初四	壬申	廿二	壬申	9
初五	癸酉	廿三	癸酉	10
初六	甲戌	廿四	甲戌	11*
初七	乙開	廿五	乙亥	12
初八	丙子	廿六	丙子	13
初九	丁好	廿七	丁丑	14
初十	戊寅	廿八	戊寅	15
十一	己榮	廿九	巳卯	16
十二	庚辰	六月小 初一	庚辰	17
十三	辛巳	初二	辛巳	18*
十四	壬午	初三	壬午	19
十五	癸未	初四	癸未	20
十六	甲申	初五	甲申	21
十七	乙酉	初六	乙酉	22
十八	丙戌	初七	丙戌	23
十九	丁開	初八	丁亥	24
二十	戊子	初九	戊子	25*
廿一	己好	初十	己丑	26
廿二	庚寅	十一	庚寅	27
廿三	辛榮	十二	辛卯	28
廿四	壬辰	十三	壬辰	29
廿五	癸巳	十四	癸巳	30
廿六	甲午	十五	甲午	31
廿七	乙未	十六	乙未	八月 1*
廿八	丙申	十七	丙申	2
廿九	丁酉	十八	丁酉	3
三十	戊戌	十九	戊戌	4

太平新曆 七月		陰曆		陽曆
初一	巳開	二十	巳亥	5
初二	庚子	廿一	庚子	6
初三	辛好	廿二	辛丑	7
初四	壬寅	廿三	壬寅	8*
初五	癸榮	廿四	癸卯	9
初六	甲辰	廿五	甲辰	10
初七	乙巳	廿六	乙巳	11
初八	丙午	廿七	丙午	12
初九	丁未	廿八	丁未	13
初十	戊申	廿九	戊申	14
十一	己酉	大七月 初一	巳酉	15*
十二	庚戌	初二	庚戌	16
十三	辛開	初三	辛亥	17
十四	壬子	初四	壬子	18
十五	癸好	初五	癸丑	19
十六	甲寅	初六	甲寅	20
十七	乙榮	初七	乙卯	21
十八	丙辰	初八	丙辰	22*
十九	丁巳	初九	丁巳	23
二十	戊午	初十	戊午	24
廿一	己未	十一	己未	25
廿二	庚申	十二	庚申	26
廿三	辛酉	十三	辛酉	27
廿四	壬戌	十四	壬戌	28
廿五	癸開	十五	癸亥	29*
廿六	甲子	十六	甲子	30
廿七	乙好	十七	乙丑	31
廿八	丙寅	十八	丙寅	九月 1
廿九	丁榮	十九	丁卯	2
三十	戊辰	二十	戊辰	3
卅一	巳巳	廿一	巳巳	4

太平新曆 八月		陰曆		陽曆
初一	庚午	廿二	庚午	5*
初二	辛未	廿三	辛未	6
初三	壬申	廿四	壬申	7
初四	癸酉	廿五	癸酉	8
初五	甲戌	廿六	甲戌	9
初六	乙開	廿七	乙亥	10
初七	丙子	廿八	丙子	11
初八	丁好	廿九	丁丑	12*
初九	戊寅	三十	戊寅	13
初十	巳榮	八月小 初一	巳卯	14
十一	庚辰	初二	庚辰	15
十二	辛巳	初三	辛巳	16
十三	壬午	初四	壬午	17
十四	癸未	初五	癸未	18
十五	甲申	初六	甲申	19*
十六	乙酉	初七	乙酉	20
十七	丙戌	初八	丙戌	21
十八	丁開	初九	丁亥	22
十九	戊子	初十	戊子	23
二十	巳好	十一	巳丑	24
廿一	庚寅	十二	庚寅	25
廿二	辛榮	十三	辛卯	26*
廿三	壬辰	十四	壬辰	27
廿四	癸巳	十五	癸巳	28
廿五	甲午	十六	甲午	29
廿六	乙未	十七	乙未	30
廿七	丙申	十八	丙申	十月 1
廿八	丁酉	十九	丁酉	2
廿九	戊戌	二十	戊戌	3*
三十	巳開	廿一	巳亥	4

太平新曆	陰曆	陽曆
九月		
初一 庚子	廿二 庚子	5
初二 辛好	廿三 辛丑	6
初三 壬寅	廿四 壬寅	7
初四 癸榮	廿五 癸卯	8
初五 甲辰	廿六 甲辰	9
初六 乙巳	廿七 乙巳	10★
初七 丙午	廿八 丙午	11
初八 丁未	廿九 丁未	12
初九 戊申	九月大 初一 戊申	13
初十 己酉	初二 己酉	14
十一 庚戌	初三 庚戌	15
十二 辛開	初四 辛亥	16
十三 壬子	初五 壬子	17★
十四 癸好	初六 癸丑	18
十五 甲寅	初七 甲寅	19
十六 乙榮	初八 乙卯	20
十七 丙辰	初九 丙辰	21
十八 丁巳	初十 丁巳	22
十九 戊午	十一 戊午	23
二十 己未	十二 己未	24★
廿一 庚申	十三 庚申	25
廿二 辛酉	十四 辛酉	26
廿三 壬戌	十五 壬戌	27
廿四 癸開	十六 癸亥	38
廿五 甲子	十七 甲子	29
廿六 乙好	十八 乙丑	30
廿七 丙寅	十九 丙寅	31★
廿八 丁榮	二十 丁卯	十一月 1
廿九 戊辰	廿一 戊辰	2
三十 己巳	廿二 己巳	3
卅一 庚午	廿三 庚午	4

太平新曆	陰曆	陽曆
十月		
初一 辛未	廿四 辛未	5
初二 壬申	廿五 壬申	6
初三 癸酉	廿六 癸酉	7★
初四 甲戌	廿七 甲戌	8
初五 乙開	廿八 乙亥	9
初六 丙子	廿九 丙子	10
初七 丁好	三十 丁丑	11
初八 戊寅	十月小 初一 戊寅	12
初九 己榮	初二 己卯	13
初十 庚辰	初三 庚辰	14★
十一 辛巳	初四 辛巳	15
十二 壬午	初五 壬午	16
十三 癸未	初六 癸未	17
十四 甲申	初七 甲申	18
十五 乙酉	初八 乙酉	19
十六 丙戌	初九 丙戌	20
十七 丁開	初十 丁亥	21★
十八 戊子	十一 戊子	22
十九 己好	十二 己丑	23
二十 庚寅	十三 庚寅	24
廿一 辛榮	十四 辛卯	25
廿二 壬辰	十五 壬辰	26
廿三 癸巳	十六 癸巳	27
廿四 甲午	十七 甲午	28★
廿五 乙未	十八 乙未	29
廿六 丙申	十九 丙申	30
廿七 丁酉	二十 丁酉	十二月 1
廿八 戊戌	廿一 戊戌	2
廿九 巳開	廿二 己亥	3
三十 庚子	廿三 庚子	4

太平新曆	陰曆	陽曆
十一月		一八五三年(下)
初一 辛好	廿四 辛丑	5★
初二 壬寅	廿五 壬寅	6
初三 癸榮	廿六 癸卯	7
初四 甲辰	廿七 甲辰	8
初五 乙巳	廿八 乙巳	9
初六 丙午	廿九 丙午	10
初七 丁未	十一月小 初一 丁未	11
初八 戊申	初二 戊申	12★
初九 己酉	初三 己酉	13
初十 庚戌	初四 庚戌	14
十一 辛開	初五 辛亥	15
十二 壬子	初六 壬子	16
十三 癸好	初七 癸丑	17
十四 甲寅	初八 甲寅	18
十五 乙榮	初九 乙卯	19★
十六 丙辰	初十 丙辰	20
十七 丁巳	十一 丁巳	21
十八 戊午	十二 戊午	22
十九 己未	十三 己未	23
二十 庚申	十四 庚申	24
廿一 辛酉	十五 辛酉	25
廿二 壬戌	十六 壬戌	26★
廿三 癸開	十七 癸亥	27
廿四 甲子	十八 甲子	28
廿五 乙好	十九 乙丑	29
廿六 丙寅	二十 丙寅	30
廿七 丁榮	廿一 丁卯	31
廿八 戊辰	廿二 戊辰	一月 1
廿九 己巳	廿三 己巳	2★
三十 庚午	廿四 庚午	3
卅一 辛未	廿五 辛未	4

太平新曆	陰曆	陽曆
十二月		
初一 壬申	廿六 壬申	5
初二 癸酉	廿七 癸酉	6
初三 甲戌	廿八 甲戌	7
初四 乙開	廿九 乙亥	8
初五 丙子	十二月大 初一 丙子	9★
初六 丁好	初二 丁丑	10
初七 戊寅	初三 戊寅	11
初八 己榮	初四 己卯	12
初九 庚辰	初五 庚辰	13
初十 辛巳	初六 辛巳	14
十一 壬午	初七 壬午	15
十二 癸未	初八 癸未	16★
十三 甲申	初九 甲申	17
十四 乙酉	初十 乙酉	18
十五 丙戌	十一 丙戌	19
十六 丁開	十二 丁亥	20
十七 戊子	十三 戊子	21
十八 己好	十四 己丑	22
十九 庚寅	十五 庚寅	23★
二十 辛榮	十六 辛卯	24
廿一 壬辰	十七 壬辰	25
廿二 癸巳	十八 癸巳	26
廿三 甲午	十九 甲午	27
廿四 乙未	二十 乙未	28
廿五 丙申	廿一 丙申	29
廿六 丁酉	廿二 丁酉	30★
廿七 戊戌	廿三 戊戌	31
廿八 己開	廿四 己亥	二月 1
廿九 庚子	廿五 庚子	2
三十 辛好	廿六 辛丑	3

太平天國癸好三年

正月

太平新曆 正月	陰曆 清咸豐三年癸丑	陽曆
初一壬寅	廿七壬寅	4
初二癸榮	廿八癸卯	5
初三甲辰	廿九甲辰	6*
初四乙巳	三十乙巳	7
初五丙午	正月大 初一丙午	8
初六丁未	初二丁未	9
初七戊申	初三戊申	10
初八己酉	初四己酉	11
初九庚戌	初五庚戌	12
初十辛開	初六辛亥	13*
十一壬子	初七壬子	14
十二癸好	初八癸丑	15
十三甲寅	初九甲寅	16
十四乙榮	初十乙卯	17
十五丙辰	十一丙辰	18
十六丁巳	十二丁巳	19
十七戊午	十三戊午	20*
十八己未	十四己未	21
十九庚申	十五庚申	22
二十辛酉	十六辛酉	23
廿一壬戌	十七壬戌	24
廿二癸開	十八癸亥	25
廿三甲子	十九甲子	26
廿四乙好	二十乙丑	27*
廿五丙寅	廿一丙寅	28
廿六丁榮	廿二丁卯	三月 1
廿七戊辰	廿三戊辰	2
廿八己巳	廿四己巳	3
廿九庚午	廿五庚午	4
三十辛未	廿六辛未	5
卅一壬申	廿七壬申	6*

二月

太平新曆 二月	陰曆	陽曆
初一癸酉	廿八癸酉	7
初二甲戌	廿九甲戌	8
初三乙開	三十乙亥	9
初四丙子	二月小 初一丙子	10
初五丁好	初二丁丑	11
初六戊寅	初三戊寅	12
初七己榮	初四己卯	13*
初八庚辰	初五庚辰	14
初九辛巳	初六辛巳	15
初十壬午	初七壬午	16
十一癸未	初八癸未	17
十二甲申	初九甲申	18
十三乙酉	初十乙酉	19
十四丙戌	十一丙戌	20*
十五丁開	十二丁亥	21
十六戊子	十三戊子	22
十七己好	十四己丑	23
十八庚寅	十五庚寅	24
十九辛榮	十六辛卯	25
二十壬辰	十七壬辰	26
廿一癸巳	十八癸巳	27*
廿二甲午	十九甲午	28
廿三乙未	二十乙未	29
廿四丙申	廿一丙申	30
廿五丁酉	廿二丁酉	31
廿六戊戌	廿三戊戌	四月 1
廿七己開	廿四己亥	2
廿八庚子	廿五庚子	3*
廿九辛好	廿六辛丑	4
三十壬寅	廿七壬寅	5

三月

太平新曆 三月	陰曆	陽曆
初一癸榮	廿八癸卯	6
初二甲辰	廿九甲辰	7
初三乙巳	三月大 初一乙巳	8
初四丙午	初二丙午	9
初五丁未	初三丁未	10*
初六戊申	初四戊申	11
初七己酉	初五己酉	12
初八庚戌	初六庚戌	13
初九辛開	初七辛亥	14
初十壬子	初八壬子	15
十一癸好	初九癸丑	16
十二甲寅	初十甲寅	17*
十三乙榮	十一乙卯	18
十四丙辰	十二丙辰	19
十五丁巳	十三丁巳	20
十六戊午	十四戊午	21
十七己未	十五己未	22
十八庚申	十六庚申	23
十九辛酉	十七辛酉	24*
二十壬戌	十八壬戌	25
廿一癸開	十九癸亥	26
廿二甲子	二十甲子	27
廿三乙好	廿一乙丑	28
廿四丙寅	廿二丙寅	29
廿五丁榮	廿三丁卯	30
廿六戊辰	廿四戊辰	五月 1*
廿七己巳	廿五己巳	2
廿八庚午	廿六庚午	3
廿九辛未	廿七辛未	4
三十壬申	廿八壬申	5
卅一癸酉	廿九癸酉	6

四月

太平新曆 四月	陰曆	陽曆
初一甲戌	三十甲戌	7
初二乙開	四月大 初一乙亥	8*
初三丙子	初二丙子	9
初四丁好	初三丁丑	10
初五戊寅	初四戊寅	11
初六己榮	初五己卯	12
初七庚辰	初六庚辰	13
初八辛巳	初七辛巳	14
初九壬午	初八壬午	15*
初十癸未	初九癸未	16
十一甲申	初十甲申	17
十二乙酉	十一乙酉	18
十三丙戌	十二丙戌	19
十四丁開	十三丁亥	20
十五戊子	十四戊子	21
十六己好	十五己丑	22*
十七庚寅	十六庚寅	23
十八辛榮	十七辛卯	24
十九壬辰	十八壬辰	25
二十癸巳	十九癸巳	26
廿一甲午	二十甲午	27
廿二乙未	廿一乙未	28
廿三丙申	廿二丙申	29*
廿四丁酉	廿三丁酉	30
廿五戊戌	廿四戊戌	31
廿六己開	廿五己亥	六月 1
廿七庚子	廿六庚子	2
廿八辛好	廿七辛丑	3
廿九壬寅	廿八壬寅	4
三十癸榮	廿九癸卯	5

五月

太平新曆	陰曆	陽曆
初一 甲辰	三十 甲辰	6
初二 乙巳	（小五月）初一 乙巳	7
初三 丙午	初二 丙午	8
初四 丁未	初三 丁未	9
初五 戊申	初四 戊申	10
初六 己酉	初五 己酉	11
初七 庚戌	初六 庚戌	12*
初八 辛開	初七 辛亥	13
初九 壬子	初八 壬子	14
初十 癸好	初九 癸丑	15
十一 甲寅	初十 甲寅	16
十二 乙榮	十一 乙卯	17
十三 丙辰	十二 丙辰	18
十四 丁巳	十三 丁巳	19*
十五 戊午	十四 戊午	20
十六 己未	十五 己未	21
十七 庚申	十六 庚申	22
十八 辛酉	十七 辛酉	23
十九 壬戌	十八 壬戌	24
二十 癸開	十九 癸亥	25
廿一 甲子	二十 甲子	26*
廿二 乙好	廿一 乙丑	27
廿三 丙寅	廿二 丙寅	28
廿四 丁榮	廿三 丁卯	29
廿五 戊辰	廿四 戊辰	30
廿六 己巳	廿五 己巳	（七月）1
廿七 庚午	廿六 庚午	2
廿八 辛未	廿七 辛未	3*
廿九 壬申	廿八 壬申	4
三十 癸酉	廿九 癸酉	5
卅一 甲戌	（小六月）初一 甲戌	6

六月

太平新曆	陰曆	陽曆
初一 乙開	初二 乙亥	7
初二 丙子	初三 丙子	8
初三 丁好	初四 丁丑	9
初四 戊寅	初五 戊寅	10*
初五 己榮	初六 己卯	11
初六 庚辰	初七 庚辰	12
初七 辛巳	初八 辛巳	13
初八 壬午	初九 壬午	14
初九 癸未	初十 癸未	15
初十 甲申	十一 甲申	16
十一 乙酉	十二 乙酉	17*
十二 丙戌	十三 丙戌	18
十三 丁開	十四 丁亥	19
十四 戊子	十五 戊子	20
十五 己好	十六 己丑	21
十六 庚寅	十七 庚寅	22
十七 辛榮	十八 辛卯	23
十八 壬辰	十九 壬辰	24*
十九 癸巳	二十 癸巳	25
二十 甲午	廿一 甲午	26
廿一 乙未	廿二 乙未	27
廿二 丙申	廿三 丙申	28
廿三 丁酉	廿四 丁酉	29
廿四 戊戌	廿五 戊戌	30
廿五 己開	廿六 己亥	31*
廿六 庚子	廿七 庚子	（八月）1
廿七 辛好	廿八 辛丑	2
廿八 壬寅	廿九 壬寅	3
廿九 癸榮	三十 癸卯	4
三十 甲辰	（小七月）初一 甲辰	5

七月

太平新曆	陰曆	陽曆
初一 乙巳	初二 乙巳	6
初二 丙午	初三 丙午	7*
初三 丁未	初四 丁未	8
初四 戊申	初五 戊申	6
初五 己酉	初六 己酉	10
初六 庚戌	初七 庚戌	11
初七 辛開	初八 辛亥	12
初八 壬子	初九 壬子	13
初九 癸好	初十 癸丑	14*
初十 甲寅	十一 甲寅	15
十一 乙榮	十二 乙卯	16
十二 丙辰	十三 丙辰	17
十三 丁巳	十四 丁巳	18
十四 戊午	十五 戊午	19
十五 己未	十六 己未	20
十六 庚申	十七 庚申	21*
十七 辛酉	十八 辛酉	22
十八 壬戌	十九 壬戌	23
十九 癸開	二十 癸亥	24
二十 甲子	廿一 甲子	25
廿一 乙好	廿二 乙丑	26
廿二 丙寅	廿三 丙寅	27
廿三 丁榮	廿四 丁卯	28*
廿四 戊辰	廿五 戊辰	39
廿五 己巳	廿六 己巳	30
廿六 庚午	廿七 庚午	31
廿七 辛未	廿八 辛未	（九月）1
廿八 壬申	廿九 壬申	2
廿九 癸酉	（大八月）初一 癸酉	3
三十 甲戌	初二 甲戌	4*
卅一 乙開	初三 乙亥	5

八月

太平新曆	陰曆	陽曆
初一 丙子	初四 丙子	6
初二 丁好	初五 丁丑	7
初三 戊寅	初六 戊寅	8
初四 己榮	初七 己卯	9
初五 庚辰	初八 庚辰	10
初六 辛巳	初九 辛巳	11*
初七 壬午	初十 壬午	12
初八 癸未	十一 癸未	13
初九 甲申	十二 甲申	14
初十 乙酉	十三 乙酉	15
十一 丙戌	十四 丙戌	16
十二 丁開	十五 丁亥	17
十三 戊子	十六 戊子	18*
十四 己好	十七 己丑	19
十五 庚寅	十八 庚寅	20
十六 辛榮	十九 辛卯	21
十七 壬辰	二十 壬辰	22
十八 癸巳	廿一 癸巳	23
十九 甲午	廿二 甲午	24
二十 乙未	廿三 乙未	25*
廿一 丙申	廿四 丙申	26
廿二 丁酉	廿五 丁酉	27
廿三 戊戌	廿六 戊戌	28
廿四 己開	廿七 己亥	29
廿五 庚子	廿八 庚子	30
廿六 辛好	廿九 辛丑	（十月）1
廿七 壬寅	三十 壬寅	2*
廿八 癸榮	（小九月）初一 癸卯	3
廿九 甲辰	初二 甲辰	4
三十 乙巳	初三 乙巳	5

太平新曆	陰曆	陽曆
九月		
初一 丙午	初四 丙午	6
初二 丁未	初五 丁未	7
初三 戊申	初六 戊申	8
初四 己酉	初七 己酉	9✱
初五 庚戌	初八 庚戌	10
初六 辛開	初九 辛亥	11
初七 壬子	初十 壬子	12
初八 癸好	十一 癸丑	13
初九 甲寅	十二 甲寅	14
初十 乙榮	十三 乙卯	15
十一 丙辰	十四 丙辰	16✱
十二 丁巳	十五 丁巳	17
十三 戊午	十六 戊午	18
十四 己未	十七 己未	19
十五 庚申	十八 庚申	20
十六 辛酉	十九 辛酉	21
十七 壬戌	二十 壬戌	22
十八 癸開	廿一 癸亥	23✱
十九 甲子	廿二 甲子	24
二十 乙好	廿三 乙丑	25
廿一 丙寅	廿四 丙寅	26
廿二 丁榮	廿五 丁卯	27
廿三 戊辰	廿六 戊辰	28
廿四 己巳	廿七 己巳	29
廿五 庚午	廿八 庚午	30✱
廿六 辛未	廿九 辛未	31
廿七 壬申	十月大 初一 壬申	十一月 1
廿八 癸酉	初二 癸酉	2
廿九 甲戌	初三 甲戌	3
三十 乙開	初四 乙亥	4
卅一 丙子	初五 丙子	5

太平新曆	陰曆	陽曆
十月		
初一 丁好	初六 丁丑	6✱
初二 戊寅	初七 戊寅	7
初三 己榮	初八 己卯	8
初四 庚辰	初九 庚辰	9
初五 辛巳	初十 辛巳	10
初六 壬午	十一 壬午	11
初七 癸未	十二 癸未	12
初八 甲申	十三 甲申	13✱
初九 乙酉	十四 乙酉	14
初十 丙戌	十五 丙戌	15
十一 丁開	十六 丁亥	16
十二 戊子	十七 戊子	17
十三 己好	十八 己丑	18
十四 庚寅	十九 庚寅	19
十五 辛榮	二十 辛卯	20✱
十六 壬辰	廿一 壬辰	21
十七 癸巳	廿二 癸巳	22
十八 甲午	廿三 甲午	23
十九 乙未	廿四 乙未	24
二十 丙申	廿五 丙申	25
廿一 丁酉	廿六 丁酉	26
廿二 戊戌	廿七 戊戌	27✱
廿三 己開	廿八 己亥	28
廿四 庚子	廿九 庚子	29
廿五 辛好	三十 辛丑	30
廿六 壬寅	十一月小 初一 壬寅	十二月 1
廿七 癸榮	初二 癸卯	2
廿八 甲辰	初三 甲辰	3
廿九 乙巳	初四 乙巳	4✱
三十 丙午	初五 丙午	5

太平新曆	陰曆	陽曆
十一月		一八五四年(下)
初一 丁未	初六 丁未	6
初二 戊申	初七 戊申	7
初三 己酉	初八 己酉	8
初四 庚戌	初九 庚戌	9
初五 辛開	初十 辛亥	10
初六 壬子	十一 壬子	11✱
初七 癸好	十二 癸丑	12
初八 甲寅	十三 甲寅	13
初九 乙榮	十四 乙卯	14
初十 丙辰	十五 丙辰	15
十一 丁巳	十六 丁巳	16
十二 戊午	十七 戊午	17
十三 己未	十八 己未	18✱
十四 庚申	十九 庚申	19
十五 辛酉	二十 辛酉	20
十六 壬戌	廿一 壬戌	21
十七 癸開	廿二 癸亥	22
十八 甲子	廿三 甲子	23
十九 乙好	廿四 乙丑	24
二十 丙寅	廿五 丙寅	25✱
廿一 丁榮	廿六 丁卯	26
廿二 戊辰	廿七 戊辰	27
廿三 己巳	廿八 己巳	28
廿四 庚午	廿九 庚午	29
廿五 辛未	十二月大 初一 辛未	30
廿六 壬申	初二 壬申	31
廿七 癸酉	初三 癸酉	一月 1✱
廿八 甲戌	初四 甲戌	2
廿九 乙開	初五 乙亥	3
三十 丙子	初六 丙子	4
卅一 丁好	初七 丁丑	5

太平新曆	陰曆	陽曆
十二月	清咸豐四年甲寅	
初一 戊寅	初八 戊寅	9
初二 己榮	初九 己卯	7
初三 庚辰	初十 庚辰	8✱
初四 辛巳	十一 辛巳	9
初五 壬午	十二 壬午	10
初六 癸未	十三 癸未	11
初七 甲申	十四 甲申	12
初八 乙酉	十五 乙酉	13
初九 丙戌	十六 丙戌	14
初十 丁開	十七 丁亥	15✱
十一 戊子	十八 戊子	16
十二 己好	十九 己丑	17
十三 庚寅	二十 庚寅	18
十四 辛榮	廿一 辛卯	19
十五 壬辰	廿二 壬辰	20
十六 癸巳	廿三 癸巳	21
十七 甲午	廿四 甲午	22✱
十八 乙未	廿五 乙未	23
十九 丙申	廿六 丙申	24
二十 丁酉	廿七 丁酉	25
廿一 戊戌	廿八 戊戌	26
廿二 己開	廿九 己亥	27
廿三 庚子	三十 庚子	28
廿四 辛好	正月小 初一 辛丑	29✱
廿五 壬寅	初二 壬寅	30
廿六 癸榮	初三 癸卯	31
廿七 甲辰	初四 甲辰	二月 1
廿八 乙巳	初五 乙巳	2
廿九 丙午	初六 丙午	3
三十 丁未	初七 丁未	4

太平天國甲寅四年

一月

太平新曆		陰曆		陽曆
一月 初一	戊申	初八	戊申	5★
初二	己酉	初九	己酉	6
初三	庚戌	初十	庚戌	7
初四	辛開	十一	辛亥	8
初五	壬子	十二	壬子	9
初六	癸好	十三	癸丑	10
初七	甲寅	十四	甲寅	11
初八	乙榮	十五	乙卯	12★
初九	丙辰	十六	丙辰	13
初十	丁巳	十七	丁巳	14
十一	戊午	十八	戊午	15
十二	己未	十九	己未	16
十三	庚申	二十	庚申	17
十四	辛酉	廿一	辛酉	18
十五	壬戌	廿二	壬戌	19★
十六	癸開	廿三	癸亥	20
十七	甲子	廿四	甲子	21
十八	乙好	廿五	乙丑	22
十九	丙寅	廿六	丙寅	23
二十	丁榮	廿七	丁卯	24
廿一	戊辰	廿八	戊辰	25
廿二	己巳	廿九	己巳	26★
廿三	庚午	二月大 初一	庚午	27
廿四	辛未	初二	辛未	28
廿五	壬申	初三	壬申	小三月 1
廿六	癸酉	初四	癸酉	2
廿七	甲戌	初五	甲戌	3
廿八	乙開	初六	乙亥	4
廿九	丙子	初七	丙子	5★
三十	丁好	初八	丁丑	6
卅一	戊寅	初九	戊寅	7

二月

太平新曆		陰曆		陽曆
二月 初一	己榮	初十	己卯	8
初二	庚辰	十一	庚辰	9
初三	辛巳	十二	辛巳	10
初四	壬午	十三	壬午	11
初五	癸未	十四	癸未	12★
初六	甲申	十五	甲申	13
初七	乙酉	十六	乙酉	14
初八	丙戌	十七	丙戌	15
初九	丁開	十八	丁亥	16
初十	戊子	十九	戊子	17
十一	己好	二十	己丑	18
十二	庚寅	廿一	庚寅	19★
十三	辛榮	廿二	辛卯	20
十四	壬辰	廿三	壬辰	21
十五	癸巳	廿四	癸巳	22
十六	甲午	廿五	甲午	23
十七	乙未	廿六	乙未	24
十八	丙申	廿七	丙申	25
十九	丁酉	廿八	丁酉	26★
二十	戊戌	廿九	戊戌	27
廿一	己開	三十	己亥	28
廿二	庚子	三月小 初一	庚子	29
廿三	辛好	初二	辛丑	30
廿四	壬寅	初三	壬寅	31
廿五	癸榮	初四	癸卯	四月 1
廿六	甲辰	初五	甲辰	2★
廿七	乙巳	初六	乙巳	3
廿八	丙午	初七	丙午	4
廿九	丁未	初八	丁未	5
三十	戊申	初九	戊申	6

三月

太平新曆		陰曆		陽曆
三月 初一	己酉	初十	己酉	7
初二	庚戌	十一	庚戌	8
初三	辛開	十二	辛亥	9★
初四	壬子	十三	壬子	10
初五	癸好	十四	癸丑	11
初六	甲寅	十五	甲寅	12
初七	乙榮	十六	乙卯	13
初八	丙辰	十七	丙辰	14
初九	丁巳	十八	丁巳	15
初十	戊午	十九	戊午	16★
十一	己未	二十	己未	17
十二	庚申	廿一	庚申	18
十三	辛酉	廿二	辛酉	19
十四	壬戌	廿三	壬戌	20
十五	癸開	廿四	癸亥	21
十六	甲子	廿五	甲子	22
十七	乙好	廿六	乙丑	23★
十八	丙寅	廿七	丙寅	24
十九	丁榮	廿八	丁卯	25
二十	戊辰	廿九	戊辰	26
廿一	己巳	四月大 初一	己巳	27
廿二	庚午	初二	庚午	28
廿三	辛未	初三	辛未	29
廿四	壬申	初四	壬申	30★
廿五	癸酉	初五	癸酉	五月 1
廿六	甲戌	初六	甲戌	2
廿七	乙開	初七	乙亥	3
廿八	丙子	初八	丙子	4
廿九	丁好	初九	丁丑	5
三十	戊寅	初十	戊寅	6
卅一	己榮	十一	己卯	7★

四月

太平新曆		陰曆		陽曆
四月 初一	庚辰	十二	庚辰	8
初二	辛巳	十三	辛巳	9
初三	壬午	十四	壬午	10
初四	癸未	十五	癸未	11
初五	甲申	十六	甲申	12
初六	乙酉	十七	乙酉	13
初七	丙戌	十八	丙戌	14★
初八	丁開	十九	丁亥	15
初九	戊子	二十	戊子	16
初十	己好	廿一	己丑	17
十一	庚寅	廿二	庚寅	18
十二	辛榮	廿三	辛卯	19
十三	壬辰	廿四	壬辰	20
十四	癸巳	廿五	癸巳	21★
十五	甲午	廿六	甲午	22
十六	乙未	廿七	乙未	23
十七	丙申	廿八	丙申	24
十八	丁酉	廿九	丁酉	25
十九	戊戌	三十	戊戌	26
二十	己開	五月小 初一	己亥	27
廿一	庚子	初二	庚子	28★
廿二	辛好	初三	辛丑	29
廿三	壬寅	初四	壬寅	30
廿四	癸榮	初五	癸卯	31
廿五	甲辰	初六	甲辰	六月 1
廿六	乙巳	初七	乙巳	2
廿七	丙午	初八	丙午	3
廿八	丁未	初九	丁未	4★
廿九	戊申	初十	戊申	5
三十	己酉	十一	己酉	6

五月

太平新曆	陰曆	陽曆
初一 庚戌	十二 庚戌	7
初二 辛開	十三 辛亥	8
初三 壬子	十四 壬子	9
初四 癸好	十五 癸丑	10
初五 甲寅	十六 甲寅	11*
初六 乙榮	十七 乙卯	12
初七 丙辰	十八 丙辰	13
初八 丁巳	十九 丁巳	14
初九 戊午	二十 戊午	15
初十 己未	廿一 己未	16
十一 庚申	廿二 庚申	17
十二 辛酉	廿三 辛酉	18*
十三 壬戌	廿四 壬戌	19
十四 癸開	廿五 癸亥	20
十五 甲子	廿六 甲子	21
十六 乙好	廿七 乙丑	22
十七 丙寅	廿八 丙寅	23
十八 丁榮	廿九 丁卯	24
十九 戊辰	六月大 初一 戊辰	25*
二十 己巳	初二 己巳	26
廿一 庚午	初三 庚午	27
廿二 辛未	初四 辛未	28
廿三 壬申	初五 壬申	29
廿四 癸酉	初六 癸酉	30
廿五 甲戌	初七 甲戌	七月 1
廿六 乙開	初八 乙亥	2*
廿七 丙子	初九 丙子	3
廿八 丁好	初十 丁丑	4
廿九 戊寅	十一 戊寅	5
三十 己榮	十二 己卯	6
卅一 庚辰	十三 庚辰	7

六月

太平新曆	陰曆	陽曆
初一 辛巳	十四 辛巳	8
初二 壬午	十五 壬午	9*
初三 癸未	十六 癸未	10
初四 甲申	十七 甲申	11
初五 乙酉	十八 乙酉	12
初六 丙戌	十九 丙戌	13
初七 丁開	二十 丁亥	14
初八 戊子	廿一 戊子	15
初九 己好	廿二 己丑	16*
初十 庚寅	廿三 庚寅	17
十一 辛榮	廿四 辛卯	18
十二 壬辰	廿五 壬辰	19
十三 癸巳	廿六 癸巳	20
十四 甲午	廿七 甲午	21
十五 乙未	廿八 乙未	22
十六 丙申	廿九 丙申	23*
十七 丁酉	三十 丁酉	24
十八 戊戌	七月大 初一 戊戌	25
十九 己開	初二 己亥	26
二十 庚子	初三 庚子	27
廿一 辛好	初四 辛丑	28
廿二 壬寅	初五 壬寅	29
廿三 癸榮	初六 癸卯	30*
廿四 甲辰	初七 甲辰	31
廿五 乙巳	初八 乙巳	八月 1
廿六 丙午	初九 丙午	2
廿七 丁未	初十 丁未	3
廿八 戊申	十一 戊申	4
廿九 己酉	十二 己酉	5
三十 庚戌	十三 庚戌	6*

七月

太平新曆	陰曆	陽曆
初一 辛開	十四 辛亥	7
初二 壬子	十五 壬子	8
初三 癸好	十六 癸丑	9
初四 甲寅	十七 甲寅	10
初五 乙榮	十八 乙卯	11
初六 丙辰	十九 丙辰	12
初七 丁巳	二十 丁巳	13*
初八 戊午	廿一 戊午	14
初九 己未	廿二 己未	15
初十 庚申	廿三 庚申	16
十一 辛酉	廿四 辛酉	17
十二 壬戌	廿五 壬戌	18
十三 癸開	廿六 癸亥	19
十四 甲子	廿七 甲子	20*
十五 乙好	廿八 乙丑	21
十六 丙寅	廿九 丙寅	22
十七 丁榮	三十 丁卯	23
十八 戊辰	閏七月小 初一 戊辰	24
十九 己巳	初二 己巳	25
二十 庚午	初三 庚午	26
廿一 辛未	初四 辛未	27*
廿二 壬申	初五 壬申	28
廿三 癸酉	初六 癸酉	29
廿四 甲戌	初七 甲戌	30
廿五 乙開	初八 乙亥	31
廿六 丙子	初九 丙子	九月 1
廿七 丁好	初十 丁丑	2
廿八 戊寅	十一 戊寅	3*
廿九 己榮	十二 己卯	4
三十 庚辰	十三 庚辰	5
卅一 辛巳	十四 辛巳	6

八月

太平新曆	陰曆	陽曆
初一 壬午	十五 壬午	7
初二 癸未	十六 癸未	8
初三 甲申	十七 甲申	9
初四 乙酉	十八 乙酉	10*
初五 丙戌	十九 丙戌	11
初六 丁開	二十 丁亥	12
初七 戊子	廿一 戊子	13
初八 己好	廿二 己丑	14
初九 庚寅	廿三 庚寅	15
初十 辛榮	廿四 辛卯	16
十一 壬辰	廿五 壬辰	17*
十二 癸巳	廿六 癸巳	18
十三 甲午	廿七 甲午	19
十四 乙未	廿八 乙未	20
十五 丙申	廿九 丙申	21
十六 丁酉	八月大 初一 丁酉	22
十七 戊戌	初二 戊戌	23
十八 己開	初三 己亥	24*
十九 庚子	初四 庚子	25
二十 辛好	初五 辛丑	26
廿一 壬寅	初六 壬寅	27
廿二 癸榮	初七 癸卯	28
廿三 甲辰	初八 甲辰	29
廿四 乙巳	初九 乙巳	30
廿五 丙午	初十 丙午	十月 1*
廿六 丁未	十一 丁未	2
廿七 戊申	十二 戊申	3
廿八 己酉	十三 己酉	4
廿九 庚戌	十四 庚戌	5
三十 辛開	十五 辛亥	6

九月

太平新曆		陰曆		陽曆
初一	壬子	十六	壬子	7
初二	癸好	十七	癸丑	8＊
初三	甲寅	十八	甲寅	9
初四	乙榮	十九	乙卯	10
初五	丙辰	二十	丙辰	11
初六	丁巳	廿一	丁巳	12
初七	戊午	廿二	戊午	13
初八	己未	廿三	己未	14
初九	庚申	廿四	庚申	15＊
初十	辛酉	廿五	辛酉	16
十一	壬戌	廿六	壬戌	17
十二	癸開	廿七	癸亥	18
十三	甲子	廿八	甲子	19
十四	乙好	廿九	乙丑	20
十五	丙寅	三十	丙寅	21
十六	丁榮	九月小 初一	丁卯	22＊
十七	戊辰	初二	戊辰	23
十八	己巳	初三	己巳	24
十九	庚午	初四	庚午	25
二十	辛未	初五	辛未	26
廿一	壬申	初六	壬申	27
廿二	癸酉	初七	癸酉	28
廿三	甲戌	初八	甲戌	29＊
廿四	乙開	初九	乙亥	30
廿五	丙子	初十	丙子	31
廿六	丁好	十一	丁丑	1 十一月
廿七	戊寅	十二	戊寅	2
廿八	己榮	十三	己卯	3
廿九	庚辰	十四	庚辰	4
三十	辛巳	十五	辛巳	5＊
卅一	壬午	十六	壬午	6

十月

太平新曆		陰曆		陽曆
初一	癸未	十七	癸未	7
初二	甲申	十八	甲申	8
初三	乙酉	十九	乙酉	9
初四	丙戌	二十	丙戌	10
初五	丁開	廿一	丁亥	11
初六	戊子	廿二	戊子	12＊
初七	己好	廿三	己丑	13
初八	庚寅	廿四	庚寅	14
初九	辛榮	廿五	辛卯	15
初十	壬辰	廿六	壬辰	16
十一	癸巳	廿七	癸巳	17
十二	甲午	廿八	甲午	18
十三	乙未	廿九	乙未	19＊
十四	丙申	十月大 初一	丙申	20
十五	丁酉	初二	丁酉	21
十六	戊戌	初三	戊戌	22
十七	己開	初四	己亥	23
十八	庚子	初五	庚子	24
十九	辛好	初六	辛丑	25
二十	壬寅	初七	壬寅	26＊
廿一	癸榮	初八	癸卯	27
廿二	甲辰	初九	甲辰	28
廿三	乙巳	初十	乙巳	29
廿四	丙午	十一	丙午	30
廿五	丁未	十二	丁未	1 十二月
廿六	戊申	十三	戊申	2
廿七	己酉	十四	己酉	3＊
廿八	庚戌	十五	庚戌	4
廿九	辛開	十六	辛亥	5
三十	壬子	十七	壬子	6

十一月

太平新曆		陰曆		陽曆 一八五五年(下)
初一	癸好	十八	癸丑	7
初二	甲寅	十九	甲寅	8
初三	乙榮	二十	乙卯	9
初四	丙辰	廿一	丙辰	10＊
初五	丁巳	廿二	丁巳	11
初六	戊午	廿三	戊午	12
初七	己未	廿四	己未	13
初八	庚申	廿五	庚申	14
初九	辛酉	廿六	辛酉	15
初十	壬戌	廿七	壬戌	16
十一	癸開	廿八	癸亥	17＊
十二	甲子	廿九	甲子	18
十三	乙好	三十	乙丑	19
十四	丙寅	十一月小 初一	丙寅	20
十五	丁榮	初二	丁卯	21
十六	戊辰	初三	戊辰	22
十七	己巳	初四	己巳	23
十八	庚午	初五	庚午	24＊
十九	辛未	初六	辛未	25
二十	壬申	初七	壬申	26
廿一	癸酉	初八	癸酉	27
廿二	甲戌	初九	甲戌	28
廿三	乙開	初十	乙亥	29
廿四	丙子	十一	丙子	30
廿五	丁好	十二	丁丑	31＊
廿六	戊寅	十三	戊寅	1 一月
廿七	己榮	十四	己卯	2
廿八	庚辰	十五	庚辰	3
廿九	辛巳	十六	辛巳	4
三十	壬午	十七	壬午	5
卅一	癸未	十八	癸未	6

十二月

太平新曆		陰曆		陽曆
初一	甲申	十九	甲申	7＊
初二	乙酉	二十	乙酉	8
初三	丙戌	廿一	丙戌	9
初四	丁開	廿二	丁亥	10
初五	戊子	廿三	戊子	11
初六	己好	廿四	己丑	12
初七	庚寅	廿五	庚寅	13
初八	辛榮	廿六	辛卯	14＊
初九	壬辰	廿七	壬辰	15
初十	癸巳	廿八	癸巳	16
十一	甲午	廿九	甲午	17
十二	乙未	十二月大 初一	乙未	18
十三	丙申	初二	丙申	19
十四	丁酉	初三	丁酉	20
十五	戊戌	初四	戊戌	21＊
十六	己開	初五	己亥	22
十七	庚子	初六	庚子	23
十八	辛好	初七	辛丑	24
十九	壬寅	初八	壬寅	25
二十	癸榮	初九	癸卯	26
廿一	甲辰	初十	甲辰	27
廿二	乙巳	十一	乙巳	28＊
廿三	丙午	十二	丙午	29
廿四	丁未	十三	丁未	30
廿五	戊申	十四	戊申	31
廿六	己酉	十五	己酉	1 二月
廿七	庚戌	十六	庚戌	2
廿八	辛開	十七	辛亥	3
廿九	壬子	十八	壬子	4＊
三十	癸好	十九	癸丑	5

太平天國乙榮五年

一月

太平新曆		陰曆（清咸豐五年乙卯）		陽曆
初一	甲寅	二十	甲寅	6
初二	乙榮	廿一	乙卯	7
初三	丙辰	廿二	丙辰	8
初四	丁巳	廿三	丁巳	9
初五	戊午	廿四	戊午	10
初六	己未	廿五	己未	11*
初七	庚申	廿六	庚申	12
初八	辛酉	廿七	辛酉	13
初九	壬戌	廿八	壬戌	14
初十	癸開	廿九	癸亥	15
十一	甲子	三十	甲子	16
十二	乙好	正月小 初一	乙丑	17
十三	丙寅	初二	丙寅	18*
十四	丁榮	初三	丁卯	19
十五	戊辰	初四	戊辰	20
十六	己巳	初五	己巳	21
十七	庚午	初六	庚午	22
十八	辛未	初七	辛未	23
十九	壬申	初八	壬申	24
二十	癸酉	初九	癸酉	25*
廿一	甲戌	初十	甲戌	26
廿二	乙開	十一	乙亥	27
廿三	丙子	十二	丙子	28
廿四	丁好	十三	丁丑	三月 1
廿五	戊寅	十四	戊寅	2
廿六	己榮	十五	己卯	3
廿七	庚辰	十六	庚辰	4*
廿八	辛巳	十七	辛巳	5
廿九	壬午	十八	壬午	6
三十	癸未	十九	癸未	7
卅一	甲申	二十	甲申	8

二月

太平新曆		陰曆		陽曆
初一	乙酉	廿一	乙酉	9
初二	丙戌	廿二	丙戌	10
初三	丁開	廿三	丁亥	11*
初四	戊子	廿四	戊子	12
初五	己好	廿五	己丑	13
初六	庚寅	廿六	庚寅	14
初七	辛榮	廿七	辛卯	15
初八	壬辰	廿八	壬辰	16
初九	癸巳	廿九	癸巳	17
初十	甲午	二月小 初一	甲午	18*
十一	乙未	初二	乙未	19
十二	丙申	初三	丙申	20
十三	丁酉	初四	丁酉	21
十四	戊戌	初五	戊戌	22
十五	己開	初六	己亥	23
十六	庚子	初七	庚子	34
十七	辛好	初八	辛丑	25*
十八	壬寅	初九	壬寅	26
十九	癸榮	初十	癸卯	27
二十	甲辰	十一	甲辰	28
廿一	乙巳	十二	乙巳	29
廿二	丙午	十三	丙午	30
廿三	丁未	十四	丁未	31
廿四	戊申	十五	戊申	四月 1*
廿五	己酉	十六	己酉	2
廿六	庚戌	十七	庚戌	3
廿七	辛開	十八	辛亥	4
廿八	壬子	十九	壬子	5
廿九	癸好	二十	癸丑	6
三十	甲寅	廿一	甲寅	7

三月

太平新曆		陰曆		陽曆
初一	乙榮	廿二	乙卯	8*
初二	丙辰	廿三	丙辰	9
初三	丁巳	廿四	丁巳	10
初四	戊午	廿五	戊午	11
初五	己未	廿六	己未	12
初六	庚申	廿七	庚申	13
初七	辛酉	廿八	辛酉	14
初八	壬戌	廿九	壬戌	15*
初九	癸開	三月大 初一	癸亥	16
初十	甲子	初二	甲子	17
十一	乙好	初三	乙丑	18
十二	丙寅	初四	丙寅	19
十三	丁榮	初五	丁卯	20
十四	戊辰	初六	戊辰	21
十五	己巳	初七	己巳	22*
十六	庚午	初八	庚午	23
十七	辛未	初九	辛未	24
十八	壬申	初十	壬申	25
十九	癸酉	十一	癸酉	26
二十	甲戌	十二	甲戌	27
廿一	乙開	十三	乙亥	28
廿二	丙子	十四	丙子	29*
廿三	丁好	十五	丁丑	30
廿四	戊寅	十六	戊寅	五月 1
廿五	己榮	十七	己卯	2
廿六	庚辰	十八	庚辰	3
廿七	辛巳	十九	辛巳	4
廿八	壬午	二十	壬午	5
廿九	癸未	廿一	癸未	6*
三十	甲申	廿二	甲申	7
卅一	乙酉	廿三	乙酉	8

四月

太平新曆		陰曆		陽曆
初一	丙戌	廿四	丙戌	9
初二	丁開	廿五	丁亥	10
初三	戊子	廿六	戊子	11
初四	己好	廿七	己丑	12
初五	庚寅	廿八	庚寅	13*
初六	辛榮	廿九	辛卯	14
初七	壬辰	三十	壬辰	15
初八	癸巳	四月小 初一	癸巳	16
初九	甲午	初二	甲午	17
初十	乙未	初三	乙未	18
十一	丙申	初四	丙申	19
十二	丁酉	初五	丁酉	20*
十三	戊戌	初六	戊戌	21
十四	己開	初七	己亥	22
十五	庚子	初八	庚子	23
十六	辛好	初九	辛丑	24
十七	壬寅	初十	壬寅	25
十八	癸榮	十一	癸卯	26
十九	甲辰	十二	甲辰	27*
二十	乙巳	十三	乙巳	28
廿一	丙午	十四	丙午	29
廿二	丁未	十五	丁未	30
廿三	戊申	十六	戊申	31
廿四	己酉	十七	己酉	六月 1
廿五	庚戌	十八	庚戌	2
廿六	辛開	十九	辛亥	3*
廿七	壬子	二十	壬子	4
廿八	癸好	廿一	癸丑	5
廿九	甲寅	廿二	甲寅	6
三十	乙榮	廿三	乙卯	7

太平新曆		陰曆		陽曆
五月				
初一	丙辰	廿四	丙辰	8
初二	丁巳	廿五	丁巳	9
初三	戊午	廿六	戊午	10*
初四	己未	廿七	己未	11
初五	庚申	廿八	庚申	12
初六	辛酉	廿九	辛酉	13
初七	壬戌	五月大 初一	壬戌	14
初八	癸開	初二	癸亥	15
初九	甲子	初三	甲子	16
初十	乙好	初四	乙丑	17*
十一	丙寅	初五	丙寅	18
十二	丁榮	初六	丁卯	19
十三	戊辰	初七	戊辰	20
十四	己巳	初八	己巳	21
十五	庚午	初九	庚午	22
十六	辛未	初十	辛未	23
十七	壬申	十一	壬申	24*
十八	癸酉	十二	癸酉	25
十九	甲戌	十三	甲戌	26
二十	乙開	十四	乙亥	27
廿一	丙子	十五	丙子	28
廿二	丁好	十六	丁丑	29
廿三	戊寅	十七	戊寅	30
廿四	己榮	十八	己卯	七月 1*
廿五	庚辰	十九	庚辰	2
廿六	辛巳	二十	辛巳	3
廿七	壬午	廿一	壬午	4
廿八	癸未	廿二	癸未	5
廿九	甲申	廿三	甲申	6
三十	乙酉	廿四	乙酉	7
卅一	丙戌	廿五	丙戌	8*

太平新曆		陰曆		陽曆
六月				
初一	丁開	廿六	丁亥	9
初二	戊子	廿七	戊子	10
初三	己好	廿八	己丑	11
初四	庚寅	廿九	庚寅	12
初五	辛榮	三十	辛卯	13
初六	壬辰	六月大 初一	壬辰	14
初七	癸巳	初二	癸巳	15*
初八	甲午	初三	甲午	16
初九	乙未	初四	乙未	17
初十	丙申	初五	丙申	18
十一	丁酉	初六	丁酉	19
十二	戊戌	初七	戊戌	20
十三	己開	初八	己亥	21
十四	庚子	初九	庚子	22*
十五	辛好	初十	辛丑	23
十六	壬寅	十一	壬寅	24
十七	癸榮	十二	癸卯	25
十八	甲辰	十三	甲辰	26
十九	乙巳	十四	乙巳	27
二十	丙午	十五	丙午	28
廿一	丁未	十六	丁未	29*
廿二	戊申	十七	戊申	30
廿三	己酉	十八	己酉	31
廿四	庚戌	十九	庚戌	八月 1
廿五	辛開	二十	辛亥	2
廿六	壬子	廿一	壬子	3
廿七	癸好	廿二	癸丑	4
廿八	甲寅	廿三	甲寅	5*
廿九	乙榮	廿四	乙卯	6
三十	丙辰	廿五	丙辰	7

太平新曆		陰曆		陽曆
七月				
初一	丁巳	廿六	丁巳	8
初二	戊午	廿七	戊午	9
初三	己未	廿八	己未	10
初四	庚申	廿九	庚申	11
初五	辛酉	三十	辛酉	12*
初六	壬戌	七月小 初一	壬戌	13
初七	癸開	初二	癸亥	14
初八	甲子	初三	甲子	15
初九	乙好	初四	乙丑	16
初十	丙寅	初五	丙寅	17
十一	丁榮	初六	丁卯	18
十二	戊辰	初七	戊辰	19*
十三	己巳	初八	己巳	20
十四	庚午	初九	庚午	21
十五	辛未	初十	辛未	22
十六	壬申	十一	壬申	23
十七	癸酉	十二	癸酉	24
十八	甲戌	十三	甲戌	25
十九	乙開	十四	乙亥	26*
二十	丙子	十五	丙子	27
廿一	丁好	十六	丁丑	28
廿二	戊寅	十七	戊寅	29
廿三	己榮	十八	己卯	30
廿四	庚辰	十九	庚辰	31
廿五	辛巳	二十	辛巳	九月 1
廿六	壬午	廿一	壬午	2*
廿七	癸未	廿二	癸未	3
廿八	甲申	廿三	甲申	4
廿九	乙酉	廿四	乙酉	5
三十	丙戌	廿五	丙戌	6
卅一	丁開	廿六	丁亥	7

太平新曆		陰曆		陽曆
八月				
初一	戊子	廿七	戊子	8
初二	己好	廿八	丁丑	9*
初三	庚寅	廿九	庚寅	10
初四	辛榮	八月大 初一	辛卯	11
初五	壬辰	初二	壬辰	12
初六	癸巳	初三	癸巳	13
初七	甲午	初四	甲午	14
初八	乙未	初五	乙未	15
初九	丙申	初六	丙申	16*
初十	丁酉	初七	丁酉	17
十一	戊戌	初八	戊戌	18
十二	己開	初九	己亥	19
十三	庚子	初十	庚子	20
十四	辛好	十一	辛丑	21
十五	壬寅	十二	壬寅	22
十六	癸榮	十三	癸卯	23*
十七	甲辰	十四	甲辰	24
十八	乙巳	十五	乙巳	25
十九	丙午	十六	丙午	26
二十	丁未	十七	丁未	27
廿一	戊申	十八	戊申	28
廿二	己酉	十九	己酉	29
廿三	庚戌	二十	庚戌	30*
廿四	辛開	廿一	辛亥	十月 1
廿五	壬子	廿二	壬子	2
廿六	癸好	廿三	癸丑	3
廿七	甲寅	廿四	甲寅	4
廿八	乙榮	廿五	乙卯	5
廿九	丙辰	廿六	丙辰	6
三十	丁巳	廿七	丁巳	7*

太平新曆 九月	陰曆	陽曆
初一 戊午	廿八 戊午	8
初二 己未	廿九 己未	9
初三 庚申	三十 庚申	10
初四 辛酉	九月大 初一 辛酉	11
初五 壬戌	初二 壬戌	12
初六 癸開	初三 癸亥	13
初七 甲子	初四 甲子	14✱
初八 乙好	初五 乙丑	15
初九 丙寅	初六 丙寅	16
初十 丁榮	初七 丁卯	17
十一 戊辰	初八 戊辰	18
十二 己巳	初九 己巳	19
十三 庚午	初十 庚午	20
十四 辛未	十一 辛未	21✱
十五 壬申	十二 壬申	22
十六 癸酉	十三 癸酉	23
十七 甲戌	十四 甲戌	24
十八 乙開	十五 乙亥	25
十九 丙子	十六 丙子	26
二十 丁好	十七 丁丑	27
廿一 戊寅	十八 戊寅	28✱
廿二 己榮	十九 己卯	29
廿三 庚辰	二十 庚辰	30
廿四 辛巳	廿一 辛巳	31
廿五 壬午	廿二 壬午	十一月 1
廿六 癸未	廿三 癸未	2
廿七 甲申	廿四 甲申	3
廿八 乙酉	廿五 乙酉	4✱
廿九 丙戌	廿六 丙戌	5
三十 丁開	廿七 丁亥	6
卅一 戊子	廿八 戊子	7

太平新曆 十月	陰曆	陽曆
初一 己好	廿九 己丑	8
初二 庚寅	三十 庚寅	9
初三 辛榮	十月小 初一 辛卯	10
初四 壬辰	初二 壬辰	11✱
初五 癸巳	初三 癸巳	12
初六 甲午	初四 甲午	13
初七 乙未	初五 乙未	14
初八 丙申	初六 丙申	15
初九 丁酉	初七 丁酉	16
初十 戊戌	初八 戊戌	17
十一 己開	初九 己亥	18✱
十二 庚子	初十 庚子	19
十三 辛好	十一 辛丑	20
十四 壬寅	十二 壬寅	21
十五 癸榮	十三 癸卯	22
十六 甲辰	十四 甲辰	23
十七 乙巳	十五 乙巳	24
十八 丙午	十六 丙午	25✱
十九 丁未	十七 丁未	26
二十 戊申	十八 戊申	27
廿一 己酉	十九 己酉	28
廿二 庚戌	二十 庚戌	29
廿三 辛開	廿一 辛亥	30
廿四 壬子	廿二 壬子	十二月 1
廿五 癸好	廿三 癸丑	2✱
廿六 甲寅	廿四 甲寅	3
廿七 乙榮	廿五 乙卯	4
廿八 丙辰	廿六 丙辰	5
廿九 丁巳	廿七 丁巳	6
三十 戊午	廿八 戊午	7

太平新曆 十一月	陰曆	陽曆 一八五六年（閏）
初一 己未	廿九 己未	8
初二 庚申	十一月大 初一 庚申	9✱
初三 辛酉	初二 辛酉	10
初四 壬戌	初三 壬戌	11
初五 癸開	初四 癸亥	12
初六 甲子	初五 甲子	13
初七 乙好	初六 乙丑	14
初八 丙寅	初七 丙寅	15
初九 丁榮	初八 丁卯	16✱
初十 戊辰	初九 戊辰	17
十一 己巳	初十 己巳	18
十二 庚午	十一 庚午	19
十三 辛未	十二 辛未	20
十四 壬申	十三 壬申	21
十五 癸酉	十四 癸酉	22
十六 甲戌	十五 甲戌	23✱
十七 乙開	十六 乙亥	24
十八 丙子	十七 丙子	25
十九 丁好	十八 丁丑	26
二十 戊寅	十九 戊寅	27
廿一 己榮	二十 己卯	28
廿二 庚辰	廿一 庚辰	29
廿三 辛巳	廿二 辛巳	30✱
廿四 壬午	廿三 壬午	31
廿五 癸未	廿四 癸未	一月 1
廿六 甲申	廿五 甲申	2
廿七 乙酉	廿六 乙酉	3
廿八 丙戌	廿七 丙戌	4
廿九 丁開	廿八 丁亥	5
三十 戊子	廿九 戊子	6✱
卅一 己好	三十 己丑	7

太平新曆 十二月	陰曆 清咸豐六年丙辰	陽曆
初一 庚寅	十二月小 初一 庚寅	8
初二 辛榮	初二 辛卯	9
初三 壬辰	初三 壬辰	10
初四 癸巳	初四 癸巳	11
初五 甲午	初五 甲午	12
初六 乙未	初六 乙未	13✱
初七 丙申	初七 丙申	14
初八 丁酉	初八 丁酉	15
初九 戊戌	初九 戊戌	16
初十 己開	初十 己亥	17
十一 庚子	十一 庚子	18
十二 辛好	十二 辛丑	19
十三 壬寅	十三 壬寅	20✱
十四 癸榮	十四 癸卯	21
十五 甲辰	十五 甲辰	22
十六 乙巳	十六 乙巳	23
十七 丙午	十七 丙午	24
十八 丁未	十八 丁未	25
十九 戊申	十九 戊申	26
二十 己酉	二十 己酉	27✱
廿一 庚戌	廿一 庚戌	28
廿二 辛開	廿二 辛亥	29
廿三 壬子	廿三 壬子	30
廿四 癸好	廿四 癸丑	31
廿五 甲寅	廿五 甲寅	二月 1
廿六 乙榮	廿六 乙卯	2
廿七 丙辰	廿七 丙辰	3✱
廿八 丁巳	廿八 丁巳	4
廿九 戊午	廿九 戊午	5
三十 己未	正月大 初一 己未	6

太平天國丙辰六年

一月

太平新曆		陰曆		陽曆
初一	庚申	初二	庚申	7
初二	辛酉	初三	辛酉	8
初三	壬戌	初四	壬戌	9
初四	癸開	初五	癸亥	10*
初五	甲子	初六	甲子	11
初六	乙好	初七	乙丑	12
初七	丙寅	初八	丙寅	13
初八	丁榮	初九	丁卯	14
初九	戊辰	初十	戊辰	15
初十	己巳	十一	己巳	16
十一	庚午	十二	庚午	17*
十二	辛未	十三	辛未	18
十三	壬申	十四	壬申	19
十四	癸酉	十五	癸酉	20
十五	甲戌	十六	甲戌	21
十六	乙開	十七	乙亥	22
十七	丙子	十八	丙子	23
十八	丁好	十九	丁丑	24*
十九	戊寅	二十	戊寅	25
二十	己榮	廿一	己卯	26
廿一	庚辰	廿二	庚辰	27
廿二	辛巳	廿三	辛巳	28
廿三	壬午	廿四	壬午	29
廿四	癸未	廿五	癸未	三月 1
廿五	甲申	廿六	甲申	2*
廿六	乙酉	廿七	乙酉	3
廿七	丙戌	廿八	丙戌	4
廿八	丁開	廿九	丁亥	5
廿九	戊子	三十	戊子	6
三十	己好	二月小 初一	己丑	7
卅一	庚寅	初二	庚寅	8

二月

太平新曆		陰曆		陽曆
初一	辛榮	初三	辛卯	9*
初二	壬辰	初四	壬辰	10
初三	癸巳	初五	癸巳	11
初四	甲午	初六	甲午	12
初五	乙未	初七	乙未	13
初六	丙申	初八	丙申	14
初七	丁酉	初九	丁酉	15
初八	戊戌	初十	戊戌	16*
初九	己開	十一	己亥	17
初十	庚子	十二	庚子	18
十一	辛好	十三	辛丑	19
十二	壬寅	十四	壬寅	20
十三	癸榮	十五	癸卯	21
十四	甲辰	十六	甲辰	22
十五	乙巳	十七	乙巳	23*
十六	丙午	十八	丙午	24
十七	丁未	十九	丁未	25
十八	戊申	二十	戊申	26
十九	己酉	廿一	己酉	27
二十	庚戌	廿二	庚戌	28
廿一	辛開	廿三	辛亥	29
廿二	壬子	廿四	壬子	30*
廿三	癸好	廿五	癸丑	31
廿四	甲寅	廿六	甲寅	四月 1
廿五	乙榮	廿七	乙卯	2
廿六	丙辰	廿八	丙辰	3
廿七	丁巳	廿九	丁巳	4
廿八	戊午	三月小 初一	戊午	5
廿九	己未	初二	己未	6*
三十	庚申	初三	庚申	7

三月

太平新曆		陰曆		陽曆
初一	辛酉	初四	辛酉	8
初二	壬戌	初五	壬戌	9
初三	癸開	初六	癸亥	10
初四	甲子	初七	甲子	11
初五	乙好	初八	乙丑	12
初六	丙寅	初九	丙寅	13*
初七	丁榮	初十	丁卯	14
初八	戊辰	十一	戊辰	15
初九	己巳	十二	己巳	16
初十	庚午	十三	庚午	17
十一	辛未	十四	辛未	18
十二	壬申	十五	壬申	19
十三	癸酉	十六	癸酉	20*
十四	甲戌	十七	甲戌	21
十五	乙開	十八	乙亥	22
十六	丙子	十九	丙子	23
十七	丁好	二十	丁丑	24
十八	戊寅	廿一	戊寅	25
十九	己榮	廿二	己卯	26
二十	庚辰	廿三	庚辰	27*
廿一	辛巳	廿四	辛巳	28
廿二	壬午	廿五	壬午	29
廿三	癸未	廿六	癸未	30
廿四	甲申	廿七	甲申	五月 1
廿五	乙酉	廿八	乙酉	2
廿六	丙戌	廿九	丙戌	3
廿七	丁開	四月大 初一	丁亥	4*
廿八	戊子	初二	戊子	5
廿九	己好	初三	己丑	6
三十	庚寅	初四	庚寅	7
卅一	辛榮	初五	辛卯	8

四月

太平新曆		陰曆		陽曆
初一	壬辰	初六	壬辰	9
初二	癸巳	初七	癸巳	10
初三	甲午	初八	甲午	11*
初四	乙未	初九	乙未	12
初五	丙申	初十	丙申	13
初六	丁酉	十一	丁酉	14
初七	戊戌	十二	戊戌	15
初八	己開	十三	己亥	16
初九	庚子	十四	庚子	17
初十	辛好	十五	辛丑	18*
十一	壬寅	十六	壬寅	19
十二	癸榮	十七	癸卯	20
十三	甲辰	十八	甲辰	21
十四	乙巳	十九	乙巳	22
十五	丙午	二十	丙午	23
十六	丁未	廿一	丁未	24
十七	戊申	廿二	戊申	25*
十八	己酉	廿三	己酉	26
十九	庚戌	廿四	庚戌	27
二十	辛開	廿五	辛亥	28
廿一	壬子	廿六	壬子	29
廿二	癸好	廿七	癸丑	30
廿三	甲寅	廿八	甲寅	31
廿四	乙榮	廿九	乙卯	六月 1*
廿五	丙辰	三十	丙辰	2
廿六	丁巳	五月小 初一	丁巳	3
廿七	戊午	初二	戊午	4
廿八	己未	初三	己未	5
廿九	庚申	初四	庚申	6
三十	辛酉	初五	辛酉	7

太平新曆		陰曆		陽曆
五月				
初一	壬戌	初六	壬戌	8★
初二	癸開	初七	癸亥	9
初三	甲子	初八	甲子	10
初四	乙好	初九	乙丑	11
初五	丙寅	初十	丙寅	12
初六	丁榮	十一	丁卯	13
初七	戊辰	十二	戊辰	14
初八	己巳	十三	己巳	15★
初九	庚午	十四	庚午	16
初十	辛未	十五	辛未	17
十一	壬申	十六	壬申	18
十二	癸酉	十七	癸酉	19
十三	甲戌	十八	甲戌	20
十四	乙開	十九	乙亥	21
十五	丙子	二十	丙子	22★
十六	丁好	廿一	丁丑	23
十七	戊寅	廿二	戊寅	24
十八	己榮	廿三	己卯	25
十九	庚辰	廿四	庚辰	26
二十	辛巳	廿五	辛巳	27
廿一	壬午	廿六	壬午	28
廿二	癸未	廿七	癸未	29★
廿三	甲申	廿八	甲申	30
廿四	乙酉	廿九	乙酉	七月 1
廿五	丙戌	六月大 初一	丙戌	2
廿六	丁開	初二	丁亥	3
廿七	戊子	初三	戊子	4
廿八	己好	初四	己丑	5
廿九	庚寅	初五	庚寅	6★
三十	辛榮	初六	辛卯	7
卅一	壬辰	初七	壬辰	8

太平新曆		陰曆		陽曆
六月				
初一	癸巳	初八	癸巳	9
初二	甲午	初九	甲午	10
初三	乙未	初十	乙未	11
初四	丙申	十一	丙申	12
初五	丁酉	十二	丁酉	13★
初六	戊戌	十三	戊戌	14
初七	己開	十四	己亥	15
初八	庚子	十五	庚子	16
初九	辛好	十六	辛丑	17
初十	壬寅	十七	壬寅	18
十一	癸榮	十八	癸卯	19
十二	甲辰	十九	甲辰	20★
十三	乙巳	二十	乙巳	21
十四	丙午	廿一	丙午	22
十五	丁未	廿二	丁未	23
十六	戊申	廿三	戊申	24
十七	己酉	廿四	己酉	25
十八	庚戌	廿五	庚戌	26
十九	辛開	廿六	辛亥	27★
二十	壬子	廿七	壬子	28
廿一	癸好	廿八	癸丑	29
廿二	甲寅	廿九	甲寅	30
廿三	乙榮	三十	乙卯	31
廿四	丙辰	七月小 初一	丙辰	八月 1
廿五	丁巳	初二	丁巳	2
廿六	戊午	初三	戊午	3★
廿七	己未	初四	己未	4
廿八	庚申	初五	庚申	5
廿九	辛酉	初六	辛酉	6
三十	壬戌	初七	壬戌	7

太平新曆		陰曆		陽曆
七月				
初一	癸開	初八	癸亥	8
初二	甲子	初九	甲子	9
初三	乙好	初十	乙丑	10★
初四	丙寅	十一	丙寅	11
初五	丁榮	十二	丁卯	12
初六	戊辰	十三	戊辰	13
初七	己巳	十四	己巳	14
初八	庚午	十五	庚午	15
初九	辛未	十六	辛未	16
初十	壬申	十七	壬申	17★
十一	癸酉	十八	癸酉	18
十二	甲戌	十九	甲戌	19
十三	乙開	二十	乙亥	20
十四	丙子	廿一	丙子	21
十五	丁好	廿二	丁丑	22
十六	戊寅	廿三	戊寅	23
十七	己榮	廿四	己卯	24★
十八	庚辰	廿五	庚辰	25
十九	辛巳	廿六	辛巳	26
二十	壬午	廿七	壬午	27
廿一	癸未	廿八	癸未	28
廿二	甲申	廿九	甲申	29
廿三	乙酉	八月大 初一	乙酉	30
廿四	丙戌	初二	丙戌	31★
廿五	丁開	初三	丁亥	九月 1
廿六	戊子	初四	戊子	2
廿七	己好	初五	己丑	3
廿八	庚寅	初六	庚寅	4
廿九	辛榮	初七	辛卯	5
三十	壬辰	初八	壬辰	6
卅一	癸巳	初九	癸巳	7★

太平新曆		陰曆		陽曆
八月				
初一	甲午	初十	甲午	8
初二	乙未	十一	乙未	9
初三	丙申	十二	丙申	10
初四	丁酉	十三	丁酉	11
初五	戊戌	十四	戊戌	12
初六	己開	十五	己亥	13
初七	庚子	十六	庚子	14★
初八	辛好	十七	辛丑	15
初九	壬寅	十八	壬寅	16
初十	癸榮	十九	癸卯	17
十一	甲辰	二十	甲辰	18
十二	乙巳	廿一	乙巳	19
十三	丙午	廿二	丙午	20
十四	丁未	廿三	丁未	21★
十五	戊申	廿四	戊申	22
十六	己酉	廿五	己酉	23
十七	庚戌	廿六	庚戌	24
十八	辛開	廿七	辛亥	25
十九	壬子	廿八	壬子	26
二十	癸好	廿九	癸丑	27
廿一	甲寅	三十	甲寅	28★
廿二	乙榮	九月大 初一	乙卯	29
廿三	丙辰	初二	丙辰	30
廿四	丁巳	初三	丁巳	十月 1
廿五	戊午	初四	戊午	2
廿六	己未	初五	己未	3
廿七	庚申	初六	庚申	4
廿八	辛酉	初七	辛酉	5★
廿九	壬戌	初八	壬戌	6
三十	癸開	初九	癸亥	7

太平新曆	陰曆	陽曆
九月		
初一 甲子	初十 甲子	8
初二 乙好	十一 乙丑	9
初三 丙寅	十二 丙寅	10
初四 丁榮	十三 丁卯	11
初五 戊辰	十四 戊辰	12*
初六 己巳	十五 己巳	13
初七 庚午	十六 庚午	14
初八 辛未	十七 辛未	15
初九 壬申	十八 壬申	16
初十 癸酉	十九 癸酉	17
十一 甲戌	二十 甲戌	18
十二 乙開	廿一 乙亥	19*
十三 丙子	廿二 丙子	20
十四 丁好	廿三 丁丑	21
十五 戊寅	廿四 戊辰	22
十六 己榮	廿五 己卯	23
十七 庚辰	廿六 庚辰	24
十八 辛巳	廿七 辛巳	25
十九 壬午	廿八 壬午	26*
二十 癸未	廿九 癸未	27
廿一 甲申	三十 甲申	28
廿二 乙酉	十月大 初一 乙酉	29
廿三 丙戌	初二 丙戌	30
廿四 丁開	初三 丁亥	31
廿五 戊子	初四 戊子	1 七月
廿六 己好	初五 己丑	2*
廿七 庚寅	初六 庚寅	3
廿八 辛榮	初七 辛卯	4
廿九 壬辰	初八 壬辰	5
三十 癸巳	初九 癸巳	6
卅一 甲午	初十 甲午	7

太平新曆	陰曆	陽曆
十月		
初一 乙未	十一 乙未	8
初二 丙申	十二 丙申	9*
初三 丁酉	十三 丁酉	10
初四 戊戌	十四 戊戌	11
初五 己開	十五 己亥	12
初六 庚子	十六 庚子	13
初七 辛好	十七 辛丑	14
初八 壬寅	十八 壬寅	15
初九 癸榮	十九 癸卯	16*
初十 甲辰	二十 甲辰	17
十一 乙巳	廿一 乙巳	18
十二 丙午	廿二 丙午	19
十三 丁未	廿三 丁未	20
十四 戊申	廿四 戊申	21
十五 己酉	廿五 己酉	22
十六 庚戌	廿六 庚戌	23*
十七 辛開	廿七 辛亥	24
十八 壬子	廿八 壬子	25
十九 癸好	廿九 癸丑	26
二十 甲寅	三十 甲寅	27
廿一 乙榮	十一月小 初一 乙卯	28
廿二 丙辰	初二 丙辰	29
廿三 丁巳	初三 丁巳	30*
廿四 戊午	初四 戊午	1 十二月
廿五 己未	初五 己未	2
廿六 庚申	初六 庚申	3
廿七 辛酉	初七 辛酉	4
廿八 壬戌	初八 壬戌	5
廿九 癸開	初九 癸亥	6
三十 甲子	初十 甲子	7*

太平新曆	陰曆	陽曆
十一月		一八五七年
初一 乙好	十一 乙丑	8
初二 丙寅	十二 丙寅	9
初三 丁榮	十三 丁卯	10
初四 戊辰	十四 戊辰	11
初五 己巳	十五 己巳	12
初六 庚午	十六 庚午	13
初七 辛未	十七 辛未	14*
初八 壬申	十八 壬申	15
初九 癸酉	十九 癸酉	16
初十 甲戌	二十 甲戌	17
十一 乙開	廿一 乙亥	18
十二 丙子	廿二 丙子	19
十三 丁好	廿三 丁丑	20
十四 戊寅	廿四 戊寅	21*
十五 己榮	廿五 己卯	22
十六 庚辰	廿六 庚辰	23
十七 辛巳	廿七 辛巳	24
十八 壬午	廿八 壬午	25
十九 癸未	廿九 癸未	26
二十 甲申	十二月大 初一 甲申	27
廿一 乙酉	初二 乙酉	28*
廿二 丙戌	初三 丙戌	29
廿三 丁開	初四 丁亥	30
廿四 戊子	初五 戊子	31
廿五 己好	初六 己丑	1 一月
廿六 庚寅	初七 庚寅	2
廿七 辛榮	初八 辛卯	3
廿八 壬辰	初九 壬辰	4*
廿九 癸巳	初十 癸巳	5
三十 甲午	十一 甲午	6
卅一 乙未	十二 乙未	7

太平新曆	陰曆	陽曆
十二月	清咸豐七年己巳	
初一 丙申	十三 丙申	8
初二 丁酉	十四 丁酉	9
初三 戊戌	十五 戊戌	10
初四 己開	十六 己亥	11*
初五 庚子	十七 庚子	12
初六 辛好	十八 辛丑	13
初七 壬寅	十九 壬寅	14
初八 癸榮	二十 癸卯	15
初九 甲辰	廿一 甲辰	16
初十 乙巳	廿二 乙巳	17
十一 丙午	廿三 丙午	18*
十二 丁未	廿四 丁未	19
十三 戊申	廿五 戊申	20
十四 己酉	廿六 己酉	21
十五 庚戌	廿七 庚戌	22
十六 辛開	廿八 辛亥	23
十七 壬子	廿九 壬子	24
十八 癸好	三十 癸丑	25*
十九 甲寅	正月小 初一 甲寅	26
二十 乙榮	初二 乙卯	27
廿一 丙辰	初三 丙辰	28
廿二 丁巳	初四 丁巳	29
廿三 戊午	初五 戊午	30
廿四 己未	初六 己未	31
廿五 庚申	初七 庚申	1* 二月
廿六 辛酉	初八 辛酉	2
廿七 壬戌	初九 壬戌	3
廿八 癸開	初十 癸亥	4
廿九 甲子	十一 甲子	5
三十 乙好	十二 乙丑	6

太平天國丁巳七年

太平新曆		陰曆		陽曆
一月				
初一	丙寅	十三	丙寅	7
初二	丁榮	十四	丁卯	8*
初三	戊辰	十五	戊辰	9
初四	己巳	十六	己巳	10
初五	庚午	十七	庚午	11
初六	辛未	十八	辛未	12
初七	壬申	十九	壬申	13
初八	癸酉	二十	癸酉	14
初九	甲戌	廿一	甲戌	15*
初十	乙開	廿二	乙亥	16
十一	丙子	廿三	丙子	17
十二	丁好	廿四	丁丑	18
十三	戊寅	廿五	戊寅	19
十四	己榮	廿六	己卯	20
十五	庚辰	廿七	庚辰	21
十六	辛巳	廿八	辛巳	22*
十七	壬午	廿九	壬午	23
十八	癸未	大二月 初一	癸未	24
十九	甲申	初二	甲申	25
二十	乙酉	初三	乙酉	26
廿一	丙戌	初四	丙戌	27
廿二	丁開	初五	丁亥	28
廿三	戊子	初六	戊子	三月 1*
廿四	己好	初七	己丑	2
廿五	庚寅	初八	庚寅	3
廿六	辛榮	初九	辛卯	4
廿七	壬辰	初十	壬辰	5
廿八	癸巳	十一	癸巳	6
廿九	甲午	十二	甲午	7
三十	乙未	十三	乙未	8*
卅一	丙申	十四	丙申	9

太平新曆		陰曆		陽曆
二月				
初一	丁酉	十五	丁酉	10
初二	戊戌	十六	戊戌	11
初三	己開	十七	己亥	12
初四	庚子	十八	庚子	13
初五	辛好	十九	辛丑	14
初六	壬寅	二十	壬寅	15*
初七	癸榮	廿一	癸卯	16
初八	甲辰	廿二	甲辰	17
初九	乙巳	廿三	乙巳	18
初十	丙午	廿四	丙午	19
十一	丁未	廿五	丁未	20
十二	戊申	廿六	戊申	21
十三	己酉	廿七	己酉	22*
十四	庚戌	廿八	庚戌	23
十五	辛開	廿九	辛亥	24
十六	壬子	三十	壬子	25
十七	癸好	小三月 初一	癸丑	26
十八	甲寅	初二	甲寅	27
十九	乙榮	初三	乙卯	28
二十	丙辰	初四	丙辰	29*
廿一	丁巳	初五	丁巳	30
廿二	戊午	初六	戊午	31
廿三	己未	初七	己未	四月 1
廿四	庚申	初八	庚申	2
廿五	辛酉	初九	辛酉	3
廿六	壬戌	初十	壬戌	4
廿七	癸開	十一	癸亥	5*
廿八	甲子	十二	甲子	6
廿九	乙好	十三	乙丑	7
三十	丙寅	十四	丙寅	8

太平新曆		陰曆		陽曆
三月				
初一	丁榮	十五	丁卯	9
初二	戊辰	十六	戊辰	10
初三	己巳	十七	己巳	11
初四	庚午	十八	庚午	12*
初五	辛未	十九	辛未	13
初六	壬申	二十	壬申	14
初七	癸酉	廿一	癸酉	15
初八	甲戌	廿二	甲戌	16
初九	乙開	廿三	乙亥	17
初十	丙子	廿四	丙子	18
十一	丁好	廿五	丁丑	19*
十二	戊寅	廿六	戊寅	20
十三	己榮	廿七	己卯	21
十四	庚辰	廿八	庚辰	22
十五	辛巳	廿九	辛巳	23
十六	壬午	小四月 初一	壬午	24
十七	癸未	初二	癸未	25
十八	甲申	初三	甲申	26*
十九	乙酉	初四	乙酉	27
二十	丙戌	初五	丙戌	28
廿一	丁開	初六	丁亥	29
廿二	戊子	初七	戊子	30
廿三	己好	初八	己丑	五月 1
廿四	庚寅	初九	庚寅	2
廿五	辛榮	初十	辛卯	3*
廿六	壬辰	十一	壬辰	4
廿七	癸巳	十二	癸巳	5
廿八	甲午	十三	甲午	6
廿九	乙未	十四	乙未	7
三十	丙申	十五	丙申	8
卅一	丁酉	十六	丁酉	9

太平新曆		陰曆		陽曆
四月				
初一	戊戌	十七	戊戌	10*
初二	己開	十八	己亥	11
初三	庚子	十九	庚子	12
初四	辛好	二十	辛丑	13
初五	壬寅	廿一	壬寅	84
初六	癸榮	廿二	癸卯	15
初七	甲辰	廿三	甲辰	16
初八	乙巳	廿四	乙巳	17*
初九	丙午	廿五	丙午	18
初十	丁未	廿六	丁未	19
十一	戊申	廿七	戊申	20
十二	己酉	廿八	己酉	21
十三	庚戌	廿九	庚戌	22
十四	辛開	大五月 初一	辛亥	23
十五	壬子	初二	壬子	24*
十六	癸好	初三	癸丑	25
十七	甲寅	初四	甲寅	26
十八	乙榮	初五	乙卯	27
十九	丙辰	初六	丙辰	28
二十	丁巳	初七	丁巳	29
廿一	戊午	初八	戊午	30
廿二	己未	初九	己未	31*
廿三	庚申	初十	庚申	六月 1
廿四	辛酉	十一	辛酉	2
廿五	壬戌	十二	壬戌	3
廿六	癸開	十三	癸亥	4
廿七	甲子	十四	甲子	5
廿八	乙好	十五	乙丑	6
廿九	丙寅	十六	丙寅	7*
三十	丁榮	十七	丁卯	8

五月

太平新曆		陰曆		陽曆
初一	戊辰	十八	戊辰	9
初二	己巳	十九	己巳	10
初三	庚午	二十	庚午	11
初四	辛未	廿一	辛未	12
初五	壬申	廿二	壬申	13
初六	癸酉	廿三	癸酉	14*
初七	甲戌	廿四	甲戌	15
初八	乙開	廿五	乙亥	16
初九	丙子	廿六	丙子	17
初十	丁好	廿七	丁丑	18
十一	戊寅	廿八	戊寅	19
十二	己榮	廿九	己卯	20
十三	庚辰	三十	庚辰	21*
十四	辛巳	閏五月小 初一	辛巳	22
十五	壬午	初二	壬午	23
十六	癸未	初三	癸未	24
十七	甲申	初四	甲申	25
十八	乙酉	初五	乙酉	26
十九	丙戌	初六	丙戌	27
二十	丁開	初七	丁亥	28*
廿一	戊子	初八	戊子	29
廿二	己好	初九	己丑	30
廿三	庚寅	初十	庚寅	七月 1
廿四	辛榮	十一	辛卯	2
廿五	壬辰	十二	壬辰	3
廿六	癸巳	十三	癸巳	4
廿七	甲午	十四	甲午	5*
廿八	乙未	十五	乙未	6
廿九	丙申	十六	丙申	7
三十	丁酉	十七	丁酉	8
卅一	戊戌	十八	戊戌	9

六月

太平新曆		陰曆		陽曆
初一	己開	十九	己亥	10
初二	庚子	二十	庚子	11
初三	辛好	廿一	辛丑	12*
初四	壬寅	廿二	壬寅	13
初五	癸榮	廿三	癸卯	14
初六	甲辰	廿四	甲辰	15
初七	乙巳	廿五	乙巳	16
初八	丙午	廿六	丙午	17
初九	丁未	廿七	丁未	18
初十	戊申	廿八	戊申	19*
十一	己酉	廿九	己酉	20
十二	庚戌	六月大 初一	庚戌	21
十三	辛開	初二	辛亥	22
十四	壬子	初三	壬子	23
十五	癸好	初四	癸丑	24
十六	甲寅	初五	甲寅	25
十七	乙榮	初六	乙卯	26*
十八	丙辰	初七	丙辰	27
十九	丁巳	初八	丁巳	28
二十	戊午	初九	戊午	29
廿一	己未	初十	己未	30
廿二	庚申	十一	庚申	31
廿三	辛酉	十二	辛酉	八月 1
廿四	壬戌	十三	壬戌	2*
廿五	癸開	十四	癸亥	3
廿六	甲子	十五	甲子	4
廿七	乙好	十六	乙丑	5
廿八	丙寅	十七	丙寅	6
廿九	丁榮	十八	丁卯	7
三十	戊辰	十九	戊辰	8

七月

太平新曆		陰曆		陽曆
初一	己巳	二十	己巳	9*
初二	庚午	廿一	庚午	10
初三	辛未	廿二	辛未	11
初四	壬申	廿三	壬申	12
初五	癸酉	廿四	癸酉	13
初六	甲戌	廿五	甲戌	14
初七	乙開	廿六	乙亥	15
初八	丙子	廿七	丙子	16*
初九	丁好	廿八	丁丑	17
初十	戊寅	廿九	戊寅	18
十一	己榮	三十	己卯	19
十二	庚辰	七月小 初一	庚辰	20
十三	辛巳	初二	辛巳	21
十四	壬午	初三	壬午	22
十五	癸未	初四	癸未	23*
十六	甲申	初五	甲申	24
十七	乙酉	初六	乙酉	25
十八	丙戌	初七	丙戌	26
十九	丁開	初八	丁亥	27
二十	戊子	初九	戊子	28
廿一	己好	初十	己丑	29
廿二	庚寅	十一	庚寅	30*
廿三	辛榮	十二	辛卯	31
廿四	壬辰	十三	壬辰	九月 1
廿五	癸巳	十四	癸巳	2
廿六	甲午	十五	甲午	3
廿七	乙未	十六	乙未	4
廿八	丙申	十七	丙申	5
廿九	丁酉	十八	丁酉	6*
三十	戊戌	十九	戊戌	7
卅一	己開	二十	己亥	8

八月

太平新曆		陰曆		陽曆
初一	庚子	廿一	庚子	9
初二	辛好	廿二	辛丑	10
初三	壬寅	廿三	壬寅	11
初四	癸榮	廿四	癸卯	12
初五	甲辰	廿五	甲辰	13*
初六	乙巳	廿六	乙巳	14
初七	丙午	廿七	丙午	15
初八	丁未	廿八	丁未	16
初九	戊申	廿九	戊申	17
初十	己酉	八月小 初一	己酉	18
十一	庚戌	初二	庚戌	19
十二	辛開	初三	辛亥	20*
十三	壬子	初四	壬子	21
十四	癸好	初五	癸丑	22
十五	甲寅	初六	甲寅	23
十六	乙榮	初七	乙卯	24
十七	丙辰	初八	丙辰	25
十八	丁巳	初九	丁巳	26
十九	戊午	初十	戊午	27*
二十	己未	十一	己未	28
廿一	庚申	十二	庚申	29
廿二	辛酉	十三	辛酉	30
廿三	壬戌	十四	壬戌	六月 1
廿四	癸開	十五	癸亥	2
廿五	甲子	十六	甲子	3
廿六	乙好	十七	乙丑	4*
廿七	丙寅	十八	丙寅	5
廿八	丁榮	十九	丁卯	6
廿九	戊辰	二十	戊辰	7
三十	己巳	廿一	己巳	8

太平新曆		陰曆		陽曆
九月				
初一	庚午	廿二	庚午	9
初二	辛未	廿三	辛未	10
初三	壬申	廿四	壬申	11★
初四	癸酉	廿五	癸酉	12
初五	甲戌	廿六	甲戌	13
初六	乙開	廿七	乙亥	14
初七	丙子	廿八	丙子	15
初八	丁好	廿九	丁丑	16
初九	戊寅	三十	戊寅	17
初十	己榮	九月小 初一	己卯	18★
十一	庚辰	初二	庚辰	19
十二	辛巳	初三	辛巳	20
十三	壬午	初四	壬午	21
十四	癸未	初五	癸未	22
十五	甲申	初六	甲申	23
十六	乙酉	初七	乙酉	24
十七	丙戌	初八	丙戌	25★
十八	丁開	初九	丁亥	26
十九	戊子	初十	戊子	27
二十	己好	十一	己丑	38
廿一	庚寅	十二	庚寅	29
廿二	辛榮	十三	辛卯	30
廿三	壬辰	十四	壬辰	31
廿四	癸巳	十五	癸巳	十一月 1★
廿五	甲午	十六	甲午	2
廿六	乙未	十七	乙未	3
廿七	丙申	十八	丙申	4
廿八	丁酉	十九	丁酉	5
廿九	戊戌	二十	戊戌	6
三十	己開	廿一	己亥	7
卅一	庚子	廿二	庚子	8★

太平新曆		陰曆		陽曆
十月				
初一	辛好	廿三	辛丑	9
初二	壬寅	廿四	壬寅	10
初三	癸榮	廿五	癸卯	11
初四	甲辰	廿六	甲辰	12
初五	乙巳	廿七	乙巳	13
初六	丙午	廿八	丙午	14
初七	丁未	廿九	丁未	15★
初八	戊申	十月大 初一	戊申	16
初九	己酉	初二	己酉	17
初十	庚戌	初三	庚戌	18
十一	辛開	初四	辛亥	19
十二	壬子	初五	壬子	20
十三	癸好	初六	癸丑	21
十四	甲寅	初七	甲寅	22★
十五	乙榮	初八	乙卯	23
十六	丙辰	初九	丙辰	24
十七	丁巳	初十	丁巳	25
十八	戊午	十一	戊午	26
十九	己未	十二	己未	27
二十	庚申	十三	庚申	28
廿一	辛酉	十四	辛酉	29★
廿二	壬戌	十五	壬戌	30
廿三	癸開	十六	癸亥	十二月 1
廿四	甲子	十七	甲子	2
廿五	乙好	十八	乙丑	3
廿六	丙寅	十九	丙寅	4
廿七	丁榮	二十	丁卯	5
廿八	戊辰	廿一	戊辰	6★
廿九	己巳	廿二	己巳	7
三十	庚午	廿三	庚午	8

太平新曆		陰曆		陽曆
十一月				一八五八年
初一	辛未	廿四	辛未	9
初二	壬申	廿五	壬申	10
初三	癸酉	廿六	癸酉	11
初四	甲戌	廿七	甲戌	12
初五	乙開	廿八	乙亥	13★
初六	丙子	廿九	丙子	14
初七	丁好	三十	丁丑	15
初八	戊寅	十一月大 初一	戊寅	16
初九	己榮	初二	己卯	17
初十	庚辰	初三	庚辰	18
十一	辛巳	初四	辛巳	19
十二	壬午	初五	壬午	20★
十三	癸未	初六	癸未	21
十四	甲申	初七	甲申	22
十五	乙酉	初八	乙酉	23
十六	丙戌	初九	丙戌	24
十七	丁開	初十	丁亥	25
十八	戊子	十一	戊子	26
十九	己好	十二	己丑	27★
二十	庚寅	十三	庚寅	28
廿一	辛榮	十四	辛卯	29
廿二	壬辰	十五	壬辰	30
廿三	癸巳	十六	癸巳	31
廿四	甲午	十七	甲午	一月 1
廿五	乙未	十八	乙未	2
廿六	丙申	十九	丙申	3★
廿七	丁酉	二十	丁酉	4
廿八	戊戌	廿一	戊戌	5
廿九	己開	廿二	己亥	6
三十	庚子	廿三	庚子	7
卅一	辛好	廿四	辛丑	8

太平新曆		陰曆		陽曆
十二月				
初一	壬寅	廿五	壬寅	9
初二	癸榮	廿六	癸卯	10★
初三	甲辰	廿七	甲辰	11
初四	乙巳	廿八	乙巳	12
初五	丙午	廿九	丙午	13
初六	丁未	三十	丁未	14
初七	戊申	十二月大 初一	戊申	15
初八	己酉	初二	己酉	16
初九	庚戌	初三	庚戌	17★
初十	辛開	初四	辛亥	18
十一	壬子	初五	壬子	19
十二	癸好	初六	癸丑	20
十三	甲寅	初七	甲寅	21
十四	乙榮	初八	乙卯	22
十五	丙辰	初九	丙辰	23
十六	丁巳	初十	丁巳	24★
十七	戊午	十一	戊午	25
十八	己未	十二	己未	26
十九	庚申	十三	庚申	27
二十	辛酉	十四	辛酉	28
廿一	壬戌	十五	壬戌	29
廿二	癸開	十六	癸亥	30
廿三	甲子	十七	甲子	31★
廿四	乙好	十八	乙丑	二月 1
廿五	丙寅	十九	丙寅	2
廿六	丁榮	二十	丁卯	3
廿七	戊辰	廿一	戊辰	4
廿八	己巳	廿二	己巳	5
廿九	庚午	廿三	庚午	6
三十	辛未	廿四	辛未	7★

太平天國戊午八年

太平新曆	陰曆	陽曆
一月	清咸豐八年戊午	
初一 壬申	廿五 壬申	8
初二 癸酉	廿六 癸酉	9
初三 甲戌	廿七 甲戌	10
初四 乙開	廿八 乙亥	11
初五 丙子	廿九 丙子	12
初六 丁好	三十 丁丑	13
初七 戊寅	正月小 初一 戊寅	14*
初八 己榮	初二 己卯	15
初九 庚辰	初三 庚辰	16
初十 辛巳	初四 辛巳	17
十一 壬午	初五 壬午	18
十二 癸未	初六 癸未	19
十三 甲申	初七 甲申	20
十四 乙酉	初八 乙酉	21*
十五 丙戌	初九 丙戌	22
十六 丁開	初十 丁亥	23
十七 戊子	十一 戊子	24
十八 己好	十二 己丑	25
十九 庚寅	十三 庚寅	26
二十 辛榮	十四 辛卯	27
廿一 壬辰	十五 壬辰	28*
廿二 癸巳	十六 癸巳	三月 1
廿三 甲午	十七 甲午	2
廿四 乙未	十八 乙未	3
廿五 丙申	十九 丙申	4
廿六 丁酉	二十 丁酉	5
廿七 戊戌	廿一 戊戌	6
廿八 己開	廿二 己亥	7*
廿九 庚子	廿三 庚子	8
三十 辛好	廿四 辛丑	9
卅一 壬寅	廿五 壬寅	10

太平新曆	陰曆	陽曆
二月		
初一 癸榮	廿六 癸卯	11
初二 甲辰	廿七 甲辰	12
初三 乙巳	廿八 乙巳	13
初四 丙午	廿九 丙午	14*
初五 丁未	二月大 初一 丁未	15
初六 戊申	初二 戊申	16
初七 己酉	初三 己酉	17
初八 庚戌	初四 庚戌	18
初九 辛開	初五 辛亥	19
初十 壬子	初六 壬子	20
十一 癸好	初七 癸丑	21*
十二 甲寅	初八 甲寅	22
十三 乙榮	初九 乙卯	23
十四 丙辰	初十 丙辰	24
十五 丁巳	十一 丁巳	25
十六 戊午	十二 戊午	26
十七 己未	十三 己未	27
十八 庚申	十四 庚申	28*
十九 辛酉	十五 辛酉	29
二十 壬戌	十六 壬戌	30
廿一 癸開	十七 癸亥	31
廿二 甲子	十八 甲子	四月 1
廿三 乙好	十九 乙丑	2
廿四 丙寅	二十 丙寅	3
廿五 丁榮	廿一 丁卯	4*
廿六 戊辰	廿二 戊辰	5
廿七 己巳	廿三 己巳	6
廿八 庚午	廿四 庚午	7
廿九 辛未	廿五 辛未	8
三十 壬申	廿六 壬申	9

太平新曆	陰曆	陽曆
三月		
初一 癸酉	廿七 癸酉	10
初二 甲戌	廿八 甲戌	11*
初三 乙開	廿九 乙亥	12
初四 丙子	三十 丙子	13
初五 丁好	三月小 初一 丁丑	14
初六 戊寅	初二 戊寅	15
初七 己榮	初三 己卯	16
初八 庚辰	初四 庚辰	17
初九 辛巳	初五 辛巳	18*
初十 壬午	初六 壬午	19
十一 癸未	初七 癸未	20
十二 甲申	初八 甲申	21
十三 乙酉	初九 乙酉	22
十四 丙戌	初十 丙戌	23
十五 丁開	十一 丁亥	24
十六 戊子	十二 戊子	25*
十七 己好	十三 己丑	26
十八 庚寅	十四 庚寅	27
十九 辛榮	十五 辛卯	28
二十 壬辰	十六 壬辰	29
廿一 癸巳	十七 癸巳	30
廿二 甲午	十八 甲午	五月 1
廿三 乙未	十九 乙未	2*
廿四 丙申	二十 丙申	3
廿五 丁酉	廿一 丁酉	4
廿六 戊戌	廿二 戊戌	5
廿七 己開	廿三 己亥	6
廿八 庚子	廿四 庚子	7
廿九 辛好	廿五 辛丑	8
三十 壬寅	廿六 壬寅	9*
卅一 癸榮	廿七 癸卯	10

太平新曆	陰曆	陽曆
四月		
初一 甲辰	廿八 甲辰	11
初二 乙巳	廿九 乙巳	12
初三 丙午	四月小 初一 丙午	13
初四 丁未	初二 丁未	14
初五 戊申	初三 戊申	15
初六 己酉	初四 己酉	16*
初七 庚戌	初五 庚戌	17
初八 辛開	初六 辛亥	18
初九 壬子	初七 壬子	19
初十 癸好	初八 癸丑	20
十一 甲寅	初九 甲寅	21
十二 乙榮	初十 乙卯	22
十三 丙辰	十一 丙辰	23*
十四 丁巳	十二 丁巳	24
十五 戊午	十三 戊午	25
十六 己未	十四 己未	26
十七 庚申	十五 庚申	27
十八 辛酉	十六 辛酉	28
十九 壬戌	十七 壬戌	29
二十 癸開	十八 癸亥	30*
廿一 甲子	十九 甲子	31
廿二 乙好	二十 乙丑	六月 1
廿三 丙寅	廿一 丙寅	2
廿四 丁榮	廿二 丁卯	3
廿五 戊辰	廿三 戊辰	4
廿六 己巳	廿四 己巳	5
廿七 庚午	廿五 庚午	6*
廿八 辛未	廿六 辛未	7
廿九 壬申	廿七 壬申	8
三十 癸酉	廿八 癸酉	9

太平新曆 五月		陰曆		陽曆
初一	甲戌	廿九	甲戌	10
初二	乙開	五月大 初一	乙亥	11
初三	丙子	初二	丙子	12
初四	丁好	初三	丁丑	13*
初五	戊寅	初四	戊寅	14
初六	己榮	初五	己卯	15
初七	庚辰	初六	庚辰	16
初八	辛巳	初七	辛巳	17
初九	壬午	初八	壬午	18
初十	癸未	初九	癸未	19
十一	甲申	初十	甲申	20*
十二	乙酉	十一	乙酉	21
十三	丙戌	十二	丙戌	22
十四	丁開	十三	丁亥	23
十五	戊子	十四	戊子	24
十六	己好	十五	己丑	25
十七	庚寅	十六	庚寅	26
十八	辛榮	十七	辛卯	27*
十九	壬辰	十八	壬辰	28
二十	癸巳	十九	癸巳	29
廿一	甲午	二十	甲午	30
廿二	乙未	廿一	乙未	1 七月
廿三	丙申	廿二	丙申	2
廿四	丁酉	廿三	丁酉	3
廿五	戊戌	廿四	戊戌	4*
廿六	己開	廿五	己亥	5
廿七	庚子	廿六	庚子	6
廿八	辛好	廿七	辛丑	7
廿九	壬寅	廿八	壬寅	8
三十	癸榮	廿九	癸卯	9
卅一	甲辰	三十	甲辰	10

太平新曆 六月		陰曆		陽曆
初一	乙巳	六月大 初一	乙巳	11*
初二	丙午	初二	丙午	12
初三	丁未	初三	丁未	13
初四	戊申	初四	戊申	14
初五	己酉	初五	己酉	15
初六	庚戌	初六	庚戌	16
初七	辛開	初七	辛亥	17
初八	壬子	初八	壬子	18*
初九	癸好	初九	癸丑	19
初十	甲寅	初十	甲寅	20
十一	乙榮	十一	乙卯	21
十二	丙辰	十二	丙辰	22
十三	丁巳	十三	丁巳	23
十四	戊午	十四	戊午	24
十五	己未	十五	己未	25*
十六	庚申	十六	庚申	26
十七	辛酉	十七	辛酉	27
十八	壬戌	十八	壬戌	28
十九	癸開	十九	癸亥	29
二十	甲子	二十	甲子	30
廿一	乙好	廿一	乙丑	31
廿二	丙寅	廿二	丙寅	1* 八月
廿三	丁榮	廿三	丁卯	2
廿四	戊辰	廿四	戊辰	3
廿五	己巳	廿五	己巳	4
廿六	庚午	廿六	庚午	5
廿七	辛未	廿七	辛未	6
廿八	壬申	廿八	壬申	7
廿九	壬酉	廿九	癸酉	8*
三十	甲戌	七月小 初一	甲戌	9

太平新曆 七月		陰曆		陽曆
初一	乙開	初二	乙亥	10
初二	丙子	初三	丙子	11
初三	丁好	初四	丁丑	12
初四	戊寅	初五	戊寅	13
初五	己榮	初六	己卯	14
初六	庚辰	初七	庚辰	15*
初七	辛巳	初八	辛巳	16
初八	壬午	初九	壬午	17
初九	癸未	初十	癸未	18
初十	甲申	十一	甲申	19
十一	乙酉	十二	乙酉	20
十二	丙戌	十三	丙戌	21
十三	丁開	十四	丁亥	22*
十四	戊子	十五	戊子	23
十五	己好	十六	己丑	24
十六	庚寅	十七	庚寅	25
十七	辛榮	十八	辛卯	26
十八	壬辰	十九	壬辰	27
十九	癸巳	二十	癸巳	28
二十	甲午	廿一	甲午	29*
廿一	乙未	廿二	乙未	30
廿二	丙申	廿三	丙申	31
廿三	丁酉	廿四	丁酉	1 九月
廿四	戊戌	廿五	戊戌	2
廿五	己開	廿六	己亥	3
廿六	庚子	廿七	庚子	4
廿七	辛好	廿八	辛丑	5*
廿八	壬寅	廿九	壬寅	6
廿九	癸榮	八月大 初一	癸卯	7
三十	甲辰	初二	甲辰	8
卅一	乙巳	初三	乙巳	9

太平新曆 八月		陰曆		陽曆
初一	丙午	初四	丙午	10
初二	丁未	初五	丁未	11
初三	戊申	初六	戊申	12*
初四	己酉	初七	己酉	13
初五	庚戌	初八	庚戌	14
初六	辛開	初九	辛亥	15
初七	壬子	初十	壬子	16
初八	癸好	十一	癸丑	17
初九	甲寅	十二	甲寅	18
初十	乙榮	十三	乙卯	19*
十一	丙辰	十四	丙辰	20
十二	丁巳	十五	丁巳	21
十三	戊午	十六	戊午	22
十四	己未	十七	己未	23
十五	庚申	十八	庚申	24
十六	辛酉	十九	辛酉	25
十七	壬戌	二十	壬戌	26*
十八	癸開	廿一	癸亥	27
十九	甲子	廿二	甲子	28
二十	乙好	廿三	乙丑	29
廿一	丙寅	廿四	丙寅	30
廿二	丁榮	廿五	丁卯	1 十月
廿三	戊辰	廿六	戊辰	2
廿四	己巳	廿七	己巳	3*
廿五	庚午	廿八	庚午	4
廿六	辛未	廿九	辛未	5
廿七	壬申	三十	壬申	6
廿八	癸酉	九月大 初一	癸酉	7
廿九	甲戌	初二	甲戌	8
三十	乙開	初三	乙亥	9

太平新曆 九月	陰曆	陽曆
初一 丙子	初四 丙子	10 *
初二 丁好	初五 丁丑	11
初三 戊寅	初六 戊寅	12
初四 己榮	初七 己卯	13
初五 庚辰	初八 庚辰	14
初六 辛巳	初九 辛巳	15
初七 壬午	初十 壬午	16
初八 癸未	十一 癸未	17 *
初九 甲申	十二 甲申	18
初十 乙酉	十三 乙酉	19
十一 丙戌	十四 丙戌	20
十二 丁開	十五 丁亥	21
十三 戊子	十六 戊子	22
十四 己好	十七 己丑	23
十五 庚寅	十八 庚寅	24 *
十六 辛榮	十九 辛卯	25
十七 壬辰	二十 壬辰	26
十八 癸巳	廿一 癸巳	27
十九 甲午	廿二 甲午	28
二十 乙未	廿三 乙未	29
廿一 丙申	廿四 丙申	30
廿二 丁酉	廿五 丁酉	31 *
廿三 戊戌	廿六 戊戌	十一月 1
廿四 己開	廿七 己亥	2
廿五 庚子	廿八 庚子	3
廿六 辛好	廿九 辛丑	4
廿七 壬寅	三十 壬寅	5
廿八 癸榮	十月小 初一 癸卯	6
廿九 甲辰	初二 甲辰	7 *
三十 乙巳	初三 乙巳	8
卅一 丙午	初四 丙午	9

太平新曆 十月	陰曆	陽曆
初一 丁未	初五 丁未	10
初二 戊申	初六 戊申	11
初三 己酉	初七 己酉	12
初四 庚戌	初八 庚戌	13
初五 辛開	初九 辛亥	14 *
初六 壬子	初十 壬子	15
初七 癸好	十一 癸丑	16
初八 甲寅	十二 甲寅	17
初九 乙榮	十三 乙卯	18
初十 丙辰	十四 丙辰	19
十一 丁巳	十五 丁巳	20
十二 戊午	十六 戊午	21 *
十三 己未	十七 己未	22
十四 庚申	十八 庚申	23
十五 辛酉	十九 辛酉	24
十六 壬戌	二十 壬戌	25
十七 癸開	廿一 癸亥	26
十八 甲子	廿二 甲子	27
十九 乙好	廿三 乙丑	28 *
二十 丙寅	廿四 丙寅	29
廿一 丁榮	廿五 丁卯	30
廿二 戊辰	廿六 戊辰	十二月 1
廿三 己巳	廿七 己巳	2
廿四 庚午	廿八 庚午	3
廿五 辛未	廿九 辛未	4
廿六 壬申	十一月大 初一 壬申	5 *
廿七 癸酉	初二 癸酉	6
廿八 甲戌	初三 甲戌	7
廿九 乙開	初四 乙亥	8
三十 丙子	初五 丙子	9

太平新曆 十一月	陰曆	陽曆 一八五九年
初一 丁好	初六 丁丑	10
初二 戊寅	初七 戊寅	11
初三 己榮	初八 己卯	12 *
初四 庚辰	初九 庚辰	13
初五 辛巳	初十 辛巳	14
初六 壬午	十一 壬午	15
初七 癸未	十二 癸未	16
初八 甲申	十三 甲申	17
初九 乙酉	十四 乙酉	18
初十 丙戌	十五 丙戌	19 *
十一 丁開	十六 丁亥	20
十二 戊子	十七 戊子	21
十三 己好	十八 己丑	22
十四 庚寅	十九 庚寅	23
十五 辛榮	二十 辛卯	24
十六 壬辰	廿一 壬辰	25
十七 癸巳	廿二 癸巳	26 *
十八 甲午	廿三 甲午	27
十九 乙未	廿四 乙未	28
二十 丙申	廿五 丙申	29
廿一 丁酉	廿六 丁酉	30
廿二 戊戌	廿七 戊戌	31
廿三 己開	廿八 己亥	一月 1
廿四 庚子	廿九 庚子	2 *
廿五 辛好	三十 辛丑	3
廿六 壬寅	十二月大 初一 壬寅	4
廿七 癸榮	初二 癸卯	5
廿八 甲辰	初三 甲辰	6
廿九 乙巳	初四 乙巳	7
三十 丙午	初五 丙午	8
卅一 丁未	初六 丁未	9 *

太平新曆 十二月	陰曆 清咸豐九年己未	陽曆
初一 戊申	初七 戊申	10
初二 己酉	初八 己酉	11
初三 庚戌	初九 庚戌	12
初四 辛開	初十 辛亥	13
初五 壬子	十一 壬子	14
初六 癸好	十二 癸丑	15
初七 甲寅	十三 甲寅	16 *
初八 乙榮	十四 乙卯	17
初九 丙辰	十五 丙辰	18
初十 丁巳	十六 丁巳	19
十一 戊午	十七 戊午	20
十二 己未	十八 己未	21
十三 庚申	十九 庚申	22
十四 辛酉	二十 辛酉	23 *
十五 壬戌	廿一 壬戌	24
十六 癸開	廿二 癸亥	25
十七 甲子	廿三 甲子	26
十八 乙好	廿四 乙丑	27
十九 丙寅	廿五 丙寅	28
二十 丁榮	廿六 丁卯	29
廿一 戊辰	廿七 戊辰	30 *
廿二 己巳	廿八 己巳	31
廿三 庚午	廿九 庚午	二月 1
廿四 辛未	三十 辛未	2
廿五 壬申	正月大 初一 壬申	3
廿六 癸酉	初二 癸酉	4
廿七 甲戌	初三 甲戌	5
廿八 乙開	初四 乙亥	6 *
廿九 丙子	初五 丙子	7
三十 丁好	初六 丁丑	8

太平天國己未九年

一月

太平新曆	陰曆	陽曆
初一 戊寅	初七 戊寅	9
初二 己榮	初八 己卯	10
初三 庚辰	初九 庚辰	11
初四 辛巳	初十 辛巳	12
初五 壬午	十一 壬午	13*
初六 癸未	十二 癸未	14
初七 甲申	十三 甲申	15
初八 乙酉	十四 乙酉	16
初九 丙戌	十五 丙戌	17
初十 丁開	十六 丁亥	18
十一 戊子	十七 戊子	19
十二 己好	十八 己丑	20*
十三 庚寅	十九 庚寅	21
十四 辛榮	二十 辛卯	22
十五 壬辰	廿一 壬辰	23
十六 癸巳	廿二 癸巳	24
十七 甲午	廿三 甲午	25
十八 乙未	廿四 乙未	26
十九 丙申	廿五 丙申	27*
二十 丁酉	廿六 丁酉	28
廿一 戊戌	廿七 戊戌	三月 1
廿二 己開	廿八 己亥	2
廿三 庚子	廿九 庚子	3
廿四 辛好	三十 辛丑	4
廿五 壬寅	二月小 初一 壬寅	5
廿六 癸榮	初二 癸卯	6*
廿七 甲辰	初三 甲辰	7
廿八 乙巳	初四 乙巳	8
廿九 丙午	初五 丙午	9
三十 丁未	初六 丁未	10
卅一 戊申	初七 戊申	11

二月

太平新曆	陰曆	陽曆
初一 己酉	初八 己酉	12
初二 庚戌	初九 庚戌	13*
初三 辛開	初十 辛亥	14
初四 壬子	十一 壬子	15
初五 癸好	十二 癸丑	16
初六 甲寅	十三 甲寅	17
初七 乙榮	十四 乙卯	18
初八 丙辰	十五 丙辰	19
初九 丁巳	十六 丁巳	20*
初十 戊午	十七 戊午	21
十一 己未	十八 己未	22
十二 庚申	十九 庚申	23
十三 辛酉	二十 辛酉	24
十四 壬戌	廿一 壬戌	25
十五 癸開	廿二 癸亥	26
十六 甲子	廿三 甲子	27*
十七 乙好	廿四 乙丑	28
十八 丙寅	廿五 丙寅	29
十九 丁榮	廿六 丁卯	30
二十 戊辰	廿七 戊辰	31
廿一 己巳	廿八 己巳	四月 1
廿二 庚午	廿九 庚午	2
廿三 辛未	三月大 初一 辛未	3*
廿四 壬申	初二 壬申	4
廿五 癸酉	初三 癸酉	5
廿六 甲戌	初四 甲戌	6
廿七 乙開	初五 乙亥	7
廿八 丙子	初六 丙子	8
廿九 丁好	初七 丁丑	9
三十 戊寅	初八 戊寅	10*

三月

太平新曆	陰曆	陽曆
初一 己榮	初九 己卯	11
初二 庚辰	初十 庚辰	12
初三 辛巳	十一 辛巳	13
初四 壬午	十二 壬午	14
初五 癸未	十三 癸未	15
初六 甲申	十四 甲申	16
初七 乙酉	十五 乙酉	17*
初八 丙戌	十六 丙戌	18
初九 丁開	十七 丁亥	19
初十 戊子	十八 戊子	20
十一 己好	十九 己丑	21
十二 庚寅	二十 庚寅	22
十三 辛榮	廿一 辛卯	23
十四 壬辰	廿二 壬辰	24*
十五 癸巳	廿三 癸巳	25
十六 甲午	廿四 甲午	26
十七 乙未	廿五 乙未	27
十八 丙申	廿六 丙申	28
十九 丁酉	廿七 丁酉	29
二十 戊戌	廿八 戊戌	30
廿一 己開	廿九 己亥	五月 1*
廿二 庚子	三十 庚子	2
廿三 辛好	四月小 初一 辛丑	3
廿四 壬寅	初二 壬寅	4
廿五 癸榮	初三 癸卯	5
廿六 甲辰	初四 甲辰	6
廿七 乙巳	初五 乙巳	7
廿八 丙午	初六 丙午	8*
廿九 丁未	初七 丁未	9
三十 戊申	初八 戊申	10
卅一 己酉	初九 己酉	11

四月

太平新曆	陰曆	陽曆
初一 庚戌	初十 庚戌	12
初二 辛開	十一 辛亥	13
初三 壬子	十二 壬子	14
初四 癸好	十三 癸丑	15*
初五 甲寅	十四 甲寅	16
初六 乙榮	十五 乙卯	17
初七 丙辰	十六 丙辰	18
初八 丁巳	十七 丁巳	19
初九 戊午	十八 戊午	20
初十 己未	十九 己未	21
十一 庚申	二十 庚申	22*
十二 辛酉	廿一 辛酉	23
十三 壬戌	廿二 壬戌	24
十四 癸開	廿三 癸亥	25
十五 甲子	廿四 甲子	26
十六 乙好	廿五 乙丑	27
十七 丙寅	廿六 丙寅	28
十八 丁榮	廿七 丁卯	29*
十九 戊辰	廿八 戊辰	30
二十 己巳	廿九 己巳	31
廿一 庚午	五月小 初一 庚午	六月 1
廿二 辛未	初二 辛未	2
廿三 壬申	初三 壬申	3
廿四 癸酉	初四 癸酉	4
廿五 甲戌	初五 甲戌	5*
廿六 乙開	初六 乙亥	6
廿七 丙子	初七 丙子	7
廿八 丁好	初八 丁丑	8
廿九 戊寅	初九 戊寅	9
三十 己榮	初十 己卯	10

太平新曆	陰曆	陽曆
五月		
初一 庚辰	十一 庚辰	11
初二 辛巳	十二 辛巳	12*
初三 壬午	十三 壬午	13
初四 癸未	十四 癸未	14
初五 甲申	十五 甲申	15
初六 乙酉	十六 乙酉	16
初七 丙戌	十七 丙戌	17
初八 丁開	十八 丁亥	18
初九 戊子	十九 戊子	19*
初十 己好	二十 己丑	20
十一 庚寅	廿一 庚寅	21
十二 辛榮	廿二 辛卯	22
十三 壬辰	廿三 壬辰	23
十四 癸巳	廿四 癸巳	24
十五 甲午	廿五 甲午	25
十六 乙未	廿六 乙未	26*
十七 丙申	廿七 丙申	27
十八 丁酉	廿八 丁酉	28
十九 戊戌	廿九 戊戌	29
二十 己開	六月大 初一 己亥	30
廿一 庚子	初二 庚子	七月 1
廿二 辛好	初三 辛丑	2
廿三 壬寅	初四 壬寅	3*
廿四 癸榮	初五 癸卯	4
廿五 甲辰	初六 甲辰	5
廿六 乙巳	初七 乙巳	6
廿七 丙午	初八 丙午	7
廿八 丁未	初九 丁未	8
廿九 戊申	初十 戊申	9
三十 己酉	十一 己酉	10*
卅一 庚戌	十二 庚戌	11
六月		
初一 辛開	十三 辛亥	12
初二 壬子	十四 壬子	13
初三 癸好	十五 癸丑	14
初四 甲寅	十六 甲寅	15
初五 乙榮	十七 乙卯	16
初六 丙辰	十八 丙辰	17*
初七 丁巳	十九 丁巳	18
初八 戊午	二十 戊午	19
初九 己未	廿一 己未	20
初十 庚申	廿二 庚申	21
十一 辛酉	廿三 辛酉	22
十二 壬戌	廿四 壬戌	23
十三 癸開	廿五 癸亥	24*
十四 甲子	廿六 甲子	25
十五 乙好	廿七 乙丑	26
十六 丙寅	廿八 丙寅	27
十七 丁榮	廿九 丁卯	28
十八 戊辰	三十 戊辰	29
十九 己巳	七月小 初一 己巳	30
二十 庚午	初二 庚午	31*
廿一 辛未	初三 辛未	八月 1
廿二 壬申	初四 壬申	2
廿三 癸酉	初五 癸酉	3
廿四 甲戌	初六 甲戌	4
廿五 乙開	初七 乙亥	5
廿六 丙子	初八 丙子	6
廿七 丁好	初九 丁丑	7*
廿八 戊寅	初十 戊寅	8
廿九 己榮	十一 己卯	9
三十 庚辰	十二 庚辰	10
七月		
初一 辛巳	十三 辛巳	11
初二 壬午	十四 壬午	12
初三 癸未	十五 癸未	13
初四 甲申	十六 甲申	14*
初五 乙酉	十七 乙酉	15
初六 丙戌	十八 丙戌	16
初七 丁開	十九 丁亥	17
初八 戊子	二十 戊子	18
初九 己好	廿一 己丑	19
初十 庚寅	廿二 庚寅	20
十一 辛榮	廿三 辛卯	21*
十二 壬辰	廿四 壬辰	22
十三 癸巳	廿五 癸巳	23
十四 甲午	廿六 甲午	24
十五 乙未	廿七 乙未	25
十六 丙申	廿八 丙申	26
十七 丁酉	廿九 丁酉	27
十八 戊戌	八月小 初一 戊戌	28*
十九 己開	初二 己亥	29
二十 庚子	初三 庚子	30
廿一 辛好	初四 辛丑	31
廿二 壬寅	初五 壬寅	九月 1
廿三 癸榮	初六 癸卯	2
廿四 甲辰	初七 甲辰	3
廿五 乙巳	初八 乙巳	4*
廿六 丙午	初九 丙午	5
廿七 丁未	初十 丁未	6
廿八 戊申	十一 戊申	7
廿九 己酉	十二 己酉	8
三十 庚戌	十三 庚戌	9
卅一 辛開	十四 辛亥	10
八月		
初一 壬子	十五 壬子	11*
初二 癸好	十六 癸丑	12
初三 甲寅	十七 甲寅	13
初四 乙榮	十八 乙卯	14
初五 丙辰	十九 丙辰	15
初六 丁巳	二十 丁巳	16
初七 戊午	廿一 戊午	17
初八 己未	廿二 己未	18*
初九 庚申	廿三 庚申	19
初十 辛酉	廿四 辛酉	20
十一 壬戌	廿五 壬戌	21
十二 癸開	廿六 癸亥	22
十三 甲子	廿七 甲子	23
十四 乙好	廿八 乙丑	24
十五 丙寅	廿九 丙寅	25*
十六 丁榮	九月大 初一 丁卯	26
十七 戊辰	初二 戊辰	27
十八 己巳	初三 己巳	28
十九 庚午	初四 庚午	29
二十 辛未	初五 辛未	30
廿一 壬申	初六 壬申	十月 1
廿二 癸酉	初七 癸酉	2*
廿三 甲戌	初八 甲戌	3
廿四 乙開	初九 乙亥	4
廿五 丙子	初十 丙子	5
廿六 丁好	十一 丁丑	6
廿七 戊寅	十二 戊寅	7
廿八 己榮	十三 己卯	8
廿九 庚辰	十四 庚辰	9*
三十 辛巳	十五 辛巳	10

九月

太平新曆	干支	陰曆	干支	陽曆
初一	壬午	十六	壬午	11
初二	癸未	十七	癸未	12
初三	甲申	十八	甲申	13
初四	乙酉	十九	乙酉	14
初五	丙戌	二十	丙戌	15
初六	丁開	廿一	丁亥	16*
初七	戊子	廿二	戊子	17
初八	己好	廿三	己丑	18
初九	庚寅	廿四	庚寅	19
初十	辛榮	廿五	辛卯	20
十一	壬辰	廿六	壬辰	21
十二	癸巳	廿七	癸巳	22
十三	甲午	廿八	甲午	23*
十四	乙未	廿九	乙未	24
十五	丙申	三十	丙申	25
十六	丁酉	十月小 初一	丁酉	26
十七	戊戌	初二	戊戌	27
十八	己開	初三	己亥	28
十九	庚子	初四	庚子	29
二十	辛好	初五	辛丑	30*
廿一	壬寅	初六	壬寅	31
廿二	癸榮	初七	癸卯	十一月 1
廿三	甲辰	初八	甲辰	2
廿四	乙巳	初九	乙巳	3
廿五	丙午	初十	丙午	4
廿六	丁未	十一	丁未	5
廿七	戊申	十二	戊申	6*
廿八	己酉	十三	己酉	7
廿九	庚戌	十四	庚戌	8
三十	辛開	十五	辛亥	9
卅一	壬子	十六	壬子	10

十月

太平新曆	干支	陰曆	干支	陽曆
初一	癸好	十七	癸丑	11
初二	甲寅	十八	甲寅	12
初三	乙榮	十九	乙卯	13*
初四	丙辰	二十	丙辰	14
初五	丁巳	廿一	丁巳	15
初六	戊午	廿二	戊午	16
初七	己未	廿三	己未	17
初八	庚申	廿四	庚申	18
初九	辛酉	廿五	辛酉	19
初十	壬戌	廿六	壬戌	20*
十一	癸開	廿七	癸亥	21
十二	甲子	廿八	甲子	22
十三	乙好	廿九	乙丑	23
十四	丙寅	十一月大 初一	丙寅	24
十五	丁榮	初二	丁卯	25
十六	戊辰	初三	戊辰	26
十七	己巳	初四	己巳	27*
十八	庚午	初五	庚午	28
十九	辛未	初六	辛未	29
二十	壬申	初七	壬申	30
廿一	癸酉	初八	癸酉	十二月 1
廿二	甲戌	初九	甲戌	2
廿三	乙開	初十	乙亥	3
廿四	丙子	十一	丙子	4*
廿五	丁好	十二	丁丑	5
廿六	戊寅	十三	戊寅	6
廿七	己榮	十四	己卯	7
廿八	庚辰	十五	庚辰	8
廿九	辛巳	十六	辛巳	9
三十	壬午	十七	壬午	10

十一月

太平新曆	干支	陰曆	干支	陽曆 一八六〇年（閏）
初一	癸未	十八	癸未	11*
初二	甲申	十九	甲申	12
初三	乙酉	二十	乙酉	13
初四	丙戌	廿一	丙戌	14
初五	丁開	廿二	丁亥	15
初六	戊子	廿三	戊子	16
初七	己好	廿四	己丑	17
初八	庚寅	廿五	庚寅	18*
初九	辛榮	廿六	辛卯	19
初十	壬辰	廿七	壬辰	20
十一	癸巳	廿八	癸巳	21
十二	甲午	廿九	甲午	22
十三	乙未	三十	乙未	23
十四	丙申	十二月大 初一	丙申	24
十五	丁酉	初二	丁酉	25*
十六	戊戌	初三	戊戌	26
十七	己開	初四	己亥	27
十八	庚子	初五	庚子	28
十九	辛好	初六	辛丑	29
二十	壬寅	初七	壬寅	30
廿一	癸榮	初八	癸卯	31
廿二	甲辰	初九	甲辰	一月 1*
廿三	乙巳	初十	乙巳	2
廿四	丙午	十一	丙午	3
廿五	丁未	十二	丁未	4
廿六	戊申	十三	戊申	5
廿七	己酉	十四	己酉	6
廿八	庚戌	十五	庚戌	7
廿九	辛開	十六	辛亥	8*
三十	壬子	十七	壬子	9
卅一	癸好	十八	癸丑	10

十二月

太平新曆	干支	陰曆 清咸豐十年庚申	干支	陽曆
初一	甲寅	十九	甲寅	11
初二	乙榮	二十	乙卯	12
初三	丙辰	廿一	丙辰	13
初四	丁巳	廿二	丁巳	14
初五	戊午	廿三	戊午	15*
初六	己未	廿四	己未	16
初七	庚申	廿五	庚申	17
初八	辛酉	廿六	辛酉	18
初九	壬戌	廿七	壬戌	19
初十	癸開	廿八	癸亥	20
十一	甲子	廿九	甲子	21
十二	乙好	三十	乙丑	22*
十三	丙寅	正月大 初一	丙寅	23
十四	丁榮	初二	丁卯	24
十五	戊辰	初三	戊辰	25
十六	己巳	初四	己巳	26
十七	庚午	初五	庚午	27
十八	辛未	初六	辛未	28
十九	壬申	初七	壬申	29*
二十	癸酉	初八	癸酉	30
廿一	甲戌	初九	甲戌	31
廿二	乙開	初十	乙亥	二月 1
廿三	丙子	十一	丙子	2
廿四	丁好	十二	丁丑	3
廿五	戊寅	十三	戊寅	4
廿六	己榮	十四	己卯	5*
廿七	庚辰	十五	庚辰	6
廿八	辛巳	十六	辛巳	7
廿九	壬午	十七	壬午	8
三十	癸未	十八	癸未	9

太平天國庚申十年

正月

太平新曆	陰曆	陽曆
初一 甲申	十九 甲申	10
初二 乙酉	二十 乙酉	11
初三 丙戌	廿一 丙戌	12*
初四 丁開	廿二 丁亥	13
初五 戊子	廿三 戊子	14
初六 己好	廿四 己丑	15
初七 庚寅	廿五 庚寅	16
初八 辛榮	廿六 辛卯	17
初九 壬辰	廿七 壬辰	18
初十 癸巳	廿八 癸巳	19*
十一 甲午	廿九 甲午	20
十二 乙未	三十 乙未	21
十三 丙申	二月小 初一 丙申	22
十四 丁酉	初二 丁酉	23
十五 戊戌	初三 戊戌	24
十六 己開	初四 己亥	25
十七 庚子	初五 庚子	26*
十八 辛好	初六 辛丑	27
十九 壬寅	初七 壬寅	28
二十 癸榮	初八 癸卯	29
廿一 甲辰	初九 甲辰	三月 1
廿二 乙巳	初十 乙巳	2
廿三 丙午	十一 丙午	3
廿四 丁未	十二 丁未	4*
廿五 戊申	十三 戊申	5
廿六 己酉	十四 己酉	6
廿七 庚戌	十五 庚戌	7
廿八 辛開	十六 辛亥	8
廿九 壬子	十七 壬子	9
三十 癸好	十八 癸丑	10
卅一 甲寅	十九 甲寅	11*

二月

太平新曆	陰曆	陽曆
初一 乙榮	二十 乙卯	12
初二 丙辰	廿一 丙辰	13
初三 丁巳	廿二 丁巳	14
初四 戊午	廿三 戊午	15
初五 己未	廿四 己未	16
初六 庚申	廿五 庚申	17
初七 辛酉	廿六 辛酉	18*
初八 壬戌	廿七 壬戌	19
初九 癸開	廿八 癸亥	20
初十 甲子	廿九 甲子	21
十一 乙好	三月大 初一 乙丑	22
十二 丙寅	初二 丙寅	23
十三 丁榮	初三 丁卯	24
十四 戊辰	初四 戊辰	25*
十五 己巳	初五 己巳	26
十六 庚午	初六 庚午	27
十七 辛未	初七 辛未	28
十八 壬申	初八 壬申	29
十九 癸酉	初九 癸酉	30
二十 甲戌	初十 甲戌	31
廿一 乙開	十一 乙亥	四月 1*
廿二 丙子	十二 丙子	2
廿三 丁好	十三 丁丑	3
廿四 戊寅	十四 戊寅	4
廿五 己榮	十五 己卯	5
廿六 庚辰	十六 庚辰	6
廿七 辛巳	十七 辛巳	7
廿八 壬午	十八 壬午	8*
廿九 癸未	十九 癸未	9
三十 甲申	二十 甲申	10

三月

太平新曆	陰曆	陽曆
初一 乙酉	廿一 乙酉	11
初二 丙戌	廿二 丙戌	12
初三 丁開	廿三 丁亥	13
初四 戊子	廿四 戊子	14
初五 己好	廿五 己丑	15*
初六 庚寅	廿六 庚寅	16
初七 辛榮	廿七 辛卯	17
初八 壬辰	廿八 壬辰	18
初九 癸巳	廿九 癸巳	19
初十 甲午	三十 甲午	20
十一 乙未	閏三月大 初一 乙未	21
十二 丙申	初二 丙申	22*
十三 丁酉	初三 丁酉	23
十四 戊戌	初四 戊戌	24
十五 己開	初五 己亥	25
十六 庚子	初六 庚子	26
十七 辛好	初七 辛丑	27
十八 壬寅	初八 壬寅	28
十九 癸榮	初九 癸卯	29*
二十 甲辰	初十 甲辰	30
廿一 乙巳	十一 乙巳	五月 1
廿二 丙午	十二 丙午	2
廿三 丁未	十三 丁未	3
廿四 戊申	十四 戊申	4
廿五 己酉	十五 己酉	5
廿六 庚戌	十六 庚戌	6*
廿七 辛開	十七 辛亥	7
廿八 壬子	十八 壬子	8
廿九 癸好	十九 癸丑	9
三十 甲寅	二十 甲寅	10
卅一 乙榮	廿一 乙卯	11

四月

太平新曆	陰曆	陽曆
初一 丙辰	廿二 丙辰	12
初二 丁巳	廿三 丁巳	13*
初三 戊午	廿四 戊午	14
初四 己未	廿五 己未	15
初五 庚申	廿六 庚申	16
初六 辛酉	廿七 辛酉	17
初七 壬戌	廿八 壬戌	18
初八 癸開	廿九 癸亥	19
初九 甲子	三十 甲子	20*
初十 乙好	四月小 初一 乙丑	21
十一 丙寅	初二 丙寅	22
十二 丁榮	初三 丁卯	23
十三 戊辰	初四 戊辰	24
十四 己巳	初五 己巳	25
十五 庚午	初六 庚午	26
十六 辛未	初七 辛未	27*
十七 壬申	初八 壬申	28
十八 癸酉	初九 癸酉	29
十九 甲戌	初十 甲戌	30
二十 乙開	十一 乙亥	31
廿一 丙子	十二 丙子	六月 1
廿二 丁好	十三 丁丑	2
廿三 戊寅	十四 戊寅	3*
廿四 己榮	十五 己卯	4
廿五 庚辰	十六 庚辰	5
廿六 辛巳	十七 辛巳	6
廿七 壬午	十八 壬午	7
廿八 癸未	十九 癸未	8
廿九 甲申	二十 甲申	9
三十 乙酉	廿一 乙酉	10*

太平新曆 五月	陰曆	陽曆
初一 丙戌	廿二 丙戌	11
初二 丁開	廿三 丁亥	12
初三 戊子	廿四 戊子	13
初四 己好	廿五 己丑	14
初五 庚寅	廿六 庚寅	15
初六 辛榮	廿七 辛卯	16
初七 壬辰	廿八 壬辰	17*
初八 癸巳	廿九 癸巳	18
初九 甲午	五月小 初一 甲午	19
初十 乙未	初二 乙未	20
十一 丙申	初三 丙申	21
十二 丁酉	初四 丁酉	22
十三 戊戌	初五 戊戌	23
十四 己開	初六 己亥	24*
十五 庚子	初七 庚子	25
十六 辛好	初八 辛丑	26
十七 壬寅	初九 壬寅	27
十八 癸榮	初十 癸卯	28
十九 甲辰	十一 甲辰	29
二十 乙巳	十二 乙巳	30
廿一 丙午	十三 丙午	七月 1*
廿二 丁未	十四 丁未	2
廿三 戊申	十五 戊申	3
廿四 己酉	十六 己酉	4
廿五 庚戌	十七 庚戌	5
廿六 辛開	十八 辛亥	6
廿七 壬子	十九 壬子	7
廿八 癸好	二十 癸丑	8*
廿九 甲寅	廿一 甲寅	9
三十 乙榮	廿二 乙卯	10
卅一 丙辰	廿三 丙辰	11

太平新曆 六月	陰曆	陽曆
初一 丁巳	廿四 丁巳	12
初二 戊午	廿五 戊午	13
初三 己未	廿六 己未	14
初四 庚申	廿七 庚申	15*
初五 辛酉	廿八 辛酉	16
初六 壬戌	廿九 壬戌	17
初七 癸開	六月大 初一 癸亥	18
初八 甲子	初二 甲子	19
初九 乙好	初三 乙丑	20
初十 丙寅	初四 丙寅	21
十一 丁榮	初五 丁卯	22*
十二 戊辰	初六 戊辰	23
十三 己巳	初七 己巳	24
十四 庚午	初八 庚午	25
十五 辛未	初九 辛未	26
十六 壬申	初十 壬申	27
十七 癸酉	十一 癸酉	28
十八 甲戌	十二 甲戌	29*
十九 乙開	十三 乙亥	30
二十 丙子	十四 丙子	31
廿一 丁好	十五 丁丑	八月 1
廿二 戊寅	十六 戊寅	2
廿三 己榮	十七 己卯	3
廿四 庚辰	十八 庚辰	4
廿五 辛巳	十九 辛巳	5*
廿六 壬午	二十 壬午	6
廿七 癸未	廿一 癸未	7
廿八 甲申	廿二 甲申	8
廿九 乙酉	廿三 乙酉	9
三十 丙戌	廿四 丙戌	10

太平新曆 七月	陰曆	陽曆
初一 丁開	廿五 丁亥	11
初二 戊子	廿六 戊子	12*
初三 己好	廿七 己丑	13
初四 庚寅	廿八 庚寅	14
初五 辛榮	廿九 辛卯	15
初六 壬辰	三十 壬辰	16
初七 癸巳	七月小 初一 癸巳	7
初八 甲午	初二 甲午	18
初九 乙未	初三 乙未	19*
初十 丙申	初四 丙申	20
十一 丁酉	初五 丁酉	21
十二 戊戌	初六 戊戌	22
十三 己開	初七 己亥	23
十四 庚子	初八 庚子	24
十五 辛好	初九 辛丑	25
十六 壬寅	初十 壬寅	26*
十七 癸榮	十一 癸卯	27
十八 甲辰	十二 甲辰	28
十九 乙巳	十三 乙巳	29
二十 丙午	十四 丙午	30
廿一 丁未	十五 丁未	31
廿二 戊申	十六 戊申	九月 1
廿三 己酉	十七 己酉	2*
廿四 庚戌	十八 庚戌	3
廿五 辛開	十九 辛亥	4
廿六 壬子	二十 壬子	5
廿七 癸好	廿一 癸丑	6
廿八 甲寅	廿二 甲寅	7
廿九 乙榮	廿三 乙卯	8
三十 丙辰	廿四 丙辰	9*
卅一 丁巳	廿五 丁巳	10

太平新曆 八月	陰曆	陽曆
初一 戊午	廿六 戊午	11
初二 己未	廿七 己未	12
初三 庚申	廿八 庚申	13
初四 辛酉	廿九 辛酉	14
初五 壬戌	八月小 初一 壬戌	15
初六 癸開	初二 癸亥	16*
初七 甲子	初三 甲子	17
初八 乙好	初四 乙丑	18
初九 丙寅	初五 丙寅	19
初十 丁榮	初六 丁卯	20
十一 戊辰	初七 戊辰	21
十二 己巳	初八 己巳	22
十三 庚午	初九 庚午	23*
十四 辛未	初十 辛未	24
十五 壬申	十一 壬申	25
十六 癸酉	十二 癸酉	26
十七 甲戌	十三 甲戌	27
十八 乙開	十四 乙亥	28
十九 丙子	十五 丙子	29
二十 丁好	十六 丁丑	30*
廿一 戊寅	十七 戊寅	十月 1
廿二 己榮	十八 己卯	2
廿三 庚辰	十九 庚辰	3
廿四 辛巳	二十 辛巳	4
廿五 壬午	廿一 壬午	5
廿六 癸未	廿二 癸未	6
廿七 甲申	廿三 甲申	7*
廿八 乙酉	廿四 乙酉	8
廿九 丙戌	廿五 丙戌	9
三十 丁開	廿六 丁亥	10

太平新曆	陰曆	陽曆
九月		
初一 戊子	廿七 戊子	11
初二 己好	廿八 己丑	12
初三 庚寅	廿九 庚寅	13
初四 辛榮	九月大 初一 辛卯	14*
初五 壬辰	初二 壬辰	15
初六 癸巳	初三 癸巳	16
初七 甲午	初四 甲午	17
初八 乙未	初五 乙未	18
初九 丙申	初六 丙申	19
初十 丁酉	初七 丁酉	20
十一 戊戌	初八 戊戌	21*
十二 己開	初九 己亥	22
十三 庚子	初十 庚子	23
十四 辛好	十一 辛丑	24
十五 壬寅	十二 壬寅	25
十六 癸榮	十三 癸卯	26
十七 甲辰	十四 甲辰	27
十八 乙巳	十五 乙巳	28*
十九 丙午	十六 丙午	29
二十 丁未	十七 丁未	30
廿一 戊申	十八 戊申	31
廿二 己酉	十九 己酉	十一月 1
廿三 庚戌	二十 庚戌	2
廿四 辛開	廿一 辛亥	3
廿五 壬子	廿二 壬子	4*
廿六 癸好	廿三 癸丑	5
廿七 甲寅	廿四 甲寅	6
廿八 乙榮	廿五 乙卯	7
廿九 丙辰	廿六 丙辰	8
三十 丁巳	廿七 丁巳	9
卅一 戊午	廿八 戊午	10

太平新曆	陰曆	陽曆
十月		
初一 己未	廿九 己未	11*
初二 庚申	三十 庚申	12
初三 辛酉	十月小 初一 辛酉	13
初四 壬戌	初二 壬戌	14
初五 癸開	初三 癸亥	15
初六 甲子	初四 甲子	16
初七 乙好	初五 乙丑	17
初八 丙寅	初六 丙寅	18*
初九 丁榮	初七 丁卯	19
初十 戊辰	初八 戊辰	20
十一 己巳	初九 己巳	21
十二 庚午	初十 庚午	22
十三 辛未	十一 辛未	23
十四 壬申	十二 壬申	24
十五 癸酉	十三 癸酉	25*
十六 甲戌	十四 甲戌	26
十七 乙開	十五 乙亥	27
十八 丙子	十六 丙子	28
十九 丁好	十七 丁丑	29
二十 戊寅	十八 戊寅	30
廿一 己榮	十九 己卯	十二月 1
廿二 庚辰	二十 庚辰	2*
廿三 辛巳	廿一 辛巳	3
廿四 壬午	廿二 壬午	4
廿五 癸未	廿三 癸未	5
廿六 甲申	廿四 甲申	6
廿七 乙酉	廿五 乙酉	7
廿八 丙戌	廿六 丙戌	8
廿九 丁開	廿七 丁亥	9*
三十 戊子	廿八 戊子	10

太平新曆	陰曆	陽曆
十一月		一八六一年
初一 己好	廿九 己丑	11
初二 庚寅	十一月大 初一 庚寅	12
初三 辛榮	初二 辛卯	13
初四 壬辰	初三 壬辰	14
初五 癸巳	初四 癸巳	15
初六 甲午	初五 甲午	16*
初七 乙未	初六 乙未	17
初八 丙申	初七 丙申	18
初九 丁酉	初八 丁酉	19
初十 戊戌	初九 戊戌	20
十一 己開	初十 己亥	21
十二 庚子	十一 庚子	22
十三 辛好	十二 辛丑	23*
十四 壬寅	十三 壬寅	24
十五 癸榮	十四 癸卯	25
十六 甲辰	十五 甲辰	26
十七 乙巳	十六 乙巳	27
十八 丙午	十七 丙午	28
十九 丁未	十八 丁未	29
二十 戊申	十九 戊申	30*
廿一 己酉	二十 己酉	31
廿二 庚戌	廿一 庚戌	一月 1
廿三 辛開	廿二 辛亥	2
廿四 壬子	廿三 壬子	3
廿五 癸好	廿四 癸丑	4
廿六 甲寅	廿五 甲寅	5
廿七 乙榮	廿六 乙卯	6*
廿八 丙辰	廿七 丙辰	7
廿九 丁巳	廿八 丁巳	8
三十 戊午	廿九 戊午	9
卅一 己未	三十 己未	10

太平新曆	陰曆	陽曆
十二月		
初一 庚申	十二月大 初一 庚申	11
初二 辛酉	初二 辛酉	12
初三 壬戌	初三 壬戌	13*
初四 癸開	初四 癸亥	14
初五 甲子	初五 甲子	15
初六 乙好	初六 乙丑	16
初七 丙寅	初七 丙寅	17
初八 丁榮	初八 丁卯	18
初九 戊辰	初九 戊辰	19
初十 己巳	初十 己巳	20*
十一 庚午	十一 庚午	21
十二 辛未	十二 辛未	22
十三 壬申	十三 壬申	23
十四 癸酉	十四 癸酉	24
十五 甲戌	十五 甲戌	25
十六 乙開	十六 乙亥	26
十七 丙子	十七 丙子	27*
十八 丁好	十八 丁丑	28
十九 戊寅	十九 戊寅	29
二十 己榮	二十 己卯	30
廿一 庚辰	廿一 庚辰	31
廿二 辛巳	廿二 辛巳	二月 1
廿三 壬午	廿三 壬午	2
廿四 癸未	廿四 癸未	3*
廿五 甲申	廿五 甲申	4
廿六 乙酉	廿六 乙酉	5
廿七 丙戌	廿七 丙戌	6
廿八 丁開	廿八 丁亥	7
廿九 戊子	廿九 戊子	8
三十 己好	三十 己丑	9

太平天國辛酉十一年

太平新曆	陰曆	陽曆
正月	清咸豐十一年辛酉	
初一 庚寅	正月小 初一 庚寅	10★
初二 辛榮	初二 辛卯	11
初三 壬辰	初三 壬辰	12
初四 癸巳	初四 癸巳	13
初五 甲午	初五 甲午	14
初六 乙未	初六 乙未	15
初七 丙申	初七 丙申	16
初八 丁酉	初八 丁酉	17★
初九 戊戌	初九 戊戌	18
初十 己開	初十 己亥	19
十一 庚子	十一 庚子	20
十二 辛好	十二 辛丑	21
十三 壬寅	十三 壬寅	22
十四 癸榮	十四 癸卯	23
十五 甲辰	十五 甲辰	24★
十六 乙巳	十六 乙巳	25
十七 丙午	十七 丙午	26
十八 丁未	十八 丁未	27
十九 戊申	十九 戊申	38
二十 己酉	二十 己酉	三月 1
廿一 庚戌	廿一 庚戌	2
廿二 辛開	廿二 辛亥	3★
廿三 壬子	廿三 壬子	4
廿四 癸好	廿四 癸丑	5
廿五 甲寅	廿五 甲寅	6
廿六 乙榮	廿六 乙卯	7
廿七 丙辰	廿七 丙辰	8
廿八 丁巳	廿八 丁巳	9
廿九 戊午	廿九 戊午	10★
三十 己未	二月大 初一 己未	11
卅一 庚申	初二 庚申	12

太平新曆	陰曆	陽曆
二月		
初一 辛酉	初三 辛酉	13
初二 壬戌	初四 壬戌	14
初三 癸開	初五 癸亥	15
初四 甲子	初六 甲子	16
初五 乙好	初七 乙丑	17★
初六 丙寅	初八 丙寅	18
初七 丁榮	初九 丁卯	19
初八 戊辰	初十 戊辰	20
初九 己巳	十一 己巳	21
初十 庚午	十二 庚午	22
十一 辛未	十三 辛未	23
十二 壬申	十四 壬申	24★
十三 癸酉	十五 癸酉	25
十四 甲戌	十六 甲戌	26
十五 乙開	十七 乙亥	27
十六 丙子	十八 丙子	28
十七 丁好	十九 丁丑	29
十八 戊寅	二十 戊寅	30
十九 己榮	廿一 己卯	31★
二十 庚辰	廿二 庚辰	四月 1
廿一 辛巳	廿三 辛巳	2
廿二 壬午	廿四 壬午	3
廿三 癸未	廿五 癸未	4
廿四 甲申	廿六 甲申	5
廿五 乙酉	廿七 乙酉	6
廿六 丙戌	廿八 丙戌	7★
廿七 丁開	廿九 丁亥	8
廿八 戊子	三十 戊子	9
廿九 己好	三月大 初一 己丑	10
三十 庚寅	初二 庚寅	11

太平新曆	陰曆	陽曆
三月		
初一 辛榮	初三 辛卯	12
初二 壬辰	初四 壬辰	13
初三 癸巳	初五 癸巳	14★
初四 甲午	初六 甲午	15
初五 乙未	初七 乙未	16
初六 丙申	初八 丙申	17
初七 丁酉	初九 丁酉	18
初八 戊戌	初十 戊戌	19
初九 己開	十一 己亥	20
初十 庚子	十二 庚子	21★
十一 辛好	十三 辛丑	22
十二 壬寅	十四 壬寅	23
十三 癸榮	十五 癸卯	24
十四 甲辰	十六 甲辰	25
十五 乙巳	十七 乙巳	26
十六 丙午	十八 丙午	27
十七 丁未	十九 丁未	28★
十八 戊申	二十 戊申	29
十九 己酉	廿一 己酉	30
二十 庚戌	廿二 庚戌	五月 1
廿一 辛開	廿三 辛亥	2
廿二 壬子	廿四 壬子	3
廿三 癸好	廿五 癸丑	4
廿四 甲寅	廿六 甲寅	5★
廿五 乙榮	廿七 乙卯	6
廿六 丙辰	廿八 丙辰	7
廿七 丁巳	廿九 丁巳	8
廿八 戊午	三十 戊午	9
廿九 己未	四月小 初一 己未	10
三十 庚申	初二 庚申	11
卅一 辛酉	初三 辛酉	12★

太平新曆	陰曆	陽曆
四月		
初一 壬戌	初四 壬戌	13
初二 癸開	初五 癸亥	14
初三 甲子	初六 甲子	15
初四 乙好	初七 乙丑	16
初五 丙寅	初八 丙寅	17
初六 丁榮	初九 丁卯	18
初七 戊辰	初十 戊辰	19★
初八 己巳	十一 己巳	20
初九 庚午	十二 庚午	21
初十 辛未	十三 辛未	22
十一 壬申	十四 壬申	23
十二 癸酉	十五 癸酉	24
十三 甲戌	十六 甲戌	25
十四 乙開	十七 乙亥	26★
十五 丙子	十八 丙子	27
十六 丁好	十九 丁丑	28
十七 戊寅	二十 戊寅	29
十八 己榮	廿一 己卯	30
十九 庚辰	廿二 庚辰	31
二十 辛巳	廿三 辛巳	六月 1
廿一 壬午	廿四 壬午	2★
廿二 癸未	廿五 癸未	3
廿三 甲申	廿六 甲申	4
廿四 乙酉	廿七 乙酉	5
廿五 丙戌	廿八 丙戌	6
廿六 丁開	廿九 丁亥	7
廿七 戊子	五月大 初一 戊子	8
廿八 己好	初二 己丑	9★
廿九 庚寅	初三 庚寅	10
三十 辛榮	初四 辛卯	11

太平新曆 五月	陰曆	陽曆
初一 壬辰	初五 壬辰	12
初二 癸巳	初六 癸巳	13
初三 甲午	初七 甲午	14
初四 乙未	初八 乙未	15
初五 丙申	初九 丙申	16*
初六 丁酉	初十 丁酉	17
初七 戊戌	十一 戊戌	18
初八 己開	十二 己亥	19
初九 庚子	十三 庚子	20
初十 辛好	十四 辛丑	21
十一 壬寅	十五 壬寅	22
十二 癸榮	十六 癸卯	23*
十三 甲辰	十七 甲辰	24
十四 乙巳	十八 乙巳	25
十五 丙午	十九 丙午	26
十六 丁未	二十 丁未	27
十七 戊申	廿一 戊申	28
十八 己酉	廿二 己酉	29
十九 庚戌	廿三 庚戌	30*
二十 辛開	廿四 辛亥	七月 1
廿一 壬子	廿五 壬子	2
廿二 癸好	廿六 癸丑	3
廿三 甲寅	廿七 甲寅	4
廿四 乙榮	廿八 乙卯	5
廿五 丙辰	廿九 丙辰	6
廿六 丁巳	三十 丁巳	7*
廿七 戊午	六月小 初一 戊午	8
廿八 己未	初二 己未	9
廿九 庚申	初三 庚申	10
三十 辛酉	初四 辛酉	11
卅一 壬戌	初五 壬戌	12

太平新曆 六月	陰曆	陽曆
初一 癸開	初六 癸亥	13
初二 甲子	初七 甲子	14*
初三 乙好	初八 乙丑	15
初四 丙寅	初九 丙寅	16
初五 丁榮	初十 丁卯	17
初六 戊辰	十一 戊辰	18
初七 己巳	十二 己巳	19
初八 庚午	十三 庚午	20
初九 辛未	十四 辛未	21*
初十 壬申	十五 壬申	22
十一 癸酉	十六 癸酉	23
十二 甲戌	十七 甲戌	24
十三 乙開	十八 乙亥	25
十四 丙子	十九 丙子	26
十五 丁好	二十 丁丑	27
十六 戊寅	廿一 戊寅	28*
十七 己榮	廿二 己卯	29
十八 庚辰	廿三 庚辰	30
十九 辛巳	廿四 辛巳	31
二十 壬午	廿五 壬午	八月 1
廿一 癸未	廿六 癸未	2
廿二 甲申	廿七 甲申	3
廿三 乙酉	廿八 乙酉	4*
廿四 丙戌	廿九 丙戌	5
廿五 丁開	七月大 初一 丁亥	6
廿六 戊子	初二 戊子	7
廿七 己好	初三 己丑	8
廿八 庚寅	初四 庚寅	9
廿九 辛榮	初五 辛卯	10
三十 壬辰	初六 壬辰	11*

太平新曆 七月	陰曆	陽曆
初一 癸巳	初七 癸巳	12
初二 甲午	初八 甲午	13
初三 乙未	初九 乙未	14
初四 丙申	初十 丙申	15
初五 丁酉	十一 丁酉	16
初六 戊戌	十二 戊戌	17
初七 己開	十三 己亥	18*
初八 庚子	十四 庚子	19
初九 辛好	十五 辛丑	20
初十 壬寅	十六 壬寅	21
十一 癸榮	十七 癸卯	22
十二 甲辰	十八 甲辰	23
十三 乙巳	十九 乙巳	24
十四 丙午	二十 丙午	25*
十五 丁未	廿一 丁未	26
十六 戊申	廿二 戊申	27
十七 己酉	廿三 己酉	28
十八 庚戌	廿四 庚戌	29
十九 辛開	廿五 辛亥	30
二十 壬子	廿六 壬子	31
廿一 癸好	廿七 癸丑	九月 1*
廿二 甲寅	廿八 甲寅	2
廿三 乙榮	廿九 乙卯	3
廿四 丙辰	三十 丙辰	4
廿五 丁巳	八月小 初一 丁巳	5
廿六 戊午	初二 戊午	6
廿七 己未	初三 己未	7
廿八 庚申	初四 庚申	8*
廿九 辛酉	初五 辛酉	9
三十 壬戌	初六 壬戌	10
卅一 癸開	初七 癸亥	11

太平新曆 八月	陰曆	陽曆
初一 甲子	初八 甲子	12
初二 乙好	初九 乙丑	13
初三 丙寅	初十 丙寅	14
初四 丁榮	十一 丁卯	15*
初五 戊辰	十二 戊辰	16
初六 己巳	十三 己巳	17
初七 庚午	十四 庚午	18
初八 辛未	十五 辛未	19
初九 壬申	十六 壬申	20
初十 癸酉	十七 癸酉	21
十一 甲戌	十八 甲戌	22*
十二 乙開	十九 乙亥	23
十三 丙子	二十 丙子	24
十四 丁好	廿一 丁丑	25
十五 戊寅	廿二 戊寅	26
十六 己榮	廿三 己卯	27
十七 庚辰	廿四 庚辰	28
十八 辛巳	廿五 辛巳	29*
十九 壬午	廿六 壬午	30
二十 癸未	廿七 癸未	十月 1
廿一 甲申	廿八 甲申	2
廿二 乙酉	廿九 乙酉	3
廿三 丙戌	九月大 初一 丙戌	4
廿四 丁開	初二 丁亥	5
廿五 戊子	初三 戊子	6*
廿六 己好	初四 己丑	7
廿七 庚寅	初五 庚寅	8
廿八 辛榮	初六 辛卯	9
廿九 壬辰	初七 壬辰	10
三十 癸巳	初八 癸巳	11

九月

太平新曆	干支	陰曆	干支	陽曆
初一	甲午	初九	甲午	12
初二	乙未	初十	乙未	13✱
初三	丙申	十一	丙申	14
初四	丁酉	十二	丁酉	15
初五	戊戌	十三	戊戌	16
初六	己開	十四	己亥	17
初七	庚子	十五	庚子	18
初八	辛好	十六	辛丑	19
初九	壬寅	十七	壬寅	20✱
初十	癸榮	十八	癸卯	21
十一	甲辰	十九	甲辰	22
十二	乙巳	二十	乙巳	23
十三	丙午	廿一	丙午	24
十四	丁未	廿二	丁未	25
十五	戊申	廿三	戊申	26
十六	己酉	廿四	己酉	27✱
十七	庚戌	廿五	庚戌	28
十八	辛開	廿六	辛亥	29
十九	壬子	廿七	壬子	30
二十	癸好	廿八	癸丑	31
廿一	甲寅	廿九	甲寅	十一月 1
廿二	乙榮	三十	乙卯	2
廿三	丙辰	十月小 初一	丙辰	3✱
廿四	丁巳	初二	丁巳	4
廿五	戊午	初三	戊午	5
廿六	己未	初四	己未	6
廿七	庚申	初五	庚申	7
廿八	辛酉	初六	辛酉	8
廿九	壬戌	初七	壬戌	9
三十	癸開	初八	癸亥	10✱
卅一	甲子	初九	甲子	11

十月

太平新曆	干支	陰曆	干支	陽曆
初一	乙好	初十	乙丑	12
初二	丙寅	十一	丙寅	13
初三	丁榮	十二	丁卯	14
初四	戊辰	十三	戊辰	15
初五	己巳	十四	己巳	16
初六	庚午	十五	庚午	17✱
初七	辛未	十六	辛未	18
初八	壬申	十七	壬申	19
初九	癸酉	十八	癸酉	20
初十	甲戌	十九	甲戌	21
十一	乙開	二十	乙亥	22
十二	丙子	廿一	丙子	23
十三	丁好	廿二	丁丑	24✱
十四	戊寅	廿三	戊寅	25
十五	己榮	廿四	己卯	26
十六	庚辰	廿五	庚辰	27
十七	辛巳	廿六	辛巳	28
十八	壬午	廿七	壬午	29✱
十九	癸未	廿八	癸未	30
二十	甲申	廿九	甲申	十二月 1✱
廿一	乙酉	十一月小 初一	乙酉	2
廿二	丙戌	初二	丙戌	3
廿三	丁開	初三	丁亥	4
廿四	戊子	初四	戊子	5
廿五	己好	初五	己丑	6
廿六	庚寅	初六	庚寅	7
廿七	辛榮	初七	辛卯	8✱
廿八	壬辰	初八	壬辰	9
廿九	癸巳	初九	癸巳	10
三十	甲午	初十	甲午	11

十一月

太平新曆	干支	陰曆	干支	陽曆（一八六二年）
初一	乙未	十一	乙未	12
初二	丙申	十二	丙申	13
初三	丁酉	十三	丁酉	14
初四	戊戌	十四	戊戌	15✱
初五	己開	十五	己亥	16
初六	庚子	十六	庚子	17
初七	辛好	十七	辛丑	18
初八	壬寅	十八	壬寅	19
初九	癸榮	十九	癸卯	20
初十	甲辰	二十	甲辰	21
十一	乙巳	廿一	乙巳	22✱
十二	丙午	廿二	丙午	23
十三	丁未	廿三	丁未	24
十四	戊申	廿四	戊申	25
十五	己酉	廿五	己酉	26
十六	庚戌	廿六	庚戌	27
十七	辛開	廿七	辛亥	28
十八	壬子	廿八	壬子	29✱
十九	癸好	廿九	癸丑	30
二十	甲寅	十二月大 初一	甲寅	31
廿一	乙榮	初二	乙卯	一月 1
廿二	丙辰	初三	丙辰	2
廿三	丁巳	初四	丁巳	3
廿四	戊午	初五	戊午	4
廿五	己未	初六	己未	5✱
廿六	庚申	初七	庚申	6
廿七	辛酉	初八	辛酉	7
廿八	壬戌	初九	壬戌	8
廿九	癸開	初十	癸亥	9
三十	甲子	十一	甲子	10
卅一	乙好	十二	乙丑	11

十二月

太平新曆	干支	陰曆（清同治元年壬戌(閏)）	干支	陽曆
初一	丙寅	十三	丙寅	12✱
初二	丁榮	十四	丁卯	13
初三	戊辰	十五	戊辰	14
初四	己巳	十六	己巳	15
初五	庚午	十七	庚午	16
初六	辛未	十八	辛未	17
初七	壬申	十九	壬申	18
初八	癸酉	二十	癸酉	19✱
初九	甲戌	廿一	甲戌	20
初十	乙開	廿二	乙亥	21
十一	丙子	廿三	丙子	22
十二	丁好	廿四	丁丑	23
十三	戊寅	廿五	戊寅	24
十四	己榮	廿六	己卯	25
十五	庚辰	廿七	庚辰	26✱
十六	辛巳	廿八	辛巳	27
十七	壬午	廿九	壬午	28
十八	癸未	三十	癸未	29
十九	甲申	正月大 初一	甲申	30
二十	乙酉	初二	乙酉	31
廿一	丙戌	初三	丙戌	二月 1
廿二	丁開	初四	丁亥	2✱
廿三	戊子	初五	戊子	3
廿四	己好	初六	己丑	4
廿五	庚寅	初七	庚寅	5
廿六	辛榮	初八	辛卯	6
廿七	壬辰	初九	壬辰	7
廿八	癸巳	初十	癸巳	8
廿九	甲午	十一	甲午	9✱
三十	乙未	十二	乙未	10

太平天國壬戌十二年

正月

太平新曆	干支	陰曆	干支	陽曆
初一	丙申	十三	丙申	11
初二	丁酉	十四	丁酉	12
初三	戊戌	十五	戊戌	13
初四	己開	十六	己亥	14
初五	庚子	十七	庚子	15
初六	辛好	十八	辛丑	16★
初七	壬寅	十九	壬寅	17
初八	癸榮	二十	癸卯	18
初九	甲辰	廿一	甲辰	19
初十	乙巳	廿二	乙巳	20
十一	丙午	廿三	丙午	21
十二	丁未	廿四	丁未	22
十三	戊申	廿五	戊申	23★
十四	己酉	廿六	己酉	24
十五	庚戌	廿七	庚戌	25
十六	辛開	廿八	辛亥	26
十七	壬子	廿九	壬子	27
十八	癸好	三十	癸丑	28
十九	甲寅	二月小 初一	甲寅	三月 1
二十	乙榮	初二	乙卯	2★
廿一	丙辰	初三	丙辰	3
廿二	丁巳	初四	丁巳	4
廿三	戊午	初五	戊午	5
廿四	己未	初六	己未	6
廿五	庚申	初七	庚申	7
廿六	辛酉	初八	辛酉	8
廿七	壬戌	初九	壬戌	9★
廿八	癸開	初十	癸亥	10
廿九	甲子	十一	甲子	11
三十	乙好	十二	乙丑	12
卅一	丙寅	十三	丙寅	13

二月

太平新曆	干支	陰曆	干支	陽曆
初一	丁榮	十四	丁卯	14
初二	戊辰	十五	戊辰	15
初三	己巳	十六	己巳	16★
初四	庚午	十七	庚午	17
初五	辛未	十八	辛未	18
初六	壬申	十九	壬申	19
初七	癸酉	二十	癸酉	20
初八	甲戌	廿一	甲戌	21
初九	乙開	廿二	乙亥	22
初十	丙子	廿三	丙子	23★
十一	丁好	廿四	丁丑	24
十二	戊寅	廿五	戊寅	25
十三	己榮	廿六	己卯	26
十四	庚辰	廿七	庚辰	27
十五	辛巳	廿八	辛巳	28
十六	壬午	廿九	壬午	29
十七	癸未	三月大 初一	癸未	30★
十八	甲申	初二	甲申	31
十九	乙酉	初三	乙酉	四月 1
二十	丙戌	初四	丙戌	2
廿一	丁開	初五	丁亥	3
廿二	戊子	初六	戊子	4
廿三	己好	初七	己丑	5
廿四	庚寅	初八	庚寅	6★
廿五	辛榮	初九	辛卯	7
廿六	壬辰	初十	壬辰	8
廿七	癸巳	十一	癸巳	9
廿八	甲午	十二	甲午	10
廿九	乙未	十三	乙未	11
三十	丙申	十四	丙申	12

三月

太平新曆	干支	陰曆	干支	陽曆
初一	丁酉	十五	丁酉	13★
初二	戊戌	十六	戊戌	14
初三	己開	十七	己亥	15
初四	庚子	十八	庚子	16
初五	辛好	十九	辛丑	17
初六	壬寅	二十	壬寅	18
初七	癸榮	廿一	癸卯	19
初八	甲辰	廿二	甲辰	20★
初九	乙巳	廿三	乙巳	21
初十	丙午	廿四	丙午	22
十一	丁未	廿五	丁未	23
十二	戊申	廿六	戊申	24
十三	己酉	廿七	己酉	25
十四	庚戌	廿八	庚戌	26
十五	辛開	廿九	辛亥	27★
十六	壬子	三十	壬子	28
十七	癸好	四月小 初一	癸丑	29
十八	甲寅	初二	甲寅	30
十九	乙榮	初三	乙卯	五月 1
二十	丙辰	初四	丙辰	2
廿一	丁巳	初五	丁巳	3
廿二	戊午	初六	戊午	4★
廿三	己未	初七	己未	5
廿四	庚申	初八	庚申	6
廿五	辛酉	初九	辛酉	7
廿六	壬戌	初十	壬戌	8
廿七	癸開	十一	癸亥	9
廿八	甲子	十二	甲子	10
廿九	乙好	十三	乙丑	11★
三十	丙寅	十四	丙寅	12
卅一	丁榮	十五	丁卯	13

四月

太平新曆	干支	陰曆	干支	陽曆
初一	戊辰	十六	戊辰	14
初二	己巳	十七	己巳	15
初三	庚午	十八	庚午	16
初四	辛未	十九	辛未	17
初五	壬申	二十	壬申	18★
初六	癸酉	廿一	癸酉	19
初七	甲戌	廿二	甲戌	20
初八	乙開	廿三	乙亥	21
初九	丙子	廿四	丙子	22
初十	丁丑	廿五	丁丑	23
十一	戊寅	廿六	戊寅	24
十二	己榮	廿七	己卯	25★
十三	庚辰	廿八	庚辰	26
十四	辛巳	廿九	辛巳	27
十五	壬午	五月大 初一	壬午	28
十六	癸未	初二	癸未	29
十七	甲申	初三	甲申	30
十八	乙酉	初四	乙酉	31
十九	丙戌	初五	丙戌	六月 1★
二十	丁開	初六	丁亥	2
廿一	戊子	初七	戊子	3
廿二	己丑	初八	己丑	4
廿三	庚寅	初九	庚寅	5
廿四	辛榮	初十	辛卯	6
廿五	壬辰	十一	壬辰	7
廿六	癸巳	十二	癸巳	8★
廿七	甲午	十三	甲午	9
廿八	乙未	十四	乙未	10
廿九	丙申	十五	丙申	11
三十	丁酉	十六	丁酉	12

五月

太平新曆	陰曆	陽曆
初一 戊戌	十七 戊戌	13
初二 己開	十八 己亥	14
初三 庚子	十九 庚子	15★
初四 辛好	二十 辛丑	16
初五 壬寅	廿一 壬寅	17
初六 癸榮	廿二 癸卯	18
初七 甲辰	廿三 甲辰	19
初八 乙巳	廿四 乙巳	20
初九 丙午	廿五 丙午	21
初十 丁未	廿六 丁未	22★
十一 戊申	廿七 戊申	23
十二 己酉	廿八 己酉	24
十三 庚戌	廿九 庚戌	25
十四 辛開	三十 辛亥	26
十五 壬子	六月大 初一 壬子	27
十六 癸好	初二 癸丑	28
十七 甲寅	初三 甲寅	92★
十八 乙榮	初四 乙卯	30
十九 丙辰	初五 丙辰	七月 1
二十 丁巳	初六 丁巳	2
廿一 戊午	初七 戊午	3
廿二 己未	初八 己未	4
廿三 庚申	初九 庚申	5
廿四 辛酉	初十 辛酉	6★
廿五 壬戌	十一 壬戌	7
廿六 癸開	十二 癸亥	8
廿七 甲子	十三 甲子	9
廿八 乙好	十四 乙丑	10
廿九 丙寅	十五 丙寅	11
三十 丁榮	十六 丁卯	12
卅一 戊辰	十七 戊辰	13★

六月

太平新曆	陰曆	陽曆
初一 己巳	十八 己巳	14
初二 庚午	十九 庚午	15
初三 辛未	二十 辛未	16
初四 壬申	廿一 壬申	17
初五 癸酉	廿二 癸酉	18
初六 甲戌	廿三 甲戌	19
初七 乙開	廿四 乙亥	20★
初八 丙子	廿五 丙子	21
初九 丁好	廿六 丁丑	22
初十 戊寅	廿七 戊寅	23
十一 己榮	廿八 己卯	24
十二 庚辰	廿九 庚辰	25
十三 辛巳	三十 辛巳	26
十四 壬午	七月小 初一 壬午	27★
十五 癸未	初二 癸未	28
十六 甲申	初三 甲申	29
十七 乙酉	初四 乙酉	30
十八 丙戌	初五 丙戌	31
十九 丁開	初六 丁亥	八月 1
二十 戊子	初七 戊子	2
廿一 己好	初八 己丑	3★
廿二 庚寅	初九 庚寅	4
廿三 辛榮	初十 辛卯	5
廿四 壬辰	十一 壬辰	6
廿五 癸巳	十二 癸巳	7
廿六 甲午	十三 甲午	8
廿七 乙未	十四 乙未	9
廿八 丙申	十五 丙申	10★
廿九 丁酉	十六 丁酉	11
三十 戊戌	十七 戊戌	12

七月

太平新曆	陰曆	陽曆
初一 己開	十八 己亥	13
初二 庚子	十九 庚子	14
初三 辛好	二十 辛丑	15
初四 壬寅	廿一 壬寅	16
初五 癸榮	廿二 癸卯	17★
初六 甲辰	廿三 甲辰	18
初七 乙巳	廿四 乙巳	19
初八 丙午	廿五 丙午	20
初九 丁未	廿六 丁未	21
初十 戊申	廿七 戊申	22
十一 己酉	廿八 己酉	23
十二 庚戌	廿九 庚戌	24★
十三 辛開	八月大 初一 辛亥	25
十四 壬子	初二 壬子	26
十五 癸好	初三 癸丑	27
十六 甲寅	初四 甲寅	28
十七 乙榮	初五 乙卯	29
十八 丙辰	初六 丙辰	30
十九 丁巳	初七 丁巳	31★
二十 戊午	初八 戊午	九月 1
廿一 己未	初九 己未	2
廿二 庚申	初十 庚申	3
廿三 辛酉	十一 辛酉	4
廿四 壬戌	十二 壬戌	5
廿五 癸開	十三 癸亥	6
廿六 甲子	十四 甲子	7★
廿七 乙好	十五 乙丑	8
廿八 丙寅	十六 丙寅	9
廿九 丁榮	十七 丁卯	10
三十 戊辰	十八 戊辰	11
卅一 己巳	十九 己巳	12

八月

太平新曆	陰曆	陽曆
初一 庚午	二十 庚午	13
初二 辛未	廿一 辛未	14★
初三 壬申	廿二 壬申	15
初四 癸酉	廿三 癸酉	16
初五 甲戌	廿四 甲戌	17
初六 乙開	廿五 乙亥	18
初七 丙子	廿六 丙子	19
初八 丁好	廿七 丁丑	20
初九 戊寅	廿八 戊寅	21★
初十 己榮	廿九 己卯	22
十一 庚辰	三十 庚辰	23
十二 辛巳	閏八月 初一 辛巳	24
十三 壬午	初二 壬午	25
十四 癸未	初三 癸未	26
十五 甲申	初四 甲申	27
十六 乙酉	初五 乙酉	28★
十七 丙戌	初六 丙戌	29
十八 丁開	初七 丁亥	30
十九 戊子	初八 戊子	十月 1
二十 己好	初九 己丑	2
廿一 庚寅	初十 庚寅	3
廿二 辛榮	十一 辛卯	4
廿三 壬辰	十二 壬辰	5★
廿四 癸巳	十三 癸巳	6
廿五 甲午	十四 甲午	7
廿六 乙未	十五 乙未	8
廿七 丙申	十六 丙申	9
廿八 丁酉	十七 丁酉	10
廿九 戊戌	十八 戊戌	11
三十 己開	十九 己亥	12★

太平新曆 九月	陰曆	陽曆
初一 庚子	二十 庚子	13
初二 辛好	廿一 辛丑	14
初三 壬寅	廿二 壬寅	15
初四 癸榮	廿三 癸卯	16
初五 甲辰	廿四 甲辰	17
初六 乙巳	廿五 乙巳	18
初七 丙午	廿六 丙午	19★
初八 丁未	廿七 丁未	20
初九 戊申	廿八 戊申	21
初十 己酉	廿九 己酉	22
十一 庚戌	九月大 初一 庚戌	23
十二 辛開	初二 辛亥	24
十三 壬子	初三 壬子	25
十四 癸好	初四 癸丑	26★
十五 甲寅	初五 甲寅	27
十六 乙榮	初六 乙卯	28
十七 丙辰	初七 丙辰	29
十八 丁巳	初八 丁巳	30
十九 戊午	初九 戊午	31
二十 己未	初十 己未	七月 1
廿一 庚申	十一 庚申	2★
廿二 辛酉	十二 辛酉	3
廿三 壬戌	十三 壬戌	4
廿四 癸開	十四 癸亥	5
廿五 甲子	十五 甲子	6
廿六 乙好	十六 乙丑	7
廿七 丙寅	十七 丙寅	8
廿八 丁榮	十八 丁卯	9★
廿九 戊辰	十九 戊辰	10
三十 己巳	二十 己巳	11
卅一 庚午	廿一 庚午	12

太平新曆 十月	陰曆	陽曆
初一 辛未	廿二 辛未	13
初二 壬申	廿三 壬申	14
初三 癸酉	廿四 癸酉	15
初四 甲戌	廿五 甲戌	16★
初五 乙開	廿六 乙亥	17
初六 丙子	廿七 丙子	18
初七 丁好	廿八 丁丑	19
初八 戊寅	廿九 戊寅	20
初九 己榮	三十 己卯	21
初十 庚辰	十月小 初一 庚辰	22
十一 辛巳	初二 辛巳	23★
十二 壬午	初三 壬午	24
十三 癸未	初四 癸未	25
十四 甲申	初五 甲申	26
十五 乙酉	初六 乙酉	27
十六 丙戌	初七 丙戌	28
十七 丁開	初八 丁亥	29
十八 戊子	初九 戊子	30★
十九 己好	初十 己丑	八月 1
二十 庚寅	十一 庚寅	2
廿一 辛榮	十二 辛卯	3
廿二 壬辰	十三 壬辰	4
廿三 癸巳	十四 癸巳	5
廿四 甲午	十五 甲午	6
廿五 乙未	十六 乙未	7★
廿六 丙申	十七 丙申	8
廿七 丁酉	十八 丁酉	9
廿八 戊戌	十九 戊戌	10
廿九 己開	二十 己亥	11
三十 庚子	廿一 庚子	12

太平新曆 十一月	陰曆	陽曆 一八六三年
初一 辛好	廿二 辛丑	13
初二 壬寅	廿三 壬寅	14★
初三 癸榮	廿四 癸卯	15
初四 甲辰	廿五 甲辰	16
初五 乙巳	廿六 乙巳	17
初六 丙午	廿七 丙午	18
初七 丁未	廿八 丁未	19
初八 戊申	廿九 戊申	20
初九 己酉	十一月小 初一 己酉	21★
初十 庚戌	初二 庚戌	22
十一 辛開	初三 辛亥	23
十二 壬子	初四 壬子	24
十三 癸好	初五 癸丑	25
十四 甲寅	初六 甲寅	26
十五 乙榮	初七 乙卯	27
十六 丙辰	初八 丙辰	28★
十七 丁巳	初九 丁巳	29
十八 戊午	初十 戊午	30
十九 己未	十一 己未	31
二十 庚申	十二 庚申	九月 1
廿一 辛酉	十三 辛酉	2
廿二 壬戌	十四 壬戌	3
廿三 癸開	十五 癸亥	4★
廿四 甲子	十六 甲子	5
廿五 乙好	十七 乙丑	6
廿六 丙寅	十八 丙寅	7
廿七 丁榮	十九 丁卯	8
廿八 戊辰	二十 戊辰	9
廿九 己巳	廿一 己巳	10
三十 庚午	廿二 庚午	11★
卅一 辛未	廿三 辛未	12

太平新曆 十二月	陰曆	陽曆
初一 壬申	廿四 壬申	13
初二 癸酉	廿五 癸酉	14
初三 甲戌	廿六 甲戌	15
初四 乙開	廿七 乙亥	16
初五 丙子	廿八 丙子	17
初六 丁好	廿九 丁丑	18★
初七 戊寅	十二月大 初一 戊寅	19
初八 己榮	初二 己卯	20
初九 庚辰	初三 庚辰	21
初十 辛巳	初四 辛巳	22
十一 壬午	初五 壬午	23
十二 癸未	初六 癸未	24
十三 甲申	初七 甲申	25★
十四 乙酉	初八 乙酉	26
十五 丙戌	初丸 丙戌	27
十六 丁開	初十 丁亥	28
十七 戊子	十一 戊子	29
十八 己好	十二 己丑	30
十九 庚寅	十三 庚寅	31
二十 辛榮	十四 辛卯	十月 1★
廿一 壬辰	十五 壬辰	2
廿二 癸巳	十六 癸巳	3
廿三 甲午	十七 甲午	4
廿四 乙未	十八 乙未	5
廿五 丙申	十九 丙申	6
廿六 丁酉	二十 丁酉	7
廿七 戊戌	廿一 戊戌	8★
廿八 己開	廿二 己亥	9
廿九 庚子	廿三 庚子	10
三十 辛好	廿四 辛丑	11

太平天國癸開十三年

太平新曆 正月	陰曆 清同治二年癸亥	陽曆
初一 壬寅	廿五 壬寅	12
初二 癸榮	廿六 癸卯	13
初三 甲辰	廿七 甲辰	14
初四 乙巳	廿八 乙巳	15*
初五 丙午	廿九 丙午	16
初六 丁未	三十 丁未	17
初七 戊申	正月小 初一 戊申	18
初八 己酉	初二 己酉	19
初九 庚戌	初三 庚戌	20
初十 辛開	初四 辛亥	21
十一 壬子	初五 壬子	22*
十二 癸好	初六 癸丑	23
十三 甲寅	初七 甲寅	24
十四 乙榮	初八 乙卯	25
十五 丙辰	初九 丙辰	26
十六 丁巳	初十 丁巳	27
十七 戊午	十一 戊午	28
十八 己未	十二 己未	三月 1*
十九 庚申	十三 庚申	2
二十 辛酉	十四 辛酉	3
廿一 壬戌	十五 壬戌	4
廿二 癸開	十六 癸亥	5
廿三 甲子	十七 甲子	6
廿四 乙好	十八 乙丑	7
廿五 丙寅	十九 丙寅	8*
廿六 丁榮	二十 丁卯	9
廿七 戊辰	廿一 戊辰	10
廿八 己巳	廿二 己巳	11
廿九 庚午	廿三 庚午	12
三十 辛未	廿四 辛未	13
卅一 壬申	廿五 壬申	14

太平新曆 二月	陰曆	陽曆
初一 癸酉	廿六 癸酉	15*
初二 甲戌	廿七 甲戌	16
初三 乙開	廿八 乙亥	17
初四 丙子	廿九 丙子	18
初五 丁好	二月大 初一 丁丑	19
初六 戊寅	初二 戊寅	20
初七 己榮	初三 己卯	21
初八 庚辰	初四 庚辰	22*
初九 辛巳	初五 辛巳	23
初十 壬午	初六 壬午	24
十一 癸未	初七 癸未	25
十二 甲申	初八 甲申	26
十三 乙酉	初九 乙酉	27
十四 丙戌	初十 丙戌	28
十五 丁開	十一 丁亥	29*
十六 戊子	十二 戊子	30
十七 己好	十三 己丑	31
十八 庚寅	十四 庚寅	四月 1
十九 辛榮	十五 辛卯	2
二十 壬辰	十六 壬辰	3
廿一 癸巳	十七 癸巳	4
廿二 甲午	十八 甲午	5*
廿三 乙未	十九 乙未	6
廿四 丙申	二十 丙申	7
廿五 丁酉	廿一 丁酉	8
廿六 戊戌	廿二 戊戌	9
廿七 己開	廿三 己亥	10
廿八 庚子	廿四 庚子	11
廿九 辛好	廿五 辛丑	12*
三十 壬寅	廿六 壬寅	13

太平新曆 三月	陰曆	陽曆
初一 癸榮	廿七 癸卯	14
初二 甲辰	廿八 甲辰	15
初三 乙巳	廿九 乙巳	16
初四 丙午	三十 丙午	17
初五 丁未	三月大 初一 丁未	18
初六 戊申	初二 戊申	19*
初七 己酉	初三 己酉	20
初八 庚戌	初四 庚戌	21
初九 辛開	初五 辛亥	22
初十 壬子	初六 壬子	23
十一 癸好	初七 癸丑	24
十二 甲寅	初八 甲寅	25
十三 乙榮	初九 乙卯	26*
十四 丙辰	初十 丙辰	27
十五 丁巳	十一 丁巳	28
十六 戊午	十二 戊午	29
十七 己未	十三 己未	30
十八 庚申	十四 庚申	五月 1
十九 辛酉	十五 辛酉	2
二十 壬戌	十六 壬戌	3*
廿一 癸開	十七 癸亥	4
廿二 甲子	十八 甲子	5
廿三 乙好	十九 乙丑	6
廿四 丙寅	二十 丙寅	7
廿五 丁榮	廿一 丁卯	8
廿六 戊辰	廿二 戊辰	9
廿七 己巳	廿三 己巳	10*
廿八 庚午	廿四 庚午	11
廿九 辛未	廿五 辛未	12
三十 壬申	廿六 壬申	13
卅一 癸酉	廿七 癸酉	14

太平新曆 四月	陰曆	陽曆
初一 甲戌	廿八 甲戌	15
初二 乙開	廿九 乙亥	16
初三 丙子	三十 丙子	17*
初四 丁好	四月小 初一 丁丑	18
初五 戊寅	初二 戊寅	19
初六 己榮	初三 己卯	20
初七 庚辰	初四 庚辰	21
初八 辛巳	初五 辛巳	22
初九 壬午	初六 壬午	23
初十 癸未	初七 癸未	24*
十一 甲申	初八 甲申	25
十二 乙酉	初九 乙酉	26
十三 丙戌	初十 丙戌	27
十四 丁開	十一 丁亥	28
十五 戊子	十二 戊子	29
十六 己好	十三 己丑	30
十七 庚寅	十四 庚寅	31*
十八 辛榮	十五 辛卯	六月 1
十九 壬辰	十六 壬辰	2
二十 癸巳	十七 癸巳	3
廿一 甲午	十八 甲午	4
廿二 乙未	十九 乙未	5
廿三 丙申	二十 丙申	6
廿四 丁酉	廿一 丁酉	7*
廿五 戊戌	廿二 戊戌	8
廿六 己開	廿三 己亥	9
廿七 庚子	廿四 庚子	10
廿八 辛好	廿五 辛丑	11
廿九 壬寅	廿六 壬寅	12
三十 癸榮	廿七 癸卯	13

太平新曆	陰曆	陽曆
五月		
初一 甲辰	廿八 甲辰	14✱
初二 乙巳	廿九 乙巳	15
初三 丙午	五月大 初一 丙午	16
初四 丁未	初二 丁未	17
初五 戊申	初三 戊申	18
初六 己酉	初四 己酉	19
初七 庚戌	初五 庚戌	20
初八 辛開	初六 辛亥	21✱
初九 壬子	初七 壬子	22
初十 癸好	初八 癸丑	23
十一 甲寅	初九 甲寅	24
十二 乙榮	初十 乙卯	25
十三 丙辰	十一 丙辰	26
十四 丁巳	十二 丁巳	27
十五 戊午	十三 戊午	28✱
十六 己未	十四 己未	29
十七 庚申	十五 庚申	30∵
十八 辛酉	十六 辛酉	1 七月
十九 壬戌	十七 壬戌	2
二十 癸開	十八 癸亥	3
廿一 甲子	十九 甲子	4
廿二 乙好	二十 乙丑	5✱
廿三 丙寅	廿一 丙寅	6
廿四 丁榮	廿二 丁卯	7
廿五 戊辰	廿三 戊辰	8
廿六 己巳	廿四 己巳	9
廿七 庚午	廿五 庚午	10
廿八 辛未	廿六 辛未	11
廿九 壬申	廿七 壬申	12✱
三十 癸酉	廿八 癸酉	13
卅一 甲戌	廿九 甲戌	14

太平新曆	陰曆	陽曆
六月		
初一 乙開	三十 乙亥	15
初二 丙子	六月大 初一 丙子	16
初三 丁好	初二 丁丑	17
初四 戊寅	初三 戊寅	18
初五 己榮	初四 己卯	19✱
初六 庚辰	初五 庚辰	20
初七 辛巳	初六 辛巳	21
初八 壬午	初七 壬午	22
初九 癸未	初八 癸未	23
初十 甲申	初九 甲申	24
十一 乙酉	初十 乙酉	25
十二 丙戌	十一 丙戌	26✱
十三 丁開	十二 丁亥	27
十四 戊子	十三 戊子	28
十五 己好	十四 己丑	29
十六 庚寅	十五 庚寅	30
十七 辛榮	十六 辛卯	31
十八 壬辰	十七 壬辰	1 八月
十九 癸巳	十八 癸巳	2✱
二十 甲午	十九 甲午	3
廿一 乙未	二十 乙未	4
廿二 丙申	廿一 丙申	5
廿三 丁酉	廿二 丁酉	6
廿四 戊戌	廿三 戊戌	7
廿五 己開	廿四 己亥	8
廿六 庚子	廿五 庚子	9
廿七 辛好	廿六 辛丑	10✱
廿八 壬寅	廿七 壬寅	11
廿九 癸榮	廿八 癸卯	12
三十 甲辰	廿九 甲辰	13

太平新曆	陰曆	陽曆
七月		
初一 乙巳	七月大 初一 乙巳	14
初二 丙午	初二 丙午	15
初三 丁未	初三 丁未	16✱
初四 戊申	初四 戊申	17
初五 己酉	初五 己酉	18
初六 庚戌	初六 庚戌	19
初七 辛開	初七 辛亥	20
初八 壬子	初八 壬子	21
初九 癸好	初九 癸丑	22
初十 甲寅	初十 甲寅	23✱
十一 乙榮	十一 乙卯	24
十二 丙辰	十二 丙辰	25
十三 丁巳	十三 丁巳	26
十四 戊午	十四 戊午	27
十五 己未	十五 己未	28
十六 庚申	十六 庚申	29
十七 辛酉	十七 辛酉	30✱
十八 壬戌	十八 壬戌	31
十九 癸開	十九 癸亥	1 九月
二十 甲子	二十 甲子	2
廿一 乙好	廿一 乙丑	3
廿二 丙寅	廿二 丙寅	4
廿三 丁榮	廿三 丁卯	5
廿四 戊辰	廿四 戊辰	6✱
廿五 己巳	廿五 己巳	7
廿六 庚午	廿六 庚午	8
廿七 辛未	廿七 辛未	9
廿八 壬申	廿八 壬申	10
廿九 癸酉	廿九 癸酉	11
三十 甲戌	三十 甲戌	12
卅一 乙開	八月大 初一 乙亥	13✱

太平新曆	陰曆	陽曆
八月		
初一 丙子	初二 丙子	14
初二 丁好	初三 丁丑	15
初三 戊寅	初四 戊寅	16
初四 己榮	初五 己卯	17
初五 庚辰	初六 庚辰	18
初六 辛巳	初七 辛巳	19
初七 壬午	初八 壬午	20✱
初八 癸未	初九 癸未	21
初九 甲申	初十 甲申	22
初十 乙酉	十一 乙酉	23
十一 丙戌	十二 丙戌	24
十二 丁開	十三 丁亥	25
十三 戊子	十四 戊子	26
十四 己好	十五 己丑	27✱
十五 庚寅	十六 庚寅	28
十六 辛榮	十七 辛卯	29
十七 壬辰	十八 壬辰	30
十八 癸巳	十九 癸巳	1 十月
十九 甲午	二十 甲午	2
二十 乙未	廿一 乙未	3
廿一 丙申	廿二 丙申	4✱
廿二 丁酉	廿三 丁酉	5
廿三 戊戌	廿四 戊戌	6
廿四 己開	廿五 己亥	7
廿五 庚子	廿六 庚子	8
廿六 辛好	廿七 辛丑	9
廿七 壬寅	廿八 壬寅	10
廿八 癸榮	廿九 癸卯	11✱
廿九 甲辰	三十 甲辰	12
三十 乙巳	九月小 初一 乙巳	13

太平新曆	陰曆	陽曆
九月		
初一 丙午	初二 丙午	14
初二 丁未	初三 丁未	15
初三 戊申	初四 戊申	16
初四 己酉	初五 己酉	17
初五 庚戌	初六 庚戌	18*
初六 辛開	初七 辛亥	19
初七 壬子	初八 壬子	20
初八 癸好	初九 癸丑	21
初九 甲寅	初十 甲寅	22
初十 乙榮	十一 乙卯	23
十一 丙辰	十二 丙辰	24
十二 丁巳	十三 丁巳	25*
十三 戊午	十四 戊午	26
十四 己未	十五 己未	27
十五 庚申	十六 庚申	28
十六 辛酉	十七 辛酉	29
十七 壬戌	十八 壬戌	30
十八 癸開	十九 癸亥	31
十九 甲子	二十 甲子	1* 十一月
二十 乙好	廿一 乙丑	2
廿一 丙寅	廿二 丙寅	3
廿二 丁榮	廿三 丁卯	4
廿三 戊辰	廿四 戊辰	5
廿四 己巳	廿五 己巳	6
廿五 庚午	廿六 庚午	7
廿六 辛未	廿七 辛未	8*
廿七 壬申	廿八 壬申	9
廿八 癸酉	廿九 癸酉	10
廿九 甲戌	十月大 初一 甲戌	11
三十 乙開	初二 乙亥	12
卅一 丙子	初三 丙子	13

太平新曆	陰曆	陽曆
十月		
初一 丁好	初四 丁丑	14
初二 戊寅	初五 戊寅	15*
初三 己榮	初六 己卯	16
初四 庚辰	初七 庚辰	17
初五 辛巳	初八 辛巳	18
初六 壬午	初九 壬午	19
初七 癸未	初十 癸未	20
初八 甲申	十一 甲申	21
初九 乙酉	十二 乙酉	22*
初十 丙戌	十三 丙戌	23
十一 丁開	十四 丁亥	24
十二 戊子	十五 戊子	25
十三 己好	十六 己丑	26
十四 庚寅	十七 庚寅	27
十五 辛榮	十八 辛卯	28
十六 壬辰	十九 壬辰	29*
十七 癸巳	二十 癸巳	30
十八 甲午	廿一 甲午	1 十二月
十九 乙未	廿二 乙未	2
二十 丙申	廿三 丙申	3
廿一 丁酉	廿四 丁酉	4
廿二 戊戌	廿五 戊戌	5
廿三 己開	廿六 己亥	6*
廿四 庚子	廿七 庚子	7
廿五 辛好	廿八 辛丑	8
廿六 壬寅	廿九 壬寅	9
廿七 癸榮	三十 癸卯	10
廿八 甲辰	十一月小 初一 甲辰	11
廿九 乙巳	初二 乙巳	12
三十 丙午	初三 丙午	13*

太平新曆	陰曆	陽曆
十一月		一八六四年(閏)
初一 丁未	初四 丁未	14
初二 戊申	初五 戊申	15
初三 己酉	初六 己酉	16
初四 庚戌	初七 庚戌	17
初五 辛開	初八 辛亥	18
初六 壬子	初九 壬子	19
初七 癸好	初十 癸丑	20*
初八 甲寅	十一 甲寅	21
初九 乙榮	十二 乙卯	22
初十 丙辰	十三 丙辰	23
十一 丁巳	十四 丁巳	24
十二 戊午	十五 戊午	25
十三 己未	十六 己未	26
十四 庚申	十七 庚申	27*
十五 辛酉	十八 辛酉	28
十六 壬戌	十九 壬戌	29
十七 癸開	二十 癸亥	30
十八 甲子	廿一 甲子	31
十九 乙好	廿二 乙丑	1 一月
二十 丙寅	廿三 丙寅	2
廿一 丁榮	廿四 丁卯	3*
廿二 戊辰	廿五 戊辰	4
廿三 己巳	廿六 己巳	5
廿四 庚午	廿七 庚午	6
廿五 辛未	廿八 辛未	7
廿六 壬申	廿九 壬申	8
廿七 癸酉	十二月小 初一 癸酉	9
廿八 甲戌	初二 甲戌	10*
廿九 乙開	初三 乙亥	11
三十 丙子	初四 丙子	12
卅一 丁好	初五 丁丑	13

太平新曆	陰曆	陽曆
十二月	清同治三年甲子	
初一 戊寅	初六 戊寅	14
初二 己榮	初七 己卯	15
初三 庚辰	初八 庚辰	16
初四 辛巳	初九 辛巳	17*
初五 壬午	初十 壬午	18
初六 癸未	十一 癸未	19
初七 甲申	十二 甲申	20
初八 乙酉	十三 乙酉	21
初九 丙戌	十四 丙戌	22
初十 丁開	十五 丁亥	23
十一 戊子	十六 戊子	24*
十二 己好	十七 己丑	25
十三 庚寅	十八 庚寅	26
十四 辛榮	十九 辛卯	27
十五 壬辰	二十 壬辰	28
十六 癸巳	廿一 癸巳	29
十七 甲午	廿二 甲午	30
十八 乙未	廿三 乙未	31*
十九 丙申	廿四 丙申	1 二月
二十 丁酉	廿五 丁酉	2
廿一 戊戌	廿六 戊戌	3
廿二 己開	廿七 己亥	4
廿三 庚子	廿八 庚子	5
廿四 辛好	廿九 辛丑	6*
廿五 壬寅	三十 壬寅	7
廿六 癸榮	正月小 初一 癸卯	8
廿七 甲辰	初二 甲辰	9
廿八 乙巳	初三 乙巳	10
廿九 丙午	初四 丙午	11
三十 丁未	初五 丁未	12

太平天國甲子十四年

正月

太平新曆	陰曆	陽曆
初一 戊申	初六 戊申	13
初二 己酉	初七 己酉	14*
初三 庚戌	初八 庚戌	15
初四 辛開	初九 辛亥	16
初五 壬子	初十 壬子	17
初六 癸好	十一 癸丑	18
初七 甲寅	十二 甲寅	19
初八 乙榮	十三 乙卯	20
初九 丙辰	十四 丙辰	21*
初十 丁巳	十五 丁巳	22
十一 戊午	十六 戊午	23
十二 己未	十七 己未	24
十三 庚申	十八 庚申	25
十四 辛酉	十九 辛酉	26
十五 壬戌	二十 壬戌	27
十六 癸開	廿一 癸亥	28*
十七 甲子	廿二 甲子	29
十八 乙好	廿三 乙丑	三月 1
十九 丙寅	廿四 丙寅	2
二十 丁榮	廿五 丁卯	3
廿一 戊辰	廿六 戊辰	4
廿二 己巳	廿七 己巳	5
廿三 庚午	廿八 庚午	6*
廿四 辛未	廿九 辛未	7
廿五 壬申	二月小 初一 壬申	8
廿六 癸酉	初二 癸酉	9
廿七 甲戌	初三 甲戌	10
廿八 乙開	初四 乙亥	11
廿九 丙子	初五 丙子	12
三十 丁好	初六 丁丑	13*
卅一 戊寅	初七 戊寅	14

二月

太平新曆	陰曆	陽曆
初一 己卯	初八 己卯	15
初二 庚辰	初九 庚辰	16
初三 辛巳	初十 辛巳	17
初四 壬午	十一 壬午	18
初五 癸未	十二 癸未	19
初六 甲申	十三 甲申	20*
初七 乙酉	十四 乙酉	21
初八 丙戌	十五 丙戌	22
初九 丁開	十六 丁亥	23
初十 戊子	十七 戊子	24
十一 己好	十八 己丑	25
十二 庚寅	十九 庚寅	26
十三 辛卯	二十 辛卯	27*
十四 壬辰	廿一 壬辰	28
十五 癸巳	廿二 癸巳	29
十六 甲午	廿三 甲午	30
十七 乙未	廿四 乙未	31
十八 丙申	廿五 丙申	四月 1
十九 丁酉	廿六 丁酉	2
二十 戊戌	廿七 戊戌	3*
廿一 己開	廿八 己亥	4
廿二 庚子	廿九 庚子	5
廿三 辛好	三月大 初一 辛丑	6
廿四 壬寅	初二 壬寅	7
廿五 癸榮	初三 癸卯	8
廿六 甲辰	初四 甲辰	9
廿七 乙巳	初五 乙巳	10*
廿八 丙午	初六 丙午	11
廿九 丁未	初七 丁未	12
三十 戊申	初八 戊申	13

三月

太平新曆	陰曆	陽曆
初一 己酉	初九 己酉	14
初二 庚戌	初十 庚戌	15
初三 辛開	十一 辛亥	16
初四 壬子	十二 壬子	17*
初五 癸好	十三 癸丑	18
初六 甲寅	十四 甲寅	19
初七 乙榮	十五 乙卯	20
初八 丙辰	十六 丙辰	21
初九 丁巳	十七 丁巳	22
初十 戊午	十八 戊午	23
十一 己未	十九 己未	24*
十二 庚申	二十 庚申	25
十三 辛酉	廿一 辛酉	26
十四 壬戌	廿二 壬戌	27
十五 癸開	廿三 癸亥	28
十六 甲子	廿四 甲子	29
十七 乙好	廿五 乙丑	30
十八 丙寅	廿六 丙寅	五月 1*
十九 丁榮	廿七 丁卯	2
二十 戊辰	廿八 戊辰	3
廿一 己巳	廿九 己巳	4
廿二 庚午	三十 庚午	5
廿三 辛未	四月小 初一 辛未	6
廿四 壬申	初二 壬申	7
廿五 癸酉	初三 癸酉	8*
廿六 甲戌	初四 甲戌	9
廿七 乙開	初五 乙亥	10
廿八 丙子	初六 丙子	11
廿九 丁好	初七 丁丑	12
三十 戊寅	初八 戊寅	13
卅一 己卯	初九 己卯	14

四月

太平新曆	陰曆	陽曆
初一 庚辰	初十 庚辰	15*
初二 辛巳	十一 辛巳	16
初三 壬午	十二 壬午	17
初四 癸未	十三 癸未	18
初五 甲申	十四 甲申	19
初六 乙酉	十五 乙酉	20
初七 丙戌	十六 丙戌	21
初八 丁開	十七 丁亥	22*
初九 戊子	十八 戊子	23
初十 己好	十九 己丑	24
十一 庚寅	二十 庚寅	25
十二 辛卯	廿一 辛卯	26
十三 壬辰	廿二 壬辰	27
十四 癸巳	廿三 癸巳	28
十五 甲午	廿四 甲午	29*
十六 乙未	廿五 乙未	30
十七 丙申	廿六 丙申	31
十八 丁酉	廿七 丁酉	六月 1
十九 戊戌	廿八 戊戌	2
二十 己開	廿九 己亥	3
廿一 庚子	五月大 初一 庚子	4
廿二 辛好	初二 辛丑	5*
廿三 壬寅	初三 壬寅	6
廿四 癸榮	初四 癸卯	7
廿五 甲辰	初五 甲辰	8
廿六 乙巳	初六 乙巳	9
廿七 丙午	初七 丙午	10
廿八 丁未	初八 丁未	11
廿九 戊申	初九 戊申	12*
三十 己酉	初十 己酉	13

五月

太平新曆	陰曆	陽曆
初一 庚戌	十一 庚戌	14
初二 辛開	十二 辛亥	15
初三 壬子	十三 壬子	16
初四 癸好	十四 癸丑	17
初五 甲寅	十五 甲寅	18
初六 乙榮	十六 乙卯	19*
初七 丙辰	十七 丙辰	20
初八 丁巳	十八 丁巳	21
初九 戊午	十九 戊午	22
初十 己未	二十 己未	23
十一 庚申	廿一 庚申	24
十二 辛酉	廿二 辛酉	25
十三 壬戌	廿三 壬戌	26*
十四 癸開	廿四 癸亥	27
十五 甲子	廿五 甲子	28
十六 乙好	廿六 乙丑	29
十七 丙寅	廿七 丙寅	30
十八 丁榮	廿八 丁卯	七月 1
十九 戊辰	廿九 戊辰	2
二十 己巳	三十 己巳	3*
廿一 庚午	六月小 初一 庚午	4
廿二 辛未	初二 辛未	5
廿三 壬申	初三 壬申	6
廿四 癸酉	初四 癸酉	7
廿五 甲戌	初五 甲戌	8
廿六 乙開	初六 乙亥	9
廿七 丙子	初七 丙子	10*
廿八 丁好	初八 丁丑	11
廿九 戊寅	初九 戊寅	12
三十 己榮	初十 己卯	13
卅一 庚辰	十一 庚辰	14

六月

太平新曆	陰曆	陽曆
初一 辛巳	十二 辛巳	15
初二 壬午	十三 壬午	16
初三 癸未	十四 癸未	17*
初四 甲申	十五 甲申	18
初五 乙酉	十六 乙酉	19
初六 丙戌	十七 丙戌	20
初七 丁開	十八 丁亥	21
初八 戊子	十九 戊子	22
初九 己好	二十 己丑	23
初十 庚寅	廿一 庚寅	24*
十一 辛榮	廿二 辛卯	25
十二 壬辰	廿三 壬辰	26
十三 癸巳	廿四 癸巳	27
十四 甲午	廿五 甲午	28
十五 乙未	廿六 乙未	29
十六 丙申	廿七 丙申	30
十七 丁酉	廿八 丁酉	31*
十八 戊戌	廿九 戊戌	八月 1
十九 己開	七月大 初一 己亥	2
二十 庚子	初二 庚子	3
廿一 辛好	初三 辛丑	4
廿二 壬寅	初四 壬寅	5
廿三 癸榮	初五 癸卯	6
廿四 甲辰	初六 甲辰	7*
廿五 乙巳	初七 乙巳	8
廿六 丙午	初八 丙午	9
廿七 丁未	初九 丁未	10
廿八 戊申	初十 戊申	11
廿九 己酉	十一 己酉	12
三十 庚戌	十二 庚戌	13

七月

太平新曆	陰曆	陽曆
初一 辛開	十三 辛亥	14*
初二 壬子	十四 壬子	15
初三 癸好	十五 癸丑	16
初四 甲寅	十六 甲寅	17
初五 乙榮	十七 乙卯	18
初六 丙辰	十八 丙辰	19
初七 丁巳	十九 丁巳	20
初八 戊午	二十 戊午	21*
初九 己未	廿一 己未	22
初十 庚申	廿二 庚申	23
十一 辛酉	廿三 辛酉	24
十二 壬戌	廿四 壬戌	25
十三 癸開	廿五 癸亥	26
十四 甲子	廿六 甲子	27
十五 乙好	廿七 乙丑	28*
十六 丙寅	廿八 丙寅	29
十七 丁榮	廿九 丁卯	30
十八 戊辰	三十 戊辰	31
十九 己巳	八月大 初一 己巳	九月 1
二十 庚午	初二 庚午	2
廿一 辛未	初三 辛未	3
廿二 壬申	初四 壬申	4*
廿三 癸酉	初五 癸酉	5
廿四 甲戌	初六 甲戌	6
廿五 乙開	初七 乙亥	7
廿六 丙子	初八 丙子	8
廿七 丁好	初九 丁丑	9
廿八 戊寅	初十 戊寅	10
廿九 己榮	十一 己卯	11*
三十 庚辰	十二 庚辰	12
卅一 辛巳	十三 辛巳	13

八月

太平新曆	陰曆	陽曆
初一 壬午	十四 壬午	14
初二 癸未	十五 癸未	15
初三 甲申	十六 甲申	16
初四 乙酉	十七 乙酉	17
初五 丙戌	十八 丙戌	18*
初六 丁開	十九 丁亥	19
初七 戊子	二十 戊子	20
初八 己好	廿一 己丑	21
初九 庚寅	廿二 庚寅	22
初十 辛榮	廿三 辛卯	23
十一 壬辰	廿四 壬辰	24
十二 癸巳	廿五 癸巳	25*
十三 甲午	廿六 甲午	26
十四 乙未	廿七 乙未	27
十五 丙申	廿八 丙申	28
十六 丁酉	廿九 丁酉	29
十七 戊戌	三十 戊戌	30
十八 己開	九月小 初一 己亥	十月 1
十九 庚子	初二 庚子	2*
二十 辛好	初三 辛丑	3
廿一 壬寅	初四 壬寅	4
廿二 癸榮	初五 癸卯	5
廿三 甲辰	初六 甲辰	6
廿四 乙巳	初七 乙巳	7
廿五 丙午	初八 丙午	8
廿六 丁未	初九 丁未	9*
廿七 戊申	初十 戊申	10
廿八 己酉	十一 己酉	11
廿九 庚戌	十二 庚戌	12
三十 辛開	十三 辛亥	13

太平新曆	陰曆	陽曆
九月		
初一 壬子	十四 壬子	14
初二 癸好	十五 癸丑	15
初三 甲寅	十六 甲寅	16 *
初四 乙榮	十七 乙卯	17
初五 丙辰	十八 丙辰	18
初六 丁巳	十九 丁巳	19
初七 戊午	二十 戊午	20
初八 己未	廿一 己未	21
初九 庚申	廿二 庚申	22
初十 辛酉	廿三 辛酉	23 *
十一 壬戌	廿四 壬戌	24
十二 癸開	廿五 癸亥	25
十三 甲子	廿六 甲子	26
十四 乙好	廿七 乙丑	27
十五 丙寅	廿八 丙寅	28
十六 丁榮	廿九 丁卯	29
十七 戊辰	十月大 初一 戊辰	30 *
十八 己巳	初二 己巳	31
十九 庚午	初三 庚午	十一月 1
二十 辛未	初四 辛未	2
廿一 壬申	初五 壬申	3
廿二 癸酉	初六 癸酉	4
廿三 甲戌	初七 甲戌	5
廿四 乙開	初八 乙亥	6 *
廿五 丙子	初九 丙子	7
廿六 丁好	初十 丁丑	8
廿七 戊寅	十一 戊寅	9
廿八 己榮	十二 己卯	10
廿九 庚辰	十三 庚辰	11
三十 辛巳	十四 辛巳	12
卅一 壬午	十五 壬午	13 *

太平新曆	陰曆	陽曆
十月		
初一 癸未	十六 癸未	14
初二 甲申	十七 甲申	15
初三 乙酉	十八 乙酉	16
初四 丙戌	十九 丙戌	17
初五 丁開	二十 丁亥	18
初六 戊子	廿一 戊子	19
初七 己好	廿二 己丑	20 *
初八 庚寅	廿三 庚寅	21
初九 辛榮	廿四 辛卯	22
初十 壬辰	廿五 壬辰	23
十一 癸巳	廿六 癸巳	24
十二 甲午	廿七 甲午	25
十三 乙未	廿八 乙未	26
十四 丙申	廿九 丙申	27 *
十五 丁酉	三十 丁酉	28
十六 戊戌	十一月大 初一 戊戌	29
十七 己開	初二 己亥	30
十八 庚子	初三 庚子	十二月 1
十九 辛好	初四 辛丑	2
二十 壬寅	初五 壬寅	3
廿一 癸榮	初六 癸卯	4 *
廿二 甲辰	初七 甲辰	5
廿三 乙巳	初八 乙巳	6
廿四 丙午	初九 丙午	7
廿五 丁未	初十 丁未	8
廿六 戊申	十一 戊申	9
廿七 己酉	十二 己酉	10
廿八 庚戌	十三 庚戌	11 *
廿九 辛開	十四 辛亥	12
三十 壬子	十五 壬子	13

太平新曆	陰曆	陽曆
十一月		一八六五年
初一 癸好	十六 癸丑	14
初二 甲寅	十七 甲寅	15
初三 乙榮	十八 乙卯	16
初四 丙辰	十九 丙辰	17
初五 丁巳	二十 丁巳	18 *
初六 戊午	廿一 戊午	19
初七 己未	廿二 己未	20
初八 庚申	廿三 庚申	21
初九 辛酉	廿四 辛酉	22
初十 壬戌	廿五 壬戌	23
十一 癸開	廿六 癸亥	24
十二 甲子	廿七 甲子	25 *
十三 乙好	廿八 乙丑	26
十四 丙寅	廿九 丙寅	27
十五 丁榮	三十 丁卯	28
十六 戊辰	十二月小 初一 戊辰	29
十七 己巳	初二 己巳	30
十八 庚午	初三 庚午	31
十九 辛未	初四 辛未	一月 1 *
二十 壬申	初五 壬申	2
廿一 癸酉	初六 癸酉	3
廿二 甲戌	初七 甲戌	4
廿三 乙開	初八 乙亥	5
廿四 丙子	初九 丙子	6
廿五 丁好	初十 丁丑	7
廿六 戊寅	十一 戊寅	8 *
廿七 己榮	十二 己卯	9
廿八 庚辰	十三 庚辰	10
廿九 辛巳	十四 辛巳	11
三十 壬午	十五 壬午	12
卅一 癸未	十六 癸未	13

太平新曆	陰曆	陽曆
十二月	清同治四年乙丑(閏)	
初一 甲申	十七 甲申	14
初二 乙酉	十八 乙酉	15 *
初三 丙戌	十九 丙戌	16
初四 丁開	二十 丁亥	17
初五 戊子	廿一 戊子	18
初六 己好	廿二 己丑	19
初七 庚寅	廿三 庚寅	20
初八 辛榮	廿四 辛卯	21
初九 壬辰	廿五 壬辰	22 *
初十 癸巳	廿六 癸巳	23
十一 甲午	廿七 甲午	24
十二 乙未	廿八 乙未	25
十三 丙申	廿九 丙申	26
十四 丁酉	正月大 初一 丁酉	27
十五 戊戌	初二 戊戌	28
十六 己開	初三 己亥	29 *
十七 庚子	初四 庚子	30
十八 辛好	初五 辛丑	31
十九 壬寅	初六 壬寅	二月 1
二十 癸榮	初七 癸卯	2
廿一 甲辰	初八 甲辰	3
廿二 乙巳	初九 乙巳	4
廿三 丙午	初十 丙午	5 *
廿四 丁未	十一 丁未	6
廿五 戊申	十二 戊申	7
廿六 己酉	十三 己酉	8
廿七 庚戌	十四 庚戌	9
廿八 辛開	十五 辛亥	10
廿九 壬子	十六 壬子	11
三十 癸好	十七 癸丑	12 *

遼史與金史新舊五代史互證舉例

馮家昇

目次

遼史不爲學人重視者久矣，其間譌闕脫落，皆未與表，開卷即是。馮家昇先生，嘗據諸本，加以補正；又就遼史，參互考校，成遼史源流考與遼史初校一書（哈佛燕京學社出版），精審明晰，久已膾炙學林。是書校勘既竟，馮君又從遼史之紕謬，非徒係字句之訂正已也；因思以金史，新舊五代史，遼史，高麗史諸書，參合比對，考其異同，証其得失。惟體製浩繁，乃先就遼，金，新舊五代四史，刺取其大端，別爲類例，撰成斯文。殺青告竟，既不示人，以爲此乃諸史互證之基礎，不必梓行問世也。編者謂此四史，條件凡四百七十有六，涉獵一過，已非易事，何況瓦讀？因力索之，登諸本報，並識其成書經過如右；倘亦閱者之所樂聞歟？

編者謹識

一　年代例

（一）年異例

會同元年……十一月丙寅……大赦，改元會同（卷四，頁二下）

舊五代史（卷一三七頁四下）『是歲（天福二年，）契丹改大顯十一年爲會同元年。』

新五代史（卷七二頁十一上）：改『天顯十一年爲會同元年，更其國號大遼，』不云晉爲何年。按通鑑（卷二八一，頁七上）：『是歲（天福二年），契丹改元會同，國號大遼。』契丹國志（卷二，頁七上）『是年（晉天福二年），改元會同，國號大遼。』東都事略（卷一二三，頁二上）曰：『天福三年，改元會同，國號大遼。』考遼史，天顯十一年，未改元，至十三年十一月，始改爲會同，其年正晉天福三年也。遼史與薛史，東都事略合；通鑑，國志則少一年耳。揆其文義，通鑑似本於歐史，國志又鈔自通鑑也。又考新五代史（卷八，頁五下），天福三年『八月戊寅，馮道及僕射劉昫爲契丹冊禮使』，遼史（卷四頁二）亦有所載，則遼史，薛史是，而通鑑等非矣。惟薛歐二史謂天顯十一年改元會同，其誤在太宗即位始改爲天顯，以是致短二年耳。

大同元年……二月丁巳朔，建國號大遼，改元大同（卷四，頁十五下）

舊五代史（卷一三七，頁六上）曰：開運四年，『二月朔日，德光……大赦天下，改晉國爲大遼國。』

新五代史（卷七二，頁十四）曰：『二月丁丑朔（昇按丁丑當作丁巳）……德光改……晉國爲大遼國，開運四年爲會同十年。』家昇按以遼爲國號，遼史於此始見；新舊五代史，五代會要及通鑑諸書則謂會同元年建號爲遼，滅晉後又改晉爲大遼。家昇嘗爲文論之（見燕京學報第十三期），以材料不足，闕疑；今已踰歲，地下發現未有可資佐證者，仍從略。會同十年二月，改元大同，諸史不載，啓疑爲疏漏。然按王象之輿地紀勝兩浙東路碑記類（卷十二，頁二七）『吳越錢氏用契丹會同年號』，註云：「臨海慶恩院及宋光院，皆書曰石晉會同元年建，臨海明智院及明恩院，皆書曰會同中建……又婺州圖經，義烏眞如院亦云吳越錢氏會同十年建……歷年圖載，天福三年，歲在戊戌，而會同十年歲在丁未。是歲正德光南牧之時，去天福三年整整十載。意者錢氏奉德光之正朔，則丁未之歲，乃契丹會同十年」。錢大昕十駕齋養新錄（卷十六，頁十六）謂吳越所以用契丹年號者，因『晉亡而漢尚未興，其時吳越又不改元，不得不用契丹之元矣。』薛歐所以末紀大同者，德光草草北返，旋即殂殞，雖有改元，亦無承用者。』家昇按遼史（卷四頁十六）二月改元，四月太宗北旋，丁丑日崩於欒城。二史失書大同者，或即錢氏所謂之故乎？

五年（應曆）……十一月乙未朔，漢主崇殂，子承鈞遣使來告，且求嗣立，遣使弔祭，遂封冊之（遼史卷六頁三下）

舊五代史（卷一一五，頁六下）周顯德二年十一月己未，邢州奏河東劉崇死』。又（卷一三五頁八上）同。新五代史東漢世家（卷七十，頁四下）『顯德元年三月，親征（言周世宗也）……旻自敗於高平，已而彼圍，以憂得疾。明年十一月，卒。』又十國世家年譜（卷七一，頁六下）甲寅世宗顯德元年，承鈞立。吳縝五代史記纂誤（卷下，頁十五）譏歐之矛盾，謂世家『誤有「明年」二字，』意崇卒於顯德元年也。通鑑（卷二九二，頁三上）顯德元年十一月戊戌，『北漢主疾病，命其子承鈞監國，尋殂。』考異（註）竝引羣書參證，而折中於晉陽見聞錄及劉繼顒神道碑，以崇卒於元年，然據新五代史（卷七一頁九上）徐無黨註謂晉陽見聞錄，『頗爲傳寫差誤。』錢大昕攷異（卷六六，頁十下）曰：五代史『以世家爲正，通鑑書旻死於顯德元年十一月，蓋承歐史年譜之誤。家昇按歐徐司馬諸人不及見遼史，今遼史謂崇卒於應曆五年（周世宗顯德二年），與舊史及新史世家合。

是歲（乾統元年），楊割死，傳於兄之子烏雅束，束死，其弟阿骨打襲（遼史卷二七頁二上）

金史（卷一頁八下）：『十年癸未十月二十九日，穆宗卒。』

金史（卷一頁九）：『康宗諱烏雅束，乾統五年癸未襲節度使，年四十三。』

金史（卷二頁二）：『十一年癸酉，康宗卒，年五十三。』

金史（卷二頁二）：『癸巳十月，康宗夢逐狼，屢發不能中，太祖前射，中之。旦，以所夢問僚佐，衆曰：『吉！兄不能得，而弟得之之兆也！』是歲，康宗即世，太祖襲位爲都勃極烈……二年甲午六月，太祖至江西，遼使使來，致襲節度之命。』

家昇按遼史，楊割，烏雅束之死，及阿骨打襲之年均繫於遼天祚乾統元年，甚非。攷契丹國志，（卷一頁一）大金國志（卷一頁一）亦繫於乾統元年，殆出一源。金史世紀（卷　頁七）云：『凡叢言，松漠記，張棣金志等書，皆無足取，』以傳聞未得其實也。然金史亦不盡確。如「乾統五年癸未」，按五年爲乙酉，三年係癸未，證以穆宗卒於癸未，則康宗立於癸未是，五年係三年之譌。又如「十一年癸酉，康宗卒，」太祖紀作癸巳，以康宗立之年推算，第十一年正是癸巳，則癸酉亦非。

(二一) 月異例

夏四月丁未朔，唐梁王朱全忠廢其主，尋弒之，自立為帝，國號梁，遣使來告（遼史卷一，頁三上）

舊五代史太祖紀（卷三，頁二下），『四月……戊辰即位，制曰……可改唐天祐四年為開平元年。國號大梁。』又紀（卷四，頁一上）開平二年二月，殺濟陰王。』

新五代史梁本紀（卷二，頁一上），『夏四月壬戌，更名晃，甲子，皇帝即位，戊辰大赦，改元，國號梁，封唐主為濟陰王。』又紀（卷二頁二上），開平二年正月己亥，『卜郊於西都，弒濟陰王。』

家昇按梁祖即位，弒濟陰王，遼史均繫於同年同月，非；當從新舊五代史。惟濟陰王之被弒，吳蘭庭五代史記纂誤補（卷一，頁三上），據舊新唐紀作二月，家昇又按通鑑（卷二六六，頁九下），二月癸亥，酖殺濟陰王於曹州，追謚曰唐哀皇帝，並可證歐史之誤。

夏四月，梁郢王友珪弒父，自立（遼史卷一，頁四下）

舊五代史末帝紀（卷八，頁一上），『乾化二年六月二日，庶人友珪弒逆，矯太祖詔……即位。』

新五代史梁本紀（卷二，頁六上）云：『六月……郢王友珪反，戊寅，皇帝崩。』又紀（卷三，頁一）云，乾化二年六月，太祖遇弒，友珪自立』。

家昇按通鑑（卷二六八，頁七下），六月戊寅，友珪易微服，行入左龍虎軍，與韓勍謀。夜入寢殿，友珪僕夫刺帝腹，刃出於背，友珪於是矯詔殺友文，即位。則遼史書於四月，誤也。

四年（會同）二月晉鎮州安重榮執遼使者拽（元作拽）剌（遼史卷四頁六下）

舊五代史高祖紀（卷七九頁六下）曰：『六月……戊午，鎮州節度使安重榮執契丹使伊喇。』

新五代史雜傳（卷五一，頁十一下）曰：『天福六年夏，契丹使者拽剌過鎮，重榮侵辱之，拽剌言不遜，重榮怒執拽剌。』

家昇按遼史安重榮執拽剌，在二月，二史在六月，攷通鑑（卷二八二，頁九下）亦在六月；重榮並上表云：『吐渾等自二月以來，願備十萬衆與晉共擊契丹』云云，則遼史作二月誤。

大同元年二月，封永康王……四月丁丑，太宗崩於欒城……戊寅，梓宮次鎮陽，即皇帝位於柩前（遼史卷五，頁一上）

舊五代史漢高祖紀下（卷一頁一上）曰：『天福十二年夏五月乙酉朔，契丹所署大丞相政事令東京留守燕王趙延壽為永康王烏裕所弒。既而烏裕召蕃漢臣寮於鎮州牙署，矯其主遺詔，命烏裕嗣位，於是發哀成服。』

新五代史（卷七三頁一下）曰：『五月朔旦……兀欲出坐，笑謂礪等曰：「燕王謀反，鎖之矣！……」乃遣人監之，而籍其家貲。兀欲實德光遺制曰，「永康王大聖皇帝之嫡孫，人皇王之長子，可于中京即皇帝位」。中京，契丹謂鎮州也。

家昇按契丹國志（卷三，頁八下）云『五月永康王兀欲立，』通鑑（卷二八七，頁一上）亦云五月乙酉朔，于中京即皇帝位。攷遼史（卷七七）耶律安摶，耶律吼，耶律洼等傳，太宗崩於欒城，無遺詔，軍中憂懼，不知所爲。各大臣欲立世宗，以李胡及壽安王在朝，猶豫未決。安摶詣北南大王計之，乃決奉世宗即位於柩前。紀云丁丑，太宗崩，戊寅，世宗即位。攷是年四月朔爲丙辰（朔攷卷四四，頁九上）丁丑爲二十二日，戊寅爲二十三日，參以安摶等傳，不能如此迅速即位，兼以梓宮由欒城至鎮陽，路途亦有耽擱，疑遼史失實。

保大元年春正月丁酉朔……余覩在軍中，聞之，大懼，即率千餘騎叛入金（遼史卷二九頁一下）

金史（卷二頁九）天輔五年『五月，遼都統耶律余覩等詣咸州降』。

家昇按余覩之叛，遼史系於正月，金史書於五月，竟差數月之久。攷遼史於此年日月多不分明，正月事佔一頁餘，二月至十一月事僅佔二行半，以與契丹國志（卷十一頁二）比對，和採自國志也（家昇曾於遼史源流考謂天慶以後事大多據國志編排者。）然國志上文雖有「春日」之句，下文即有「時方盛暑」之語，修史者未視下文，率爾列入正月下，疏矣！

三年（保大）春正月……金人遂改平州爲南京，加穀試中書門下平章事，判留守事（遼史卷二九頁六上）

金史（卷二頁十二）天輔七年二月，『改平州爲南京，以張覺爲留守。』

家昇按遼史之張穀，金史作張覺，契丹大金國志與遼史同。攷遼史，「金人遂改平州爲南京」上文，有金師粘罕入燕，欲以精兵三千先下平州，擒張穀。康公弼曰。『若加兵，是趣之叛也』！今撿金史卷七四宗翰傳（粘罕漢名），粘罕方窮追天祚，並未至燕；又左企弓傳（卷七五頁五下）『張覺在平州有異志，太祖欲以兵送之，企弓等辭曰，「如此，是促之亂也！」』疑遼史誤會而爲康公弼之語，其實在正月亦誤耳。

會同二年注儼，大任，晉閏五月（遼史卷四三，頁二下）

舊五代史（卷七八，頁三下）晉高祖紀，天福四年，閏七月。

新五代史（卷八，頁六下）晉高祖紀，是年，閏七月。

家昇按通鑑（卷二八二頁三上）後晉紀，是年，亦閏七月。攷遼紀（卷四，頁三下）是年，亦閏七月，可證遼考之誤。

天慶八年閏五月庚戌（遼史卷四十四頁三七下）

金史（卷二頁七下）天輔二年，閏九月。

家昇按遼紀（卷二八頁六下）天慶八年亦閏九月，疑遼史誤。

（二）日異例

七年（會同）春正月……己丑，次元城，授延壽魏博等州節度使，封魏王，率所部屯南樂（遼史卷四頁十上）

舊五代史少帝紀（卷八二，頁三下），『開運元年春正月……辛卯，鄴都留守張從恩遣人夜縋城，間行奏契丹主以鐵騎三四萬，建牙帳於元城，以趙延壽爲魏博節度使，改封魏王。』

新五代史晉本紀（卷九，頁四上），『開運元年春正月……辛卯……契丹屯於元城，趙延壽寇南樂。』

家昇按遼太宗次元城，遼史作己丑，紀其所到之日也，薛史所書辛卯，玩其文義，乃張從恩所奏之日也，故較遼史遲二日。歐陽公據薛史編排，任意刪去張從恩來奏之語，而以所奏之日（辛卯），爲遼太宗次元城之日，誤矣。

十一年（天顯）……十一月丁酉，册敬瑭爲大晉皇帝（遼史卷三，頁十上）

舊五代史末帝紀（卷四八，頁六下），閏十一月『丁卯，契丹立石敬瑭爲大晉皇帝，約爲父子之國。』

新五代史唐本紀（卷七頁五）清泰三年十一月『丁酉，契丹立晉。』晉本紀（卷八，頁三上）天福元年十一月丁酉，『皇帝即位。』

家昇按通鑑（卷二八〇，頁六下）天福元年十一月丁酉，『契丹主作册書，命敬瑭爲大晉皇帝，自解衣冠授之，築壇於柳林。是日即皇帝位。』注引考異曰『廢帝實錄「閏十一月丁卯，胡立石諱（諱當作敬瑭實錄避其皇考諱）爲天子於柳林」，誤也；今從晉高祖實錄，薛史契丹册文。』考舊史末帝紀作閏十一月丁卯，從廢帝實錄也；檢晉高祖紀（卷七五，頁五下）契丹立石敬瑭又在十一月十二日丁酉，册文曰：『維天顯九年歲次丙申，十一月丙戌朔十二日丁酉』，與通鑑考異所引合。蓋舊史前後所據不同，故如所載。今遼史與新史及通鑑合，更可證舊史末帝紀之誤。

五年（天祿）九月……癸亥，祭讓國皇帝於行宮，群臣皆醉，察割反，帝遇弒（遼史卷五頁三上）

舊五代史周太祖紀（卷一百十一頁五下）廣順元年九月癸亥，定州奏契丹永康王爲部下所殺。

家昇按遼世宗以九月癸亥遇弒，定州似不能於即日入奏。且考遼史（卷一一三頁四上）察割傳，『帝伐周至詳古山，太后與帝祭文獻皇帝於行宮，羣臣皆醉，察割歸……是夕，同率兵入，弒太后及帝。』則世宗遇弒在癸卯夕，則定州吏不能以癸亥夕之事入奏也。蓋世宗遇弒在癸亥，奏者於某日入奏，史家編日歷時，誤以遇弒之日為入奏之日耳。

三年（天贊）夏四月……丙申，金兵至居庸關，擒耶律大石（遼史卷二九頁六下）

金史（卷二，頁十二下）天輔七年壬辰，『初入燕，遼兵復犯奉聖州，林牙大石壁龍門東二十五里，都統斡魯聞之，遣照立，婁室，馬和尚等率兵討之，生獲大石，悉降其衆。』

家昇按遼考（卷四十四頁三八）保大二年四月甲申是朔，推至第九日為壬辰，十三日為丙申，二史所書大石被擒之日，凡差五日。蓋是時天祚已逃至青塚；所得消息較晚也。

保大三年四日戊戌；金兵圍輜重於青塚……秦王，許王，諸妃，公主，從臣皆陷沒……丙午，金兵送族屬輜重東行，乃遣兵邀戰於白水濼，趙王習泥烈蕭道寧皆被執（遼史卷二九頁六下）

金史（卷二頁十二下）天輔七年四月己亥，『斡魯宗望等襲遼六院司喝離質於白水濼，獲之。其宗屬秦王許王等十五人降。聞遼主留輜重青塚，以兵萬人往應州。遣照里，背答，宗望，婁室，銀朮哥等追襲之……獲其子趙王習泥烈。』

家昇按秦王許王等之陷沒，遼史繫於戊戌（十五日）；趙王習泥烈等被執，則繫於丙午（二十三日）；金史於一大串事；均繫於己亥：疑金史有誤。

太祖九年六月壬申朔，（注）梁庚寅誤（遼史朔考卷四四，頁三上）

舊五代史（卷八，頁六上）末帝紀，貞明元年六月庚寅無朔。

新五代史梁本紀（卷三頁二下）貞明元年，夏六月庚寅朔。

家昇按遼攷謂梁庚寅誤，不知何據。舊史六月庚寅非朔；新史則繫之。攷通鑑（卷二六九頁四下）是年是月庚寅，亦是朔。遼攷（卷同頁三）是年五月壬寅朔，推至第三十日為辛未，第三十一日為壬申，則遼考是。按是年五月，六月，七月，舊史，新史，通鑑僅有六月「庚寅」之一干支，則遼考稱「梁庚寅誤」，有自來矣。

保大元年六月癸巳朔（遼史卷四四頁三八上）

金史（卷二頁九）天輔五年六月癸巳無朔。

家昇按金史曆志（卷二一頁一上）金初用遼曆，太宗天會五年，司天楊級始造大明曆，十五年春正月朔，始頒行之。則金史於天輔五年六月朔，不應脫去。蓋草創之闕，文字未完，史多疏漏耳。

附　日食互異表一

中曆／西曆	911 梁乾化元年 遼太祖五年	921 梁貞明七年 遼神冊六年	923 唐同光元年 遼天贊二年	925 同光三年 天贊四年	926 唐天成元年 遼天顯元年	927 天成二年 天顯二年
正月	朔丙戌 新舊遼 59/2,139/1,1/4a					
二月						
三月						
四月				朔癸亥 新舊 59/3,139/1		
五月						
六月		朔乙卯 遼 2/2a				
七月					朔乙酉 新舊 59/3,139/1	
八月						朔己卯 新舊 59/3,139/1
九月						
十月			朔辛未 新舊遼 59/2,139/1,2/4a			
十一月						
十二月						
備注		契丹國志1/3b六月朔日食與遼史合·	國志1/4b十月朔日食與三史合	國志1/4b天贊五年唐同光三年夏四月朔日食·按五年當作四年	國志1/6a八月朔日食·與二史不合·	國志1/6a八月朔日食·遼史未載·

928 天成三年 天顯三年	930 唐長興元年 天顯五年	931 長興二年 天顯六年	937 晉天福二年 天顯十二年	939 天福四年 遼會同二年	942 天福七年 會同五年	943 天福八年 會同六年
			朔乙卯 新舊 59/5,139/1			
朔丁丑 新舊 59/3,139/1						
						朔戊申 新遼 59/5,4/9b
	朔癸巳 新舊 59/4,139/1					
			丙寅 新 59/5	朔庚子 新舊 59/5,139/1		
					朔戊申 舊 139/1	
		朔甲申 新舊 59/4,139/1		丁丑 新 59/5		
國志2/1b春二月朔日食·遼史未載·	國志2/2b夏六月朔日食·遼史未載·	國志2/2b十一月朔日食·遼史未載·	國志2/7a春正月朔日食·	國志2/7b秋七月朔日食·		國志2/8b夏四月朔日食

中曆 \ 西曆	944 晉開運元年 會同七年	945 開運二年 會同八年	946 開運三年 會同九年	948 漢乾祐元年 遼天祿二年	949 乾祐二年 天祿三年	950 乾祐三年 天祿四年	952 周廣順二年 遼應曆二年
正月							
二月			壬戌朔 新 59/6				
三月	戊子 新 59/5		壬戌朔 舊 139/1				
四月							丙戌朔 遼 舊 新 59/7,139/1,6/1b
五月							
六月				戊寅朔 新 59/6	癸酉朔 新 59/6		
七月							
八月		甲子朔 舊 新 59/6,139/1					
九月	庚午 舊 新 59/5,159/1						
十月							
十一月						甲子朔 舊 新 58/7,139/1	
十二月							
備注	國志2/10b九月朔日食·	國志3/2b八月朔日食·	三月不當壬戌朔，舊誤，國志3/2b春二月朔日食·	國志4/3b六月朔日食·	國志4/4a六月朔日食·	國志4/4a十一月朔日食·	國志5/1b夏四月朔日食·

附 日食互異表二

中曆 \ 西曆	955 顯德二年 應曆五年	956 顯德三年 應曆六年	958 顯德五年 應曆八年	1113 遼天慶三年 金康宗十一年	1115 天慶五年 金收國元年	1118 天慶八年 金天輔二年
正月						
二月	庚子朔 遼 6/3b					
三月						
四月						
五月						
六月						
七月						
八月						
九月						
十月						
十一月						
十二月		癸酉 新 59/7				
備注	國志5/2b春二月朔日食與遼史合·		國志5/2b五月朔日食，各史不載·	契丹國志10/2b三月朔日食·	國志10/3b七月朔日食·	國志10/11a五月壬午朔日食·

中曆＼西曆	908 梁開平二年 遼太祖二年
正月	
二月	
三月	
四月	
五月	
六月	
七月	
八月	
九月	
十月	
十一月	
十二月	庚午 新 59/2
備注	

附　月食互異表

中曆＼西曆	1119 天慶九年 天輔三年	1120 天慶十年 天輔四年	1122 遼保大二年 天輔六年	1123 遼保大三年 天輔七年
正月				
二月			庚寅朔 遼 29/2a 20/1b	
三月				
四月	丙子 金 20/1b			
五月				
六月				
七月				
八月				辛巳 金 20/1b
九月				
十月		戊辰 金 20/1b		
十一月				
十二月				
備注	國志11/1b四月日朔食	國志11/1b十月朔日食		大金國志3/2a八月辛巳朔日當食陰雲蔽之不見

中曆＼西曆	925 唐同光三年 遼天贊四年	928 唐天成三年 遼天顯三年	929 天成四年 天顯四年	937 晉天福二年 天顯十二年	939 天福五年 遼會同三年	944 晉開運元年 會同七年	945 開運二年 遼天顯八年
正月							
二月							
三月	戊申 新 舊 59/3,139/2						戊子 舊 139/2
四月							
五月							
六月			癸丑 新 舊 59/4,139/2				
七月				是月月食 舊 139/2			
八月							
九月	甲辰 新 舊 59/3,139/2					乙酉丙戌二日 新 59/6	丙戌 舊 139/2
十月							
十一月					丁丑 舊 139/2		
十二月		乙卯 新 舊 59/4,139/2	庚戌 新 舊 59/4.139/2				
備注							

天福十二年 遼大同元年 947	周顯德三年 遼應曆六年 956	顯德五年 應曆八年 958
	戊申 舊 139/2	
		辛未 舊 139/2
乙未 新 舊 59/6, 139/2		

新五代史司天考（卷五九頁七下）曰：『五代亂世，文字不完，而史官所記，亦有詳略，其日月五星之變，大致如此。』按遼史書日食僅六次，月食竟無一次，則其闕漏視二史更多矣。

遼史自天慶元年至保大五年，日食僅書一次，金史書四次；而月食二史一次未書。蓋二朝交替之間，文字每多闕漏；兼以天祚播遷，遁入夾山；金初草昧，未遑文教，天象之變，尤多失載。

二 地名例

（一） 形似致誤例

八年（會同）三月……庚戌，杜重威，李守貞攻秦州（遼史卷四頁十二上）

新五代史晉本紀（卷九頁五下）開運二年三月『庚戌，馬全節克秦州。』

家昇按吳蘭庭五代史記纂誤補（卷一，頁十六）曰：『謹按馬全節傳秦州作泰州，遼史太宗紀同。考五代會要：唐天成三年，升奉化軍為泰州，以滿城為理所。晉開運二年九月，移治滿城。周廣順二年，廢州；其滿城縣割隸易州。此「秦」字疑當是「泰」字之誤。杜重威，李守貞，張彥澤傳同。』又按舊史（卷八三頁六上）云：『庚戌，王師攻泰州，刺史晉廷謙以城降』。通鑑（卷六四頁八下）云：『庚戌，諸軍攻契丹，泰州刺史晉廷謙以城降，』竝可證秦州為泰州之誤。

雲內州……縣二：柔服縣，寧人縣（遼史卷四一頁九上）

金史（卷二四頁九下）雲內州，『鎮一，（注）寧仁，舊縣也，大定後，廢為鎮。』

家昇按遼史作寧人，金史作寧仁。疑遼史是。

親遇金軍，戰於石輦驛（遼史卷二九頁五上）

金史（卷二頁十）『宗望追及遼主於石輦驛。與戰敗之，遼主遁。』

家昇按遼史（卷七十頁三四）作石輦驛，金史宗望傳（卷七四頁五下）亦作石輦驛。然阿息保傳（卷一〇一頁三上）作石輦鐸，蕭特烈傳(卷一一四頁四下)亦作石鏊鐸。

(二)音似致誤例

九年(會同)十一月……丙申……杜重威追其將(元本作貝州是)節度使梁漢璋率兵來拒(遼史卷四頁十三下)

新五代史晉本紀(卷九頁六下)三年(開運)十一月，永靜軍節度使梁漢璋及契丹戰於瀛州，敗績。』

家昇按五代史記纂誤補(卷一頁十七)曰：『謹按九域志，永靜軍，唐景州，周爲定遠軍，宋改永靜。考薛史於此作貝州節度使梁漢璋，通鑑亦作永清節度使。此「靜」字當是「清」字之誤。』又按五代史職方考(卷六十頁六下)：貝州，石晉有永清軍，是永靜當作永清，無疑。貝州爲地名，永清爲軍名，遼史與舊史書地名，通鑑書軍名，新史亦書軍名而誤云。

都統蕭敵里等營於斡鄰濼東，又爲女直所襲(遼史卷二七頁九上)

金史(卷二頁四)乘風擊之，遼兵潰，逐至斡論濼。』

家昇按契丹國志(卷十頁五)亦作斡鄰濼。

長靑縣本白登臺地(遼史卷四一頁二下)

金史(卷二四頁八上)：『白登(注)本名長清。』

(三)稱別名而誤例

於是詔以皇都爲上京，府曰臨潢，升幽州爲南京，南京爲東京(遼史卷四頁二下)

新五代史(卷七二頁十一)：『及已立晉，又得雁門以北，幽州節度管內合一十六州，乃以幽州爲燕京。』

家昇按舊五代史(卷七六頁三上)：『定州奏契丹改幽州爲南京。』契丹國志(卷二一頁七下)亦作南京，通鑑(卷二八一頁一上)亦同。注云：『歐史曰，「以幽州爲燕京；參考趙思溫爲留守事，則南京爲是。』考燕京爲南京別名，遼史中所見多矣；然以事實而論，此處當作南京。蓋石晉賂地以前，僅有皇都(臨潢)，南京(東平)，至此則有三京，上京，東京，南京矣。金史地理志(卷二四頁十下)『開太元年號燕京』。則此時尤不當有燕京也。

祖州……太祖秋獵多於此，始置西樓(遼史卷三七頁六上)

金史(卷二四頁六上)：『臨潢府下總管府，地名西樓，遼爲上京，國初因之。』

家昇按遼分五京：上京道臨潢爲府，轄軍府州城二十五，統縣十，祖州其一也。祖州亦名西樓，永州亦名南樓(卷三七頁九上)，龍化州亦名東樓(卷三七頁十下)皆隸臨潢府，金史混稱臨潢府爲西樓，誤矣。

(四)數地誤爲一地例

二年(天顯)八月丁酉，葬太祖皇帝於祖陵，置祖州天城軍

節度，以奉陵寢（遼史卷二頁八上）

舊五代史（卷一三七頁四上）：『明年正月，葬安巴堅於木葉山，僞諡曰「大聖皇帝」。』

家昇按遼史載太祖葬於祖州，二史謂葬於木葉山。考地理志（卷三七，頁九上）：『永州，永昌軍觀察，承天皇太后所建，太祖於此置南樓。……有木葉山，上建契丹始祖廟，』則木葉山非祖州，且不屬祖州，明矣。又考地理志（卷三七頁六）：『祖州，天成（當作城）軍上節度，本遼右八部世沒里地。太祖秋獵多於此，始置西樓。……太祖陵鑿山爲殿曰明殿。』蓋木葉山有始祖廟，遂誤太祖亦葬於其處也。

懷州奉陵軍上節度：……太宗崩，葬西山曰懷陵。……大同元年，世宗置州，以奉焉。（遼史卷三七頁七上）

金史（卷二四頁六下）慶州：……境內有遼懷州，遼太祖祖陵在焉，舊置奉陵軍。』

家昇按遼史地理志（卷三七一頁六上）太祖葬於祖州，太祖陵鑿山爲殿曰明殿。殿南嶺有膳堂，以備時祭。殿東有樓，立碑以紀太祖創業之功。又志（同卷頁七）太宗葬於懷州，有太宗廟，繪馳騎貫狐之像。金史稱太祖葬於懷州，殆誤祖州與懷州爲一地耳。

（五）兩地相近致誤例

八年（會同）三月：……癸亥，圍晉兵於白團衞村（遼史卷四頁十二上）

新五代史（卷七二頁十二下）：『及重威戰於陽城衞村，晉軍饑渴：……』。

家昇按通鑑（卷二八四頁九七上）作『癸亥，晉軍至白團衞村。』注引考異曰：『漢高祖實錄作白檀，今從晉少帝實錄。』撿舊史少帝紀（卷八三，頁六下）正作白團衞村，蓋仍實錄也。是遼史與通鑑及舊史少帝紀合，而與新史異。考遼史三月己未，重威守貞爲遼兵大敗於陽城，晉軍南遁，此不應有陽城，則陽城終當作白團。

棋州祐聖軍下刺史：……太祖以檀州俘，於此建檀州：……慶雲縣太祖俘密雲民，於此建密雲縣（遼史卷三八頁十一下）

金史（卷二四頁三上）『慶雲 注遼祺州祐聖軍，本以所俘檀州密雲民，建州密雲。』

家昇按棋州，遼志（卷四八頁四七）亦作「祺州」，與金志同。遼史謂檀州以俘漢地檀州民置，慶雲以俘密雲民置，而金史則謂祺州以檀州密雲俘，建密雲州。既有祺州，何有密雲州之說？遼志南京道（卷四十頁五）檀州，統縣二：密雲，行唐，則密雲雖屬檀州，而檀州不止一審實也。

（六）兩地之事實發現相近致誤例

神冊元年：..八月，拔朔州，擒節度使李嗣本，勒石紀功於青冢南（遼史卷一頁九下）

舊五代史（卷二八頁五下）莊宗紀：『是月（天祐十三年八月）契丹入蔚州，振武節度使李嗣本陷於契丹。』

新五代史唐本紀（卷七二頁三下）：『莊宗天祐十三年，阿保機攻晉蔚州，執其振武節度使李嗣本。』

家昇按遼史云拔朔州，新舊二史以爲蔚州。攷遼史（卷一頁九下）是年七月，太祖征突厥，吐渾，黨項，小蕃，沙陀等部，八月南下拔朔州，十一月，乘勝而東，攻蔚，新，武，媯，儒五州。其路線乃自西而東，於地形甚合。通鑑（卷二六九頁十上）胡三省注曰：『按麟勝至蔚州中間，懸隔雲朔，蔚州恐當作朔州。』是新舊五代及通鑑均誤，遼史作朔州是。

太宗立晉，有幽涿檀薊順營平蔚朔雲應新媯儒武寰十六州（遼史卷三七頁一上）

新五代史晉本紀（卷八頁三上）天福元年十一月丁酉，『晉以幽，涿，薊，檀，順，瀛，莫，蔚，朔，雲，應，新，媯，儒，武，寰州，入於契丹。』

家昇按錢大昕考異（卷八三頁七上）曰：『按太宗紀，會同元年十一月，晉遣趙瑩來賀，以幽，薊，瀛，莫，涿，檀，順，媯，儒，新，武，雲，應，朔，寰，蔚十六州，并圖籍來獻。有瀛莫，無營平。此志，平州下云「太祖天贊二年，取之」，營州下云，「太祖以居定州俘戶」，是營平非石晉所賂明矣。瀛莫二州得而旋失（後因周顯德六年，取瀛州莫州，即遼應曆九年）。而營平元係唐故地，後人因以當十六州之數。志謂營平亦太宗立晉所得，蓋相沿之誤（遼分薊之遵化縣爲景州，而易州則聖宗統和七年侵宋所得。遼史，南京析津府統州六：謂順，檀，涿，易，薊，景也。宋徽宗宣和五年四月，金人來歸燕京六州即此）。』考新五代史職方攷（卷六十頁一下）云：『同光破蜀，已而復失：..而營平二州陷於契丹，』又查表中，營平二州失於後唐，非石晉所賂明矣，遼志誤。又按日知錄集釋（卷二六頁六五）金滅遼後，宋人索劉仁恭賂契丹之營平及石晉所棄之十六州，金人不予。顧氏引通鑑遼史謂營平乃遼太祖自取，非劉仁恭所賂，沈氏注云，此足證史家千年之誤。蓋自宋人已忘營平爲契丹所自取也。

（七）前代地名誤爲後代例

應曆九年四月，周拔益津，瓦橋，淤口三關。（遼史卷六頁五上）

金史（卷二四頁十二）：『霸州下刺史，遼益津郡。』

家昇按宋史（卷八六頁二上），『霸州中防禦，本唐幽州永清縣地，後置益津關。周置霸州，以鄭（當作莫）州之文安，瀛州之大城來屬。政和三年賜郡名曰永清。』觀此，則益津之名始自唐，石晉陷入契丹（據文獻通考卷三一六頁二十）。周世宗拔三關後，始終未入契丹；周亡，乃宋地也。

興中縣，本漢柳城縣地。太祖掠漢民居此，建霸城縣，重興（當作熙）中置府更名（遼史卷三九頁六上）

金史趙興祥傳（卷九一頁八下）興祥以父任閤門祗候，謁告省親於白霫。會遼季土賊擾攘作亂，興祥攜母及弟妹奔燕京不能進，乃自柳城涉砂磧。夜視星斗而行，僅達遼軍而不知遼主所向，遂還柳城。』

家昇按遼金無柳城，不知所指何地。攷興祥省親於白霫，欲返燕京，阻於柳城。則柳城在白霫燕京間也。遼史地志中京道（卷三九頁二上）『大定縣，白霫故地』，知白霫屬中京。撿中京道地名，則柳城實指興中縣也。修史者不用遼名，而用古名，怪矣！

（八）前代地名誤爲後代例

北安州興化軍上刺史：：統縣一，利民縣（遼史卷三九頁四上）

金史（卷二四頁六下）興州寧朔軍節度，本遼北安州興化軍興化縣。承安五年陞爲興州，置節度，軍名寧朔，改利民寨爲利民縣：：縣二注又有利民縣，承安五年，以利民寨陞，泰和四年置。興化注倚，遼舊縣。宜興，本興化縣白檀鎮。』

家昇按錢氏攷異（卷八三頁七下）曰：『遼之北安州有興化縣，無利民縣。惟金承安中，嘗陞利民寨爲縣，未久旋廢，作遼史者，乃以金所置利民爲遼時舊縣，而不及興化，誤矣。』

隰州平海軍下刺史，統縣一海陽縣：：潤州海陽軍下刺史，統縣一海濱縣（遼史三九頁八下）

金史（卷二四頁五）『海陽注遼潤州海陽軍故縣』，皇統三年，廢州來屬。『海濱注遼隰州海平軍故縣，皇統三年廢州來屬。』

家昇按金史，遼海陽縣屬潤州，海濱縣屬隰州，皇統三年，潤隰二州廢，僅名海陽海濱縣。修遼史者誤以金縣爲遼縣，遂致倒置云。

遇金人戰於奄遏下水，復潰，直趨山陰（遼史卷二九頁九下）

金史（卷二四頁九下）：『山陰注本名河陰，大定七年，以與鄭州屬縣同，故更焉。』

家昇按遼史地理志（卷四一頁八下）應州下，『河陰縣，本漢陰館縣地。』則遼名河陰，入金後，至大定七年，始更名山陰。修遼史者又誤以金名爲遼名也。

三　人名例

（一）形似致誤例

天顯元年……夏四月郭存謙弑其主存勗（遼史卷二頁七上）

新五代史唐本紀（卷五頁八下）同光四年三月『甲戌，至自萬勝，從馬直指揮使郭從謙反，夏四月丁亥朔，皇帝崩。』

家昇按新史卷三七伶官傳亦作郭從謙，舊史，通鑑，國志亦同，蓋以音而誤也。

五年（會同）七月庚寅，晉遣金吾衛大將軍梁言，判四方館事朱崇節來謝，書稱孫，不稱臣（遼史卷四頁九上）

新五代史晉本紀（卷九頁二下）天福七年六月『己卯，四方館使朱崇節，右金吾衛大將軍梁言使於契丹。』

家昇按舊史少帝紀（卷八一頁二下）亦作朱崇節。通鑑，國志均不載，疑新史爲誤。

保大三年二月乙酉朔，來州歸德軍節度使田灝，權隰州刺史杜師回，皆籍所管戶降金（遼史卷二九頁六上）

金史（卷二頁十二）天輔七年二月乙酉朔，『遼來州節度使田顥，隰州刺史杜師同……皆降。』

家昇按金史田灝傳（卷八一頁八）田灝，字默之……權歸德軍使，太祖定燕，灝舉四州版圖歸。』則田顥，即田顯，亦即田灝也。

寧昌軍節度使劉完以懿州民二千戶歸金（遼史卷七十頁三十下）

金史孔敬宗傳（卷七五頁三上）『遼季，敬宗爲寧昌劉宏從官，斡魯古兵至境上，敬宗勸劉宏降。』

家昇按金史（卷二頁八上）天輔二年十二月甲辰，『遼懿州節度使劉宏以戶三千，幷執遼候人來降，以爲千戶。』則遼紀之劉完當作劉宏。

（二）音似致異例

高模翰一名松，渤海人……晉以魏府節度使杜重威領兵二十萬來拒，模翰，殺其先鋒梁漢璋（遼史卷七六頁五）

新五代史（卷七二頁十三）：『而德光將高牟翰亦詐以瀛州降……三年七月遣杜重威……遣梁漢璋追牟翰及之，漢璋戰死。』

家昇按通鑑（卷二八五頁六）引陷番記作高模翰，契丹國志（卷三頁二）亦同，新史誤。

女直阿骨打用鐵州楊朴策，即皇帝位，建元大輔（遼史卷二八頁五下）

金史斡魯傳（卷七一頁二下）『巳遣楊璞徵鞬於宋，餘尤可不須往矣。』

家昇按阿骨打之即位，遼史謂用楊朴策，查金史此人無傳，阿骨打之即位，乃由吳乞買，撒改，辭不失等勸進。按契丹國志（卷十頁十一）大金國志（卷一頁四）等書金太祖用楊朴策即位，且求封册於遼，諸書似不能憑空捏造。攷金史耨盌温敦思忠傳（卷八四頁三上）天輔三年六月，遼大册使太傅習泥烈以册璽至上京一舍，先取册文副錄閱視。文不稱兄，不稱大金，稱東懷國皇帝。太祖不受，使宗翰，宗雄，宗幹，希尹商定册文義。指楊璞潤色，胡十答，阿撒，高慶裔譯契丹字。疑幹魯傳之楊璞卽此人，與遼史所載勸阿骨打卽位，係一人而音譯耳。

初張轂爲遼興軍節度使，民推轂領州事（遼史卷二九頁五下）金史（卷一三三頁一上）『張覺，亦書作轂，平州義豐人也。在遼第進士，仕至遼興軍節度副使。』

家昇按金史紀，表，傳中均作「覺」，未有作「轂」者。宋史姦臣本傳（卷四七二頁四上）亦作覺。建炎以來繫年要錄（卷一頁六下），『張覺，賈子莊陷燕記作張轂，曹勛北狩聞見錄作張珏，國史諸書多作覺，今從之。』惟遼史，契丹，大金國志作轂。

（二）改名致異例

甲　改名後史家未及書例

二年（天祿）二年春正月：⋯漢主劉知遠殂，子承祐立（遼史卷五頁二上）

新五代史漢本紀（卷十頁四下）乾祐元年春正月乙卯，大赦，改元，己未，更名嵩，丁丑，皇帝崩於萬歲殿』。

家昇按劉知遠於正月己未更名嵩，丁丑，崩。是更名在前，崩逝之年在後；而遼史仍書其原名。蓋改名後，倉卒卽崩，史家未及書耳。

五年（應曆）十一月乙未朔，漢主崇殂（遼史卷六頁三下）

舊五代史僭僞列傳（卷一三五頁七下）：『周廣順元年正月，崇僭號於河東稱漢，改名旻』。

家昇按周廣順元年爲遼應曆元年，舊史於廣順元年崇改名旻，而遼史於應曆五年仍書「崇」，亦因史家未及改耳。

乙　降臣改名例

二年（天贊）春正月丙申，大元帥堯骨克平州，獲刺史趙思温，裨將張崇（遼史卷二頁三下）

舊五代史張希崇傳（卷八八頁三）『張希崇字德峯，幽州薊縣人也：⋯守光納之，漸陞爲裨將。俄而守光敗，唐莊宗命周德威鎭其地，希崇以舊籍，列於麾下，尋遣率偏師守平州。安巴堅南攻，陷其城，掠希崇而去。』

家昇按遼史作張崇，舊史作張希崇，確係一人。舊史卷八八攷證以爲希崇在遼秖名崇，歸唐後始加「希」字，甚是。攷遼史（卷二頁七）天顯元年七月，『盧龍行軍司馬張崇叛奔唐。』舊史本傳亦云契丹遷盧龍行軍司馬，天成初，殺契丹首領，以管內生口二萬餘南歸。

明年，討劇賊蕭鶻兒戰易水西（遼史卷一百一頁三下）

金史（卷七一頁七下）：『及蕭才降，益知宋之地里。宗望請任以軍事，太宗俱賜姓完顏。』

家昇按契丹國志（卷十頁九）遼天慶六年，召募燕雲平三路禁軍五千人，名曰武勇軍，蕭鶻兒時為領袖之一。同書（卷十一頁五上）宋又令趙翊（原注）本蕭鶻兒 說諭易州士豪史成，使起兵獻城，為史成執送燕京斬之。』大金國志（卷四頁八）『守將蕭才，宋名趙翌，有勇力，虬髯善射。』是則蕭鶻兒者，在遼之名也，入宋更名趙翌，降金後，復更名蕭才。

（四）避諱致異例

五年（會同）三月乙卯朔，晉遣齊州防禦使宋暉業，翰林茶酒使張言來問起居（遼史卷四頁八下）

舊五代史高祖紀（卷八十頁四下）：天福七年三月庚申，遣前齊州防禦使宋光鄴，翰林茶酒使張言使于契丹。』

家昇按遼史作宋暉業，舊史作宋光鄴，蓋遼史避遼太宗諱（德光）也。

九年（會同）五月庚戌，晉易州戍將孫方簡請內附（遼史卷四頁十三上）

新五代史晉本紀（卷九頁六上）三年（開運）六月，『孫方諫以狼山叛附於契丹。』

家昇按通鑑（卷二八五頁三下）亦作孫方簡。注云：『歐史作孫方諫，蓋孫方簡後避周太祖皇考諱，遂改名方諫。』

晉天福四年，司天監馬續奏上乙未元曆（遼史卷四二頁一下）

新五代史（卷五七本傳）馬重績字洞微。

家昇按錢大昕攷異（卷八三頁八下）云：『五代史作馬重績，蓋避出帝諱，去上一字。』遼何以避晉諱？蓋是時石敬瑭方在，猶未交惡也。又按杜重威，遼史與新史所見者均同；舊史于卷一百九本傳作杜重威，而於卷八一至八五少帝紀均作杜威，新五代史（卷十頁三下）徐無黨注曰『杜重威於晉出帝時避出帝名去「重」，至漢而復之，』蓋避少帝諱也。

（五）書別名致異例

察割反，帝遇弒（遼史卷五頁三七）

新五代史（卷七二頁四上）：燕王述軋與太寧王嘔里僧等率兵殺兀欲於大神淀。』

錢大昕考異（卷八六頁十五）：『按遼史，弒世宗者泰寧王察割也，述軋與察割聲相近。泰寧王即察割之封號。其時封燕王者為牒蠟，亦以黨逆伏誅，無名嘔里僧者。攷之逆臣傳，其時有六院大王郎耶律朗字歐新，以持兩端，伏誅，當即此所云嘔里僧也。嘔里僧，通鑑作嘔僧，皆歐新之轉，兩史所述封爵互異。蓋五代史得於傳聞，不如遼史之可據也。』家昇按錢考均誤。五代史燕王述軋即牒蠟字述蘭之異釋，「軋」，「蘭」係發音之強弱。據傳（卷一一二頁二上）世宗即位後，封燕王，又紀（卷五頁二上）與傳同，新五代史東漢世家（卷七十頁二下）：『兀欲遣燕王述軋，政事令高勳以册尊旻為「大漢神武皇帝。」』今撿遼史世宗紀（卷五頁三上）天祿五年六月：『遣遼王牒蠟，樞密使高勳册為「大漢神武皇帝」』，是五代史之述軋即遼史之牒蠟矣，燕王述軋非察割甚明。又按五代史之泰寧王嘔里僧，即察割字歐辛之異釋。據傳（卷一一二頁三下）及紀（卷五頁二）天祿元年九月，封察割為泰寧王，後因弒世宗，伏誅。則五代史所載官號，事跡均與遼史合，惟稱名與稱字致異耳。

剌葛字率懶，梁祖第二子……自幽州南竄為人所殺（遼史卷六四頁三上）

舊五代史（通鑑卷二八七頁三上注引）曰：『麻答耶律德光之從弟，其父曰薩剌，阿保機時，自蕃中奔唐莊宗，轉奔梁。莊宗平梁獲之，磔於市。』

家昇按宋白（通鑑卷二八五頁九上注引）曰：『麻答本名解里，阿保機從子也。其父曰撒剌，歸梁死於汴，』錢氏攷異（卷六六頁十四，）謂麻答即遼史之拔里得，甚確。但不知薩剌，撒剌為誰。攷遼史皇子表（卷六四頁三上）剌葛字率懶，德祖第二子，太祖之二弟，神册二年自幽州南奔，為人所殺；又紀（卷一頁三上）太祖即位二年正月『辛巳，始置惕隱典族屬，以皇弟撒剌為之。』是率懶，撒剌，薩剌皆一音之轉，為剌葛字也。

遇雪無禦寒具，尤者以貂裘帽進，途次絕糧，尤者進麨與棗；欲憩，尤者即跪坐倚之假寐（遼史卷三十頁一上）

金史蕭仲恭傳（卷八二頁九）：『蕭仲恭本名尤里者……遼帝西奔天德……大雪寒甚，遼主乏食，仲恭進衣，並進乾糒；遼主困，仲恭伏冰雪中，遼主藉之以憩。』

家昇按遼史尤者，金史作尤里者係譯音，核其事跡，確係一人。而遼史書其本名耳。

（六）事跡相似致誤例

安端字猴隱……第五（德祖第五子）……天保（元本作祿）初，以功王東丹國，賜號明王（遼史卷六四頁五下）

舊五代史（卷一三七頁四上）：『安巴堅凡三子，長曰人皇王托雲，即東丹王也；次曰元帥太子，即德光也；幼曰阿鈫少君。』

新五代史（卷七二頁七下）：『初阿保機死，長子東丹王突欲當立，其母述律遣其幼子安端少君之扶餘代之。』

家昇按遼史皇子表（卷六四頁三下）德祖六子：太祖第一，剌葛第二，迭剌第三，寅底石第四，安端第五，蘇第六，則安端與太祖爲昆弟行，非父子也。又查太祖四子中，無論其名其字未有與「安端或阿鈫」音相合者。蓋安端以功王東丹，與人皇王事跡相似，二史遂誤以爲太祖子云。

元年（會同）九月庚戌：邊臣奏晉遣守司空馮道，左散騎常侍韋勳來上皇太后尊號，左僕射劉煦，右諫議大夫盧重上皇帝尊號（遼史卷四頁二上）

舊五代史高祖紀（卷七七頁三上）：天福三年『八月戊寅，以左僕射劉煦爲契丹冊禮使，左散騎常侍韋勳副之，給事中盧重爲契丹皇太后冊禮使。』

新五代史晉本紀（卷八頁五下）：天福三年八月『戊寅，馮道及左僕射劉煦爲契丹冊禮使。』

家昇按通鑑（卷二八一，頁八上）是年是月是日『以馮道爲太后冊禮使，左僕射劉煦爲契丹主冊禮使。』契丹國志（卷二頁七）亦云：『八月，晉上尊號於遼帝及太后，以同平章事馮道，左僕射劉煦爲冊禮使。』攷遼史（同）是年十一月壬子，馮道韋勳冊太后爲廣德至仁昭聖崇簡應天皇太后，丙寅，劉煦盧重冊太宗爲睿文神武法天啓運明德章信至道廣敬昭孝嗣聖皇帝，則諸人各有專責，遼史分別甚晰。又攷通鑑考異（四部叢刊本卷三十頁三上）引晉高祖實錄，『天福三年八月戊寅，道爲契丹太后冊禮使，』與遼史合。蓋遼史於冊禮使之名均書之，新史與國志頗含混，通鑑書其主冊者，舊史則以使命相似而混爻，致脫馮道耳。

耶律雅里者，天祚皇帝第二子也……隊帥耶律敵列等，共立雅里爲主，雅里遂即位，改元神曆（遼史卷三十頁三下）

金史劉彥宗傳（卷七八頁一下）『天祚走天德，秦晉國王耶律雅里自立於燕。』

家昇按遼史（卷三十頁一下），耶律淳者，世號爲北遼。淳小字涅里，興宗第四孫，南京留守宋魏王和魯斡之子。保大二年，天祚入夾山，羣臣勸進，遂即位於燕，百官上號曰天錫皇帝，建元建福。蓋自天祚遁入夾山，耶律淳僞立於燕，雅里僭竊於西北部，道路傳聞，遂誤涅里爲雅里。

（七）誤二人爲一人例

二年（神冊）三月辛亥，攻幽州，節度使周德威以幽，并，

鎭，定，魏五州兵拒於居庸關之西；合戰於新州東，大破之，斬首三萬餘級，殺李嗣本之子武八(遼史卷一頁十上)

舊五代史李嗣恩傳：(卷五二頁六上)『嗣恩有子二人：長曰武八，騎射推於軍中，嘗有時鷙臂餓鷹，矜其搏擊，武八持鴨鏑一隻，睹其守獲：…戰契丹於新州，歿焉。』

家昇按李嗣本別係一人，舊史卷五二，新史卷三六本傳均不云有子名武八者，遼史誤嗣恩爲嗣本矣。

上顧通事高彥英曰：…遂杖彥英而謝礪(遼史卷七六頁七下)

新五代史(卷七二頁十五上)：『德光顧其通事高唐英曰：…因笞英一百而待礪如初。』

家昇按契丹國志(卷十六頁二上)亦作高彥英。五代史記纂誤補(卷四頁二二下)：『謹按遼史張礪傳，高唐英作高彥英，考太宗紀，大同元年，以高唐英爲昭德軍(通鑑作彰德軍)節度使，當別爲一人，此疑誤。』

會帝崩欒城，世宗即位，翰聞之，委事於李從敏(遼史卷一一三頁一下)

舊五代史高祖紀(卷一百頁一上)：『是日，契丹所署汴州節度使蕭翰迎郇國公李從益至東京，請從益知南朝軍國事。』

家昇按舊史卷五一許王從益傳，卷九八蕭翰傳，新史卷十漢本紀，契丹國志(卷十七頁一下)，通鑑(卷二八七頁二下)均作李從益。又按舊史末帝紀(卷四七頁四下)別有許州節度使李從敏，新史卷十五有李從敏傳，則遼史誤二人爲一人矣。

天慶四年十一月辛丑，以西北路招討使耶律斡里朶爲行軍都統，副點檢蕭乙薛，同知南院樞密使耶律章奴副之：…五年三月，遣耶律張家奴等六人齎書，使女直斥其主名，冀以速降(遼史卷二七頁九)

金史(卷二頁五)：『收國元年正月丙子，遼遣都統耶律訛里朶，左副統蕭乙薛，右副統耶律張奴：…戍邊：…四月，遼耶律張奴以國書來上，以書辭慢侮，留其五人，獨遣張奴回報，書亦如之。』

家昇按遼史章奴，金史作張奴，是一人。至遼史之張家奴別係一人，金史，亦作張奴。考章奴，遼史卷一百有傳，季父房之後。契丹國志(卷十頁六)亦作章奴。耶律張家奴，遼史(卷七十頁三十)天慶五年三月，五月，六月凡三次使於女直，金史殆誤爲一人也。

(八) 異譯對照表

甲　異譯表一

遼史		舊五代史		新五代史	
阿保機	太祖字 1/1a	安巴堅	137/1b	阿保機	72/2

痕德菫可汗 1/2b	禿餒 2/2b	堯骨 太宗小字 3/1a	涅里袞 3/2b	僉剌 3/2b		拽剌 4/6b			解里 4/14a	傳桂兒 4/14a		兀欲 世宗小字 5/1a	述律 穆宗小字 6/1a
沁丹 137/1a	托諾 39/4a	[illegible]木濟 137/4a	特里袞 39/5a	扎拉 賜名原知感 42/1b	紐赫美陵 137/4a	伊喇 79/6b	嘉哩相公 83/6a	默埒相公 83/6a		富殊哩 85/2b	郭濟 111/2a	烏嚕 98/8b	舒嚕王子 85/4b
	禿訥 72/7b	[illegible]風之 72/6b	惕隱赫邈 賜名迷[illegible]嘉 72/7b	前剌 賜名原知感 72/8a	撩括梅里 6/6b				解里 72/1a		[illegible]骨支 11/4a	兀欲 73/1a	述律 73/1a

率懶 剌葛字 64/3a	安端 64/5b	圖欲 人皇王小字 64/7a	述律氏 71/3a	蕭敵魯? 73/4b	安剌 73/5b	鐸袞 突呂不字 75/3b	拔里得 76/1b	陽隱 耶律敵祿字 90/4b	歐辛 察割字 112/3a	述蘭 牒蠟字 113/2a			
實喇鄂博 30/2b	阿敦少君 137/4a	托雲 137/3a	舒魯氏 137/4a	阿巴 98/8b	綽諾鄂哩 98/9a	大詳袞 48/6b	滿達勒 98/8b	努瑚? 111/4a			摩琳 38/8a	扎古 賜名列知恩 42/1b	蘇勒古 賜名服[illegible]達 42/1b
	安端少君 72/7b	突欲 賜名李贊華 72/6a	述律氏 72/7b	阿鉢 72/16a		大相溫 72/10a	麻答 73/2b		曷里質 73/4a	述瀾 73/4a	梅老 6/5b	涅列 賜名列知恩 72/8a	鼠郎 賜名服[illegible]達 72/8a

格斯齊賜名乙儸宥	42/1b	曷失訖賜名訖儸宥	72/8a
術悅	32/8a		
美稜瑪古	38/6b		
托諾巴摩哩	39/1b		
達喇罕	48/4a		
李蘇站	84/4a		
摩哩	48/4b	梅里	7/5a
納默庫	73/4b	粘木孤	8/6b
實里	79/4a	舍利	8/7b
		皇太子解里	8/4a
		邁折	8/7a
		逃括	8/7b
		撻劇	8/8a
		今骨支	9/2b

		烏多奧	9/2b
		梅老鞋里	5/8a
		梅老述骨	6/4a
		沒骨蔽	6/4b
		鄂姑兒	6/9a
		述骨鄰	6/9b
		沒辣于	7/2a
		罕只　賜名罕友通	72/8a
		[illegible]　賜名[illegible]	72/8a
		[illegible]　賜名[illegible]	72/8a
		[illegible]　賜名[illegible]仁	72/8a
		[illegible]　賜名[illegible]	72/8a

新五代史卷二頁一下徐無黨注曰：「夷狄君臣姓名官爵，或書或否，不必備；或因其書，史之詳略，但書其來，以示意耳。」又卷九頁四上注曰：「晉自高祖以父事契丹，甚

譔，而歲時遣使，舊史實錄皆不書。至出帝立，使者旁午不絕，不可勝數，故其官卑者，皆略而不書。』家昇按三史所書人名，多有未合，或舊史有，而遼史無者；或新史有，而舊史遼史均無者。蓋新史不盡據舊史，必兼採他書耳。遼史或因迴護，或因疏略，於一國使臣多不書名。如新史梁本紀(卷二頁一)開平元年四月，『契丹阿保機使袍笏梅老來。』檢遼史太祖本紀(卷一頁三)只云是年四月，『梁遣使來告，』不云遣使使梁之事，蓋史官尊其本國，故爲之諱耳。又如表中所列唐明宗賜姓名之契丹將，天顯二年定州之戰所俘者也，徧查遼史紀表傳，未有其人，解里(字擬單卷七六頁一)傳云：『天顯間，唐攻定州，既陷，解里爲唐兵所獲，晉高祖立，始歸國。』今與賜姓名之十一人比對，無一似者。又皇子表(卷六四頁九)牙里果，太宗第四子，天顯三年，救耶律沙於定州，爲李嗣源所獲。至石晉立，始得返。檢紀(卷三頁三上)天顯十二月癸卯，晉遣唐所掠郎君剌哥，』名字不似。紀(卷三頁二)有惕隱涅里袞，即舊史特里袞，然遼史(卷六四頁九)謂『自晉返，始爲惕隱，』事實稍有未合。皇子表云牙里果曾救耶律沙於定州，今檢卷八四本傳，不載定州之戰。沙之履歷始於應曆，爲南府宰相，然初仕必不能遽爲宰相，疑前段事實，特爲削去耳。又如紀(卷四頁四)會同二年九月『己卯，遣使使晉，』檢新史(卷八頁六)是年是月契丹使者爲粘木袞，而遼史不書名。此類甚多，不一二觀也。

乙　異譯表二

遼史		金史	
楊割	27/2a	盈歌又曰揚割	1/7a
粘罕	27/7a	粘沒喝 宗翰本名	74/1a
狄故保	27/8a	狄古保	67/7b
胡舍	27/7a	兀室 希尹又名	73/9a
銀朮割	27/8b	銀朮可	72/8a
撻不也	27/8b	蕭撻不野	2/3b
蕭敵里	27/9a	蕭乣里	2/3b
實婁	27/9a	婁室	2/5a
耶律斡里朶	27/9a	耶律訛里朶	2/5a
耶律章奴	27/9a	耶律張奴	2/5a

耶律張家奴	28/1a	耶律張奴（誤？）	2/5b
蕭辭剌	28/1b	辭剌	2/5b
蕭察剌	28/3a	蕭查剌	2/6a
徐觀（廣州叛附高永昌）	28/3b	胡觀	2/6a
蕭實訛里	28/6b	蕭實訛里野	2/7b
蕭迭買	29/1b	蕭迭末	74/1b
蕭和尚奴	29/2a	和尚	74/8b
謀魯斡	29/2b	木盧瓦	70/4b
耶律高八？	29/3a	耶律習泥烈	74/1b
兀朮	29/3b	斡啜又作兀朮亦作斡出（宗弼本名）	77/1a
張穀	29/6b	張覺	133/1a
耶律敵烈	29/7a	特烈	3/1a
昭古牙	29/9b	遙輦昭古牙	3/3a
蕭撻不也（另一人）	29/9b	撻不野	3/3b
朮者	30/1a	朮里者（蕭仲恭本名）	82/9
涅里（耶律淳小字）	30/1b	耶律涅里（秦晉國王）	2/3b
敵魯斡	64/17a	敵魯斡	74/1b
謀盧瓦	29/6b	胡盧瓦	74/8b
余里衍	65/6b	餘里衍仝	
		斡里衍仝	
		大奧野仝	
		女奧野仝	
蕭得里底	100/2	得里特	74/8b
磨撒	100/3a	磨哥	77/7a
張薩巴	105/2b	撒八	2/4a
耶律余覩	102/6a	耶律余睹	133/2b

奚回離保	114/4a	回離保	67/7b
耶律阿古哲	114/4a	耶律奧古哲	67/9a
乙室八斤	114/4a	八斤	67/9a

家昇按遼史所書金人姓名寥寥無幾，而此數人之姓名又與宋人册籍合，與金史每不相侔。蓋大祚播遷，史官失守，無實錄可據矣。元人修史多據宋人册籍編排，而不與金史檢照，故二史修於同時，亦每致岐異云。

四 事物例

(一) 官名互異例

甲 已遷官不當書前銜例

大同元年春正月……癸巳，以張礪爲平章事，晉李崧爲樞密使，馮道爲太傅，和凝爲翰林學士，趙瑩爲太子太保，劉煦守太保，馮玉爲太子少保（遼史卷四頁十五上）

舊五代史（卷一三七頁六上）『遂命以李崧爲西廳樞密使，以馮道爲太傅，以左僕射和凝及北來翰林學士承旨張礪爲宰相。』新五代史（卷七二頁十五）：『又以礪爲右僕射，兼門下侍郎同中書門下平章事，與故晉相和凝並爲宰相。』

家昇按遼史張礪傳（卷七六頁七下）是時礪改右僕射兼門下侍郎平章事。遼史書其舊銜，新史書其實授之官。通鑑（卷二八六頁一上）以李崧爲太子太傅，道守太傅，於樞密院祇候。國志（卷三頁六上與通鑑同。遼史百官志（卷四七頁十六）大同元年，見太子太師李崧，』遼紀異；通鑑同。新史和凝傳（卷五六頁一下）晉天福五年，和凝拜中書侍郎同中書門下平章事，出帝時由右僕射遷左僕射。此時不應反爲翰林學士。疑新舊五代史作宰相是。

耶律余覩一名余都姑，國族之近者也，慷慨尚義氣，保大初，歷官副都統（遼史卷一頁四上）

金史（卷一三三頁二下）『耶律余睹，遼宗室子也，遼主近族，父祖仕遼，具載遼史。初太祖起兵，遼人來拒，余睹請自效，以功累遷金吾衛大將軍，爲東路都統。』

家昇按遼史不載余覩父祖之名，即金吾衛大將軍等職亦不敍，僅云副都統而不書東路都統，金史似較遼史詳確。第攷遼史成於至正四年三月，金史成於是年十一月，似不當言「具載遼史」，既言之，則應於遼史具載之，而竟略去。二史成於同時，而不相檢照何也？

乙 官銜混稱致異例

遣客省使喬榮讓之（遼史卷四頁九上）

舊五代史景延廣傳（卷八八頁一下），『延廣乃奏令契丹迴圖使喬榮告契丹曰……。』

新五代史景延廣傳：（卷二九頁四上）：『延廣謂契丹使者喬榮曰：…。』

家昇按通鑑（卷二八三頁七下）云：『初河陽牙將喬榮從趙延壽入契丹，契丹以為廻圖使（注）凡外國與中國貿易者，置回圖務，猶今之回易場也。往來販易於晉；置邸大梁，』國志卷二頁八與通鑑同作「回圖使。」疑舊史「廻國使」之「國」字，當作「圖」。然遼史百官志無「回圖使」之名，攷百官志三（卷四七頁十一）「客省，太宗會同元年置，有都客省，客省使，左客省使，右客省使」，客省副使。疑新舊五代及通鑑書喬榮之別銜耳。

大部族：…某部大王，某部左宰相，某部右宰相，某部太師，某部太保。某部大尉，某部司徒，某部節度使司；某部節度使，某部節度副使，某部節度判官（遼史卷四六頁一下）

金史（卷一頁三上）：『遼人呼節度使為太師，金人稱都太師者，自此始。』

家昇按金史以太師與節度使為一，而遼史分別為二。遼史北面屬國官（同書頁二十四）。亦係先大王，太師等名，後為節度使司。太師與節度使二職分之甚晰，疑金史未能別之。

丙　誤官名為人名例

夷離畢院掌刑獄；夷離畢，左夷離畢，右夷離畢，知左夷離畢，知右夷離畢（遼史卷四五頁八上）

新五代史晉本紀（卷八頁四下）：天福二年六月癸未，『契丹使夷離畢來。』

舍利司掌皇族之軍政；舍利詳穩，舍利都監，舍利將軍，舍利小將軍，舍利，梅里（遼史卷四五頁十八下）

新五代史晉本紀（卷八頁七下）天福五年，『冬十月丁未，契丹使舍利來，』

新五代史晉本紀（卷八頁六）天福三年十月己未，『契丹使梅里來。』

家昇按王鳴盛十七史商榷（廣雅叢書本卷九五頁十二上）「惕隱」條，『薛王晏球傳，王都反，契丹遣惕隱以七千騎救都。惕隱典族屬見遼史第一百十六國語解。此事見附錄契丹傳，而彼作惕隱赫邈，赫邈其名；而晏球傳，單稱惕隱，似誤認為人名。』新五代史（卷二頁一下）徐無黨注曰：夷狄君臣姓名官爵，或書或否，不必備，或因其舊史之詳略。但書其來，以示意爾。』

聞余覩引金人婁室，李董奄至（遼史卷三九頁二上）

金史（卷六五頁一下）：『阿庫德，白達皆雅達瀾水完顏部勃菫。』家昇按字菫，即勃菫。金史百官志（卷五五頁一上）『其部長曰孛菫，統數部者曰忽魯。』施國祁金史詳校（卷七頁十一）曰：『案菫疑作革，乃勒之省文，（毛詩如鳥斯革韓詩作勒），作菫恐譌字也。』若然，則勃菫當作勃革，與清代貝勒音正相同也。

（二） 諡號互異例

辛巳，上諡昇天皇帝，廟號太祖（遼史卷二頁八上）

新五代史 卷七二頁七上，『葬阿保機木葉山，諡曰大聖皇帝，後更其名曰億。』

家昇按二史所書諡號不同，或者遼史書其初諡，新史書其追諡與？不然，遼史太宗紀（卷三頁五上）何以又有『以大聖皇帝，皇后寢疑之所號日月宮』乎？

天顯元年…冬十一月…壬申，御宣政殿，群臣上尊號曰，嗣聖皇帝（遼史卷三頁一下）

新五代史（卷七二頁十六），『永康王兀欲立，諡德光為嗣聖皇帝。』

家昇按新史所載非。攷遼史，太宗即位，羣臣上尊號為嗣聖皇帝，大同元年三月丁丑崩，廟號曰太宗。嗣聖皇帝乃尊號，非諡號。

（三） 年號互異例

天顯元年…二月…壬辰…大赦，改元天顯，（卷二頁六下）

舊五代史（卷一三七頁四上）曰：『三年，（天成），德光偽改為天顯元年。』

新五代史（卷七二頁）曰：『德光立三年，改元曰天顯』。

家昇按通鑑（卷七二五，頁十上）天成二年，『契丹改元天顯，葬其主阿保機於木葉山。』考遼史（卷三，頁一下）太祖天顯元年七月崩，皇后攝軍國事。二年十一月壬戌，太宗即位。壬申，『有司請改元，不許。』群臣上尊號曰，「嗣聖皇帝」，蓋有微意存焉。則天顯為太祖之年號，非始自太宗，薛歐通鑑均誤。

二年（保大）三月…處溫等請淳受禮…自稱天錫皇帝，改元建福…六月，淳死…太后遂稱制，改元德興（遼史卷二九頁四下）

金史左企弓傳（卷七五頁五上）秦晉國王耶律捏里自立於燕，廢遼主為湘陰王，改元德興。』

家昇按建福，耶律淳之年號；德興，蕭太后稱制後之年號。金史謂耶律淳改元德興，非。

（四） 部族互異例

甲 音訛例

靜邊城，本契丹二十部族水草地，北鄰羽厥，每入為盜（遼史

卷三七頁十四下)

新五代史(卷七三，頁七下)：『西北至嫗厥律，其人長大髦頭，酋長全其髮，盛以紫囊。地苦寒，水出大魚，契丹仰食。』

家昇按羽厥，嫗厥律係一部而音訛。遼史(卷四六頁二九)作于厥里，又(同卷頁三十)作烏古部，又(卷一頁一)作于厥，又(卷一頁七上)作于骨里，又(卷六九頁二六)作烏古里部，皆一部族而音訛。

至烏古敵烈部，封謨葛失爲「神于越」(遼史卷六九頁二六上)

金史(卷三頁三下)，『以爐葛城地，分授所徙烏虎里迪烈二部及契丹民。』

家昇按烏虎里，即烏古；迪烈，即敵烈。遼史(卷四六頁二七)：『迪烈德國王府，亦曰敵烈，亦曰迭烈德。』又(二五頁七下)有的烈，又(卷四六頁三)，『達里得部，亦曰達離底，』皆音訛也。

乙　古今名號不可混稱例

回鶻獻珊瑚樹(遼史卷七十頁二上)

新五代史(卷七三頁七下)：『西則突厥回紇。』

舊五代史(卷一八三頁二下)『回紇唐元和四年，本國可汗遣使上言改爲回鶻，義取回旋搏擊如鶻之迅速也。』

家昇按回紇，古名也。新唐書(卷二一七頁六下，)唐憲宗元和四年，回紇『請易回紇曰回鶻，言捷鷙猶鶻然，』故憲宗以後，新唐均改作回鶻，則新五代史於此不應仍作回紇。

元魏末，莫弗賀勿于畏高麗蠕蠕侵逼，率車三千乘衆萬口內附(遼史卷三二頁六上)

舊五代史(卷一三八頁三下)『高麗本扶餘之別種，其國都平壤城，即漢樂浪郡之故地。』

金史(卷一三五頁一上)『高麗國王王楷，其地鴨綠江以東，曷懶路以南，東南皆至於海。』

家昇按高句麗古名也，元魏以前，各史皆書高句麗稱書以下，乃稱高麗。舊五代史金史稱高麗則可，以其敘述當時之事也，遼史敘元魏間事。抄襲魏書，而更用今名，似有未審。

丙　誤人名爲部族名例

白可久部(遼史卷四六百官志頁三十二上)

新五代史(卷七四頁二)：『吐渾本號吐谷渾…有首領白承福者…莊宗…賜其姓名爲李紹威…知遠以兵圍其族，殺承福，及其大姓赫連海龍，白可久，白鐵匱等。』

舊五代史(卷四八頁一上)清泰三年一月丙辰，『吐渾寧朔兩府留後李可久加檢校司徒。可久本姓白，前朝賜姓。』

家昇按白可久部以二史證之乃人名，非部族名，遼史誤噫！攷此卷諸部名蓋採自本紀。檢紀（卷四頁十三）會同九年四月辛酉朔，『吐谷渾白可久來』。修史者不知白可久爲吐谷渾部酋，而誤認爲部族，遂使吐谷渾國王府，吐渾國王府載本卷頁二十六，白可久部別列頁三十二。

丁　因避諱致異例

女直國遣使來貢（遼史卷七十頁三下）

家昇按新舊五代史，通鑑及其他宋人册籍均作女眞，遼金史則作女直，洪皓松漠紀聞（學津討原本頁十二）『女眞卽肅愼國也…五代時，始稱女眞…其後避契丹諱，更爲女直（原注：契丹之諱曰宗眞。）

余覩在女直爲監軍，久不調，意不自安，及假遊獵遁西夏。夏人問「汝來有兵幾何」？余覩以二三百對，夏人不納，卒。（遼史卷一〇二頁五上）

金史（卷三頁九下）：天會十年十一月癸亥，『部族節度使士古斯捕斬余睹及其諸子，函其首來獻。』

家昇按遼史稱「夏人不納，卒」，一望而知辭意未足，何以夏人不納，卽卒？金史書「部族節度使」，部族多矣，指何種部族？攷契丹國志（卷十九頁四上）『…夏人問有兵幾何，云親兵三二百，遂不納，投韃靼。韃靼先受悟室之命…余覩出敵不勝，父子皆死之，凡偵諜者悉誅。』往年王靜安先生論元人諱稱韃靼，故於遼金史韃靼字多有竄改（蒙古史料四種韃靼考）徐旭生先生駁之（女師大學術季刊第一期）。今得此一條知王先生之說必有所本也。

五　物名互異例

傳國寶：唐更名。「受命寶」，晉亡歸遼…天祚保大二年，遺傳國璽於桑乾河（遼史卷五七頁一下）

玉印，太宗破晉北歸，穆宗應曆二年，詔用太宗舊寶（遼史卷五頁一下）

御前寶，金鑄，文曰，「御前之寶」。詔書寶，文曰「詔書之寶」。契丹寶，受契丹册儀（遼史卷五七頁一下）

金史（卷三一頁七下）『金克遼宋，所得寶玉及本朝所製，今并載焉。獲於遼者玉寶四，金寶二。玉寶：「通天萬歲之璽」一，「受天明命惟德乃昌之寶」一（皆方二寸），「嗣聖寶」一，御封不辨印文寶一。金寶：「御前之寶」一，「書詔之寶」一；二寶金初用之。』

家昇按遼史所載不及金史之詳且多互異，金史之「受天明命惟德乃昌」寶，或卽遼史之「受命寶」。「嗣聖寶」，或卽「太宗舊寶」。「御前之寶」卽「御前寶」，「書詔之寶」同，然如「通天萬歲」之璽，「御封不辨印文寶」，不知係指「契丹寶」抑或別爲一種？

(六) 數目互異例

冬十月，太祖以騎兵七萬，會克用於雲州(遼史卷一頁二上)

舊五代史武皇紀(卷二六頁七上)，『契丹安巴堅始盛，武皇召之，安巴堅領其部族凡三十萬人，至雲州與武皇會於雲州之東，握手甚歡，因結爲兄弟。』

新五代史(卷七二頁三上)梁將篡唐，晉王李克用使人聘於契丹，阿保機以兵三十萬會克用於雲州。東城置酒，酒酣，握手約爲兄弟。』

家昇按雲州之會，遼史作七萬騎，新舊二史作三十萬。又通鑑(卷二六六頁五下)亦作三十萬。以一新興之部族遽有三十萬兵力，殊不可能，蓋克用初爲朱全忠所敗，欲藉契丹與援，故作誇張之辭耳。由通鑑注(卷頁同上)：考異引唐太祖紀年錄，薛史，歐史實正其年代觀之，三史史料殆出一源，疑遼史所書爲可憑。

建州：漢乾祐元年，故石晉太后詣世宗，求於漢城側，耕墾自贍。許於建州南四十里，給地五十頃，營構房室，創立宗廟(遼史三九頁八上)

舊五代史少帝紀(卷八五頁四下)，『帝自遼陽行十數日，過儀州，霸州，遂至建州。節度使趙延暉盡禮奉迎，館帝於衙署中。其後割寨地五千餘頃，其地至建州數十里。帝乃令一行人員於寨內築室，分耕給食於帝。』

家昇按遼史作五十頃，舊史作五千餘頃，攷通鑑(卷二八八頁八)云五十餘頃，契丹國志(卷四頁三下)亦云五十餘頃，則舊史所書必誤。

遣駙馬蕭特末，林牙蕭寨剌等將騎兵五萬，步卒四十萬，親軍七十萬，至驪門(遼史卷二頁八頁三上)

金史(卷二頁六上)：遼主聞取黃龍府，大懼，自將七十萬，至驪門；駙馬蕭特末，林牙蕭查剌等將騎五萬，步卒四十萬，至幹鄰濼，上自將禦之。』

家昇按二史所載騎兵五萬，步兵四十萬，親軍七十萬，合計一百一十五萬。攷遼史兵衞志(卷三六頁十下)遼之五京民丁總數爲一百一十萬零七千三百，疑二史言過其實。

五　事實例

(一) 廻護例

甲　因廻護史實不詳例

九月，討黑車子室韋，唐盧龍軍節度使劉仁恭發兵數萬，遣養子趙霸來拒，霸至武州。太祖諜知之，伏勁兵桃山下，遣室韋人牟里，詐稱其酋長所遣，約霸兵會平原。既至，四面伏發，擒霸，殲其衆，乘勝大破室韋(遼史卷一頁二上)

舊五代史(卷一三七頁一上)『時劉守光戍平州，契丹實里王子率萬騎攻之，守光僞與之和，張幄幕於城外以享之。部族就席，伏甲起，擒實里王子入城，部族聚哭，請納馬五千以贖之，不許。』

家昇按舊史劉守光擒實里王子事，遼史不載；太祖初年與幽州交涉事，始於擒趙霸，蓋不欲叙己之敗事，而略去耳。又按新五代史(卷七二頁二上)劉仁恭據幽州時，數出兵摘星嶺，以困辱契丹，契丹馬多饑死，因賂仁恭，求市牧地，亦在遼太祖初年，遼史不載，亦同此例。

二年(會同)正月戊申，晉遣金吾衛大將軍馬從斌，考功郎中劉知新來貢珍幣，命分賜羣臣……丙辰，晉遣使謝免沿邊四州錢幣……七月戊申，晉遣使進犀帶……閏月乙酉，遣使賜晉良馬……八月乙丑，晉遣使貢歲幣，奏輸戊亥二歲金幣於燕京(遼史卷四頁三)

舊五代史(卷七八頁四下)：天福四年九月丁丑：『契丹使納默庫來聘，致牛馬犬臘頗黎十四。』

家昇按遼太宗立晉，石敬瑭臣事甚謹，稽之遼史，一年貢使不絕於途。薛歐通鑑等書均沒而不書，舊史反於天福四年契丹使來一條，大書特書，且用對等文辭曰「來聘」，不有遼史，各使臣姓名事跡亦難得而知矣。

天祚皇后蕭氏，從天祚西狩，以疾崩(遼史卷七一頁九上)天祚元妃蕭氏，從天祚西狩，以疾薨(遼史卷七一頁十上)

家昇按契丹國志(卷十三頁六下)海濱王蕭皇后『山金司之禍，后幷被擒，粘罕納爲次室。其後耶律余覩軍中起兵，兀室誅余覩，幷及於后。』張匯金節要(遼史拾遺卷十九頁十三上引)『粘罕之妻，乃遼主天祚元妃。』大金國志(卷三頁六上)：『又太子之妻金簽公主，乃天祚之女，粘罕之妻蕭氏，乃遼主天祚元妃，各因間可入。』遼史云：『從天祚西狩，以疾薨』，檢金史紀傳，亦不載此事。疑陳大任遼史，金之實錄有所迴護。

(二) 因迴護史實不明例

義宗名倍……至汴，見明宗，明宗以莊宗后夏氏妻之(遼史卷七二頁二下)

新五代史唐家人傳(卷十四頁六)：『莊宗遇弑，後宮皆散走，朱守殷入宮，選得三十餘人。虢國夫人夏氏以嬖幸於莊宗，守殷不敢留。明宗立，悉放莊宗時宮人還其家，獨夏氏無所歸，乃以河陽節度使夏魯奇同姓也，因以歸之。後嫁契丹突厥(當作突欲)。』

家昇按契丹國志(卷十四頁十)云：『以莊宗後宮夏氏妻之。』五代會要(卷二頁一下)：『昭容夏氏封虢國夫人。』均不云莊宗有皇后夏氏。蓋遼之史官欲尊其本朝故作此廻護之辭。苟無五代史諸書爲之證明，吾人終以爲人皇王所娶者乃莊宗皇后夏氏也。

魏府節度使杜重威領三十萬來拒……以麾下三百人逆戰，殺其先鋒梁漢璋，餘兵敗走（遼史卷七六頁五下）

舊五代史梁漢璋傳（卷九五頁三上）：『與契丹騎五千相遇於浮陽之北界，苦戰竟日，以衆寡不侔爲流矢所中，歿於陣。』

家昇按遼史云高模翰以三百人殺晉先鋒梁漢璋，舊史則謂漢璋與契丹五千相遇，衆寡不侔，敗死。攷通鑑（卷二八五頁七上）：『杜威等至瀛州，城門洞啟，寂若無人，威等不敢進，聞契丹將高模翰先已引兵潛出，威遣梁漢璋將二千騎追之。遇契丹於南陽務，敗死。』是模翰守瀛州見晉軍來勢甚大，已預先逃走，梁漢璋以二千騎當遼兵五千，衆寡不侔，以致敗死。遼史謂三百人，不足據，蓋是時戰爭方起，瀛州爲南北孔道，豈能屯以少數之軍耶？

九年（天慶）三月，遣知右夷離畢事蕭泥烈，大理寺提點楊勉等册金主爲東懷國皇帝（遼史卷七十頁三三下）

金史（卷二頁八上）：天輔二年六月辛卯，『遼遣太傅習泥烈等奉册璽來上，攄册文不合者數事復之。』

家昇按金史稱册文不合，未云何以不合，據遼史（卷二頁七上）是年七月，『金復遣烏林答贊謨來，責册文無兄事之語；不言大金，而云東懷，乃小邦懷其德之義。及册文有「渠材」二字，語涉輕侮；若「遙芬多戩」等語皆非善意。』又此事載見杭世駿金史補（太祖紀頁三一）較遼史更詳。而金史輕描淡寫了之，蓋不欲示本國受遼册而迴護之也。

（二） 增飾例

甲　因增飾而史實失其意義例

處直料晉必討張文禮，鎮亡，則定不獨存，益自疑。陰使郁北導契丹入塞，以牽晉兵，且許爲嗣……郁自奔晉，常恐失父心，得使大喜（遼史卷七五頁五七）

新五代史王處直傳（卷三九頁十）：『處直見莊宗必討文禮，益自疑，陰與郁交通，使郁北招契丹入塞，以牽晉兵，且許召郁爲嗣……郁自奔晉，常恐處直不容，因此大喜，以爲乘其隙可取之。』

家昇按王郁，處直孽子也，見遼史及新五代史上文。初處直逐郜代爲留後，郜與郁附晉，處直臣於梁，在郁心中，固無以處直爲父之意矣，故處直以利誘郁，遼史所謂「且許爲嗣」也。新史云「郁常恐處直不容，得此大晉，以爲乘其隙可取之」，而遼史乃增飾爲「郁自奔晉，常恐失父心」，視王郁爲孝子者。家昇嘗撰遼史源流考，論遼史此傳本於新史王處直傳，若所論不誤，則此任意增飾，似失史實之意義矣。

天顯末，以延壽妻在晉，詔取之以歸，自是益自激昂圖報（遼史卷七六頁三上）

新五代史（卷七二頁十四）：『德光嘗許趙延壽滅晉而立以爲帝，故契丹擊晉，延壽常爲先鋒，虜掠所得，悉以奉德光及其母述律氏』。

家昇按舊史趙延壽傳（卷九八頁六）大意與新史同。蓋延壽乘不羈之才，生當亂世，常有非分之想，遼史謂「激昂圖報」，與下文「延壽因李崧求爲皇太子」事，前後呼應。然遼史多此一筆，致全盤事實爲之不明，不有新舊五代史，吾人終以爲延壽別無企圖矣。舊新二史於遼太宗崩後，叙述延壽濟謀爲帝之事（新史卷七二舊史卷九八）甚詳。而遼史紀傳中竟無一字提及，蓋於傳中早已預伏此筆耳。

不謀守燕而降，六也；不顧大義，臣事於金，七也；根括燕財，取悅於金，八也（遼史卷二九頁八上）

金史左企弓傳（卷七五頁五上）：『太祖至居庸關，蕭妃自古北口遯去。都監高六等送欵於太祖。太祖徑至城下，高六等開門待之。太祖入城受降，企弓等猶不知。』

家昇按大金國志（卷二頁四）：『是月初六日，人居庸關，臨時到燕。蕭后聞居庸關失守，夜率蕭幹等出奔，未行五十里；國兵遊騎已至城。遼相左企弓虞仲文等迎降，出丹鳳門毬場內投拜。國主戎服坐萬歲殿，皆拜伏待罪於下。譯者曰：「我見城頭炮繩席角，是無拒我意也」。』左企弓等以一關宰相，不修守備，早有降金之意也，蕭后出奔，復不從行，降金之意決矣，金史稱太祖入城，企弓等猶不知；殆爲迴護之辭耳。

乙 因增飾而知其爲僞託例

瘨德堇可汗歿，羣臣奉遺命，請立太祖，曷魯等勸進，太祖三讓從之（遼史卷一頁二下）

舊五代史（卷一三七頁一）：『先是契丹之先大賀氏，有勝兵四萬，分爲八部，每部皆號大人，內推一人爲主，建旗鼓，以尊之。每三年第其名以代之。及安巴堅爲主，乃怙強恃勇不受諸族之代，遂自稱國王』。

新五代史（卷七二頁二）『……八部之人以爲遙輦不任事，選於其衆，以阿保機代之』。

家昇按遼史所載，太祖即位乃有禪讓之風，據二史則太祖乃出八部共推，非關前代可汗之遺命。吾人若就古代北方民族中求之，則新舊二史所載近實，遼史特因實錄之舊而增飾耳。部曾共推一人爲主之事，若金初，元初，均於其文書中見之，契丹殆與之同。遼史世表（卷六三頁八）曰：『契丹王欽德，習爾之族也，是爲痕德堇可汗……數與劉仁恭相攻，晚年政衰，八部大人法常三歲代，迭剌部耶律阿保機建旗鼓，自爲一部，不肯受代，自號爲王，盡有契丹國，遙輦氏遂亡。』此雖有採自新舊二史之嫌，然不採遼紀，蓋亦疑其所載乃參合漢人稱讓之成分耳。

人皇王倍請於太后曰，「大元帥宜承大統」，后從之（遼史太宗紀卷三頁三下）

新五代史（卷七二頁七下）：『然述律尤愛德光，德光有智勇，素已服其諸部……而諸部希述律意，共立德光，突欲不得立。』

家昇按遼紀恐不足據，遼史屋質傳（卷七七頁二）：『屋質借謁者籌執之，謂太后曰，「昔人皇王在，何故立嗣聖？」太后曰，「立嗣聖者太祖遺旨」。』又后妃傳（卷七一頁四）：『初太祖嘗謂太宗必興我家，后欲令皇太子倍避之，太祖册倍爲東丹王。』則太宗之立，非由人皇王之請，乃因太祖有遺命耳。又按耶律安摶傳（卷七七頁五），安摶父迭里言「帝位宜先嫡長」，由是忤旨被殺。又按義宗傳（卷七二頁二）「太宗置衛士，陰伺動靜。」知人皇不立，非由揖讓，契丹史官，特爲增飾耳。

張琳……淳既稱帝，諸將咸居權要，琳獨守太師，十日一朝不章軍國大事，陽以元老尊之，實則不使與政，琳由是鬱悒而卒（遼史卷一〇二頁四上）

金史（卷七五頁五上）『太祖入城……遂致仕宰相張琳進上降表，詔曰，「燕京應琳田宅財物，並給還之。」琳年高不能入見，止令其子弟來。』

家昇按遼史稱張琳與左企弓等政見不合，鬱悒而卒，然按金史左企弓傳又稱金太祖入燕，琳且上降表矣。則金人入燕之時，張琳猶未卒也。蘇天爵滋溪文藁三史質疑（卷二五頁六下）曰：『遼金大族如劉，韓，馬，趙，時，左，張，呂，其墳墓多在京畿，可搨碑文，以備採擇。』或者遼史此傳據張琳墓誌而作者歟？

（二）　誇大例

甲　詆毀失之誇大例

義宗名倍，然性刻急好殺，婢妾微過，常加刲灼（遼史卷七二頁三）

新五代史（卷七二頁三上）：『契丹好飲人血，突欲左右姬妾多刺其臂吮之。其小過輒挑目刲灼，不勝其毒。然喜賓客，好飲酒，工書，頗知書。』

家昇按新史稱契丹好飲人血及突欲吮姬妾之臂，無非出於厭惡心理，猶今日鄉野謂洋人如何殘忍害人如何割人耳目製藥餌也。又新史論麻荅(遼史之拔里得)，「出入常以鉗鑿挑割之具自隨，寢處前後掛人肝脛手足」，與此同例。

太祖崩，后稱制攝軍國事。及葬，欲以身殉，親戚百官力諫，因斷右腕納於柩(遼史卷七一頁四上)

新五代史卷(七一頁四上)：『述律爲人多智而忍，阿保機死，悉召從行大將等妻謂曰，「我今爲寡婦矣，汝等豈宜有夫？」乃殺其大將百餘人曰，「可往從先帝」。左右有過者，多送木葉山，殺於阿保機墓隧中，曰「爲我見先帝於地下」！』

家昇按述律后簡重果斷，遇事有權術，謂其殺戮大將，事誠有之。如安端、迭里等(見表卷六四頁四見傳卷七七頁五)均以元勳被誅，若謂其殺大將百餘人，未之信也。契丹國志(卷十三頁一下)太祖欲以吳越所獻火油攻幽州，太后曰，「豈有試油而攻一國者乎？」因指帳前樹謂太祖曰，「此樹無皮可以生乎？」太祖曰「不可」，后曰「幽州城亦猶是耳！」延徽來使，太祖怒其不拜，留之牧馬，后曰，「延徽能守節不屈，此今之賢者，奈何辱以牧圉？宜禮用之。」是述律后並非新史所傳之殘忍也。蓋宋人筆記多張誇之事，歐公不加審擇，妄爲採入耳。不然則是危言驚俗，誡漢臣勿爲契丹所用耳。

阿息保慷慨有大志，年十六，以才幹補內史。天慶初，轉樞密院侍御…金人起兵城境，上遣阿息保問之(遼史卷一○一頁二下)

金史宗雄傳(卷七三頁五上)：『康宗沒，遼使阿息保來，乘馬至靈帷階下，擇取賵賻之馬。太祖怒，欲殺阿息保，宗雄諫，太祖乃止。』

家昇按阿息保乃遼末一大名臣，受天祚之命，出入女直者凡數次，女直人無不賓畏之。無奈國勢阽危，一手之力，難以挽回。阿息保爲耶律淳殺後，遼之國勢急轉直下，益不可救藥矣。夫以一國之大臣，受人君之重寄，而擇取人之賵馬，無非藉故羅誅，以至失之誇大耳。

乙　因誇大而矛盾例

天顯三年……十二月……庚戌……聞唐主復遣使來聘，上問左右，皆曰：「唐數遣使，實畏威也，未可輕舉，觀釁而動」，上然之(遼史卷三頁三上)

新五代史(卷七二頁八下)：『及救王都爲王晏球所敗，喪其萬騎，又失赫邈等皆名將，而述律尤思突欲，由是卑辭厚幣，遣使聘中國。』

家昇按遼史上文，「十都奏唐兵破定州，餓剌死之，涅里袞查剌等數十人被執。上以出師非時，甚悔之」，與新史合。此時契丹方畏唐之不暇，何有唐人反畏契丹之理？查舊史明宗紀(卷三九頁五)天成三年閏八月戊申，擒蕃將特里袞等五十人留於親衛，餘契丹六百人皆斬之。又明宗紀(卷四十頁一上)天成四年二月乙巳，生擒契丹託諾等二千餘人，百僚稱賀。其年四月癸丑，契丹遣紐赫美稜來貢，取託諾等骸骨，並斬於市。至長興三年(遼天顯七年)，四月求之不已，乃遣哲爾格錫里隨使歸蕃，「不欲全拒其請也」(以上見舊史明宗紀卷四十三頁三上)

上命解里與降將張彥澤率騎兵三千，疾趨河南，所至無敢當其鋒(遼史卷七六頁一下)

舊五代史少帝紀(卷八五頁二)，開運三年十二月壬申夜，『相州節度使張彥澤受契丹命，率先鋒二千人，自封邱門斬關而入。癸酉日，張彥澤頓兵於明德門外……帝與大臣端坐憂危，國之衛兵悉在北面，計無所出……方議詔河東劉知遠起兵赴難，至五鼓初，張彥澤引蕃兵入京，宮中相次火起。』

家昇按通鑑(卷二八五頁七上)，是年十月，『威慶使公主入奏請益兵，曰「今深入虜境，必資衆力。」由是禁軍皆在其麾下，而宿衛空虛。』則河南不但無重兵，且宿衛亦少，宜乎張彥澤迅速之間直入汴京也；而遼史竟謂「所至無敢當其鋒者」，亦誇大之甚矣！

以守司空蕭嗣先為東北路都統，靜江軍節度使蕭撻不也為副，發契丹奚軍三千人，中京禁兵及土豪二千人，別選諸路武勇二千餘人……引軍屯出河店(遼史卷二七頁八下)

金史(卷二頁四)：『遼都統蕭糺里，副都統撻不野將步騎十萬會於鴨子河北。太祖自將擊之……甲士三千七百，至者纔三之一。俄與敵遇於出河店……遼兵潰……遼人嘗言女直兵若滿萬，則不可敵，至是始滿萬云。』

家昇按遼史遼兵不過七千，金史則云十萬，且謂女直「甲士三千七百，至者纔三之一」，是以二百八十餘人，擊敗敵軍十萬矣，何誇大之甚！然下文又云「至是女直始滿萬云」，顯與上文衝突矣。攷契丹國志(卷十頁四)契丹軍倉卒之間，未能集結，僅七千人應戰，女直掩其不備，敗之，較為得實。

(四) 重複例

神册元年……夏四月乙酉朔，晉幽州節度使盧國用來降，以為幽州兵馬留後(遼史卷一頁九下)，二年春二月，晉新州裨將盧文進殺節度李存矩來降(遼史卷一頁十上)

舊五代史(卷二八頁五下)後唐天祐十四年二月，甲午，「新州將盧文進殺節度使李存矩，叛入契丹。』

家昇按錢氏攷異（卷八三頁一上）：『按五代史盧文進字大用，爲即紀所云盧國用也。而次年二月復書晉新州裨將盧文進殺節度使李存矩來降，疑是一事而重出也。且是時周德威爲幽州節度使，無緣更有盧國用其人者。蓋因契丹置盧龍軍於平州，以文進爲節度使，遂誤以契丹所授之官爲唐官。』盧國用的是盧文進，家昇嘗於遼史初校中論之。惟遼史於一事分繫在兩年，必爲重出。攷唐天祐十四年，梁貞明三年，契丹神册二年，則遼史神册二年條與舊史合。又攷通鑑（卷二六九頁十二）梁貞明三年二月甲午，晉王之弟威塞軍防禦使存矩在新州驕惰不治，宮彥璋與衆殺存矩，擁盧文進爲帥，幽州周德威遣兵追討，文進乃奔契丹。則通鑑亦與神册二年條合。且據舊史周德威傳（卷五六頁三上），自天祐十年十一月擒劉守光父子，德威拜幽州盧龍軍節度使，直至十五年十二月，莊宗攻汴始率本軍會莊宗，與王彥璋戰死。則遼史神册元年一條爲誤出無疑。

五年（天慶）春正月下詔親征…六月癸丑，以親征諭諸道…九月己巳，上親征（遼史卷二八頁）

金史（卷二頁六）十一月，『遼主聞取黃龍府，大懼，自將七十萬至駝門』。

家昇按遼史稱正月下詔親征，考遼金二史，大祚以來親征，僅耶律斡里朵等與女直戰於達魯古而已。六月以親征諭諸道，天祚時方獵嶺東，亦未出師。八月甲子，罷獵，乃趨軍中。而遼史於九月下，又書「上親征」。攷契丹國志（卷十頁三）：天慶五年八月，『天祚下詔親征』，下文有追溯之語曰，『初天祚親征…』云云。蓋正月與九月二條係重文，六月一條，當移八月下。七月，耶律斡里朵敗於白馬濼，乃有八月天祚親征之文耳。

（五）誤傳例

天顯十二年春正月…庚申，上親征，至城下諭之，贊降（遼史卷三頁十一下）

新五代史吳巒傳（卷二九頁六）：『吳巒…清泰中，爲大同沙彥珣節度判官，晉高祖起太原，召契丹爲援，契丹過雲州，彥珣出城迎謁，爲契丹所虜。城中推巒主州事，巒閉門拒守，契丹以兵圍之…凡七月，高祖義巒所爲，乃以書告契丹使解兵去。』

家昇按舊五代史（卷九五頁五）吳巒傳，通鑑（卷二八一頁一下）與新史同。攷舊史本傳，出帝時，『以巒雲中之舉，有禦守之功，遂令乘軺而往，權知貝州軍州事』。則遼史云與榮降於契丹是誤傳。

會同九年……十一月……丙申……趙延壽以步卒前驅，高彥溫以騎兵乘之，追奔逐北……宋彥筠墮水死（遼史卷四頁十三下）

新五代史王清傳（卷三三頁八上）：『遣與宋彥筠俱前，是時重威已有二志，猶豫不肯進，彥筠亦退走。』

家升按通鑑（卷二八五頁八下），『彥筠爲契丹所敗，浮水抵岸，得免。』又舊五代史宋彥筠傳（卷一二三頁七）仕至周顯德四年冬卒。核以官銜事跡，與中渡橋戰爲一人無疑。則遼史謂彥筠墮水死，蓋當交戰時之誤傳，史家未改，直書於史耳。

阿骨打乃與弟粘罕胡舍等謀（遼史卷二七頁八下）

家升按金史宗翰傳（卷七四頁一上）：『宗翰本名粘沒喝，漢語訛爲粘罕，國相撒改之長子也。』撒改傳（卷七十頁一上）：『撒改者，景祖孫，韓國公劾者之長子，世祖之兄子也。』太祖紀（卷二頁一），『太祖……世祖第二子也。』則粘罕之父撒改與太祖爲兄弟行，粘罕於太祖爲姪子。又按金史無胡舍，金史補（太祖紀頁十二下）『元室（按上文元是兀之誤）奸猾而有才，自製女眞法律文字。』大金國志（卷二七頁四下）兀室，一名悟室，一名希尹，武元帝疎族，於國爲子也。』胡舍與兀室爲對音，係一人。檢金史希尹傳（卷七三頁八上）『完顏希尹，本名谷神，歡都之子也。』歡都傳（卷六八頁一上）『歡都，完顏部人，祖石魯，與昭祖同時，同部，同名，』則希尹亦非太祖之弟。遼史稱粘罕胡舍爲太祖之弟，蓋誤傳耳。

徵引書目

書名	著者	板本
舊五代史　一五〇卷目錄二卷	薛居正等	四部備要本
五代會要　三十卷	王溥	墨海金壺本
新五代史　七四卷	歐陽修　徐無黨注	四部叢刊本
五代史記纂誤　三卷	吳縝	知不足齋叢書本
資治通鑑　二九四卷	司馬光　胡三省注	四部備要本
松漠紀聞　二卷	洪皓	學津討原本
建炎以來繫年要錄　二百卷	李心傳	廣雅叢書本
輿地紀勝　存一六八卷　缺三二卷	王象之	道光二九年甘泉岑氏影宋抄本
東都事略　一三〇卷	王偁	宋遼金元別史本
契丹國志　二七卷	葉隆禮	同上
大金國志　四十卷	宇文懋昭	同上
遼史　一一六卷	脫脫等	同文書局本
金史　一三五卷	同上	四部備要本
宋史　四九六卷	同上	四部叢刊本
日知錄集釋　三二卷	顧炎武	同治八年刊本
廿二史考異　一〇〇卷	錢大昕	潛研堂全書本
十駕齋養新錄　廿卷餘錄二卷年譜二卷	同上	浙江書局本
十七史商榷　一〇〇卷	王鳴盛	廣雅叢書本
金史補　五册不分卷	杭世駿　蔡某錫	鈔本
金史詳校　十卷	施國祁	會稽章氏刻本
五代史記纂誤補　四卷	吳蘭庭	知不足齋叢書本

燕京學報目錄

古師子國釋名

朱延豐

師子國即今印度洋中之錫蘭島，爲英國皇家殖民地。四史諸外國傳不見其名，唐修晉書，缺略未備。實則東晉時代，已通於中國。杜佑通典曰：

師子國：東晉時通焉。天竺旁國也，在西海之中，延袤二千餘里。

「西海」疑爲「南海」之誤，通志通攷並同。正史之記載師子國者始於沈約之宋書。宋書卷九十七夷蠻傳及梁書卷五十四，南史卷七十八並載師子國與中國交往之事。然梁書之所錄，又多本諸法顯之佛國記。故釋法顯實中國人首先抵此島而介紹其名於中國者。佛國記云：

自多摩梨帝國汎海西南行，得冬初信風，晝夜十四到師子國。彼國人云：相去可七百由延，其國在大洲上，東西五十由延，南北三十由延。左右小洲，乃有百數；其間相去，或十里，二十里，或二百里，皆統屬大洲。

然在法顯未至之前，中國商船或早至其地，唯確定之年代不可攷。佛國記又云：

法顯去漢地積年，所與交接，悉異域人。山川草木，舉目無舊。又同行分析，或留或亡，顧影唯己，心常懷悲。忽於此玉像邊見商人以晉地一白絹扇貢養，不覺淒然，淚下滿目。其國前王遣使中國，取貝多樹子，於佛殿旁種之。

按梁書稱晉義熙初始遣獻玉像，經十載乃至。義熙爲安帝年號，約當西曆四〇五年至四一八年。其年代在法顯至師子國之後。又按高僧傳法顯傳云：

於是持經像，寄附商舶，到師子國。

佛馱什傳云：

先沙門法顯於師子國得彌沙塞律梵本，未被翻譯，而法顯遷化。

師子國之名，自典午迄乎趙宋，中國載籍常沿用之。如新舊唐書西域傳、册府元龜等均有著錄。高僧傳二集玄奘傳云：

臨海有城，古師子國。

宋高僧傳釋不空傳云：

什奉遺旨，令往五天竺幷師子國。【又云】：令三藏往南天竺師子國。

佛祖統紀云：

宋眞宗咸平九年（一〇一六）南天竺師子國妙德來，進舍利梵經。

遼史卷十二云：

聖宗統和九年（九八九）二月甲寅，回鶻，于闐，師子國等來貢。

然則「師子」之名，於義云何？通典新唐書西域傳俱云：「諸國人聞其土樂，因此競至，或有停住者，遂成大國。能馴養師子，遂以爲名。」

按佛國記僅言遂成大國，於「師子國」名號之由來無解釋。通典唐書之說，當本諸大唐西域記所載之故事；然釋以能馴養師子，至不可解。「師子國」者，「執師子」之省譯也，亦即 Sihala 之義譯。

一曰斯黎國。 東晉迦留陀伽譯佛說十二遊經（見日本大正大藏經第四卷）云：

海中有二千五百國。百八十國噉五穀，三百三十國噉魚鼈黿鼉。五國王，一王主五百城。第一王名斯黎國，土地盡事佛，不事衆邪。

按斯黎即 Sielediba 之對音。

一曰僧伽羅國。 此名初見於大唐西域記。西域記卷十一云：

僧伽羅國周七千餘里。國大都城，周四十餘里。土地沃壤，氣序溫暑。

大慈恩寺三藏法師傳及高僧傳三集略同。按「僧伽羅」音譯也，即 Sinhala 之對音。 攷錫蘭最古之史書年代大紀 Mahavansa 記錫蘭名稱起源之傳說云：

因 Sīhabahu 王（錫蘭第一代王 Wijaya 之父）殺死獅子Siha 其子孫遂以 "Sihala" 即「殺師子者」之意。錫蘭 Lanka (Ceylon) 既爲 Sihala 所繁殖，所佔領 乃以 Sihala 名其地云。」 H. Parker: Ancient Ceylon pp. 29

錫蘭古史年代大紀作者爲 Mahānama of the Dighasanda Hermitage。記載錫蘭歷史起紀元前五世紀，終紀元後五世紀，爲六世紀有名之巴利 Pali 語韵文著作。錫蘭第一代國王 Wijaya之即位，則在紀元前五〇四年。其後錫蘭廢巴利文而用梵文 Sihala 遂演變爲 Sinhala 玄奘至印度時，昔日巴利文書爲 Siha 者，已改用梵文，讀爲 Sinha 矣。其國其民，逕以 Sinhala 爲名。讀音益以鼻音之"N"而無"G"之聲。

西域記所載僧伽羅起源之二神話，一釋「執師子」之取義，一釋「僧伽羅」因王名而用爲國號。又謂「僧伽羅」者，釋迦如來本生之事也。按印度民族無歷史觀念，「僧伽羅」起源之傳說，俱涉茫難信。

一曰執師子。西域記卷十一僧伽羅國附注云：

僧伽羅國，唐言「執師子」，亦印度之境。

其言「僧伽羅」起源之前一說，即釋「執師子」者，乃 Sinhala 之義譯。

一曰寶渚。西域記又云：

其形卑黑，其性獷烈。好學尚德，崇善勤福。此國本「寶渚」也；多有珍寶，棲止鬼神。

瀛環志略附注亦云云。按此錫蘭古名，以其地產珍寶而得名。

又曰寶洲。西域記載錫蘭立國起源之第二說云：

佛法所記則曰：昔在寶洲大鐵城中，五百羅刹女之所居也。…遂居寶洲，建都築邑，遂有國焉。

按「寶洲」之名與「寶渚」之意義相同。

或曰師子洲。師子洲即師子國也。大唐西域求法高僧傳卷上明遠法師傳云：

鼓舶鯨波，到訶陵國，次至師子洲，爲君王禮敬。

又同書芯芻貞固律師傳云：

「有意欲向師子洲。」又云：「傳聞師子洲人云。」又云：「其師子洲防守佛牙，異常牢固。」

又同書卷下無行禪師傳云：

一日到師子洲，觀禮佛牙。

此亦爲唐代習用之名詞，所謂洲，即今之島也。又高僧傳三集釋慧日傳云：

殆者泛泊渡海，自經三載，東南海中諸國，崑崙，佛逝，師子洲等，經過略徧。

一曰僧訶羅國。卽僧伽羅之異譯也。大唐西域求法高僧傳卷上慧琰法師傳云：

隨師到僧訶羅國，遂停彼國，莫辨存亡。

按僧訶羅亦得爲 Sinhala 之對音。「僧訶」卽師子也。

宋高僧傳卷二釋善無畏傳云：

『梵名戍婆揭羅僧訶，華言「淨師子」也。』此「僧訶」爲師子譯音之又一例證。

一曰楞伽島。「楞伽」即 Lanka 或 Langka 之音譯。此本山名，後即以山名全島，婆羅門著作中常見之。或謂錫蘭土人自稱其國名，猶云光華也。法苑珠林稱：『南印度之楞伽島，舊爲羅刹所居，人不敢至。』按「楞伽」初爲劉宋時所譯之經名。

又曰駿迦山。「駿迦」即「楞伽」之別譯。繙譯名義集云：

僧伽羅國東南有駿迦山，佛於此說駿迦經是也。

又西域記即名義集之所本。

國東南隅有駿迦山，岩谷幽峻，神鬼遊舍。在昔如來，於此說駿迦經。

注謂舊曰楞伽經譌也。大慈恩寺三藏法師傳之記載與西域記相同。按「駿伽」亦得爲 Lanka 之對音。

或作稜迦山。新唐書卷二百二十一下云：

有稜伽山，多奇寶。

「稜伽」即「駿迦」之異譯，得爲 Lanka 之對音。

一曰新檀。 通典卷一百九十三引杜環經行記云：

師子國一曰新檀。

此新檀之原字爲何，頗難攷見。法顯佛國記，酈道元水經注河水篇名印度爲「新頭」。水經注引郭義恭廣志及梁書天竺傳名印度爲「新陶。」新檀 Hsin Tarn 或爲「新頭」，「新陶」之轉歟？非然者，新檀當爲 Sinhala 之別譯。其稱爲婆羅門者疑誤。通典又引杜環經行記云：「又曰婆羅門。」

按「婆羅門」本印度天神名，即 Brahman 之對音。新唐書天竺國傳云：

天竺國漢身毒國也。或曰摩伽陀，曰婆羅門。

按婆羅門係另一國，非指錫蘭島。新唐書卷四十三下地理志引賈耽從邊州入四夷道里記云：

乃西渡彌諾洪江水千里，至大秦婆羅門國。……又北四日行，至師子國。其北海岸距南天竺大岸百里。

據此婆羅門與師子國本二國而杜環混之誤矣。

或汎稱曰南天竺。通典引杜環經行記云：

即南天竺也。國之北，人盡胡貌，秋夏炎旱。國之南，人盡獠面，四時霖雨。

按南天竺之範圍甚廣，錫蘭在印度之南，廣義即爲南天竺之一部。史記大宛傳正義引括地志云：

「天竺國有東西南北中央天竺國。」前引西域記注謂僧伽羅國亦印度之境。宋高僧傳卷一釋不空傳或稱五天竺並師子國，又稱南天竺師子國。寬言之，師子國得爲南天竺之一部；嚴格論之，師子國自成一區域，不得以通名爲專名。杜環之說，蓋汎言之也。

一曰細蘭國。 此爲近代音譯最早之名。宋周去非嶺外代答卷二云：

其地之南有洲，名曰細蘭國。其海亦曰細蘭海。

又趙汝括之諸蕃志乃脫胎於嶺外代答者，故亦稱曰細蘭國。卽 Seyllan(ceylon)之對音。今通稱爲錫蘭者，卽原於此音譯。

又曰西蘭山。　此西蘭山之名稱，亦爲音譯。宋史卷四百八十九注輦國傳云：

舟行七十七晝夜，歷郍勿丹山，娑里，西蘭山，至占賓國。

西蘭山者，卽 Seyllon 之音譯也。

或曰悉蘭池國。　宋史卷四百八十九注輦國傳云：

國東南約二千五百里有悉蘭池國，或相侵伐。

近人馮承鈞先生於其西域地名中謂爲錫蘭聲音之異譯，然尾音「池」字不可解。

一曰僧加剌。　卽僧伽羅之異譯，原音亦得爲 Sinhala。此名稱見於元汪大淵之島夷志略。

僧加剌疊山環翠，洋海橫峙。

按大淵所述僧加剌之狀況與西洋遊歷家馬哥孛羅，鄂多力克，馬黎諾里，依賓拔都所記相合。

又曰僧迦剌國。　元史卷一百三十一亦黑迷失傳云：

至元二十一年召還。復命使海外僧迦剌國，觀佛鉢舍利，賜以玉帶，衣服，鞍轡。二十二年自海上還。

此僧迦剌國卽僧伽羅之異譯，原音當爲 Sinhala。

一曰獅子國。　獅子國者，義譯之省也，卽師子國，「獅」後起之字。元史卷八云：

至元十年，春正月己卯，命諸王阿不合市藥獅子國。

諸書稱錫蘭爲獅子國者，僅見此一條。

一曰新合剌的音。　元史一書，一名數譯，學者病之，吾於錫蘭譯名上更得一強有力之證據。元史卷十六云：

至元二十八年，冬十一月壬寅，左吉奉使新合剌的音。

按新合剌的音卽古梵文 Sinhaladvipa 之對音。回教航海者及商人名之曰 Serendib, 又作 Serinahabad 。「新合剌」獅子也，「的音」島洲之謂也。

又曰信合納帖音。　元史卷十七云：

至元二十九年，冬十月甲辰，信合納帖音國遣使入覲。三十年，冬十月己丑，遣兵部侍郎忽魯禿花等使藍盧可兒，納答，信合納帖音二國，仍賜信合納帖音酋長三珠虎符。

所謂信合納帖音卽新合剌的音也，亦得爲 Sinhaladvipa 之對音。

一曰僧伽耶山。　元史卷二百十云：

自泉州入海，行三月，抵僧伽耶山。

按僧伽耶山得爲 Singhala 之別譯。

一曰重迦羅。明張燮東西洋攷卷四云：

暹羅者，吉里地悶之訛也。其國居重迦羅之東。

重迦羅疑即「僧伽羅」之異譯，而爲 Sinhala 之對音。惟 S 音訛爲 TS，頗不可解。

一曰錫蘭山。明史卷三百四鄭和傳云：

六年九月再往錫蘭山。

英人亨利玉爾 Henry yule 所著 Cathay and the Way Thither 第一册第九十六頁亦記鄭和所歷三十餘國，有錫蘭山，而事蹟徵異。又明史卷三百二十六外國傳七云：

錫蘭山，或云即古狼牙修，梁時曾通中國。自蘇門答剌順風十二晝夜可達。永樂中，鄭和使西洋，至其地。

李賢大明一統志卷九十云：

錫蘭山國：前代無攷(?)。相傳其國，有巨人足跡。

顧炎武天下郡國利病書卷一百十九云：

錫蘭山國，古狼牙順也。

廣東通志云：

錫蘭山疆域，在西洋與柯枝國對峙，南以別羅里爲界。【又曰】：舊稱狼牙修國在南海中。其界東西三十日行，南北二十日行。北去廣州二萬四千里，蓋即此國。

乾隆泉州府志卷五十五國朝文苑世拱顯傳云：

世拱顯字爾韜，號小山，晉江人，本錫蘭山君長巴來那公之後。

星槎勝覽卷三云：

錫蘭山國。其國自蘇門答剌順風十二晝夜可至。

西洋朝貢典錄卷中云：

錫蘭山國。其國在南帽山西，可三千里。

海國圖志亦作錫蘭山。按明史，大明一統志，天下郡國利病書及廣東通志謂錫蘭山即狼牙修或狼牙須均誤。梁書狼牙修國與師子國分別立傳可證。諸書蓋以駿迦與狼牙音相近而混之也。海島逸志曰：「稜迦濱南海，即南印度瀕海之稜迦山，非錫蘭島。」魏默深存言之矣。又按狼牙修即西域記之迦摩浪迦國 Kamalanka 在今緬甸，亦即大唐西域求法高僧傳之郎迦戍。明史之外國沿革無一不謬，有如此者。然顧炎武號爲博學，亦相因致誤，頗不可解。錫蘭山與宋史之西蘭山一字之差耳，原於 Seyllen。

或曰無憂國。古今圖書集成方輿彙編邊裔典第六十六載明時事云：

古師子國又曰無憂國，即南印度地。

按阿育迦 Asoka 王別號無憂王。無憂國之名疑即 Ceylon 之義譯。

一曰則意南島。南懷仁坤輿圖說云：

印地亞（印度）之南有則意南島，離赤道北四度。

按艾儒略職方外紀不載是島。則意南即 Ceylon 或 Ceylan 之對音。其譯音或雜以閩粵方言。

一曰錫蘭國。錫蘭國乃錫蘭山國之省稱。瀛涯勝覽云：

錫蘭。……又西海行七八日，見鶯哥嘴山。又三二日至佛堂山，始爲錫蘭國。

按錫蘭國至明末覆亡，此後不聞有國名。

一曰錫南。徐繼畬瀛環志略卷三云：

中有高山，土產鴉鶻寶石，每遇大雨，衝流山下，從沙中拾取之。隋常駿至林邑極西，望見之。番人謂高山爲錫南，因名之。

按錫南即錫蘭 Ceylon 之異譯，謂爲高山，不知何本？

又曰錫倫。或曰西崙。或曰則意蘭。或曰則意拉。均見瀛環志略卷三附注。

余固陋不學，關於師子國名號翻譯之可考者，僅見此三十三種。若南天竺之爲通名，婆羅門之爲誤譯，都不計在內，凡得三十一名號，不爲不多矣。此名號不外乎音譯，義譯，物名三種，而音譯者尤多。

（甲）屬於義譯者凡五種：

曰師子國，曰執師子，曰師子洲，曰獅子國，曰無憂國。

（乙）屬於以物產得名者凡二種：曰寶渚與寶洲。

（丙）屬於音譯者凡二十四種：

曰僧伽羅國，曰僧訶羅國，曰新檀，曰重迦羅，曰僧加剌，曰僧迦剌國，曰僧伽耶山均爲 Sihala ，或 Sinhala，Singhala 之音譯。曰斯黎爲 Sielediba 之音譯。曰新合剌的音，曰信合納帖音均爲 Sinhaladvipa 或 Serinrahabad 之音譯。曰楞伽島，曰凌迦山，曰棱伽山均爲 Lanka 或 Langka 之音譯。曰西蘭山，細蘭國，曰悉蘭池國，曰錫蘭山，曰則意南島，曰錫蘭國，曰錫南，曰錫倫，曰西崙，曰則意蘭，曰則意拉均爲 Seyllan, Ceylon, Ceylan 之音譯。

外國載籍關於錫蘭之名號亦頗多，如婆羅門著作中之 Lanka 或 Langka。希臘，羅馬人之 Taprohane 或 Tāmra-parna。回教航商之 Serendib, Serimahabad, 或 Sirandib, 即古梵文 Sinhaladvipa 或 Sielediba 之音轉，亦即起源於 Sinhala 及巴利文之 Sihala。再追溯其原始，則因錫蘭第一王之父名 Sihabahu 故也。或云昔釋迦牟尼佛化身名僧伽羅，年代幽渺，不可稽也。近代名曰 Seylan，葡萄牙人初至名之曰 Zeylan，復轉音爲英語之 Ceylon 及法語之 Ceylan。

燕京學報目錄

第九期

第十期

第十一期

第十二期

第十三期

（從本期起每冊實價八角）

第十四期

第十五期

五至十二期每冊實價五角十三期以後八角

（一至四期售闕）

日本內藤湖南先生在中國史學上之貢獻

——研幾小錄及讀史叢錄提要——

周一良

日本文學博士內藤湖南先生以昭和九年(1934)六月二十六日病歿京都，享年六十有九。先生爲彼邦漢學耆宿，治中國史卓然有所建樹，新進學子多出其門下。先生嘗自言，早年頗熱心於政治，又嘗有志研究日本文學及藝術，三十歲後志趣猶未集中於史學。故雖早膺『支那通』之號，其初期著述乃偏重於論列中國時事，富有宣傳性質。如清朝衰亡論，支那論，新支那論諸書，固不無箴貶得當處；然究其用意，則在導論日本人士以常識，作來華之基礎，迴不足與言學術。迨棄新聞記者生活後，始專力於學問。舉凡史學文學金石目錄書畫無不涉及，皆有所成就，而以史學爲中心。其方面之廣，精力之強，遑論日本，即我國近代學者中亦不數覯焉。蓋先生漢文根柢極深湛，復與中國學者羅叔言王靜安諸先生相友善，故治中國史學，於資料之蒐集，文義之解讀，均無甚困難。而其目光之犀利，資料之運用，則多少亦受西洋學風之影響。先生曾謂早年業新聞記者，故涉獵廣博，迨晚年專治史學，向所究心者，亦皆足資利用。蓋自博返約，先生得之矣。其於史學最致力中國上古史及清初史地，重要論文皆收研幾小錄讀史叢錄二書；而史學方法及中國史學史亦曾三致意焉，惟發明較少耳。考其所以致意清初史地之由來，仍不外日人經營我東三省政策之一面，觀滿蒙叢書所收東北史地諸書之解題，強半出先生手，斯可以窺其意嚮所在。先生於中國史學家最服膺唐之杜君卿及清之錢竹汀章實齋。竊謂先生趣味之博大，成就之精深似竹汀；其注意於修史方法及中國史學史乃承受實齋衣鉢；而探討我東北史地，不遺餘力者，斯又君卿述作之徵諸人事，施於有政，以經邦致用爲根柢之意歟。

先生名虎次郎，字炳卿，號湖南。慶應二年(1866)七月十八日生於日本秋田縣。明治十六年(1883)三月，入秋田縣師範學校。十八年(1885)七月，卒業於高等師範科。九月，任秋田縣秋田郡綴子小學訓導。二十年(1887)八月，辭職赴東京，編輯明教雜誌，兼從英人森瑪司及美人伊司德雷基（皆從日文譯音轉譯）學英文。二十三年（1890）九月入三河國岡崎町三河新聞社爲記者，鬱鬱不得志，凡三月即退出。自十二月至二十六年（1893）十一月，居東京，編輯日本人及亞細亞兩雜誌。二十七年（1894）再入新聞界，爲大阪朝日新聞社記者，凡三年。二十九年（1896）娶同縣田口郁子，居東京從事著述。三十年（1897）入台灣日報社，留台灣凡八閱月，於經營台地多所規畫。三十一年（1898）返東京，爲萬朝報主筆。三十二年（1899）八月，旅行中國。三十三年（1900）再入大阪朝日新聞社，任撰論說。三十五年（1902）十月，被新聞社派遣視察中國北部東三省各地。三十八年（1905）七月，受外務省命調查日俄戰後狀況，再入東三省。十一月，以全權大使小村壽太郎招，赴北京。翌年（1906）一月，返國。脫離新聞社，復以外務省命旅行東三省各地。四十年（1907）七月，偕稻葉岩吉視察朝鮮及東三省。十月，被命爲京都帝國大學文科講師，任東洋史講座。四十二年（1909）升任教授。四十三年（1910）獲文學博士位。是年七月，與小川琢治狩野直喜富岡謙藏濱田耕作諸氏同被遣來中國，調查燉煌遺書。大正元年（1912）二月，奉命來中國，與富岡謙藏羽田亨同至奉天採訪史料。六年（1917）十月，復被命來中國，與稻葉岩吉高橋本吉旅行南北部凡二月。七年（1918）九月，又入東三省。十三年（1924）七月，奉命視察英法德意各國，長子乾吉及石濱純太郎偕行，翌年二月返國。十五年（1926）八月，辭京都帝國大學教授。九月，敍正四位。昭和二年（1927）四月，爲帝大文學部囑託講師。七月，受京都帝國大學名譽教授稱號。五年（1930）罷講帝大，居京都相樂郡瓶原村之恭仁山莊，專心著述，以訖於歿。

一良以見聞所限，未能偏讀散見之遺著。故僅就先生最精粹之論文結集研幾小錄讀史叢錄二書中國史方面論文分類擷取，作爲提要，以當介紹。非敢謂先生之成就止於是，姑窺其犖犖大者，且誌末學景仰之意云爾。至諸篇結論，自今觀之，容有待商榷者，然先生治學之途徑與態度，則永足爲吾人楷模也。支那學七月號載先生著述目錄，今附於篇末，以供稽考探索。聞先生罷講帝大後，即以全力撰中國古代史中國史學史二書，弘文堂書店張之於豫告中亦歷有年所。先生研幾小錄凡例謂二書稿已成，甚望日本學子能早整理刊布之。

甲　中國古代史

一　尙書稽疑

先秦諸子書多爲後世弟子所竄亂，而此竄亂卽表示其學派之發展，儒家之書亦然。伏生而後，尙書文字固屢有更動，然伏生以前尙書必已有不同之本，論孟所載史實及墨子所引尙書之不見於今本可證。故先生謂古書中之史實，亦因之長在變化中，試取左傳國語與其他先秦古書所載史實較，或詳或簡，甚且全異。蓋以當時思想爲根本，因其思想之發展而撓曲事實，變化以生。與其考古書中事實之變化，無寧蹤跡使事實變化之根本思想。先生卽以此法探討尙書之編製。

孟子稱仲尼之徒無道桓文之事者，荀子謂仲尼之門五尺豎子羞稱五霸。則尙書之收蔡仲之命費誓呂刑文侯之命秦誓顯與儒家主張矛盾，劉逢祿書序述聞宋翔鳳尙書譜魏源書古微皆曲爲之解。先生以爲孔子以後，戰國時儒生各仕一國，自然而生曲學阿世之風。聚爲數集團，枉己以求用。如魏文侯武侯時子夏門徒聚於西河；齊宣王湣王時學者多集於稷下，後爲呂不韋招入秦。今日之尙書出伏生，伏生乃秦博士，而今本尙書終秦誓，其間消息可窺。甫刑蓋以齊之勢力，文侯之命蓋以晉之勢力而加入者。甫刑以禹稷伯夷爲三后，卽代表稷下儒家之思想。當時齊雖田氏，而猶舉姜氏之伯夷者，蓋仍尊崇桓公管仲致然，秦國之儒則以禹稷皐陶爲三后矣。尙書本來面目當終於費誓，費誓記伯禽征淮夷，所以寓膺懲夷狄之意，猶詩之次魯頌於周頌後也。及後儒生用於魏，於齊，於秦，遂漸加而成今日之尙書。

先生於堯典至洪範諸篇亦致疑焉。以爲最初儒家蓋置洪範於首，寓箕子傳道統之意。司馬遷史記用今文尙書，然漢書儒林傳謂遷受古文尙書於孔安國，史記所載堯典禹貢洪範微子金縢諸篇多古文說，是遷當時蓋未以今文說此數篇也。此數篇非如周誥之記一時一事，乃編次長時間史事之顚末。試察其內容，則一篇中皆混有不同之材料，乃長時間思想上之變化致然，要爲儒家編纂書籍之技巧成熟後之產品。又如湯誓甘誓蓋春秋戰國時背誦流傳之韵文，洪範以前諸篇與以後以五誥爲中心之諸篇體裁迥乎不同也。

先生之意孔子及其門徒乃以周之全盛爲理想，由是而生以繼承周統之思想，更降而有以孔子爲素王而尊殷之思想。然以墨家尊禹，於是又祖述堯舜以與之競。六國時更產生崇奉黃帝神農之學派，至於六藝中發達較晚之易繫辭乃上溯至伏羲。尙書中關於殷代諸篇或尙是去孔子及其弟子歿後不遠之時所加入，關於堯舜禪禹者則編入更後矣。尙書最初僅以五語為中心，然經儒者傳授，不免以今語代古語，此諸篇之所以較毛公鼎等金文為易讀。因儒家思想之發展，遂有前後諸篇之增加，是皆行之於伏生之前。當時不惟儒墨兩家所傳尚書不同，即儒家各派所傳亦各異，漢以後遂為伏生尚書所統一矣。

二　易疑

宋歐陽脩已疑十翼不出一手，先生謂雖較早之彖傳象傳即失經文本意。如大畜卦九三爻有『良馬』語；六四爻有『童牛之牿』語；六五爻有『豶豕之牙』語；則此卦原指獸類。大象乃云：『君子以多識前言往行，以畜其德』，是解畜為養矣。又如繫辭之述太一及其與天地陰陽四時之關係，其思想與呂氏春秋禮運皆有連鎖關係，故先生以繫辭為漢初製作也。

更進而考卦詞爻詞之成立。蠱卦：『不事王候，高尚其事』，『王候』連文見史記始皇本紀陳涉世家，非春秋以前語。泰歸妹兩卦皆有『帝乙歸妹』語。先生解帝字原義為天帝，戰國時七國各稱其君為王，王之稱號漸輕，於是秦昭王齊湣王稱東西帝，蓋帝字用於實際君主之始。『帝乙』之詞當不能出此前，尚書堯典用帝字亦斯意，當亦此時作品也。

左傳國語引易皆祇謂以卦占之，無九六字樣，。惟左傳一處言艮之八；國語一處言泰之八；又云：『得貞屯悔豫皆八也。』自來說者訖無恰當之解釋，要之，左傳國語所載卜筮法中猶未充分表現與數相關之思想。

先生於易所最懷疑者，厥為各卦之組成。以為大抵各卦之爻詞中每分卦名為幾種，如蒙卦即包含發蒙包蒙困蒙童蒙擊蒙五種，又有只含三種抑四種者。各卦雖由六爻組成，然除困艮井三卦外，爻詞中所含爻名絕無六種者。意者易卦本非以六爻組織乎？又如坤卦，雖亦五種，而爻詞中絕不包含卦名，是今日各卦之名，果係原有否，亦不可必也。

三　禹貢之製作時代

禹貢爾雅周禮職方皆有九州。爾雅較禹貢少青梁而多幽營；周禮少徐梁而多幽并。自來謂禹貢九州為夏制；爾雅為殷制；職方為周制。考梁州今雲南四川地，殷周之時，無此州名；而夏時之禹貢中有之，是可疑也。更考之他書，四川雲南地方之地名，初見於尚書牧誓，至春秋戰國時代，楚乃佔巴濮之地，秦昭襄王又取蜀地。在此以前之詳細地理敘述，自不可能。先生以為戰國至漢間之風氣，每喜區別時代以說明問題，如爾雅論孟屢舉夏殷周三代一事之異名，漢儒遇衝突不合者即分爲殷周之制。當時地理思想突然發達，加以喜用數字說明之傾向，於是各種九州傳說以出，而十二州之說，則更晚矣。

禹貢，呂氏春秋求人篇，淮南子主術訓，史記五帝本紀及大戴禮，皆記四至，而或以爲禹時，或以爲神農黃帝顓頊時。管子小匡篇記齊桓公事而缺東至，以齊東濱海也。國語齊語亦有類似之記載。爾雅則不言時代，祇記四極。綜而觀之，東至海西至流沙兩點同。諸說發生時代略有早晚，而無大差，皆紀當時人之地理知識耳，固非眞歷史事實也。

山海經與禹貢所記山脈，詳略過殊，不能比較。至於禹貢水脈，則與孟子滕文公篇墨子兼愛篇所記不盡符合。編孟子墨子者當已見尙書，而絕無依據禹貢之跡。蓋各家所傳禹治水事各不同，禹貢此其一耳。禹貢利用戰國末最發達之地理學知識，故與漢書地理志最近。

禹時已有田賦，且等級分明，如禹貢所載，先生謂大有可疑。考之載籍，多歸農業之興於周始祖，殊無令人聯想禹時農業發達之材料。且田字本意爲狩獵，由田抽賦之意義發達固甚晚也。至於貢篚包匭之內容，大抵係射獵時代產物，故先生謂禹貢之基礎或築於古代，然現在之體裁則是農業發達後始具。周禮職方及逸周書王會解，亦紀各州產物，而組織嚴整，其編成或更在禹貢之後。關於土色等，則完成於戰國至漢初間之管子諸書中，有近似之記載，亦是當時地理記載之一部分也。

要之，先生意禹貢中之材料非禹貢所獨有，與之類似共通者多戰國時產品。是以禹貢中雖含有早於戰國之材料，而其大部分及組成之時代則不能在戰國之前。

四　關於中國古籍之研究法

先生主張古經籍之竄亂處，可依晚出書判斷之。倘取前漢末後漢初之著述如劉向歆父子書，漢書藝文志，揚雄方言法言，王充論衡等爲標準，可以考知此以前古書所包含較此標準爲古之成分若何，竄亂至何程度。更進以史記爲中心，暨同時之董仲舒書，稍前之淮南子賈誼新書等爲標準，據以較以前之書，考其竄亂程度，然後上溯至戰國著述。以呂氏春秋爲中心，暨韓非子，稍早之荀子，更早之孟子墨子，及管子晏子春秋國語國策等爲標準，判斷以前古書，然後稍稍可知訖戰國時存在之經典爲何如。至其更早之本來面目，則有待於金文。今傳世金文之可信者，周初成康時物近於尙書之周書，西周末夷厲宣幽時者近於詩，治此二經，不得不用金文爲標準也。殷墟遺跡發現後，乃得一更高標準，考虞夏書及洪範等之眞僞竄亂舍此莫由焉。

以上四篇皆截研幾小錄。其中雖罕精極之結論，然所持治古史之態度方法至爲周密合理，與我國近年學風頗有不謀而合者。先生嘗自言，其致疑於古史亦爲晚清公羊學家所促成也。讀史叢錄有王亥續王亥二篇，大抵因王國維氏說略加補苴商兌。文後附先生昭和三年十二月題記，謂兩文中所論頗有不足意處，當俟中國古代史出版時再爲更訂，故不錄焉。

乙 清初史地

一 明東北疆域辨誤附奴兒干永寧寺碑記 奴兒干永寧寺二碑補考

自來說明東北疆域多據清官書，而滿洲源流考最以精確見稱，謂明初疆圉東盡開原鐵嶺遼瀋海蓋，其東北境全屬清室及烏拉哈達葉赫等諸部，明人未嘗涉其境。永樂二年(1404)設尼嚕罕衛，七年(1409)設都司。以後陸續設衛所空名，疆域山川多在疑似間。蕪雜重複，明人亦無由悉之。先生夷考明人關於女直境之記載，而知其不然。

大明一統志女直條下謂元設府五，分領混同江南北水達達及女直人；明因開原迤北其部族所居地建都司一，衛百八十四，千戶所二十。官其酋長，各統其屬，以時朝貢，是奴兒干都司地固在明疆域內也。殊域周咨錄女眞條下有永樂元年(1403)行人邢樞偕知縣張斌往諭奴兒干，於是海西，建州野人女直諸酋長悉境來附。詔自開原東北至松花江西置衛一百八十四，所二十。尋復建奴兒干都司於黑龍江地，與各衛所不相統轄。使職文獻通編卷七使範篇有邢樞傳，其外編東北夷女直篇之記載與殊域周咨錄同。東夷考略亦云：「永樂元年遣行人邢樞招諭奴兒干諸部野人酋長來朝，因悉境附。九年(1411)春，遣中使治巨艦，勒水軍江上。…於是康旺佟荅剌哈王肇州瑣勝哥四酋率衆降，始設奴兒干都司。自開原東北至松花江以西，先後置建州毛憐塔山等衛一百八十四，兀者等所二十。…復置站地面各七，寨一，不領於衛所。」明太宗宣宗兩朝實錄亦詳記奴兒干都司之建設及亦失哈事。大明一統志引開原新志紀女眞諸部風俗甚詳。則謂明人未涉其境之妄不待辨矣。

廟爾(在黑龍江附近)之上二百五十餘里混同江東岸特林地方有明碑二，一勅建永寧寺記，永樂十一年(1413)立；一勅宣德六年重建永寧寺記，宣德八年(1433)立，皆紀太監亦失哈征服奴兒干及海中苦夷(苦兀，即庫葉)事。據二碑及實錄知遼東都司自都指揮使以下皆以女眞著姓任之，禮遇頗優，康佟王三氏且世襲其職。滿洲源流考之論明東北疆域蓋迫於忌諱，故多飾詞也。

二　清朝姓氏考

清太祖實錄謂清姓愛新覺羅，自天女佛古倫所生始祖已稱之，實可疑。八旗滿洲氏族通譜載滿洲姓覺羅者甚多，不及諸覺羅與國姓之關係。居滿洲之旗人有一俗語曰：『覺羅姓趙，』而不知其由來。考滿洲人稱漢姓之事甚古，金史國語解已舉金人姓與漢姓之對照表。至明代稱李楊等諸漢姓，見東夷考略。似清先祖稱漢姓趙氏矣，然反而之証據又復不少。

太祖實錄記發祥史事前後錯亂，先生以皇明實錄東夷考略吾學編名山藏諸明代載記及西征錄東國與地勝覽國朝寶鑑燃藜室記述等朝鮮載記考之，始瞭然。實錄都督孟特穆子充善，諸宴，充善子妥羅。妥羅生都督福滿，爲努爾哈齊曾祖。朝鮮載記則童孟可帖木兒生童倉董山。董山生脫羅，而無福滿一世，故與奴兒哈赤世系不相連屬。童董通用，當以示姓者，金史國語解止有董姓，謂『兀虎曰董，』乃純粹女眞姓，童孟可帖木兒（即實錄之孟特穆）當姓童也。

氏族通譜滿洲有大族董鄂氏，其部長和和哩太祖時尚長公主。嘯亭雜錄亦載此事，作何和理，以兵馬五萬餘降太祖。通譜謂其居董鄂地方，因地名爲氏。

至明代記載中乃謂太祖姓佟氏，佟亦遼東名族。據通譜佟養正原居佟佳江沿岸，後歸降太祖。遼陽之佟卜年至因被與太祖及佟養性（養正弟）同族之嫌而爲明所誅，知佟氏蕃衍之盛。然太祖與佟養性佟卜年實非一族，先生以通譜託佟氏大部分居馬察雅爾湖及佟佳江地方，謂太祖與此佟氏之有淵源甚早；然可疑者，董鄂氏乃擁有五萬兵馬之大族，何以止居董鄂地方。董鄂之地介在佟氏所居佟佳江馬察雅爾湖中間，故先生疑董氏佟氏原爲一姓。金史國語解有董氏無佟氏，蓋由董氏分出。佟氏自佟蒼喇哈以來從順明室，而董山則殊爲明所惡，此太祖之所以以董山子孫而對明稱佟氏也。

嘉慶時有滿洲人名鐵保，字治亭。嘯亭續錄謂：『近日董鄂治亭制府考其宗譜，乃知其先爲宋英宗越王之裔。（先生原注據宋史宗室列傳越王偲乃神宗第十二子。）後爲金人所擄處，居董鄂，以地爲氏。』先生由是定董鄂乃趙宋之後。鐵保編八旗文經，楊鍾羲作作者考，謂：『鐵保……舊譜姓覺羅氏，自稱趙宋之裔，後改棟鄂。』此覺羅當是散布滿洲諸種之一，與『覺羅姓趙』語符合，而與董氏之關係亦證明矣。

太祖始建國時稱國號曰金國 Aisin gurun，蓋改滿洲舊覺羅之一而成。或者金史國語解『斡准曰趙』，金代稱趙姓之斡准音變而爲愛新，居滿洲之旗人乃傳訛愛新覺羅氏即趙氏也。

董鄂與覺羅雖有同族關係，然太祖時則尚分別，太祖家與覺羅而不屬董鄂也。先生推測太祖蓋迎取其長女壻何和理，爲結好而并入己族。號稱太祖祖先之童孟可帖木兒董山等乃董氏，是董鄂名族何和理家祖先。嘯亭雜錄言何和理家自渾春瓦兒喀遷來董鄂，亦與童孟哥帖木兒董山父子事實符合。東夷考略固祇謂太祖爲建州枝部，未嘗書爲建州左衛都督正統之董氏也。

二、都爾鼻考

清太祖實錄天命十年(1625)三月己酉太祖欲遷都瀋陽，謂：『瀋陽乃形勝之地，若征明，可由都爾鼻渡遼河，路直且近。若北征蒙古，二三日可至。』箭內亙氏嘗考之，謂此文及太宗實錄天聰元年(1627)六月七日條皆誤以都爾鼻在遼河東。太宗實錄天聰八年(1634)五月『戊申大兵渡遼河，抵陽石木河（即養息牧河），沿河立二十營。……己酉大兵至都爾鼻地方。』當以在河西爲正。大清一統志（卷四百九之一）養息牧牧廠山川條舉杜爾筆山，註：『牧廠即設其下』。又古迹條舉：『杜爾筆城在牧廠東南五里，周一里一百七十步有奇，高三丈，東西門各一。』開國方略崇德二年(1637)太宗命築都爾鼻城，改城名爲屏城。都爾鼻杜爾筆都爾弼同地。

先生復獲一二資料以補箭內氏說。清宣統三年(1911)所編東三省政略民政篇吳廷燮之奉天郡邑志彰武縣條舉山之著者，中有『杜爾筆山，縣西北九十里。』可據以定都爾鼻之位置。清初朝鮮世子質於瀋陽，其隨員著瀋陽日記，更集送致本國之狀奏爲瀋陽狀啓，其中記豆乙非（即都爾鼻）距瀋陽遼河里數，然當時測算未精，故矛盾不可信。

然先生考都爾鼻之意不單在其城址，乃在自奉天出遼西之路線，自來史家所未留意也。清實錄天聰五年(1631)八月癸未：『兵分兩路並進，諭德格類，岳託，阿濟格三貝勒曰：爾等率兵二萬，由義州進發，屯於錦州大凌河之間以俟。朕將大兵由白土塲入趙廣寧大道，初六日會於大凌河。』知乃由奉天渡遼河後先出邊門外，再由白土廠門（即白土塲）及義州路（蓋由清河門）入遼西。順治元年(1644)八月世祖遷都北京，實錄紀其行程，知亦由土廠門入，然所經地名不可考者甚多。幸瀋陽日記瀋陽狀啓中記崇德六年(1641)八月順治元四年月之行程，乃渡遼河西北出彰武台邊門，由都爾鼻附近西南向，自清河門入邊，經義州達錦州，此義州路線之大概也。朝鮮麟坪大君松溪集中燕途紀行順治十三年(1656)九月初五條謂：『自瀋陽抵此城（廣寧）有三路。……一路從豆乙非城歷新城，暨班齊塔達于此。』此所謂第三路亦即崇德及順治初年之都爾鼻路。

都爾鼻路之廢蓋在康熙時，康熙時編盛京通志所紀已是今日經新民屯之路線，高士奇康熙二十一年(1682)扈從聖祖東巡，其扈從東巡日錄所紀行程亦取今日之新民路線。

四　清初之繼嗣問題

此文所謂清初指自太祖至世祖之立。太祖妻妾數人：福金佟甲氏生褚燕代善；繼福金富察氏生莽古爾泰德格類；高慈考皇后葉赫納喇氏生皇太極；大福金吳喇納喇氏生阿濟格多爾袞多鐸；此外側妃生子六。褚燕以謀叛誅，而代善阿敏莽古爾泰皇太極爲四大貝勒，輪直視政，阿敏太祖姪也。實錄記太祖崩後諸貝勒堅請大福金從死，大福金託二幼子多爾袞多鐸於諸貝勒而殉。燃藜室記述（卷廿七）引日月錄：『或曰：奴兒赤臨死，謂貴永介（古英之對音，清官書稱代善爲古英巴圖魯。）曰，九王子（多爾袞）當立而年幼，汝可攝位，後傳於九王。貴永介以爲嫌逼，遂立洪太氏（皇太極）云。』蓋蒙古滿洲俗以故後之嫡妻子爲嗣，太祖當有遺命。而諸貝勒之勢力及當時國情不允立幼子，故大福金被強殉死，更定繼嗣者。太宗實錄謂其立爲諸貝勒大臣在廷所推，實文飾之詞。燃藜室記述引丙子錄：『丙寅五月，建州奴酋奴兒赤疽發背死，臨死命立世子貴榮介。貴榮介讓弟弘他時曰，汝智勇勝於我，汝須代立。弘他時略不辭讓而立。』朝鮮傳說或得其實也。

太宗崇德元年(1636)受皇帝尊號，國號大清。多爾袞在太宗時特被寵遇，實錄記之甚明。奉天崇謨閣藏舊檔中有朝鮮國來書簿，即天聰崇德間朝鮮國書鈔本。其中有上皇太子箋及進物單，書簿存者訖崇德六年(1641)，每歲朝貢皆有上皇太子箋及貢單。祗據書簿固不知皇太子爲何人，實錄亦無之，先生考定即多爾袞也。舊檔中又有天聰四年(1630)與劉興祚餘黨晉書及島中劉府來書，所列『金國汗貴太吉』下皆有『阿革朶兒紅』之名。阿革即阿格，後世作阿哥，滿洲語王子之義，朶兒紅即多爾袞。清文鑑解阿格爲受册封有王子資格之少子，然册封之義本滿洲所無，祗王子之義殆已爲儲君矣。太宗實錄天聰九年(1635)正月始定制以後太祖庶子皆稱阿格，阿格之稱始汎及宗室，可知以前此稱之尊貴，朶爾紅（多爾袞）之稱阿革當以其居儲貳之位也。至崇德時太宗稱皇帝，遂改稱皇太子，即朝鮮表文所見者矣。

主太宗之崩，繼嗣問題復生糾紛。世祖實錄(第二)謂崇德八年(1643)八月乙亥諸貝勒大臣會議立太宗第九子，然會議之經過固不若是之單簡。朝鮮奎章閣藏當時朝鮮使臣報告本國之瀋陽狀啓，其中紀會議情形綦詳。蓋太宗長子豪格知大統當歸多爾袞，不願代善之推己而避去。太宗舊日將領佩劍而前，請立太宗子。代善阿濟格亦引退，多鐸默無言。於是多爾袞臨機措應，定立世祖，時年六歲，而己與濟爾哈朗分掌八旗，爲輔政。據狀啓及世祖實錄崇德八年八月丁丑條，則當事後欲擁立多爾袞正大位者猶大有人在焉。

丙 其他時代

一 關於高昌國之紀年

羅振玉氏據高昌國墓表十種，作高昌麴氏年表，謂麴氏建號始於延昌(周保定元年辛巳，陳天嘉二年，561)。先生考之本願寺野村氏所得卷子中，有與高昌年號殘卷同出吐峪溝之寫本維摩義記卷四殘卷，其跋中有『建昌二年丙子』數字，定爲高昌年號。高昌田地公茂之立爲王在西魏恭帝二年乙亥(後梁天成元年，555)，二年當是丙子，前於延昌元年者五年，是高昌之始建年號當在麴茂立之年也。新疆有高昌麴斌造寺銘碑，其陰截高昌王麴寶茂名，石立於寶茂元年乙亥，元年上泐二字。寶茂即田地公茂，元年上所泐當是建昌二字。

羅氏又謂北史隋書皆不載伯雅嗣位之年，但書於開皇十年以後，蓋仿漢制新君即位踰年始改元，延和元年乃伯雅之紀元也。先生據野村氏所獲仁王經卷上跋中『延昌三十三年癸丑歲八月十五日白衣弟子高昌王麴乾』語，定乾爲伯之別字，即伯雅。則麴伯雅之嗣位在延昌三十三年即隋開皇十三年(593)前，延昌三十年即開皇十年(590)之後，與延和之改元無關。由是推定高昌王麴茂以西魏恭帝二年乙亥嗣立，建號建昌，其治世訖延昌三十年凡三十六年(555—590)；麴伯雅之治世自延昌三十一年至延和二十二年，凡三十三年(591—623)。

二 宋樂與朝鮮樂之關係

高麗史樂志分雅樂唐樂俗樂三種，且記睿宗九年(1114)宋徽宗賜新樂，幷樂器及所用冠服。然多數學者皆漫謂唐樂乃唐教坊梨園諸樂之流入高麗者，誤也。高麗史稱高麗時代之唐樂有『獻仙桃』等五曲，又舉唐樂基礎之小曲『惜奴嬌』等四十三種，且錄其歌詞。樂學軌範謂李朝更加『金尺』等諸樂曲，其中所含小曲亦有出上四十三種外者。先生取此形成朝鮮樂基本之四十三小曲及高麗李朝兩代大樂曲中所含小曲，與宋曾慥樂府雅詞及拾遺，趙聞禮陽春白雪，無名氏草堂詩餘，金元好問中州樂府。及宋歐陽脩近體樂府，晁補之情趣外篇，晁元禮閑齋情趣外篇，陳允平日湖漁唱諸書較，知此四十三種小曲中，有三十一種全爲根據宋金時代之詞者。終宴所歌之『風入松』亦載草堂詩餘；又『風中柳』見於宋末元初之劉因集中，『轉花機』見輟耕錄院本名目中。其見於宋元詞者，各曲之平仄大體亦同。又如『傾杯樂』等詞高麗史樂志即襲用柳耆卿等作品也。高麗史及樂學軌範所載樂曲中所含小曲名，見於宋詞者，亦有『金盞子』等。

至於朝鮮樂之演奏次第，以樂學軌範所載與宋王灼碧雞漫志卷三，樂府雅詞所輯董穎之『薄媚』（西子詞）相較，大體相同，沈括夢溪筆談卷五記宋樂之構成與王灼異，蓋宋之大曲固有不同之構成法也。

朝鮮樂有所謂『奉竹竿子』，用於樂曲始終，以導舞妓。宋樂亦有『竹竿子』，見史浩鄮峯眞隱漫錄卷四十六，孟元老東京夢華錄卷九，吳自牧夢粱錄卷三。朝鮮樂有抛毬樂，設門，上作風流眼。分舞妓爲二班，且舞且投彩毬，乃游戲而兼音樂。宋代盛行所謂圓社，乃蹴毬，亦有門及風流眼。陳元靚事林廣記戊集卷二言之甚詳，與朝鮮之抛毬樂甚相似。蓋自宋徽宗時至高麗末元魯國大長公主之下嫁高麗王，通宋元二代中國音樂逐漸輸入高麗也。

三代兩漢之音樂固不可曉，六朝及唐樂曲則略可由流傳日本之唐樂推想之。日本之唐樂一部分乃唐之雅部，多少尚存前代遺音，至少漢之『房中樂』等當在其中。唐之胡部俗部樂則傳西域諸國樂曲，保存者較完全。傳入日本後樂律不無遷移，然據此研究唐代中國及他國之音樂固已足矣。元明以後之樂曲多少猶存於今日，惟宋代音樂祇以王國維諸氏之研究文獻方面略明，其遺音及演奏狀態，殆不可曉。若自現存朝鮮樂獲研究之端緒，唐至元明以來之連絡始完，然後可着手於一貫之中國音樂史，此先生研究朝鮮樂之所以重要也。

三　蒙古開國之傳說

蒙古人始祖之傳說有狼鹿相偶生子及阿闌豁阿無夫生子兩種，元朝秘史幷採二者，而分系於前後。拉施特之波斯文蒙古史謂蒙古族嘗戰敗，止餘男女二人，即由是蕃衍。所載男女之名乃蒙古語狼與鹿之名，是猶一源也。元史太祖本紀則略其上世，自十世祖孛端叉兒敘起。

突厥開國傳說謂牝狼偶人，見北周書附書北史；高車開國傳說謂老狼偶少女，見北史。後漢書西羌傳言武都羌參狼種，而語焉不詳。要與蒙古狼鹿相偶之說相近似。

至於感靈異無夫生子之說與夫餘高句麗百濟等通有之東明說頗相類。此種傳說最早見王充論衡之吉驗篇。三國志夫餘傳引魏略及後漢書夫餘傳皆略同。魏書以此為高句麗開國傳說，改東明為朱蒙。隋書以東明說為百濟開國傳說。北史於高句麗傳襲魏書，百濟傳襲隋書，於是同源之二說乃成兩國之傳說。然百濟開國傳說之如是非必史家杜撰，魏書載百濟國王餘慶上魏王表有『臣與高句麗源出夫餘』語，歸化日本之百濟人亦自言之，見續日本紀。古事記載有與此類似之新羅開國傳說。日本亦有此種感生傳說，遼史之記阿保機誕生亦復近似。蒙古源流記土伯特（西藏）博囉咱感生傳說，可見其傳播之廣。

先生據以上諸例，謂傳說最相近者種族關係當亦最密接，故蒙古與夫餘高句麗百濟當較與他種族為近。此諸族皆系無父感生之傳說於其始祖，故先生謂蒙古族固有之最初開國傳說定是孛端察兒之感靈降誕。孛端察兒以前之狼鹿相偶說乃與突厥族接觸後襲取者，宋濂修元史刪去孛端察兒以前十餘世不為無見矣。

四　學者之年譜傳記

先生於考訂史實外，表彰前代學者，亦不遺餘力，如章實齋先生年譜其最著者也。胡適姚名達兩氏之從事於斯皆為先生所興起，又有讀胡適之新著章實齋年譜一篇，於胡氏書有所商兌，且記先生譜成後續獲之資料。盛伯羲祭酒盛伯羲遺事二文闡明盛昱在清末士林之地位，及對學術界之影響。地理學家朱思本考證朱氏生平，及其所著廣輿圖。知思本之圖原名輿地圖，成於元至大四年至延祐七年間（1311—1320），訖明中葉猶為人所依據，崇禎八九年間（1635—1636）陳組綬之著皇明職方圖多少尚因襲朱氏。再記秦邊紀略二記秦邊紀略兩文考訂秦邊紀略作者梁份，為作年譜。自徐松繆荃孫已留意賢人著書及身世，至先生此文窮搜博考，梁氏身世學術始大白於世。此外更有賈魏公年譜孔沖遠年譜等，皆審慎翔實，則二書所未收也。

丁　史料之介紹

史料之提示亦先生對史學貢獻之重要部分。雖或零星片段，然每獲一新史料，必先考訂其本身原委，再取以證相關連之舊籍，務盡其用而後已。研幾小錄讀史叢錄中所載，樂浪出土漆器之銘文，再記樂浪出土漆器之銘文兩文以漆器文字證漢及新莽工官之制度，與器用之規模。拉薩之唐蕃會盟碑文謂碑今雖不存，實建於拉薩；更以漢藏碑文證新舊唐書記吐蕃事之可信。在近獲之二三史料題下，阿什哈達摩崖字條據拓本訂吉林通志金石志釋文之脫誤；大唐故光祿大夫行太常卿使持節熊津都督勞方郡王扶餘君墓誌條據墓誌所記扶餘隆晚年事以補新舊唐書冊府元龜資治通鑑等之未備；扶餘隆與新羅王之盟文條據前田侯爵家藏天地瑞祥志訂舊唐書冊府元龜所載盟文之誤；泉男生泉男產墓誌銘高慈墓誌二條取二誌與中國高麗日本載記互証，並考三誌所見之高麗職官及則天製字；高昌王客長史陰□造寺碑條據碑訂證中國舊籍所傳陰氏事迹。憲臺通紀考證據先生自藏之永樂大典考定此書本二十四卷，大典所收不完，蓋止第一卷。續集亦止存一卷。明文淵閣書目卷第十四政書部有：『憲臺通紀一部二冊』，知大典即由此採錄。明時書已不完，故焦竑國史經籍志以及錢大昕補元史藝文志章學誠文史通義等或誤載撰人名氏，或誤載卷數也。禮部志稿解題闡揚四庫全書所收禮部志稿之價值，謂為明代外交掌故之大觀，不惟可補星槎勝覽西域行程錄之闕，其中重要材料即殊域周咨錄五邊典則西洋朝貢典錄使職文獻通編等最精詳之掌故書中猶未嘗見。清朝開國期之史料列舉入關以前清人自撰之史料。考定流傳日本之傳鈔本太祖太宗世祖三朝實錄乃康熙時纂修者，未經改易，故為可信；東華錄所據實錄則乾隆以後重修本。奉天崇謨閣又藏所謂滿洲實錄者，具漢滿蒙文，且有圖畫，亦未經改竄者，可以考太祖一代事迹，其價值與日本傳鈔本同。崇謨閣藏漢文舊檔，多與奉天各地所存石刻及明朝鮮之記載符合，可以考入關前政治外交之真相。先生於明治三十八年（1905）親往閱覽盛京宮殿所藏史料，乃發現此項漢文舊檔之第一人，曾全部攝影以歸，金梁之編輯崇謨舊檔遠在先生後也。先生更指出崇謨閣滿文老檔為開國期最重要之史料，乃兼有用新舊滿洲字所書之日記體記錄，起天命紀元前九年訖崇德元年(1607—1636)。其中間有殘缺，然記事殊詳細，如崇德元年一年間竟達三十八冊，餘可知矣。秦邊紀略之噶爾旦傳以通行刊本紀略無此傳，而先生所藏鈔本有之，因取朝漠方略藩部要畧相較，知二書多可信據。然梁書尤致意於噶爾旦初年事，其後與清聖祖爭衡，以多忌諱，未能詳盡。大英博物館所藏太平天國史料文中列舉諸史料，大抵中國已迻寫印行，惟中興諸將致戈登信札七十餘通，多文集所未載，先生諄諄道其價值，而國人傳寫史料者似尚未遑注意焉。

廿三年八月四日寫竟於天津。

內藤湖南先生著述目錄

A 單行本

書名	發行年月
近世文學史論	明治三十年一月
諸葛武侯	仝六月
淚珠唾珠	仝
燕山楚水	仝三十三年六月
滿洲寫眞帖	仝四十一年六月
淸朝衰亡論	仝四十五年三月
支那論	大正三年三月
淸朝書畫譜	仝五年七月
寶左盦文	仝十二年十二月
日本文化史研究	仝十三年九月
新支那論	仝
航歐集	仝十五年九月
玉石雜陳	昭和三年
研幾小錄（一名支那學叢考）	仝四月
讀史叢錄	仝四年八月
增訂日本文化史研究	仝五年十月
新制中等東洋史（甲乙二種）	仝六年十月
中等漢文	仝九月
中學漢文	仝七年十月

B 論文

篇名	發表地
明東北疆域辨誤（附庫頁島）	歷史與地理1/4.5
淸朝創業時代之財政	太陽 6/9
叢魚談	明治三十三年十月二十九日大阪朝日新聞
野鶴居讀書記	日本人119
讀書偶筆	明治三十四年一月二日日本新聞
城西讀書記	日本人 130
淸朝興衰之關鍵	太陽 7/3
讀書記三則	日本人 144
唐以前之畫論	國華 141
蒙文元朝祕史	明治三十五年二月三日大阪朝日新聞
蒙文元朝祕史	史學雜誌 13/3
奉天宮殿所見之圖書	早稻田文學 6
與善化瞿尙書書　代大谷光瑞伯	
那珂博士成吉思汗實錄	明治四十年四月二十八日大阪朝日新聞
日本滿洲交通略說	觀山廬漢集
報淸國胡欽差書　代大谷光瑞伯	
德島一瞥	明治四十二年八月廿一至九月三日大阪朝日新聞
敦煌發掘之古書	仝十一月廿四至廿七日大阪朝日新聞
高橋陸二先生贊	
東洋史學之現狀	明治四十三年一月八至九日大阪朝日新聞
卑彌呼考	藝文 1/2.3.4
大唐三藏玄奘法師表啓跋	
西本願寺之發掘物	明治四十三年八月三至六日大阪朝日新聞
上野氏藏唐鈔王勃集殘卷跋	
俑人石及十二支神象	歷史與地理17/2
明治四十三年九月京都帝國大學文科大學淸國派遣教授學術視察報告	明治四十四年大阪朝日新聞
日韓之關聯說	仝三月六至九日大阪朝日新聞
北派之畫論	仝廿六日大阪朝日新聞
新羅眞興王巡境碑考	藝文 2/4
倭面土國	仝 2/6
神田氏藏古鈔王勃集殘卷跋	
天香閣印存敍	
朝鮮攻守之形勢	朝日講演集一
中國史之價値	仝

中國學問之近況　仝
清朝姓氏考　藝文 3/3
上虞羅氏藏北宋拓聖教序跋
齊孫功毅藩官冊後
清朝姓氏考正誤　藝文 3/4
弘法大師之文學
清朝開國期之史料　藝文 3/11,12
小川氏藏二啟千字文跋
景宋槧劉夢得集序
蒙古開國之傳說　藝文 4/12
唐鄭何及夫人崔氏墓誌跋
朝鮮平安南道龍岡郡新出土漢碑釋文　藝文 5/3
經典中「狀水首繫依水」二句　藝文 5/9
耶馬溪圖卷跋
談清朝畫　藝文 6/1
神田氏藏古鈔尚書跋
滿洲發達史序
美術家光琳　大正四年五月卅日大阪每日新聞
賀大正天皇即位表　代京都市長井上密
關於高昌國之紀年　藝文 6/11
山城國愛宕郡高野村崇道神社之碑
禮部志稿解題　史林 1/1
九州古蹟一瞥　大正五年一月廿至廿一日大阪每日新聞

中國史之起源
中國時局我見　外交時報 277
清朝書畫譜序
由賁氏失敗所得之教訓　外交時報 281
古代中國貿易及絹織物　西陣 2/28
新印南宗論語序
王亥　藝文 7/7
清朝之衍叢　大正五年八月八至十九日大阪朝日新聞
賀册立皇太子表　代京都帝國大學總長荒木寅三郎
讀史通紀評論　史林 2/1
中國上古之社會狀況　朝日講演集二
關於中國古典學之研究法　東方時論 2/2
片岡大來君繼室光田氏墓碣銘
有竹齋藏鉨印序
華夷譯語之發見　大正六年六月十三日大阪每日新聞
中國變亂之我見　外交時報 304
續王亥　藝文 8/8
西都原古墳調査報告
內藤氏女早苗子壙志
對於中國及我國輿論之謬觀　外交時報 323
根本的對華政策　仝 325
大正閒氣集題詞

秦邊紀略之嘎爾旦傳　史林 3/3
聖德太子之內政外交　歷史與地理 3/1
岩崎男藏古鈔尚書跋
鑑煙說　大正七年九月十日大阪每日新聞
近來之南北妥協論　外交時報 338
日本上古之狀況　歷史與地理 3/2
京都府史蹟勝地調查會報告第一冊序
滿蒙叢書序　滿蒙叢書一
口北三廳志解題　仝
東北亞洲諸國開闢傳說　民族與歷史 1/4
賀皇太子成年式表　代京都帝國大學總長荒木寅三郎
中國貨幣中之銀　朝日講演集四
中國經濟上之革命　大正八年八月□至九月十一日大阪朝日新聞
北征錄北征後錄解題　滿蒙叢書二
北征記解題　仝
伏戎記事解題　仝
松亭行紀塞北小鈔解題　仝
奉使俄羅斯行程錄解題　仝
出塞紀略解題　仝
西征紀略解題　仝
從西紀略解題　仝
奉使三音諾顏記程塞上吟解題　仝
張家口至烏里雅蘇臺竹枝詞解題　滿蒙叢書二

再記秦邊紀略　史林 4/4
爨器銘
容安軒舊書四種序
日本古建築菁華序
正倉院本王勃集殘卷跋
中國之排日論　外交時報 354
內田君之家學淵源　藝文 10/12
四王吳惲序
地理學家朱思本　藝文 11/1,2
元末之四大畫家　歷史與地理 5/2
古鏡研究序
近衛之二三史料　藝文 11/3
東三省蒙務公牘彙編解題　滿蒙叢書四
庫倫蒙俄卡倫對照表解題　仝
阿部藏氏梁楷十六應眞圖卷跋
吳竹庵記
久津川古墳研究序
都留鼎考　史林 5/4
記古學
平安朝時代之漢文學　歷史與地理 6/4
近畿地方之神社　京阪文化史論
章實齋先生年譜　支那學 1/3,4
日本之肖像畫及時代之影響　大正九年十二月十二日大阪每日新聞
瀋陽日記解題　滿蒙叢書九

續王亥　藝文 12/2,4
富岡氏藏唐鈔王勃集殘卷　支那學 1/6
尙書編次考（此文收入研幾小錄易名尙書稽疑）　仝 1/7
有竹齋藏淸六畫大家譜序
日本之肖像畫及鎌倉時代　歷史與地理 7/5
龍沙紀略解題　滿蒙叢書五
黑龍江外記解題　仝
黑龍江述略解題　仝
卜魁城賦解題　仝
蒙[illegible]解題　仝
石川丈山　大正十年六月十二日大阪每日新聞
景正德本三國遺事序
新印本之營造法式　支那學 1/10
盛伯羲祭酒　仝 1/11
女眞民族之同源傳說　民族與歷史 6/1
秋田縣鹿角郡毛馬內町征俄役忠魂碑記
藹藹居士大內先生碑銘
關於殷虛　考古學雜誌 12/1
大阪之商人及學問　大正十年九月廿六至廿九日大阪每日新聞
爾雅之新研究　支那學 2/1,2
柯氏新元史之價值　大正十年十月廿三日大阪每日新聞

聖武天皇宸翰雜
聖武天皇宸翰雜集　支那學 2/3
富岡氏藏唐鈔王勃集殘卷跋
有竹齋古玉譜序
淸朝初期之繼嗣問題　史林 7/1
唐宋時代之概觀　歷史與地理 9/1
何爲日本文化　大正十一年一月五至七日大阪朝日新聞
禹貢之製作時代　東亞經濟研究 6/1
藤井氏藏東坡尺牘跋
舊鈔本翰苑跋
關於舊鈔本翰苑　支那學 2/8
關於四庫全書　大正十一年四月十二日每日週報
讀胡適之君新著章實齋年譜　支那學 2/9
現代藝術上之南畫　太陽 28/9
盛伯羲遺事　支那學 2/11
日本維新史上不可忽視之資料　大正十一年六月六至八日大阪每日新聞
杜家立成雜書要略跋
正倉院所藏之爾雅鈔本　支那學 3/1
讀本居宣長稿本全集第一輯　藝文 14/2

日本文化之獨立　歷史與地理12/1
關於應仁之亂　仝 12/4
易疑　支那學 3/7
寶在會文跋
燒燬之滿蒙文藏經　藝文 15/3,6
蘢濤莊印譜序　支那學 3/12
古鈔本南海寄歸內法傳序
毀印齋之文序
梅華堂印賞序　支那學 3/10
富永仲基之佛教研究法　龍谷大學論叢 256
與伯希和論林
與羅叔言司農
書陳楓涯藏青箱堂墨圖後
白石遺事一則　歷史與地理15/5
關於染織之文獻之研究　古代織物一
百代草序
大英博物館所藏太平天國史料　史林 10/3
大阪之商人學者富永仲基　大阪文化史
樂浪遺蹟出土之漆器銘文　藝文 15/1
唐代文化及天平文化　佛教美術5
西洋文明及東洋文化　大正十五年一月三至八日大阪每日新聞
二大秘笈之發現——說文及不空表制集　大正十五年三月廿一日每日週報
宋拓晉唐小楷跋

珍本南部賦　大正十五年五月十六日每日週報
在歐所見之東洋學資料　新生 1/1
密教板畫集成序
漢以前之繪畫　佛教美術 6
同到中國去—新中國之一傾向　大正十五年五月廿五至卅日大阪每日新聞
宋樂與朝鮮樂之關係　支那學 4/1
六朝之繪畫　佛教美術 7
敬首和尚之典籍研究　典籍之研究 5
敦煌本大無量壽經序
泉屋清賞續編序
唐朝之繪畫上　佛教美術 9
回憶　昭和二年一月三至七日大阪朝日新聞
自土俗學上看來之蒙古序
銅鐸之研究序
擬策一道　狩野博士還曆紀念支那學論叢
關於古寫本日本書紀
紹衣叢鈔跋
關於宋版禮記正義　書物禮讚 6
山梁稻川之學問　山梁稻川全集卷四
悼王國維　昭和二年六月十七日大阪每日新聞

建保古寫本爲集序　昭和二年六月廿六日每日週報
日本風景論　昭和二年七月上三至十九日大阪每日新聞
沈石田齊譽聽讀圖跋
拉薩之唐蕃會盟碑
玉石雜陳引
景印舊鈔本禮記疏殘卷跋
寬政時代之藏書家市橋下總守　大阪府立圖書館長井貫一氏紀念論叢
唐朝之繪畫下　佛教美術 11
東洋天文學史序
文學博士西村君墓表
近代中國之文化生活　支那 19/10
唐代文化與天平文化　天平之文化
賀今上天皇即位式表　代大阪市長關一
周公彝釋文　高瀨博士還曆記念支那學論叢
三記條遺紀略
奉天宮殿書庫書目　藝文 20/8
尺度綜考序
謝遷奉表　代大阪市長關一

讀碑札記鈔　支那學 5/2
莊子解說　南部叢書
關於飛鳥朝中國文化之輸入　佛教美術 13
櫻寧村舍詩序
日本國民之文化的素質　日本及日本人 183,184
影印秘府尊藏宋槧單疏本尚書正義　支那學 5/3
解題及尚書正義撰者考刊者考
影印宋槧疏本尚書正義跋
朝鮮安堅之夢遊桃源圖　東洋美術 3
五代之絹畫　佛教美術 14
勅版集影跋
關於香之木所　繪畫創刊號
正倉院之書道　東洋美術（正倉院之研究）
藤井氏藏唐鈔左傳殘卷跋
信貴山朝護孫子寺稱大僧正惠照和上銅像銘
爽籟館欣賞序
北宋之畫家及畫論　佛教美術 15
通典著者杜佑　龍谷大學論叢289
日本文化之獨立及普通教育
故朝鮮總督府政務總監池上君墓碑
貫名公年譜　小川博士還曆紀念史學地理學論叢
景印宋槧思溪圓覺禪院藏經目錄跋

白鶴帖序　支那學 6/1
武居氏藏唐鈔本三國志殘卷跋
鳳岡存稿序
章學誠之史學　8
再記香之木所　繪畫 2/1
談宋元版
昭和六年一月廿六日御講書始漢書　支那學 6/2
進講案
三井寺所藏之過所　桑原博士還曆紀念東洋史論叢
空海之書法　書道全集十一
恭記朝彥親王事　昭和六年十二月廿四日大阪每日新聞
山陽遺墨集序
故衆議院議員靜田君碑銘并序
慈雲尊者學述　慈雲尊者鑽仰會講演集三
「滿洲國」之建設　昭和七年三月一至八日大阪每日新聞
閻立本古帝王圖卷跋
景印古鈔五行大義跋
高野板之研究序
魏晉南北朝通史序

山崎闇齋先生學述　昭和七年十月十五日大阪每日新聞
帝王略論之發見　昭和七年十月廿日東京日日新聞
擬策一道　支那學 6/4
書景印新撰字鏡後　仝 7/1
支那古銅精華序　仝 7/1
談紙　工藝 28
中國歷史的思想之起源　史林 19/1
安達氏藏王右軍帖目帖跋
「滿洲國」成後之方針　大亞細亞 1/3
「滿洲國」之建設　昭和九年一月廿日大阪每日新聞
百濟史研究序
刪訂泉益叢書序

康長素先生年譜稿

趙豐田

此篇爲豐田民國二十年所作畢業論文，當時時間倉促，材料缺乏，體例亦未允洽。其後嘗多方搜羅，近復輯梁任公先生年譜，所得資料，較前文多至一倍有奇。母校師長朋友，暨南海先生親戚故舊，常勸豐田早日補正，俾付剞劂。豐田雖從事董理，然恐見聞陝隘，一時難以告竣。會史學年報徵文於田，固辭不獲，因思南海事迹繁雜，一人識見有限，必窮搜博訪，方能詳盡。故稍加訂正，授予梓行。冀求熟習南海先生事迹者，有所補正，以便他日增輯，早得殺青。尚望讀者不吝賜教，則甚幸矣。

民國二十三年八月十六日書於北平圖書館

凡例

(一)本年譜於先生四十一歲以前，用南海先生自編年譜爲底本，其外或增或減則依自己意見決定之。

(二)本年譜因取材於原年譜之處太多，故不加引號，至取材於他書者，除全錄原書文句數處外，亦不加引號，惟於每段或數段之下皆注明出處。

(三)本年譜因時代關係，於原譜所記誥封名位如夫人宜人榮祿大夫等事皆不錄，而原譜稱□□公者，皆改作□□先生，用諱字處亦易以名字。但譜中仍稱夫人處爲示恭敬，非示名位也。

(四)本年譜引用之書必注明其卷數頁數，惟間有未注明者，則因未見原書也，如南海先生自編年譜，即其一例。

(五)本年譜既以原譜爲底本，故所用之年係以舊曆爲主，然每年下除年號甲子外，仍附以西曆，以便參考。

(六)凡與先生有直接關係之人事，皆隨先生事敘之，其有間接關係之人事，則於每年之末低三格簡記之，上冠以△號，以示與正文不同。

(七)本年譜所用之年月日係以原譜，世界大事年表，中西回史日曆及中山出世後中國六十年大事記比較而成者。其與先生有間接關係之人事則據第二四兩種，然亦有外增或爲之校定者。

(八)本年譜之後，附引用及參考書目，其未注明出版處或出版年月者，亦以未見原書之故。至其排列之次序，係隨意爲之，無一定之標準。

年譜

先生名有爲，又名祖詒，(案祖詒一名，先生於三十八歲前所著書所上書及與朱蓉生等友人函皆署之，惟南海自編年譜及梁任公康南海傳皆未首及）字廣廈，號長素，廣東南海縣人。始祖建元於宋末自南雄珠璣里遷南海縣銀塘鄉，又名蘇村，（康氏家廟之碑）。當時徙聚銀塘者，凡六姓，至先生蓋七百年矣。（銀塘鄉約記）七世前譜佚，八世祖汝堅生惟卿，自惟卿至文燿凡九世。文燿，先生高祖也，名煇，字文燿，號炳堂，嘉慶甲子科舉人，受同邑馮成修，欽州馮魚山之學，始營家廟。康氏宗族以孝弟禮學昌，自公始。村有炳堂家塾。文燿生瑞圖，舉生，雲衢。瑞圖以商富，生懷修懿修以芳遜修國器。懿修字輔之，又名國熔，雄才博學；始創鄉自治，藏書萬卷，先生童冠得涉獵羣籍，多賴公書焉。國器字友之，由桂源巡檢募兵，（咸同間轉戰江浙閩粵，立功頗多，）至廣西巡撫。晚歸，捐俸建大宗祠，瑞圖公家有七檜園，澹如樓，紅蝠象，先生少時常讀書其中。康氏之興，自友之先生始。雲衢名式鵬，又名健昌，先生曾祖也。學宗劉蕺山人譜，陳榕門五種遺規，而奉行甚篤。行己嚴，與人惠，人咸敬畏。子學修，道修，自修，贊修，皆孝慈溫良而壽。贊修名以乾，號述之，爲先生祖父，以廩生，中道光丙午舉人，歷任欽州學正，連州訓導，篤守程朱，誨人不倦，學風丕變。水死於連州，祀功德祠，所教諭。祖母陳氏。父達初，字植謀，號少農，又名致祥，孝友而才辨，受學於朱九江先生次琦，嘗從軍閩中，官提舉銜江西補用知縣，早卒。母勞氏，名連枝，省閣先生（名以忠字芳德）之次女。（南康氏家廟之碑，勞太夫人墓表，南海自編年譜）康氏自始祖建元至先生，凡二十一世；自九世祖惟卿爲士人，至於先生，凡爲士人十三世，自高祖至祖，三世皆有傳，載南海縣志。（南海自編年譜，康烈士廣仁傳）

先生姊妹兄弟六人，伯姊最慧，四歲而殤。仲姊逸紅，性仁孝，聰明強敏善治事。叔妹瓊琚，婉嫕柔嘉，慧而好學。季妹順，最幼。弟有溥，字廣仁，號幼博；戊戌爲候選主事，既而以才被薦，將簡懋勤殿行走，政變既作，遂蒙於難。先生光緒癸巳舉人，乙未進士，工部虞衡主事，上書言變法特簡總理各國事務衙門章京，督辦官報，專摺奏事，受德宗特達之知，毗贊維新，變法百日，言無不從。既而慈禧太后信讒言，而八月之政變作，將廢德宗，名捕先生，黨獄大興，誣先生進丸藥弒上，懸重金廣捕。先生先得德宗密詔，命籌救，既而密詔促行，英人以兵艦救護，得免於難。自是流亡海外十有六年，而家產已被毀，墳墓被掘，家廟被封。民國六年以復辟故，再被逮捕，（勞太夫人行狀，康氏家廟之碑）匿美使館，乃得免。卒於民國十六年二月，享年七十。夫人張氏，名雲珠，字妙華，候選同知張玉樵之女，卒於民國十一年五月，享年六十八歲。先生共有子女八人，長女同薇，博學，適麥仲華。次女同璧，畢業美大學，嘗充萬國婦女會中國代表，適羅昌，子同鏡，同凝；三女同復，適潘其璇，五女同琰，六女同倓七女同令（張夫人墓誌銘）。茲據南海遺編，自編年譜，及不忍雜誌等書，列先生始祖建元以後之世系表如下：

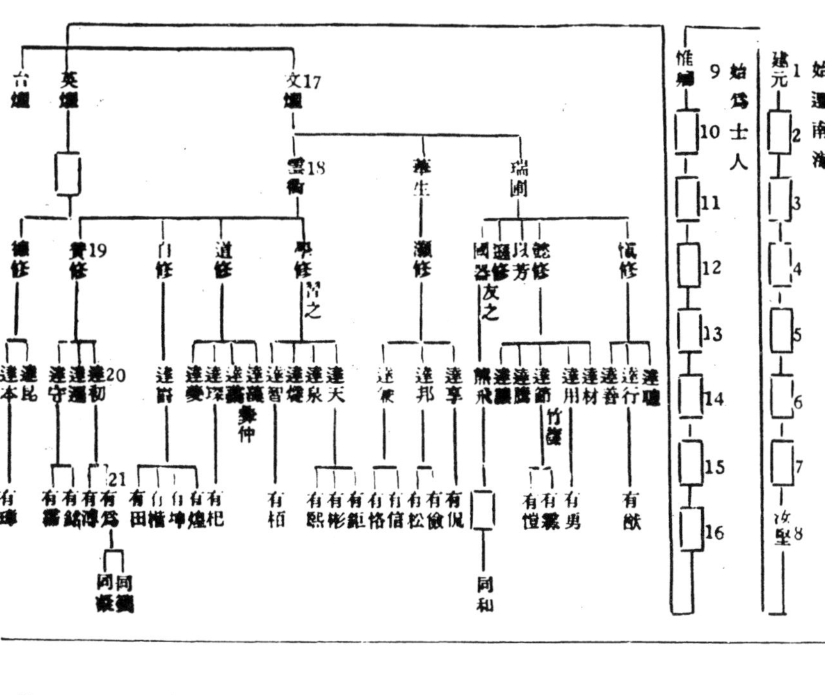

清咸豐八年戊午（西一八五八）　先生一歲。

二月五日，先生生於銀塘鄉之敦仁里。南海縣志：『南海縣爲附郭首邑，在城之西，……縣內東接白雲山，西接三水，大魁山，……北接花縣，横山，……南接海目山。』（卷一頁一——二），銀塘鄉屬伏隆堡，與地略：『伏隆堡在省城西，堡內凡村十四，曰大亨，……曰蘇村。』（卷三頁四——六）

先生之生也，母已胎十一月。（康南海自編年譜，以下簡稱自編年譜）

時屋中火光輝煌；故先生有：『維吾覽揆辰，五日月維二；大火赤流屋，子夜吾生始。……父老動色驚，奔走咸怍異，』（開歲忽六十詩）之句。時先生已有女兄二人，長者已殤。次者即仲姊逸紅也。是時祖父望孫極切，述之先生正官欽州學正，聞而欣喜，錫名有欽，以道遠書未及達，伯祖已名之曰有爲。述之先生有詩記之云：『久切孫謀望眼穿，震雷未發雹風先；湧將瑝瓦猜三索，忽報桑弧裔一乾。宦況孤燈官獨冷，書香再世汝應延；可憐大母稀朝露，空話含飴慰九泉。』蓋先生祖母因久病乳，於先一年十二月逝世矣。（自編年譜，及連州遺集，不忍雜誌五册附錄頁四）

先生生時，少農先生（先生父）方丁憂，授徒於鄉，時先生父母年皆二十八歲，祖父五十二歲。

〈是歲五月，與英法兩使議和於天津。當鴉片戰爭所結之南京條約後十六年，太平興國後八年，孔子生後二四〇九年。是歲維新前輩曾文正四十八歲，李文忠三十六歲，張文襄二十二歲。當今文家前輩龔定庵卒後之第十七年，魏默深卒後之第二年。

咸豐九年，己未(西一八五九)　先生二歲。

咸豐十年，庚申(西一八六〇)　先生三歲。

九月，三妹瓊琚生。(自編年譜)

〈是歲英法聯軍破天津，入北京，焚燬圓明園。文宗避難熱河。九月十一日結中英北京和約，十二日結中法北京和約。

咸豐十一年，辛酉(西一八六一)　先生四歲。

時已有知識，伯祖抱之觀洋人鏡畫，並侍穉芝先生食。及其喪，老婢襁褓往送焉。穉芝先生以布衣倡團禦賊，有功於鄉，故送者萬數，仗衛極盛。(自編年譜)

同治元年，壬戌(西一八六二)　先生五歲。

諸父以先生頗敏，多提攜，教誦唐人詩，從伯父教諭彝仲先生，尤愛誨之。於時能誦唐詩數百首，述之先生見而異，先生外祖父省閣先生，鍾愛尤篤，期為將來大器矣。

是歲少農先生從征於藍山，其仲叔介齋先生統兵於青蓮峽等處。(自編年譜)

〈是歲慈安慈禧兩太后始垂簾聽政。

同治二年癸亥(西一八六三)　先生六歲。

從番禺簡侶琴先生鳳儀讀大學，中庸，論語，幷朱注孝經。諸父課以屬對，出「柳成絮」，應聲答以「魚化龍」。彝仲先生頗譽之，謂此子非池中物，獎以紙筆甚樂。九月四妹順貞生。少農先生從征閩中。(自編年譜)

同治三年，甲子(西一八六四)　先生七歲。

從簡先生學。是歲述之先生以欽州學正俸滿，升知縣不就，改教授候缺歸。少農先生從征閩中，至克復嘉應始返家。(自編年譜)

〈是歲曾忠襄拔金陵，洪秀全自殺，太平天國亡。

同治四年乙丑(西一八六五)　先生八歲。

述之先生授徒於廣府學宮孝弟祠，學者將百人，先生從受經焉。歲暮從彝仲先生學，即在孝弟祠後始學為文。是時少農先生及諸兄咸還，侍述之先生館中，趨翔庭訓至樂也。誦讀書經，與者每次能二篇，數徧輒能背記，諸長老大譽之。(自編年譜)

同治五年，丙寅(西一八六六)　先生九歲。

是歲述之先生任修南海縣志事，居南海學宮志局中。先生隨侍。陳鶴儕先生授之經，又從梁蟻門先生健修聽講焉。乙丑之間，友之先生以克復浙閩，軍事大定，新授閩臬假歸，先生諸父咸從之旋。於時土木之工，游宴之事，棋詠之樂，先生嬉戲其間，諸父愛其聰明，多攜從焉。始游西樵，慕山林之盛。逃之先生好游觀，春秋佳日時從杖屨登鎮海樓，五羊觀，蒲澗寺，授以詩文，教以道義，知識日開。（自編年譜）

〈是歲十月六日創建中華民國之孫中山先生生於廣東香山縣之翠亨鄉。

同治六年，丁卯（西一八六七）　先生十歲。

逃之先生借補連州訓導之任。先生以年幼不能從，還鄉。復從簡先生學，時誦經將舉，學爲文矣。六月十三日，先生幼弟廣仁生，逃之先生命名有溥。時少農先生病咳殊甚，故多居家。（自編年譜）

〈設同文館。（案：同治四年，上海設製造局；五年，福建設船政局，是歲復設同文館，是爲維新之萌芽。）

同治七年，戊辰（西一八六八）　先生十一歲。

正月二十日少農先生卒。先生侍疾，跪聆遺訓，諭以立志勉學，教以孝親，友愛姊弟。當時執喪如成人，里鄰頗異之。少農生爲長子，（自編年譜）『稟資純懿，履道自然，生而警敏，長而孝弟。』好學深思，弱冠從朱九江先生學，益厲志高邁。隨從叔友之先生於軍中，戎馬五年，得官江西補用知縣，將之官，喘病大發。綿歷數年，日就醫藥。是歲入春，疾甚，遂卒，享年三十八歲。（少農府君行述）

旣孤三月，遂從祖父於連州官舍。逃之先生日夜誨導以先儒高義，文學條理。於時始覽綱鑑而知古今，次觀大清會典而知掌故，遂讀明史三國志。六月，爲詩文皆成篇，因有：『十一齡能文，十二覽傳記』之語。（明夷閣六十詩）於時神鋒開豁，好學敏銳，日居室閣，執卷倚簷柱就光而讀，夜或申旦，務盡卷帙，祖父聞之，戒令就寢，猶篝燈如豆於帳中讀焉。頻閱邸報，知朝事，知曾文正駱文忠左文襄之事業，而慷慨有遠志矣。（自編年譜）

少農先生逝後，家計漸絀，勞夫人撫子女與一婢治家事，故先生每讀家信，輒念慈母劬勞，憂思不已。（同上）

同治八年，己巳（西一八六九）　先生十二歲。

學於連州官舍。是時岐嶷能指揮人事，與諸生論文談事，謙容翕如。五月觀競渡，賦詩二十韻，州吏目余公稱爲神童，贈漆硯鏇筆盒數事，州人屬目焉。暇從祖父遊諸名勝，如北山寺之奇，劉夢得畫不如樓之遠大，雲岩之奧，皆有所賦。登畫不如樓時，有詩云：『高松亂石著仙居，絕好青山雲不如；我愛登樓最高處，日看雲氣夜看星。』(侍連州公登城北雲不如樓，康南海詩集卷二)，餘詩皆已散失。(自編年譜，又同上詩集)

學官舍旁為宋張南軒先生濂溪堂敬一亭遺址。述之先生公餘，則與之談聖賢之學，先正之風，凡兩廡之先哲，寺觀之師宗，儒家之聖賢，以及碑帖詩文中才學之士，靡不隨時指示。於時俛接諸生，大有藐視之氣。明史之外，竟日雜覽羣書。官舍有二園，讀倦，則假息其中；或從祖父出游名勝，為學之至樂時也。時草制藝文，援筆輒能成。(自編年譜)

同治九年，庚午(西一八七〇)　先生十三歲。

隨侍連州官舍，既而述之先生以行望調往廣州辦匪，七月從歸。於時專責以八股文，蓋先生素所未好也。九月從陳苹生先生學於省城之第三甫桃源，始返都會日與朋輩遨遊，少致力於學矣。(同上)

同治十年，辛未(西一八七一)　先生十四歲。

還銀塘鄉，從從叔竹孫先生達節學為文。時友之中丞新築園林，藏書於澹如樓及二萬卷書樓中。兩樓對峙，中間亭沼，後多花木，有古檜七株。又有幽室曰七松軒，導以飛橋為虹觀台，種芝先生書，多庋藏其間。先生於時讀書閣中，縱觀說部集部，昆弟相聚學焉。是年始就童子試。(自編年譜)

七月，仲姊逸紅嫁於羅氏，未踰月，姊婿羅銘三病歿。(同上)羅銘三名達喬，沙塘岸鄉人，先生同學。孝廉勤勉，病瀕危，強請婚，逸紅女士慨然從之，時年十七歲。自結褵訖彌留，凡十九日。夫既卒，遂為守節。(仲姊羅宜人墓誌)

同治十一年，壬申(西一八七二)　先生十五歲。

在鄉，從楊仁山先生學。於時專責以八股小題文，非性之所近。但喜為袁子才詩文，時文亦仿焉。然仍縱覽說部集部及雜史。是歲再就童子試，不售，兩年來費力於舉子業，學問罕有進境。時先生叔祖友之中丞自廣西布政使還。(自編年譜)

∧是歲曾國藩卒，謚文正。

同治十二年，癸酉(西一八七三)　先生十六歲。

移學於靈州山之象台鄉，仍從楊先生學文。歲中散館，復還銀塘鄉，從張賓臣先生公輔學。時文體尚臨隨派，先生厭棄之。惟好覽經說，史學，考據書；始得毛西河集讀之。是歲述之先生委羊城書院監院。先生肄業其中，益吐棄八股，名為學文，絕不一作；諸父責詰之，述之先生因出『君子有九思至忿思難』一題，援筆為十六小講，各有警辟，祖父稱之，不深責矣。自是亦稍從事制藝。至歲暮爲社學課文，一日六藝，其三名前皆魁之，文百餘篇，錄額十五名，而六文無一見遺者，詩亦冠軍。及新正開課，復第一，祖父大喜，而鄉人亦稱焉。（自編年譜）

同治十三年。甲戌（西一八七四）　先生十七歲。

是歲居鄉，惟時去城侍祖父，而張先生闕文焉。既而從從叔竹孫先生學。好爲縱橫之文，時作詩與兄弟鄉先輩倡和；又好纂爲古文，然涉獵羣書爲多。始見瀛環志畧地球圖，知萬國之故，地球之理。（書同上）

△是歲十二月，兩宮仍集諸親王議繼統。慈禧謂溥字輩無當立者，乃立醇親王奕譞長子載湉爲嗣皇帝。載湉者同治帝兄弟行而其母爲慈禧妹也，於時年四歲。兩宮皇太后有旨：候嗣皇帝生有皇嗣，即承繼大行皇帝爲嗣。（羅惇曧德宗繼統私記）

△是年日本侵臺灣，由中國出收償款五十萬兩。

光緒元年，乙亥（西一八七五）　先生十八歲。

侍祖父於城，從呂拔湖先生學爲文。督責甚嚴，專事八股，他學皆舍去，過鄉，始得披涉羣書焉。（自編年譜）

△是歲兩太后垂簾聽政。

光緒二年，丙子（西一八七六）　先生十九歲。

先生是歲應鄉試，不售，憤學業之無成，請從大儒朱九江先生（次琦）學。九江碩德高行，其品誼學術在涑水東萊之間，與清初顧亭林王船山爲近，而德器過之，博極羣書，講學於邑之禮山。其學平實敦大，皆出躬行之餘：以末世俗汙，特重氣節，而主濟人經世，不向無益之空談。其教人也恒言四行五學。四行者：敦行孝弟，崇尚名節，變化氣質，檢攝威儀。五學：則經學，史學，掌故之學，性理之學。詞章之學。動止有法，進退有度，強記博聞，每議一事，論一學，貫串古今，能舉其詞，發先聖大道之本，修己愛人之義，掃去漢宋之門戶而歸宗於孔子。（自編年譜及南海縣志本傳）

先生既受教，乃洗心絕欲，一意歸依，以聖賢爲必可期，以羣書在三十歲前爲必可盡讀，以一身爲必能有立，以天下爲必可爲。先生於六十除夕嘗爲詩云：『長受九江學，大道睎其截；以聖必可學，豪傑能仰跂。』（開歲忽六十詩）

先生甫入學舍，即試以「五代史史裁論」一題，乃考羣書，以史通體爲之，得二十餘頁，九江先生譽其賅博雅洽，於是知著書之不難，益自得自信矣。是時讀宋儒書，經說，小學，史學，掌故，詞章，兼綜並騖。每日未明而起，夜分乃寢。讀錢辛楣全集，趙甌北廿二史劄記，日知錄，困學紀聞，覺浩然通闢，議論宏起。雖未嘗學駢文，試爲之，亦蒙許可，因以爲文章亦易作。既聞九江之說，已知治學門徑，復與同學簡君竹居（朝亮）胡君少愷（景棠）日上下其議論，而時昔雜博之學皆爲有用，因偶然自負於衆以不朽之業。（自編年譜）

是冬十二月張夫人來歸。夫人姓張，名雲珠，字妙華。嘗先生八齡時，其外舅候選同知同邑張玉樵愛先生少慧而定婚。夫人長先生二歲，年二十一來歸焉。（張夫人墓壙誌及墓誌銘）

（是歲十月，清廷依李鴻章沈葆楨等之奏請，選派福建前後學堂之學生三十名，赴英法兩國學習機械製造工業。

光緒三年，丁丑（西一八七七）　先生二十歲。

仍學於禮山草堂。四月，三妹瓊琚適西城岡鄉游志桐湘舉。五月，述之先生以連州水災及於難。先生少孤，自幼依於大父，飲食教誨，耳提面命，皆大父爲之，侍十餘年。聞喪哀毀，三日水漿不入口，百日內食鹽菜。及從父扶柩還，停於象岡山上，與諸父結苦廬棺前，縗經白衣不去身，不肉食，終歲如一日。於時讀喪禮，考三禮之學，造次皆守禮法古，嚴肅恪遵，一步不逾，人咸迂笑之；久之莫不敬憚焉。是冬始葬，蓋以堪輿家言，既殯而不下窆也。（自編年譜）

『公諱以乾，字賢修，號述之，…生嘉慶十二年三月二十二日。年二十二補縣學附生…三十補廩於學。四十舉道光丙午科鄉試第三人。…咸豐五年署合浦教諭，六年補欽州學正。…同治三年以煙瘴俸滿擢知縣；公老矣，不願爲外吏，改教授。…五年借補連州訓導，…十年以鄉望奉命往粵帮辦治匪。…光緒三年同連州，山水驟漲，…風水怒號，浪湧濤奔，船傾舟覆，公殉焉。』（連州訓導朱公行狀）

先生嘗主龍門海門東坡書院講席，鄉人以聖賢爲先，文風丕振，人懷其教，設祿位祀之。爲人見義勇爲，居家以孝友聞。既溺於水，其子達遷聞耗奔救，氣已絕矣，時年七十一歲。一州人欽其品學，祀之於功德祠。督撫兩院奏爲入奏請郎，加教諭銜。同邑朱進士次琦先生之長友也（自編年譜）題曰「一生謹慎」。（南海縣志卷十五本傳頁十）

光緒四年，戊寅（西一八七八）　先生二十一歲。

在禮山草堂從九江先生學。攻周禮，爾雅，說文，水經之學，楚辭漢書文選杜詩徐庾文皆能背誦。九江先生嘉獎後漢書之風俗氣節，故先生尤致力焉。又精古文，嘗上言秦漢，因從之學文而及周秦諸子。既而以先生之稱道，取韓昌黎文讀之。復常讀子書，知道術，因面謁於先生，謂昌黎道術淺薄，以至宋明國朝文章大家莫不空疏無有。若言道當如荀莊，言治當如管韓，昌黎不過文工能言耳，即其原道亦極膚淺。九江先生笑責其狂，同學亦漸駭其不遜。至秋冬時，四部之書既略知其大義，以日埋故紙堆中，汨其靈明，漸厭之；日有新思，即著述亦認為無用。乃絕學閉戶，靜坐養心，同學咸異之，不介意。先生『靜坐時，忽見天地萬物皆我一體，大放光明，自以為聖人，則欣喜而笑，忽思蒼生困苦，則悶然而哭，忽思有親不事，何學為，則即束裝歸廬先墓上。』人見其哭笑無常，以為狂。是歲冬，辭九江先生歸而靜坐養心焉。　十二月二十五日長女同薇生。（自編年譜）

光緒五年，己卯（西一八七九）　先生二十二歲。

居西樵山（在銀塘鄉南）白雲洞。專講道佛之書，養神明，棄渣滓，嘯歌為詩，徘徊散髮，枕石臥窟，席芳草，臨清流，長夜坐，彌月不睡。恣意游思天上人間極樂極苦，皆現身試之，終而神明超勝，欣然自得。既而以事去城，遂斷此學。在西樵山時，嘗註老子，後厭惡之，棄去。是時先生即能自主，謝絕時文，不與試。後以諸父督責而斷糈，乃返鄉，仍讀書養心於澹如樓及二萬卷書樓中。（自編年譜）

先生居西樵山時，嘗結交編修張延秋先生。張先生名鼎華號寤子，番禺人，神識絕人，學問淵博，少有神童之名，以文學聞於京師。嘗率朝士數人游西樵，見先生，相與議論，咸稱之，粵中士大夫因以震驚，先生感而訂交焉。自是時訪張君，作長夜之談，於京朝風氣，當時人才，各種新書，及三朝掌故，多賴聞悉。此後過從累年，相得益深，故先生嘗謂：『吾自師九江先生而得聞聖賢大道之緒，自友延秋先生而得博中原文獻之傳。』並有詩紀懷曰：『南望九江北京國，拊心知己總酸辛。』又云『秋風每賦感知己，記得樵山花又紅。』（送張十六翰林延秋先生還京，詩集卷一頁十三）

於時先生專意養心，因念民生艱難，力謀拯救，乃以經營天下為己志。時取周禮，王制，太平經國書，文獻通考，經世文編，天下郡國利病書，讀史方輿紀要緯劃之，俛讀仰思，兼作筆記。既而得西國近事彙編，環遊地球新錄等書覽之。（自編年譜）而是冬又薄遊香港，見西人宮室之瓌麗，道路之整潔，乃始知西人治國有法度。復閱海國圖志瀛環志畧諸書，購地球圖，漸收西學之書，為講求西學之始基矣。（自編年譜，初游香港睹歐亞各洲俗，康南海詩集卷一）

〈主事吳可讀尸諫請為穆宗皇帝立嗣。　是歲日本縣琉球，中國爭之無效。俄國退還伊犂，償金五百萬盧布。

光緒六年，庚辰（西一八八〇） 先生二十三歲。

是歲先生居鄉，授諸弟有銘有溥有霈讀經史，於時生計日絀，不能出遊，不能購書，乃至無筆墨。惟戢影鄉中，致力說文及皇清經解，兼作篆隸。札記頗多，有述作焉。

是歲四妹適塲心譚汝鏗。冬十二月二十四日次女同璧生。

是歲治經及公羊學，著何氏糾謬，專攻何邵公者，既而自悟其非，焚去之。

光緒七年，辛巳（西一八八一） 先生二十四歲。

讀書鄉閭，跬步不出，或長嘯短歌，或看花洗竹。還家之後猶復篝燈句讀不已。時讀宋史，補溫北魏宋齊梁書，兼涉叢書，傳記，經解。而讀宋儒之書尤多；且苦身力行，又以白沙之瀟洒自命，亭林之經濟爲宗，乃盡棄駢散文焉。是年先生以專精涉獵兼而行之，讀書最多。七月以久坐積勞，將生核刺，醫藥罔效，終生流水，精力以虧。是春陳慶笙來訪，自是往還論學。（同上書）

是歲慈安太后崩。伊黎條約成。

光緒八年，壬午（西一八八二） 先生二十五歲。

是歲九江先生卒，先生奔視，與諸子營喪視葬焉。九江先生爲述之先生之友，先生父少農及其兄弟皆嘗負笈受業，至先生執弟子禮時，年垂古稀矣。（自編年譜，朱九江先生佚文序）先生講學於禮山草堂者凡二十年，著書甚多，晚年以爲無益於世，悉焚燬之（康南海傳）。卒後，其子嘗搜集其詩文於鄉里中，僅得詩一卷，文集一帙，及佚文數十篇。（佚文序，不忍三册）享年七十有五。（同上）先生既沒，其弟子猶有留山堂不去者。（南海康君本傳）

於時讀遼金元明史東華錄以爲日課，五月順天鄉試遊京師，謁太學，叩石鼓，瞻宮闕，購碑刻焉。時翁變典編修甚敬重之，且將掃室館先生。歸途道經天津上海故有『津沽形勝曾全覽、京國名流頗見招』之句。（詩集卷一頁十三）既罷還，游揚州，鎭江，金陵，登金山妙高臺，凹北樓，遊明故宮，各有賦詩。（詩集卷一及自編年譜頁十四）先生渡江時，遇巨風暴雨、小舟危甚，念親彌切。因有『應想北堂念遊子，滿天風雨渡瓜州』之句。經上海，觀其繁盛，益知西人治術有本，乃大購西學書以歸。自是大講西學，盡釋陳見矣。（自編年譜及詩集卷一）

是歲四月，法兵攻陷東京河內城而據之。十一月命翁同龢潘祖蔭在軍機大臣上行走。

光緒九年癸未（西一八八三） 先生二十六歲。

居鄉讀東華錄，大清會典事例，十朝聖訓及國朝掌故書。購萬國公報，大攻西學，凡聲光化電，各國史志，諸人遊記皆涉之。因欲輯萬國文獻通攷，並及樂律韻學地圖學。絕意試事，專崇實學。學益猛進。時何易一(樹齡)先生來館於家。易一聰明過人，能深思巧悟。五月三女同結生。創不纏足會於鄉。中國婦女纏足之習，由來甚久，其害亦甚大，折骨傷筋，害人生理，而謬俗流傳，固陋特甚。先生有見于斯，毅然不與長女同薇纏足，族人皆奇異之，不顧也。既而鄰鄉有嘗游美洲之區員外諤良者，其家亦不纏足。先生乃與商創不纏足會，草序例，令凡入會者皆注姓名，籍貫，年歲，妻妾，子女已婚未婚；約以不纏足，其已纏者聽，已纏而放者，賀而表彰之。爲作序文，集同志行之，從者甚衆；實爲中國人自創不纏足會之始也。既而區以會名恐犯禁，遂漸散去。其後先生與有溥弟創辦粵中不纏足會，復推廣至上海，皆用是例及序文，即戊戌七月先生奏請禁纏足事，亦導源於此也。(同上)

△是歲七月法國強與越南定約十三條。八月中國出兵援越南。

光緒十年甲申(西一八八四)　先生二十七歲。

春夏間寓城南板箱巷，以法越之役，粵城戒嚴而還鄉。仍居澹如樓中。早歲讀宋元明學案及朱子語類，兼讀佛典頗多，上自婆羅門，旁收四教，兼攻算學及西學。(自編年譜)

禮運注成。　是歲冬，先生所著禮運注成，並爲之序。先生以爲禮運爲孔子大道所在，故爲之注，以發明之。其序有云：『讀至禮運，乃浩然而嘆孔子三世之變大道之變在是矣；大同小康之道，發之明而別之精，古今進化之故，神聖憫世之深，在是矣；相時而推施，並行而不悖，時聖之變通盡利在是矣。是書也，孔氏之微言眞傳，萬國之無上寶典，而天下群生之起死神方哉。』(禮運注敍，不忍雜誌五冊)

演大同之義。　是歲秋冬，先生獨居一樓，萬緣澄絕。俛讀仰思，『至十二月，所悟日深：因顯微鏡之萬數千倍者視蝨如輪，見蟻如象，而悟大小齊同之理；因電機光綫一秒鐘數十萬里，而悟久速齊同之理；知至大之外，尙有大者，至小之內，尙包小者；剖一而無盡，吹萬而不同，根元氣之混侖，推太平之世宙。既知無來去，則專以現在爲總持；既知無無，則專以生有爲存存；既知氣精神無生死，則專以示現爲解脫；既知無精粗無淨穢，則專以悟覺爲受用；既以畔援歆羨皆盡絕，則專以仁慈爲施用。其道以元爲體，以陰陽爲用。理皆有陰陽，則氣之有冷熱，力之有拒吸，質之有凝流，形之有方圓，光之有白黑，聲之有清濁，體之有雌雄，神之有魂魄，以此八□統物理焉。以諸天界，諸星界，地界，身界，魂界，血輪界統世界焉。以勇禮義智仁五運論世宙，以三統論諸聖，以三世推將來，而務以仁爲主，故本天合地，以合國合種合教一統地球。又推一統之後，人類語言文字飲食衣服宮室之變制，男女平等之法，人民通同公之法，務致諸生於極樂世界，及五百年後如何，千年後如何，世界如何，人魂人體遷變如何，月與諸星交通如何，諸星諸天氣物質類人民政教禮樂文章宮室飲食如何，諸天順軌變度出入生死如何，奧遠窅冥，不可思議，想入非□，無不得而窮也。合經子之奧言，探儒佛之微旨，參中西之新理，窮天人之賾變，搜合諸教，披析大地，剖析今故，窮察後來。自生物之源，人羣之合，諸天之界，衆星之世，生生色色之故，大小長短之度，有定無定之理，形魂現示之變，安身立命，六通四闢，浩然自得，然後莫往莫來，因於所遇，無毀無譽，無喪無得，無始無終，汗漫無爲謂而悠然以游於世。又以萬百億千世生死示「現」「來」「去」無數富貴，貧賤，安樂，患難，帝，王，將，相，乞丐，餓莩，牛，馬，雞，豕，皆所己作，故無所希望，無所逃避。其來現也，專爲救衆生而已，故不居天堂而故入地獄，不投淨土而故來濁世，不爲帝王而故爲士人。不肯自潔，不肯獨樂，不願自尊，而以與衆生親。爲易于援救，故日日以救世爲心，刻刻以救世爲事，舍身命而爲之。以諸天不能盡也，無小無大，就其所生之地，所遇之人，所親之衆而悲哀以振救之。日號于衆，望衆從之，以是爲道術，以是爲行己。』（自編年譜）

△是歲七月法使下旗離北京，中國下詔與法國宣戰。

光緒十一年，乙酉（西一八八五）　先生二十八歲。

歲初從事算學，並依上年所演大同之義，著人類公理一書。（案以後之大同書。卽由此書擴充而成者。）二月應張延秋先生招，擬游京師，二十三日頭痛大作，幾死。日讀醫書而目又痛，羣醫束手無法，惟裹頭行吟於室，數月不出。因檢視書籍遺稿，從容待死，人類公理既成，大同之制已定，先生以爲雖死無憾。（自編年譜，闕題忽六十詩）既而讀西醫書，試依方爲之，乃漸效，至七月始瘳。（自編年譜）是秋頭風漸愈之際，先生屢借外遊消遣，故感懷之詩亦頗多。嘗遊香港，過虎門黃浦，登太平山。在港嘗觀賽彌會，歐戲，馬戲，是知歐俗百戲之始。又嘗與梁小山

舟買游花埭及萬松園，皆爲題詩焉。（南海詩集卷一頁廿八—廿九）

是歲應鄉試不售。時所問策，有宋元學案及蒙古事，場中無能對者，皆來抄問，粵城傳之。策爲沈刑部子培所擬，先生之知沈子培以此也。然時値病後，記性大弱，從此不復事策學矣。還居西樵山白雲洞高士祠修養，與張延秋先生過從極懽。四女同完生數月而殤。（自編年譜）

△是春與日本結天津條約。五月中法媾和條約成，安南脫離藩屬。朝議定先練北洋水師一支。以張蔭桓爲出使美國西班牙比利時大臣。是歲孫中山先生二十歲，畢業香港醫校，始立傾覆清廷創建民國之決心。

光緒十二年，丙戌（西一八八六）　先生二十九歲。

春夏居城，五月復居鄉之澹如樓。是歲先生著康子內外篇，內篇言天地人物之理，外篇言政教藝樂之事。又依幾何作公理書，著教學通議成。時張文襄督粵，春間嘗令張延秋編修告以開譯書局事，張允之，並託先生與文芸閣廷式任其事，然未果行。繼欲聘先生掌教三湖書院學海堂，先生卻之。其後先生擬譯書事以商力爲之，卒未成。

頂定天然曆法。其法以一年爲一周，十年爲十周，餘此類推。一周有四游，即南游，北游，東游，西游，而不用十二月之法。一游或八十七日，或九十三日，四游合爲三百六十五日，四年一閏。以春分爲改周之正朔，以一晝夜爲一轉，凡一切萬物皆以十位紀之，不用散數。周天之數皆定爲百，一日之時皆定爲十，度量衡皆以十爲進焉。（自編年譜）是冬，弟有溥冠，字廣仁。（同上）

△是歲立臺灣省。英併緬甸。

光緒十三年，丁亥（西一八八七）　先生三十歲。

春居花埭伍氏之恒春園，三月還居鄉之澹如樓，八九月游香港，十一月游七星岩。是歲仍編人類公理。復推孔子據亂昇平太平之理，以論地球；立地球萬音院，以考語言，俾免學習語言之煩；立地球公議院，合公士以議合國之公理；養公兵以去不會之國；其日所草思，大率類是。（自編年譜）先生嘗作像，故有自題三十影像之詩。（詩集卷一頁三十一）

光緒十四年，戊子（一八八八）　先生三十一歲

歲初居鄉，春夏間居花埭讀佛典。旣而以張延秋編修頻招游京師，五月，遂決行；並應順天鄉試。旣至，延秋先生病篤，遂視其疾而營其喪。時先生學有所得，頗能超然物表，倜儻人環。八月謁明陵，單騎出居庸關，登萬里長城，出八達嶺，一日而還。九月游潙山西山。時先生

講求中外事已久，登高極望，輙有山河人民之感。數月來先生遊覽甚多，京畿名勝幾遍覽，故所賦詩亦甚多。（自編年譜，詩見汗漫舫詩集，南海詩集卷二）

十一月先生第一次上書請變法。是歲秋祈年殿災，十月祖陵山崩千餘丈，十一月，先生乃發憤上書，極言時危，請及時變法。時公卿中，潘文勤祖蔭、翁常熟同龢及徐桐有名於時，先生曾以書責之。至左右先生之上書者有黃仲弢編修，沈子培刑部，屠梅君侍御。書初呈國子監，管監事者翁常熟尚書，以書中俱有歸咎朝廷用人失宜之意，未敢代上，蓋時有人以言獲罪者，意在保護也。又時適冬至，翁與許應騤李文田同侍祠天壇，許李交攻，故翁有所顧忌。許李皆粵人，位居侍郎，怪先生不謁彼，故懷恨甚深也。國子監既不得達，盛伯熙祭酒持其文見都御史祁文恪公世長，文恪許爲代上，屠梅君助奔走。既而文恪以病久假，而屠梅君亦以言事革職，時正預備歸政及大婚，故書終不得達矣。是時京師聞之者譁然。蓋自同治初年黎純齋後，數十年無以布衣諸生而上書者。（四上書記雜記及自編年譜）先生是書所舉大端有三：『曰變成法，曰通下情，曰愼左右』，中有『數年之內，四夷侵於外，亂民起於內，豈待我十年教訓乎？』及『夫治平世與治敵國並立之世固異矣』等語。其憤慨激昂有如此者。

屠梅君侍御最忠純剛直，先生每與言國事輙流涕。先生頻爲草摺言事，及鐵路議起，張文襄請開蘆漢路而苦無款，與侍言宜用清運之便；並主宜先築清江浦鐵路。既而慈禧爲築頤和園挪海軍捐以收巨資，先生與侍御言之，並爲草摺，既上，奉旨停止。十二月二十五日太和門災，侍御覩救火，先生又代草摺言四事：一請停頤和園工，二請醇邸不預政，三請以災異罷免軍機大臣孫毓汶，四請宦寺勿預政事。侍御卒以此被逐，仍無怨色。（自編年譜）

〈是歲慈禧諭明年二月歸政，立桂祥之女葉赫那拉氏爲皇后。

光緒十五年，己丑（西一八八九）　先生三十二歲。

書既不達，先生有歸意，以冰凍不果行。時人皆勸先生勿談國事，乃徙歸汗漫舫，日以金石碑版自娛。（自編年譜）汗漫舫者南海會館別院之小室也，先生五遊京師皆旅居於此。以院有迴廊古樹，巨石如舟，因以名其室。先生日以讀碑爲事，觀京師收藏家之金石凡數千種，自光緒十三年以前略盡讀矣，乃續包愼伯之書爲廣藝舟雙楫。（詩集卷二頁一，及自編年譜）時先生有詩云：『上書驚闕下，閉戶隱城南；洗石爲僮課，攤碑與客談。著書消日月，憂國自江譚；曰步迴廊曲，應從面壁參。』（詩集卷二頁十七）又事經說，發古文經之僞，明今學之正。更合漢碑急就章輯周漢文字記，以還倉頡篇之舊焉。（自編年譜）

四月先生三妹瓊琚卒。先是妹壻游湘琴於去歲六月病歿，所虧債累皆妹任之，後因憂勞過甚，竟以殞亡，遺子二人。先生以遠遊在外，未獲爲妹之助，哀惻異常，乃爲文遙祭之。（同上）

是秋鄉試從謄錄第一。據先生云，以所爲文章瓌偉，人皆識之，大學士徐桐斥爲狂生，抑置副榜。房官王錫蕃爭之，益怒，置謄錄第一，蓋原列第三名也。（同上）

先生居京師既久，熟知朝政日深，始知是時實不足語變法圖強也。蓋上興土木，下通賄賂，加以孫毓汶李聯英密結，把持朝政，士夫掩口，羣僚賄進，而醇邸位居樞貴，即舊政風紀綱敗壞掃地，故不足以語爲政也。先生乃決然舍歸，專意著述教授事業矣。（自編年譜）

九月出京，臨行留別諸公詩中有：『滄海驚波百怪橫，唐衢痛哭萬人驚，高峯突起諸山妒，上帝無言百鬼獰，豈有漢廷思賈誼，拚教江夏殺禰衡，陸沈預爲中原歎，他日應思魯二生，』之語。又其去國吟中一首云：『東山白雲日夜飛，西樵山下拓桑肥；百畝耕花花塼宅，先生歸去未應非。』先生既南行，乃肆意游覽，冒雨遊西湖，自杭至蘇州游虎邱鄧林諸勝，破長江登石鐘山，入九江，游廬山，謁朱子白鹿洞，渡鄱陽湖。溯江上游武昌，登黃鶴樓晴川閣，游漢陽城，皆賦詩焉，至十二月還粵。時有童子陳和澤者來省先生。（詩集卷二頁二十——二二，及自編年譜）至鄉，仍居澹如樓中，復理在汗漫舫所著廣藝舟雙楫，至除夕書始成。（廣藝舟雙楫序，不忍三册）

八是歲正月清德宗大婚，二月帝親政。

光緒十六年　庚寅（西一八九〇）　先生三十三歲。

春居徽州會館，既而移家羊城之雲衢書屋。三月陳千秋來見，六月來學。八月梁啓超來學。千秋名通甫，又字禮吉，時讀書甚多，能考据，初以客禮來見，先生凡三與論詩禮，泛及諸經，乃告之以孔子改制之意，仁道合羣之原，考据爲學之無用；通甫乃恍然悟，首來受學。又告以生死之理，雖身家多難亦超然蹈道自在矣。凡與論今古天下奇偉之說，諸經真僞之故，告以堯舜三代之文明皆孔子所託，人由猿猴變來之理，諸天之界，諸星之界，大地之界，人身之界，血輪之界，各有國土人類物類政教禮樂文章。又告以大地界中三世後，此大同之世復有三統，皆能一一信而證之。其天才亮特，聞一知二，志宏思深，氣剛

力毅，先生許爲學者所未見。（自編年譜）

是歲先生著婆羅門教考，王制義證，毛詩僞證，周禮僞證，說文僞證，爾雅僞證。九月，應石星巢之聘，教冬課於廣府學宮孝弟祠，先生幼隨侍祖父讀書地也。時三水徐勤來見。　是歲八月生子而殤。（同上）

是年先生有保朝鮮策一文，主張捐朝鮮爲萬國公地，其言曰：『吾有力則收爲內地而執其政，中策也。吾無力則捐爲萬國公地，按比利時例，各國共保護之，上策也。若內守藩屬之虛名而外聽通商之自主，此下策，實無策也。』（保朝鮮策，遺稿）

光緒十七年，辛卯（西一八九一）　先生三十四歲。

是年以弟子陳通甫梁啓超之請，始講學於廣東省城長興里之萬木草堂，著長興學記以爲學規。其功課部有七條：一讀書，二養心，三治身，四執事，五接人，六時事，七專務。（梁任公三十自述及長興學記）時來學者多青年有志之士，如韓文舉，梁朝杰，曹泰，王覺任，麥儒博等。（自編年譜）

先生之教授也，『以孔學，佛學，宋明學爲體，以史學西學爲用，其教旨專在激厲氣節，發揚精神，廣求智慧。』長興學舍組織雖不如近日學校之完備，而其精神則不讓泰西學校。又如音樂兵式體操諸科，於當時皆屬創舉。先生每日講授四五點鐘，『每論一學，論一事，必上下古今，以究其得失沿革，又引歐美，以比較證明之。又出其理想之所窮及，懸一至善之格，以進退古今中外，蓋使學者理想之自由日益發達，而別擇之知識亦從生焉。』（梁任公康南海傳）先生暇時仍從事著書，七月新學僞經考刻成，陳通甫梁啟超助焉。是時義烏朱蓉生侍御一新掌教廣雅，來訪，先生與之辨難頗多。與語中外之變，孔子之大道，朱君不信。據先生自云：『既請吾打破後壁言之，乃大悟。其與人言及見之書札乃其門面語耳。』（自編年譜）然則人謂朱氏學術與先生學術相水火者不盡然矣。此後先生數與之書札往返辨難，朱氏逝世時，先生且祭輓之。

∧是歲俄羅斯侵我帕米爾。

光緒十八年，壬寅（西一八九二）　先生三十五歲。

移講堂於衛邊街鄺氏祠，學者漸衆。時龍澤厚積之以知縣來學，先生命與陳通甫充學長。用孔子降生紀年，制大成舞，並作歌（文成舞詞，詩集卷一頁五）以祀孔子。與學者習儀禮十七篇，且置諸樂器，使學者誦歌奏樂。是歲嘗屬鄧鐵香鴻臚承修教惠州尙志堂，以鴻臚卒，未果行。（自編年譜）

是時所著之書甚多。以孔子改制考體制博大，故還高足弟子助撰述之事。是書自丙戌年與陳慶笙議改五禮通考始屬稿，己丑年先生任京師謝國事後續爲之，至是年用功最力。又命弟子剩取逸周書，山海經，方言，穆天子傳之與周禮及劉歆之說合者，以證爲劉歆之僞撰。合左傳國語而改編之爲國語原本，且削其古文禮與周禮合者，以還國語原文之舊。時又編魏晉六朝諸儒杜撰典故考，史記書目考，孟子大義考及墨子經上注等書。（同上）

光緒十九年 癸巳（西一八九三），　先生三十六歲。

仍講學於衞邊街。冬遷於府學宮仰高祠，賃之十年，徐勤梁啟超之力也。是歲以梁啟超陳通甫充學長。來學者日衆，曹泰精思妙悟，徐勤堅苦強毅，尤爲有成。先生晝則講學，夜則著書，撰三世演孔圖未成。八月先生三叔父王如先生卒。有孟子爲公羊學考，論語爲公羊學考。以親意屬望，應鄉試，中式第八名。先生自云，本置第二名，以文用孔子改制義犯朱註，故爲抽改。時先生不拜考官及房官公師，人皆譁謗之。（同上）

接辦同人局事。　先生鄉中有同人團練局者，係咸豐四年其伯祖積芝先生所創。合三十二鄉，人丁五萬，局地十餘里。自積芝先生逝世，局事廢壞，爲罷黜知府張喬芬所把持。自是鄉中盜賊四起，張氏且公然與之分潤，鄉人畏其勢，敢怒而不敢言。會先生親族數被盜，因有鄉紳請先生圖鄉治盜者，時弟子陳通甫固同鄉也，學既成，亦欲以所學救人大道見諸實行。先生乃以鄉紳之力去張，使通甫治局事。未幾，剿賊禁賭諸事，次第施行，又大修學舍，議創書院，宿弊幾盡。不幸終以持禁賭之議過烈，致招衆怨，而與張氏以間隙。蓋張氏自去位後，銜先生入骨，嘗二次謀害先生，幸皆得免。至是乃勸先生於官，先生避之桂林，而通甫亦罹肺疾後卒喪其身。先生痛之，始知除暴植善之難，而宿習積弊之不易去也。（同上）

光緒二十年，甲午（西一八九四），　先生三十七歲。

（一）入京會試。　二月先生與梁啟超入京會試，寓盛伯熙祭酒邸，得觀其秘書玉牒金石之藏。既而移居金頂廟，與梁小山同寓。五月下車傷足，遂南歸，六月到粵。（自編年譜）

（二）上諭燬禁新學僞經考。　七月給事中余晉珊奏劾先生惑世誣民，非聖無法，請焚新學僞經考，並禁粵士從學。（自編年譜）時侍御安維峻奏請毀禁新學僞經考片中有：「騰其贊鼓，扇惑後進，號召生徒，以致浮薄之士，靡然向風，從游甚衆。……昔太公誅華士，孔子誅少正卯，皆以其言僞而辨，行僻而堅」之辭。（翼教叢編卷二頁）旨下兩廣總督李瀚章，令其飭禁。覆奏謂：『其書於經義無所發明，學人弗尚，似不至惑世誣民，傷壞士習。……臣已札行地方官，令自行銷毀，以免物議。至該舉人意在尊崇孔子，似不能責以非聖無法，請勿庸置議。』(同上二頁)然是書之板，卒遭焚毀。時梁啟超在京聯合伯熙沈子培黃仲弢等營救，亦無效。(自編年譜)八月游羅浮，九月歸，復講學。十月弟子曹著偉卒，年二十四歲。著偉以欲研究密宗往羅浮訪異僧，感瘴死。其才學與陳通甫相若，堅苦力學，亦相伯仲；故梁啟超許二子皆不可一世之才也。(自編年譜及詩集卷三頁五)

(三)游桂林，居風洞。　十一月先生遊廣西，居於風洞，過桂山書院，發見同治十三年叔祖康國器友之先生重修三書院之遺蹟。與桂中人士接觸，漸有來問學者。先生感桂士讀書遜業堂者甚寡，皆緣於不知讀書方法。因著桂學答問，導學者以門徑，且補口舌應接之不及。先生居[illegible]二月餘，於時得二洞，無名，乃名其一曰康岩，一曰素洞。(桂學答問序及自編年譜)

(四)中日戰起。　先生五月在京師時，有人問先生：『國朝可百年乎？』答以：『禍在眉睫，何言百年！』其人甚謬之。(自編年譜)時為慶太后六旬萬壽，舉國若狂。未幾戰事開，累敗績，乃使恭王李鴻藻翁同龢入軍機並督辦軍務。於是先生歎戊子上書所言之不幸而中矣。(同上)中日未開戰前，先生有一文曰攻日策，(遺稿)其中論攻之之法及海險形勢，頗中肯綮，而最要者乃在主取攻勢之一點。其言曰：『必能戰而後能和，能攻而後能自保，未有不能攻人而能自保者也。不能攻人則為人所攻矣，故兵家言先發制人。』　是歲居桂時著春秋董氏學，孔子改制考。(自編年譜)

〈御史安維峻奏請慈禧勿干涉帝權被革職。珍妃瑾妃以常進言革去妃號，其兄志銳謫烏里雅蘇臺，文廷式出京免官。(戊戌政變記)

是歲孫中山先生以中日戰起，時機可乘，赴美洲檀香山，創立興中會。放洋後，郵上李鴻章一書，建議富國強兵之遠略，以人盡其才，地盡其利，物盡其用，貨暢其流為綱領。

光緒二十一年，乙未(西一八九五)　先生三十八歲。

(一)弟子陳通甫卒。　先生以正月由桂還粵，二月二十四日陳通甫以肺病卒。先生哭之甚慟，蓋通甫聰明絕人，而氣魄剛毅，為先生最得意弟子，負荷第一人也。(自編年譜)梁啟超嘗云：『余二十年來幾盡交海內名士，求其學間文章道德才氣能如君者蓋未之見也。」嘗通甫從事同人局事時，啟超嘗止之，而通甫與先生見同，謂事無大小，法無揀擇，吾惟隨現以行吾心所安而已。卒年二十六歲。先生欲爲之立墓碑，至戊戌猶未果也。（南海詩集卷三頁五及自編年譜）

（二）公車上書。先生以二月十二日偕梁啟超梁小山入京師，同寓金頂廟。時京師震動，內廷爲遷都計，國士紛紛出亡。及和議定，割遼台賠巨款之電到京，先生先得消息，立即令啟超鼓動粵楚公車，士氣大振。連日遞章滿都察院，衣冠塞塗，皆請拒和。先生見士氣可用，乃集十八省舉人於松筠庵會議。以一晝二夜草萬言書請拒和遷都變法三事，於四月八日遞之都察院，則謂和約已蓋寶矣。蓋是時操朝政者，知士氣太盛，恐阻和局於己不利，乃一面促太后皇帝用寶，一面解散參加運動之人，書卒未能上。其書綱目凡三：（一）遷都以定天下之本，（二）練兵以強天下之勢，（三）變法以成天下之治，蓋主旨在先拒和次變法以圖強也。次日，美使索稿欲觀。未幾，公車上書記刻遍國中矣。（自編年譜，公車上書記，四上書記雜記及詩集卷二）

（三）獲中進士。四月榜發，先生會試中式進士第五名。殿試第四十八名，朝考第二等。據先生聞徐同龢言，謂會試本擬會元，而徐桐阻之；朝考本擬元卷，而李文田黜之。及四月十一日召見後，授工部主事，先生以不肯折節，未至署。（自編年譜）

（四）第三四上書。是時先生取前擬上書，擇其言變法之部，加以引申，並詳及用人行政之本，復撰爲一書，於閏四月六日遞之都察院，十一日上於朝，旋發下。限即日抄四份，一存乾清宮，一呈慈禧太后，一存軍機處，發各省督撫將軍議，一存勤政殿，備御覽。（自編年譜及四上書記雜記）是書要點爲『及時變法，富國，養民，教士，治兵，求人才而慎左右，通下情以圖自強。』計自戊子至乙未，先生所上之書，凡四次矣，然僅此書上達耳。（同上第二）

既而遷出南海館，先生又草一書，言變法緩急之序，深察中國之勢，期於可行，冀以上啟聖聰，立救危敗。上之工部，孫家鼐稱之，將代遞呈，而李文田適署工部，阻之。遞之都察院，不收。交袁世凱遞督辦處，榮祿亦不收，時五月中旬矣。此書即先生之第四上書，所言較前三書尤精詳切實，書首言西國所以致強之道，指明三事：（一）在千年來諸國並立，（二）在立科以厲智學，（三）在設議院以通下情。次言中國政法積弊，非盡除之不能言治之理由。書之後半詳陳應變大端有五：(一)下詔求言，(二)開門集議，(三)開館顧問，(四)設報達聰，(五)開府辟士。先生此書已探得西法之真，更揭穿中國積弊之實，故龍序（四上書記）云：『若夫深探中國數千年之積弊，通較地球數十國之政本，統籌全局，盛水不漏，曲折入微，圖窮匕見，如第二書（指乙未第二書）之所言，海內知斯義者不知幾何人也。』（自編年譜，四上書記及龍序）

(五)創報及開會於京師。書既不達，先生有歸意。觀於京師街道之蕪穢，書草一請修街道附片上之，奉旨允行，然僅修宣武門一段而已。是時先生聆諸友如陳次亮沈子培等勸，乃暫留京師。惟感於欲變法非先開士夫之知識不可，乃令梁啟超麥孟華（孺博）日屬文，分學校軍政各類，每日隨送京報人分發。朝士識見議論遂漸變，及知文出於南海會館，乃有謗言。時嘗與翁同龢長談，論變法事，並告以應提舉人才，同龢然之，因索讀先生論治之書，亦銳意變法矣。然是時當事者多守舊之士，如徐用儀等。即恭王亦不明外事。六月九日先生草摺，王幼霞過遞之，而徐用儀被逐出樞垣。（自編年譜）

先生又以開士風開知識，非合羣力不能厚，而合羣非開會不可，故自上書之後，即以此號召於同志。辦報之效既收，先生乃開強學會焉。當時參與者甚多，如陳次亮郎中，沈子培刑部，王幼霞侍御，文道希學士，沈子封編修，袁慰庭觀察等十餘人。先生爲草序文及章程，自是日一會於炸子橋嵩雲草堂，來者日衆，而英人李提摩太亦於是時始會中國士大夫。是時督撫自願助款者頗不乏人，如張之洞劉坤一，乃至宋慶聶士成亦各捐數千金。擇地購書之事，皆次第舉辦，規模本可日擴，乃爲御史楊崇伊及大學士徐桐所劾而敗。先生遂決意南行。（同上及詩集卷二頁三五）

(六)南返開強學會於上海。當先生在京辦報時，係自出資，過不足且典衣給之，此時欲南返，得友朋饋遺始能行。以九月二日到天津，三日游山海關，十二日到上海，十五入江寧，居二十餘日。先已說張文襄開強學會，文襄允之，且以自任，先生乃與黃仲弢梁星海議章程刻之上海。未幾文襄以先生不能遷就己之學術，乃背約，反掣肘焉。然先生仍努力進行，開會賃屋，並由楊仁山處購儀器值三千金，其天文鏡之大者能窺見火星之山海。及開報，北京查禁之旨下，京師強學會被封，上海因亦解散，（先生南返時劾者有人，然摺猶未上，故強學會仍由陳熾[illegible]支持。）虧累之債先生一人任之。（自編年譜）十二月先生歸粵。

先生自云曾力勸翁常熟乘時舉行新政，廢棄八股，否則宜先辭毓慶宮行走，翁不聽。（同上）

是年孫中山先生以革命黨人而促歸國，謀光復，開乾亨行於香港，創農學會於廣州。後以運械事敗，再赴檀香山，爲革命運動之始。侍郎汪鳴鑾長麟以忤太后革職。馬關條約成，割台灣，賠款二萬萬兩。

光緒二十二年，丙申（西一八九六）　先生三十九歲

講學於廣府學宮萬木草堂，以徐勤王鏡如爲學長。續成孔子改制考，春秋董氏學，春秋學。七月與有溥君遊羅浮，八月遊香港，十月至澳門，與何穗田創辦知新報。穗田慷慨好義，力任報事。先生將赴南洋，未果，復還粵。（自編年譜）此後有溥君徐勤何樹齡三君常助辦是報，至光緒二十四年十二月始停刊。（見中國報學史頁一二七）

先生丙午年編有日本變政記一書，當時藏日書甚多，乃令長女同薇譯之，是書之稿因以完成。又箸日本書目志一書。先生見西洋之強在各有專門之學，苟欲強中國，首宜輸入各種西學。惟通西文至難，人才甚少，故以譯讀日書爲便。乃取所藏日本書籍作爲提要，撮其精萃，以供憂國者之求焉。（日本書目志序南海文集第五册）是歲十二月，先生重遊廣西，入桂林。（自編年譜及詩集卷三頁十六——十七）

是年七月，先生弟子梁啓超麥孟華等創設時務報於上海。太監寇連材以諫太后被殺。侍讀學士文廷式革職。八月孫中山先生在倫敦爲駐英華使誘捕，事爲英政府所聞，強使釋出。李文忠與俄定密約於俄都。

光緒二十三年，丁酉（西一八九七）　先生四十歲。

（一）居桂林創聖學會。　先生以正月十日到桂林，仍寓風洞，與唐薇卿岑雲階以善後局萬金創開聖學會。先生爲草章程及序文，於依仁坊彭公祠設廣書講堂義學焉。堂內供孔子，行禮日，士夫雲集，威儀甚盛。先生日與學者論學，暇則游觀桂林之山水。四月與安會匪作亂，唐薇卿捐命辦團，先生常爲叩官請假械。時撰春秋考義春秋考文成，並續成日本書目志。至六月還粵講學，時學者大集，先生乃齊夜會講。八月築室花埭，爲終隱計也。是月納妾□氏，月杪攜長女同薇至上海開女學。九月遊西湖，十月復還上海。（自編年譜）

（二）入京上書。　先生之至上海也，頗感中國人口之繁殖，復思乙未欲建新中國於海外之計畫，乃有開殖巴西意。既聞巴西曾遣使來約通商招工，港澳華商咸樂助成此舉，先生因有入京辦移民事業之意。會膠州案起，先生乃

人京上書，極陳事變之急。書上工部大臣淞溎，惡其伉直，不爲奏達。又草三疏交楊叔嶠等分上之，更約曾剛甫同遞初摺於都察院，都憲徐壽蘅允爲代遞。既而訪李文忠言移民巴西事，李氏許之，惟俟巴使親來方可。是時先生有意南旋，以翁常熟留，未成行。未幾，給事中高燮曾薦請召見，並加卿銜派出洋，而翁在上前又力稱之。旨下，交總理衙門議，許應騤阻之於恭王，經常熟堅持，始奏聞，奉旨令王大臣問話。先生此次所上書建三策：（一）『取法俄日以定國是』，（二）『大集羣臣而謀變政，』（三）『聽任疆臣各自變法。』並有：『皇上若能少採其言，奮發維新，或可圖存。……否則沼吳之禍立見，裂晉之事即來，職誠不忍見煤山前事也。』之語。（自編年譜及戊戌政變記三——五頁）

（二）開粵學會　先生欲續強學會之舊，乃集同鄉人士開粵學會於南海館，時十二月十三日，集者二十餘人。草疏請將總理衙門同文館譯書發各省會館，以便京官講求，蒙旨俞允。既而爲文中允等定章程，創開經濟學會，以慶王議不合罷。又令丁叔雅佐壽百福成立知恥會。（自編年譜）

（四）膠案之解決。　膠案起後，日本參謀部曾使人見兩湖總督張文襄云，願中國助聯英拒德。惟朝士多猜疑日本，而恭王更主倚俄，故卻日本之請。先生深察各國形勢，以爲日此舉係出至誠，可依其言聯英。乃爲御史楊深秀陳其璋各草一疏，請聯英日，中詳述英國屢來援助異國事。又致書常熟請主持之，並作聯英日策，徧告朝士。終以文忠之異議及朝士之遲疑不敢發，而膠州割。既而英使提議開旅順大連爲商埠，俄使聞而怒之，以絕交威嚇中國。先生上書常熟，謂：『此爲中國之生機也，吾意且盡開沿邊口岸以衆國敵俄耳。』卒以恭王及慈禧畏俄甚，不徇英請。未幾，英願以三厘息不扣借款中國，而俄強以四厘息扣，於是朝議紛紛，終畏俄使大言恐嚇，用兩不借之說。自是朝士始漸知英國之可信而俄國之叵測。先生又書言之常熟，謂應將中國沿海口岸盡開爲商埠，既可借諸國之力以保境，又可開士民知識。常熟倡言於總署，然大臣皆反對之。　是歲貴州學政嚴修奏請開特科，乃說常熟及張樵野蔭桓成之，藉此增常科以陰去八股，其章程乃先生與沈子培同議定者也，（自編年譜）

是冬有溥君經理上海大同譯書局事，刻成孔子改制考，春秋董氏學及日本書目志。同年梁啓超主講湖南時務學堂，譚嗣同唐紱丞創湘報於長沙，爲湖南日報之始。（湘報序）

是歲朝鮮王稱大韓皇帝，宣示非中國屬邦。嚴復譯赫胥黎天演論，創國聞雜誌揭刊之，國中講新學之士日多矣。天津開北洋學堂，上海開師範學堂。

光緒二十四年，戊戌（西一八九八）先生四十一歲。

（一）王大臣傳見先生於總理衙門。先是上命總理各國事務衙門王大臣隨時接見先生，詢問天下大計變法之宜，並命如有所見及著述論政治者，由總理衙門呈進。先生乃於去歲十二月呈日本變政考於總署，（具奏亦見該書序文）並上請拒割讓膠州亟圖變法摺，（光緒東華續錄一四二頁一）乃於是歲正月三日延見先生於總理衙門。（同上）屆時，有李文忠，翁常熟，榮祿，刑部尚書廖壽恆，左侍郎張蔭桓，相見於西花廳。榮首問以祖宗之法不可變，先生答以所以必變之者，因時制宜，誠非得已也。次廖問以如何變法，先生答謂，以變法律制度為先，並云：此種法律制度誠宜盡廢，即一時不能廢除，亦當斟酌改定，方可推行新政。翁問以籌款，先生答以日本之銀行紙幣，法國印花，印度田稅，行之中國，可得十倍於今。乃進呈法律，度支，學校，農商工礦政，鐵路，郵信，會社，海軍，陸軍之法；並言日本法制與吾國相近，最易摹仿。至昏始散。是會榮先行，恭邸病未到。及翁以言入奏，上命召見，為恭邸阻，乃令陳所見。其後（以上自編年譜）上諭總署，以後康有為如有條陳，即日呈遞，無許阻格，並命先生具摺上言。（光緒東華續錄卷一四二頁八）

（二）上疏統籌全局。於是先生於初八日上疏統籌全局，其大端有三：（一）請誓群臣以定國是，（二）設上書所，以採眾言。（三）開制度局，以定新制。制度局所以總其綱，宜別立十二局以分其事，曰法律局，曰度支局，曰學校局，曰農局，曰工局，曰商局，曰鐵路局，曰郵政局，曰礦務局，曰游會局，曰陸軍局，曰海軍局。書既上，命總理各國事務衙門王大臣會議以聞。（同上書頁八——十二）時先生以繕錄呈文，並開粵學會，日無暇晷。而林旭開閩學會成，宋伯魯李孟符開關學會成，楊銳開蜀學會亦成。（自編年譜）。既而先生又上呈請代奏皇帝第七疏一摺，大意主『中國變法莫如法俄，以君權變法莫如採法彼得。』蓋以其制度與中國類，其情形與中國同也，（戊戌奏稿補錄第九頁）是年正月，上諭採貴州學政嚴修議，以內政，外交，理財，經武，格物，考工六事，開經濟特科，（光緒政要卷二十四頁二）又諭採榮祿給事中高燮曾奏，軍機處會同兵部議覆，設武備特科。（同上）又命軍機大臣會同總理衙門籌辦京師大學堂。（光緒東華續錄卷一四二頁十九）

(二)論辦昭信股票。　先生以二月八日進呈日本變政考並泰西新史攬要時事新論等書。時正借日欵甚急，中允黃思永請用外國公債法行昭信股票，及下戶部議，員司簽名贊同者二十餘人。先生聞而投書翁常熟，力諍之，謂此爲亡國之舉；蓋乙未所借民債，久未償還，民怨久矣。且前次酷吏勒抑人民，結果十九盡飽私囊，於國無益；言極激昂。然摺已上，即月奉旨行，不可挽回，惟所得僅千餘萬，仍由外國銀行以重息借欵一萬萬兩。先生以爲應統籌大局，借巨欵，築全國鐵路，練兵，購艦，設各種學堂，立船塢武備水師學堂，開銀行，行紙幣，如此以全力並舉，庶可補救。若挖肉補瘡，僅支目前，是坐以待斃也。因薦容純甫於常熟，謂其熟於外事而爲人忠信，可任借欵。復草二摺，與宋伯魯陳其璋上之，樞垣皆疑其不能而留中。先生又草請改律例摺，與王佑遐上之。(自編年譜)

(三)俄租旅順大連條約成。先生前摺抑壓至二月十三日始上，即下總署議。時先生進呈俄彼得變政記，附片請變童生歲科試，易八股以策論，並下總署議；而俄租旅順大連之事起。三月一日先生上摺陳三策；(一)拒之，戰而敗與之不遲，(二)用西人浦盧爹士例，聽俄人佔據，(三)盡開沿海口岸，以利各國而拒俄。又命弟子麥儒博等聯百數十人上書都察院請代奏，請以旅大與諸國，聯英拒俄；然俄約已於初四日畫押矣。(案：東華錄係初六日租借條約成。)於是法索廣州灣，英索九龍威海衛。紛紛俱來。(自編年譜)

(四)開保國會於粵東會館。先生以前摺爲旅大事擱起，乃思開大會以伸國憤，而振士氣。是時啓超復與有溥君以病來京，寓金頂廟。先生乃乘會試期內集各省公車開保國會於粵東會館，時三月二十二日也。到者數百人，公推先生演說，聽衆有泣下者。其言極沈痛哀懇，推求中國自道光以來屢次失敗之原因在我之政治學術皆不如人，並舉四十日內外國要挾逼迫者二十事，故滿座爲之感動。二十五日再集於嵩雲草堂，二十九日三集於貴州會館，到者皆百餘人。保國會之章程亦爲先生草定，計三十條，其主要宗旨在：(一)保全國地國民國教，(二)保全國家之政權土地，(三)保存人民種類之自立，(四)保存聖教之不失。繼此而起者有保滇會保浙會。皆欲保存國土，促進開明；支會既衆，謗議漸起。會有吏部主事洪嘉與者，以三拜先生未遇，且未答拜，因而懷恨。遂惠孫灝草駁保國會議文，偏投朝士，謗言沸騰。李盛鐸首參保國會以自免，潘慶瀾附片謂爲聚衆不道，至五月許應騤文悌劾先生摺內且有：『保國會之宗旨在保中國不保大清』之言。是朋由徵至交皆不敢臨先生之門，與前之座客常滿，應接不暇者，不可同日而語矣。惟德宗以先生於前摺及附片內數言會黨之善，知為各國通行之俗，故不禁壓；且曰會為保國，豈不甚善。（以上見自編年譜及戊戌政變記卷三頁八——十九）

是年三月先生弟子梁啟超等，嘗聯合舉人百餘人，連署上書，請廢八股取士之制，總署及都察院未為代奏。（戊戌政變記卷三頁三）

（五）詔定國是。　四月初十日恭親王奕訢既薨，（光緒東華續錄卷一四四頁七）先生上書翁常熟，促其急變法。常熟以謗言鼎沸，亦欲先生去，故先生擬南旋；惟恐無人鼓舞，因再上請定國是書。其書於十八日草定，交楊深秀上之。略謂：門戶水火，新舊相攻，當此內憂外患交迫之秋，日言變法而衆論不一，故國是未定。昔趙武靈王之胡服，秦孝公之變法，俄彼得及日本之維新，皆大明賞罰；如是而後能定國是，行新政。（書見戊戌奏稿頁一——三）其後又草一書，交徐子靜學士上之，二十三日乃下定國是之詔。（自編年譜）詔中有云：『朕維國是不定，則號令不行，極其流弊，必至門戶紛爭，互相水火，徒蹈宋明積習，於國政毫無裨益。……用特明白宣示中外大小諸臣，自王公以及士庶，各宜努力向上，發憤為雄，以聖賢義理之學植其根本，又須博采各學之功於時務者，實力講求，以救空疏迂謬之弊。……以期人才輩出，共濟時艱。……不得敷衍因循，徇私援引，致失朝廷諄諄誥誡之至意。』（光緒東華續錄卷一四三頁十六）先是先生嘗草變科舉摺二篇，（文見奏稿頁三）交楊深秀徐子靜分上之。又草請派近支王公遊歷摺，及為闊普通武草撰請定立憲開國會摺。（此摺見不忍雜誌第五册）其後，又草請開局譯日本書摺，請派游學日本摺，皆由楊深秀上之。又為宋伯魯草請催舉經濟特科摺，皆蒙旨諭允。（二摺見戊戌奏稿）又嘗為李盛鐸草請譯書遊歷及明賞罰辨新舊摺。（自編年譜）

（六）召見先生於仁壽殿。　先生本定二十四日出京，適接家信，謂粵中疾疫甚盛，故遲歸。二十五日忽為徐學士致靖薦備顧問，奉旨着於二十八日預備召見。（自編年譜）徐學士保摺上於二十三日，書中有云：『皇上之維新宗旨既定矣，……而非得其人亦不能變法。……臣竊見工部主事康有為，湖南鹽法長寶道黃遵憲，江蘇候補知府譚嗣同，刑部主事張元濟，廣東舉人梁啟超等，若蒙皇上召置左右，以備論思，與講新政，或置諸大學堂，令之課士，或開譯書局，令之譯書，必能措施裕如，成效神速。』（光緒政要卷廿四頁十二——三）廿五日上諭，翰林院侍讀學士徐致靖奏保為通達時務人才一摺，工部主事康有為，刑部主事張元濟著於本月二十八日預備召見，黃遵憲譚嗣同著該督撫送部引見，梁啟超著總理各國事務衙門查看具奏。（光緒東華續錄卷一四四頁十八）

先生於二十七日詣頤和園，宿戶部公所，即見懿旨逐翁同龢，令榮祿出督直隸，統三軍，並召見，令天津閱兵。（自編年譜）東華續錄：『己酉命王文韶速即來京陛見，以榮祿暫署直隸總督。諭『嗣後在廷臣工，如蒙皇太后賞加品級，及補授滿漢侍郎以上各官，均著具摺恭詣皇太后前謝恩。各省將軍都統督撫等官，亦著一體具摺奏謝。』又諭翁同龢開缺回籍有：『近來辦事多未允洽，以致衆情不服，屢經有人參奏。且每於召對諮詢之事，任意可否，喜怒無常，詞色漸露，實屬狂妄任性，斷難勝樞機之任，』等語。二十八日早，先生入朝房，俟榮祿下，即入對。（光緒東華續錄卷一四四頁十八）德宗問年歲出身畢，先生即言：『四夷交迫，分割洊至，覆亡無日。』帝謂：『皆守舊者致之。』先生稱上之聖明，洞悉病源，因云：『既知守舊之致禍敗，則非盡變舊法，與之維新，不能自強。』帝言：『今日誠非變法不可。』先生答謂：『近歲非不言變法，然少變而不全變，舉其一而不改其二，連類並收，必至無功。』帝然之。先生又曰：『今數十年諸臣所言變法者，率皆略變其一端，而未嘗籌及全體。又所謂變法者，須自制度法律先為改定，乃謂之變法；今所言變者是變事非變法也。臣請皇上變法，須先統籌全局而全變之，又請先開制度局而變法律，乃為有益也。』既而先生問：『何為久圖不舉，坐致割弱？』上以目睨外，歎曰：『奈掣肘何！』先生曰：『就皇上現在之權，行可變之事，雖不能盡變，而扼要以圖，亦足以救中國矣！』繼又曰：『皇上欲變法，惟於擢用小臣，廣其登薦，與之召對，察其才否，皇上親拔之，不吝爵賞，破格擢用。凡今軍機總署並已用差，但用京卿御史兩官分任內外諸差，則已無事不辦。其舊人且姑聽之。惟彼等事事守舊，請皇上多下詔書，示以意旨所在，凡變法之事皆特下詔書，彼等無從議駁。』先生又論八股之害曰：『今日之患在吾民智不開，故雖多而不可用，而民智不開之故皆由以八股試士為之。學八股者不讀秦漢以後之書，更不考地球各國之事，無以任今日之事變者，皆由八股致之。故遼臺之割，不割於朝廷，而割於八股；二萬萬之款不賠於朝廷，而賠於八股；以至膠州旅大威海衛廣州灣亦莫不割於八股。皇上既以為可廢，請下明詔，勿交部議；若交部議，部臣必駁斥矣。』上曰「可」。

乃問「籌款」之方。先生對曰：『日本紙幣銀行，印度田稅，皆可取法。』因略言『中國地大物博，藏富於地，貧非所患也，但患變法不得其本耳。若能統籌全局，大舉而籌款數萬萬，徧築鐵路，練民兵，購鐵艦；徧開郡縣各種學堂，水師學堂，及建立船塢等，則一舉而大勢立矣。』於是更言譯書，游學，及派游歷等事。每終一事，稍息以待上命，否則起而重提。其初言及用人行政；末及推廣社會，以開民智，而激民氣，並撫各會匪。又謝保國會上爲保全之恩；上皆點首稱是。又條陳所著書及數會事。久之，上始命退出，並命若尚有言，可具摺條陳，時已逾十刻矣。既退，遇李文忠，對先生歎惜，告以榮祿之參劾，剛毅之阻抑。時軍機大臣面奉諭旨，命先生在總理各國事務衙門章京上行走。先生於是告宋伯魯即上請廢八股文摺，蓋早已草定者。奏陳事畢，乃與有溥君游西山。略事休養；歸又具摺謝恩，並再呈請大誓羣臣，統籌全局，開制度局三義：廢八股，開孔教，聽沿邊口岸用孔子紀年諸事，兼呈孔子改制考，列國歲計政要等書。（按此敬謝天恩並統籌全局摺係六月一日上，文見戊戌奏稿及光緒政要）謝恩摺由總理大臣代遞，上命以後直遞無須關折，並命將所著波蘭分滅記，法國變政考，德國變政考，英國變政考立即抄寫進呈。先生乃條奏，願齊夜編書，不能赴總署效勞矣。（以上見自編年譜）

（七）詔改八股取士之制。宋伯魯之請廢八股取士摺，上於四月二十九日。帝閱後，即令降旨，以剛毅堅阻，請懿旨後，始於五月五日下詔。（自編年譜）詔中有云：『乃近來風尚日漓，文體日敝，試場文卷大都循題敷衍，於經義罕有發明，而譾陋空疏者每至濫竽充選，若不因時通變，何以勵實學而拔真才。著自下科爲始，鄉會試及生童歲科各試，向用四書文者，一律改試策論。』又云『此次特降諭旨，實因積弊太深，不得不改弦更張，以破拘墟之習。』（光緒政要卷二四頁十七，光緒東華續錄卷一四五頁三）

八股既廢，士無所依，痛恨先生者日衆，至有欲行潛刺者。於是友人皆勸先生深居簡出以避不測，先生不之顧，且自草一摺交楊深秀上之，復令梁啟超草一摺，交宋伯魯上之。二者均請迅行改試策論也。（自編年譜）宋伯魯摺以五月十二日上，即日上諭：「宋伯魯奏請將經濟歲舉歸併一科，各省生童歲科試迅即改爲策論一摺，…：以鄉會兩試爲綱，鄉會試既改策論，經濟歲舉亦不外此，自應併爲一科攷試，以免紛歧。生童歲試，著各省學正奉到此諭旨，即行一併改爲策論，毋庸候至下屆更改。』（光緒東華續錄卷一

四五頁六—七）

先生以爲愚民之害既去，更當開啓民智，乃上請勵工藝獎創新摺，蓋知泰西文明多由於製新器，著新書，尋新地而來。其摺中論工藝之處有云：『夫工者因物質生化之自然，變化妙用之，及至講求日新，精妙如神，則人代天工矣。夫天稱造物，神曰造化，曰造云者，工之謂耳，故國尚農則守舊日愚，國尚工則日新日智。』（戊戌奏稿頁二十）摺以初八日進呈，（自編年譜）十七日諭云：『各省士民若有新書以及新法製成新器者，果係足資民用，允宜獎賞，以爲之勸，或量其才能授以實職，或錫之以章服表以殊榮，所製之器，准其專利售賣。有能獨力創建學堂，開闢地利，興造鎗礮各廠，有裨於興國殖民之計者，並著照軍功之例，給予特賞，以昭鼓勵。』（光緒東華續錄卷一四五頁十三）

（八）守舊者之參劾。　自定國是廢八股以來，守舊之士，頗多謗言，御史文悌黃桂鋆等且奔走謀推翻之。惟時阻撓開經濟特科及廢八股最力者爲許應騤，故楊深秀宋伯魯聯名劾之。（摺以五月二日上，見光緒東華續錄卷一四五頁一）上惡其阻撓科舉，即予罷斥，以剛毅堅乞，始命其自行回奏。其摺反攻先生之處甚多，至有謂先生『始行晉京，意圖僥倖，終日聯絡臺諫，夤緣要津，託詞西學，以聳觀聽』等語。上以審愼，僅命其嗣後遇事，務加勉勵，與各堂官和衷商榷，毋負委任而已。（同上書頁三及自編年譜）

其後，御史文悌又於五月二十日上疏嚴劾先生，兼及宋伯魯楊深秀二君。其摺極長，文極平實，且全捏造事實以攻人，故似確鑿可信。其影響最巨者，在『令其將忠君愛國合爲一事，幸勿徒欲保中國四萬萬人，而置我大淸國於度外』數語；其後滿人藉口先生『保中國不保大淸』者，皆據此言也。此摺既上，上諭：『該御史所奏，難保非受人唆使，向來臺諫結黨攻訐，各立門戶，最爲惡習，該御史既稱爲整飭規範起見，何以躬自蹈此。文悌不勝御史之任，著回原衙門行走。』（同上第一書頁十四—十八）

是時以新定科舉事，先生奏請採用朱子科場貢舉議，分科取士，令人習一經，惟四書則人人須通，西學則人專一途。摺上，爲禮部所駁，但附片請將優拔貢改試策論，朝殿試勿尙楷法，得旨允行。（自編年譜）

（九）進呈日本變政考等書。　是時上頻命樞臣催所著各國變政書，先生乃晝夜將日本變政考草成；並加案語於其上。凡日本自明治元年至二十四年之事，共爲十二卷，更附撮要一卷。凡中國變法之曲折條理，自官制，財政，憲法，海陸軍，營新疆，合滿漢，教男女，改元，遷都，農工商礦各事，靡不詳爲研究，借此書發揮。以是上旨內容皆出奏摺之外，而人皆疑爲先生所議擬焉。此書之外，又進呈波蘭分滅記，列國比較表，法國變政考等書，皆五月間事也。至德英二國變政考，八月始上，而政變作矣。

（十）以孫家鼐管理大學堂事務。　自本年正月二十五日御史王鵬運請開辦京師大學堂蒙旨諭允，並命總署軍機處會同妥議詳細章程以來，（摺諭見光緒東華續錄卷一四二頁十九）至五月十五日總署會同軍機處奏籌辦京師大學堂事宜，兼呈詳細章程。（摺見同書卷一四五頁九）　其要義凡四端：曰寬籌經費，曰宏建學舍，曰愼選管學大臣，曰簡派總教習。同日上諭，命孫家鼐管理大學堂事務，並令所有原設之官書局，及新設之譯書局，均并入大學堂。（同上）

總署之初擬大學堂章程也，屬先生代撰，先生以召見無暇，令梁啟超起草。折中英美日本之制，甚爲周密；而以大權歸之總教習。其後先生又爲總署章京張元濟代撰覆奏，定爲四款：曰預籌巨款，曰即撥官舍，曰精選教習，曰選刻學書。孫家鼐奉命後，即欲聘請先生爲總教習，及見梁啟超所草章程，以大權不歸管學大臣而歸總教習，大怒。初家鼐亦頗言變法，至是亦大攻先生改制矣（自編年譜）

大學堂既定，先生乃上摺請於各省開高等學堂，各府開中學，各縣開小學，撥各省善後欵及各規費以充學費。並請廢天下淫祠，以其室宇充學舍，以其租入供學費焉。（請開學校摺見戊戌奏稿頁十二）摺上，蒙旨允行。（自編年譜）二十一日上諭，命將各省府廳州縣現有之大小書院一律改爲兼習中學西學之學校，其自行捐辦之社學義學一律亦令中西兼習。至於民間祠廟其有不在祀典者，應即著由地方官曉諭民間，一律改爲學堂，以節糜費，而隆教育。』（節錄光緒東華續錄卷一四五頁二一——二二）

（十一）陳寶箴孫家鼐奏請焚燬孔子改制考。孔子改制考一書，合先生弟子陳通甫曹箸偉等數人之力，閱時八年始成，（見原序，不忍雜誌第一册）篇目凡二十，光緒二十三年印於上海。其自序云：『聖制萌芽，新歆遽出，僞古盛行，古文篡亂，於是削移孔子之經而爲周公，降孔子之聖王而爲先師，公羊之學廢，改制之義湮，三世之說微，太平之治，大同之樂，闇而不明，鬱而不發，我華我夏，雜以魏晉隋唐佛老詞章之學，亂以氐羌突厥契丹蒙古之風，非惟不識太平，即求漢撥亂反正之義亦乖剌而不可得。』由此可知是書之主旨。而先生祭朱蓉生侍御文又謂：『吾所發明，孔子改制。君書疑焉，力規吾敝。吾言道微，夷狄交噉、而吾學士，漢宋兩敝。至于民氓，教不下逮。外道邪雜，與吾迭帝；不定一尊，心目罔繫。今學口說，三統大義：囊括四海，可捕裂隳。相契遠慮，頓失宿滯。』（見遺稿或康南海文鈔卷三） 是先生著書之旨，可得其大凡矣。

改制考通行以後，謗議攻毀之者甚多。其見之奏摺者，有陳孫二氏。陳寶箴奏釐正學術造就人才摺中有：『臣嘗聞康有為之為人，博學多才，盛名幾遍天下，譽之者有人，毀之者尤有人；譽之者無不俯首服膺，毀之者甚至痛心切齒：誠有非可以常理論者。及徐考其所以然，則皆由於康有為平日所著孔子改制考一書。』（節錄摺文見覺迷要錄卷一頁十四—十六）又云：『其失尚不過穿鑿附會，而會當中弱西強，黔首坐困，覺有所激，流為偏宕之辭，遂不從其傷理而害道。…我皇上陶鑄羣倫，兼收博采，康有為可用之才，敢言之氣，已邀聖明洞鑒，…可否特降諭旨，飭下康有為，即將所著孔子改制考一書板本，自行銷毀，既因以正誤息爭，亦藉可知非進德。』陳氏之摺，寓有保全之意。繼陳氏而起者為協辦大學士孫家鼐。孫氏於五月二十九日上摺攻孔子改制考，兼及先生所著中西學門徑七種書中之第四五兩種，並請依陳奏將孔子改制考一書完全銷燬，且有『康有為之為人，學術不端，而才華尚富，…願皇上采擇其言，而徐察其人品心術。』（孫遵議覆康有為條陳說帖見翼教叢編二頁十九，其摺見光緒東華續錄卷一四五頁廿九）摺上，軍機大臣奉旨，著孫家鼐傳知先生，固未降旨銷毀其書也。惟據先生言，孫氏素自負，其攻擊先生及改制考者，實自窺見梁啟超所著大學章程以後，時人皆推薦先生為總教習，而章程中畀與大權也。（自編年譜）

其以著作反攻先生及所著孔子改制考者，有勸學篇一書。是書自三月書成後，頗風行一時。六月初七日諭旨中有，『張之洞所著勸學篇，持論平正通達，於學術人心，大有裨益，著將備定之副本頒發各省督撫學政各一部，俾得廣為刊布，實力勸導，以重名教，而杜卮言。』（節錄原諭，見光緒東華續錄卷一六四頁五）其書內外共二十四篇，自序謂『內篇務本，以正人心；外篇務通，以開風氣。』又云：『於是圖救時者言新學，慮害道者守舊學，莫衷一是。舊者因噎而食廢，新者歧多而羊亡；舊者不知通，新者不知本；不知通則無應敵制變之術，不知本則有非薄名教之心。…交相為瘉，而恢詭傾危者亂名改作之流，遂雜出其說，以蕩眾心；學者搖搖，中無所主，邪說暴行，橫流天下。』其論正權曰：『辨上下，定民志斥，民權之亂政也。』（以上勸學篇序）觀此，是書之宗旨可以概見。惟孔子改制考於政變後及庚子年，仍兩奉僞旨焚板禁行。（見孔子改制考附記）

四月間先生有請停刀弓石武試改設兵校摺，五月間有請廣譯日本書派游學摺，請裁綠營放旗兵改勇營爲巡警仿德日而練兵摺。（皆見戊戌奏稿）是月上諭神機營改練洋操。

△二月德國租借膠州灣條約成，三月俄國租旅順大連條約成，五月英國租借威海衛條約成。

（十二）諭派先生督辦官報。六月一日先生上商務一摺，請令十八省各開商務局，並荐上海元經善嚴作霖爲總辦，廣西龍澤厚副之。先使試辦，兩月內草定章程，呈總署轉呈御覽。摺上後即交各省督撫議行，廣東省先行之。是時上海時務報以汪康年虧巨欵，日趨零落，先生乃草摺交宋伯魯上之，請飭梁啟超專辦報，蓋是時梁氏仍在奉五月十五日諭旨六品銜辦理譯書局事務也。（摺見光緒東華續錄卷一四五頁廿九）惟是時樞臣惡先生，故使孫家鼐請先生專辦官報，意在排擠，使外出也。（自編年譜）

自八股廢棄以來，怨謗先生者日多，頗有勸先生勿預政事者，而有溥君勸之尤力。君常言，八股既廢，民智可大開，則中國不至亡；且既無權，必不能舉行新政，不如歸而講學，俟二年後再議變政中國，未爲晚也。是時榮祿統三軍，內結李聯英，爲太后所信任，已謀定天津閱兵行廢立之事。且日造謠言，謂上重病，而內府謗皇上尤無所不至。故有溥勸先生去更切。惟先生以爲死生命也，常舉昔年華德里落磚掠面而未傷之事爲言，後以堅請，乃許繪辦報以覘進退焉。時孫家鼐以初八日入奏，謂『前宋伯魯奏請准派梁啟超督力官報，惟自大學堂開辦以來，譯書事極爲急迫，可否以康有爲督辦之。』（節取原奏見光緒東華續錄卷一四六頁五）同日上諭：『著照所請，將時務報改爲官報，派康有爲督辦其事。各報體例，自應以指陳利弊，開擴見聞爲主，中外時事均許據實昌言，不必意存顧忌。』（節錄，書頁同上）先生奉命後，即具摺謝恩，並條陳請令武備文官教職以上及諸生皆須閱覽時務報，更請訂定報律。（以上自編年譜）

（十三）樞臣之敷衍開制度局事。開制度局事先生屢上疏言之，且嘗爲宋伯魯楊深秀等草摺上之。其後二君更奏請御乾清門以誓羣臣，然皆爲剛毅等所阻。於是梁啟超爲李苾園（端棻）草摺陳四事：（一）御門以誓羣臣，（二）開懋勤殿議制度，（三）改定六部則例，（四）派朝士歸辦學校。摺上，爲慶邸及孫家鼐所阻。（按李氏此摺不見於東華錄，惟請定六部則例摺有之)。上由是徧問總署抑壓先生正月請開制度局之摺，總署因用浮辭駁之；上發還，令再議，並以硃諭責以無得浮詞搪塞。自是樞臣敷衍了事，如會議臣以詔定國是當之；選通才議制度以選翰詹科道十二人備顧問代之；請開制度局一條，則置之度外矣。其餘皆仿此類推，故雖奉旨允行，而先生之摺已成具文矣。惟是時惡先生者更甚，咸謂先生謀盡廢內閣六部及督撫藩臬司道焉。(自編年譜)

六月與先生皆上摺請開農工局，並進呈農學圖，奉旨派端方吳懋鼎徐建寅辦理。七月五日上諭中有云：『中國向本重農，惟向無專求其事者，非力爲勸道不足以鼓舞振作，著於京師設農工商總局。其各省府州縣設立農務學堂，廣開農會，刊農報，購農器，由紳富之有田業者試辦，以爲之倡。至工學商局各事宜亦著一體認眞舉辦。』(自編年譜及光緒東華續錄卷一四七頁二)

又草摺交楊深秀上之，奏請獎勵湖南巡撫陳寶箴，蓋是時湘中舊黨猖獗，大攻新政，凡新政學會學堂之業經舉辦者，幾皆失敗也。(自編年譜) 六月十八日上諭中有云：『總之中國現在病在痿痺，積弊太深，諸臣所宜努力。即如陳寶箴自簡任湖南巡撫以來，銳意整頓，即不免指摘紛乘，此等悠悠之口，屬在搢紳，倘仍隨聲附和，則是有意阻撓，不顧大局，必當與以嚴懲，斷難寬貸。』(光緒東華續錄卷一四六頁十四) 其後又嘗草摺交宋伯魯，劾廣東巡撫譚鍾麟阻撓新政。摺上，奉旨交陳寶箴查辦。(自編年譜諭旨見光緒東華續錄卷一四七頁廿五)

六月二十六日爲上萬壽，先生請頒御像，下愛民詔書，以結民心，刊新政詔書謄黃，遍貼窮鄉僻壤，以廣德意。並請停止昭信股票，起農工商之業，以惠民困。刊謄黃及停止昭信股票事，皆蒙旨允行。(七月間命停止昭信股票見光緒東華續錄卷一四七頁十六上諭) 同日先生又上請禁天下婦女纏足摺，請獎勵各省不纏足會，並令各省督撫飭地方官勸誘士庶，仿照上海不纏足會例推行。(摺見戊戌奏稿頁四十三，以上自編年譜) 是月先生又上請君民合治滿漢不分摺(見奏稿頁三十四) 請尊孔聖爲國教立教部教會以孔子紀年而廢淫祠摺，(同上頁廿六) 並附呈新學僞經考董子春秋學等書。

(十四)奏請預定開國會期，並請選拔賢才議政。七月初先生進呈波蘭分滅記一書，書中詳述俄奧瓜分之慘，波民荼毒之酷，帝覽之，爲之感動，賞先生編書銀二千兩。先生具摺謝恩，惟於摺末稱陳時變之急，分割之苦，變而不變，行而未行之害，及制度局不開，零星散雜之無益，更反覆言明波蘭之事。於附片中先生又辨孔子改制考事，說明孔子稱王爲歷朝封典，並非一己獨創。摺既上，制度局仍不開，先生乃不復言事，專事編修英德變政記。(自編年譜，摺見戊戌奏稿頁三十九)

(十五)革禮部六堂職。　是時羣臣皆得上書言事，惟仍多爲守舊大臣阻抑之者。禮部主事王照嘗上摺請皇上東游日本，並痛斥守舊惡習，爲尚書許應騤懷塔布所抑，擲還不爲代遞。王君乃具摺彈劾堂官，時侍郎堃岫溥頲又令印者勿收。王君欲遞呈都察院，兩堂始許。然用之以劾王氏，謂其『請帝出游險地，顯係狂妄，故未爲代遞』云。五月十六日上諭中有云：『前經降旨，部院司員有條陳事件者，著由各堂官代奏，勿得拘牽忌諱，稍有阻格，至於是非得失，朕心自有權衡，無煩該堂官鰓鰓過慮也。』(光緒東華續錄卷一四七頁十。)同月十九日上諭：『禮部尚書懷塔布等竟敢首先抗違，似此故意抑格，豈以朕之諭旨不足遵耶？若不與以嚴懲，無以儆戒將來，禮部尚書懷塔布，許應騤，右侍郎堃岫，署左侍郎徐會灃，右侍郎溥頲，署右侍郎曾廣漢著即行革職。至該主事王照賞給三品頂戴，以四品京堂候補。』(同上書頁十三節錄。)(自編年譜)

自是令羣僚封章直遞，(自編年譜)更令各直省道府自行遞摺，(同上)各州縣官交督撫代遞，由督撫將原封呈遞，不得稍有阻格。(光緒東華續錄卷一四七頁廿三)時各衙門堆積封奏有一日多至數十件者。(同上頁廿)

(十六)超擢四京卿。　自詔令薦舉通達時務人才以來，督撫大臣之奏薦保舉者甚多，上每日均有召見，其確通時務者，必擢用之。七月十三日上諭：『陳寶箴奏保人才夏獻銘，黃炳離，陳寶琛，楊銳，黃英采，劉光第……各員在京者著各該衙門傳知該員，預備召見，其餘俱由各該督撫飭知來京，預備召見。』(節錄該諭光緒東華續錄卷一四七頁八)同日上諭：『少詹事王錫蕃敬保通達時務人才，……內閣中書林旭，著該衙門傳知，預備召見。』(同上)七月二十日上諭：『內閣候補侍讀楊銳，刑部候補主事劉光第，內閣候補中書林旭，江蘇候補知府譚嗣同均著賞加四品卿銜，任軍機章京上行走，參預新政事宜。』(同上書頁十四)時人謂之四京卿。而尚書李端棻薦先生甚力，惟帝以忌西太后故，未敢公然擢用，故以譚林劉楊四卿代之。帝知譚林爲先生弟子，故上有所欲傳，或先生有所欲白，皆藉二人傳達之。湖南舉人曾廉上書請殺先生及梁啟超，帝命譚嗣同擬旨駁之，八月上與先生密旨令林旭帶出，皆以此也。(自編年譜)

(十七)裁汰冗官。　時奏摺繁多，無義不有，而汰冗官廢卿寺之說尤多（張元濟請廢翰林院都察院，岑春煊請廢冗寺冗員。（自編年譜）上決行之，樞臣力諫不聽，乃將詹事府通政使光祿寺，太僕寺，大理寺等衙門一併裁撤，各該衙門一切事宜均歸併內閣六部辦理。湖北廣東雲南三巡撫並東河總督亦一併裁撤，均著以總督兼管巡撫事，東河總督事宜歸併河南巡撫兼辦。

先生對改官制事素主增新而不裁舊，用宋人官差並用之法。其主開制度局以及民政局也，係選新才以任新政，然仍存冗官以容舊人。時軍機大臣廖壽恒請先生言之，並議止帝之裁汰，惟帝勇決非常，先生乃請全裁而不主存冗員矣。又以雖有行政之人而無議政之人，乃草摺交徐子靜上之，請賞三四五品散卿，三四五六品散學士，摺上交孫家鼐妥速議奏。至七月二十四日，令照所議置以官職，並命如有同品卿缺，即由吏部開單請旨錄用。（以上光緒東華續錄卷一四七頁九，十，二十，各諭旨；及自編年譜）

自禮部六堂革職以來，帝擢李端棻裕祿為禮部尚書，闊普通武為左侍郎，薩廉為右侍郎，（同上第一書頁十六）是時又令天下士民有欲上書者，即交本籍州縣代上之；天下士人，皆欣然大悅。（自編年譜）

（十八）擬開懋勤殿以議制度。　譚嗣同既為京卿，欲力薦先生入軍機處，先生避之。徐子靜又力薦先生直懋勤殿，先生以西太后之忌亦辭之。然譚嗣同與林旭又欲開議院，先生以舊黨盈塞，制度局不開，瑣碎拾遺終無補救，故請開懋勤殿以議制度，草摺令宋伯魯代上，舉黃公度（遵憲），梁啟超二人任之。王小航（照）又上一摺，舉有博君與麥儒博（孟華）。而徐子靜亦奏請開懋勤殿，薦先生與譚嗣同。至是帝決意開設，乃令譚嗣同擬旨，並令檢康熙乾隆咸豐三朝故事，蓋據以請於慈禧也。於是內外咸知將開懋勤殿；時七月二十八日也。（自編年譜）

七月間先生所上摺有請開制度局議行新政摺，二十日後有請廢漕運改以漕款築鐵路摺，請計全局籌巨款以行新政築鐵路起海陸軍摺，請設新京摺，請斷髮易服改元摺。（散見戊戌奏稿頁四六，四九，五三，五七，六二）其第三摺主籌借六萬萬之巨款，用於改良軍隊，倡築鐵路，開設銀行之事。軍隊則全國皆兵，常備軍七十萬人，分百軍，以二十軍防遼，十軍防蒙，十軍防新疆，四軍防西藏，六軍防滇桂。（頁五四）鐵路則除已築者外，分築三大幹路：南路自江浙閩粵桂滇入蜀接藏，北路自燕晉秦隴蜀出新疆接遼，遼路自遼蒙穿新疆至伊犂。（頁五五）其第四摺主設新京於上海，舉五點以證北京之不宜為都：地勢偏北，人民雜於走集，一也；氣候凍冽，養生不宜，二也；入冬氷凍，海運難通，三也；物產不豐，四也，世家大族，巨商大富，無久居京師者，因而蕭索孤陋，文物不盛，五也。其請斷髮易服摺上於七月二十間，言詞激烈，至有『皇上身先斷髮易服，詔天下同時斷髮，與民更始』之語。其後先生久游歐美，閱歷日深，頗悔前議過勇，蓋以為髮固當斷而服不可易，緣中國服為萬國之最適宜者也。(見同上晉議摺後序，頁六四)

(十九)召見袁世凱。　是時天津閱兵期近，先生與譚嗣同日夜憂之，以為若迫收兵權，則恐警覺；不牢籠將帥，則恐無濟於事。乃於是日呈請仿日本立參謀本部，選天下虎羆之士，不二心之臣於左右，上親環甲冑而統之。又請立新京於上海，斷髮，易服，改元者，皆為此也；蓋借改元易服以新耳目，借行幸上海而避之，且可以建新都而控御天下也。(自編年譜)

先生又以將帥之中惟袁世凱知外國事，講變法，與董聶一武夫不同，因謀利用之以救帝。於是以徐仁祿游說其幕中，以觀其情；因袁氏與榮祿為密接也。又令其激以言詞，謂嘗薦之於帝，惜榮氏告帝以其跋扈不可用，事遂寢。由是袁氏傾向先生甚至且怨恨榮祿矣。先生知其心已動，乃急薦之，首令徐子靜草摺薦袁，並請召見，又交譚嗣同遞密奏，請撫袁以備不測。帝即降旨，召見袁世凱於頤和園，時八月初一日也。(自編年譜) 同日上諭：『現在練兵緊要，直隸按察使袁世凱辦事勤奮，校練認真，著以侍郎候補，責成專辦練兵事宜。』(光緒東華續錄卷一四八頁一)

袁氏以七月二十九日奉召進京，八月初一日蒙召見，即日賞以侍郎候補。二日往宮門謝恩。三日謁合肥慶邸，將辭得榮祿書，謂英船游弋大沽口，盼速歸，並云已調聶士成十營來津駐防。同日晚與譚嗣同商談救帝事甚久，至初五日請訓，當日乘車返津，而政變作。

(二十)戊戌政變。　七月二十九日帝召見楊銳，並與以硃筆密詔曰：『朕惟時局艱難，非變法不能救中國，非去守舊衰謬之大臣而用通達英勇之士不能變法，而皇太后不以為然，朕屢次幾諫，太后更怒。今朕位幾不保，汝康有為楊銳林旭譚嗣同劉光第等其妥速密籌，設法相救，朕十分焦灼，不勝企望之至。』(是詔據戊戌政變記載先生所發表者，與崇陵傳信錄及清史稿所載。楊銳子宣統元年繳呈者與此不同，今取此。政變記為二十八日，年譜為二十九日，從年譜) 初二日明詔促先生行，略謂：『前命其督辦官報局，此時聞尚未出京，實堪詫異，康有為迅速前往上海，毋得遲延觀望。』(節取，光緒東華續錄卷一四八頁一) 同日帝復召見林旭，令其持密詔與先生，詔曰：『朕今命汝督辦官報，實有不得已之苦衷，非楮墨所能罄也。汝可迅速出外，不得延遲。汝一片忠愛熱腸，朕所深悉，其愛惜身體，善自調攝，將來更效馳驅，共建大業，朕有厚望焉。』（據戊戌政變記先生所發表者）（上二詔見政變記卷二頁十，十四）

先生之接帝詔也，當初二日之夕，時在宋伯魯宅與李端棻徐子靜等同宴；談事變之急，相與憂歎。既歸始見促行之詔與林旭所留明日有要事相告之書。次日早林旭始持密詔跪讀，先生痛哭激昂，草密摺謝恩，並誓死救上，令林旭持回繳命，並奏報於初四日起程出京。時楊銳亦持其帶出之密詔來，與嗣同跪讀痛哭，乃召梁啟超及二徐（仁鑄，仁錄）有溥君來，經畫救上之策。適袁幕府徐菊人（世昌）亦來，大衆痛哭不成聲，乃屬譚嗣同去袁所，說之勤王殺榮祿去舊黨焉。（自編年譜）

譚嗣同以深夜造袁寓，既至，直言閱兵之陰謀，及皇帝之危急並激以義奮，曉以大義，『謂今日可以救我聖主者，惟在足下。』袁厲聲正色曰：『君以袁某為何人哉，聖主乃吾輩所共事之主，僕與足下同受非常之遇，救護之責，非獨足下。』譚君乃詳與討論，卒定以閱兵時，帝可疾馳袁營，傳號令以誅榮祿，袁必從之。譚君復問以『榮祿遇足下素厚，足下何以待之，』袁笑而不言。經時，袁變色曰：『若皇上在僕營，誅榮祿如殺一狗耳，』於是相與丁寧而去。（譚嗣同傳，戊戌政變記卷五頁廿一，廿二）袁於初五日請訓，退下即赴車站，日落抵津。（袁氏戊戌日記，近百年史資料頁四九三。按以上取譚君傳而舍戊戌日記者，以袁氏為人，彼時雖虛與委蛇亦必有憤慨之言，故譚君傳為可信，袁氏日記為有意而作也。至陸實雖氏間接，然係當夜聞諸譚君者，且先生亦與聞其事，自編年譜所記不相同）。

先是禮部堂司交鬨，帝怒堂官阻撓新政，革懷塔布等六人職。於是舉朝知上意所在，望風而靡，懷之妻素侍頤和宴游，哭訴於慈禧太后，謂且盡除滿人。其後，帝又特擢譚楊劉林參贊軍機事，專理新政，時謂之四貴，樞輔更側目矣。八月初御史楊崇伊等揣知太后意，潛謀之慶親王奕劻，密疏告變，請太后再臨朝，袖疏付奕劻，轉達頤和園。八月四日帝詣宮門請安，（東華續錄「往瀛秀園門恭迎」）太后已由間道入西直門抵上寢宮，盡括章疏攜之去，召帝，怒曰，『我撫養汝二十餘年，乃聽小人之言謀我乎。』帝囁嚅良久曰，『我無此意。』太后唾之曰，『癡兒，今日無我，明日安有汝乎。』（崇陵傳信錄中國近百年史資料頁四六一，二）

八月六日帝詣瀛秀園門恭送太后還頤和園。同日下逮捕

先生及有溥君之論，又諭請太后復訓政，並定於八日親率諸王大臣在勤政殿行禮。（光緒東華續錄卷一四八頁五）

（二十一）先生出走。　初三日夜聞子刻先生復入城，至金頂廟得譚嗣同消息，知袁不能舉兵扶帝，清君側，乃決行。天將明而醒，九時即起，往訪李提摩太君。李君於夏間嘗與先生談變法事，當時曾薦 Marquis Ito ，謂可備帝顧問。惟先生之意在李氏，故不久即約之來京，蓋有意薦爲帝之顧問也。李氏卒以七月杪（陽曆九月初）來京師，既與先生見，知情形大變，乃客居北京焉。(Soothill, Timothy Richard of China, P. 238)是時先生以李爲英人，欲得英公使之助，而英使避暑北戴河不能救。容純甫閎欲請助於美使，先生以其無兵無濟於事。又訪伊藤博文，僅請其說太后而已。（自編年譜）

是夕先生還南海館，黃仲弢林旭梁啟超有溥君皆在，黃勸先生微服出山東，勿經天津，或易僧服走蒙古，而梁啟超與有溥君復跪請先生行。次日初五，天未明出京，至乘抵塘沽，即登招商局船，以尚無票不能搭餐房，乃入官艙。既而以其須初六日四時啟碇太遲，因還入店，至初六早，搭太古洋行之重慶船，於十時餘行。既至煙台，先生仍以爲無事，登岸購梨及五色石而歸。是時煙台道某已接天津密電，適以急事往膠州未及察，及覺知同捕，船已開矣。先是初六日逮捕先生之詔既下，步軍衙門率兵往南海館圍捕，而先生已行，有溥君與先生弟子程大璋錢維驥同被逮。其夕閉城門，斷鐵路，大索於京師，而榮祿亦派飛騎在天津塘沽逮捕，不得，乃急電煙台上海道，命逮捕，又發飛鷹兵艦往追，以貯煤不足而返。

既至滬，上海道蔡鈞已預備搜捕，時八月初九日也。至吳淞英人濮蘭德持先生像登舟，首問先生是否其人，先生然之，又問是否弒帝，先生曰：『吾安得爲殺人事，』乃出示后旨，僞旨云：『已革某官康有爲進丸毒弒大行皇帝，着即行就地正法，欽此。』先生見上已大行，痛不欲生，即投海。濮氏抱先生曰：『聞上未大行，雖欲死，姑少待，』先生即口占一絕句曰：『忽灑龍髯翳太陰，紫微光掩帝星沈；孤臣辜負傳衣帶，碧海青天感夜心。』又寫絕筆遺書二，一與家人，外附以詩；一與門弟子，皆令僕人藏之，以俟不測，蓋爲再投海計也。其第一書云：『我專爲救中國，哀四萬萬人之艱難而變法以救之，乃蒙此難。惟來人間世，發願專爲救人起見，期皆至於太平大同之治，將來生生世世歷經無量劫，救此衆生，雖頻經患難，無有厭改。願我弟子我後學，體吾此志，亦以救人爲事，雖經患難無改也。地球諸天，隨處現身，本無死理，至於無量數刧亦世世救人而已。聚散生死理之常，出入其間，何足異哉。到此亦無可念，惟吾母吾君之恩未能報，爲可念耳。』其與門弟子書係寄交徐勤者，蓋先生以爲門人中其忠肝義膽，不以死生易心，不以寒暑易節者，惟徐君也。其書云：『吾以救中國，故冒險遭變，竟至於舉命也。然神明何曾死哉。君勉爲烈丈夫，吾有老母謹以爲託，照料吾家人，力任大道無變息也。同門中誰能仗義護持吾家吾國者，吾神明嘉之。』

英吏是時以二兵艦救護先生，故上海道搜索不得。先生在滬停留三日，乃得急電澳門何穗田，令其救家人，又電雲衢書屋萬木草堂，屬即移家澳門。是時英總領事，璧君來見，始知其救先生係奉政府之訓令也。至十二日英吏仍以兵艦護送先生往香港，十四夕到港，何曉生即同港督所派之人來迎，蓋已有電告之也。(以上錄康自編年譜，南海先生紀事書跋，南海先生戊戌輪舟中與徐君勉書及丁巳跋後，記南海先生出險事中國近百年史資料頁五〇九)

(二十二)六君子蒙難。　六日既捕得有溥君等，九日又有諭云：『張蔭桓徐致靖楊深秀楊銳林旭譚嗣同劉光第均著先行革職，交步軍統領衙門拿解刑部審訊。』(光緒東華續錄卷一四八頁九)至初十日，七君全被捕，解交刑部。(同上頁六)十三日以有人奏『若稽時日，恐有中變，』故未經刑部審訊，即戮楊深秀楊銳林旭譚嗣同劉光第康廣仁六君子於市。(同上書頁八)

康廣仁名有溥，號幼博，以字行，先生母弟也。少孤，從學受撫於兄。十六歲時因惡帖括不悅學，自勵爲童子師，管教頗得法，如是者二年。既弱冠，深惡八股，雖偶應試，輒棄去。嘗仕於浙。又嘗慨中國醫學之不振，從美人嘉約翰學西醫三年。戊戌三月，以扶梁啟超病同入京。及先生毗贊維新，君頗佐議之，其見解主張皆獨到。變法之始，君首先主廢八股：八股既廢，君觀政情多阻，力勸先生回南講學。及先生奉密詔促行，君死力勸先生即行。六日政變作，被逮，蒙難於柴市，葬於京城南下窪。君之死義也，母勞太夫人始終未知，蓋先生未敢告也。庚子年京城破，先生始設法運歸，停厝于蕪湖醫院。後十四年癸丑冬，始安葬，卒時年三十二歲。(康烈士廣仁傳，戊戌政變記卷五頁一——八)

劉光第字裴村，四川富順縣人，性端重敦篤，博學能文，善書法。弱冠後登進士，授刑部主事。年二十後，以丁憂去官，教授鄉里，頗能提倡實學。及保國會開，爲會

貝。竹廉之上書請殺先生也，君與嗣同以身保。蒙難後，嗣子痛哭一晝夜而死。(本傳同上書頁十七)

譚嗣同字復生，號壯飛，湖南瀏陽縣人。少倜儻有大志，淹通羣籍，能文章，好任俠，善劍術。幼喪母，父官湖北巡撫。弱冠從軍新疆，人奇其才。甲午戰後，提倡新學，創南學會於湖南。戊戌四月爲徐公致靖薦，七月始扶病入覲，被擢京卿後，頗能傳達先生之意。政變既作，謀救帝與先生不得，乃力勸梁啟超避日本使館，而自己坐以待捕。時日本志士多有勸之東游者，雖再四強之不聽。且曰：『各國變法，無不從流血而成，吾中國數千年未聞有因變法而流血者，此國之所以不昌也，有之請自嗣同始。』被逮於獄，猶題詩於壁曰：『望門投宿思張儉，忍死須臾待杜根；我自橫刀向天笑，去留肝胆兩崑崙。』卒年三十四歲，(此據自編年譜，任公傳誤) 其著作以仁學一書爲最要，發明大同之義者。(本傳同上書頁十九)

林旭字暾谷，福建侯官縣人。自童齔穎絕秀出，天才特達，鄉試冠全省。官內閣中書時，聞先生之學而受業焉。被擢京卿後，陳奏頗多，上諭多由君擬。先生與譚嗣同謀用袁時，君頗不謂然，曾有詩致嗣同曰：『伏蒲泣血知何用，慷慨何曾報主恩；願爲公歌千里草，本初健者莫輕言。』(本傳同上書頁十四)

楊銳字叔嶠，又字鈍叔，四川綿竹縣人。性篤謹，好詞章。十五年以舉人授內閣中書，乙未以後，慷慨談時務。先生之開強學會保國會也，君皆與之，過從甚密。(本傳同上書頁十二)

楊深秀字漪邨，(自編年譜作川) 山西聞喜縣人也。少聰敏，博學強記，經史諸子佛典皆能舉其詞，且能鉤玄提要，獨有心得。十五年成進士，授刑部主事，累遷郎中，又爲監察御史。二十四年入春，其第一疏即極言地球大勢，主聯英日以拒俄。三月維新，奏誅阻撓變法者，以君功最多。政變既作猶上疏詰廢立皇上之故，請西太后撤簾歸政。(本傳同上書頁八)

(二十三)西太后復訓政。　自八月六日籲請西太后再訓政之諭下，(見前) 初八日帝即詣勤政殿行禮，(光緒東華續錄卷一四八頁五)，次日帝稱病求醫之詔又下，(同上) 因而內外搢紳，謂將有桐宮之舉。每日造脈案藥方，傳示各衙門，人心惴惴。時候選知府經元善聯合海外僑民，公電西朝，請保護聖躬，而軍機處密電徵求督撫意見時，劉坤一首先反對(此事見中國最近世史頁一九九)又是時公使團亦有警告之言，謂莫爲已甚，(見 China under the Empress Dowager, P.

215.）於是非常之謀竟毀。（崇陵傳信錄頁四六四。）

慈禧既復政，遷帝於南海瀛台，乃大反帝之所爲，凡帝所興革者悉反之，（同上書頁四六二，四六三）凡帝所黜革之守舊大臣皆恢復之，所裁汰之衙門冗員均仍舊設立之。（散見東華續錄）而是時維新大臣之被逮捕革職監禁遣戍者亦甚多。初六日御史宋伯魯以濫保匪人革職，永不敍用。十四日戶部左侍郎張蔭桓發往新疆，侍讀學士徐致靖永遠監禁，翰林院編修湖南學政徐仁鑄革職永不敍用。十六日諭：『已革工部主事康有爲學術乖謬，大背聖教，著該革員所著書籍板片由地方官嚴查銷燬。』十七日諭，命譚鍾麟查抄先生及梁啟超家產，逮捕家屬，並懸賞訪查先生與梁啟超之下落。十九日禮部尚書李端棻革職，發往新疆。二十一日湖南巡撫陳寶箴革職永不敍用，吏部主事陳三立一併革職。南學會保衞局等名目一併裁撤，所有文件全數銷燬。二十三日少詹事王錫蕃，工部員外郎李岳瑞，刑部主事張元濟均革職永不敍用。同日諭令查禁各地報館，張百熙革職留任。（以上散見光緒東華續錄卷一四八頁五——廿）

（二十四）先生居香港。　先生抵港之夕，英前海軍卿與先生約見，慷慨許救帝。時日人宇佐穩來彥偕領事上野季次郎亦來見，而日本志士宮崎寅藏亦來周旋，先生因決有東遊之意，蓋欲先求助於日本也。

是時先生居英巡捕房，其夕有儒君來，於是知眷屬已到澳，惟勞太夫人未至。次日陳夫人自澳來，始知勞太夫人由港去澳矣。十六日。勞太夫人亦來，先生抱膝號哭，於是互慶更生，然是時先生二姊四妹及象岡眷屬猶未逃出也。

先是啟超在京聞變，急電凡，令謀營救。八日在滬之陳子褒電廣州公善堂區諫之君，是時先生眷屬寓花埭，故一部眷屬在此，區君來告變，並促行，乃得於九日舉家下舟，十日乘船赴澳。時勞太夫人在銀塘鄉，得區君信即携僕出城，十三夕由城下港，然仍不知先生居港，故十五日由港赴澳也。至先生二姊四妹等則已寄身戚家，蓋爲時已晚，不得出矣。

十一日先生花埭之屋被封，波及中丞友之先生田園甚多。十二日城內之雲衢書屋被封，先生所藏之書及所著書稿盡失。十八日封銀塘鄉宅及祠廟。二十二日封萬木草堂，先生所藏書三百餘箱盡付一炬。同日先生象岡鄉叔父之屋及祠亦被封，而梁啟超鄉宅已於十七日被圍矣。（以上自編年譜）

（二十五）先生去日本。　先生未到港前，其地有日本志士頗多，皆助革命黨人起事者。宮崎寅藏者日本志士之一也，素仰慕先生，時與先生門弟子往來，相談改革之方策甚多，蓋有意引先生與革命派結合者也。初先生得日使伊藤授意以往日本，曾為之動。至是經宮崎君與其友宇佐君之竄知，大隈伯首肯，先生乃決意往日本矣。去後，先生與宮崎寅藏晤談話二次，最後決定九月十二日首途。是日乘坐之船為河內丸，與先生同行者共十一人，宮崎宇佐二君亦在焉。舟中除英日乘客外，別無他國人，蓋皆為郵船支店長謝絕之也。航行三日，隱然望見琉球一角，先生慨然賦詩曰：『海水排山通日本，天風引月照琉球；獨運南溟指白日，黿鼉吹浪渡滄州。』（同上詩集卷四頁四）第五日夜半由神戶上岸，至警察署易服裝，次日乘汽車去東京。及至新橋，已知宮崎君之友兩萬里於七日前由北京攜梁啟超君來日本矣，乃入旅館三橋。翌日孫中山先生來訪，先生託事謝絕之。先生初至，日人喧嚷一時，即宮崎君亦因講先生到處受歡待。未幾，先生構家轉寓，而宮崎寅藏等亦各奔前程。居日無久，大隈內閣坍臺，先生欲求助於日本之計無所售，旋即改作歐美之游。（以上三十三年落花夢頁六二——七二）

是歲十月梁啟超君與橫濱商界諸同志聯合創設清議報。（三十自述飲冰室文集卷四十四）其宗旨：『為國民之耳目，作維新之喉舌，』『維持支那之清議，激發國民之正氣，增長支那人之學識，交通支那日本兩國之聲氣，以聯絡感情，發明東西學術，以保存亞粹。』（清議報敘例，飲冰室文集卷四）

〈是年北洋學堂，南洋公學，湖北武備學堂，派學生若干人赴日本留學，是為中國人留學日本之始。

光緒二十五年，已亥（西一八九九）　先生四十二歲。

正月在日本。　先生之居日本也，頗受其國人之厚遇，時而與大隈伯游玩山水，時而與門弟子圍話對事。而是時又多贈先生以物品者，如品川彌二郎之贈其師之文稿及墨蹟，佐佐友房之贈戰袍日記，菅原和之贈新學偽經考辦。（詩集卷四頁八至十三）

元旦日，先生與王照梁啟超羅普諸君在所居明夷閣內望闕行禮，有『遺臣西望腸堪斷，故國雲飛有是非，』之句。（同上頁十三）

二月由日本乘和泉丸渡太平洋游美洲。將去，留從亡諸子詩云：『鳳凰驚叱歷幾時，茫茫大地欲何之；華嚴國土吾能現，獨睨神州有所思。』上巳後四日已至加拿大，游溫哥華公園，又乘汽車過落機山頂，其頂充雪面平，先生名之曰太平頂。四月過加拿大都，總督開跳舞會歡迎之，並請女書師為先生畫像。其後乘船渡大西洋，往倫敦，其前海鄉代請於英廷，扶救復辟。議院開會，進步黨以少十四人，未通過。先生乃於閏四月去英，再至加拿大而小住焉。（同上書頁十四——十七）

夏秋之間，先生居千島。島為中國人魏四所買以耕者，小島甚多，先生日遊一島。是時以流離日久，曾患頭風。時所居為帳幕，裝潢如漁室，先生名之曰寥天。六月十三日與義士李福基馮秀石及其子俊卿並徐為經駱月湖劉康恆等創立保皇會，二十八日在中華會館率邦人祝聖壽，龍旗搖颺，觀者甚衆。八月十三日與李劉二義士祭六君子於寥天室。九月乘船東渡日本，二十四日至馬關，泊船二日。（同前書頁十七——廿二）及至，先生未即登岸，因日政府為清廷賄而拒之，後以品川彌二郎力爭始許之，是時清議報被焚。（書廿六年致李提摩太四書後，遺稿）九月杪，先生以母病由日本馬關搭前乘之河內丸，歸港省母。是時以立溥儁為大阿哥故，以李鴻章督粵，懸賞捕先生，而刺客載途，深夜至三層樓行刺焉。（同上及開歲忽六十詩，勞太夫人墓表，張夫人墓誌銘，詩集卷四頁廿一）

十二月立大阿哥。二十四日慈禧召集軍機大臣，各部尚書，內務大臣，及各王公議廢立事，擬廢德宗為昏德王，立端王長子溥儁，於明年正月元旦即位。是時孫家鼐諍之，為太后所斥。（景善日記英文本頁二二五）是日上諭有云：『自上年以來，氣體違和，皇太后訓政一年有餘，朕躬總未康復。乃朕痼疾在躬，艱於誕育，以致穆宗毅皇帝嗣續無人統系，用是叩懇聖慈，於近支宗室中慎簡元良，以為將來大統之歸。再四懇求，始蒙俯允，謹當仰遵慈訓，封載漪之子溥儁為皇子，以綿統緒。』（見光緒東華續錄卷一五七頁十三）

是諭一下，天下洶洶。二十七日上海電報局總辦經元善聯合紳民一千二百餘人電爭廢立，請皇上力疾視政，安天下人心。時教民葉先芳等及各省埠均電力爭，西太后乃懼，二十九日籍舉德宗萬壽以緩空氣，於是廢立之謀寢。（己亥立儲紀事本末，清議報全編六集卷二頁十——？）

是時先生極感港地危險，適邱菽園君貽金並邀往同住，故於除夕往星加坡。既而以刺客載途，謀之者太多，乃又避居印度。是歲十二月張夫人常廣先生不測，乃為長女同薇擇婿麥儒博焉。（張夫人墓誌銘遺稿中，及詩集卷四頁二十二）

△是歲與俄定租借大連旅順條約，與法定租借廣州灣條約皆成。山東義和團於五月起，唱扶清滅洋之說。

光緒二十六年，庚子（西一九〇〇）先生四十三歲。

五月諭旨命南洋閩浙廣東各省督撫懸賞十萬兩緝拿先生與梁啟超君，並命凡購閱二先生之書報雜誌者，一律嚴拿懲辦（光緒東華續錄卷一五八頁三）。二月先生之中庸注成，爲之序曰：『惟聖孫子思親傳大道，其知道統』，『昭明聖祖之德』，『兼傳有子子游之統』。而先生著此書之旨在『推闡明之，庶幾孔子之大道復明，而三重之聖德乃久。』是書之成，係就廣州講學時代舊稿加以潤色者，時在檳榔嶼英督署之明夷閣也。

勤王之師。　是歲義和團變初起，先生以時機可乘，乃使諸同志奔走勤王之事。徐勤募款於海外，唐才常則撫長江兩湖豪傑。於是荊湘奇俠劍客咸來歸，而名將吳祿貞徐懷禮皆與焉。其後又收青紅各幫衆凡十餘萬，皆唐才常御之。以林圭等主武昌，而往返奔走者皆梁啟超。時安徽廣東廣西皆密佈士兵，期武昌義舉而響應之，惜竟未底於成。志士中有秦力山者，好勇而無行，不盡力，不受命，先舉兵於大通，兵敗而事洩。林圭以難久待，急促唐才常自滬歸，未及舉事，而事敗，皆被捕。（唐烈士才常墓誌銘，見遺稿中）彼等原擬七月二十九日舉事，於前二日爲官方查悉，乃率兵捕之於漢口李慎德堂及寶順里內。（據許仕立會匯頭目分別查拿散籍，張文襄全集卷五十一奏議）於是二十餘人皆日就難於武昌市。先是先生知志士中多激烈暴動之徒，嘗諄戒之，謂吾黨欲效日本義士之爲薩摩長門侯，以勤王宣大義於天下而已。是役之敗，株連而死者自男爵道員至諸生以千數，先生聞之，驚駭痛哭，此後不敢言兵。（見唐烈士才常墓誌銘）

當未起事之前，先生謀同時借外力以勤之，故嘗致函英日國人。其致思父書中有云：『敝國存亡在此一舉，東亞立否在此一時。』又云：『前蒙承教，快慰平生。承慨然以救我皇上爲主義，此敝國之有託命也。頃得英人來信，謂英欲駐重兵於威海。將以救我皇上復位，時不可失，惟君圖之。』（節錄，見遺稿中）先生與中西牛郎君書中有：『仗義之師，勤王之志，則率其士諸君子。但民可靜不可動，義師既舉，流血成河，哀衆生民，惻惻不忍。若有救師，此事可已。』（節錄，見遺稿）

拳匪之亂。　庚子三月拳匪始起於京師，未及一月，勢已漸盛。五月有殺日使館書記杉山彬之事，繼而有毀教堂，殺教民，及株連無辜之事紛然而起。清廷自二十至二十四日，連集會議，所謂御前四次大會議也。會中諸臣之議止亂民者，固不乏人；然主利用之者皆王公親貴，而慈禧后亦有袒護之意，故卒不免其禍。（崇陵傳信錄，中國近百年史資料頁四六七——四七二）六月載勛剛毅提督義合團，未幾有殺五大臣之事，然二人督兵匪圍攻公使館，久不能破。六月十七日天津失守，七月二十日英軍陷京師，翌日聯軍繼之，兩宮黎明出走。（同上書頁四七一——四七六）方拳匪之亂也，李文忠正督粵，頗不謂然，乃聯合張文襄劉坤一等不奉命，並上疏力言拳匪不可縱。聯軍入京後，以美日二國兵秩序較佳，其他則搶掠姦殺殊甚，尤以德國爲最。後以李鴻章爲交涉大臣，交涉數月始就緒，然條約之簽字仍在李氏死後也（庚子國變記，同上書中頁五一七）

△十二月下詔變法，並禁止仇視外國商民。

孫中山先生起革命於惠州，失敗。

光緒二十七年，辛丑（西一九〇一）　先生四十四歲。

是歲先生在檳榔嶼，二次補成春秋筆削大義微言考。甲午年先生恐此書與新學僞經考同被焚燬，藏稿未刻。戊戌逃亡，携至日本，己亥毀于清議報社。至是於剌客截途之時，拳匪大亂之後，始於英督署中之大庇閣內二次完成之。（見春秋筆削大義微言考序不忍雜誌第三册及題詞，見不忍第八册）

是歲冬孟子微亦成。是書之旨在發明孟子爲孔道之眞傳者。其序中有云：『今考之中庸而義合，本之禮運而道同，證之春秋公穀而說符，然則孟子乎眞傳子游子思之道者也。直指本末，條分脈縷，欲得孔子性道之原，平世大同之義，舍孟子乎莫之求也。』又云：『欲知孔子者，莫若假途於孟子，蓋孟子之言孔道，如導水之有支派脈絡，如伐樹之有幹枝葉卉也，其本末至明，條理至詳。通乎孟子，其於孔子之道得門而入第，升堂而入室矣。』（孟子微序，不忍第一册敎說欄）

△是歲和議成，賠款四百五十兆兩。　復開經濟特科，命自明年起復廢止八股文，改試策論。　立外務部。

李文忠卒。

是冬清議報停版，梁啓超另刊新民叢報。

光緒二十八年，壬寅（西一九〇二）　先生四十五歲。

居印度大吉嶺之大吉山館。　春三月論語注書成。此書先生前嘗注之，經戊戌之難而佚，此則補修之也。先生深知是書之謬陋粗略，然所以注之者，以其本出今學，『實多微言，所發大同神明之道，有極精奧者，又於孔子行事甚詳』也。（論語注序不忍第四册敎說欄）

大學一書，先生亦以爲『提大道之要，鉤至德之元，學術傳未有比焉。』『誠孔門之寶書，學者之階準也，』而『孔子之微言大義實傳焉。』先生前嘗注之，亦佚於戊戌。

是歲七月居大吉嶺，復補成之。（大學注序不忍第陸册敎說欄）

時大同書亦成。己未年（民國八年）刊行單行本，曾作引言曰：『吾年二十七，當光緒甲申，法兵震羊城，吾避兵居西樵山北銀塘鄉之七檜園澹如樓，感國難，哀民生，著大同書。』但彼時尙未成書也。至辛丑壬寅之間，先生避地印度時，始著成之。（大同書成題詞梁任公按語，詩集卷一頁二）當時先生題詩三首，其一曰：『人道祇求樂，天心惟有仁。先除諸苦灋，漸見太平春。一一生花界，人人現佛身，大同猶有道，吾欲度生民。』（同上）此書分甲乙丙丁戊己庚辛壬癸十部，今已印行之單行本僅收甲乙二部，其詳目如下：（甲）入世界觀衆苦，（乙）去國界合大地，（丙）去階級平民族，（丁）去種界同人類，（戊）去形界各獨立，（己）去□界爲天民，（庚）去產界□生業，（辛）去亂界治太平，（壬）去類界愛衆生，（癸）去苦界至極樂。

是時先生有撥美洲華僑論中國只可行君主立憲不可行革命一書。蓋自政變以來，半年無復辟之事，慈禧仍委用榮祿操大權，華僑同志中因有主張革命者。其致先生函中略謂：『吾會倍極忠義以保皇，而政府反以爲逆黨，反以爲通匪，株連家屬，死者數人，監者累年，今雖再竭忠義亦恐徒然矣。事勢如此，不如以鐵血行之。』先生見之即覆一書，略謂今日事勢固如此，然皇上頗有復辟之望，吾儕不可輕舉。若冒行革命，不獨無以對聖上，且與吾保皇會之宗旨相背矣。至主張革命以創美法式之共和者，我國實不能語此。若必欲行之，必至內亂相殘，外人得利；即或不爭，亦必分裂爲十八國也。（原文在不幸而言中不聽則國亡中頁二）

其時不獨華僑對保皇運動失望，即先生門人亦多欲別謀途徑者。主張革命，或倡各省自立。先生聞之，驚恐非常，因作與同學諸子梁啟超等論印度亡國由於各省自立書，蓋欲以印度亡國之事實以糾正其謬妄也。書中云：『惟攻廢立首賊榮祿，請復辟，求民權，定憲法而已。含此而發妄想，皆恐中國壽命之長，而促其滅亡之命也。』（同前書頁二）

是歲先生曾携次女同璧由大吉嶺遊哲孟雄國，經須彌山，行九日始達其國之都城江傑，時英吏率其國王迎於東站。既而入其王宮，與妃子相見，衣飾鐘器皆出自中國。哲王拘降於英已十四年，欲逋不得，幾見先生，倍極慇勤，贈以貴物，先生亦還贈之。是歲在大吉嶺得子而殤。（不忍三册開歲忽六十詩）

光緒二十九年，癸卯（西一九〇三）　先生四十六歲。

是秋先生因榮祿已死乃歸。途經緬甸，遊爪哇，九月還港。計自己亥十二月至是時，居外凡四年。（張夫人墓誌銘及勞太夫人行狀）

是年先生有官制議一書成，凡十四卷。（官制議序）

∧是年十二月日俄開戰。　二月榮祿死。

光緒三十年，甲辰（西一九〇四）　先生四十七歲。

是歲二月先生離港，重游歐美者五年（勞太夫人行狀）。先生以二月六日乘法國公司船自港行，二月十三日過安南，三月十二日適暹羅，以事少滯檳榔嶼。至四月十二日乘英之舟山船行，經錫蘭島，亞丁，蘇彝士河，希臘諸島，至五月三日夜半抵意大利之巴連的詩。其後連日遊哈喬拉念之地下古城，奈波里邦渒古城，嗹蘇威士火山等處。至羅馬，游魯斯之鬭獸場，博物院，爾西尼宮，隆士卑士宮，尼順那博物院，凱撒屋旁之古墳。六月十三日訪其外務大臣，則已避暑他往矣。乃去羅馬遊荷蘭。（意大利遊記，歐洲十一國遊記之一）

是歲八月十九日先生遊荷蘭，觀俄大彼得學船舊屋遺蹟，感歎憤發，爲之賦詩。（物質救國論頁一—四）至德國，遊柏林議院，院前有俾士麥像，瞻望有感焉。（不忍第五册詩頁四三）十一月往加拿大，臥病於灣高華，時多浪遊。是時將與周國賢遊鮮所謂京城，至除夕還加拿大，仍臥病，時有感懷五首：一思遼瀋，二哀朝鮮，三傷臨朝，四嘆變法，五感殘年。（不忍第五册詩頁四六又頁四七—八）

∧是歲湖南有黃興馬福益之革命，未成。　翁常熟卒。

光緒三十一年，乙巳（西一九〇五）　先生四十八歲。

春，先生在美國。（物質救國論序言）二月先生著物質救國論成，內分二十節，節各有題，起彼得學船工，止欲大開物質學於己國內地之法有八。（見物質救國論）

七月先生遊德國後，赴法國，遊巴黎，登其鐵塔，參觀其博物院，先生以爲歐洲各國之冠。其中收藏中國各種玉器甚多，見之感歎，蓋皆庚子年掠獲品也。又遊乾那花利博物院，見此處之斷頭臺及迭亞像。過路易墳。遊格蘭伯博物院，拿破侖紀功坊及陵墓，蠟人院，奴利故王宮，那打擄古廟，杯倫園。先生於此登汽球焉。其後又遊路易十四故宮，廖蘇園，武庫，磁廠。既終，先生成法蘭遊記。（見法蘭西遊記，歐洲十一國遊記之一）

十月先生復遊全美將畢時，登落機山放歌七十韻，時將游巴西。（不忍第三册詩頁三十五）先生遊美時嘗觀紐格大湖瀑，遊黃生公花園，其最佳處祇沸泉千穴之地，餘無可

觀。（不忍八册詩頁七〇—七一）

〈秋七月出洋考察政治五大臣以遇炸，暫止出發。十月諭禁革命排滿說。立考察政治館。十一月設立學部。興中會與華會光復會合併爲同盟會於日本東京，推孫中山先生爲首領，並刊行民報。

光緒三十二年，丙午（西一九〇六）　先生四十九歲。

是歲六月，先生五渡大西洋，並作長歌詠之。（不忍第六册詩頁五六）九月二十二日重泛大西洋。（不忍五册詩頁四五）十一月十九日先生自瑞典再遊德國。遊其王宮，觀其武庫及威廉第一故宮。又遊其歷代先王遺藏殿，波士淡舊京。既而出柏林，游温氏湖，觀壘於來因，放歌於沙立曼即帝位之臨河石壇。至二十九日至佉倫花頓，游覽最著名之塔寺。十二月三日遊亞痕故都，沙利曼之陵廟在焉。（不忍八册補德國遊記頁二三）先生遊德國久且多，凡『九至柏林，四極其聯邦，貫穿其數十都邑，接其人士，考其風俗，對其政治頗能知之。』故先生以爲論治國以德國爲最。（不忍六册補德國遊記序）

十二月十二日自法國奸悟遊滿地加羅國，蓋先生聞人言其國之宮室，服飾，飲食，戲樂，皆世界第一也。先生既卒遊，亦許爲地球上絕美之國。（滿地加羅遊記，不忍第九十合册）

〈是歲七月清廷下詔宣布預備立憲。九月釐定官制，各部多易名。十二月實行開放北滿。

是年革命黨人有萍醴之役，失敗。革命機關，由日本移安南。〉

光緒三十三年，丁未（西一九〇七）　先生五十歲。

仍在漫游歐美中。夏五月謁墨總統爹亞士於前墨主避暑行宮。墨總統年二十充卒伍，二十八爲將軍，時年七十八矣。先生許爲英雄者流。墨總統請先生參觀軍隊，大學藏書樓，及郊外各種古蹟，招待極勤，先生因有『惟天下之英雄乃相敬而相收』之感。（不忍第一册詩頁十三）

是歲十月先生由法國巴黎入德國，經羅蘭蔑士二城，渡顛湖，至君士但丁城，來因河自阿爾頻山下流所成之飛瀑在焉。既渡來因河，遂入瑞士境。（補德國遊記，不忍第八册）

是年先生有海外亞美非歐澳五洲二百埠中華憲政會僑民公上請願書一文。其文頗長，先生自言於『經營遼蒙回藏，造船牧馬，營海軍，改民兵，製鐵鑄械，所以爲國防者甚備。』全書所請共九事：（一）立開國會以實行立憲，（二）盡裁閹宦，（三）盡除滿漢之名籍而定名曰中華，（四）營新都於江南以宅中國大，（五）裁去元明督撫之制，而復唐宋州郡之法，（六）京師設遼蒙回藏四部大臣，（七）速成海軍，(八)舉國民爲兵，(九)中原多開製鐵鎗砲之廠，濱北廣闢牧馬之場。(不忍第四及六册) 是歲納姬何梅理女士。

淸廷命汪大燮等分赴英德日本考察憲政。

是歲革命黨人有欽廉之役，鎮南關之役，皆失敗。孫中山先生等由安南移住星加坡。 李端棻卒。

光緒三十四年，戊申(西一九〇八) 先生五十一歲。

是歲四月先生遊德威廉篩，其宮壘最著名。(威廉篩遊記見不忍第九十合册) 四月十一日過德之薩遜，觀賽馬會。十月自瑞士入奧國波命，又還遊薩遜之臘色市。(薩遜臘色遊記不忍第九十合册)

五月先生在那威。二十六日撰李公芯園(端棻)神道碑。(碑文見遺稿中) 六月自瑞典束裝遊歐東諸國。經德國，奧國，匈牙利，二十二日入塞耳維亞。(塞爾維亞遊記，不忍四册) 由塞國至保加利亞，其國之狀況與塞國類，惟所存古物較多。由保國穿巴根山渡多腦河，入羅馬尼亞國。由羅國渡黑海，遊突耳其之君士但丁。土人所學皆法學，而立憲所期在盡廢舊制舊俗，使全國皆平等自由，先生駭之。(以上見保加利遊記，不忍五册，突厥遊記不忍雜誌彙編中)

七月七日由突遊希臘。先生以希臘爲歐洲文明之祖，擬作長遊，藉以訪古探勝。然既徧遊，則索然掃興，蓋窮日無所得也。(不忍第六册希臘遊記) 其秋，再遊意大利之邦渒古城，觀其道路室廟，歷數千年皆完好，且制似中國。(不忍第七册詩頁六十一)

先生以九月歸還檳榔嶼。十月迎母勞太夫人來檳，時年七十八歲矣。十一月二十六日生子同籛，母名魁，名所居曰南蘭堂。(不忍八册詩頁六七及勞太夫人行狀。) 十月門人梁啟超手寫先生詩集成。(見詩集自序) 未幾，先生校定遺集，合刻之，名曰蘭芬集。(見不忍雜誌彙編卷八頁一蘭芬集序)

十月先生聞德宗景皇帝艱崩，悲痛萬分，爲文以祭之。文曰：『嗚呼！天地其坼裂歟！日月其隕滅歟！山陵其崩揭歟！海水其枯竭歟！邦家其顚折歟！紫湖沸波，飛龍上天，龍髯難持，小臣墜淵，淚若丸瀾，號如沸川。嗚呼！惟我聖主之大仁兮，捨身救中國之民；惟我聖主之至明兮，通時變而決維新；惟我聖主之英武兮，掃二千年舊弊之積霧；惟我聖主之大公兮，開萬億世憲政之公道。百日更除，力大無倫，萬衆發敬，天下響應。中雖挫覆，已後率循。拯四萬萬生民於塗炭，舉而置之青天，以少時無權猶如此，況無掣肘而久乘乾者乎。嗚呼！皇天不佑兮降喪中國，聖主久幽兮，呂武肆虐。』又云：『既顚危尙眷眷微臣兮，密詔告臣以走海角；奬一片之熱腸兮，囑愛惜身善調攝；期大業之重建兮，先以馳驅許諾；小臣今得餘生兮，惟君父之恩澤；乃奔號於薄海兮，合五洲華僑之踴躍；開保皇之大命兮，冀聖躬之安樂。』又云：『致聖躬之毒害兮，皆罪臣萬死負所託；誓討賊以復仇兮，然萬死而莫贖何。』（文見遺稿）

德宗景皇帝之暴崩疑案，至今未決，然彼時先生以爲確係袁世凱所毒弒。又以袁世凱之得蒙帝知，全出已薦，故有揭其惡而正其罪之義。於是爲討毒弒捨身救民聖主之逆賊袁世凱檄，哀啟，及上監國攝政王書，以討袁焉。（皆見遺稿）其討袁之檄文中有云：『袁世凱總戎近衛，作督畿疆，分遣心腹，入參帷幄。……然而訓政耄期，長秋老病，西日將薄，冰山難久，則復辟非遙，予袂猶在。權寵既極，患失日生，在大行皇帝或大度而忘射鈎，在袁世凱則懾罪而思擠樂。猶懼西鄰之來責，乃躬當外部之艱難，外託好於友邦，內實陰謀於弒逆。……義士程家檉違逃日本，曾發報其奸謀。烈俠梁鐵君之毒死天津，緣面斥其逆節。……冬來后病危殆，人命危機，宮車宴駕，不日不時。袁世凱遂挺而走險，力薦學西醫者迷發毒謀。西藥性烈，敵劑分進，遂於太后升遐之際，能操旦夕絕命之權。天地慘黯，山陵崩壞，風雨號泣，海水怒立，於是我捨身救國之聖主遂毒弒袁世凱之手矣。』討袁哀啟略云：『夫亂臣賊子，人得而誅，討賊復仇，天不共戴。醇王以介弟攝政，仁明孝友，應有討賊之舉。我會本以保皇爲事，忠義昭著，應有討賊之義。凡我同志哀痛憤怒，除前連電佈告並令舉哀外，宜各埠簽名上書監國，公請殺賊以報先帝而謝天下。』

先生致攝政王書中有云：『有爲僻居海隅，逖聽所得，僉謂逆臣袁世凱蓄謀篡弒，已歷歲年。今次大故，又適大行太皇太后之喪，後先銜接。稽諸前史，從所未聞。……而推原禍首，莫不集矢於逆臣袁世凱之一身。……曾瀝電殿下，請討賊以安社稷。……』先生於書中請攝政王以二大罪狀除之，其一曰『遺出謀圍頤和園一語，』其二曰『縱拳匪之亂，』前者爲誣君，後者爲誤國。及袁惡已去，（十一月）先生復上書攝政王，建議三事：一『宜速以明詔宣其罪狀也，』二『宜勿株連多人也，』三『宜廣拔賢才，申明政綱，以息浮言，而繫天下之望也。』（以上見遺稿）

〈是歲德宗景皇帝以十月二十一日崩，慈禧后以二十二日崩。（見光緒東華續錄卷二二〇頁二二）

革命黨人有河口之役，失敗。孫中山先生以安南香港均不能自由居住，往美國籌款。

宣統元年，己酉（西一九〇九）　先生五十二歲

是歲春先生居檳榔嶼。時與門人王覺任消遣於南蘭堂園中。先生名所居草亭曰乾坤一草亭，築廊曰行吟徑。是時善小病，懷門人麥儒博頗甚。（不忍第八冊詩頁六五，六六）

夏，先生在德國，遊威廉舒宮及舒園，日夕坐舒園小亭中，其景絕佳，先生謂坐此可忘却世間。（見不忍八冊舒園拓影題句）

（是歲二月清廷降旨豫備立憲，十二月以各省諮議局議員請速開國會期，定九年。　張文襄孫家鼐卒。）

宣統二年，庚戌（西一九一〇）　先生五十三歲。

是歲秋八月先生復歸港，十二月往新加坡。除夕，先生以去國十二年偽存念亡，雲物悽悽，頗有浮海居夷之感。彼時聞徐子靜學士尚無恙，故詩中有『漢相帝師傷拱木，楚囚學士又灰塵，』之句。是年九月，先生聞資政院議員有請開黨禁之事，因有詩云：『安國舊勳思樂毅，射鉤往罪釋夷吾；移書欲放逋臣返，雲物悽悽尚海隅。』（勞太夫人行狀及不忍八冊詩頁六九）

是冬居星加坡時，又為敵人所謀。某夜刺客斬門而入，斷車夫臂，幸先生以曉行，故免於難。（開歲忽六十詩）

（九月資政院開院，十二月汪兆銘等謀刺殺攝政王，事洩被捕。　是歲日本併朝鮮，設朝鮮總督。）

宣統三年，辛亥（西一九一一）　先生五十四歲。

是歲春，先生仍居星加坡。（不忍八冊詩頁七十）　三月，聞門人梁伯鳴卒，二十八日為文祭之。（祭梁伯鳴文見遺稿）

夏四月十日，先生自星加坡至港視母，五月十一日去港（見勞太夫人行狀，哀烈錄中或不忍九十冊）重遊日本。既至，寓梁任甫須磨雙濤園，築室同居。先生與梁君相別八年，其新生子女皆不識。梁君賦詩百韻，先生亦為詩答之。（不忍八冊詩頁六八，六九）　時與前日使矢野文雄遇於犬養毅酒筵，相話舊事，感慨慷然。（不忍六冊詩頁五一，五二）

秋重九日，先生聞黨禁之開，感而賦詩云：『千秋偽黨錮，禁網至今開，自是昊天大，實因兵變來。……感歎烏頭白，艱難歸去來。』又云：『十四年於外，流離萬死間，子卿傷白著，坡老指青山。國事亦多變，神州竟未還。』十月女同璞生，夫人夢火入窗，女嬰左足末端有紅痣，常懷不啼。（不忍二冊詩頁十七）

革命軍起。　八九月之間，革命之勢，若捲瀾倒河。先生惴惴憂之，撰救亡論一文。惟當時未及刊布，至九十月始屬草。該文之主旨在戒國人勿長久革命，蓋先生以為長久革命必致大亂，救國之道，宜速行虛君共和制。文中

大題有十：(一)革命已成有五難，中國憂亡說，(二)革命後民生慘狀說，(三)革命由於感情而無通識說，(四)新世界只爭國爲公有而種族君民主皆爲舊義不足計說，(五)君與國不相關，不足爲輕重存亡論，(六)共和政體不能行於中國論，(七)歐人立憲必立君主，且迎異國或異族爲君主之奇異說，(八)立憲國之君主實爲奇妙之暗共和法說，(九)虛君之共和說，(十)民族難定，漢族中亦多異族，而滿族亦祖黃帝考。(見不幸而言中不聽則國亡或不忍七冊)

未幾，清廷宣布憲法信條十九條，而海內志士仍進求共和政體不已，先生因有共和政體論一文。先生之意在實行虛君共和制，有共和之實，而不必有共和之名。蓋共和種類甚多，如瑞士，法國，葡萄牙，加拿大，美國，英國皆是，惟其中只英國式之共和制爲最適宜於中國。因政府一切大權皆任國會，君主徒擁虛名，故名之虛君共和制。此制之優點在政治國體之穩固，蓋政黨之爭，只爭國會內閣而不爭爲虛君，故國不至於大亂。此共和政體論之大略也。(不幸而言中不聽則國亡)

南北議和。當和議初起時，先生曾致中西牛郎君一書，大意謂爲此時議和尚非其時。蓋南方政府已經成立，孫氏已就總統，而各國又皆譽南而毀北，其勢不可得也。故曰：『爲今之計立國既定，試問捨兵力外安有能決之者乎？…及今甫得大餉，諸將熟慣，乘南方國勢之未固，內訌之方般，兵力之甚脆，軍餉之空乏，軍械之不足，聚精會神，以猛以速，先破鄂以散人心，仍分數道以擾江南，…或可望爲統一之計，而君主民主可無論也。』此外先生更主定國號曰中華，去朝號用孔子紀年，去滿漢之界限，后帝及新貴皆入中國籍，易以漢姓數事，如是始可去國民之怨怒，而免其憤慨也。(見遺稿)

△是歲三月有黃花崗之役，死難者七十二人。四月設立弼德院，宣布鐵路政策。六月各省諮議局以皇族內閣不合立憲國例，請改組。七月川督拘禁民舉代表，鎗斃人民。八月起用袁世凱。九月下罪己詔諭開黨禁宣布憲法信條十九條。十月十六日南北議和開始。十一月十日十七省代表選定孫中山先生爲臨時大總統，改用陽曆，以中華民國紀元。

中華民國元年，壬子(西一九一二)　先生五十五歲。

和議將成，清帝將遜位之際，先生爲漢族宜憂外分勿內爭論一文，(見遺稿)蓋是時蒙古西藏前後宣布自立，英法俄日又齊窺邊，先生見而心憂也。其序中有云：『鄙人竄逐禁錮十四年矣。戮弟掘墳，禍害至酷，及至攝政以來，禁遏如故。黨禁之開，亦賴革黨砲聲之力，與舊例棄絕久矣。然憂心般般，念我七字。今國民大會成議難矣，山河破碎，瓜分迫矣，鄙人不忍，是用有言，告我漢族，勿自內爭而招瓜分。竭箋寫此，仰天流血，不知涕之何從也。』

此文甚長，共分十章：總論第一，讓皇宣督第二，禁絕交通第三，廢立受禪第四，議和迫發第五，督條雜淪第六，南北漢與第七，漢族分爭第八，瓜分已至第九，交讓統一靖亂保國第十。文之要旨在忠告南北急速停戰而謀統一，其理由：(一)革命政府謀推倒之滿清已倒，故無繼續戰爭之必要，(二)今日南北相持，非革命政府與滿清，乃革命政府與袁世凱，故應即謀統一，免外人之覬覦，(三)蒙藏獨立，列強環窺，待機以動，非速統一，不足以圖強。言詞頗爲懇切慷慨云。

二月，先生自須磨雙濤園遷近月見山下須磨寺側，居有小園。時當先生覽揆之月，門人梁啟超等十餘人連日爲先生壽，且作詩會相慰藉。先生賦詩二章，中有『故國於今易朝市，惟將悽愴問江潭』之句。未幾日本舉行朱舜水先生二百五十年紀念會，先生未能參與，乃作詩五章，以寄思仰。其一云：『儒學東流二百年，派支盛大溯河先，生士難比死士壯，日本千秋思大實。』（見不忍二冊詩頁十八，廿三）是時先生與何栴理女士覓得須磨湖前宅，僻地幽徑，裕爲大園，備林池山石澗泉花木之勝。園舊名長懶別莊，以任甫之請改爲奮豫園。先生得此，備極歡欣，頗有遺世忘憂之感。（上書頁十八，十九）

八月十三日夜，先生爲文祭六君子。時梁啟超歸國，先生賦詩送之。（上書頁廿五）是時先生復有來日大難五解：一憂庫蒙，二憂西藏，三憂瓜分，四憂割據，五哀民生。（不忍三冊詩頁廿八三十）十月，遊日光山觀瀑。時同游者有犬養毅木堂。（上書頁三十）是歲春冬，先生嘗患病月餘。（同上書頁三十一）

夏四月間，先生嘗憂共和以來財政之艱難，外人之干涉，將前撰之理財救國論擇其切於近事者印布之。文之主旨由以下數語中可以見之。『夫所謂理財之道者，妙用銀行以爲樞，通流至虛之紙幣及公債以爲用，搜藏至實之金銀以爲備，鑄行劃一之金幣以爲符而已。』其論方法之言曰：『夫古者理財只用實金則有限，今之理財者善用虛金則無窮；然而以虛爲虛無所麗則不能行，行必依於實；以實爲實無所拓則不能滋，故必運於虛；故無實不立，無虛不行。實者陽也，一也，……虛者陰也，偶也。……一者金實也，偶者其紙幣公債乎。以一爲體，以二爲用。…國爲法人耶？託國庫於銀行，金銀塊其形，而紙幣其影也，影可大於形；公債者其拓影也，而銀行爲之神，銀行以金爲本，作其準備而發紙幣焉。國家以公債票與之銀行，而銀行以紙幣與之國家，而買公債，銀行得公債以作紙幣之保證準備，可出紙而易實金焉。然而國家之國庫即在銀行，則金塊在銀行，支用紙幣亦在銀行，故銀行之與國家是一是二，如身形神之異而不相離，乃以運輸於無窮而大生廣生焉』。又言其效用曰：『苟能善是，以紙幣代金幣，不憂其不行；改金上幣收銀幣，不憂其不能一；視公債如貯金，不憂其不能消；凡今昔病民之銅元軍債票，不憂其不能廓清也。苟能善是，則猶同點金，無而爲有，虛而爲盈，約而爲泰，裕國富民，文明安樂矣。』（不忍雜誌第一册）

春夏間，先生復爲擬中華民國國會代議院議員選舉法案一文，蓋欲參議院採擇者也，凡六章百十八條。（擬中華民國憲法草案中）是時共和成立已數月矣，然人民無保障，政治無進步，變亂益多，先生憂之；著中華救國論。其言曰：『今者保救中國之亟圖，在整紀綱，行法令，復秩序，守邊疆。萬事之本乎！莫先於弭暴亂以安生業也：故不先去悍將驕兵，無以靖地方之變亂；不先勦暴民強盜，無以保人民之財命；不先復士農工商，無以存生計之秩序；不先保遼蒙回藏，無以保內地之土疆』。又曰：『自此四者之外勿他及，勿高談，勿浮慕文明。至夫暴亂已弭，治安已保，生業已復，疆圉已一，…至是乎獎勵物質，調擇文明，高談平等自由未遲也。』（不忍一冊本文頁十二）

先生尤重削減各省之自立，以爲不內分始可言圖強。省立既去，方可推行一切大政。然必需一強有力之政府。欲實現一強有力之政府，必有政黨內閣以成之。欲成政黨內閣，必有良好政黨。欲有良好正黨，其道有二：（一）輸進通識，（二）崇尚道德。其最後結論曰：『若能爲之有序，措之得宜，講乎外勢，而先弭內亂，以國爲重，而民從之，有政黨內閣以爲強力政府，行保民之政，富而教之，保中國已有之華而增其未備，則中國之強，可計日而待也。』（同上頁五八）

十一月，先生著大借債駁議一文，蓋感於春間六萬萬借款及冬間六國銀行團二千萬磅借款之舉而作也。斯二種借款雖未即行，然前者銀行團有監督權之規定，而後者銀行團復犯束縛之嫌，故先生痛之。此文既作，聞銀行團放棄二千萬借款之議，欣然而喜，然恐死灰復燃，故仍印行之。（不忍一冊政論本文頁一——十二）

十二月，門人徐勤應僑胞選爲議員歸國，途經日本，特謁先生，爲序送之。徐勤從先生遊者凡二十四年，與共患難者十有五年，最忠敬於先生者也。美墨非澳亞二百埠華僑能追隨先生之後者，皆借之力，蓋徐勤爲華僑故欽仰服從者也。時既見先生，「嗟國事變大命者七日，」仍不欲北首燕路，後經梁啟超之電促，先生之強勸，始首途歸國。先生序中有云：『凡道無小視，無固成，固有所求在此而所得在彼也，汝奚以辭爲？日吾與子不揣其愚，日以補天爲事，今煉石未成而天漏愈甚欲穿矣。後此乎，雖有聖者無能爲計。予去國之日久，而閱於歐美亞百國之治已深，求友求助，汝以大慈辯才徇金口木舌於國中，或者其有當乎。』徐勤既行，先生贈以日本五百年之刀，以師日本武魂之致強；高麗千年之鏡，以鑒其滅亡；埃及金字陵六千年之石，以法其久且堅；馬丁路德之鈴，以仿其傳道之勤；自己之像，俾雖離索常相見也。(不忍一冊文送三水徐君勤應僑選議員歸國序頁四——六)

是歲正月清帝宣布退位。二月袁世凱就任臨時大總統於北京，孫總統公布中華民國臨時約法。四月英人侵佔片馬。五月俄兵侵入伊犂。八月同盟會與統一共和黨合併爲國民黨，政府宣布八大政綱。

民國二年，癸丑(西一九一三)　先生五十六歲

不忍雜誌之刊行。國人苦民國之頻亂甚矣，先生坐視悁悁然不忍也，乃創不忍雜誌。其自序中有云：『覩民生之多艱，吾不能忍也；哀國土之淪喪，吾不能忍也；睹紀綱之亡絕，吾不能忍也；視政治之窳敗，吾不能忍也；傷教化之陵夷，吾不能忍也；見法律之蹂躪，吾不能忍也；覩政黨之爭亂，吾不能忍也；慨國粹之喪失，吾不能忍也；懼國命之分亡，吾不能忍也；……顧言拯之，惻惻沈詳余意也，此所以爲不忍雜誌耶？』(續撰不忍雜誌自序不忍第九十合冊及不忍雜誌序第一冊)

不忍雜誌內容分政論教說瀛談藝林數門。政論中多長篇大作，而有舊作時論之分；教說中多論孔子思想者，或轉載舊著如孔子改制考中庸注孟子微諸書，或發爲時論如保存中國名蹟古器說，以孔教爲國教配天教議等文；瀛談則皆遊記之文，藝林內分短文與詩二類。(散見不忍各冊)是誌每月一冊，先生自任撰著，出至第八冊，以親喪停版。其後於民國六年，因哀國亂益甚，民生益苦，復續成不忍雜誌二卷，爲九十合訂冊。(見本書及續撰不忍雜誌自序)

是歲先生發表政見之文字甚多，均載不忍雜誌中，其主要者有廢省論一文。是文主旨在駁斥美洲自立民舉長官

制，普民選與簡用並行制，及去府存省道之虛三級制，而主張回復宋朝州府之制。其言曰：『今茲大亂，若能上法宋制，罷方鎮，行州府之制，一轉移間則五千年之中國已危而復存，四萬萬之人種將絕而復蘇，以爲統一之政略舍此莫由。』又云：『廢省之議，即在平世爲治，亦在所必行。……即道亦唯可爲軍政區，而不宜爲民政區，必以府州爲行政區，乃適其宜。』其駁斥主採美普之制者甚厲，至有『是吾國未瓜分於外而先豆剖於內也。安有萬國競爭之世而自爲此破裂之愚者乎？眞愚不可及也，』之語。（不忍第一册原文）

此外復有中國以何方救危論，中國不能逃出中南美之形勢，擬中華民國憲法草案，擬中華民國憲法草案發凡等文。第一文主意在倡『虛君共和』之說。特重『救國方法必眞能救國，至其種類可不必擇』一點。故有『凡可以救中國之方藥。無美惡，惟救國是宜，則犧牲其一切之良方一切之良藥可也；』等語。（不忍二册原文）第二文大意謂：中國是時之亂實同中南美，惟中南美不至滅亡者，有孟祿主義在也，若中國爲中南美，勢必結果爲印度，蓋形勢殊也。（不忍五册原文）第三文都十四章，凡百零六條。第四文係合戊巳間依英憲所草成之君主立憲憲法而成，因門人之請而刊布之。（皆見擬中華民國憲法草案一書或不忍雜誌）

是時先生覩庫倫之變，借債銀團之壟斷，選舉總統之糾紛，作憂問，大聲疾呼以警告國人。（不忍一，三册原文）聞俄蒙協約成，征藏軍隊敗，痛而憂之，又作蒙藏哀詞上下二篇。（不忍一，二册原文）餘如無政府，舊亂，忘恥，無畏，孤憤語，國會歎，亂後罪言等文皆痛恨時局，斥責政府，貶買隨俗之作。（散見不忍三四五六八册）

勞太夫人卒。　七月七日太夫人病風，八日未刻卒於香港，壽八十三歲。是時先生以制璐於日本不能歸，惟張夫人與從弟有篩有銘同理喪事焉。（勞太夫人墓表，勞太夫人墓誌，張夫人墓誌銘，遺稿中及哀烈錄跋頁六九）

勞太夫人生子女六人，長女最慧，四歲而殤。次女逸紅性仁孝，生年六十未嘗失言失色，故最得母歡。三女瓊琚，適游湘擊，廿八而寡，生二女一子。四女順貞最幼。先生爲夫人長子，有溥君其季也。（勞太夫人行狀哀烈錄中）

太夫人性甚儉，治家有常度。少農先生逝世後，十餘年中先生得從容閉戶讀書，不治生產者，惟太夫人能持家之故也。（同上）自戊戌避難港澳後，太夫人常鬱鬱不樂，蓋奉侍左右者既寡，而其地又百物高昂，至貧而典貨。復以無親戚族鄰洽比之樂，而又異地殊風，是以多憂也。且多咳

病胃，故尤積悶五中。（見勞太夫人墓表遺稿中）

先生奔喪歸國。　先是去冬十二月爲勞太夫人八十二歲生辰，先生在東念母甚，決東裝挈新生女同琰歸國省親，會門人麥孺博羅曾往日謁先生，以暴民橫行，力請勿歸，是以未果。是春先生再決歸港事母，以患瘍甚，日本人醫刀圭，乃割於東京。三月不得痊，又未果歸。（勞太夫人行狀及勞太夫人墓表）至十月病愈，始自日本奔喪歸國。十一月四日以海明輪舟運載勞太夫人與弟有溥二櫬於香港，港督派勞吏護葬焉。粵督龍濟光及鎮守使民政長等除特派二艦護喪外，並親身迎送於羊城。（按即粵城）（見哀烈錄跋本書頁六九）以十一月十六日葬勞太夫人與弟有溥於銀塘鄉之後岡。（勞太夫人行狀）

先生歸國以後，正袁世凱設法招致先生之時。計袁氏前後凡三電先生，先生亦三覆卻之。袁氏第一電中有『凡河汾弟子，京洛故人，均言先生不願從政，而有意主持名教。舉國想望風采，但乞還轅祖國，決不敢強以所難。』（按：此電發至東京時，先生已歸國。）其第二電中有云：『比大難粗平，百廢待興，方思與天下之才共天下之事。……憂國如公，寧容獨善。』其第三電中又云：『既觀望於高蹈，益感歎於純孝。奪情之舉，固非敢施於守禮君子；遯世之行，又豈望於愛國仁人。……比者大教陵夷，橫流在目，問俗覘國，動魄驚心，匪有大哲孰明修齊？執事毅然以此自任，其於正人心培國本之功，又豈今之從政者所可擬。』蓋先生三覆皆以丁憂謝絕之也。（各電皆見哀烈錄頁三十，三十四—三十七）

△是歲二月宋教仁在上海被刺。三月，國會第一次開會，大借款簽字。六月，李烈鈞佔湖口獨立，二次革命起。八月南京克復。九月，袁世凱被選爲正式大總統。十月，解散國民黨。十一月，袁氏所召集之政治會議開會。

民國三年，甲寅（西一九一四）　先生五十七歲。

二月先生仲姊逸紅卒。　女士自孀居後，慈撫繼子，爲之娶婦。後以嗣子及婦相繼夭亡，悲痛過甚，故病乳瘍。時先生親侍姊疾，得躬煮湯藥者累月，卒於二月二十五日逝世。先生銘其墓曰：『琴惇惇，玉几几，竹鶴有節凌寒暑。是壙也，葬完人貞孝才明之康逸紅女士也。』（祭羅宜人文哀烈錄中，羅宜人墓誌遺稿中）

十二月，何旃理女士卒。　女士爲粵籍，美國留學生也。明慧婉嫕，以家懸先生像，久慕先生之名，年十七歲，禀父母俯允，來爲先生媵。時光緒三十三年，先生五十歲時也。其後先生遊各國，多偕女士充秘書翻譯事。以十二月五日卒，遺子女各一，皆數齡，時年二十四歲。（爲亡姬謝嗐致沈乙老書廣南海文鈔中及金光夢詞不忍九十合册戲休欄與哀烈錄文中）

是時先生以年餘之內，連遭三喪，悲痛萬分，故有『天降鞠凶，肝腸欲斷，外憂國事，內愴家難，人間何世？亦復何心？東坡所謂：「亦有羈旅人，天窮無所逃。」我之謂矣，』等語。（同上第一書）

民國二三年間四川民政長陳廷傑有呈請優䘏戊戌六烈士之舉，政府批文中有云：『立國大經，首培元氣，式應封葺，自昔爲然，所呈四川故紳楊銳劉光第事實清册，詳加批閱，情殊良深，自應時闡幽光，用彰先烈，……從優獎䘏，以昭激勵，並由該部分令各民政長，迅即造具譚嗣同等各事實清册，並與矜䘏，用示崇德報功之意。』（節錄原批見哀烈錄頁廿三，廿四）

是歲李提摩太君在滬嘗開會歡迎先生，並請先生演說大同之義。李君爲人，始終如一，於先生之蒙難也，嘗電英領事請營救先生，且嘗保存捕緝先生之影像，故先生推爲仁者，感激甚深。其後於民國十二年復應李君之請，撰書二十六年前致李提摩太四書後一跋，四書者即先生戊戌年蒙難後連發與李君者也。（見原書後遺稿中）

〈是歲四月，袁氏改造之民國約法公布，廢國務院制，設政事堂於總統府。五月，參政院成立，並代行立法職權。七月歐洲大戰起，中國宣布中立，各國承認之，日德宣戰，山東中立。十一月，修正大總統選舉法成，改任期爲十年，且得連任。

民國四年，乙卯（西一九一五）　先生五十八歲。

是歲三月先生重遊西湖。時從先生遊者有門人王公鄧百郇及女同璧同復同琰子同籛等。游三潭印月，先生以其景物多千年之物，謂爲歐美公園中所無。（不忍九十合册詩頁一）

十二月間，以袁世凱帝制將實現，蔡松坡偕聯唐繼堯任可澄等首先通電反抗，並宣布雲南獨立。是時先生發憤奔走，呼號義徒，以抗袁氏帝制。（開歲忽六十詩）未幾門人徐勤發起討賊，張夫人以港屋質二萬金與之。徐勤率十九艦攻粵，其勢甚盛，龍濟光至言和。（張夫人墓誌銘）

先生復與蔡松坡書，勸其先收撫川蜀，以開發天產，設銀行，尊孔教。』安撫已定，然後出師，以三秦西馳，以爭楚漢；以朝氣方興之義旅，對時日曷喪之獨夫，其必勝無俟言也。』（與蔡松坡書遺稿中）

先是孫中山先生以民二革命失敗去日本，另組中華革命黨。至是亦分遣李烈鈞居覺生朱執信陳炯明黃克強程潛子

右任等紛紛回國，赴滇黔粵湘陝等省，舉兵討袁焉。（孫中山年譜中山全書中）

〈是歲三月二十六日（陽曆五月九日）以日本最後通牒，政府承認日本求所要之二十一條。七月楊度孫毓筠等發起籌安會，鼓吹帝制。九月，日英俄法聯合勸告袁政府緩變國體。十一月，令設大典籌備處，改明年爲洪憲元年。

民國五年，丙辰（西一九一六） 先生五十九歲。

二月，袁世凱申令撤銷承認帝位案，並廢止洪憲年號。

是時先生見袁氏仍圖苟延殘喘．乃致書江蘇山東江西浙江湖北湖南福建及徐州各督軍，勸其結盟保持中立。書中有云：『今北方雖帝號已去而未願退讓事權，南方諸義旅如箕而未易長驅燕薊，諸公才兼文武，地在屏藩，當大勢杌楻之時，念全國淪胥之慘，總干城於中流，挽狂瀾於砥柱，國命焉依，民命攸託，實在諸公之手。望查照庚子南方中立互保原案，仿照施行，指臂相連，輔車互依，同盟既結，形勢自生，北可與政府商退讓，南可與義旅議調和。』（致七省督軍書稿中）

是時先生聞袁世凱有由波士頓商借欵二千萬之事，乃致書詠門司總領事，勸其戒該城商人勿交欵，並望其電本國政府阻止之。（與詠門司總領事書，遺稿中）

本年二月先生著中國善後議一文，文甚長，且見解精闢，故先生於緒記中云：『吾欲懸此文於國門，以待難者。昔呂氏淮南字値千金，難我者吾亦欲酬以千金也。』

先生於此文中對中國之善後建議三策：第一世襲總統，第二立元老院，第三虛君共和。先生以爲美法之共和制絕對不能行於中國．若國人必欲行之，則必勿行選舉可也。故先生建議，以黎元洪爲法代表王之虛總統，不定任期，令黎氏子子孫孫襲爲總統，使有其禮而無其權。元老院係設立於國會之外，爲最高機關。凡二十二行省及內外蒙古，西藏，青海，各公舉一人爲元老。其有大公德大文學者，可由元老院公請入院，額數以二十八位爲度。其中以七人輪爲常駐辦事人，分五司：一，外交，凡有外交，結約，割讓之大事者斷焉；二，兵，凡關戰議和及參謀本部元帥府隸焉；三，法律，凡大審判決焉；四，中政，凡行政之訴訟決焉；五，教，凡國教任焉。七人中五人司五司，一人爲正議長，一人爲副議長。

先生建議之虛君共和制，其目的在採法英國。先生云：『國爲共和與否，視乎民權之多寡，不在君主之有無。夫使袁世凱爹亞士之爲總統，誠非君主也，國號民國也，然試闓吾民有分毫之權否？有代議之權否？』又曰：『故英人謂其國會除不能化女爲男外，皆可爲之。若君主則垂拱恭默，若土木偶神，若留聲機器，於國何輕重有無焉？然則不謂之共和而何？』

先生最後言曰：『吾陳此三策，如醫人之三開方云爾，不能強病家以必服也。』又曰：『吾十六年於外，八遊英而七遊法，五避暑於瑞士，一遊葡，再至墨半年，而三年在美；雖不敢謂盡共和之故也，而吾無所事事，但以考求政治比較中西爲我之專職，蓋日肄業於共和學校者十餘年焉。行經六十萬里，所過三十一國，比吾四萬萬人較爲老馬之識途焉。』然『吾明知犯衆國之怒而不敢自隱，乃敢創三法之共和者，誠愛中國而行總統之共和制，日爲墨西哥之亂而將亡也。故不敢妄徇衆意而明言之，誠以救中國之亡，不可得已也。』（以上見中國善後議，遺稿中所引皆節錄原文）

三月，廣東開善後會議於海珠，與會者爲伏兵所殺，死亡甚多，先生門人湯覺頓等蒙難。徐勤亦參與是會，幸爲電船救出，因得免。（祝徐君勉五十壽詩見疑報彙報民國十七年一月廿二日份及中國六十年大事記頁一六四）

六月，先生偕徐子靜侍郎遊龍井。秋八月，登泰山絕頂，上封寺，東過日觀峯，時同遊者有鄉義卿及門人王公裕鄭壽民等。（不忍九十合册詩頁三）

九月朔日，先生遊鳳陽龍興寺明太祖爲僧處。其地碑像甚多，先生題詩太祖像焉。又遊距城十八里之明陵。重九前二日遊莫愁湖，九日登金山塔，夜半趁月渡江，再登北固山，又登靈岩山。是月先生又遊濟寧，復登太白酒樓。（同上書頁六—八）

△是歲五月六日（陽曆六月六日）袁世凱羞憤成疾卒，黎元洪就大總統任，恢復國會。十月蔡松坡病故於日本。

民國六年，丁巳（西一九一七）　先生六十歲。

二月五日爲先生六十壽辰，門人多集滬稱祝，時徐勤子良携先生戊戌輪舟中與徐君勉書手蹟請題跋語。先生感往念舊，中心惻惻，益贊徐勤之忠毅。故曰：『夫與吾遊而黨者，不啻千萬，其始勤終怠，或中道而變者，不可量數，賢哉君勉！誠洪嶠也』。（南海先生戊戌輪舟中與徐君勉書及丁巳跋後）

復辟之役。先生於共和政體始終反對，因謂：『故我國之大亂垂殆，不能歸罪於某人某人也，乃誤行共和致之。』先生以共和政體固佳，然美國行之而治，中國行之而亂，蓋情勢不同故也。美國無遍地軍隊，無武人干政，內而鐵路已通，銀行已設，外無強鄰之環逼，故可從容建穀，固大異於中國也。（致各埠本黨同志公函，遺稿中）書中又云：『故僕以爲救中國非虛君共和不可，……故僕數年來經營復辟之事。』

初袁世凱之倒也，先生致書張紹軒勳，力勸其乘時勤王。書中有云：『今袁氏殂逝，正中國存亡之秋而清室絕續之關也。總統共和之制既五年三亂，後此亂尚無窮，扶保君即以安中國，將軍其有意乎？將軍坐擁重兵，鎮扼[illegible]徐，舉足爲天下輕重。傳曰：「求諸侯莫如勤王」，惟公圖之。』（致張紹軒將軍書，遺稿中）

復辟將作，先生撰勤王宜直搗京師議一文，力勸張氏疾趨京師以行復辟。（文見遺稿）至五月朔日，先生復與張紹軒一書，略云：『從來非常之事，同盟既定，發於旦夕，令人措手不及，不得不服。如久則變生，則支離蔓衍不可收拾矣。故五日之書請直抵豐台，立辦大事，請勿駐津以避此也。今已誤矣，無可如何。觀各督之情態，甚不一致，其受外界之誘而不能同心至明。望公虛心優禮，善爲撫綏，勿剛愎自用以失人心。』

及五月二十四日（陽曆七月十二日）復辟失敗，張紹軒避荷使館，先生避美使館。先生論失敗之原因曰：『五月間吾與張大帥力任其艱，既成功矣。舉國厭共和之亂已久，莫不欣然。惜其左右專權，籌備不周，調兵過少，遂至蹉跌。然至今國人咸思復辟外更無救國之法，若行共和則總理總統日爭，政本既亂，無能爲計也。』（致各埠本黨同志書）

是役也，先生受命爲弼德院副院長。（遺稿中多自署之）當時所擬詔書雖皆出自先生之手，然未盡用。除登極詔外有以下之詔書：開國民大會以議憲法，召集國會保護各教，定官制，尊孔教，復讀經，中華帝國，免拜跪，免避諱，表忠烈，續世爵，復紳士，選逸民，徵用游學，合新舊，保富，除苛稅，親貴不干政事，肆大眚，改新律，撫華僑，睦外交，起遺老。擬除民國法令等詔。（擬復辟登極詔皆見遺稿）

先生避居美使館。先生自六月復辟之役失敗後，避居美使館者半年。是時先生著成共和平議一書，共三卷，六十五篇。大旨在詳舉行共和制之害，而倡虛君共和之利，蓋先生對所抱政見仍未少變也。（共和平議，不忍九十合冊，致各埠本黨同志公函）先生之致書各埠同志，目的即在報告復辟之理由及經過，並希望諸同志閱讀共和平議後，各開大會，表示意見，『若宗旨皆同，則留大衆一心，如何如何』。（同上第二書）

先生入美使館之初，嘗致書徐菊人世昌，詳述復辟經過及自己對政體之意見，最後勸告之曰：『今公以太傅總[illegible]

萬幾，昔既受顧命付託之重，今復當政體調停之任。伏惟公深明虛君共和之體，保幼主復辟之義，上免國本之時搖，下免民生之慘酷，以報先帝，而安皇室，在公一言。若公不能力爭，而致撤復辟，則咎有攸歸，情同附逆，公何面目以見天下人而對先帝於地下乎？中國存亡，在於今日』。（與徐太傅書，不忍九十合册政論欄本文頁一—十四）

六月間，先生有覆大隈侯爵書一文，內中除致謝其贈送禮物數事外，亦談及復辟之事及個人之政見。中有云：『夫政治之變故，至深遠，而吾國民之知識至幼稚，故與之言排滿革命民主共和，則單簡而易知，與之言君主立憲虛君共和，則極深而難識。吾國民不深知歐美之政體，泥於名而昧其實。推其愚昧之由，蓋辛亥革命之前，舉國不知有共和之事，及辛亥革命之後，舉國人不容議共和之非，故至如此愚蔽也。』（同上書頁十五）

八月二十二日，徐子靜侍郎逝世，先生爲文祭之，多言維新以來之事蹟。（祭文見遺稿，卒日見不忍九十合册詩稿頁十二）

十月先生在使館中輯廿年政論，爲不幸而言中不聽則國亡一書，並爲之序。其中有云：『吾豈敢謂國人皆無知而吾獨有知，國人皆醉而吾獨不醉，國人皆瞽而吾獨不瞽乎？然四十年來吾所言未嘗不中，而不聽吾言未嘗不敗也。吾豈敢一得而自矜哉！竊哀吾中國四萬萬同胞，不忍坐視其死亡也。』又云：『吾自遊學而不敢言民主共和，自立印度不敢言革命自立焉。今舉二十年舊論，再以告國人，若仍不聽吾驗方之言，則中國亡矣，死矣。』（見本書序文）

是時先生以家難幽居，常慮不測，既無補於宗人，且累及於先廟，乃追舊事，述世德，記廟祀，成康氏家廟之碑文一篇，希後世永勿忘也。（康氏家廟之碑，遺稿中）

先生居美使館者半年，頗受優遇。最後（約在歲杪）美使復派參贊及武員，專車護送出京，以還舊居，先生頗感其德。（與各埠本黨同志公函）十二月先生以張元濟君贈送戊戌六君子遺集，作詩謝之，並隨信贈有溥君墨跡一份，點石字中堂一幅。（謝張學部菊生贈戊戌六君子遺集書，遺稿中）

先是歲初元旦，先生賦開歲忽六十詩凡二百三十五韻，所述皆六十年來所經事實及感想，其志氣仍雄壯不少衰。詩中有云：『惟吾滿腔春，赤子心尚稚，假年百二十，吾志自強儼。形容日衰艾，浩氣日壯厲，縱浪大化中，不憂亦不喜。江海娛浩蕩，天人自遊戲。』其後先生以韵已而意猶未盡，乃更賦二章，又成數十韵。先生跋語云：『吾生平所得在此也，』蓋先生涵養功夫所在也。其第一章以顯微鏡觀察微生物爲言，中有曰：『吾人之一瞬，彼已

蓋千古，精心冥推想，比例難疏舉。然則六十年，豈止億歲許，以觀我衆生，宇宙樂仰俛。』（閒適絮六十詩）

△二月，國會投票表決與德國斷交，在野名流如孫中山唐紹儀等均電請仍守中立。六月二十七日（陽曆八月十四日）政府宣布對德奧宣戰。解散國會。七月十四日（陽曆九月一日）廣東軍政府成立，舉孫中山為大元帥，九月實行進攻北政府。

民國七年，戊午（西一九一八），　先生六十一歲。

六月，　先生門人龍伯純君攜戊戌絕筆書與蹟赴滬謁先生，會先生出游西湖，乃錄稿留寓而去。先生之戊戌絕筆書自戊戌遇救後，即流落人間，其後為龍君門人江天鐸於橫濱購殘書時無意中得之。先生歸見留稿，立為跋語，纏纏數千言，先生生平所學所志，具見於此。並使人致意江君，謂：『此事良非偶然，得失遇合之奇，有足異者，是蓋佛法所謂因緣也歟。』蓋此物之為再傳弟子所得而保存之，實萬想不到者也。其後於民國十年覩原物時，先生復為續跋二節焉。（南海先生戊戌絕筆書跋）

△是歲四月，廣東軍政府改總裁制。九月六日（陽曆十月十日）徐世昌以新國會選舉，就北京大總統任。十月世界大戰停止。十一月全國和平聯和會開會於北京。

民國八年，己未（西一九一九）　先生六十二歲。

十月，先生移葬勞太夫人及弟有溥於茅山積金峯下青龍山。其祭母文云：『昔以百難，權厝蘇村，今遷佳壤，遷此新阡。元祚美豐，茅山穹窿。茅山鬱鬱，實翼金陵，秀發飛揚，翳集仙靈，積金作屏，獅峯獻英，遂吐青龍，地萌匯榮。嗟吁擇藏，八年未成，奔走旁徨，今乃獲營。』其移葬告弟文曰：『昔藁葬於脩下窪兮，深夜密運骸骨之艱難；既縫首易棺馬交兮，尚無寸土以埋爾魄魂。十六年乃克權葬於故鄉兮，非淨土終未得安。維茅山之崔巍兮，實列仙所託神，遷以宅爾宅兮，庶通靈于仙班。』（哲節錄原文見遺稿中）

△是歲五月我國代表陸徵祥顧維鈞王正廷等拒絕對德和約簽字。十一月蒙古取銷自立。

民國九年，庚申（西一九二〇）　先生六十三歲。

△是歲直皖之戰起。廣東政務會議解散。國際聯盟成立。

民國十年，辛酉（西一九二一）　先生六十四歲。

△三月廣東非常國會選舉孫中山為非常大總統。　華盛頓會議開會。

民國十一年，壬戌（西一九二二）　先生六十五歲。

張夫人逝世。　五月二十一日先生德配張夫人妙華卒，時年六十有七歲。所生子女八人，長女同薇，博學，適香港電報局長麥儒博。次女同璧，畢業美國大學，適倫敦星加坡總領事羅昌，嘗充萬國婦女會中國代表。子同籛，同凝，女同復同環同琰同佮，同復適潘其凝，餘皆幼。（張夫人墓誌）

夫人淑孝恭儉，明決勤敏，服事翁姑，尤極周到。有溥君之停厝澳門山寺，歲時祭祀皆夫人經營之；海外華僑之來港者，先生不在，皆夫人應之。前歲冬罹風病，艱於行，日惟誦佛經，讀說部，或游戲以自娛。既卒，葬於金壇縣茅山元祚村之原。先生銘之曰：『茅山之雲，仙靈所存，與子共患難，今以槃子之魂。救國不成，康家不寧，鬱以佳城，永以安子之靈。』（同上文及張夫人墓誌銘皆見遺稿中）

與趙恒惕論聯省自治。　六月間湖南省長趙恒惕之通電主張聯省自治也，先生覆電駁斥之，謂爲亡國之舉。電中有云：『竊以政治之道至爲彌遠，宜慮終而知其弊，不能見小利而敗其成。春秋言大一統，孟子言定於一，故中國數千年來皆一統立國，生民賴以安，文明賴以起，土地賴以廓，種族賴以繁，爲長治久安之至理，無能爲易。蓋分裂則必分爭而大亂，統一則必治安而修明，物之理也，人道所不能外者也。今中外所期者統一也，乃日言聯省自治，以實行分國互爭，以求自亡自滅，是之楚而北行，鞭馬疾馳而相去日遠也，何其反識！夫瑞美德之聯邦也，由分而合；吾之聯省也，由合而分。由分而合則強而易治，由合而分則弱而易亂，自然之勢，必不能免也。方今政府尚擁虛名，然已財政破產，號令不行，若聯省自治，即使將來憲法稍留一二政權與中央，然強藩爭權，豈有憲法，列舉政權，豈能實行，得勿等於無政府乎！無政府後得無各省互爭卒召外人之共管與瓜分乎！且吾國五族共和，若內地既聯省自治，則新疆萬里應別獨立，而蒙古西藏永爲棄國，是一倡此說即永棄西北萬餘里地，天下政策之顛倒豈有甚於是耶！且號爲自治者，必人民有權而後可。今省之廣土衆民，類于□國，軍閥之專權行政，作作威福，實同小王，人民惟其生殺予奪，尚無法之可倚，更何自治權之可言！然則安有省自治乎！惟有各省獨裁專制而已。故聯省自治之說，求之歐美無例可援，即中國舊俗六朝五代分裂割據之實而已。夫於青島山東之一隅，則深知痛惡日本而力爭之，至於全國，先自豆剖瓜分，以供外人，則其爲外人效死力焉，其爲愚智何如也。』（節錄覆湖南趙省長恒惕論聯省自治電，遺稿中）

與曹錕論中國之善後。　奉直戰終，曹氏有電詢先生以中國善後事。先生覆電答之曰：『承電詢以奉戰既終，圖治斯始，垂問中國何以統一，政治何以改良，「憲法何以破壞，軍隊何以確定；」(按此二語恐有誤)新舊國會是否宜復，國民大會是否宜開，聯省自治是否可行，何以得冀民意，何以不失法統。煌煌大義，皆立國之要圖，安民之至計，十年以來，經緯大政者，未聞有此大哉之問也。夫憲法者，無君主民主國體之異，不可無者也。況號稱共和，而上無憲法，下無國會，此尤地球所未聞而至奇之事。然則今亟謀復國會，制定憲法宜也。然新國會為段祺瑞賣順徐高濟鐵路之借款所造，共斥為非法，既萬不可復矣。而舊國會任期三年，久已在七年前過去之事，又今所謂舊議員者，半數皆非舊會之人，名為拔於候補，實則多非候補之員。竊以為今之大事，莫如速圖統一，然若欲藉舊會議員以選總統，以圖統一也，則必養癰而潰；如藉舊會議員以制憲法也，則行政司法必受其虧，昔之約法是其覆轍。故云，宜開國民大會改定憲法，乃可舉總統，而不可藉舊國會以舉總統也。』(節錄覆曹巡閱電，遺稿中)

是歲三月，北方奉直戰起。五月，黎元洪復大總統職，南方孫陳戰爭起。同月舊國會議員在天津開會，並宣布即日行使職權。同月唐繼堯通電主張聯省自治。六月趙恒惕通電主張聯省自治，同月曹錕吳佩孚通電反對聯省自治。十二月張紹曾內閣實現，並電西南各省主張和平統一。

民國十二年，癸亥(西一九二三) 先生六十六歲。

正月十八日，先生電吳巡閱使佩孚，勸其亟以數萬元之款收服溫樹德之海軍，蓋海軍關係甚大，且聞溫氏因軍費困竭有為孫文收服之說也。(致吳巡閱使電一，遺稿中)次日先生復有電致吳氏，略云：『由憲子所述及手書所云，知公欲猛志除孫，是公之明斷，而中國有統一之望也。惟孫志極堅，累仆累起。且黨徒甚多，偏於南北，以粵為根據地，公欲除之，非絕其根據地不可。然粵軍中無一人才能除孫以定粵亂者。聞孫君傳芳甚才，望公派之督粵，沈鴻英可幫辦軍務，若處人地生疏，吾門人徐勤(君勉)可力佐之。』(節取致吳巡閱使電二，遺稿中)

二十日，先生致國務院張敬輿(紹曾)電中有云：『執事憂國勤勤，欲開國是會議，而謀統一，何其至誠也。然僕愛公甚，愛中國甚，不敢以為然也。公試考覽古今，幾見有藩鎮割裂爭權而可以空言統一者哉！若有一事可徵，則公行之可也，若無一事可徵，則請公思之可也。故自前歲過訪丁家山敝廬，以至於今，令憲子賁襄，已與公頻冒之，今吳帥已悟，而欲以力定之。且今不論實而論名，孫文未稱大元帥前與公言和可也，既立大元帥，則與別立一國何異？彼今日夜治兵籌餉，而謀北伐，豈有分毫附公，甘爲統一者哉？豈惟孫哉，各省擁兵者多如是也。保洛二帥既同心所決，望公不必異之，惟既藉吳帥以定粵，則必命孫傳芳督粵。』（見遺稿內原電）

是月二十一、二兩日，張閣以反對下閩粵兩督理令，兩度辭職，先生聞之，立電張氏曰：『聞公以保洛請放孫沈兩督辭職，僕以爲過矣。公既執政，乃不討賊，而言和平，是坐視中國分裂，則公先負失職之大罪矣。故保洛能於今以兵定亂，義也，惜其未能而議請放閩粵兩督也。公好善，優於天下，獨立不阿於軍閥，僕所最敬，惟誤於和議之說，願公審於義之是非，勿困於政客謬說。凡舉事，勿爲親者所痛，勿爲寇讐者所快也；幸勿辭職，以安國家。』（節錄致張總理敬輿電，遺稿中）

三月二十七日，先生爲文祭德宗皇帝，詞曰：『以皇上之聖，中國土地之大，人民之多，經十五年之維新，長治久安，則中國之士農工商已富已教，中國之立憲政體已堅已定，中國之霸業已盛已強，今將執地球萬國之牛耳，而開大同之郅治矣。豈有上則社稷變遷，下則生民塗炭，內則行省分裂，戰爭荼毒，外則國勢凌夷，共管將來者哉！』最後又云：『嗚呼！鼎湖之龍髯已遠，無自攀號；橋山之弓劍猶存，只來悲泣，臣不知何以報我皇上而救國民也。』（節錄祭德宗皇帝文，遺稿中）

十二月十九日，先生遊武昌，與徐良陳時特至洪山寺後覓庚子勤王死難烈士之墓，披荊穿蔓久之，始發見短碑而得其所焉。先生於是奠酒焚楮以祭之。既告蕭督耀南，蕭督慨然修其墓，而陳時亦慷慨樂任其事，是皆所以鼓舞繼起者也。（見唐烈士才常墓誌銘，遺稿中）

△是歲一月，臨城劫車案發生。五月，北京政變，黎氏被逐。九月，北方曹錕被選爲大總統。

民國十三年，甲子（西一九二四）　先生六十七歲。

正月先生致書吳佩孚氏，勸其推誠以待趙恒惕，蓋湘事有變，粵事亦難成，而中國不能統一矣。先生曰：『既助之於前，宜玉成於後。』至趙氏之歸北，先生以爲係出至誠，蓋爲中國之公，爲一己之私，趙氏皆應出此也。惟自治之名暫難取銷者，爲對譚延闓之收撫湘省也，蓋湘人不歸譚而歸趙者，以自治之旗號故也。先生並請吳氏助趙以餉械，蓋趙氏餉械不足，無以敵南方之侵入也。（見覆吳子玉書遺稿中）

〈是歲八月，江浙戰起，同月，奉直第二次戰起。十月，曹錕退職，執政府成立。同月孫中山先生北上，共商國是。〉

民國十四年，乙丑(西一九二五)　先生六十八歲。

〈正月，二次江浙戰起。二月孫中山先生逝世。上海五卅事件起。六月，廣州國民政府成立。〉

民國十五年，丙寅(西一九二六)　先生六十九歲。

三月，國民軍敗退南口後，先生有致諸將帥電，請其恢復皇室優待條件。中有云：『前歲馮逆玉祥乃毀法破約，逼帝搜宮，至今乘輿避耗使館，蒙塵天津。中外譁怒，積於人心，騰於報章者久矣。今賴諸帥之力，驅除赤溺之軍，保安中華，義聲洋溢。舊日百政日見恢復，亦將經月矣，惟優待皇室條件，未聞議及也。望恢復優待皇室條件，清還皇產陵地，以昭萬國之大信，無貽千秋之謗議。』

〈是歲有國奉戰役。執政府解散。國民革命軍定兩湖。〉

民國十六年，丁卯(西一九二七)　先生七十歲。

二月五日，爲先生七十壽辰，門弟子咸至滬，爲先生祝壽。梁啟超爲先生撰七十壽言，所述皆萬木草堂舊事，蓋啟超以昔居萬木草堂無日不樂，而其樂最殊勝也。中有云：『啟超等或於役京國，或息影家園，或栖遲海外，不能一一摳衣趨祝。惟往往風晨雨夕相從游，話疇昔少年同學事，則心魂溫而神志飛揚，謂爲有生第一至樂。而知先生亦必有以樂乎此也，乃以所以樂先生者爲先生壽。』(見晨報副鐫民十六二月廿七日份)

梁啟超復集漢魏成語爲先生撰壽聯，極佳，其聯云：『述先聖之玄意，整百家之不齊，入此歲來已七十矣；奉觴豆於國叟，致歡忻於春酒，親受業者蓋三千焉。』(同上三月六日份)

先生七十壽辰，宣統帝曾賜御筆『嶽峙淵清』四字匾額一幅，玉如意一柄，二月四日由徐良帶至滬。先生見之喜舞忭蹈，恭設香案領之。並覆摺謝恩，詳言一生盡瘁於維新，保皇，覆賊，復辟諸事。(見謝賜恩摺遺稿中)

當先生壽日，身體已稍失和，至三月二十八日午前五時三十分逝世於青島寓廬，時陽曆三月三十一日也。(見晨報民十六年四月一日份記先生逝世事)

先生一生之事業，爲成功抑爲失敗，其晚年之言行爲獨有所見，抑爲悖逆潮流，誠有非常理所可論者。惟其在中國近代政治史上，學術史上，思想史上，教育史上之貢獻，及其地位之重要，則爲世人所公認。於此最初稿之年譜中，對以上各事固不敢有所論斷，故以下祇錄梁任公數語，爲本年譜之結論焉。

其論先生之爲人也，曰：『有應時之人物，有先時之人物，其爲人物一也。而應時而生者，則其所志就，其所事成，而其及身亦復尊榮安富，名譽洋溢。先時而生者，其所志無一不拂戾，其所志無一不挫折，而其及身亦復窮愁潦倒，奇險殊辱，舉國欲殺，千夫唾罵，甚乃身死絕域，血濺市朝，是亦豪傑之有幸有不幸乎！凡先時之人物所最不缺之德性有三端：一曰理想，二曰熱誠，三曰膽氣，三者爲本，自餘皆枝葉耳。若是乎，先生果爲中國之一先時人物哉！』又曰：『要之先生生平言論行事，雖非無多少之缺點，供人攟拾之而詆排之者；若其理想之宏遠照千載，其熱誠之深厚貫七札，其膽氣之雄偉橫一世，則並時之人未見其比也。』（康南海傳，飲冰室文集卷卅九頁五八，五九）

其論先生之修身曰：『啟超竊惟先生思以道援天下溺，惻惻焉數十年如一日，顧覺不得所藉手。至於今，世變愈棘，夷狄禽獸交於中國，四民憔悴顛沛不可終日，先生蓋慽然憂傷，與不能一日展眉以爲歡也。雖然，先生有天游焉，終日行不離輜軿，而神明息栖乎方之外，以故一生所歷勞苦患難，非恒人所堪受，而常能無入而不自得。古之真人，蓋有入水不濡，入火不熱，壽不知其紀，而顏色常如嬰兒者。孔子言「智者樂，仁者壽，」先生惟仁也，故有終身之憂，惟智也故不改其樂。仁且智，故樂而壽，正惟弟子不及也。』（南海先生七十壽言）

其論先生之事業曰：『戊戌後之新中國，惟先生實手闢之。今之少年或能譏彈先生，然而導河積石，則孰非聞先生之風而興者？事苟有濟，成之何必在我？』（同上）

〈是歲國民革命軍定長江，移政府於南京，定爲國都。

是爲孔子生後二千四百七十八年。

本年譜引用及參考書目

康南海，康南海自編年譜，丁文江氏副鈔本。（原鈔本在羅孝高君手內）是譜起生年，止四十一歲（光緒廿四年）。乙未以前係舊作，丁戊二年係戊戌十二月在日本補作，中缺丙申一年。

康南海，康南海遺稿，皆原寫稿本而未經整理者。以奉順先生命爲排比年月次第備出版，得見之。

康南海，南海先生詩集，弟子梁啟超手寫本，宣統三年印。

康南海，康南海文集，共和編譯局印，上海，民國三年。

康南海，戊戌奏稿，上海廣智書局印，宣統三年。

康南海，不忍雜誌，同上，第一二三四五六七八冊民國二年印行，第九十冊民國六年出版。

康南海，不忍雜誌彙編，上海宏學社印，民國四年出版。
康南海，南海先生戊戌絕筆書跋，附天游江氏藏書。
康南海，南海先生戊戌輪舟中與徐君勉書及丁巳跋後。
康南海，康南海先生開歲忽六十詩，北京亞東製版印刷局。
康南海，南海先生最近政見書。
康南海，南海先生七上書記，上海大同譯書局，光緒二十四年。
康南海，康南海文鈔，當代八家文鈔內，胡君復輯，上海商務印書館，民國五年。
康南海，南海先生四上書記，西政叢書內，梁啓超輯，愼記書莊印，光緒廿三年。
康南海，公車上書記，時言新編內，陳[illegible]輯，光緒廿一年。
康有爲，不幸而言中不聽則國亡，上海長興書局，民國七年。
康有爲，物質救國論，上海長興書局，民國八年。
康有爲，大同書，上海長興書局，民國八年。
康有爲，歐洲十一國游記第一二編，上海廣智書局，光緒三十四年四版。
康有爲，中國官制議，上海廣智書局，光緒三十二年。
康有爲，主金幣救國議，上海廣智書局，宣統二年
康祖詒，長興學記，上海思求闕齋刻，光緒十八年。
康祖詒，桂學答問，廣州中山大學翻印本。
康祖詒，讀書分月課程。（此書爲梁啓超據桂學答問錄成者，以其奉先生命並依先生之意爲之，故附列於此。）
康有爲輯，哀烈錄，廣州商民印刷公司。
梁啓超，戊戌政變記，上海廣智書局。
梁啓超，飲冰室文集，乙丑重編本，上海中華書局，民國十四年
朱壽朋，光緒東華續錄，上海集成圖書公司，宣統元年
張元濟輯，戊戌六君子遺集，上海商務印書館，民國十五年四版
翁同龢，翁文恭公日記，上海商務印書館，民國十四年。
宮崎寅藏，三十三年落花夢，金一譯，國學社印，光緒三十一年再版。
左舜生輯，中國近百年史資料，上海中華書局。民國十五年再版。
鄒茂等修，南海縣志，宣統二年庚戌十月續修本。
葉德輝輯，覺迷要錄，光緒廿七年刊本。
沈桐生等，光緒政要，上海崇義堂印，宣統元年本。
蘇輿輯，翼教叢編，武昌重刻本，光緒廿四年。
張之洞，勸學篇，浙江省重刊板，光緒廿四年。
傅運森，世界大事年表，上海商務印書館，民國十八年第四版。
中製，中山出世後中國六十年大事記，上海太平洋書店，民國十八年增訂本。
諭摺彙存。
清議報全編，橫濱新民社編輯。
清史稿。
晨報，北京晨報社，民國十六年四月份。
晨報畫報，北京晨報社，民國十六十七年份。
Bland, J. O. P., China under the Empress Dowager, London 1910.
Emperor Kwang Hsü's Reform Decrees 1898, the North-China Herald, 1900.
Soothill, W. E., Timothy Richard of China, London, 1926.

釋士與民爵

勞貞一

封建之世，士上通於天子，下別於庶人。秦爵二十級，公士至不更，所以比士，大夫至五大夫，所以比大夫，左庶長至大庶長，所以比卿，關內侯徹侯所以比諸侯，猶之乎有別也，特不世及耳。漢有普賜民爵，而士庶無分矣，此古與近古之大齊也，爲作釋士與民爵。

中國之典章制度，自殷周之際變革以後，當以周秦之際變革爲尤劇。周制蓋發萌於宗法，由宗法而成封建制度，因之天子至士與庶人以下成爲不同之等級，禮記王制曰：

王者之制祿爵，公，侯，伯，子，男凡五等；諸侯之上大夫卿，下大夫，上士，中士，下士凡五等。

是自公以達於士，皆王者所制之爵祿也。郊特牲曰：

天子之元子元士也，天下無生而貴者也。

元士者，即天子之士，以別於諸侯之士者。白虎通釋之曰：

王者太子亦稱士何？舉從下升，以爲人無生得貴者，莫不由士起；是以舜時稱爲天子，必試於士。禮士冠禮，天子之元子士也。

故士之位可上達於天子，天子亦可下達於士，而儀禮爲書咸以士爲標準。此曲禮所以稱『禮不下庶人，刑不上大夫』也。不惟庶人不在職者不得通於士，即在官者亦然。王制：

凡執技以事上者祝，史，射，御，醫，卜，及百工，凡執技以事上者，不貳事，不移官，出鄉不與士齒，仕於家者出鄉不與士齒。

按庶人之在官者，據孟子所稱其祿同於士，出鄉則不能與士齒者，重士而賤庶人也。且庶人之執技事上者，不貳事，不移官，則子孫亦終於庶人，而士則有不然者。禮記中庸：

父爲大夫子爲士，葬以大夫祭以士；父爲士子爲大夫，葬以士祭以大夫。

禮曾子問：

宗子爲士，庶子爲大夫，其祭也如之何？孔子曰，以上牲祭於宗子之家。

即此義。則大夫嗣子以外皆爲士，而士之子亦可爲大夫，若庶人之子則未聞有可以爲士大夫之禮，惟士大夫子之不才者，或爲庶人而已（見禮大傳）。

士庶所以截然不同者，蓋由於封建與宗法之制度。禮運曰：『天子有田以處其子孫，諸侯有國以處其子孫，大夫有采以處其子孫，』即此之謂也。天子諸侯大夫，數皆有限，則凡公子之不得欲者，不得不退而爲士，然天子爲天下之大宗，諸侯爲一國之大宗，大夫爲一家之大宗，大宗收族者也。（義見詩箋毛傳及儀禮喪服傳）則其於不得嗣統之士，自當有存恤之義，而使之爲公宮之守。禮記文王世子曰：

公若有出疆之政，庶子以公族之無事者守於公宮，正室守太廟，諸父守貴宮貴室，諸子諸孫守下宮下室。

庶子所掌之事，猶如漢世之中郎將，而公族之無事者所掌，猶如漢世諸郎執戟，而衛宮門。此制周禮亦有之。天官宮伯：

掌王宮之士庶子凡在版者，掌其政令，行其秩叙，作其徒役之事，授八次八舍之職，若邦有大事，作宮衆則令之。

地官小司徒：

大故致餘子，鄭司農云，餘子謂羨也，卿大夫之子當守王宮者也。

此所謂士庶子及餘子，即文王世子所稱庶子所掌之公族無事者，藉此以恤之也。士於內則守公宮，於外則即戎事，周禮夏官掌固所稱：

掌修城郭溝池樹渠之固，頒其士庶子及其衆庶之守，設其飾器，分其材用，均其稍食，任其萬民，用其材器。

即此意也。男子始生用桑弧蓬矢亦即此意也。士既以即戎，故曲禮云，『問士之富數車以對。』賦自田出，故曲禮又云：『四郊多壘，此卿大夫之辱也，地廣大荒而不治，此亦士之辱也』。然則士之本質原爲農戰之士，非徒講習典籍之儒生，更非搖唇鼓舌之游士亦明矣。春秋初，業諸侯之士，尙以即戎，國語齊語：

管子於是制國以爲二十一鄉，工商之鄉六，士鄉十五，（注工商各三也，二者不從戎役也，）公帥五鄉焉，國子帥五鄉焉，高子帥五鄉焉，……五家爲軌，故五人爲伍，軌長帥之，十軌爲里故五十里爲小戎里，有司帥之（小戎兵車也，此有司之所乘。）

其所謂有司，蓋即有戎車之士，即禮記數車以對者。事主農事言士可以兼農，故以士與工商對稱而不復言農也。士祿田之制見沈彤周官祿田考，蓋即以祿田中公田之所獲，以歸諸士。（豳風七月之公子，蓋亦即有田之士，因其類出於諸侯庶子故稱公子也。惟周之封建兼取異姓，故士亦不盡爲公族，然亦必爲卿大夫之族）其爲農夫者準諸不貳事不移官之例，蓋亦世傳其土地而不能移業，即孟子所謂『死徙無出鄉，鄉田同井，出入相友，守望相助，疾病相扶持』者也。至於商人，本與農異，左昭十六年子產曰：『昔我先君桓公與商人皆出自周，庸次比耦，以艾殺此地，斬之蓬蒿藜藋而處之，世有盟誓，似相信也。』則商人之於公族，亦不相涉，故商人既無干政之可能，亦無須使之從軍，因之管子別爲制鄉，所以殊異於士族及農夫也。（七月「女心傷悲殆及公子同歸，」鄭箋「悲則始有與公子同歸之志，欲嫁焉，」頗疑婚配或亦公子主之。）

據鹽鐵論及潛夫論引佚詩故謂魏風碩鼠由履畝而作，按碩鼠毛序亦稱刺重斂，原與履畝之義相通。魏之亡在晉獻公時，則其履畝而稅尚遠在魯國履畝事之前。是春秋初年甸服公田之制已不能維持，封建之潰，自在理中。及晉國翦削鄰邦，使其國校邦畿爲尤大，則其國將封建形式亦去之。獻公父去桓莊之族與羣公子，使晉無公族，合族之誼亦從之破壞，故文公之後雖有世卿，然既非命卿，亦非公族，欲其維持封建遺制於將廢，蓋已不可得矣。

自文公用中山盜以戰於城濮（國策秦策）靈輒以賢桑餓人而任公宮之守，晉國之士庶早已難於分別，及趙簡子伐范中行氏，誓其衆曰『上大夫受縣，下大夫受郡，士田十萬，庶人工商遂，（杜注得遂進仕）人臣隸圉免，』（左哀二年）於是庶人之有功者，亦得列於士，晉國之事，咸「因勢利便」以行之，後之法家遂亦以三晉爲集中地，及三家分晉之後因相攻伐而致微弱，較三晉強者，尙有受晉國文化薰染最深僻處西陲之秦，於是商鞅遂舍魏而西適。商君所制定者益以封建制度之更革爲尤重要。史記商君列傳曰：

孝公：：以衞鞅爲左庶長卒定變法之令，令民爲什伍，而相收司連坐：：民有二男以上不分異者倍其賦，有軍功者，各以率受上爵，：：宗室非有軍功，論不得爲屬籍，明尊卑爵秩等級，各以差次，名田宅臣妾衣服以家次，有功者顯榮，無功者雖富無所紛華。

此所謂二男以上必分異者破壞收族之制也。宗室非有軍功，不得爲屬籍者，公族不得生而爲士以異於庶民也。以軍功受上爵，有功者顯榮，則榮辱之分，全在有功與否，而士庶之等泯然矣。商君之法，行之十年以後，自雍徙都咸陽，『令民父子兄弟內息者爲禁，而集小都鄉邑聚爲縣，置令丞，凡三十一縣，爲田開阡陌封疆而賦稅平。』於是秦之食邑及公田亦從之全毀。而秦之所以併天下者，於此肇其基矣。

商君雖盡毀秦世爵之制，惟秦之爵等則因仍而更定之以賞有功。至漢乃襲其制，除列侯關內侯而外皆不世襲，與周制殊矣。其制見於大典本漢舊儀：

漢承秦爵二十等，以賜天下。爵者祿位也，公士一爵賜一級爲公士，謂爲國君列士也。上造二爵，賜爵二級爲上造，上造乘兵車也。簪裊三爵，……不更四爵，……主一車四馬。大夫五爵，……主一車屬三十六人；官大夫六爵，公大夫七爵，……領行伍兵，公乘八爵，……與國君同車；五大夫九爵，賜爵九級，爲五大夫，以上次年德者，爲官長將率更秦制爵等，生以爲祿位，死以爲號諡，左庶長十爵，右庶長十一爵，左更十二爵，中更十三爵，右更十四爵，少上造十五爵，大上造十六爵，駟車庶長十七爵，大庶長十八爵，侯十九爵（漢書百官表作，關內侯）列侯二十爵。秦制二十爵，男子賜爵一級以上，有罪則減，年五十六免，無爵爲士伍，年六十乃免之。

續漢百官志注引劉劭爵制釋之曰：

春秋傳有庶長鮑，商君爲政，備其法品爲十八級，合關內侯列侯凡二十等。其制因古義。古者天子寄軍政於六卿，……秦依古制，其在軍賜爵爲等級，其帥人皆更卒也。有功賜爵則在軍吏之例，自一爵至不更四等皆士也，大夫以上至五大夫五等比大夫也：九等依九命之義也，自左庶長至大庶長九卿之義也，關內侯者依古圻內子男之義也……列侯者依古列國諸侯之義也，……吏民爵不得過公乘者，得移與子若同產，然則公乘者軍吏之爵最高者也。

則其等次，仍仿前卿大夫士之制，而略增其級耳，故其有爵者，雖不世及，仍得役使平民，漢書刑法志四：

秦人其生民也陝隘，其使民也酷烈，劫之以勢，隱之以隘，狃之以賞慶，道之以刑罰。使其民所以要利於上者，非戰無由也，功賞相長，五甲首而隸五家，是最爲有數，故能四世有勝於天下。

「五甲首而隸五家」注引服虔曰：『能得著甲者五人，使得隸役五家也。』故趙策魯仲連稱爲『秦者棄禮義而尙首功之國。』其所以列至二十爵者，即爲便以『級』計也；而爵之授與及其意義與前大異矣。漢承秦制，其等次與秦相同，（見百官表）在漢初對於民爵尙有相當之尊重。

高帝紀五年詔曰：「軍吏卒會赦，……其七大夫以上（師古曰「七大夫公大夫也」）皆令食邑，非七大夫以下皆復其身及戶勿事。又曰七大夫公乘以上，皆高爵也。……爵或人君，上所尊禮，……異日秦氏爵公大夫以上，令丞與亢禮。今吾於爵非輕也，……且法，以有功勞行田宅，……其令諸吏善遇高爵稱吾意。

孝惠紀即位詔曰：「五大夫以上有罪當盜械者皆頌繫，

上造以上當刑，及當爲城旦舂者，皆耐爲鬼薪白粲。

至孝惠五年築長安城，普賜『民爵戶一級』，而爵始濫，六年遂令民得買爵三十級以免死罪，於是爵遂可以買賣。文帝即位「賜民爵一級，於是天下人無不得爵者，因民皆有爵，故古制六十免役（見王制及班超傳）而漢則五十六免役也。自此以後，爵成爲對民賜之具文，民亦不復以爵爲重，惟僅用以贖罪而已。西漢賜爵常一級，至東漢則每賜民爵必二級；爵愈賤矣，至獻帝時遂不賜爵。

武帝時因爵已賤，故元朔六年以征匈奴斬首萬九千級，受爵賞；而欲移賣者，無所流貤，於是更置武功爵以寵戰士。其爵凡十七級，直三十餘萬金，得試補吏，先除千夫如五大夫，其有罪又減二等以顯軍功，軍功多用超等，大者封侯，大；夫小者郎（見食貨志），則名爲賜爵，實則與秦爵又殊，惟由此得起家爲吏耳，固無與於士庶之分也。且流弊亦多，至昭帝而後遂不復聞此制矣。

燕京大學引得編纂處出版書目

歷代同姓名錄引得　引得第四號

民國二十年八月出版　每册定價九角外埠酌加郵費

二人或數人同一姓名，爲史學糾紛問題之一。歷代同姓名錄，清劉長華編，匯史籍所有之同姓名者於一册，蒐輯頗富。雖間或引證不確取舍未精，亦不失爲治學工具之一種。惟排列方法，迂拙錯雜，尋檢深感不便。本處以常用此書，故爲編製引得，印之公諸學界。

儀禮引得附鄭注引書及賈疏引書引得　引得第六號

民國二十一年一月出版　每册定價二元外埠酌加郵費

儀禮爲經典要籍，第辭義瑣雜，熟讀爲艱。本處援取四部叢刊本將書中所載之儀文名物鉤玄提要，編爲引得，用以研究本書，可收按圖索驥之效。又儀禮鄭注及賈疏引用諸書，多已散亡。故更依據影印阮刻十三經注疏本，將其引用書名，分別引得，以爲輯佚之助。卷首有各本儀禮卷葉推算表二，俾一册引得，可以用諸二十種通行版本。又洪煨蓮教授序文，關於禮經之源流演變，頗加考論，殆亦治經學者所欲一讀者也。

全上古三代秦漢三國六朝文作者引得　引得第八號

民國二十一年九月出版　每册定價四角外埠酌加郵費

全上古三代秦漢三國六朝文，清嚴可均編輯，網羅作者三千餘家，爲用至大，但檢尋甚爲不便。嚴氏曾爲姓氏韻編五卷，久已亡佚。本處愛將其作者另加編訂，用庋擷排列，不從韻次；蓋以中國字音紛繁，未衷一是，而廣韻今韻又復大有懸殊也。

三十三種清代傳記綜合引得　引得第九號

民國二十一年十二月出版　一厚册定價伍圓外埠酌加郵費

此書爲三十三種清代傳記——清史稿列傳，清史列傳，國朝耆獻類徵，碑傳集，續碑傳集及碑傳集補等——中被傳人姓名之引得，係杜聯喆女士及房兆楹先生所編，由本處校訂出版。凡欲研究清代史或清代某重要人之事蹟者，手此一編，定能收事半功倍之效。

佛藏子目引得 引得第十一號

民國二十二年三月出版 三厚冊每部定價四十元外埠酌加郵費

此書爲大藏經，續藏經，弘教書院大藏經，卍字大藏經等四種佛藏之子目引得。凡諸藏中各經之本名異名，各篇章之名，譯著者之本名異名，以及梵文原名，皆分別爲之引得；實研究佛教哲學，佛教史，佛教儀俗者必備之工具也。

世說新語引得附劉注引書引得 引得第十二號

民國二十二年五月出版 每冊定價一元外埠酌加郵費

劉義慶世說新語爲一部珍貴社會史料，魏晉以來，標榜之風，清談之習與夫門閥觀念之盛，皆能由此書中窺其梗概。而劉孝標注，徵引繁博，尤爲學者所稱道。今取四部叢刊影明袁刊本編爲引得，凡治史學與考據學及從事輯佚工作者，尤當人手一編也。

容齋隨筆五集綜合引得 引得第十三號

民國二十二年五月出版 每冊定價二元外埠酌加郵費

洪邁容齋隨筆，兼考據及雜記二體，久爲士林所重。今取皖南洪氏刊本，編爲引得，凡從事考據之學及研究唐宋典章制度者，手此一編，當可省無限尋檢之煩也。

太平廣記引得 引得第十五號

民國二十三年一月出版 每冊定價三元外埠酌加郵費

太平廣記成於宋初，古代傳奇瑣事，祕笈遺文，以及關於社會風俗之作，搜拾最富。唐宋以前之書，世所不傳者，殘編斷簡，往往賴是書以存。其卷帙輕者，且全部收入，尤足珍貴。所采古籍，舊言三百餘種，今考有四百餘種。惟是散布全書，爬羅匪易，鄧嗣禹先生爰爲編製引得，以備查檢。全書分引書引得與篇目引得二部，其所引諸書之存佚及其重要版本，皆略附考證，以備參考。書前附有廣記詳細分類表，尤能使人一目瞭然。

新唐書宰相世系表引得 引得第十六號

民國二十三年三月出版 每冊定價三元外埠酌加郵費

新唐書宰相世系表，網羅有唐宰相九十八族之家乘，大致尚稱完備。雖間有訛誤，然亦頗有裨於譜學之研究。洪煨蓮先生去年講授燕大史系歷史方法，曾囑周一良，張家駒，劉選民，李子魁諸君，取該表編爲引得，付之本處。爰稍加校正，付印問世。篇首冠以周君序文，於表之編纂動機，矛盾紕繆，與其在學術上之價值，言之綦詳。實爲研究唐史與譜學者不可不備之書也。

讀史年表附引得 引得特刊第一號

民國二十年二月出版 每冊定價三元外埠酌加郵費

讀史年表共二十四張，始漢迄清，代爲一表，詳注公曆年數與各帝王之年號，廟號，諡號，名諱，陵號，以及代諱諸字。並附有標年度尺一，中印甲子紀元，用以量各表兩旁之尺格，則年數可不勞指算。表後附有引得，頗易尋檢。篇首有洪煨蓮教授序文，詳言年表起於漢代及漢前紀年不易著訂之故。

讀爾雅釋地以下四篇

顧頡剛

一　本文

釋地

兩河間曰冀州。河南曰豫州。河西曰雝州。漢南曰荊州。江南曰揚州。濟河間曰兗州。濟東曰徐州。燕曰幽州。齊曰營州。（九州）

魯有大野。晉有大陸。秦有楊陓。宋有孟諸。楚有雲夢。吳越之間有具區。齊有海隅。燕有昭余祁。鄭有圃田。周有焦穫。（十藪）

東陵，阠；南陵，息慎；西陵，威夷；中陵，朱滕；北陵，西隃，雁門是也。

陵莫大於加陵。梁莫大於溴梁。墳莫大於河墳。（八陵）

東方之美者，有醫無閭之珣玗琪焉。

東南之美者，有會稽之竹箭焉。

南方之美者，有梁山之犀象焉。

西南之美者，有華山之金石焉。

西方之美者，有霍山之多珠玉焉。

西北之美者，有崐崘虛之璆琳琅玕焉。

北方之美者，有幽都之筋角焉。

東北之美者，有斥山之文皮焉。

中有岱岳，與其五穀，魚，鹽生焉。（九府）

東方有比目魚焉，不比不行，其名謂之鰈。

南方有比翼鳥焉，不比不飛，其名謂之鶼鶼。

西方有比肩獸焉，與邛邛岠虛比，爲邛邛岠虛齧甘草；即有難，邛邛岠虛負而走，其名謂之蟨。

北方有比肩民焉，迭食而迭望。

中有枳首蛇焉。——此四方中國之異氣也。（五方）

邑外之謂『郊』；郊外謂之『牧』；牧外謂之『野』；野外之謂『林』；林外謂之『坰』。

下溼曰『隰』。大野曰『平』。廣平曰『原』。高平曰『陸』。大陸曰『阜』。大阜曰『陵』。大陵曰『阿』。

可食者曰『原』；陂者曰『阪』；下者曰『隰』。

田一歲曰『菑』；二歲曰『新田』；三歲曰『畬』。（野）

東至於泰遠，西至於邠國，南至於濮鈆，北至於祝栗，謂之『四極』。

觚竹，北戶，西王母，日下，謂之『四荒』。

九夷，八狄，七戎，六蠻，謂之『四海』。

岠齊州以南戴日爲丹穴；北戴斗極爲空桐；東至日所出爲太平；西至日所入爲大蒙。太平之人仁；丹穴之人智；大蒙之人信；空桐之人武。（四極）

釋丘

丘：一成爲『敦丘』；再成爲『陶丘』；再成銳上爲『融丘』；三成爲『崐崘丘』。

如乘者，『乘丘』。如陼者，『陼丘』。

水潦所止，『泥丘』。

方丘，『胡丘』。

絕高爲之『京』。非人爲之『丘』。

水潦所還，『埒丘』。

上正，『章丘』。

澤中有丘，『都丘』。

當途，『梧丘』。途出其右而還之，『畫丘』。途出其前，『戴丘』。途出其後，『昌丘』。

水出其前，『渻丘』。水出其後，『沮丘』。水出其右，『正丘』。水出其左，『營丘』。

如覆敦者，『敦丘』。

邐迤，『沙丘』。

左高，『咸丘』。右高，『臨丘』。前高，『旄丘』。後高，『陵丘』。偏高，『阿丘』。

宛中，『宛丘』。

丘背有丘爲『負丘』。

左澤，『定丘』。右陵，『泰丘』。

如畝，『畝丘』。如陵，『陵丘』。

丘上有丘爲『宛丘』。

陳有宛丘。晉有潛丘。淮南有州黎丘。

天下有名丘五：其三在河南；其二在河北。(丘)

望厓洒而高，『岸』。

夷上洒下不『漘』。

『隩』，隈。厓，內為『隩』，外為『隈』。

『畢』，堂牆。

重厓，『岸』。岸上，『滸』。

『墳』，大防。

『涘』為厓。

窮瀆，『汜』。谷者『溦』。(厓岸)

釋山

河南，華。河西，嶽。河東，岱。河北，恆。江南，衡。

山：三襲，『陟』；再成，『英』；一成，『坯』。

山大而高，『崧』。山小而高，『岑』。銳而高，『嶠』。

卑而大，『扈』。小而衆，『巋』。

小山岌大山，『峘』。

屬者，『嶧』。獨者，『蜀』。

上正，『章』。宛中，『隆』。

山脊，『岡』。未及上，『翠微』。

山頂，『冢』。崒者，『厜㕒』。

山如堂者，『密』。如防者，『盛』。

『巒』，山墮。

重甗，『隒』。

左右有岸，『厒』。

大山宮小山，『霍』。小山別大山，『鮮』。

山絕，『陘』。

多小石，『磝』。多大石，『礐』。

多草木，『岵』。無草木，『峐』。

山上有水，『埒』。夏有水，冬無水，『澩』。山瀆無所通，『谿』。

石戴土，謂之『崔嵬』。土戴石為『砠』。

山夾水，『澗』。陵夾水，『澞』。

山有穴為『岫』。

山西曰『夕陽』。山東曰『朝陽』。

泰山為『東嶽』。華山為『西嶽』。霍山為『南嶽』。

恆山為『北嶽』。嵩山為『中嶽』。

梁山，晉望也。

釋水

泉，一見一否為『瀸』。井，一有水一無水為『瀱汋』。

『濫泉』正出，正出，涌出也。『沃泉』縣出，縣出，下出也。『氿泉』穴出，穴出，仄出也。

湀闢，『流川』。過辨，『回川』。

『灉』，反入。『潬』，沙出。

『汧』，出不流。

歸異出同流，『肥』。

『瀵』，大出尾下。

水醮曰『厬』。

水自河出為『灉』，濟為『濋』，汶為『瀾』，洛為『波』，漢為『潛』，淮為『滸』，江為『沱』，過為『洵』，潁為『沙』，汝為『濆』。

水決之澤為『汧』；決復入為『汜』。

『河水清且瀾漪』，大波為『瀾』。小波為『淪』。直波為『徑』。

江有『沱』。河有『灉』。汝有『濆』。

『滸』，水厓。

水草交為『湄』。

『濟有深涉。深則厲；淺則揭。』『揭』者，揭衣也。以衣涉水為『厲』。繇膝以下為『揭』；繇膝以上為『涉』；繇帶以上為『厲』。

潛行為『泳』。

『汎汎楊舟，紼縭維之。』『紼』，繂也。『縭』，緌也。天子『造舟』。諸侯『維舟』。大夫『方舟』。士『特舟』。庶人乘『泭』。

水注川曰『谿』，注谿曰『谷』，注谷曰『溝』，注溝曰『澮』，注澮曰『瀆』。

逆流而上曰『泝洄』。順流而下曰『泝游』。正絕流曰『亂』。

江，河，淮，濟為『四瀆』，四瀆者，發源注海者也。

（水泉）

水中可居者曰『洲』。小洲曰『陼』。小陼曰『沚』。小沚曰『坻』。人所為為『潏』。（水中）

河出崐崘虛，色白；所渠幷千七百，一川，色黃。百里一小曲；千里一曲一直。（河曲）

徒駭。太史。馬頰。覆鬴。胡蘇。簡。絜。鉤盤。鬲津。

（九河）

從釋地已下至九河，皆禹所名也。

二　案語

頡剛案：爾雅一書，著作者與其時代皆紛紜無定說。推之最早者謂是周公所作。張揖進廣雅表云：『昔在周公，纘述唐虞，宗翼文武，克定四海；勤相成王，六年制禮，以導天下；著爾雅一篇以釋其義』，是也。此說非張揖所創，西漢故已有之，亦已有難之者。劉歆（？）西京雜記云：『郭偉，字文偉，茂陵人也，好讀書，以為爾雅，周公所制，而爾雅有「張仲孝友」．張仲，宣王時人，非周公之制明矣』。大抵張揖已慮及此，故云『周公……著爾雅一篇』，又云『今俗所傳三篇』，見其出於周公之筆者僅三之一耳。陳隋之間，陸德明作經典釋文，其叙錄云，『釋詁一篇蓋周公所作』，即承張揖之說，而為周公確定其一篇，縮至十九而得一。若是，則『張仲孝友』在釋訓篇中，郭氏之駁議無得而施矣。

移之稍後者，則謂是孔子與其弟子所作。西京雜記記郭氏說後，繼申之云，『余嘗以問楊子雲，子雲曰，「孔子門徒游夏之儔所記，以解釋六藝者也」』。鄭玄駁五經異義云：『玄之聞也，爾雅者，孔子門人所作，以解六藝之旨，蓋不誤也』（詩黍離正義引）。又鄭志答張逸云，『爾雅之文雜，非一家之著，則孔子門人所作，亦非一人』（詩兕觥正義引）。張揖表云，『今俗所傳三篇，或言仲尼所增，或言子夏所益』。經典釋文云，『釋詁以下，或言仲尼所增，子夏所足』。是皆為此說張目者也。然證據安在乎？晚周之書記孔子言行者多矣，何以爾雅之作未有言者，必待揚雄而始發其覆乎？

更有移後者，乃謂出於西漢人之手。張揖表云，『或言叔孫通所補，或言沛郡梁文所考』。（『考』字意義不明。王念孫廣雅疏證云，『「考」，爾雅疏引作「增」，疑本作「著」，譌作「者」，又譌作「考」也』。）叔孫通於兩史俱有傳，而不聞有此作。梁文不詳其人，既無赫赫之名而忽有推戴之舉，疑惟此為得其實矣。案爾雅之為書名，始見於漢書平帝紀元始五年；文云，『徵天下通知逸經，古記，天文，曆算，鍾律，小學，史篇，方術本草，及以五經，論語，孝經，爾雅教授者，在所為駕一封軺傳，遣詣京師』。是當西漢之末，其書乃顯於世。王莽傳文與之略同，而所舉書名為『逸禮，古書，毛詩，周官，爾雅，月令，史篇』。前數書皆劉歆所竭力表章者，故康有為新學偽經考論之曰，『爾雅不見於西漢前，突出於歆校書時，……蓋亦歆所偽撰也。……歆既偽毛詩，周官，思以證成其說，故偽此書』。又曰，『爾雅與逸禮，古書，毛詩，周官並徵，其俱為歆偽撰無疑。……考爾雅訓詁，以釋毛詩，周官爲十』（漢書藝文志辨僞第三下）。此雖過於求新學僞經說之弊一，欲悉蔽罪於劉歆，而此書實有足以啓人之疑者。梁文未知爲西漢何時人，若在成平之世則亦未知其人與劉歆之關係何如，而其含有濃厚之古文學色彩，與毛詩周官二書尤相接近，是固甚明顯之事實也。故歐陽修詩本義曰，『爾雅非聖人之書，不能無失。考其文理，乃是秦漢之間學詩者纂集詩博士解詁』。葉夢得石林集曰，『爾雅…多是詩類中語，而取毛氏說爲正；予意此但漢人所作耳』。曹粹中放齋詩說曰，『今考其書，知毛公以前其文猶略，至康成時則加詳矣。何以言之？如「學有緝熙于光明」，毛公云，「光，廣也」，康成則以爲「欲學於有光明之光明者」，而爾雅曰，「緝熙，光明也」。又…「薄言觀者」，毛公無訓，「振古如茲」，毛公云，「振，自也」，康成則以「觀」爲「多」，以「振」爲「古」，其說皆本於爾雅。使爾雅成書在毛公之前，顧得爲異哉！按平帝元始四年，王莽始令天下通爾雅者詣公車，固出自毛公之後矣』。此皆宋人就毛詩與爾雅二書比較而得之結論也。至其爲說與周官同，則清孫星衍爾雅釋地四篇後敘亦詳陳之。其論云，『爾雅所紀則皆周官之事。釋詁，釋言，釋訓，則誦訓「掌道方志以詔觀事」及訓方氏「掌誦四」也。釋親，則小宗伯「掌三族之別以辨親疏」；釋宮，亦小宗伯「掌辨宮室之禁」也。釋器，其「縷罟謂之九罭」云云則獸人「掌罟田獸，辨其名物」；「肉曰脫之」云云則職金「掌凡金玉錫石之戒令，辨其物之媺惡」；「金鏃翦羽謂之鍭」云云則司弓矢「掌六弓四弩八矢之灋，辨其名物」也；「珪大尺二寸謂之玠」云云則典瑞「掌玉瑞玉器之藏，辨其名物」；「一染謂之縓」云云則典絲「掌絲入而辨其物」也。釋樂，則典同「掌六律六同之和，以辨天地四方陰陽之聲」也。釋天，則眡祲「掌十煇之灋，以觀妖祥，辨吉凶」，又保章氏「掌天星以志星辰日月之變動，以辨其吉凶」，又甸祝，詛祝之所掌也；其旌旂，則司常「掌九旗之物名」，巾車「掌公車之政令，辨其旗物而等敘之」也。釋地，釋丘，釋山，釋水，則大司徒「以天下土地之圖，周知九州之地域廣輪之數，辨其山林，川澤，丘陵，墳衍，原隰之名物」，職方氏「掌天下之圖以掌天下之地，辨其邦國，都鄙，四夷，八蠻，七閩，九貉，五戎，六狄之人民與其財用」，又山師，川師，邍師之所掌也。釋草以下六篇，亦大司徒「以土宜之灋，辨十有二土之名物」，山師，川師「辨其物與其利害而頒之於邦國，使致其珍異之物」，又土訓「道地慝以辨地物，而原其生，以詔地求」也；又倉人「掌辨九穀之物」，庖人「掌六畜之屬，各有名物」也。釋畜，則庖人「掌共六畜，六獸，六禽，辨其名物」；其馬屬則校人「掌王馬之政，辨六馬之屬」，雞屬則雞人「掌共雞牲，辨其物」也』。二書之密合，有如此者。

謂爾雅之作者爲西漢人，予亦得有數證。其一，釋地列九州，而云『江南曰揚州』。然禹貢曰『淮海惟揚州』，揚之北界爲淮而非江。旂江北之地以與徐，自爾雅始。按西漢以臨淮郡與廣陵國屬徐州，會稽與丹陽二郡屬揚州，二州隔江相望，是正與爾雅之言契合也。（惟此專就今江蘇界言，若安徽境內之九江，廬江二郡及六安國則屬揚州而在江北。）其二，禹貢表荊州之界曰『荊，河』，荊山在南郡臨沮，若漢代之荊州則北超南郡而兼有南陽，荊山不復爲其北界，故爾雅易之曰『漢南曰荊州』，漢水西來，固過南陽郡者也。其三，漢書郊祀志記武帝元封五年，『巡南郡，至江陵而東，登禮灊之天柱山，號曰南嶽』。至宣帝神爵中，定嶽瀆常禮，『東嶽泰山於博，中嶽泰室於嵩高，南嶽灊山於灊，西嶽華山於華陰，北嶽常山於上曲陽』。今釋山亦曰『泰山爲東嶽，華山爲西嶽，霍山爲南嶽，恒山爲北嶽，嵩山爲中嶽』，宛然符同。（恒即常，避漢文帝諱改。霍即灊，故郭璞云，『「霍山」在廬江灊縣西，即天柱山，灊水所出也』。廣雅亦云，『天柱謂之霍山』。）苟不出於武宣以後，何得有斯制度！其四，武帝太初元年始正歷。漢書律歷志記其事曰，『乃以前歷上元泰初四千六百一十七歲，至於元封七年，復得閼逢攝提格之歲』。今釋天於『歲陽』之首曰『太歲在甲曰閼逢』，於『歲名』之首曰『太歲在寅曰攝提格』，自甲寅始，歲名以寅起而子丑在末，非正歷以後所紀，又安能若斯！其五，禮記大學引衛風而釋之曰，『詩云，「瞻彼淇奧，菉竹猗猗。有斐君子，如切如磋，如琢如磨。瑟兮僩兮，赫兮喧兮。有斐君子，終不可諠兮」。「如切如磋」者，道學也。「如琢如磨」者，自脩也。「瑟兮僩兮」者，恂慄也。「赫兮喧兮」者，威儀也。「有斐君子，終不可諠兮」者，道盛德至善，民之不能忘也』。此承首章之『在明明德，在止於至善』言之，且以起下『克明德』與『作新民』之義也。今釋訓忽於解釋細碎事物之中插入『「如切如磋」，道學也』直至『民之不能忘也』一段，突然而來，戛然而止，是必爾雅襲大學，非大學襲爾雅。按大學一書之著作時代已甚後。吾友傅斯年先生嘗論之曰，『列國分立時之平天下，……總都是些國與國間的關係。然而大學之談「平天下」但談理財。理財本是一個治國的要務，到了理財成了平天下之要務，必在天下已一之後。……且大學末後大罵一陣「聚斂之臣」。漢初兵革擾攘，不成政治，無所謂聚斂之臣。文帝最不會用聚斂之臣，景帝也未用過。只到了武帝，才大用而特用，而大學也就大風而特風。……如果大學是對時立論，意者其作於孔桑登用之後，輪臺下詔之前乎？』此論甚是。大學且在武帝時，況採用大學之爾雅乎！總斯數辭，爾雅之作者不但可知爲西漢人，且可知爲武帝後人。至於採及說苑，其事更遲，其人且至哀平間矣。

鄭樵有言，『謂華爲「荂」，謂艸木初生爲「芛」，謂蘆筍爲「薕」，謂藕紹緒爲「茭」，皆江南人語，又知作爾雅者江南人』(爾雅鄭注後序)。予讀釋水諸篇，亦疑作者爲南方，故於淮水爲較詳。釋丘舉丘之專名僅有三，而『淮南有州黎丘』爲其一，一也。釋水舉大川之支流而云『淮爲滸』，二也。又云『濄爲洵，潁爲沙，汝爲濆』，此三水皆入淮者，三也。按張揖之表列舉本書作者，而沛郡梁文居殿，沛固當淮水之北，濄，潁，汝之下流。若然，鄭氏之說亦微近之矣。

此書搜集事物詞語，實費相當之功力。清四庫提要評之云，『其書，歐陽修詩本義以爲學詩者纂集，高承事物紀原亦以爲大抵解詁詩人之旨；然釋詩者不及十之一，非專爲詩作。揚雄方言以爲孔子門徒解釋六藝，王充論衡亦以爲五經之訓故；然釋五經者不及十之三四，更非專爲五經作。今觀其文，大抵采諸書訓詁名物之同異以廣見聞，實自爲一書，不附經義。如釋天云「暴雨謂之涷」，釋艸云「拔心不死」，此取楚辭之文也。釋天云「扶搖謂之猋」，釋蟲云「蒺藜，蝍蛆」，此取莊子之文也。釋詁云「嫁，往也」，釋水云「瀵，大出尾下」，此取列子之文也。釋地云「西至西王母」，釋畜云「小領，盜驪」，此取穆天子傳之文也。釋地云「東方有比目魚焉，不比不行，其名謂之鰈。南方有比翼鳥焉，不比不飛，其名謂之鶼鶼」，此取管子之文也。又云「邛邛岠虛負而走，其名謂之蟨」，此取呂氏春秋之文也。又云「北方有比肩民焉，迭食而迭望」，釋水云「河出崐崘虛」，此取山海經之文也。釋詁云「皇，帝，王，后，辟，公，侯」，又云「洪，廓，弘，溥，介，純，夏，幠」，釋天云「春爲青陽」至「謂之醴泉」，此取尸子之文也。釋鳥曰「爰居，雜縣」，此取國語之文也。如是之類，不可殫數，蓋亦方言，急就之流』。此說雖未必盡是(例如列子乃東晉人所作，故可以用爾雅。觀莊子應帝王篇記壺子語，僅云『鯢桓之審爲淵，止水之審爲淵，流水之審爲淵：淵有九名，此處三焉』，僞作列子者見其云『九淵』而僅舉其三，則於黃帝篇爲補足之云『濫水之潘爲淵，沃水之潘爲淵，氿水之潘爲淵，雍水之潘爲淵，汧水之潘爲淵，肥水之潘爲淵，是爲九淵焉』，是即取於釋水之『濫泉，沃泉，氿泉，瀸，汧，肥』也，並其次序亦未移動。推此而言，湯問篇之『番隅』，『齊州』，『神禹』及『四海，四荒，四極』，其襲用爾雅無疑。穆天子傳與尸子，諒亦如是)，而足見其集材之廣，非如漢人其他著作之空虛汗漫，倘依想象成書也。後之人倘能一一尋其所自出，作爾雅探源以說明之，此亦學術界應有之事哉！

爾雅篇次，自第九至十二爲釋地，釋丘，釋山，釋水；雖分之爲四，而合可爲一。故釋地以九州始，釋水以九河終，而釋水篇之末曰『從釋地以下至九河，皆禹所名也』，以見此四篇皆得之於禹之遺文，視其他十五篇獨爲高古，亦獨爲聯貫。蓋大地之上，其高峻者丘與山，其卑下者水，上一篇綜言之，下三篇又分言之也。禹與山川之關係至密且久矣，自雅，頌，呂刑，周語，天問，山海經，無弗言者。爾雅作者以此四篇之物名屬之於禹所題，是因『託古』之恆情。獨惜其地理智識過於薄弱，故集錄之書雖廣，曾未能建立一精密之系統。觀其以『泰遠，邠國，濮鉛，祝栗』爲『四極』，『觚竹，北戶，西王母，日下』爲『四荒』，『九夷，八狄，七戎，六蠻』爲『四海』，不知其究以四極爲最遠乎？抑以四海爲最遠乎？如以四極爲最遠，則濮在今四川南部，近於安南之北戶矣；邠在西周，更近於甘肅西部之西王母矣。如以四海爲最遠，則蠻夷戎狄固皆錯處中原者，又何得爲遠乎！且北極之祝栗，如依邵晉涵說，爲今察哈爾之涿鹿縣，則北荒之觚竹，在今遼東灣之西岸，爲河北盧龍縣，熱河朝陽縣一帶地，固同在北緯四十一度者，何以一別之爲極，一別之爲荒乎？又東極曰泰遠，注家皆以大戴禮記千乘篇『東辟之民曰夷，精以僥，至于大遠，有不火食者矣』解之，然彼下文尚云『南辟之民曰蠻，信以朴，至于大遠，有不火食者矣。西辟之民曰戎，勁以剛，至於大遠，有不火食者矣。北辟之民曰狄，肥以戾，至于大遠，有不火食者矣』，將無爾雅之作者但讀其首句，誤認『大遠』爲東辟之國名而因以入錄乎？若然，其鹵莽亦甚矣！其他若五方異氣，足見其幼稚之地理思想，曾未能脫山海經之範圍。至大雅大明有『文王初載，天作之合，……大邦有子，……文定厥祥，親迎于渭，造舟爲梁』之句，而遂云『天子造舟』，以與『諸侯維舟，大夫方舟』等成一舟之階級制度，不思所以『造舟』者『爲梁』也，爲梁者所以渡渭也，今不云『梁』而云『造舟』，視動詞爲名詞，固已謬矣；又以文王稱王，即定爲天子之舟制，將令天子之舟僅供渡用，皆連繫而不能動行者乎！何其『望文生訓』一至是也！即此以觀，其學識實不足以事記述，其所作自無可觀。特以其久附六經，研鑽者多，爲各種材料之所湊附，又以其取得法典之地位，影響於後人者甚鉅且衆，沿流溯源，已爲基本書籍，故生於今日之我輩雖明知其本身之無價值，猶不可不修習之耳。

此四篇之取材，以釋地爲最廣，請就所知者陳之，且略爲之辭。

『九州』蓋取自劉向說苑。按辨物篇所記州名及界，他皆與爾雅同，惟『齊曰青州』爲異；此則說苑依禹貢立名，而爾雅以齊都『營丘』，輒緣秦都於雍而名河西曰雍州之例，改之爲營。此一改也，遂爲古史造成二典。其一，馬融等見堯典有『肇十有二州』之文，苦於不得其證，適會禹貢有九名，職方異於禹貢者有二名（幽，并），爾雅所獨具者又有此一名，便取以作解，而唐虞之世乃有營州，與青州並立。其二，營與青既已同時存在，然而皆爲齊地，將何以畫分？於是孔穎達等作疏，謂堯時青州當越海而有遼東；舜更制十二州，分青爲營，營即遼東。以作者一字之換，解者由爲之猜，而虞代地理區畫於焉確定，此豈非爾雅作者所及料者矣！猶有進者，夏制列於禹貢，周制存於職方，而釋地所載，非夏非周，然則爲何代之制乎？此問題不必費甚大之考慮，蓋三代之制，禮家無不爲之別異，殷一大朝而九州之文不具，此固經師所深感之缺憾；既見此書，正合需要，李巡，孫炎，郭璞輩繼繼繩繩，皆曰『此蓋殷制』。然東漢初年，班固作漢書地理志，猶曰『殷因於夏，亡所變改』也！至於今日，遂有爾雅殷制圖（楊守敬歷代輿地沿革險要圖之第二幅）矣。

大抵九州之說，禹貢，呂覽，說苑，爾雅四書以次承接。呂覽所異於禹貢者，惟有幽而無梁。說苑亦然，州名悉依呂覽而稍異其疆界之說（如徐州，呂覽曰『泗上』，說苑曰『濟東』，實無大殊）。爾雅又承說苑，惟變其一名。職方之作，當在呂覽以後，其單獨提出之并州未爲說苑與爾雅所採，惟漢武帝之十三州制因而用之。作史者睹此異同，一一納之於上古，而唐，虞，夏，商，周五代之州制皆有可言，不知其皆出於戰國以下也。

『十藪』之記，明由呂覽與淮南來。按呂氏有始覽云，『何謂九藪？吳之具區，楚之雲夢，秦之陽華，晉之大陸，梁之圃田，宋之孟諸，齊之海隅，趙之鉅鹿，燕之大昭』。此將藪澤所在，就春秋戰國間之國家作一排列。然『晉之大陸』與『趙之鉅鹿』實嫌複沓，且三家與晉國代興，亦不當以晉與趙並峙也。淮南地形襲呂氏之文，而改『吳』爲『越』，改『梁』爲『鄭』，改『陽華』爲『陽紆』，改『大昭』爲『昭余』。吳越之異自以戰國易春秋，而用鄭變梁又以春秋易戰國，疑其本無標準，特隨手點竄一二字耳。釋地之文，又與不同。云『鄭有圃田』，此直承地形者也。云『秦有楊陓』，『燕有昭余祁』，承地形而小變之者也。存『晉有大陸』而去『趙有鉅鹿』，此正兩書之誤也。云『吳越之間有具區』，此調和兩書之異也。云『魯有大野』，『周有焦穫』，此補兩書所未備也。夫去梁趙而留晉鄭，鄭又不在關中而在河南，具區又居吳越之間，是此書所錄皆依東周地理，而焦穫之周之爲東都而非西都從可知矣。郝懿行爾雅義疏云，『疑殷有九州，亦當九藪，焦穫一藪或後人所加』。此說似亦可通。然以『濟東曰徐州』論之，則大野與孟諸皆當爲徐藪。如以孟諸屬豫，則豫有孟諸，圃田二藪。兗州之藪，終不可得。焦穫有甌口與瀁澤二說，如爲甌口，則與楊陓同爲雍藪；如爲瀁澤，則與大陸同爲冀藪。欲以分配九州，恰與齊同，雖有增損，終之未能也。

猶有可怪詫者，釋水篇末既稱『皆禹所名』，作訓釋者又定爲殷制，是此書所載必夏商間之地理也。奈何九州十藪之中有燕，齊，魯，晉，秦，宋，楚，吳，越，鄭，周諸國名乎？更奈何而此鄭不爲西周之鄭乃爲東周之新鄭乎？其時代色彩章明若此，然韓說旨從至今不變，何經學界之無人也！

『八陵』之名，不知其所自來。阢，息慎，威夷，朱滕諸名，雖後世學者畢力考核，終不能定其地望所在。西隃，知爲史記趙世家之先俞。雁門，亦趙之北境也。加陵，淮南人間訓嘉陵，或即春秋成十七年之柯陵。溴梁，見春秋襄十六年。河墳即河隄，錢坫釋地以下四篇注據水經注之長阜，謂即濆之汾陰脽，今山西榮河縣地也。

『九府』一章，全出淮南地形。惟淮南末句爲『中央之美者，有岱嶽，以生五穀，桑麻，魚鹽出焉』，文較完足耳。按淮南以霍太山爲西方，以華山爲西南方，是其作者必爲冀州東部人。又以遼東之醫無閭爲東方，而以斥山爲東北方，果如解者之說，斥山在今山東榮成縣，是其方向乃適反。豈別有斥山更在遼東之東北耶？抑傳聞之誤也？

『五方』之比目魚與比翼鳥，見於史記封禪書及管子封禪篇；比翼鳥又見於海外南經。蹷與邛邛距虛見於呂氏春秋不廣篇，及逸周書王會，司馬相如子虛賦。比肩民見於韓詩外傳，海外西經一臂國略髣似之。枳首蛇未詳所出，楚辭大招間有『雄虺九首』之句，王逸注以爲即岐首蛇也。按五方異物多矣，茲僅舉其駢儷者，何也？

『野』之一章，輯集土地之通名，以出於詩者爲最多。小雅出車云，『我出我車，于彼牧矣』，又云，『我出我車，于彼郊矣』，鄭風叔于田云，『叔適野』，魯頌駉云，『駉駉牡馬，在坰之野』，毛傳云，『邑外曰郊，郊外曰野，野外曰林，林外曰坰』，此『郊，牧，野，林，坰』五界所由來也。惟毛傳云『郊外曰野』而此云『郊外謂之牧，牧外謂之野』，更拓一境，意者此五界模仿禹貢之『五服』，故增名以足數耶？按尚書牧誓曰『至于商郊牧野』，三名俱備；

如依爾雅之說，其謂之何？王畿千里，界各百里，周師伐商將至於二百里之野乎，抑至於百里之郊乎？『隰』取於小雅信南山之『畇畇原隰』。『原』取於大雅公劉之『于胥斯原』。『阜』與『陵』取於小雅天保之『如山如阜，如岡如陵』。『阿』取於小雅菁菁者莪之『在彼中阿』。『阪』取於小雅正月之『瞻彼阪田』及秦風車鄰之『阪有漆』。『菑』與『新田』取於小雅采芑之『于彼新田，于此菑畝』。『畬』取於周頌臣工之『如何新畬』。其解釋亦多襲用毛傳。

『四極』所云，荒渺不下於五方。四極，四荒，四海，雖有三界，而曾未能辨其孰遠孰近，已如上述。按說苑辨物篇云，『八荒之內有四海，四海之內有九州』，是荒遠於海矣。淮南氾論有『丹穴，大蒙，反踵，空同，大夏，北戶，奇肱，修股之民，是非各異，習俗相反』之語，八名之中，此見三焉，故曰『南戴日爲丹穴，……北戴斗極爲空桐，……西至日所入爲大蒙』。淮南未有諸國之方向，而此以丹穴屬南者，丹，南方之色也。以大蒙屬西者，天問云，『出自湯谷，次於蒙汜』，蒙汜，日所入之地，因以大蒙當之也。若空桐者，乃西方之山，故史記五帝本紀云，『黃帝……西至於空桐』，其地在今甘肅東部，安得屬之於北！此則隨情分配，與事實舛戾者矣。又彼時觀天與地大小相等，故南則戴日，北則戴斗，東則日出，西則日入；此固共通之觀念，而以四國分配四國，且以『仁，智，信，武』四德判別之者，則創於爾雅。然上既有四極之國矣，此四國又有四極之實，二者將何以分別之乎？何其淩亂牴牾一至是也！

釋丘一篇，亦以錄詩辭爲多。『敦丘』出於衞風氓之『至于頓丘』（『敦』與『頓』通，見毛詩正義及釋名。水經注卷九引爾雅云，『山一成，謂之頓丘』，字亦作頓）。『旄丘』出於邶風旄丘之『旄丘之葛兮』。『阿丘』出於鄘風載馳之『陟彼阿丘』。『宛丘』出於陳風宛丘之『宛丘之上兮』。『畝丘』出於小雅巷伯之『猗于畝丘』。『京』出於大雅皇矣之『依其在京』及公劉之『乃覯于京』。『岸』出於衞風氓之『淇則有岸』。『洒』出於邶風新臺之『新臺有洒』。『漘』出於王風葛藟之『在河之漘』及魏風伐檀之『寘之河之漘兮』。『隩』出於衞風淇奧之『瞻彼淇奧』（陸璣引此，『奧』作『隩』，見正義）。『鞫』出於大雅公劉之『芮鞫之即』。『堂』出於秦風終南之『有紀有堂』。『滸』出於王風葛藟之『在河之滸』及大雅緜之『率西水滸』。『墳』出於大雅常武之『鋪敦淮濆』（釋丘云『濆，大防』，而詩鄭箋釋『淮濆』爲『淮水大防』，是二字通）。『涘』出於王風葛藟之『在河之涘』。詩以外，取於禹貢者有『陶丘』，取於春秋者有『乘丘』（莊十年）及『咸丘』（桓七年）；取於禮記者有『營丘』（檀弓），取於史記者有『沙丘』（殷本紀），『泰丘』（六國表及封禪書）及『泥丘』（孔子世家作『尼』，爾讀引爾雅作『𡺫』，爲『尼丘』之合文），取於說苑者有『梧丘』（辨物）。至於未能徵其出處者亦多，如『陼丘』，『塼丘』，『黃丘』之類，不審其是否根據當時之方言，抑僅出於一己之想像耳。

丘之所取，專名爲多。既爲作者解作通名，後世遂以通名轉釋爾雅所據之書。例如此云『再成爲陶丘』，本取於禹貢之導沇，至沇水所經之陶丘是否確爲再成，良不可知；及僞孔安國作尙書傳，遂於『東出于陶丘北』下依爾雅而釋之曰，『陶丘，丘再成』。然丘之再成者多矣，何以取爲專名者僅此濟陰之一丘也？水經注（卷四）云，『橫溪水⋯⋯出三累山，其山層密三成，故俗以三累名山。案爾雅山三成爲崑崙丘，斯山豈亦崑崙丘乎？』名實齊一如此，又何以不名崑崙而名三累也？又如營丘，彼云『水出其前左（『前』字據水經注增），營丘』，蓋特見齊都之營丘，淄水過其南及東耳。然川流之過都邑南東者何限，晉初封之唐，汾水過其南東者也，其初遷之曲沃，澮水過其南東者也，曹之陶丘，濟水過其南東者也，鄭之新鄭，洧水過其南東者也，何以皆無『營』之名乎？『宛丘』之名，著錄者三，一『宛中』，一『丘上有丘』，一陳地。宛中之誼，毛公謂是『四方高，中央下』，郭璞謂是『中央隆高』，二者相異。然既已中央下矣，何得丘上復有丘乎？既已中央高矣，是丘上有丘之義已見，何勞復贅此一解乎？且『再成爲陶丘』，丘上有丘，非再成乎，何以陶丘之外又立宛丘之名也？既有『左高，咸丘；右高，臨丘；前高，旄丘；後高，陵丘』，又有『丘上有丘爲宛丘』，是五方之偏高已盡擧矣，而猶有『偏高，阿丘』，不知其所謂偏高者在於丘之何方也？此無他，毛傳於載馳『阿丘』有『偏高』之訓，故攝載於書，而不慮毛公之尙未備擧五方也。至於丘之專名，古籍所擧多矣，悉加網羅，可得百名，茲但登宛丘，潘丘，州黎丘三名，何也？末云『天下有名丘五，其三在河南，其二在河北』，五丘之名，躍然欲出，而不言，徒勞後人之想像，又何也？意者彼欲以五丘配五嶽，爾卒不得其名，姑妄就河南北分之，以欺讀是書者耶？

釋山首尾，各載一五嶽系統：在篇首者以江河分，其方式與九州類似，有嶽，衡而無嵩，霍；在篇末者以五方分，運用武宣所定制度，有嵩，霍而無嶽，衡。一篇之中而具此矛盾之說，何也？按周禮職方云，『東南曰揚州，其山鎮曰會稽。⋯⋯正南曰荊州，其山鎮曰衡山。⋯⋯河南曰豫州，其山鎮曰華山。⋯⋯正東曰靑州，其山鎮曰沂山。⋯⋯河東曰兗州，其山鎮曰岱山。⋯⋯正西曰雍州，其山鎮曰嶽山。⋯⋯東北曰幽州，其山鎮曰醫無閭。……河內曰冀州，其山鎮曰霍山。……正北曰幷州，其山鎮曰恆山』。釋山篇首之『華，嶽，岱，恆，衡』五山，即爲職方『豫，雍，兗，幷，荊』五州之山鎮。當造職方之時，九州之說盛而五嶽之說微，故作者爲九州各舉一鎮，列名山而爲九。及漢武帝四方巡行，定五嶽之名與其祀典，則五嶽之說盛而九鎮之說微。爾雅作者欲以職方之說傅合五嶽，故取正南，正西，正北三方及中央之山鎮以當之。其所以不取正東之沂山者，非不欲也，蓋堯典之文，秦漢之禮，岱爲東嶽已爲不可改易之事實，故不得不舍正東而取河南也。若會稽，醫無閭等偏隅之山，無爲嶽之資格，捨棄之固無惜。此一系統純粹由職方來，彼一系統則取自漢制，一復古，一遵王也。嫌其牴牾，則分置之於篇首及末，末稱爲嶽而首舉其方位，此正作者兩存之苦心。後儒紛紛之論，必執一以定五嶽，殆悉爲所欺紿矣。(末說與說苑辨物全同，恐與九州制同取自此。)

釋山諸名，亦以取詩者爲多。『崧』取於大雅崧高之『崧高維嶽』。『嶠』取於周頌時邁之『及河喬嶽』(淮南泰族引詩『喬』作『嶠』)。『岡』取於大雅公劉之『迺陟南岡』。『冢』取於小雅十月之『山冢崒崩』。『嶞，山嶞』取於周頌般之『嶞山喬嶽』。『鮮』取於大雅皇矣之『度其鮮原』。『澗』取於衛風考槃之『考槃在澗』。『夕陽』取於大雅公劉之『度其夕陽』。『朝陽』取於大雅卷阿之『于彼朝陽』。其尤彰明者，周南卷耳之二章曰『陟彼崔嵬，我馬虺隤』，其四章曰『陟彼砠矣，我馬瘏矣』，而此曰『石戴土謂之崔嵬；土戴石爲砠』。又魏風陟岵之一章曰『陟彼岵兮，瞻望父兮』，其二章曰『陟彼屺兮，瞻望母兮』，而此曰『多草木，岵；無草木，峐』(經典釋文云，『峐，三蒼，字林，聲類並云猶屺字，音起』)。係錄之迹，宛然可見矣。

其釋義有同於毛傳者，『崧』，毛云『高貌』，此云『山大而高』；『冢』，毛云『山頂』，此亦然，是也。(據冢爲大山，讀山經可知；毛已誤釋，爾雅承之。)有微異於毛傳者，皇矣傳曰『小山別大山曰鮮』，公劉傳曰『巘，小山別大山也』，是鮮與巘二名同義，此錄鮮而去巘，是也。有與毛傳適相反者，卷耳傳曰『崔嵬，土山之戴石者；石山戴土曰砠』，而此以崔嵬爲石戴土，砠爲土戴石；陟岵傳曰『山無草木曰岵，山有草木曰屺』，而此以岵爲多草木，屺爲無草木，是也。凡茲異解，不審其有意改正毛傳乎？抑本襲毛傳而寫者誤之乎？觀許慎說文與劉熙釋名於後者從爾雅而前者依毛傳，寧者二事乃各具其一乎？

釋山之末句爲『梁山，晉望也』。按，此假據春秋成五年『梁山崩』言之。左傳於此事記絳重人之言曰，『國主山川，故山崩川竭，君爲之不舉，降服，乘縵，徹樂，出次，祝幣；史辭以禮焉』，杜預注，『主，謂所主祭』。雅所謂『皆望』云者，當即指此。然諸侯之望祭山川者多矣，魯齊旅泰山（見論語八佾及禮記禮器），晉主汾川，河，惡池（見左傳昭元年及禮器，鄭注郎序花），楚以江，漢，睢，漳爲望（見左傳哀六年），何以他皆不記而偏記一梁山乎？語云，『挂一而漏百』，誠未能免於此譏哉！

畢沅山海經新校正序曰，『禹與伯益主名山川，定其秩祀，量其道里，類別草木鳥獸，今其事見於夏書禹貢，爾雅釋地及此經南山經以下三十四篇。爾雅云，「三成爲昆侖丘。絕高謂之京。山再成，英。銳而高，嶠。小而衆，巋。屬者，嶧。獨者，蜀。上正，章。山脊，岡。如堂者，密。大山宮小山，霍。小山別大山，鮮。山絕，陘。山東曰朝陽」，皆禹所名。按此經有昆侖山，京山，英山，高山，歸山，嶧皋之山，獨山，章山，岡山，密山，霍山，鮮山，少陘山，朝陽谷，是其山也』。按此雖非定論，而當作者草釋山之時，參考及於山經，遂釋山經中專名之義，移於爾雅而爲通名，固亦可能之事也。

釋水擬時之顯更甚於前數篇。前者但摘錄專名或通名耳，茲乃直引其句而釋之。故一則曰『「河水清且瀾漪」，大波爲瀾；小波爲淪；直波爲徑』，此取於魏風伐檀『河水清且漣猗，……河水清且直猗，……河水清且淪猗』也（說與周緝相連）。二則曰『「濟有深涉」：深則厲，淺則揭」，揭者，揭衣也；以衣涉水爲厲。繇膝以下爲揭；繇膝以上爲涉；繇帶以上爲厲』，此取於邶風匏有苦葉之文也。三則曰『「汎汎楊舟，紼縭維之」，紼，繂也；縭，緌也』。此取於小雅采菽之文也。昔郭璞以釋訓引詩「張仲孝友」之語而獻疑，若此數篇者，依詩序所定時代，孰非出於宣王以後者乎！何以周公作爾雅之說猶不踣也？

至其中所錄水名，島名，及浮水之動詞，亦以摘採於詩者爲衆。『濫泉』出大雅瞻卬之『觱沸檻泉』（說文引詩『作濫』）。『氿泉』出小雅大東之『有冽氿泉』。『肥』出邶風泉水之『我思肥泉』。『汝爲濆』及『汝有濆』出周南汝墳之『遵彼汝墳』（郭注引詩作『濆』）。『汜』出召南江有汜之『江有汜』。『湄』出小雅巧言之『居河之湄』。『泳』出周南漢廣之『不可泳思』。『亂』出大雅公劉之『涉渭爲亂』。『洲』出周南關雎之『在河之洲』。『陼』出召南江有汜之『江有渚』（釋文云，『陼，字又作渚』）。『沚』出召南采蘩之『于沼于沚』及秦風蒹葭之『宛在水中沚』。『坻』亦出蒹葭之『宛在水中坻』。至于蒹葭云『所謂伊人，任水一方。遡洄從之，道阻且長。遡游從之，宛在水中央』，而此云『逆流而上曰泝洄，順流而下曰泝游』（說文云，『𣴎（泝），或作遡』），擇取之迹不尤可見乎！

取校毛傳，有文字全同或文字雖小異而意義全同者，『側出曰氿泉』，『所出同所歸異爲肥泉』，『紼，繂也；縭，緌也』，『決復入爲汜』，『渚，小洲也』，『小渚曰沚』，是也。有小不同者，傳曰『逆流而上曰遡洄，順流而涉曰遡游』，雅易『涉』爲『下』，俾字法整齊；又傳曰『由膝以上爲涉；以衣涉水爲厲，謂由帶以上也』，雅增『繇膝以下爲揭』一語，俾句無漏義，是也。有甚不同者，傳於江有汜云『渚，小洲也』，又於蒹葭云『小渚曰沚；坻，小渚也』，是謂小於洲者爲渚；小於渚者爲沚與坻，島名凡三級；雅於渚沚之義未變，而增一義曰『小沚曰坻』，坻更在沚下，是分島名爲四級也。

釋水篇中，嘗討論者有二問題。其一爲大川溢出之小水，云『水自河出爲灉，濟爲濋，汶爲灛，洛爲波，漢爲潛，淮爲滸，江爲沱，過爲洵，潁爲沙，汝爲濆』，凡十名。此蓋受啓發於禹貢。貢之文曰，『岷山導江，東別爲沱』，是沱由江出也；於荊梁之州皆云『沱潛既道』，又於荊州之末云『浮于江，沱，潛，漢』，而江漢之外實未聞有二水自梁以入荊者，既沱出於江，斯潛出於漢，因疑二川溢出之小水，凡自江出者皆名爲沱，漢出者皆名爲潛，特著通名之誼。江漢既爾，他川亦當然，因更以推之河濟諸水。其所言然否未可知，第檢索古籍，絕難證實。豈惟通名無可求，即專名亦未易得也。郭氏之注，僅就書之灉與沱潛，詩之汝濆釋之。然禹貢云『雷夏既澤，灉沮會同』，是灉乃會同於雷夏，非出於河也。周南云『遵彼汝墳，伐其條枚』，條枚，木之枝幹，伐之以爲薪，是必水涯而非水中，故毛詩云，『墳，大防也』，謂汝水之隄，不可謂爲汝水之支流也。故倘非爾雅作者錯讀詩書，則可以證成之者仍只沱與潛二名。其爲專名而可知者，有灛。春秋經哀八年，『齊人取讙及闡』，杜注，『闡，在東平剛縣北』。按其地望，即在汶水之南，『汶爲灛』一言宜若可信。然闡乃地名，非汶水支流也。至酈道元作水經注，既信爾雅所記爲絕對之是，遂各求水道以實定之。云，『河水北與枝津會，水受大河，東北逕富平城，所在分裂以溉田圃，北流入河。河之有灉，猶漢之有潛也』（卷三河水），是以富平枝津爲『灉』也。經云，『瓠子河出東郡濮陽縣北河』，注云，『縣北十里，即瓠河口也，爾雅曰「水自河出爲灉」』（卷二十四瓠子水），是又以瓠子河爲『灉』也。云，『汜水西分濟瀆，東北逕濟陰郡南，爾雅曰「濟別爲濋」』（卷七濟水），是以汜水爲『濋』也。云『洙水又南，洸水注之，呂忱曰「洸水出東平陽，上承汶水於剛縣西闡亭東」，爾雅曰「汶別爲闡」』（卷二十五洙水），是以洸水爲『闡』也。云，『洛水又東，門水出焉，爾雅所謂「洛別爲波」也』（卷十五洛水），是以門水爲『波』也。云，『淮水於縣（淮濱）枝分，北爲游水，爾雅曰「淮別爲滸」』（卷三十淮水），是以游水爲『滸』也。云，『濄水受沙水於扶溝縣，爾雅曰「濄爲洵」』，又云，『濄水東南逕城父縣北，沙水枝分注之，水上承沙水於思善縣，世謂之章水』（均卷二十三陰溝水），是以章水爲『洵』也。云，『臨潁縣，潁水自縣西流注，小㶏水出焉，爾雅曰「潁別爲沙」』（卷二十二潁水），是以小㶏水爲『沙』也。云，『汝水東南逕奇雒城西北，濆水出焉，亦謂之大㶏水，爾雅曰「河有灉，汝有濆」』（卷二十一汝水），是以大㶏水爲『濆』也。經此編排而後爾雅所說悉有着落，不可謂非學術界中一快事。然實際地理非蜃氣樓臺，歷漢迄梁五百年，無一人能知之者，酈氏果何從而知之？且爾雅所謂，皆通名也，而酈氏於『河爲灉』之外，盡以專名釋之；苟僅一水古有此名，又何必謂『水自某出爲某』也？是故酈氏之說不可信，爾雅之說尤可疑，疑彼徒見汜濋二名而推廣之於八川耳。

其二，爲九河問題。九河之名見於禹貢者二，兗州之章曰『九河既道』，導河之章曰，『又北播爲九河，同爲逆河，入于海』，然實與九江同爲不易證實之地理名詞。意者『九』所以示多數，『九河』所以示其下流支汊之多，或不及九，或過於九，皆未可知。此問題在西漢時之活躍，實以河災與治河爲其背景。漢書溝洫志云，『鴻嘉四年（西元前一七），……勃海，清河，信都河水湓溢，灌縣邑三十一，敗官亭民舍四萬餘所，河隄都尉許商與丞相史孫禁共行視，圖方略。禁以爲「今河溢之害數倍於前決平原時。今可決平原金隄間，開通大河，令入故篤馬河，至海五百餘里，水道浚利，又乾三郡水地，得美田且二十餘萬頃，足以償所開傷民田廬處，又省吏卒治隄救水歲三萬人以上」。許商以爲「古說九河之名，有徒駭，胡蘇，鬲津；今見在成平，東光，鬲界中。自鬲以北至徒駭間，相去二百餘里。今河雖數移徙，不離此域。孫禁所欲開者，在九河南篤馬河，失水之迹，處勢平夷，旱則淤絕，水則爲敗，不可許」。公卿皆從商言』，是爲九河個別之名之始見。孫禁主開新道而引河東流，許商主維經義而導河北去，此爲二人宗旨之異。河雖有九，而許商僅舉徒駭，胡蘇，鬲津三名，殆舉此三者以概括之耶，抑彼所知者僅此三名耶？鬲在今山東德縣，成平在今河北交河縣東北，即今津浦鐵路滄州至德州間一段。彼舉九河而云『古說』，可知其在漢世已茫昧。故溝洫志於許商勝利之後，即記李尋解光之言曰，『議者常欲求索九河故迹而穿之。今因其自決，可且勿塞，以觀水勢。河欲居之，當稍自成川，跳出沙土，然後順天心而圖之，必有成功，而用財力寡』。是許商雖有復古之主張，亦已博得公卿之同情，而曾無實際辦法，九河所在亦杳不可知；李尋等遂欲聽其自然，以順天心，甚可哂也。其後滿昌師丹等數言百姓可哀，成帝但遣使者振贍之。及哀帝初，平當使領河隄，奏言『九河今皆寘滅，……宜博求能浚川疏河者』，蓋深知任水自流以期識九河故道之非，欲擺脫經義之牢籠而從事於現狀之斟酌也。王莽時，御史韓牧言『可略於禹貢九河處穿之，縱不能爲九，但爲四五，宜有益』。而大司空掾王橫言『往者天嘗連雨，東北風，海水溢西南，出浸數百里，九河之地已爲海所漸矣』，直移九河於渤海之中；蓋厭聞『以禹貢治水』者之迂言，寧投之於海以絕附會曲說之根株也。至於東漢，則春秋緯保乾圖云，『移河爲界在齊呂，塡閼八流以自廣』，鄭玄據之而爲定其人曰，『周時齊桓公塞之，同爲一河；今河間弓高以東，至平原鬲津，往往有其遺處』（並尚書禹貢疏引）。夫桓公葵丘之會，其五命之辭，孟子述之曰『無曲防』，管子作『毋曲隄』，公羊作『毋障谷』，穀梁作『毋雍泉』，非勸誡諸侯注重水道通流者如此，寧有躬自塡閼八流乎！且齊之北境止于無棣，河間平原之間爲戎夷之所居，終春秋之世，北燕之所以不得常與中原往來者以此，而謂齊侯可塡塞其中之九河乎！故此問題自許商提出之後，徒藉推測以增加其材料，實無一人焉作明白清楚之解答者，其名詞與其地望亦皆在若絜若亡之中。乃爾雅釋水之末忽有一極具體之名單，曰『徒駭，太史，馬頰，覆鬴，胡蘇，簡，絜，鉤盤，鬲津』，以許商所言之三水分配於首，中，尾，而更爲之補足其六名。從此釋禹貢者，說水道者，無不引而用之，九河之名於焉確立。然李巡孫炎雖作解，但釋其義，未指其地也。郭璞，地學名家，其注亦僅於徒駭曰『今在成平縣』，於胡蘇曰『東光縣今有胡蘇亭』，其音義亦僅曰『鬲，般今皆爲縣，屬平原郡』；除舉出般縣一點而外，曾無以異於許商之言。是則爾雅雖備列其名，仍但垂空號而已。及至唐代，杜佑通典謂『徒駭，鬲津；鉤盤，胡蘇四河並在今景城郡界；馬頰，覆釜二河並在今平原郡界』（卷一七二），而後可言者復得二水，然於太史，簡，絜，猶云『未詳處所』也。至張守節史記正義云『簡在貝州歷亭縣東』，歐陽忞輿地廣記云『簡，絜在隔津』，李垂導河書云『太史在德州德安縣東南，經滄州隔津縣西』，而後此三水之地亦定。善夫蔡沈書集傳之評之也，曰『自漢以來，講求九河者甚詳。漢世近古，止得其三。唐人集累世積傳之語，遂得其六。歐陽忞輿地記又得其一。（按李垂爲宋人，如蔡氏言，是唐人卽有定太史之地者而李垂承之，惜未詳其人。）或新河而載以舊名，或一地而互爲兩說，要之皆似是而非，無所依據』。按，有禹貢之九河而後有西漢人尋求九河之熱忱；有鴻嘉之河決而後尋求九河故道爲時代之需要；有此尋求之熱忱與時代之需要而後有爾雅之全部名詞；有此全部名詞而後唐宋人爲之一一尋出其地，著之於書。事皆相因而至，積累而成，九河之解釋正足以示傳說轉變之一例耳。

朱熹語錄曰，『爾雅是取傳注以作，後人卻以爾雅證傳注』，此言良是。觀諸家之注，凡毛傳與爾雅同者皆云『毛傳用爾雅』，可知已。豈僅以之證傳注，更以之證事物命名之由來。如『山大而高，崧』，郭注云，『今中嶽嵩高山，蓋依此名』。邵晉涵正義亦曰，『「山三襲，陟」以下俱釋山之形體，不釋山名。……後世所命諸山，依爾雅以爲名，若外方謂之嵩山，天柱謂之霍山，其最著矣』。此類思想，純發於尊敬禹主名山川及周公作爾雅之感情。吾人今日既已突破此種偶像，當知其作於西漢之末，且剽襲諸書甚多有錯亂者，作者之智識實不足以建設地理學說之系統，斯爾雅之真相露，爾雅之權威墜矣。至其所言之是否，皆賴我輩之分析研究，非一言可定。凡其錄自群書者，固可比較而得其異；而其取自當時方言者，則書缺有間，未易判別。即如釋水之『灉』，古籍所未見，而郭璞舉洛陽汾陰之灉水以釋之，水經注又證成之，可知爾雅作者之確有依據，洵有補於吾人之治學。夫我輩對于古人何敢存心輕蔑，惟既有此歷史觀念，又有此研究方法，則解決古書之著作時代，俾古人之說有以悉得其確當之歷史地位，此固時代之使命而不容脫卸者也。

釋地四篇雖有意解釋通名，而搜羅實未能盡。如『澨』，禹貢有三澨，左傳有薳澨，清澨。如『汭』，堯典有嬀汭，左傳有雒汭，漢汭。如『津』，禹貢有孟津，左傳有茅津，棘津。此皆顯然應在釋水者，乃曾未之及。至于『陰，陽』，古人以別山水之南北，見於故書雅記者何限，何都無所記也？應劭風俗通義，劉熙釋名，張揖廣雅並起而補之，而猶有忽忘者。盡錄古書之地理名詞，爲之作適當之排列，從專名中求通名，從名詞中求意義，使之不漏不誤，以答謝此千九百年前之爾雅作者之創造之功，此亦我輩之責也。

爾雅既出，學者對於事物得一比較有系統之觀念，以讀古書，解詁自易，故東漢一代注釋之風大興。繼武爾雅之作，僅立編次之法，而逐字解說其意義者，許慎說文也。王育伊看比較二書之結果，知說文引用釋地以下四篇，有注明者，如『濊，濮，渚』諸字下並直引原文而云『爾雅曰』。有文與四篇全同，特未明著引自爾雅者，如『郊，林，阪，陼，瀾，淪，湄，洲，沚，潏』。有文雖略異而義則全同者，如『隆，阜，陵，阿，涓，氾，崇，岑，嶠，闕，嵏，嵾，岵，屺，嶨，貉，澗，岫，瀆，汻，洵，汋，沐，濆，洄，州』。有說文較四篇為略者，如『𦕈』。有說文較四篇為詳者，如『冂，阜，陶，陼，京，丘，灘，沱，瀕，州，潏』。有二說雖詳略不同而義相近者，如『莪，瑜，犀，象，豐，隰，岸，隩，涘，冢，厝，嚴，陘，灉，厲，浚，涉』。有二說雖異而或可通者，如『野，逵，溜，畬，坻』。其絕不可通者，僅『砠』一文而已，然此或爾雅寫本之誤也。夫中國之字書始於說文（前此倉頡，凡將諸篇皆為小學讀本），而說文乃導源於爾雅；然則爾雅在字義上之地位，其重大為何如哉！故此書之編製雖於今日已有種種不滿人意之處，而其影響之鉅偉自不容以掩沒也。

爾雅之注，莫先於犍為舍人，陸德明釋文敘錄謂是漢武帝時人。今既知爾雅本書且出於西漢之末，迺論作注者。且其書誠在武帝時作，則必見錄於七略，何以漢書藝文志中但有本書，更無解詁也？其書錄於隋書經籍志者凡四家，樊光，孫炎，郭璞，沈旋；其梁阮孝緒七錄所登而隋志云亡者又有劉歆，李巡二家。此七家之書，以郭璞為最精，故獨得存留。犍為，李巡，孫炎之文頗見采於釋文及五經正義，故蒐輯之下，猶裒然成帙。（清馬國翰玉函山房輯佚書及黃氏逸書考對於以上七家並有輯本，而以此三家之遺文為最多。）宋太平興國二年（西元九七六），侍講學士邢昺受詔與杜鎬等八人據郭注作疏十卷，最行於世。清儒學問淹博，遠軼宋唐，故有改纂衝動，就漢魏之舊注而重為之疏釋。爾雅一經，作者二家，邵晉涵之正義與郝懿行之義疏先後出，凡古籍中可以證雅者盡幾羅焉。予於文字之學，興所不屬，涉獵至淺；所發之義，諒多誤謬。世有君子，舉而正之！

明遼東邊牆建置沿革考

張維華

遼東之地，古有秦邊，年久廢圮，遺址無存。（萬曆堂刊李賢大明一統志卷二五頁三九載遼東古長城云：「即秦時蒙恬所築，其在遼東界者，東西千餘里，東漢以來，城皆湮沒。」）此後歷代帝王，疊有建置，然亦旋置旋廢，故踏久湮。元代華夷混一，不欲立邊自限，牆塹無修。至於有明，驅逐胡元，奄有海內；虜騎南侵，北陲時擾，扞禦之功，多資邊牆；遼東為明九邊極東之地，勢居要衝，自亦置邊衛守。考明人置邊，以薊鎮為最早，事在洪武初年。（後知不足齋本許論九邊圖論薊鎮篇云：「我太祖既逐元君，迺即古會州之地，設大寧都司，營州等衛，而封寧王，與遼東宣府東西並列，以為外邊。又命魏國公徐達起古北口至山海關，增修關隘，以為內邊。」敷文閣聚珍版本顧炎武天下郡國利病書卷八頁一二論山海關之邊牆云：「南抵海，北抵南山絕壁牆外後池，古稱長城，徐武寧建治牆，增設墩臺防守。」又敷文閣本顧祖禹讀史方輿紀要卷一〇頁三〇云：「明初既定元都，洪武二年，大將軍達壘石為城（原注：即今南口城也），以壯幽燕門戶。」按此均為徐達始置薊邊之證。）而遼之置邊，則為時較晚。讀史方輿紀要（卷三七頁三）載成化二十年邊將鄧鈺言，謂永樂時已置邊牆，云：

永樂時築邊牆於遼河內，自廣寧東抵開元，七百餘里。

然其言似難視為定論。全遼志（國立北平圖書館藏明刊本，卷五藝文志）載李善奏復遼東邊事疏云：

……竊見遼東邊事疲敝，臣至遼陽開原，詢及故老，皆云宣德年間，本鎮初無邊牆，時唯嚴瞭望遠烽墩。

夫宣德間既無邊牆，永樂去宣德尚早，何得有之？然祗此一語尚不足為證也。又本書遼東邊牆篇云：

國初畢恭守遼東，始踐山因河，編木為垣。久之乃易以版築，而墩臺城堡，稍稍添置，此其能亦無下於蒙將軍（恬）者與。

此於畢恭始建遼邊之說，似甚確定。考畢恭仕遼，乃為巡撫王翺所薦舉，而其置邊，亦即於此任官之時，全遼志（卷四宦業志）云：

（畢恭）字以謙，前屯衛籍，其先山東濟寧人。巡撫王公翺，薦恭有文武才，由百戶舉陞流官指揮僉事。翺上方略，開設遼西邊堡鋪塚，增置烽堠，兵威大振，虜人畏服。進署都指揮僉事，奉勅守備寧前地方，在任五年，遼部寧謐。

畢恭既承王翺之命，修置遼邊，則王翺督遼之年，即畢恭置邊之年，其理甚明。然則王翺督遼爲何年乎？明史卷一七七，有王翺傳，載其督遼之事云：

七年冬（正統），提督遼東軍務。……翺乃躬行邊，起山海關抵開原，繕城垣，濬溝塹。五里爲堡，十里爲屯，使烽燧相接。練將士，室鰥寡，軍民大悅。

又方孔炤全邊略記（卷二）亦載其事云：

時遼東守將屢失機，朝廷以爲憂，乃命王翺往督之，令便宜行事。……踰月躬出巡邊，自山海關直抵開原，高牆垣，深溝塹，五里爲堡，十里爲屯。烽燧斥堠，誅連璧貫。

是王翺於正統七年督遼，似無大誤。置邊之舉，既爲王翺所親督，故明史與略記，則以此事屬之；而又爲畢恭所躬與，故全遼志亦以此事屬之，事雖分述，實則爲一。惟自明史與略記觀之，似建邊遼東爲正統七年一年之事，而自全遼志觀之，則又似非一年所能畢工。按自山海關至開原，綿亘千餘里，先則編木爲垣，後乃易以版築，節其間不能無陷缺，亦決非一年所能成功，遼志言恭在任五年，當是建邊之舉，爲統正七年至十一年間事也。

畢恭建邊之年，既約略可推，然則其經行之道里爲何如乎？明史與略記祇言「自山海關至開原」，然語過簡略，無可推究。大抵自山海至廣寧一段，爲沿邊界而行，而自廣寧至開原一段，則紆曲折轉，出人意想。全遼志（卷五藝文志）載李善奏復遼東邊事疏云：

……又宜行陸路，自廣寧直抵開原，三百餘里。先年幾荒，東西兵馬，會合蓁盤山。東北至開原平頂山中，有顯州廢城，遼之中京，肥饒之地，不下萬頃。自畢恭立邊，復置境外。

按蓁盤平頂二山，顧祖禹謂在塞外（見讀史方輿紀要卷三七頁三註），蓁盤山近廣寧（紀要卷三七頁三引李善語，謂「廣寧蓁盤山，」則蓁盤近廣寧可知），平頂山近開原（按紀要卷三七頁七有平頂山，謂：「司東百里，山高三十里，其頂平曠，可資耕稼。」大明一統志亦同此說，如從其言，則平頂山爲邊內地，不當作塞外，其說待考。）顯州廢城，顧氏謂即遼濟城（亦見紀要卷三七頁三註文），在瀋陽西北百八十里（見紀要卷三七頁三四遼濟城條）。凡此諸地，均近於邊，李善之意，蓋欲自廣寧築邊，直達開原，既可減省道里，亦可納諸地於境內。而畢恭竟棄置境外，則可知畢恭所置之邊，深在內地，且紆曲以達開原也。讀史方輿紀要（卷三七頁三）引成化二十年邊將鄧鈺言遼東置邊之事曰：

永樂時築邊牆於遼河內，自廣寧東抵開元七百餘里，若就遼河迤西，徑抵廣寧，不過四百里。以七百里邊塹堡寨，移守四百里，若遇入寇，應接甚易。

按鄧鈺之言，所稱建邊之年，雖不足據，而於建邊之事，則爲非實。所謂「築邊牆於遼河內」者，即言包繞遼河下流而行，非自廣寧直跨遼河以達開原也。又引宏治六年按臣李善之言（按紀要所引李善之語，與全遼志藝文志所引與復遼東邊事疏，大體相同，而文句則互有異同，當是所舉爲一事）云：

邊牆阻遼河爲固，濱河之地，延袤八百餘里，土脈鹹鹵，秋修春頹，動費巨萬。夏旱水淺，不及馬腹，冬寒冰凍，如履平地。所在城堡，畏賊深入，遂將良田數萬頃，棄而不佃。

此所謂「阻遼河爲固」者，亦言邊牆曲繞遼河以行也。李善所見，雖未必悉屬畢恭之舊址，其後不能無所增修，然此增修者，當必仍遵畢恭之舊，略可推知。按明人著述所附九邊或遼東輿圖，（九邊圖見許論之九邊圖論及魏煥之九邊考，他書載者甚多，不勝舉。遼東圖見續遼府畫及全遼志，他書載者亦多。）誌邊牆經行道里，自廣寧邊地，紆曲而南至三岔河（紀要卷三七頁十二稱遼河自遼陽界南流入海之一段，謂之三岔河，據其地即太子河，渾河，遼河三河合流處，南至於海之一段），跨遼河北東行，經遼陽瀋陽鐵嶺等衞之外境，行抵開原，察其里計，適爲包繞遼河而行，此即鄧鈺所謂「築邊牆於遼河內，」李善所謂「阻遼河爲固」者也。自畢恭築邊，遼東邊牆之形勢，大體已定，其後雖有建言改修，如鄧鈺李善之流，然卒因形勢已定，格議不行，致使沿遼肥沃之田，棄置不佃，爲可惜也。

自畢恭建邊之後，歷朝疊有修治，或因廢圮而營補，或因舊缺而增築。大抵至嘉靖間，全部邊牆，始告完成。然史書所載，多闕焉不詳，茲就考稽所得，約略述之。自正統間建邊之後，景泰間無所聞，天順間則有王鏳修邊，全遼志（卷四宦業志）載其事云：

（王鏳）字廷堅，祥之子。……天順辛巳（五年）充參將，分守錦義二城。……從撫寧侯東征建州，累陞都督同知，在任展築牆塹七十餘里，增設烽堠四十九座。

惟此所展築七十里之邊牆，經行何地，於史無考。天順而後，成化間亦建置之事，全邊略記（卷一〇）載熊廷弼勘報語云：

自撫順關起，至東川堡迤東清河所屬，以至靉陽一帶，爲成化中副總兵韓斌所定之衛界。

按撫順關在撫順所東二十里，見讀史方輿紀要卷三七頁三六撫順關條。撫順所即今遼寧之撫順縣。自此越東川淸河南至靉陽堡之邊，旣爲韓斌所定，當時必有牆堡墩臺之建置，益可想見。成化而後，至弘治間復有張鼐韓輔修邊。張鼐修邊事見明史張鼐傳（卷一八六），云：

是年（弘治十五年）秋，擢右僉都御史，巡撫遼東。時軍政久弛，又許餘丁納貲助驛遞，給冠帶，復其身，邊人競援例避役。⋯⋯築邊牆自山海關迄開原靉陽堡凡千餘里。

按靉陽堡在今遼寧鳳城縣東北百餘里，爲靉水經行之地，故名靉陽。其地去開原尙遠，去鴨綠江岸，則甚密邇。如明史所載爲無誤，則是當張鼐督遼之時，遼東邊牆，又展築至靉陽，近鴨綠江岸矣。韓輔修邊事，見全遼志（卷四人物志）云：

癸亥（弘治十六年）脩築淸河等十一堡，建屯堡百十座，耕守應援相依。陞署都督僉事，鎮守遼東，拓高平驛以便行旅。脩鎮寧鎮夷二堡，築邊垣，起廣寧至開原，長亘千里。功聞賜金幣。

按淸河堡去遼陽東南三百里（讀史方輿紀要卷三七頁一，淸河堡條云：「在司東南三百里，南臨太子河，堡西有白塔佃可按伏，又西有威寧營可屯兵，其東接[illegible]往來）。西南去靉陽堡，約百里左右。鎮寧堡有二，一在廣寧衛北境，見籌遼碩畫遼東圖；一在鳳城縣西六十里敎列站，原名鎮寧，後改鎮東，撫臣王宗彝奏修者也；事見讀史方輿紀要卷三七頁六鳳凰山條。（紀要「明□改鎮寧堡爲鎮東」一語，「寧」當改作「夷」。）鎮夷堡有三：一在廣寧衛北境，一在開原衛北境，亦見籌遼碩畫遼東圖；一在鳳城縣西北六十里新通遠堡之南，原名寧夷，後改鎮夷，其事亦見紀要鳳凰山條，韓輔所修，遼志言之甚略，未知何指。至所云，「築邊垣，起廣寧至開原，長亘千里，」當係續前人之舊築。否則即與明史所載張鼐事，共爲一事，特兩書分述之耳。正德間修邊者，有馬深一人，全遼志（卷四宦業志）載其事云：

正德改元，家居，鎮巡委深督修開原邊工，經營有心計，優恤役夫，多免於死亡。

則是正德間，又有開原脩邊之舉。嘉靖間，增修尤多。明史李承勛傳（卷一九九）載承勛修邊之事曰：

⋯⋯以右副御史巡撫遼東。邊備久弛，開原尤甚，士馬纔十二，牆堡墩臺，圮殆盡，將士依城塹自守。城外數百里，悉爲諸部射獵地，承勛疏請修築。會世宗立，發帑銀四十餘萬兩，承勛命步將四人，各一軍守要害，身負畚鍤，先士卒，凡爲城塹各九萬一千四百餘丈，墩堡百八十有一，招逋逃三千二百人，開屯田千五百頃。又城中固鐵嶺，斷陰山遼河之交。城蒲河撫順，扼要衝，邊防甚固。錄功進秩一等。

又全遼志（卷四宦業志）亦載其事，而言之較晰，云：

（李承勛）湖廣嘉魚人，弘治癸丑進士，副都御史，巡撫遼東，志切撫綏。時邊垣圮廢，夷虜猖獗，題請修築邊牆，自遼陽三岔河北直抵開原，延亙五百餘里，崇墉深濠，虜莫敢犯。

是知承勳所修，爲自三岔河至開原之一段，而此段之所以屢屢增修者，則因土地鹹鹵，易於圮廢耳。承勳修邊，爲嘉靖初年事，至嘉靖十三年，復有呂經督修邊牆，明史潘塤傳（卷二〇三）附載其事云：

嘉靖十三年，累官右副都御史，巡撫遼東。……又役軍築邊牆，督趣過當，諸軍詣經乞罷役，都指揮劉尚德叱之不退。經呼左右榜訴者，卒遂爭毆尚德，經竄花馬寺幽室中。亂卒毀府門，火均衙册，搜得經，裂其冠裳，幽之都司署。帝詔經還朝。

是呂經因督修邊牆過急，而致激發民亂也。當時修邊，工役之繁，亦於此可見。呂經而後，復有黃雲修邊，事見全遼志（卷四宦業志），云：

（黃雲）陝西咸寧縣人，嘉靖乙未（十四年）進士，以刑部員外郎，陞山東按察司僉事，整飭金州邊備。尋改開原兵備。又以虜騎馳突，由邊牆傾圮，堡少兵寡也。乃建議撫按，題請築邊牆二百里。又於開原添設永寧堡，鐵嶺添設鎭西彭家灣二堡，汎河添設白家衝堡，各募軍五百名，爲戰守計。邊防完固。

按黃雲題請修築邊牆二百里，其事有無成效，即有成效，其經行之地里爲何？未詳。所置永寧堡，位開原城西北二十里（讀史方輿紀要卷三七頁四一云：「永寧堡在衞西北二十里，」衞指開原城言），鎭西堡位於鐵嶺之衞西北遼河外，彭家灣堡則位於衞東五十里外，見紀要卷三七頁三九撫安堡條。汎河爲明鐵嶺衞中左千戶所所在地，位鐵嶺城南（大明一統志卷二五頁三一鐵嶺衞條稱：「正統四年，又調中左千戶所於城南三十里汎河」，「城」指鐵嶺衞治，即今鐵嶺縣城言）。白家衝堡在汎河所之東（讀史方輿紀要卷三七頁三九宋家泊堡條，云：「（宋家泊堡）在汎河所西十里：……所東有白家衝堡。」是白家衝堡在汎河所東）。其道里則未詳。黃雲而後，又有張鐸建邊之事，亦見全遼志宦業志。云：

（張鐸）南京留守衞人，嘉靖辛丑（二十年）進士，以翰林庶吉士授監察御史按遼。銳意經營，規度要害。於遼陽東邊，建江沿臺，險山，孤山，一堵牆，散羊峪五堡，開原建彭家堡，李家堡。

按江沿臺堡至今鳳城縣（即明鳳凰城）東南約百餘里，地濱鴨綠江，爲遼東邊牆東南之極地。險山堡當在江沿臺之北境。孤山堡在鳳城縣治北二百五里，（見雍正盛京通志卷一五頁二一孤山城條。）東南與靉陽堡相接。（見讀史方輿紀要卷三七頁一〇靉陽堡條。）一堵牆堡在鳳城縣北二百七十里（見雍正盛京通志卷一五頁二一一堵牆條。）散羊峪堡在淸河堡之西，亦臨邊要衝。此五堡均爲嘉靖二十五年所建，紀要言之甚晰。開原之彭家堡與李家堡未詳。（籌遼碩畫遼東圖有彭家堡，位於鐵嶺衛之西北，似不屬於開原。）遼東邊牆之修築，東南一帶爲較晚，全邊略記（卷一〇）載萬曆三十六年熊廷弼勘報語，謂自撫順關起至靉陽一帶，爲成化中副總兵韓斌所定之舊界（詳上文），則是自撫順關至靉陽一帶之邊，成化間始爲勘定。而自靉陽經險山以達江沿臺之一段，則又至嘉靖時，始築堡衛守也。嘉靖而後，隆慶無聞，至萬曆時，復有修邊之舉。萬曆元年七月實錄（國立北平圖書館藏抄本）云：

兵部覆閱視侍郎汪道昆奏，閱過遼東全鎮，修完城堡一百三十七座，鋪城九座，關廂四座，路臺屯堡門角臺圍烟墩山城一千九百三十四座，邊牆二十八萬二千三百七十三丈九尺，路壕二萬九千九百四十一丈，俱各堅固，足堪經久。因叙督撫鎮道諸臣勞績，並請給兩項工程銀一萬六千九百一十兩。得報，巡撫張學顏，總兵李成梁，兵備李松，參將馬文龍等，各陞賞有差。

按張學顏於隆慶五年巡遼，李成梁即家於遼，以高祖蔭，世襲武職，松爲其子，明史均爲立傳。所築邊牆堡臺，大抵以在遼鎮東部邊境者爲多。全遼略記（卷一〇）載其新展邊地之事曰：

兵部行御史熊廷弼勘報，曰：「…又趣東新，寬，大，永，長五堡一帶，爲萬曆二年巡撫張學顏，總兵李成梁所展之新界，而新舊分矣。」

按熊廷弼所言之五堡，即新奠，寬奠，大奠，永奠，長奠五堡也。五堡去今鳳城縣東或東北近三百里（雍正盛京通志卷一五頁二一至二二永奠條，謂在城東二百七十里。寬奠條，謂在城東北二百九十里。城指鳳城言，由此可知五堡當在今鳳城縣東或東北三百里左右）。所言舊邊，指成化間韓斌所定之界言。舊邊在內，新邊在外，所謂展修者如此。學顏成梁所以亟亟於東部邊牆之修築者，蓋因當時建州都督王杲，時肆侵略，遼鎮東邊，歲時告警，故急築邊以自防也。

萬曆初年，張學顏李成梁即以王杲之亂，修築東部邊牆，而在遼之西邊，亦有建置之說。萬曆二年二月實錄云：

是月薊鎮督撫劉應節等，復題請修築遼東西長牆共七百九十一里，調軍夫一萬，匠役六百，扣算須四十餘年報完，用官銀四十餘萬。兵部覆該鎮勘估，先造土墻，乃甃之甎，又築之臺，又爲之舖，邊長工鉅，爲力甚難。莫若先舉臺工，計地百丈建臺一座，如昌平鎮之制，空心實下，庶可經久。兩臺之間，止用甎與亂石爲墻。蓋有臺可據，即牆未高厚亦可限隔。先修寧前西接石門一帶，次及錦義廣寧以東，其工程衛緩，錢糧軍夫等項，再行該鎮估計會奏。從之。

讀此則知劉應節所題修者，以遼東西邊爲主，而其經畫則以四十年爲期，當時於遼之注意可知。遼東邊牆，先時多用土修，圮廢至易，以至經年募補，應節蓋欲修整完固，以期於久遠也。

自萬曆初年建邊，此後大抵咸有建置，惜史有闕文，未能一一稽考。至萬曆四十七年，熊廷弼宣遼時，復有修建之說。明史熊廷弼傳（卷二五九）云：

四十七年，（萬曆），楊鎬既喪師，廷議以廷弼熟邊事，起大理寺丞，兼河南道御史，宣慰遼東。……造戰車，治火器，浚濠繕城，爲守禦計。令嚴法行，數月守備大固。

萬曆末年，清兵迭下遼東要地，以四十六年四月克撫順。明廷遂以楊鎬爲兵部左侍郎兼右僉都御史，經略遼東。七月，清兵復克清河堡。四十七年二月，楊鎬督師遼陽，旋遭敗沒。六月，清兵又陷開原，遼東之局，危不可待，明廷遂復以熊廷弼經略遼東。廷弼之浚濠繕城，即於此危急之時也。

自廷弼於萬曆末年築邊之後，歷天啟崇禎兩朝，不復聞有建邊之事。蓋瀋陽遼陽俱以天啟元年三月失陷，遼東之局，已淪失過半。此後清軍南下，疊克要害，遼東之地，存者無幾。夫邊牆所以衛守內地，內遼東既失，屏藩之功亦隨而消失。天啟崇禎而後，不聞有建邊之事者，蓋以此耳。

右述遼東邊牆建置沿革，約略如此。夫遼邊長近千里，增修募補，幾爲歷朝所必有。事至繁瑣，多有佚亡。史書所記者，特其犖大者耳，他日有暇，當再詳補。

附記

作者於明代邊牆之建置，留心已久，特以範圍過大，事蹟過繁，勾稽不易，一時未能完稿。茲篇之作，僅屬遼東一隅，蓋以遼東居明九邊極東之地，當居研究之先，其次薊，宣，大同，太原，延綏寧夏固原甘肅等鎮，可依次而推究之。然即此僅述遼東一隅之稿，亦未能終結。是篇初作時，原擬曰遼東邊牆建置考，其內容則以三部論之：一曰建置沿革，二曰邊牆經行里地，三曰沿邊墩堡之建置。搜材雖略具大體，而整理則尚需時日。本報付印已久，急待排編，如再草遂其餘二部，則恐曠誤時日，茲特先以第一部付印，餘二部則待將來續補。不全之稿，尚希讀者諒之。

禹貢半月刊 (已出十六期)

第二卷第四期目錄

出版者：禹貢學會。

編輯者：顧頡剛，譚其驤。

發行所：北平成府蔣家胡同三號禹貢學會。

代售處：北平北京大學史學系楊向奎先生　北平燕京大學哈佛燕京社　北平輔仁大學史學系史念海先生　天津河北女子師範學院[illegible]先生　北平清華大學史學系吳春晗先生　北平師範大學國文系羅根澤先生　北平女子文理學院侯堮先生　濟南齊魯大學史學系張立志先生

出版日期：每月一日，十六日，

價目：每期零售洋壹角。豫定半年十二期，洋壹圓；全年二十四期，洋貳圓。郵費加一成半。國外全年加郵費八角。

引得目錄

勺園圖錄考　引得特刊第五號　民國二十二年二月出版　每部定價大洋三元五角

米友石風流氣節，蜚聲於啟禎之間。其山水畫，清秀拔俗，與董玄宰並稱；其勺園別業，幽邃出塵，與李園媲美。先生卒後，畫既少存，園亦頹圮。燕京大學前得先生所繪勺園修禊圖於津沽陳氏，洪煨蓮先生又經八九年之搜討，參考百數種書籍，爬羅剔抉，爲錄二百餘條，將勺園故址，考証清楚。今將圖藏影製版，與錄考合併刊行，並附引得及海淀鄰近水道，槐爾根園鄰近，賢院遺址，集集賢院鄰近等圖，實可爲近今出版內容最完備之書也。

日本期刊三十八種中東方學論文篇目附引得　引得特刊第六號　民國二十二年九月出版　一厚冊定價西洋宣紙本五元五角報紙本四元

日本爲近今研究東方學之重鎮。我國年來提倡國學之風，甚囂塵上，於日人之研究，嘗不無借鏡之處。于式玉女士，因就燕京大學圖書館所藏日本期刊，擇其關於東方學之論文篇目，編爲引得，以爲檢查之助。全書共分四部：(甲)分類篇目，大致依中華圖書館協會國學論文索引方法；(乙)著者引得一，依日本讀法，而用西文拼綴；(丙)著者引得二，及(丁)篇目引得，皆依中國字庋擷法排列。又有北京大學教授周作人先生及燕京大學圖書館主任田洪都先生序文，於日人謀我之深與我國人士之憤慨皆慨乎言之，蓋有所感而發也。

中國科舉制度起源考

鄧嗣禹

中國科舉之制，行之千有餘年，歷代名輔碩儒，多從此孔穿過，以至於今，仍仿行之，可見其影響之鉅且久矣。然世人言科舉之起源者，率有二說：一謂其始於隋，一謂其始於唐。唐宋而後，主始於隋者漸衆；而在唐時，尚二說紛陳，莫衷一是。緣余為中國考試制度史，感其煩雜，覺其重要，曾鈎稽隋唐載籍，略事考證。現因拙作行將問世，又稍加補訂；適值燕京年報校讎之役，屢徵文於師友，雖篇幅已侈，仍不便略無一詞，乃抽出此節，附諸驥尾，以質正高明，幸垂教焉。

一

世人以科舉始於隋，以自周禮而後，以進士為科者，自隋始也。唐楊綰曰：「近煬帝始建進士之科。」（舊唐書卷一一九楊綰傳）杜佑曰：「煬帝始建進士科。」（通典卷十四選舉典）王定保曰：「進士始於隋大業中，盛於貞觀永徽之際。」又曰：「進士隋大業中所置也，如侯君素孫伏伽，皆隋之進士也明矣。」（摭言卷一）二家所述，皆不能明定年月，故資治通鑑不載。惟朱子通鑑綱目，以設科之始，特為增入；但紀於太子昭卒之下，楊素卒之前，未知何據？通鑑輯覽因此，乃改載於煬帝大業二年之末，並注釋云：『考煬帝紀，「大業二年七月甲戌，太子昭薨；乙亥楊素薨。」兩日相連，恐其間無暇建科取士也。』（卷四七）而王定保言隋立進士科，特舉出二人而曰「明矣」云云，豈在唐時已有人不信，而待證明者乎？考侯君素及孫伏伽二人，隋書北史俱無傳。孫傳舊唐書（卷七五）有之，未言中進士。侯傳兩唐書並無，惟舊唐書有侯君集傳，疑「素」為「集」之訛，然闕之亦不類。再考隋書北史，其中俱無建立進士科之文！更進而求旁證，則唐代人士，亦多有言考試始於唐者。如貞元十七年（西八〇一）趙傳璧科記序曰：

> 武德五年（西六二二），詔有司特以進士為選士之目，仍古道也。（玉海卷一一五引）

此處玉海先引會要曰：『鄭顥進諸家科目記十三卷。注：東觀奏記曰：「武德至大中」。』又引藝文志姚康科第錄注云：『自武德以來，登科名氏編紀，凡十餘家，皆不備具。』然後於中興書目下，引校書郎趙僎序，序中以進士爲仍古道，而不言沿隋之舊；諸家科目記，亦皆起自武德，而不溯源於隋；可知是科非隋始創矣。而李德裕非進士論曰：古者…論造士之秀，升諸司馬，進士之名立矣。…暨六國行玉帛之聘，兩漢立四科之選，魏晉或表薦而登仕，齊梁或版辟而起家，故孝廉明經之科，秀才茂才之舉，限□限年之制，射策待詔之選，損益無常，而察言觀德之規，不妄設也。李唐御統，釐厥制度，立進士之科，正名也。行辭賦之選，從時也。(登科記考卷六引夏竦集李德裕非進士論)德裕追述歷代取士之制，而謂「李唐御統，…立進士之科。」益知是科非起於隋而起於唐矣。唐蘇鶚曰：

進士者，可進受爵祿者也。王制曰：…大樂正論造士之秀者，…而升諸司馬曰進士。…孝廉者，孝悌廉讓也。…自魏與晉皆以郡舉孝廉察秀才，故州郡長史別駕，皆赴舉察。漢朝又懸四科，一曰：德行高妙，…任三輔令。近代以諸科取士者甚多。武德四年，復置秀才進士兩科，…其後秀才合爲進士一科。(蘇氏演義卷上)

蘇氏先言周之進士，而後言唐武德四年復置秀才進士兩科，是進士之起於唐也又明矣。張濬對策曰：

唐虞之黜陟幽明，…夏禹之畝畮公谷，…戰國之代，王道寖微，各作英賢，…漢高祖雖不好儒，然亦任用英傑，…陳羣制九品之條，…臧否任情，…宋齊之季，梁隋之末，聘士求賢，罕聞稽古。…聖上覽百王之得失，立萬代之規模，大開舉爾之科，廣陳訓迪之典。(文苑英華卷四七九)

案李氏所謂「開舉爾之科」，即開科舉之案文也。然則科舉始於唐不始於隋，豈非彰明較著者乎？且此三家，既概述歷代取士之制，皆不言隋置進士科，而言爲唐所立，斯則更堪注意者也。再如裴庭裕曰：

大中十年，鄭顥知舉後，宣宗索科名記，顥表曰：自武德已後，便有進士諸科。(東觀奏記卷上)

是又進士始於唐之確切論斷也。同書又謂武宗會昌二年十二月，…中書覆奏[曰]：「…伏以國家設文學之科，求貞正之士。」(同上卷中)八年韋澳爲京兆尹榜曰：「朝廷將裨教化，廣開科場。」(同上)又孫樵與高錫望書曰：「…唐朝以文索士，二百年間，作者數十輩。」(孫樵集卷二)是皆爲科舉始於唐之證。而牛希濟貢士論，言之更明。其詞曰：

周官司馬得俊造之名，乃進於天子，謂之進士。…大漢法，每州若干戶，歲貢若干人，吏以籍上聞，計州里之大小，材之多寡，謂之計籍。人主親試所通，經業策問，理優深者，乃中高第。…漢世得人，於斯為盛。國家武德初，令天下冬集貢士於京師，天子制策，考其功業辭藻，謂之進士，已廢於行實矣。（全唐文卷八四五）是古之進士，與後世之進士科有別；而後世進士之立，始於唐武德初年也。

總上各證，復加隋書北史暨其他隋籍無進士科之文，吾人似可斷言科舉非始於隋而始於唐矣。抑有進者，隋主非但未開科取士，且並不重儒術。觀高帝仁壽元年（西六〇一）廢大學四門及州縣學，唯留學生七十人（隋書卷二），可以知之。故高帝紀論曰：「素無學術，…不悅詩書，廢除學校，唯婦言是用。廢黜諸子，…過於殺戮。」（同上卷二）煬帝紀論曰：「矯情飾貌，肆厥姦回，…教絕四維，刑參五虐。鋤誅骨肉，屠勦忠良，…普天之下，莫非仇讎，左右之人，皆為敵國。」（隋書卷四）而南宮靖隋史斷亦曰：」然帝素不學，而又濟之以刻薄之資，是以專任小數而不悅詩書，廢除學校，而禁毀佛像，又任情殺戮，以察為明，…甚者以讒言廢太子勇，以小過殺秦王俊，而父子之恩滅。』（頁二）以如此無道之君，視國人父子如仇讎，遑言開科取士哉。然則科舉不始於隋，更可深信無疑矣。

二

但唐代人士言科舉始於隋者，尚大有人在；非備前述楊杜王三家已也。今為公允計，不敢存絲毫成見，抹煞事實，謹述其說於後：夏竦議貢舉奏曰：『隋設進士之科，唐代特隆其選。』（登科記考卷二八引）文宗太和九年（西八三五）中書門下奏曰：『伏以國家取士，遠法前代。進士之科，得人為盛。』（冊府元龜卷六四一）趙匡選舉議曰：『國朝選舉，用隋氏之制。歲月既久，其法益訛。』（全唐文卷三五五）沈既濟選舉議曰：『自隋變選法，則雖甚愚之人，蠕蠕然能秉一勞，結一課，幾入選敘。…按前代選用，皆州郡察舉，及年代久遠，訛失滋深。至於齊隋，不勝其弊。…是以罷州府之權，而歸於吏部，…罷外選，招天下之人，聚於京師；春還秋往，烏聚雲合。』（全唐文卷四七六）柳冕與權侍郎〔德輿〕書曰：『唐承隋法，不改其理，此天所以待聖主正之；何者，進士以詩賦取人，不先理道。』（文苑英華卷六八九）是皆士科始於隋，兼言唐代選舉沿隋之舊也。而薛登上改革選舉疏，言隋立進士科之原委，尤覺瞭然。其疏曰：

古之取士，實異於今。…自七國之季，雖雜縱橫，而漢代求才，猶徵百行，…魏氏取人，尤愛放達。晉宋之後，祇重門資。…有梁蕭士，雅愛屬詞；陳氏簡賢，特珍賦詠。故其俗以詩酒為重，不以修道為務。遠至隋室，餘風尙在。開皇中，李諤論之於文帝曰：「魏之三祖，更好文詞，忽人君之大道，好雕蟲之小藝。…代俗以此相高，朝廷以茲擢士。故文筆日煩，其政日亂。」帝納李諤之策，由是下制，禁斷浮詞。…煬帝嗣興，又變前法，置進士等科，於是後生之徒。復相效倣。（舊唐書卷一〇一本傳）

是進士科之立，先因高祖感於文風日熾，禁斷浮詞；煬帝嗣興，乃立進士科也。據薛登傳，登博涉文史，每與人談論前代故事，必廣引證驗，有如目擊。天授中，爲左補闕，時選舉頗濫，因有上疏。其所述者，如煬帝置進士事，隋籍雖無稽：而隋高祖禁浮詞事，隋書（卷六六）及北史（卷七七）李諤傳，皆有明文紀載也。其時在開皇四年，（西五八四）『普詔天下公私文翰，並宜實錄；』可見薛登言隋立進士科，必較別家爲信而可據。然則進士科之起於隋也明矣。

或曰子無人證，焉能服人？曰有。各地方志，多列隋進士之名。如吳縣志卷十一，列張損之爲隋之進士，並注云：「縣官侍御史水部郎。」又如郿陽縣志鄉賢志，列溫彥博爲隋之進士，此非人證乎？但損之隋書北史暨兩唐書皆無傳，初未知何據，繼檢全唐文卷三九三，有獨孤及唐故河南府法曹參軍張公墓表，稱張損之，隋大業中，進士甲科位位至侍御史，尙書水部郎。吳縣志所據，蓋在此也。然此所謂「進士甲科」，可知其無考試矣。彥博兩唐書有傳，而舊唐書溫大雅附傳，謂其弟彥博，『開皇末爲州牧秦孝王俊所薦，授文林郎，直內史省。』（卷六一）新唐書卷九一，謂其『通書記，警悟而辯，開皇末，對策高第，授文林郎。』是係由鄉薦而對策，而授官，而俱未言中進士也。由此類推，方志之言氏族鄉賢，強半高攀遠傳，以光鄉族，多難恃爲憑依。則子之人證，仍不足以服人也。曰尙有其他。如舊唐書云：

楊纂，華州華陰人也。…大業中進士舉，授朔方郡司法書佐。（卷七七）

唐書卷一〇六曰：「大業時，第進士。」

是隋有進士也審矣！又如唐舊書喬房傳：

喬字玄齡，齊州臨淄人，…年十八，本州舉進士，授羽騎尉。…後補隰城尉，會義旗入關，太宗徇地渭北，…一見便如舊識。…貞觀元年，代蕭瑀爲中書令。…二十三年…薨，年七十。（卷六六）

由此可推知其生於陳宣帝太建十二年（西五八〇）（唐書卷九六，謂其薨年七十一，餘同。）年十八舉進士，時在隋文帝開皇十七年（西五九七），與大業二年（西六〇六）置進士科之時：適差十歲。豈年十八舉進士，爲年二十八舉之，而史有誤歟？抑考隋書地理志，煬帝大業三年改州郡爲，玄齡本州舉進士，則通鑑綱目列始建科於大二業年，亦非全無憑據歟？然則隋有舉進士之人，是確鑿有據無疑矣。

且進士之外，又有明經科焉。資治通鑑曰：

高祖武德元年（西六七八）冬十月，明經劉蘭成糾合城中驍健百餘人襲擊之。胡三省注曰：「劉蘭成蓋嘗應明經科，因稱之。」新唐志曰：唐制取士之科，多因隋舊，則明經科起於隋也。（卷八六）

胡氏以劉蘭成「蓋嘗應明經科」，因斷明經科起於隋，證據尚嫌微薄。今檢舊唐書韋雲起傳，『雲起隋開皇中明經舉，授符璽直長。』（卷七五）又孔穎達傳『穎達隋大業初，舉明經高第。』（卷七三）是隋有明經科，又斷然無疑矣。且進士明經之外，尚有秀才科。如舊唐書杜正倫傳曰：

杜正倫，相州洹水人，隋世重舉秀才，天下不十人，而正倫一門三秀才，皆高第，爲世羨美。（卷一〇六）

又薛收傳曰：收於「大業末，郡舉秀才，固辭不應。」（卷七三）是隋有秀才又明矣。夫既有進士明經及秀才，此通典之所以謂「大唐貢士之法，多循隋舊。」（卷十八）或如新唐書選舉志，謂「唐制取士之科，多因隋舊。」（卷四四）然則科舉始於隋，又豈非斷撲不破者乎？

三

夫前述科舉始於唐，證據確鑿，牢不可破；今言始於隋，又證據確鑿，牢不可破；則二者之間，何所適從？曰請先綜觀隋代取士之法，然後可得其真諦。

隋文帝開皇二年（西五八二）正月甲戌，詔舉賢良。十二月景戌，賜國子生明經者帛束。（隋書卷一）

七年正月乙未，制諸州歲貢三人。（同上）

十六年六月甲午，制工商不能仕進。（隋書卷二）

十八年七月景子，詔京官五品已上，總管刺史，以志行修謹，清平幹濟二科舉人。（同上）

仁壽三年（西六〇三）七月，令州縣搜揚賢哲，皆取明知今古，通識治亂，究政教之本，達禮樂之源，不限多少，不得不舉。限以三旬，咸令進路。徵召將送，必須以禮。（同上）

煬帝大業三年（西六〇七）（詔）依十科舉人，有一於此，不必求備。朕當待以不次，隨才升擢。其見任九品以上官者，不在舉送之限。（隋書卷三）

五年六月，詔諸郡學業該通，才藝優洽；膂力驍壯，超絕等倫；在官勤奮，堪理政事；立性正直，不避強禦；四科舉人。（同上）

十年，詔郡舉孝悌廉潔各十人。（隋書卷四）

以上見於本紀。其見於傳者：

褚暉傳：暉字高明，…以三禮學稱於江南。煬帝時，徵天下儒術之士，悉集內史省，相次講論。暉辯駁，無能屈者。由是擢為太學博士。(卷七五儒林傳)

房暉遠傳：遠擢為國子博士，會上令國子生通一經者，並悉薦舉，將擢用之。既策問訖，博士不能定臧否。…因令暉遠考定之，…所試四五百人，數日便決。(同上)

牛弘傳：弘在吏部，其選舉先德行，而後文才，務在審慎。雖致停緩，所有進用，並多稱職，…隋之選舉，於斯為最。(卷四九)

劉焯傳：焯舉秀才，射策甲科。(卷七五)

劉臻年十八，舉秀才，為邵陵王東閤祭酒。(卷七六)

杜正玄傳：正玄博涉多通。兄弟數人，俱未弱冠，並以文學才辯，籍甚三河之間。開皇末，舉秀才，尚書試方略，正玄應對如響，下筆成章。…弟正藏，尤好學，善屬文，弱冠舉秀才，授純州行參軍，歷下邑正。大業中，學業該通，應詔舉秀才。兄弟三人，俱以文章一時詣闕，論者榮之。(同上)

此外全隋文(卷二七)有『王貞，開皇初，…舉秀才，授縣尉。』又有『侯白，州舉秀才，至京師，機辯捷，時莫之比。』(太平廣記卷二四八引啓顏錄，今此書有續百川學海本，蓋由多廣記輯出者。)

據此各條，可知隋代取士之科：有賢良，有明經，有二科，有十科，有四科，有孝悌廉潔，有進士，有秀才；其選舉也，不出於下詔徵召與州郡薦舉二途；其人選也，賢良，二科，十科，四科，孝悌廉潔，以至進士如楊纂房喬，明經如韋雲起劉蘭成，秀才如劉臻王貞杜正藏等；皆未經考試。其掄才之準則，牛弘掌選舉最盛之時，亦僅先德行，而後文才，又無所謂考試也。其唯一考試，但為策問，重辯駁。如褚暉之擢為太學博士，由於辯駁也；杜正倫舉秀才試方略策，亦以善辯駁，應對如響見稱也。侯白之州舉秀才，以「機辯捷」名於時也。房暉遠之試國子生，試策問也。故唐楊綰曰：「近煬帝始建進士之科，當時猶試策而已。」而劉焯舉秀才，尚為射策，射策有甲科，對策有高第，而未見有黜落，是皆與兩漢取士之制相同，與唐宋考試之制迥異也。李慈銘越縵堂日記，謂六朝人試孝廉用經術，同於唐之明經；試秀才用詞賦，同於唐之進士。其說實難徵信。夫僅有策問，不能謂之考試也，以策問漢有之，六朝宋有之，梁亦有之，(隋書經籍志總集類有宋元嘉策孝秀文十卷，梁孝秀對策十二卷。)若以其有策問則為科舉考試之權輿，又何必溯源於隋哉。考『選舉之法，一變而為辟舉，再變而為限年，三變而為中正，四變而爲停年，五變而爲科目。隋置進士科而唐因之，其科目之不一，而明經進士尤貴，……可爲後世之良法也。古之所謂鄉舉里選者，猶曰鄉里之舉選云爾。唐則不然，舉以禮部，謂之貢舉，選以吏部，謂之銓選，其名同，其事異。又曰科目興於唐，皆所以救中正之弊也。』（宋章俊卿山堂考索續集卷三八）

俊卿言唐代選舉之意，與以往不同，又謂「科目興於唐」：是斷然不因隋置進士科，而目爲科舉考試之所由昉也。須知科舉考試，必由應試人於一定時期，投牒自進，按科應試。公同競爭，試後有黜落，中試者舉用之；然後爲眞正考試。葉『漢舉賢良，自董仲舒以來，皆對策三道。文帝二年，對策者百餘人，晁錯爲高第；武帝元光五年，對策者亦百餘人，公孫宏爲第一，當時未有黜落法，對策者皆被選，但有高下爾。至唐始對策一道，而有中否。』（石林燕語卷九）故葛洪憤切而言曰：『舉人投牒自應之制，蓋昉於唐！謹按周禮鄉大夫之職，……獻賢能之書於王，……登於天府。……至漢賢良如公孫宏，亦必待國人固推而後出，未聞有投牒自應之舉。』（涉史隨筆頁二一）然則科舉考試之起於唐。殆成定讞矣。

顧上引沈既濟選舉議，謂『自隋罷外選，招天下之人，聚於京師，春還秋往，烏聚雲合。』唐會要謂『唐武德初，因隋舊制，以十一月起選，至春即還。』（卷七五）是有公同考試之狀也。加以進士爲科，實始於隋，故溯源厥始，當推及之。特因其制不彰不備，僅具雛形，故謹慎而作結曰：科舉之制，雖基於隋，確定於唐。

附俞大綱先生函

持宇兄：大作謹拜讀一過，考試制度起源攷，所論極是。惟隋置進士科一條，弟頗有疑義。王氏摭言所舉係伏伽侯君素兩人，君素無攷，伏伽則唐書明言其積勞補□□縣介（弟現手頭無唐書，但能以記憶所言如此）定保之說，當無確據。楊綰杜佑，生年較後，所言難以置信。足下所舉人證，縣志之不足據，姑不論之；房玄齡傳所言「本州舉進士，」則其非應試可知；既非應試，進士兩字仍當沿隋以前習慣作字面浮泛之解釋，不得謂之自成一科也。（舊書楊纂傳「大業中進士」，新書「第進士」，其誤以「舉」爲「試」，舊以進士名詞爲專門科目名，殆亦與宋人見解相同。）大抵言隋之有進士科者，最早亦爲高宗時人（如薛登），而武德貞觀間身事兩朝之史臣不言之，北史隋書可取證。舊書房楊兩傳，一稱本州「舉」進士，一稱大業中進士，似皆足爲隋不置進士科之證。其晚出之論，大概以唐進士科瓶殺既久，已爲一般習用之專門名詞，因更誤會隋代之進士爲出自科第耳。鄙意如此，不知高明以爲如何？隋明經秀才，大著考釋極是，此與所謂禁斷浮詞之見於事實也。（秀才之不易取，及明經兩字之意義，皆可推論禁斷浮詞史實。至於進士，則下既無好史料以致隋時所試爲那一門學問，更以禁斷浮詞之史文推求之，則隋更未必設此一科也。）足下博涉羣書，具見功力，敬服敬服。

附張孟劬先生函

大著於唐人諸說，徵引已詳，兩造並列，尤見公允。竊謂楊綰杜佑皆明言隋煬帝設建進士科，而王定保且實之曰「大業中」。此等史實，恐非杜撰；即使杜撰，何以三人之言相同？縱謂三人之言不可盡信；彼博涉文史之薛登，又何以與之暗合？或者隋曾有此科，暫行之而非常置；或因朝廷有故，未策而旋即報罷，皆未可知。例如清末有所謂經濟特科者，史若不載，後人恐更不知有此科矣。史之所書，多屬常制，此科既非取士常制，遺漏未書，亦無足怪，歷史此例，固甚多也。唐人之文，其泛論科舉者姑不論，此外雖亦間有言唐立進士科者，然皆係就唐言唐，不能即爲隋無進士科之反證。至蘇鶚謂武德四年復置秀才進士二科，既云復置，則其前必有置之者；雖其文泛引王制，不涉於隋，而曰近代以諸科取士者甚多，則隋當然亦在近代之中。且秀才科隋固嘗置之，貞觀史臣於劉焯等傳，已大書特書矣，安得謂進士科必非隋置耶？此更不能爲隋無進士科之反證。大要此科之名，雖創始於隋，而定爲取士常制，則實自唐始。李德裕鄭顥之言，亦不爲無因。故杜佑云：大唐貢士，多循隋制也。多之云者，不必盡同之謂。尊論謂科舉之制，「肇基於隋，確定於唐，」洵通論也。考史之法，最重證據，而證據又必須充分。今即所引諸文論之，凡足以證明隋無進士科者，皆不充分；凡可以證明隋有進士科者，則皆有明文。況杜佑爲唐代通曉掌故者，而通典一書，又爲今第一名著，此而不信，將無書可信矣。杜佑輩其生雖較貞觀史臣爲晚，正惟其晚，所見新發見之材料或比史臣爲多。今通典中所載，可以補正南北兩朝史事者，正復不少，豈盡厚誣？吾人治史，或以前證後，或以後證前，全視其人其書負責與否爲斷。不宜先存一時代之成見也。至於反證方法，遇證據全不充分時，或可偶然一試行之，既有充分之證據，即當捨反證而不用，此乃研究學術一定之標準。不立標準，專事求疵，未見其可。大著登入史報，與天下人以共見，立言本不爲一時，故聊綴數語，質之大雅，以爲何如？

張爾田附識。

俞大綱先生第二次來函

持宇吾兄

大著精徵周密，佩甚佩甚。兩承　下詢芻蕘，眞所謂以多問寡，愧恧曷極。尊論設兩造之辭，旣備且允矣，然鄙意以爲　足下獨着眼於進士科設置時代，以定科舉制度起源之由，似有未安也。攷隋制無論進士明經秀才，皆由州舉。舊書房玄齡傳稱「本州舉進士」，北史杜正玄傳「開皇十五年舉秀才」，舊書薛收傳「郡舉秀才」杜正倫傳曰「隋世重舉秀才」，韋雲起傳「隋開皇中明經舉，授符璽直長」。孔穎達傳「穎達隋大業初舉明經高第」。就諸條觀之，莫非州郡察舉者也。又如杜正玄傳所云：「正玄舉秀才，試策高第，曹司以策過左僕射楊素，素怒曰，周孔更生，尚不得爲秀才，刺史何忽舉此人，乃以策投地不視。（下略）」按此隋秀才由州上舉，曹司試策，然後以策過僕射，此與漢徵賢良對策之制無異。漢書公孫宏傳云：「元光五年，復徵賢良，菑川國復推上宏，（中略）宏至太常，時對策者百餘人」，漢之賢良，亦由郡國察舉，入京對策也。正玄傳又云，「楊素志在試退正玄，乃使正玄擬相如上林賦等，曰我不能爲君住宿，至未時令就。」此隋試策制度，亦極疏簡，尚不及漢制天子親策賢良之爲隆重。今隋制明經進士貢舉之法，無史文可徵，證以上引諸條觀之，凡明經進士皆曰舉而不言第，其制要與秀才相同。非若唐代開科舉之繁文，士人投牒自試，官吏慎隔其事，至於搜索衣裳，呵禁出入也。

尊著又引杜佑「大唐貢士，多沿隋舊」，楊綰「隋煬帝設進士科」，夏竦「隋設進士之科，唐代特隆其選」等文，以證科舉始於隋。竊謂唐科舉之制，因沿於隋者，不過進士明經秀才等名目而已。其制度不同，蓋如上述。杜氏「大唐貢士，多沿隋舊，」當謂貢士科目，唐循隋舊，非謂貢士之法，隋唐相同，楊綰夏竦所謂隋始設進士科，似謂以進士列爲選士之目，蓋自隋煬，亦不指唐進士之制，無異於隋也。唐人最重進士科，其論科舉，莫不先論進士之制，於是最名者莫不溯之於隋，攷實者莫不言規之於唐。其實兩種議論，所指不同，殊非牴牾，此綱所以謂不得以進士設科年代，以定攷試制度始於何時。若謂察舉對策之法，已爲完形之考試制度，則當上溯兩漢爲權輿。若謂朝廷開科待人，士子投牒自試，始可謂爲完形之考試制度，則當以唐爲始，不可謂肇基於隋，確定於唐矣。

然或者有以沈既濟選舉議「隋罷州府之權，而歸於吏部，罷外選，招天下之人，聚於京師，春往秋還，烏聚雲合」等語，謂隋之取士，亦有定期，罷外選，權歸吏部，與唐制相侔，何得謂與唐異。竊謂沈氏罷外選之言，乃指罷州郡辟署之權，非罷察舉也。通典「開皇十八年，又詔京官五品以上及總管刺史，並以志行修謹，清幹濟舉人。牛弘爲吏部，高構爲侍郎，選舉先德行，次文才，最爲稱職。當時之制，尚書舉其大者，侍郎銓其小者，則六品以下官吏，咸吏部所掌，自是海內一命以上之官，州郡無復辟署矣」。沈氏之論，蓋亦指此。尊論亦引先德行，次文采之文，定隋仍爲察舉試策之制矣。特有進者，沈氏春往秋還，烏合雲集之論，蓋指當時彼徵召或察舉之人，集於京師，受吏部銓次，不可引以證隋唐攷試制度之同軌也。然或以上所引杜氏言，係開皇中制度，大業之制，容有不同。請釋之曰，薛收傳云「郡舉秀才」，煬帝改州爲郡，故薛收傳云云，此則大業仍行察舉之制，又可攷知矣。足下淵博，功力並深，管見聊當大雅一笑耳。

俞大綱拜啟十一月二十七日

嗣禹謹案：大綱先生治唐史有年，拙作草成，即郵寄省正。時値欬伏，手頭無書，隨筆便箋，聊舒所見。嗣禹以科舉制度，爲歷代掄才大典，起源事大，不敢草率。乃未徵求同意，徑予刊登，以當討論。其後請教孟劬先生，又蒙賜手示，因並登之。而大綱先生得知，重草一函，以代前書。惜排校已定，急於出版，勢難毀棄，乃將兩函刊登，以爲進一步之討論。夫學問無窮，人識有限，多聞闕疑，古有明訓，故討論不厭求詳。然嗣禹未獲確證已前，則不願再事誇叨；惟盼讀者多多教正而已。張俞二公，竭誠指導，謹此誌謝。

全份地學雜誌

中國地學會，民十三以前所缺各期地學雜誌，現已全數補齊。計自第一年第一期起，至本年第一期止，共一百七十一期，一百三十七册。全份定價國幣四十五圓二角。存書無多，購者從速。

出版兼發行者 中國地學會 北平圖城

燕京大學歷史學會本屆職員

主席　葛啟揚

文書　周一良

財務兼庶務股　吳維亞　翁獨健

講演股　劉選民

參觀股　王育伊

研究兼出版股　張維華　鄧嗣禹

中華民國二十三年九月出版

史學年報（第二卷第一期）

每冊實價　洋宣一元　報紙七角

郵費在內國外以美金計算

編輯者　燕京大學歷史學會

出版兼發行者　燕京大學歷史學會

印刷者　燕京大學引得校印所　平西成府槐樹街二號

寄售處　燕京大學哈佛燕京學社　郵政局　景山書社　競進書社　直隸書局　佩文齋　文殿堂　來薰閣　修綆堂　上海中國書店　南京鍾山書局　天津大公報　天津書局

HISTORICAL ANNUAL

VOL. 2. NO. I. SEPTEMBER 1934

CONTENTS

PUBLISHED BY THE HISTORY SOCIETY

OF YENCHING UNIVERSITY, PEIPING, CHINA.

Single number for foreign sales including postage:

special edition. $ 1.00; general ed. $ .70 (U. S. Currency)

史學年報

第二卷第二期

柳詒徵題

內政部登記證警字第[illegible]號　中華郵政特准掛號認為新聞紙類

史學年報，自民國十八年創刊以來，年出一次，已經七期。一二三期，早已絕版，四五六期，存書亦少。茲將二期以下目錄，仍印於此，以備參考：

史學年報第二期目錄

史學年報第三期目錄

(以上三期均絕版)

史學年報第四期目錄

本期定價大洋七角　北平景山書社代售

史學年報第二卷第二期（總數第七期）目錄

最近出版 數種重要引得！

道藏子目引得

引得第二五號　定價大洋六元　翁獨健編

釋道二家，影響於我國學術思想與夫社會風俗者，至深且鉅。引得編纂處前既請許地山先生編佛藏子目引得，出版問世，茲又請翁獨健先生就道藏及道藏輯要，編爲道藏子目引得，以期與佛藏子目引得並行，而爲研究二氏者之助。全書共分四篇：一，分類引得；二，經名引得；三，撰人引得；四，史傳引得。四篇中，除第一篇完全依照道藏目錄次序外，餘皆用中國字庋擷法排列。道藏數量與佛藏相頡頏，檢覓資料，殊爲不易，手此一編，當能省多量之時間，免些許之煩苦也。

八十九種明代傳記綜合引得

引得第二十四號

民國二十四年五月出版　三厚册定價大洋貳拾圓

本書大部分爲田繼綜先生所編，所收計有張廷玉明史，萬斯同明史，王鴻緒明史稿，王世貞嘉靖以來首輔傳，陳鼎東林列傳，汪有典前明忠義別傳，錢謙益列朝詩集小傳以及雙立本煙綖永懷等八十九種明代傳記。全書分姓名引得及字號引得二編，都共七百八十頁，十四萬條，一百二十餘萬字，凡研究明史者當人手一編也。

毛詩引得

附標校經文　引得特刊第九號

民國二十三年十月出版　定價大洋叁元

詩爲詞章之祖，且包含古代社會史料甚多，爲治文學，小學，史學，與夫研究中國古代民俗者所必參考之書。本處以其在學術上之價值既大而爲用又宏，因據阮刻十三經注疏本，將毛詩經文，校勘標句，並加篇章號碼，重爲排印。又仿照西洋『堪靠燈』(Concordance)作法，取新印經文，逐字爲之引得。其便於檢查，不待言喻。凡爲學術之研究而須取材於毛詩者，當人手一編也。

太平御覽引得

引得第二十三號

民國二十四年一月出版　每册定價九元

太平御覽引書二千餘種，現時亡佚過半，故頗爲承學之士所珍貴。惟全書一千卷，檢尋材料，深爲不易，學者苦之。本處因取鮑刻御覽，編爲引得，以救其弊。全書分篇目引得及引書引得二篇，並附篇目表。學者手此一編，按圖索驥，其能省精力時間，不待言也。

護國軍紀實

鄧之誠

目錄

紀蔡鍔督滇始末第一

邵陽人蔡鍔，負文武才，早年遊學日本士官學校。歸國後，治軍于桂，不甚協物議。宣統二年庚戌，入滇，桂省議會將通電詆之。時李經羲繼錫良督滇，誡于外侮，急飭軍備，以靳雲鵬為督練處總參議。先識蔡鍔，比其至，立擢為協統。滇人羅佩金殷承瓛李根源謝汝翼李鴻祥唐繼堯皆日本士官生，負才氣，敢作為。佩金承瓛根源稍稍鄉用，而汝翼鴻祥以樸質，繼堯以年少故，僅得為營長。靳雲鵬得經羲倚用，總攬軍事，叱咤進退諸將士，不稍假借。人皆側目，而佩金等尤不直之。鍔獨雍容與滇人深相契結，後卒得為都督者以此。三年辛亥秋，有蜀人爭路事。初清廷以盛宣懷為郵傳部尚書，見商辦鐵路遷延久不竣工，議借外資，以鐵路抵押。蜀人立同志會鼓譟爭之，不得，且法治首唱者。蜀中大亂，革命黨人乘之，以八月十九日，據武昌漢陽起義。響應者數省，東南大震。滇中謠言日數至，根源汝翼鴻祥謀響應。經羲前奏請開國會不見用，方鬱鬱思去，至是一無布置。法國領事以所聞告，謝之；或請逮根源汝翼鴻祥諸激烈者于法，不許；請調巡防軍入省備緩急，復不許。根源總辦講武堂，學子倡言革命，為衆指目。恐事洩，且重得禍，思急舉事。鴻祥繼堯主持尤力，數會集于繼堯所。議定，推鍔為首。以重九夕，自北門率七十三四兩標兵入城，分攻督署及軍械局。翌日，事定；十九鎮統制鍾麟同死之，靳雲鵬易裝出走，諸北將校皆逃。而經羲避于民家，與鍔等約三事，鍔與根源痛哭迎經羲步至省議會而居焉。鍔既以學識雅爲衆所欽服，被推爲都督。是時諸將領佩金有才，根源有謀，承瓛精綜核，汝翼鴻祥質直有勇，而繼堯年資稍後，退然若無所表見，鍔獨深許之。佩金根源盧諸人不爲鍔下，事事稟承號令，躬爲表率，于是鍔得以行其志。以時勢未可知，滇能聯黔而資財賦于蜀，不難與中原爭衡，世稱雲南政策，殆昉于此。遂首遣汝翼鴻祥領兵援蜀，繼堯北伐兼援黔，根源出鎮迤西。旋承瓛亦率兵西規衛藏，獨佩金留滇衛戍，驕兵悍卒，相率盡去。滇人直樸易治，鍔爲政，首崇節儉，以故閭閻乂安，與承平時無異，人以是稱蔡鍔焉。汝翼鴻祥以蜀人郭燦陳先沅及劉存厚爲鄉導，據有瀘敘自流井財賦地，將進窺成都。資糧于蜀，師行不無刦掠，蜀人以其義之不終也，慮有大欲。蓉渝有兩都督，不相下，恐皆不保。乃急聲言蜀亂宜自定　無煩鄰師，而以重金啗滇軍，汝翼鴻祥不得已，率師歸　然蜀人銜之刺骨矣。滇蜀構怨自此始。當繼堯之率師入黔也，部曲蓋寡屬散卒，器仗不精，人料其少成功。然繼堯善撫循駕馭，以黔人劉顯治周沅戴戡等備諸謀，而韓鳳樓劉法坤等領軍。是時黔都督楊藎誠方率師北伐，留胡某守貴陽。胡爲哥老魁首，不諳政體，唯以公門鉤結奸民，公爲搶刦，法紀蕩然無存，黔人苦之甚。黔素有立憲革命兩黨，革命黨人常假力于哥老，立憲黨則多縉紳老成側列于其間，劉顯治等其著者也。思借繼堯保鄉里，推爲都督。適南北已統一；藎誠率師歸，與繼堯爭不勝，棄去。繼堯遂一意撫綏凋殘，輯奸宄，以戴戡任可澄爲左右參贊，親禮諸長年大老，民事一委之黔人，不雜用鄉里。黔民欣然望治，忘其爲客軍。癸丑渝難，復遣葉荃黃毓成會滇劉雲峯之兵往攻之，益發舒志氣，以韜略聞于時矣。汝翼鴻祥自蜀歸，編部曲爲二師，各爲師長。自以首義，且援蜀有戰功，漸不慊分。佩金已先被命爲雲南民政長，雖不同于汝翼鴻祥，以鍔雄駕，亦漸立異同。鍔遂計使佩金辭職，舉鴻祥繼之，然實陰爲鈐轄。滇人自是不信鍔，必欲取而代之。鍔前于民國二年癸丑贛寧難作，唱議率滇黔蜀桂軍助攻之，實欲觀釁，爲袁世凱所忌。至是決去滇，銜汝翼等異己，舉繼堯繼爲都督，假中央政府命臨之，汝翼鴻祥未如何。未幾，汝翼爲仇家狙擊死，鴻祥亦調京，繼堯爲都督，不改鍔成規。復去諸不附己者，衆協然無異議。滇以瘠省，自辛亥以來，差較他省能秩序自保，且分其力以援鄰省者，無他，蔡鍔唐繼堯善以術用其衆也。

紀護國軍起義始末第二

袁世凱以湖南都督陷蔡鍔入都，後遂羈留之。鍔素師事梁啓超，而與熊希齡鄉里。是時希齡當國，啓超為世凱禮重，數為解免于世凱，得為約法議員，及經界局督辦。然屏息不敢發議論，追逐諸貴人，伺顏色。或則出入倡家，佯不問時事。世凱手平贛寧大難，解散國會，訂新約法，設參政院，用古天子禮郊祀天地，世皆以世凱借革命黨以覆清，必意在自為。而世凱微見風采，又若無意，四年乙卯籌安會興，勸進者滿天下。設籌備大典處，刻期臨御，改明年為洪憲元年。或言已御便殿受朝賀，章奏稱陛下。外人責難，則以民意答之，且聲言決無反對者。鍔亦列名勸進，陰策其事難成。料段祺瑞馮國璋立異，世凱不易制之，有隙可乘，日本人忌世凱，必不使之得志。遂與啓超密謀，適戴戡新罷黔巡按使來京，亦與謀焉。謂在滇黔發難，則道路相距遠，北兵不能至，可以持久。其年十月，微服走天津，共附海舶南下，而先以計書叩滇中將校。世凱聞鍔脫走，出不意，大驚。急追之，已無及。是時，繼堯督滇已二年，頗慮陳宧偪己，陽與世凱委蛇，而陰為戒備。帝制議興，數遣人赴京省覘虛實向背。會世凱使侍從武官何國華入滇示意，而第二師師長沈汪度一夕暴卒，汪度曾于酒間盛言帝制非宜者也。其他指摘帝制者，皆不自安，顧繼堯恐滇黔力弱非敵，遲疑久不決。巡按使任可澄與第一師師長張子貞，第二師師長劉祖武，本無所可否，團長楊蓁鄧泰中董鴻勳等，皆繼堯拔擢信任者，急欲建奇勳，力言滇軍可用狀。適鍔書問，持之益堅。復得馮國璋電，謂滇發難，當繼踵而起。是時繼堯雖未表示，而意已內決矣。十一月，鍔偕戴戡殷承瓛赴香港，與李烈鈞方聲濤熊克武雙振鵬等會，意旨合，相率赴滇。蔡鍔登海防，巡發電關白鄧泰中，泰中與繼堯之弟繼禹親往迎之。復與繼堯往返電商，乃于十二月十九日至昆明，開全體軍官會議，決計舉兵，稱護國軍。編三軍：蔡鍔領第一軍總司令，將四梯團出蜀；李烈鈞領第二軍總司令，將五梯團出桂；繼堯兼領第三軍總司令居守。初議鍔先出師，至川境乃傳檄，而啓超在滬與蘇督馮國璋有所商榷，主先發電，取蘇桂響應。遂于二十五日，宣布擁護共和。翌日，第一軍第一梯團長劉雲峯率鄧泰中楊蓁兩支隊，會熊克武先發，趨宜賓。滇自錫良時，陳宧整飭軍實，甲仗精利，而滇人耐勞號敢戰。前援蜀黔所鄉有功，然合精銳不及萬人，舉半以畀鍔，轉餉不繼。又滇至蜀二千里，非朝夕可至，而陳宧督蜀，將三混成旅，皆北人，人為滇危。幸世凱聞變，雖遣曹錕張敬堯各將一師討叛，而顧慮外交，思借巨金走蔡鍔而已，不欲遽戰。陳宧兵力分散，曹錕方逗遛鄂湘間，未決所鄉，滇得以從容布置焉。鍔以五年丙辰一月十五日，引羅佩金為總參謀，殷承瓛為總參議，率第二梯團長趙又新，將董鴻勳朱德兩支隊發滇。第三梯團顧品珍，第四梯團楊錦琦，相繼發，皆道黔以規瀘。是時劉存厚為四川第二師師長，守瀘，以清鄉不力，懼得咎，通款于滇。宜賓戰事既起，陳宧令進駐敍永，阻滇軍入路，別調他將守瀘。比鍔前鋒至，存厚遂開關出關延之，躬為鄉導以攻瀘，自稱四川護國軍總司令，時二月六日也。是為滇蜀連合之軍。滇黔本脣齒，繼堯前平黔亂有功，黔護軍使劉顯世，又繼堯所擢，故戴戡謂黔必應滇。當蔡鍔通電，已預列顯世名，乃顯世方別與世凱通消息，得滇電多置不答。戴戡單騎入黔，責顯世負約，顯世敬謝，謂以誑餉械耳。乃于一月二十七日獨立，戡遂將黔軍向綦江，而分軍出湘西為牽掣計。稱護國軍右翼總司令，聽命于鍔。是為滇黔連合之軍。李烈鈞者，贛寧敗後，亡命海外，有義聲。至滇以籌款自任，護事繼堯，自比于列將，得將第三軍。然部衆新募，器械窳敗，餉糈無所出，師期久未定。會世凱命粵督龍濟光兄覲光，為臨威將軍雲南查辦使，督理雲南軍務兼巡按使，率師道桂以擊滇，乃急將方聲濤張開儒兩梯團，至桂邊防堵。黃毓成率挺進軍千餘人，自蒙自趨桂邊為犄角。烈鈞與覲光兵交綏于駁巖，桂督陸榮廷已于三月十五日獨立，遮斷覲光後路。覲光不得已降，四月六日濟光亦附和護國軍，大局一變。毓成返滇，改援蜀，烈鈞遂合桂軍至粵，北規湘贛。是為滇桂連合之軍。初啓超在滬說馮國璋響應，而世凱密布諸軍防寧，日以甘言啗國璋。故國璋不能屬申，雖聽浙江于四月十二日獨立，而又撲江陰蕭鴻臣義軍。啓超失望，則至桂說陸榮廷助滇，榮廷從之。方是時，粵朱執信陳炯明之徒蠭起，稱總司令者數十人，無所統屬。龍濟光雖擁兵萬餘人，而僅守省城，號令不能出郭門。五月一日，啓超乃說榮廷與濟光連合，迎岑春煊為兩廣護國軍都司令，合諸義軍，自為都參謀，而以滇人李根源為副。粵桂負嚴疆，稱大省，粵且擁餉械，一旦統一，寖寖日強。是月八日，啓超唱議合粵桂滇黔湘浙蜀建撫軍院，遙戴黎元洪，而以撫軍長行號令。啓超意主岑春煊蔡鍔，而李根源右繼堯，滇人亦力爭，終舉繼堯為撫軍長，春煊副之，而代行其職。是時七省壤地各不聯屬，政令自專，湘蜀戰又未停，號令無所施，實等虛設。然聲威震動，使世凱知西南不可屈矣。

紀蜀湘滇粵間之戰第三

當蔡鍔之出蜀也，實羨蜀財賦。以爲天下事未可知，苟無響應者，則藉蜀猶可自守。隱度陳宧所部分屯渝瀘，而旅長伍祥禎滇人，當不自壞鄉里。且雷飈已移部守渝，又劉存厚方據瀘，陰通款于滇，則陳宧所恃惟一馮玉祥，而其兵又半屯陝西，尚未至蜀，故視蜀如無物，大戰當在武漢間。前鋒去已二十日，始遲遲發昆明，而不虞存厚進阨永寧，瀘已有備。雷飈在成都未將兵，與初計相左。幸前鋒劉雲峯鄧泰中楊蓁率第一梯團兩支隊，襲攻宜賓下之，軍聲大振。鄧泰中會澤人，楊蓁昆明人，家貧，少折節讀書，慨天下將亂，棄去習武事。勇敢善戰，與辛亥光復之役。後隨唐繼堯入黔，誅亡盜甚夥，一方以寧，繼堯倚如左右手，積功皆至團長。帝制議興，屢爭于繼堯，請申罪討之，繼堯遲疑未決。及蔡鍔入滇，決計舉兵，蓁泰中請率所部爲前驅，率旅長劉雲峯爲梯團長以行。先是蜀中大舉剿匪，約滇軍兜剿，至是滇軍以會剿之名告蜀中，故不之疑。護國軍發通電被遮留，蜀中尚不知有護國事。陳宧所將暫編二混成旅，分屯敘瀘重慶，方清鄉不易集合。滇距蜀二千里，蓁泰中兼程馳至灘頭，入蜀境。五年丙辰一月十五日，猝與伍祥禎之兵遇于燕子巖。巉巖峯峙，僅通單騎，祥禎之兵在滇邊者八百人，且不識滇軍何以攻蜀，乃以巡防軍當前敵。巡防軍無破，蓁泰中身爲諸軍先，銜鋒夾擊，不崇朝巡防軍潰反奔，祥禎兵大驚駭，亦走。蓁泰中連破側耳崖黃泡耳數壘，祥禎餘衆不及炊而遁，滇軍追至橫江，所鄉如入無人境。至安邊，與祥禎營長戴鴻智鏖擊竟夜。鴻智皖人，素有勇，死戰不退，力竭軍潰死之。祥禎度宜賓城大難守，是月二十日棄之而北。宜賓綰金沙江岷江合口，當滇蜀孔道，百貨山委，爲蜀南名郡，一旦墜陷，世凱疑陳宧縱滇軍入境，盛加詰責。宧乃檄馮玉祥自瀘，伍祥禎自自流井，朱登五率巡防軍自屏山，合數路兵號稱萬人，實不過二三千，期舊曆除夕同時攻宜賓。蓁泰中之兵不及二千人，度不可退，退且死，留一營守白沙，阨玉祥進路，而蓁自趨宗場逆擊祥禎兵。戰一晝夜，祥禎兵始退，巡視戰場，彈殼積地者盈寸許。蓁既勝，立折回白沙，玉祥兵約當一團方沿江大上，蔓山谷皆兵。蓁斂衆衝其中堅，相持自朝至暮，滇軍勇氣百倍，無不以一當十，玉祥不支，陣稍移。滇軍大呼肉薄陷陣，玉祥兵遂退，順流至納溪，猝遇劉存厚衆邀截，頗有死者。朱登五及他路軍，聞兩混成旅已退，遂皆不進，蓁泰中亦斂兵保城待後援。是役也，蓁四面受敵，以寡擊衆，犯兵法所忌，而竟能克敵，以此名聞天下。方是時，蓁年二十七。自護國軍興，戰事徧蜀湘滇粵，惟黔軍乘瑕進攻湘西者，稍能略地而已，至于攻城奪地之功，則宜首蓁秦中。是時使蓁秦中能銳進，則瀘縣自流井貢谷廣，或不難下。乃蔡鍔鄉瀘之兵，方在途中，而祿國藩將一支隊，自昭通來援，復徘徊未即至。迨蔡鍔至納溪攻瀘，而張敬堯將北兵第七師已至瀘有備矣。陳宦嚴令馮玉祥攻宜賓，懸賞期必下。蓁秦中守城月餘，玉祥兵一鬨，四來攻而四却之。會蔡鍔以納溪危急，調蓁秦中所將兩營兵往援之，所留千餘人，合臨時召募兵又千餘人，死守催科與武諸山。梯團長劉雲峯欲退者屢矣，蔡鍔亦有令棄宜賓，蓁秦中以宜賓得自百戰，堅意不忍舍去，故蓁秦中後頗怨鍔。最後玉祥兵自吊黃樓偷渡江，襲真武山，城已不可守。蓁方病疽，舁肩輿督戰，不少却。玉祥兵已迫臨，乃倉卒退師，一夕而至灘頭，喪失資械殆盡。然玉祥復宜賓而已，亦不窮追，遲二日始入城守，時三月一日也。蔡鍔合劉存厚之兵自敍永大周驛趨至納溪以攻瀘，守者爲張敬堯及周駿所部旅長熊祥生之兵，蔡鍔百端攻之，不能下。初前鋒董鴻勳攻克藍田壩，付劉存厚兵守之，恃勇進攻小市，思抄瀘之北路。小市者絕地，與瀘縣隔兩小河，而藍田壩川軍竟不能守。鴻勳前後受敵，幾全軍覆沒，僅而得免，自是滇軍每嗤川軍怯，川軍團長陳禮門至憤而自殺焉。及鍔至，親巡戰地，撫綏將士，士氣乃振。與敬堯相持月餘，滇軍雖勇，而全軍僅三千餘人，衆寡相懸太甚。三月七日，敬堯遂克納溪，滇軍退，羅佩金斷後。支隊長何海清有膽略，率一連兵，遇北兵一旅，急伏山險叢薄中，發槍抄擊之，北兵駭走。自後鍔雖督顧品珍王秉鈞何海清與北兵戰，然所爭者納溪江安南川，而非瀘也。大小數十戰，互有勝負，戴戡率黔軍攻綦江，與曹錕相距累月，綦江終不下，至停戰而止。方蜀中大戰，湘西亦有激戰，二月十六日，黔軍團長吳傳聲略取紅江麻陽芷江，鋒銳甚。民軍程潛陳強鋒起永寶間，袁世凱遣馬繼增將北軍第六師禦之，初戰弗利，繼增暴卒軍中，或曰自殺也。旋傳聲輕進陣殞，黔軍後援不繼，北軍漸復所失地。三月八日，北軍復麻陽，遂停戰。自初戰起，北兵在湘蜀合援軍共八萬衆，月費二千萬，財貨內匱。借外資爲美國所拒，又前言百日平亂期已過，無以謝外人。既已次第收宜賓納溪麻陽，則歸罪勸進者，二十一日下令罷洪憲改元及稱帝，冀責南方斂兵。粵滇非難，持世凱退位頗堅，否則再戰。其實南軍軍資僅資諸義捐，亦且困。世凱遣李長泰援蜀，倪毓芬援湘，唐繼堯以黃毓成將第四軍，葉荃將第五軍，張子貞將第六軍，劉祖武將第七軍，僅毓成一至蜀，粵中諸革命黨人，亦爭言北伐，皆故發揚其辭。自後零陵鎮守使望雲亭，陝南鎮守使陳樹藩，湘西鎮守使田應詔先後獨立，五月二十日，陳宧獨立于蜀，後九日，湯薌銘獨立于湘。宧尤忠于世凱，爲盡死力，一旦獨立，舉國驚詫。諸不快宧者，遂騰詆宧爲背世凱。實則世凱深忌宧，防之彌甚，宧所部伍祥禎失宜賓，而終克之，謂可以雪謗矣，而謗益甚。宧爲驕吏，曹錕等攬蜀，皆不相關白，世凱亦不令宧會同諸軍事。諸軍入蜀，競劃界陝地，截留賦稅，川軍效之，宧所有者，成都十六縣，及富順等縣而已。方大戰時，渝瀘北兵至六萬人，宧當川西南寧遠宜賓，防綫千餘里，而所將三混成旅，伍祥禎最弱先潰。馮玉祥始終以一團兵應戰，李炳之旅二營在成都，餘皆屯重慶，爲曹錕固留不聽行。宧屢請命于中央，皆諉之錕不理。宧遣參謀長張某往重慶調炳之兵，且犒以二萬金，金固爲人乾沒，炳之亦不敢聽調。皆謂成都旦夕將獨立，而實無據，蓋錕已受世凱密旨矣。宧再遣參謀何某往，幾爲錕所戕。錕與宧結昆弟交，揚言將攻成都，宧聞之，以諛語發電告之，謂公我兄事者也，兄不友弟不可不恭，兄來攻則開門以待，錕慙而止。宧既不得調炳之兵，中央政府復令調馮玉祥出蜀入陝，陝無所用兵，實欲以宧委敵，不則令負失地咎而死之。宧自知孤危，念有老母，不可以死，請辭不許，請以曹錕代已不許。時南北停戰，議和久不決，馮國璋方召集十七省區代表會議，雖大半徇西南之請，而非挽留世凱仍任總統甚力。若和議不成必出于再戰，蜀因當衝，成都處境尤危，唯獨立可逭其難，且足策和議之成。宧遂不恤其他而逕行之，通電與袁氏一人斷絕關係而已，無預南北也。復密電徐世昌段祺瑞王士珍，述己孤危，不能不獨立狀，示未絕于中央。世凱大恨，立命重慶鎮守使周駿署督，攻成都。大約宧早不贊帝制，世凱理前恨，及帝制不成，復遷怒焉。北洋羣小人妒宧者，爭構之，謂且與南方合，遂必欲死宧而後快矣。不然，蜀湘皆獨立，何以不致恨于薌銘乎？不知本末者，且從而實其辭，謂宧本贊帝制，而不知宧始終未與聞也。徐樹錚段芝貴流言宧入蜀前，首請世凱稱帝，則小人讒口，何所不至哉！宧不與帝制事，後籌備大典者爲章士釗盡言之，公論乃白。然宧始終不自言，亦不自以擁護共和爲功，大抵世凱雄猜，而宧負命世之才，終致差池，然知宧者莫莫世凱若矣。世不知委曲，遂謂宧爲背德，宧之爲德于世凱多矣，而世凱背之，宜其及也。宧既獨立，馮國璋與蔡鍔議和，大端未就，六月六日，世凱竟以疾卒。黎元洪繼任總統，馮國璋爲副總統，段祺瑞爲國務總理，通緝帝制罪魁楊度孫毓筠顧鰲梁士詒夏壽田朱啓鈐周自齊薛大可等八人。恢復約法，以蔡鍔督蜀，湯薌銘已爲桂軍所逐，以陳宧代之督湘，陸榮廷督粵，撤北軍回防。七月十四日，義軍解散撫軍院，而戰事告終焉。

紀蔡鍔督蜀始末第四

蜀自尹昌衡爲都督，編川軍爲五師，濫行軍用票，與值不符，人民大困。胡景伊繼之，經癸丑淤難，元氣未復，吏治尤猥雜，盜賊滿地。袁世凱以蜀擅財賦，上扼滇黔，命安陸人陳宧將三混成旅督蜀。宧清末以書生治軍蜀滇及東三省，負時重望。民國肇建，佐黎元洪長參謀本部，外修國防，內理各省軍事善後，統一之功，大半成于其手。南人也而得世凱尊信，羣小人生嫉，尤與段芝貴徐樹錚相左，比而傾之。世凱意不能無動，以爲宧終厚元洪薄我。帝制醞釀久矣，宧意國體既改共和，非世凱不能收拾時局，若自爲帝，則爲反覆，且滋紛擾耳。民國三年甲寅十一月二十四日，宋育仁宗社黨事起，意別有在，姑以探人情向背。宧密電馮國璋以次疆吏問贊否，以伐其謀，果得覆，皆言非宜。遂力贊世凱下永不變更共和之令，授意世凱秘書馮學書擬稿，先由國務卿徐世昌署諾，使世凱不能中變。世凱後知宧所爲，始大恨。諸謀勸進者，皆謂宧在中樞必爲梗沮，故以之督蜀，蓋欲外之。宧固辭，世凱七命敦迫之始行。瀕行世凱猶語宧：『謠言不可信，國體安可更乎』。然欲宧遂將曹錕所部第三師入蜀，宧難之，謂：『入蜀非用兵比，安用此多兵爲？』世凱色變曰：『君豈欲將鄂兵耶？』宧遜謝。宧所用參謀長及財政廳長，皆受世凱密旨以監之，世謂世凱將術以收滇黔者實也。其治蜀也，首裁川軍三師，大舉清鄉，盡收回軍用票。不期年，人民盡得復業，行千里者無戒心，安靖過于承平時。宧治軍之勤，從政之廉且能，愛才之切，用人之公，民國以來，未之有匹也，蜀人至今尙有德之者。護國軍興，宧爲疆吏而不與援蜀諸軍事，終復宜賓失地，示世凱無他，猶不免世凱之忌，必欲假手滇軍致之死地。既獨立，世凱密令周駿攻之，會世凱卒，宧力舉蔡鍔代己督蜀，得請。被命爲湖南督軍，力辭不就，遂率所部出境，至鄂出資遣之，樸被入都，蕭然若寒素。自後屢命之經略甘新，皆不肯再出任事。六月二十六日宧既去蜀，周駿入成都，自稱川軍總司令，不主拒鍔，而拒鍔挾滇軍，鍔請于中央政府，以羅佩金爲前鋒討之。連戰于資中內江，駿不支，七月二十日委其軍而去。翌日滇軍入成都，蔡鍔力疾發敘永，取道宜賓，以二十九日至成都就任。前鍔督滇，患昔在桂用鄉里爲衆所詆，故左右不用湘人，滇人懷之。雖有齟齬，比再入滇，能盡將其兵者以此。迨在行間，鄉里人多投之，鍔爲人深沈，每午夜籌燈火決事，不使人預聞。嘗周駿聲言拒滇軍，則思遣散滇軍有暮氣者，諸滇將領自羅佩金以下，多怨鍔寡恩，漸不聽調遣。鍔慮佩金終不爲用，則舉以長桂。桂偏遠，佩金與陸榮廷復不相習，鍔舉佩金，不啻計遣之去。鍔與唐繼堯本甚相得，納溪之敗，詆繼堯擁四督衛團不見援，而繼堯則以平龍濟光內亂需兵爲解。繼堯編第四至第七軍，而函告文移，每無謙詞。鍔以爲凌己，銜之。護國之役，滇人出死命發難，後乃爲進步黨人假借取大名，鍔素與進步黨委蛇，自後鍔與滇人非比患難相共時矣。鍔既至成都，見蜀民困苦顛連，慨然思有所補救。病日亟，期留一月治事，從容布置而後去。及見滇軍將皆利其去，知不爲用，不獲已，舉佩金兼護督軍省長，戴戡會辦軍務，劉存厚第一軍軍長，兼第二師師長。僅留十日，遂移舟東下，至重慶，與陳宧偕行出蜀，至上海，遇梁啟超，盛詆諆佩金，而力保戴戡長蜀民政，劉存厚可大用，深擊佩金，爲己他日歸蜀計。比至日本，病革，遂以十月六日卒。蜀人震其名，頗惜之，而不知蜀難自此始矣。

紀羅佩金督蜀始末第五

羅佩金者，世家子，少無賴。清末留學日本，歸爲標統，其才略頗異于滇人。民國元年壬子，蒙自兵變，佩金隻身入巢穴，手擒叛將斬之。後長滇民政，議政體，用人能拔擢其材，頗爲人稱道。當護國軍興，佩金任第一軍總參謀，鉅細躬親，決策多中。初蔡鍔雖果決，而納其言爲多，然瞻爲策備，未能開誠，兩人者功益著交乃益疏矣。戴戡在綦江，頗著戰績，鍔意右戡，時與親近。滇黔輔車唇齒，以任可澄劉顯治擅滇政故，滇人多致恨黔人。恐戡將因是長蜀民政，則力擠之，而推佩金右翼總司令，與戡對抗。羣小人不爲蔡鍔所喜者，若楊實民陳澤霈輩，復故爲抑揚其間，利佩金與鍔不協。佩金既督蜀，擬編制七師三混成旅：周道剛第一師，劉存厚以蜀第一軍長兼將第二師，鍾體道將三師，陳澤霈將第四師，熊克武將第五師，劉成勳將第一混成旅，陳遐齡將川邊混成旅，皆蜀軍；熊其勳將黔軍一混成旅，爲黔軍；顧品珍將第六師，趙又新將第七師，皆滇軍。他若川邊鎮守使殷承瓛所將滇軍，及松潘西昌諸巡防軍，尚不居此數。蜀承平時，庫儲常逾七百萬，而養經制兵一協。前尹昌衡編五師，其時地方歲入千三百萬，僅供軍費，不足則乞中央鹽款。佩金蹈昌衡覆轍，既以擁兵取忌，後復以裁兵敗，論者深惜之。諸軍除存厚號爲召募，餘皆不滿額，第一師蓋收合周駿散亡；第三師原額一旅；第五師亦只一旅；滇軍當蔡鍔在大周驛時，全數三千五百人，至是新招白徒補充，以壯聲威。第四師兵大半匪徒，最無紀律而最多。澤霈尤闒冗，初游于滇，後在江西受李烈鈞卵翼，亦屬籍革命黨，善伺喜怒爲逢迎。嘗置酒候佩金，從容出倡家陽可卿佐酒，歡宴雜謔，一夕道路喧傳，詫爲奇事。澤霈揚揚自若，竟以擢師長，雖蜀人亦不直之，而佩金不悟。先是蔡鍔預舉鄒憲章爲財政廳長，尹昌齡爲政務廳長；楊祖佑爲警察廳長，三人皆請練習政事，號爲幹吏。昌齡尤有能稱，佩金以其不附己，昌齡前在貴東道有抗義師嫌，亦堅求去，遂以楊實民代憲章，李臨陽代昌齡，蘇國瀋代祖佑。實民遂寧富人楊氏養子，清末捐知府署雲南白鹽井提舉，後與陳澤霈比而事李烈鈞，烈鈞敗，自命爲革命黨人，隨蔡鍔至敍永，爲第一軍財政處長。蔡鍔以其蜀人，不疑，後悉其奸，將逐之，則匿佩金所，搆佩金與鍔立異。媚事佩金，得攬財政權，佩金頗賴以籌餉，而其實無一策。臨陽商號天順祥之子，亦不協物望。政務廳操用人權，諸濱市井豎人，鄉愚無賴，亂義軍而出，依倚臨陽，攫縣知事，徵收。買衣不稱而服，袒裹垢膩狼籍未除，則肩輿煊赫過市，而貌倨傲，方飲酒市肆，狎伎買妾，喧囂竟日不休。至官則貪婪無厭，不識體統，唯思取錢，且販賣鴉片博什一。蜀百四十州縣，是輩幾居其半。蜀人數百年習于拘謹，見之譁然驚怪，搢紳老成，尤慨然歎恨，競以佩金爲怨府矣。蜀人習讀，明分際，顧性輕浮喜事，好議論，恥爲法所繩。然至挺而走險，即亦不甚畏法。佩金治蜀失人望，方強引治蜀宜嚴之說，其實無政策，特與蜀人日相遠而已。亦不親式賢者之門，輿論率以佩金佻健，漸播于遐邇。中央政府聞之，亦以佩金果不足蒞蜀，且佩金雖故無所黨，而漸爲革命黨人假借，思竟易之。遂先以戴戡長蜀，分佩金民政權。佩金拔身供億軍隊，賴有民政權，一旦卸去，戴戡又所不洽。諸依倚佩金者，若石青陽楊實民陳澤霈唱爲排斥之說，屢詆戡榜于通衢，一日數會集。皆詆戡，且詆中央政府，卒無效。而戴戡于六年丁巳二月一日，入成都，接省長印視事。

紀羅戴之爭第六

初戴戡將黔軍出松坎，攻綦江，屢捷。雖未下，而率擊北兵不得盡至瀘，與滇軍爲敵，頗以此自居功，先與蔡鍔甚相得，因師事梁啓超，迨停戰，戡愈與啓超結納。先被任黔省長，不赴，逗留重慶，用川東巡閱使名目，收拾潰卒，意在蜀省長。進步黨人利戡席有財賦外府，爲請于中央政府，蔡鍔又力主之，竟得如其志。顧戡性驕，好使氣，以細故與劉顯世齟齬，幾欲率兵回貴陽，顯世遜謝乃已。嘗有清之末，戡以佐貳為滇錫礦董事，與熊范輿劉顯治等朋比，借滇鐵路公司款入錫公司買股票取息，為滇人所惡。又躬為唐繼堯前驅取黔，得為參贊，繼堯歸滇，戡復為黔民政長，率性而行，頗不協輿論。帝制興，借蔡鍔入滇，與會議，方侃侃陳說，遽為滇將張開儒叱止，蓋惡黔人任可澄長滇，而幷及于戡。方滇軍與北兵大戰後，諸將日與蔡鍔不協，而戡附鍔，隨之為居中進退。長蜀命下，滇人愈切齒矣。是時蜀第一師長周道剛，第三師長鍾體道，川北道尹張瀾，皆進步黨人，素怨佩金，思戴戡以相抵。而劉存厚徒擁軍長虛位，督軍省長俱無望，亦附和周鍾。戡藉進步黨之勢，挾三師長為聲援，當成都騰詆戡時，省議會黨戡者，則發電迎戡，語侵佩金。道路詾詾，謂羅戴且相攻。中央政府命王芝祥入蜀兩解之，戡遂將熊其勳入成都，以尹昌齡長政務，黃大暹長財政，雷飈長警政，雷飈者與蔡鍔鄉里，隨鍔十餘年，亦得陳宧信任。停戰後，頗贊滇蜀事，復導佩金先入成都逐周駿。事定，覬一師長不可得，乃改事戡。戡之始為政也，力反佩金所為，用人循資格，不私鄉里，戒取公家資貨，起居崇儉樸，日以勤簿書，譽稍集。顧諸不附佩金者，方以戡為壑，故甚其詞以動戡，利其相爭。戡與大暹計蜀財專供軍用，非長策，則定月餉七十萬，而積欠餉不理。佩金數爭之不能得，思裁兵則欠餉無從出，竟束手為戡所阨。或謂戡實利蜀將帥有爭，而故挑之激之。戡之得第一二三師之援以入成都也，相傳實預有密約，是時唯劉存厚兵稍強，可與滇軍一戰，方鬱鬱怨望。或謂存厚實受戡指，且言存厚慮發難無餉，戡于前一日使杜步雲持三萬金畀之。步雲者，張瀾遣之入省，有所關說。語雖無稽，而戡能參諸機密謀，與存厚日相接，則有足徵者焉。

紀羅劉之鬨第七

佩金在蜀頗得黎元洪維護，而段祺瑞百計傾軋，必欲去之，所請輒不允。甚則佩金欲保護國軍有功將校，亦置不理。佩金既決計裁四五師各為一旅，滇軍留一師，與黔軍同為國軍，餉不取之蜀，本甚持平。而劉存厚聯五師長電詆佩金厚滇薄川，謂川軍一師年餉八十萬，滇軍則百二十萬，而利械盡入滇軍，川軍有請輒不應。陳澤霈竟比而傾佩金，且創議為主謀矣。祺瑞揚言以江朝宗或吳光新督蜀，佩金憤甚思去。會粵督陸榮廷請假入京，而陳兩廣軍事，佩金援以請，而以講武學校校長豫人韓鳳樓護印。往時佩金電京多不得復，請假電即日覆至，一一如所請，諸將士相顧駭詫。佩金請假出自果斷，左右初不與聞，既得請，即艤舟江干，示將行，將士大譁，馳電留佩金。戴戡懼，密陳佩金不宜去狀，湘鄂黔諸督飽電留佩金。唐繼堯初不諳佩金旨，電責之，謂何必去，而不知佩金求留不可得也。後繼堯連電中央政府，言佩金裁兵方著手，不當聽其去。黎元洪遂電佩金緩行，祺瑞不得已，亦允之。佩金既致憾于存厚，且恨澤霈賢己，則抗電請遣散四師，示無意袒護革命黨，而以劉雲峯代存厚，期以四月十五日兩事並行。先是劉存厚知不容于佩金，乃輸誠交結段祺瑞左右靳雲鵬曲同豐輩，祺瑞亦思用存厚以制佩金。故軍諸督請去留軍官，中央政府無不允者，乃允佩金如期解散第四師，而遲劉雲峯新命不發。且密電慰存厚，謂去之非出己本意，詞旨抑揚，存厚風聞佩金密謀，慮不測，懼甚，急走鳳凰山司令部。一夕數易綏所，而寄妻子于法國醫生蒲伯良家中。及得祺瑞電，大喜過望，旦夕將叛。而佩金輕之不爲備，方陳電總統，謂存厚怯懦兵弱，非不能強制，實不忍也。遂以四月十五日，誘第四師駐成都者，盡入督署，臨以重兵，悉取其械而遣之。翌日，命旅長何海清率五營兵至綿竹，遣散第四師餘衆。十八日黎明，劉存厚舉兵攻督署，是日何海清在綿竹，解散第四師他部，取其械，以兵一連送械至省。薄暮叩西關，欲入城，西關有存厚守兵，詰之，對以褻語，存厚兵遮留不遣。事聞于佩金，方以電話詰存厚，而滇軍聞之大忿恨，謂川人敢爾，非剿之不可。佩金參謀長趙鍾琦，再遣兵一連往迎械及送械兵，比至，語言不相下，繼以槍擊，斯時已不能辨其孰先孰後矣。西校場劉軍聞之，遂發大礮轟擊督署，佩金督衞團團長賈某一無備，急令其衆閉門，登皇城固守。劉軍至，乃還擊，劉軍遂架礮于三橋，及城西各處，而分衆圍督署，槍礮之聲達旦。東校場滇軍亦還礮攻西校場，全城鼎沸。其實滇軍城守者僅二營兵，劉軍有披髮拼紙錢煤塗其面，執刀衝鋒者，故死傷特多，而皇城不能破。翌日，戰稍停，戴戡與英法領事先後入督署調停，坐語移時，佩金從容笑語如平時，曰：『存厚攻我，當調停存厚，我奚爲者？』語未終，而存厚兵遽發礮，彈落座間未炸。座客驚起，獨佩金不動，曰：『滇軍未發槍礮，而存厚攻不已，諸公可罪也！』英法領事先與存厚約定，然後詣佩金，存厚背約再攻，皆憤其寡信焉。時滇軍自資中自流井宜賓瀘縣等處，紛紛援省，何海清亦馳回成都，兵勢大增，躍躍請與存厚一戰，軍情憤激不可遏。佩金力止之，謂須候中央政府命令，于是佩金通電數存厚起釁狀，力請加以申討，而中央不即覆。四月二十日始下令，謂據戴戡電稱滇川軍衝突，褫佩金職授超威將軍，並褫存厚授崇威將軍，俱著來京。而以戴戡兼署督軍，編滇軍爲陸軍第十四師，以顧品珍爲師長，別命王人文張習赴蜀查辦。蓋佩金電詆存厚爲叛，而戡電不及兩人曲直，特言兩軍相鬨而已。佩金以督軍而任閑散將軍爲降階，而存厚授將軍較師長職位爲崇，反晉階焉。滇軍愈憤，有請并攻戴戡者，戡亦悟其危，辭不受命。佩金即日送印至省長署，三送三卻，卒委之而去。于是滇軍以二十五日出城，駐兵工新廠。佩金瀕行，以電話佮存厚，言曰：『會闓都中相見。』存厚噤不能答。佩金部衆尙日夕候佩金戰令，而佩金審己衆少，且料唐繼堯不能援，即援亦不克即至，故力遏抑之。是時劉存厚終內慙，且素畏滇軍強，又已得崇威將軍滿其望，姑大言必在途截擊佩金。滇軍之退，安然無戰事，然有人謂佩金此時縱存厚不擊，他日必愈難制者。蓋知佩金以奉中央政府命自解，而存厚必無去志，後劉存厚再攻戴戡，滇軍攻存厚而敗，其言果驗。初滇軍將士以劉軍攻皇城時，伏于城下民舍，城上還擊多不能命中，乃縱火民居，環皇城三里餘，一時蕩然灰燼。迨滇軍爲佩金抑制不聽戰，積怒于川人者愈甚，凡徒步過東校場滇軍營前者，盡斃之，前後死者二百餘人。大軍退時，皆持交鈔迫商肆易現金，沿途居民逃避一空，競相謂滇軍淫掠。其實滇軍非盡無紀律，當皇城被圍時，有滇軍至市肆，強取布一束，立爲其主將槍決，布尙在懷抱間。自滇軍去後，蜀人皆稱焚資求振者，無慮數萬人，世乃爭詆滇軍凶殘。然兩軍相戰時，滇人寓少城，在劉軍區內者，受凌辱荼毒偏至，且有非滇人亦罹劫者，則蜀軍亦未可言紀律也。戴戡于難之初發也，宣言中立，畫城東南爲中立地，以黔軍守之。力禁劫掠，居民爭避其間，以爲樂土。顧滇軍銜之刺骨，而川軍亦責戴戡不右存厚，若忘前約。戡恐佩金攻己，思謝之，則劾存厚不遵令停戰，褫其職，而備新任第二師師長劉雲峰視事。存厚大恨，知爲人賣，環走室中竟夜，急延法國醫生潘伯良家。部將堅挽至再三，乃出。識者料存厚與戡終不免有爭矣。佩金決計去職，聞命即行，雖其部衆跳躍必欲戰，而佩金能抑制之，主戰團長李植生憤而自殺。佩金自謂能忍且愛民，然滇軍駐資中簡榮威富順瀘宜賓等財賦地，不啻割蜀膏腴，則佩金爲計固較密矣。

紀載戡督蜀始末第八

六年丁巳五月一日，戡若甚不得已，發布告視事，其詞甚謙。以會辦軍務署參謀長張承禮任副官長，引蔣方震爲參謀長。方震曾長軍官學校，前隨蔡鍔至蜀，頗有時名，至是以人望用之。然遲未及至，則以承禮攝其事，用杜步雲爲軍需課長。步雲負縱橫才，故財政廳長黃大還力薦之。或曰所以踐張瀾前約也。時傳滇川軍且復相攻，得戡鎮定，人民稍稍復業。戡以書生起家佐貳，未六年，任封圻，一身佩督軍省辦軍務省長三印，年方四十。軍興以來，貴盛莫之能比。然戡內有所懾，仍居省署，不敢即移皇城督署焉，方滇劉兵爭時，東校場及環督署居民，受兵燹最烈，戡引蜀人曾鑑總辦振局，比戶存問，郵以金，然冒者特多。災民本赤貧，數戶共一室，一破席一破甑以為家，至是各得數金，稱小康。存厚亦使人潛稽受害者，為查辦時口實，于是市肆列損失盈千累萬，滇省議會亦發電責問滇人受害狀。未幾，查辦使王人文張習至渝。人文雖滇人，嘗辛亥蜀人爭路時，為蜀布政使，攝總督印，以袒爭路者被斥，蜀人頗懷之。然是時滇川軍各有所持，戡不能即了。有言人文之來，為覬得省長者，人文不得已，發電言此來不忍辦事非曲直，職在勞問蜀民疾苦。復與戡聯名發通電求振金，而遲不赴省。劉存厚與各師競遣使詣人文，獨佩金在宜賓以待查自居，無所遣。人文特遣楊寶民郎廷佐及天順祥商連輿周通意于佩金，佩金謙讓引咎，願撤簡陽滇軍，別以蜀第一師兵填防。雖成議，而杜步雲在成都死于刺客，蜀人樊孔周者，自渝赴成都，道出簡陽，猝為匪狙擊死。步雲本張瀾所遣，日奔走第二師師長接替事者也，猝被殺，疑皆存厚所為。而蜀人則疑戴戡殺

之滅口，于是戡始與蜀人離。會戡與存厚爭日烈，人文既不能行其職，則思遂歸，渝商爭留之。至蜀亂再作而去，始未一踐成都。先是滇軍已盡退出成都，久之，存厚兵亦出屯鳳凰山。當戡視事第三日，存厚即追理第二師欠餉，達四十餘萬，戡無以應，則設詭之，而催存厚歸軍事。存厚詭言部衆激昂待撫輯，欠餉不給，無以完己責，終無解職意。劉雲峯久待而去，戡意以徐孝剛替存厚。孝剛與周道剛清末同任事陸軍學堂，蜀軍官多出其門，有鄉曲舉。戡遣杜步雲累之，孝剛未應，而步雲死。存厚偽知戡無能為，益遂募匪徒，編入第二師。遣軍四出分提各縣糧款，預徵明年上忙，各軍爭效之，戡反一無所得。至督署額費不給，請撥鹽款以三月為限，未即得，愈窮于應付，而威望日墮矣。迨張瀾自順慶來省，若為調停，而意在戡踐前諾，舉己為省長。首勸戡留存厚為助，且促戡與之速和，面訂約束。戡視之蔑如也，不聽，張瀾大恨而歸，于是戡始與張瀾離。戡視事之初，令不能行于全省，唯蜀第三師師長鍾體道奉命唯謹。體道素隨張瀾為進退，不啻瀾之部曲，瀾與戡日決裂，體道亦漸不聽命。是時戡已不能留，有勸之去舉周道剛自代者，戡以為道剛與張瀾比而傾己，則故靳不與，使人示意體道令督己。體道年與資俱不及，且審戡非誠意，則遜謝，于是戡始

與體道離。故戡雖日電中央祈假，實無去志，人皆爲之危。蜀軍唯第四師匪徒混雜其間，爲最複雜，雖經佩金遣散，而大半爲存厚招之以去。其餘散處溫江郫彭新繁緜竹諸縣間，若張尊吳慶熙孫澤霈輩，亦聚兵據縣治，提公帑。戡不能節制，則漸歸于劉成勳。成勳將第一混成旅，稍親于存厚，旋以小事齟齬，聽戡命唯謹矣。適懋功八角屯寮都和尙若巴作亂，分路五屯，僭稱通治皇帝，戡命成勳討之。成勳請餉械，戡忿詈不與，成勳遷滯未發兵，戡遂別遣張尊討寮都。尊率衆過郫縣，成勳營長宿靖南拒不聽進。戡聞之，讓成勳；成勳謝弗知，于是戡始與成勳離。存厚乘之，與成勳厚相結，請于戡，恢復第四師原額，以成勳將之。戡親削牘爲答，辭語不中，存厚再請再駁詰不允，往復文書，雜以漫語。成勳遂不候裁可，而自置師司令部，于是存厚軍愈強，部衆殆達三萬人。戡夜中置斥堠偏城東南隅，戒備甚嚴，若臨大敵。存厚雖召黔軍將領與宴，而與戡避不相見，人民終惶駭，莫審其意所在。是時北方諸督軍相約入都，世稱爲督軍團，逼黎元洪解散國會。元洪難之，思殺其勢，則竟罷段祺瑞國務總理職，時五月二十三日也。諸督軍愈憤，二十九日皖省長倪嗣冲首發難獨立，詞詆元洪，而段祺瑞亦聲言免職令無己署名，于事不順。附和之者，獨大江以北，方在天津別設軍政府及總參謀處，推雷震春爲參謀長，洶洶若將用兵。蜀中若戡方窮于自處，無所左右，而存厚致詞諸督軍，請受驅策。諸督軍日與存厚電文往復，詞極曖昧，存厚以褫職師長，竟外通北方諸督軍，依之自固，無復綱維。戡乃盡調黔軍九營入省，而傾意結歡滇軍將帥，以爲緩急可恃。旋得滇軍覆電，願助討存厚，而不悟前隙未泯，人方欲借存厚以死之。未幾，復辟事起，未五日而亂再作，戡竟以死，乃不得比于佩金之安然以去。戡之誤在以客生操縱軍事，倘所謂君以此始，必以此終者歟？

紀戴劉之鬨第九

七月一日，都中復辟，成都始聞之。初大江以北諸督軍，設軍政府總參謀于天津，北洋系與黎元洪爭既烈，張勳以長江巡閱使皖督軍將定武軍六十營，合二萬人，鎮徐州。自居清室舊人，素主復辟，勢最強橫。自袁世凱之歿，北方諸督軍以五年九月及六年一月，兩遣使會于徐州，勳爲主盟。所議甚秘，外人莫知。至是北方諸督軍合而抗黎元洪，元洪力不敵，思遷就息事。五月二十八日，以李經羲代段祺瑞，任內閣總理。經羲首唱溝通南北，以勳任調人。勳知勢有可乘，則遂率兵五千人入都，首迫元洪解散國會，與北方諸督軍和，馮國璋力贊之。元洪唯命是聽，特避言解散，六月十二日下令改選國會，諸督軍皆受命矣，勳遂于三十一日夜半，奉宣統帝再登極。稱上諭，自爲政務大臣，命官吏有差。或言勳實陰謀之馮國璋徐世昌段祺瑞，後祺瑞國璋背約。然觀勳所命官不及祺端國璋，則即有約，特以誑勳。七月四日祺瑞首誓師討勳，十二日入北京，勳走匿荷蘭公使館。事定，黎元洪去職，馮國璋代之，而不言復開國會，後來護法之爭，即基于此。勳初以劉存厚爲四川巡撫，而不及戴戡。黔軍斥候愈嚴，掘戰壕于少城之東，一夕數驚，居民走相戒，慮禍至無日。蓋戡早非存厚敵，特假中央政府命以臨之，戡數祈假，得溫諭勉任艱難。及北方大亂，戡驟失所倚。存厚日與北方諸督軍通消息，獨距京遠，不審段祺瑞意旨，以爲或同于勳。故存厚雖致電各師及滇軍，特探其虛實鄉背，而實依違兩可。戡贊勳贊共和，在蜀者有所忌，處兩難間。七月二日，得梁啓超自天津急電，乃敢宣布戒嚴，通電討逆。而先以電話嘗存厚，謂己嘗出師討賊，以蜀事相託。或留蜀僅任省長，唯所命。存厚遜謝，謂前未復辟時，己發電主共和矣，猜嫌可泯。戡信其言爲誠，翌日率黔軍移居督署。或曰戡已知不免，入督署所以攖城自保。然黔軍移督署，僅有槍彈數十萬，盡擲諸僞旅部中不取，而督儲一未備，則謂戡本無戰志可也。當戡大集將吏及蜀紳議討賊，存厚約與議，而託腹疾不至。遣參謀長林炎汪可權旅長鍾志鴻舒雲衢等與會，矢言討賊。熊其勳謂存厚必通電拒僞命爲信，存厚難之，以爲拒與否特餘事，無足輕重。其勳迫之不已，雖稍辯難，而林炎等矢言無他。于是戡議分全蜀之兵爲二路，分鄉陝鄂，命存厚鄉陝，力以留守轉餉自任。五日晨，存厚驟持異議。初戡遣黔軍檢查電局，存厚以爲備己，抗之。蓋戡數留北方致存厚密電，存厚亦欲檢查電局，戡初難而後允之。旋存厚復請留則共留，去則共去，意在索會辦軍務。戡允以存厚任討逆軍總參議，特設總參議職，爲存厚地。方訂章程，而存厚軍自鳳凰山遶入城，偏城之西北隅，與黔軍相持。黔軍先已偏布城之東南隅，兩軍雖未縱槍，已間不容髮。日午，黔軍守城外兵工新廠者，譁言劉軍將來攻。抵暮，徐孝剛數四奔走兩軍中，任調解，尙在督署未去，請黔軍撤備，免驚居民，願以一家生死保劉軍不叛。戡持劉軍必先撤備，且漫言存厚敢于相攻，則亦願不惜死，而不能坦然開誠以息禍。孝剛始怏怏去。是夕午夜，兩軍遇處在西北城者，先縱槍，全軍應之，未知首發者。黔軍言川軍斥堠闌入其境挑釁，詰其退而語不遜，致起釁。川軍則謂黔軍先攻。大抵初無軍官命令，兩軍積恨深，樂于發釁。戡與存厚固不敢先發難，既發難則亦思並命死其敵矣。黔軍若熊其勳，川軍若鍾志鴻賴新輝等，皆躍躍思戰。戡大言欲戰，而實無戰志。存厚則志在一戰，而方彌縫前攻羅佩金事，難于先發。張承禮徐孝剛者專權不屬，雖以調解自任，而終不見納。卒至一發不可收拾，戡與存厚皆不能辭其咎焉。是夕，黔軍之半與劉軍戰于北校塲及西城樓，劉軍在城內者無實數，自言只兩連，大約五倍之，新入城者又倍之，與黔攻軍數相埒。初戰，黔軍銳甚不可當。六日之晨，劉軍漸不支，黔軍且戰且掠民居，火其屋，北校塲及鐘鼓樓街煙燄衝天，竟不能逐劉軍出城。劉軍得從容引黔軍盡至西北城，戰方酣，別出一軍衝東校塲據之，逐黔軍入皇城。黔軍皆守街口，劉軍狙于途徑，每入民居，壞屋壁，從街中呼而縱槍。居民恨黔軍焚掠，亦大呼以助劉軍，故黔軍不戰輒走。比日過午，黔軍在西北及守兵工廠者，皆敗退，退則火民居以斷追軍，城中罹于火者，殆過萬家。簡陽本有黔軍兩營，可以殿後者，戰時盡調之入城，自得勝塲以至簡陽，盡爲劉軍遮斷。是時其勳主孤守以待滇軍之援，張承禮雷飈黃大暹則料滇軍未必即至，說戡全師以退。戡無所主，遣承禮介法領乞和，存厚不答。戡命承禮飈大暹使于滇軍，竟從其勳言，決意死守。承禮飈大暹從小道至賈家塲。翌日，劉軍掩至，獨戡逾垣而遁，間關至貴中滇軍中。承禮大暹俱就縛，翌晨，先後就戮。承禮浙人，素以和平聞，戰非其所主張。隣戰猶奔走調解，而竟以死，剜其腹，支體不完，人頗悼之。大暹爲財政廳長，頗爲戴戡策畫軍事，思以籠絡諸軍，滇川軍皆惡之。有言大暹嘗說戡誘殺存厚，故存厚欲得而甘心。或謂大暹之出，挾多金，所部衛兵殺而越其貨者，則僞詞也。其實大暹數以餉阨諸軍，有取死之道焉。自七日至十八日，凡十有二日間，城內戰不息，黔軍據皇城固守，劉軍環攻之者二萬人。若陳俊廷巫人元張升廷吳慶熙諸匪皆混跡劉軍中，第三師鍾體道兵一團至省，而不助戰。存厚出賞格購戡與其勳，皇城終不下。黔軍數衝鋒出，擊斃劉軍甚衆。夜中黔軍自督署中煤山瞰擊兵工兩廠，供劉軍槍彈者也，多命中，廠中工作，至不敢放汽笛。黔軍每出必焚掠，失人心，然劉軍亦尤而效之，至劫法領事居，存厚諉爲不知。是時黔軍無宿糧，幸督署有倉穀，每日舂食之。食無鹽，寢無燈火，軍士晝夜守城，且衝鋒出，頗有傷亡，已無固志。而戴戡終始無決斷，守走俱無定策，軍心無所維繫。滇軍約戡死守五日當來援，逾期不至，以爲終不至矣。十五日，戡命一營兵出督署攻據南城樓，爲出走計。劉軍遂焚燒南城民居，斷黔軍爲二，其據南城樓黔軍，逾日出城逃者半，餘復歸督署。戡不知滇軍已西上，適劉存厚使黔人熊憲章請戡退師，獻三萬金為犒。戡允退師，而不受金，以督軍省長會辦軍務三印歸省議會。約黔軍在途不刦掠，劉軍不追襲，訂約易質為信。戡前請和于存厚，存厚不順；至是存厚一請，戡遽諾之。而不悟存厚方思滇軍西上，恐戡出皇城夾擊，戡乃墮存厚計中，則憪奇自喜者，往往有時而窮故也。十八日，戴戡熊其勳雜兵衆中出成都，黔軍尚二千餘人，人皆疲苶，軍氣不揚。及出城，存厚所遣為質者遁去，其勳猶不疑，招鄉農為鄉導。存厚兵易服雜鄉民中，故引之入小道，迂回往復，至暮，纔行三十里，抵中和塲宿焉。途中黔軍已漸有散去者，翌晨方思出籍田鋪往仁壽，與滇軍合。存厚所遣吳慶熙兵已四面合圍，黔軍且戰且走，戡遂與其勳相失。戡行至秦皇寺，故有大小二徑，唯小道有劉軍。戡不審虛實，從小道行，不能前，復折至大道，則劉軍已由他途繞至。戡知不能脫，拔槍自斃死。存厚纂其尸于北塔寺，而揚言非戡。從戡副官參謀尚三十餘人，皆成擒。其勳易服行至簡陽，亦為劉軍所擒，械繫送存厚所。初以黔軍焚掠歸罪其勳，將置極刑，有言其非者，乃斬于兵工新廠，死狀極慘。後劉顯世請郵其勳，謂被戕于九道拐者，未得其情也。其勳桂人，廩于庠。初從黔人唐爾錕為巡防軍督長，積功至統帶，後為團長。護國之役，攻綦江，勇悍頗有戰功，每自負有膽，頗當士卒先，負氣與戡時有異同。當復辟時，方避不謁戡，屢召始至。持論粗獷，尤鄙存厚，勸戡乘存厚無備先攻之，不許。既戰，復欲分兵之半，自督攻鳳凰山，覆存厚巢穴。請戡與劉軍堅持于城中，又不許。其勳瀕死，遺薦其子，謂事非其主，死不足惜，唯健兒五千人，同赴邱墟，為至可痛。蓋黔軍在城中戰十二晝夜，死傷三百餘人，退時死傷倍之，能從間道逮滇軍者不及一營，餘皆散亡，殆全軍覆沒。其勳始志在戰，終在守，戡不能用，以致皆敗，故其勳云然。戴戡既敗沒，存厚諷居民迎己入城，省議會諭其意，歸督軍省長印。謙讓不受，自稱攝軍民兩政，競募白徒遣赴前敵禦滇軍。城中四司分部：曰警備，曰警察，曰城防，曰衛戍，皆用奸民為偵探，刺取里巷言語，以搜黔軍為名，任意刦掠，十戶九不免。所捕殺者皆無辜，日至數十人，皆莫得罪狀。劉軍強入人居，警察詰之，則殺警察。存厚一置不問，方日迫使諸搢紳，為發電頌己功德，數滇軍罪狀，語半不實。每有騰刊之文，由存厚左右草擬，至電中央政府索督軍省長。綱紀蕩然無存矣。

紀滇蜀兵爭第十

先是戴戡發電于各軍，言劉存厚受僞命，己不屈狀，以求援兵。羅佩金得電，馳至資中，召各將領集議。七月十三日發兵西上，以劉雲峯爲右翼總司令，韓鳳樓爲左翼總司令，同趣犍爲嘉定；趙鍾琦出中路，趣仁壽；顧品珍當東路，備周道剛及鍾體道；以劉法坤守自流井；而佩金自爲總司令，居宜賓策應各路。初約戴戡死守五日，乃過期不至，蓋滇軍雖急欲擊存厚，而憤戡前嫌，方利其敗，故不欲疾行。是時戡尚在成都，滇軍自資陽至簡陽，二程可達。劉軍首尾不及相顧，可一戰得成都。劉軍惶駭萬狀，居民皆言滇軍旦夕且入城，乃坐聽劉軍從容與鍾體道合縱。戡因以此死，而滇軍百戰之餘，亦以此敗。佩金既發電西上，周道剛首宣言中立，存厚懼甚，介鍾體道張瀾求和于滇軍。歷述前此戴戡離間滇川狀，佩金不理。體道憤而電中央政府請進止，得復，令拒滇。體道素號謹慎，不妄舉動，嘗存厚攻戴戡，體道兵至省而不預戰，至是乃與存厚合而拒滇矣。佩金意在守資中以攻仁壽嘉定，初戰銳甚，趙鍾琦驟克仁壽，韓鳳樓克犍爲，進攻嘉定下之。劉軍旅長陳洪範遁，鳳樓遂合劉雲峯之兵進攻眉山。是時劉軍亦張兩翼應敵，鍾體道當右翼，劉成勳當左翼，以彭光烈爲總司令，光烈辛亥曾爲師長者也。合諸路軍號四十八營，共二萬五千餘人，滇軍約一萬人，自資陽互仁壽背城三百里間，皆爲戰場。滇軍取仁壽者，進窺籍田鋪，距成都不及百里，眉山一下，成都即無西險。存厚日夕恐懼，新募白徒不及教練，驅之至兵工廠，待一槍成，即攜之赴戰。城中空虛，謠言存厚已遁者，而滇軍戰愈利，無不一當十。劉軍團長賴新輝鄧錫侯等奮勇督戰，始得與滇軍相距于仁壽。滇軍攻眉山者，復三晝夜不能下，劉軍氣稍壯。佩金預計克嘉定即移總司令部駐之，鳳樓既下嘉定，遂合劉雲峯兵溯江逕趣成都。劉軍阻險距于眉山，滇軍圍之數重，血戰不下。劉軍援師日集，而滇軍之援不繼，佩金亦未遵前約移駐嘉定。前守嘉定旅長陳洪範，尚有餘衆在夾江，瞰嘉定無守備，襲取之。計滇軍得嘉定五日而復失，援路益梗，雲峯鳳樓大困。以眉山城守堅不可下，則欲佯退至青神，誘劉軍至平原而據險邀之。比至青神，則已不能軍，再退，一日數合，士卒張皇失措。適大雨，洪水暴發，濟江無舟，沒于水者殆千人。劉軍邀擊之，滇軍大敗，損失器械無算，獨雲峯鳳樓以身免焉。趙鍾琦與賴新輝之距于仁壽也，城數得數失，互有殺傷，鍾琦卒以無援而退威遠，蓋第三師鍾體道遣團長張鵬舞攻資陽，與滇軍團長禄寶賢相距，寶賢乏槍彈致敗。鵬舞素能戰，前隸周駿，爲滇軍所敗，必欲雪此恥，應戰甚力。資中守兵少，無所爲計，劉法坤擁兵在自流井，亦坐視不救，賓賢遂棄資陽而遁。第三師得分兵援仁壽，仁壽勝則援眉山，故滇軍之敗，敗于輕進無援，且蜀人苦其騷擾，每助川軍逐之。大抵爲戰恃得人和，前丙辰北軍不利，失人心也，黔滇軍皆強于川軍，而皆敗者，亦失人心也。資陽既失，滇軍陀資中自流井威遠榮縣爲守，而以瀘敍爲窟穴，適周道剛以調解自任，遂停戰，時八月七日也。初戡與存厚相攻，戡發電言存厚污僞命。而存厚通電諱言發難，詐稱黔軍逼攻北校場，焚掠民舍，居民痛哭請師入城救難，乃于七月七日率兵入城云，語倘恍不可究詰。周道剛與張瀾首發電，報兩軍相攻狀，請嚴令停戰，自後續有陳述，大約請北軍援蜀止亂。時段祺瑞再當國，本惡滇軍，而陰贊存厚。終以存厚兩次發難，公論不與，難以蜀畀之。七月二十四日，命道剛代川督，率師解成都之圍。道剛以八月十一日，在渝受命就職。存厚頗怨道剛坐收厚利，日發電促道剛入成都，而日諷其部曲及省議會致電道剛，謂渝根本地，不宜輕離。又道剛首請卹戴戡，及從戡死難張承禮黃大還熊其勳諸人，省議會通電謂不當卹，詞甚峻急。存厚與道剛幾至決裂，賴張瀾兩解之，遂僅不卹其勳。旋體道受瀾旨停戰，示若聽命于道剛，于是道剛力舉瀾長蜀，竟得請，二十四日以瀾護理四川省長。當滇川軍停戰時，道剛數與佩金協議，令滇軍退至蜀邊。佩金作諾之。道剛初意滇黔軍既退，當足以折服存厚，故與存厚相持不稍屈。及見唐繼堯于八月十一日，發通電擁護約法，詆祺瑞再出任總理，未得國會同意，元洪不應卸職，且責中央必懲辦亂蜀禍首，滇軍雖自資中退，而瀘敍方大增兵，道剛知和非誠意，乃急挽張瀾力白于存厚，唱言保省。謂鄉特與滇軍委蛇，意實在戰，本與存厚旨合。復迎祺瑞所遣吳光新率四混成旅入蜀爲己助。光新遂以長江上游總司令，兼四川查辦使。十月十四日，滇軍黃毓成遂攻內江下之。存厚志在據蜀，嫉道剛得位，稱疾，且揚言將與滇軍和，以索軍務會辦。比得祺瑞密諭，乃合鍾體道與滇軍大戰於榮威內江。三十一日，中央政府下討伐令討滇軍，滇軍已敗，黔軍攻內江者亦旋退。十一月四日張瀾入成都，接省長印視事，道剛瀾旋皆即眞，存厚亦得會辦四川軍務。蓋中央政府決意對西南用兵，籌備召集新國會，期參議院以十一月十一日開會。而國會議員吳景濂等，先于八月二十五日，入粵開非常會議，廣東省長陳炳焜宣言自主，滇軍張開儒復左右之，非常國會遂于九月一日舉孫文爲大元帥，設軍政府及各部，令西南各省起兵護法。十八日，零陵鎮守使劉建藩宣言獨立，祺瑞所命湖南督軍傅良佐不能討，旋爲其部將王汝賢所逐，汝賢方通電主和南北，而粵桂援湘軍已次第克寶慶衡山衡陽湘潭，遂以十一月十七日入長沙。汝賢倉皇夜遁，去良佐出走未三日也。後五日，祺瑞尚欲大舉征南，爲馮國璋所扼，乃引咎辭職。滇軍聞之，益厲思大舉攻蜀，號爲靖國軍，由護國而護法，致南北大戰，其事不具于此。

雜紀第十一

蔡鍔規蜀爲治圖，唐繼堯繼之爲就餉，曰護國者，美其名也。周道剛張瀾倡言保省，而實爲進步黨地。蜀擅財賦，據天下上游，故段祺瑞重之，西南爭之。祺瑞與西南不兩立者也，而進步黨操縱其間，故益糾結不可解。

護國者，所以覆袁而已。袁竟殂于自斃，繼袁者黎段，位歸于黎，事任歸于段。若國璋由副貳以覬大位，榮廷亦得兩粵，獨繼堯功高不賞，祺瑞使人賜勳刀，猶誡以少年去驕。未幾，繼堯所舉教育總長王九齡過滬，竟發其運煙事，抵九齡罪，下之西獄。祺瑞左右爲謀，傾險若斯，即不爲繼堯尺寸寬假，獨不顧國體乎。又未幾，而蜀難作，皆所以制繼堯，而不知繼堯與佩金固不協也。故佩金不得不敗，佩金敗而靖國之師興矣。

常璩有言曰：『蜀必先天下而亂，後天下而治。』辛亥爭蜀路而武漢起義，羅戴相爭而對德宣戰，羅劉相爭而張勳復辟，劉戴相爭而南北戰起。又鍾會鄧艾郭崇韜皆死于蜀，端方趙爾豐亦不免，戴戡又後死焉，何古今之若合符契也？

蜀軍當丙辰義戰，每戰輒北，滇軍奪藍田壩畀蜀軍而不能守，一夕潰至江安焉。比滇蜀再戰，陳經中彈不退；仁壽之爭，兩軍死于陣者殆三千人。又蜀軍官例不督戰，後賴新輝張鵬舞鄒熹奮起而逐滇軍，乃冒死銳進，竟以致勝。然蜀兵善戰，而蜀禍愈烈矣。

戴戡好大言，每會集將吏，獨有戡議論。言皆不衷，雜以忿詈。掾屬持公文視戡，不合戡意，至抵之地。戡起佐貳，人譏其無體度，然戡死而其家至無以自贍，則戡廉于取與，衣食寒素，無異恒人，頗亦爲人所稱。

戴戡守皇城，存厚百計攻之不能破，死傷良多。戡衆恐存厚兵緣城而上，則每夕執炬照城下，大聲呼備。存厚兵聞之，乃決計埋地雷轟城。顧城堅入土者尚丈餘，不可掘，力掘數日，乃竟事，而不能如期轟發，故卒不能入城。戡衆善攻堅，故亦善守，比退，則軍心散離，竟全軍覆沒，自軍興以來，雖敗軍未有如戡之甚且速者也。

滇黔軍善以少擊衆，初戰輒勝，再戰無不敗者。若敗而能振，斯可堅持矣。故謂蔡鍔戰于瀘納，雖無奇功，而堅定不可及。當滇軍攻取宜賓時，安邊之戰，滇軍勝矣，而營長有散失三日始歸營者。北軍則雖敗猶能集合，滇軍將自以爲弗若焉。

滇軍強而護國軍興，滇軍固善戰，然所恃者利械也，械皆陳宧治軍時，以截曠所積貲，買自德國。若山砲機關槍步槍，新式犀利過于北洋諸鎮。滇本邊陲，初意練兵兩鎮，以餉難繼，先成一鎮，械則倍之，彈藥尤多，此滇軍之所以興也。蜀軍多于他省數倍者，則四川武備學堂學生成就者衆。蜀建兵工廠，其費千餘萬金，機械勝于漢陽兩廠，亦皆陳宧佐錫良經營以備邊者，乃爲全蜀造亂之資，異矣。蜀滇東三省新軍，皆陳宧規練，所費逾數千萬金，若他將兵者，必多染指，而宧清節彌固，有寒士所不能堪者。方去蜀時，召紳耆示以一年餘所用兵費，合川軍二師一旅，及巡防軍，又宧所將三混成旅，剿匪禦滇，且供億北軍入境芻蕘夫役，費僅六百萬，尚謂不無浮泛。聞者咨嗟歎息，以爲非意所及也。

予之紀此，蓋于已出蜀後，居金昌故人李君寓樓中，偶憶而書之，以備遺忘。若所固所謂「良史之才，其文直，其事該，不虛美，不隱惡，斯爲實錄」者，則非所論于此。然足跡偏滇蜀，蜀雖身曆之，蜀戰親見之，當事諸人亦嘗與之周旋，大抵得其實爲多。猶有所諱者，則曲紀之，亦以爲箴勸，非有意抑揚也。野史異于承明著作，然意固有在。若王闓運作湘軍志，自謂不在表戰功，而在敘治亂得失之由。予之爲書，殆亦略師其意。自護國軍興而蜀亂作，西南之勢張，南北之爭烈；馴致南北自相爭戰，十餘年間，兵火不息。然則此一役也，謂非治亂升降之樞紐得乎？是冬北上，遂寫定成書，爲北京大學及中國地學會各錄一本去，後顧中悔，祕不示人。旋失其稿，傳錄兩本，無可蹤迹，久亦漸忘之矣。今春偶檢舊篋，得當日屬草，如對故人，不忍割棄，稍加訂正。適有談護國事，而不悉其曲折者，乃以之載于史學年報。或疑年報皆萃考據之作，列此爲不倫類者，不知史學以紀載爲先，紀載以近事爲急，及今不述，後將何徵。建國以來，事之湮沒不彰，與夫浮誇失實者多矣；談史學者，明于察古，昧于知今，直筆不存，是非淆泥，世事益不堪問矣。今姑揭此義，庶幾爲糾集當代史事者之一助，使世間尚有徐夢莘李心傳其人，必不非薄此事也。民國二十四年七月十五日著者自識。

唐代公主和親考

鄺平樟

緒言

戎狄為患中國尚矣；周秦以來，莫不勤師於此。自劉敬獻和親之策，漢高祖納之，以家人子充公主妻匈奴，歲錫絮繒食物，而後兵戈始暫息。後世乃奉若令典，以為經邦之長策矣。唐代以前，其事簡略，無待攷述。唐興，彼地東西約萬里，歷時近三百年；漢番民族之關係，亦於此時特殊；和親之事，多於前古。而歷次公主出降之行蹤，與乎和親之於民族生計及文教影響如何，則非剖析攷述，莫能辨其究竟。班固有言曰：「縉紳之儒，則守和親；介冑之士，則言征伐」。蓋皆各持偏見，是棄非丹。茲篇之作，純以客觀態度，實事求是；間有論斷，亦事實之昭然者也。和親之國，强弱不同；史籍所記，多寡不一。叙述之時，難求均勻。故本篇於範圍所及之史料，凡有可互證者，皆爬羅剔抉，比次而述之。綱目畢張，尋省自易；事實既明，得失斯見。非敢自矜有所創獲，聊備治史者之觀覽云爾。

目錄

第一章　利親公主人數問題

一　典籍未詳

新舊唐書，互有得失，不可偏廢。帝女有列傳，爲新書之別裁；然史官以婦人內夫家，雖天姬之貴猶外而不詳；晚唐又値僖昭之亂，典策埃滅：故所存於傳者多闕略[1]。宗親之女，其事迹或散附於各傳，或推究有其事而不詳其名。欲知李唐一代與外蕃和親之歷史，不可不先明乎此也。玆分述之：

(1)高祖時已與突厥和親之推測　高祖未定關中，即欲以和親之策懷柔突厥。曰：『我當用長策以馭之，和親而使之，令其畏威懷惠，在玆一舉[2]』。此僅高祖早年之策劃，和親尚未見諸事實也。至其即位之初年，以女妓賂突厥可汗。唐會要云：『武德元年八月，遣使鄭元璹以女妓賂始畢可汗。始畢遣使來報，帝宴之，引升御座以寵之[3]』。然不云和親也。武德四至五年間（六二一—六二二），始聞許昏突厥。會要云：『武德四年三月，頡利遣使送鄭元璹等還。先是處羅與劉武周寇并州，遣元璹諭以禍福，不從。未幾，處羅死，疑璹毒之，留不遣。漢陽公瓌使頡利，頡利欲令瓌拜，不屈，亦留之。復遣使賂頡利，且許結婚，遂遣使送還』。通鑑云：『武德五年……三月……上遣使賂突厥頡利可汗，且許結婚，頡利乃遣漢陽公瓌鄭元璹長孫順德等還[4]』。按舊書突厥傳謂鄭元璹等還，當武德四年，與會要同；新書突厥傳謂鄭元璹等於武德五年還，與通鑑無異。而舊書誤以漢陽公瓌爲蘇瓌，新書記突厥戰勝後歸還唐人，不言時局轉變或調解之由，顯有脫漏，故不具錄。又新書漢陽王瓌傳曰：『漢陽郡王瓌始爲郡公進王，高祖使持幣遣突厥頡利可汗，言和親事，頡利始見瓌，倨甚，瓌開說示以厚幣，乃大喜，改容加禮，因遣使隨入獻名馬[6]』。又通鑑云：『武德五年……八月……突厥寇廉州。戊寅，陷大震關。上遣鄭元璹詣頡利。……元璹因說頡利曰：「唐與突厥風俗不同，突厥雖得唐地，不能居也。今虜掠所得，皆入國人，於可汗何有？不如旋師，復修和親」[7]』。所謂「復修」，前此已修也。由是知高祖初年，欲以和親政策羈縻突厥，遣使交涉，非僅一次。漢陽公瓌鄭元璹，皆隋末唐初之外交人物，屢使突厥，不辱使命。自古蕃人莫不以請婚爲利，若和親之主動在華，蕃人未有不欣然允就者。高祖以登極有賴突厥之助，故竭府藏之珍寶以事之，書奏往還，從敵國禮。若突厥自甘請婚，高祖豈惜一女子乎？然檢各書，只聞許婚，不聞封主下降。或曰：唐代初年，突厥時來寇邊，和親似未有成？應之曰：和親後而叛者，史中比比皆是。以唐初政局觀之，外蕃唯突厥最盛，高祖既每遣使說以和親，突厥必已娶唐女。其出降者，或爲宗親之女，或爲將吏之女，是以其名不傳耳。即其賂可汗以妓女，亦和親政策之變相也。

（2）西平公主疑爲文成公主之媵　冊府元龜云：『則天長壽三年（六九四）二月，西平大長公主還蕃。公主者，太宗族妹。貞觀中，吐蕃遣使請婚，至是來朝，設歸寧之禮焉』。其注云：『臣欽若等曰：「按唐書：太宗貞觀十五年，文成公主出降吐蕃弄讚，至高宗〔永隆〕元年，公主卒。實錄所載西平大長公主，檢和親事迹未獲[8]」』。按文成公主於貞觀十五年（六四一）出降吐蕃，西平大長公主於則天長壽三年來朝，文成已死十四年矣。然遍檢史籍，不見貞觀中有西平公主出降吐蕃事。意者：西平爲文成之媵，猶少寧國公主之於迴紇[9]；文成死後，西平猶存，唐廷以其同爲宗女，故封公主之稱號，仍繼和親之恉。唐代稱公主仿漢制：帝女曰公主，帝姊妹曰長公主，帝姑曰大長公主[10]。則稱西平大長公主，高宗之姑輩也。若公主果爲文成之媵，則貞觀十五年（六四一）同文成降吐蕃，至長壽三年（六九四）來朝，已居吐蕃五十三年，而公主雙鬢蒼蒼，至少七十餘歲矣。

（3）南詔酋龍尚主似非事實　通鑑云：『僖宗乾符二年……西川節度使高駢築成都羅城……自八月癸丑築之，至十一月戊子畢功。役之始作也，駢恐南詔揚入寇，雖不敢決來，役者必驚擾。乃奏遣景仙託遊行入南詔，說諭驃信，使歸附中國，仍許妻以公主；因與議二國禮儀，久之不決。駢又聲言欲巡邊，朝夕通烽火，至大渡河，而實不行，蠻中慍恐，由是訖於城成，邊候無風塵之警。先是西川將吏入南詔，驃信皆坐受其拜。駢以其俗尚浮屠，故遣景仙往，驃信果帥其大臣迎拜，信用其言[11]』。按酋龍即位於宣宗大中十三年（八五九），此言驃信者，即酋龍也。夷語：稱君爲驃信。酋龍或作世龍。高駢時爲西川節度使，以築成都羅城防南蠻，又恐南詔乘隙而來，故同時遣浮屠景仙託遊行入南詔，許妻以公主，仍如其他和親之國；且聲言巡邊，使蠻知有備而不來犯。然許妻公主，乃暫時之羈縻政策，視其故意『與議二國禮儀，久之不決』即可知也。新書南詔傳云：『自南詔叛，天子數遣使至其境，酋龍不肯拜使者，遂絕。駢以其俗尚浮屠法，故遣浮屠景仙攝使往，酋龍與其下迎謁且拜，乃定盟而還，遣清平官酋望趙宗政質子二十人朝乞盟，乞爲兄弟，若舅甥[13]』。既稱舅甥，而不言有許婚之事，疑有闕漏。即依通鑑所述已許其婚，則公主尚未下降，南詔即自比以兄弟舅甥之好，此乃夷狄每期與漢室和親之故，無足怪也。而明楊升庵南詔野史曰：『世隆之母，佑妃也，出家號師摩矣。常隨佑至縹浮山，白城建一寺，南壁畫一龍。是夜，龍動幾損寺，妃乃役畫一柱鎖之，始定。按妃本漁家女，喜汎，爲妃後仍常汎舟西洱河，屏人潛浴于水，感龍與交，生世隆。隆七歲拳握始開，有文在其掌曰，「通番打漢，古宗之戰」。唐帝懼世隆爲患，妻以宗室女，伺察其所爲；女以世隆年庚潛送於帝，帝使太史推之，知其感龍精而生。是年，豐佑卒於東京，在位三十五年。子世隆立』。據此所言：唐帝宗女降於南詔，在世隆父未死之前，宗女所降者爲世隆，而非其父豐佑。此與通鑑及唐書所言許嫁之時不合。楊氏此書，雖多可補志乘之闕，而其體爲小說，不避街談巷議。此段所記，顯類神話傳說，不足據信。按世隆嗣立以後，爲邊患殆二十年，中國爲之虛耗。後人或以其英武超卓，傳言爲感龍而生；又因高駢曾暫時誘以尚主之說，遂附會唐有宗女下嫁世隆。然正史無明文，只可存疑而已。又野史上頁十三謂天寶初其王孫鳳伽異尚唐宗室女，檢和親事未得。

以上所舉，皆由典籍未詳，致將信將疑，不敢遽斷其是非，僅列而存之，以俟日後之考證焉。

二　媵女蕃女稱公主

唐代以女子和親，非僅封帝女及宗女爲公主下嫁而已；且有媵女及蕃女亦稱公主和親者，茲分述如左：

（1）　媵女　冊府元龜云：『寧國公主既降迴鶻，又以榮王女媵之，及寧國來歸，榮王女爲可敦，迴紇號爲小寧國公主[15]』。新唐書迴鶻傳亦如是云。新唐書公主傳曰：『主（太和公主）次太原，詔使勞問係途，以黠戛斯所獻白貂皮玉指環往賜。至京師，詔百官迎謁，再拜訖事，邑司官承命答拜。有司議邑司官卑，不可當，群臣請以主左右上媵載贄帛承拜，南禘拜命[16]』。則公主和蕃，確有媵女同行；既有左右上之別，所媵當非一人。公羊傳云：『天子嫁女於諸侯，必使同姓者主之[17]』。又云：『媵者何？諸侯娶一國，則二國往媵之，以姪娣從。姪者何？兄之子也。娣者何？弟也。諸侯壹聘九女[18]』。此春秋戰國時之婚制也。以同姓女爲媵之說，今人或疑之，不意唐代和親，猶存此制。按唐代帝女降於蕃國者三[19]，以一女八媵計之，則三女即有媵者二十四；其餘宗親之女，身分雖稍卑，諒其媵數較少而已。媵女之中，獨少寧國事迹可考[20]。少寧國以媵女而稱公主，安知其他媵女不亦稱公主乎？如上節所舉西平大長公主，即疑爲文成公主之媵。是又不能盡公主之人數者一也。

（2）蕃女　唐代封蕃女爲公主之例甚多，如王言會石峯編補略所載之毗伽公主，乃突厥可汗默啜之女。肅宗時，燉煌郡王承寀娶迴紇女爲妃，亦封毗伽公主[21]。而以蕃女充公主代唐廷和親者，有阿史那懷道女交河公主[22]及僕固懷恩女崇徽公主[23]。然僕固懷恩上代宗之陳情書云：『臣有二女，俱聘遠蕃，爲國和親，合從討難，致使賊徒殄滅，寰宇清平[24]』。按其書上於廣德元年（七六三），崇徽公主於大曆四年（七六三）出降迴紇，時懷恩已死。書中謂『二女……爲國和親』，當於崇徽出降前，懷恩已有二女爲國和親矣。舊書迴紇傳云：『先是毗伽闕可汗請以子婚，肅宗以僕固懷恩女嫁之，及是爲可敦，與可汗同來，請懷恩及懷恩母相見[25]』。新書迴紇傳亦云：『始葉護太子前得罪死，故次子移地健立，號牟羽可汗，其妻僕固懷恩女也。始可汗爲少子請昏，帝以妻之，至是爲可敦』。參互二書所記，則知懷恩有一女，於肅宗時下嫁迴紇牟羽可汗，可汗名移地健，毗伽闕可汗之子。又據兩書迴紇傳，知此女於代宗時加册爲婆墨光親麗華毗伽可敦[26]，簡稱光親可敦，卒於大曆三年（七六八）。則二女之中，僅知其一，其一無聞。新書迴紇傳又云：『是歲，可汗爲少可敦敎葉公主所毒死，可敦亦僕固懷恩之孫，懷恩子爲回鶻葉護，故女號葉公主云』。按此懷恩之孫女，出適迴紇，當在崇徽公主出降以後，決非懷恩書中所言二女之一，懷恩之子已稱迴紇太子——葉護，此孫女出嫁，亦當於懷恩反叛以後，非爲唐廷和親也。然所知者，僕固懷恩有女三人爲國和親，而知有公主封號，惟崇徽一人。是又不能盡和親公主之人數者二也。

以上二例，一以媵女之數不明，一以蕃女爲國和親之事不詳；然二者皆得稱公主。此非典籍未備，實以其數繁重，公主之封號廣遍四夷，昔人即無從悉知，今更莫可深究矣。

以下各章所列公主，則皆準有可徵史有明文者。縣主亦宗親之女，身分雖異，爲國和蕃之主因則同，故具載之。俾李唐一代和親之史迹，咸備於是。至如阿史那社爾，執失思力諸人[29]，以降附而留中土後始尙主者，既無國際關係，不以和親視之。

註一　新書卷八三末贊語。

註二　唐溫大雅大唐創業起居注卷一頁一至二。

註三　唐會要卷九四頁二。

註四　通鑑卷一九〇頁四。

註五　蕭瑀新舊書有傳。

註六　新書卷七八頁六。

註七　通鑑卷一九〇頁十。

註八　册府卷九七九頁一，原書誤以「永徽」作「永隆」。文成公主卒於永隆元年（六八〇），可參看第三章。

註九　媵女稱公主見本章下節。

註十　初學記卷十頁二二，又見唐書百官志。

註十一　通鑑卷二五二頁二五至三二。

註十二　高祖新舊書有傳。

註十三　新書卷二二二中頁六。

註十四　南詔野史上頁二六。

註十五　冊府卷九七九頁十六。

註十六　新書卷八三頁十五。

註十七　公羊傳莊公元年。

註十八　公羊傳莊公十九年。

註十九　三帝女皆降於迴紇：寧國，咸安，太和是也。見第九章。

註二十　少寧國事亦見第九章。

註二一　新舊書迴紇傳及敦煌王承寀傳。「毗伽」或作「苾伽」，突厥語。華言「足智意」。

註二二　交河公主事見第七章。

註二三　崇徽公主事見第九章。

註二四　舊書卷一二一僕固懷恩傳，又見新書僕固懷恩傳及全唐文卷四三二頁六至九。

註二五　舊書卷一九五頁五後

註二六　舊書卷一九五頁六後云：『婆墨，華言得憐』。

註二七　阿史那社爾於貞觀十年尚高祖女衡陽公主，時已內徙其部落於靈州。執失思力為頡利可汗之謀臣。貞觀四年頡利被擒後，國滅，執失思力亦內徙，於貞觀中尚高祖女九江公主。又有阿史那忠尚定襄縣主，契苾何力尚臨洮縣主。此皆內屬後而漸同化於漢人者也。因無國際關係，不列於本篇和親範圍以內。

第二章　與吐谷渾之和親

一　弘化公主

貞觀十三年（六三九），太宗以弘化公主許婚吐谷渾王慕容諾曷鉢。次年（六四〇），公主出降。舊書本紀云：『貞觀十三年十二月……吐谷渾河源王慕容諾曷鉢來逆女；十四年二月……左驍衛將軍淮陽王道明送弘化公主歸於吐谷渾』[1]。冊府元龜云：『十四年，吐谷渾烏也拔勤豆可汗諸曷鉢入朝請婚。先是帝即位初，吐谷渾王伏允為子尊王求婚，帝責其親迎以羈縻之，尊王稱疾不朝，有詔停婚，至是遂以弘化公主妻諸曷鉢，資送甚厚』[2]。唐會要云：『宏化，宗室女，貞觀十三年十一月降吐谷渾慕容〔諾〕曷鉢』。是冊府以出降之年函括許婚之年，而會要以諸曷鉢來朝之年為出降之年也。伏允者，諸曷鉢之祖父，隋末曾尚光化公主[4]。貞觀八年（六三四）為其子請婚，吐蕃聞亦齎幣來請[5]。其時吐蕃漸強，太宗欲聯吐谷渾以禦之，故許伏允之請而不許吐蕃；然以尊王不親迎，婚遂停。及諸曷鉢來朝，始以宏化公主妻之，復修前好。公主本為宗室女，出降時，吐谷渾不知。新書淮陽王道玄傳云：『貞觀十四年，與武衞將軍慕容寶節送弘化公主於吐谷渾，坐漏言主非帝女，奪王，終鄯州刺史』[6]。舊書道玄傳亦云：『送弘化公主還蕃，坐洩主非太宗女，奪爵，國除；後卒於鄯州刺史』[7]。則淮陽王若非洩漏其秘密，吐谷渾何以公主爲太宗之生女也。按唐代帝女多不願和蕃，或入道避拒[8]；而蕃人皆以尙帝女爲榮，屢固請。唐代仍仿漢代政策，以他人女充公主妻蕃酋；不使之知悉，恐其不肯貴近，和親無益也。

自公主出降後，吐谷渾殆無寧日。舊書吐谷渾傳云：『（貞觀）十五年，諾曷鉢所部丞相王專權，陰謀作難，將徵兵，詐言祭山神，因欲襲擊公主，劫諾曷鉢奔于吐蕃，期有日矣。諾曷鉢知而大懼，率輕騎走鄯善城，威信王以兵迎之。鄯州刺史杜鳳擧與威信王合軍擊丞相王，破之，殺其兄弟三人，遣使言狀，太宗命民部尙書高儉持節撫慰之』。旋而吐谷渾又爲吐蕃攻擊。新書吐蕃傳云：『吐谷渾內附，祿東贊怨忿，率銳兵擊之；而吐谷渾大臣素和貴奔吐蕃，悉以虛實，故吐蕃能破其國。慕容諾曷鉢與弘化公主引殘落走涼州』[9]。舊書吐谷渾傳云：『諾曷鉢不能禦，脫身及弘化公主走投涼州。高宗遣右威衞大將軍薛仁貴等救吐谷渾，爲吐蕃所敗。於是吐谷渾遂爲吐蕃所倂，諾曷鉢以親信數千帳來內屬。詔左武衞大將軍蘇定方爲安置大使，始徙其部衆於靈州之地，置安樂州，以諾曷鉢爲刺史，欲其安而且樂也。垂拱四年，諾曷鉢卒』[10]。則公主隨諾曷鉢投涼州，轉而徙靈州，已入居中國邊境以內。[11]

二　金城縣主

永徽三年（六五二），弘化公主還朝，高宗又以宗女金城縣主妻其王子蘇度摸末。冊府元龜云：『唐高宗永徽三年八月，吐谷渾弘化長公主請入朝，遣左驍衞將軍鮮于〔匡〕濟往迎之，十一月，弘化長公主來朝』[12]。唐書吐谷渾傳云：『公主表請入朝，遣右驍衞將軍鮮于匡濟迎之。十一月，帝又以宗室女金城縣主妻其子蘇度摸末，拜左領軍衞大將軍』[13]。則縣主出降，當於是年十一月或十二月。按此時弘化公主已嫁於吐谷渾十二年，此云「長子」，當非公主所生，諾曷鉢別有前妻也。斯時吐蕃漸雄於西，唐廷欲羈縻吐谷渾，使不附吐蕃，故再妻以女。縣主嫁後事不詳，或歿於吐谷渾，或隨弘化公主返居中國。

三　金明縣主

金明縣主亦宗女，妻吐谷渾王子闥盧摸末。唐書云：『

久之，摸末（蘇度）死，主與次子武衛大將軍梁漢王闔盧摸末來請婚，帝以宗室女金明縣主妻之。既而與吐蕃相攻，上書論曲直，並請師，天子兩不許』[14]。按通鑑卷二〇一，吐谷渾與吐蕃互相攻伐，各遣使乞援，事在龍朔三年（六六三）。蘇度摸末尚金城縣主後久之而死，則金明縣主出降，當在龍朔三年前，永徽三年後六七年，即顯慶四五年（六五九－六六〇）之間也。闔盧摸末與弘化公主同來請婚，或即此爲公主之生子，按吐谷渾本鮮卑民族，丁永嘉之亂，由東北徙於隴西[15]，故仍以「慕容」爲姓。其與中土皇室和親，遠在東魏靜帝時[16]；隋文帝亦以宗女妻其曾伏[17]。國中有文字；又有長史，司馬，王公，僕射等官，濡染華化久矣。太宗相繼以三女嫁之，雖云志在柔擊吐蕃，或亦以其與漢和親歷史悠久，未嘗爽親之故歟。

註一　舊唐書卷三頁五，又卷一九八吐谷渾傳同。

註二　册府卷九七八頁二十一。按其可汗名號，新舊唐書吐谷渾傳皆作『烏地也拔勒豆可汗』，與此異。

註三　會要卷六頁十五註。原書誤以「諸」作「赭」。

註四　隋書卷八三吐谷渾傳。

註五　通鑑卷一九四頁九至十。

註六　唐書卷七八。

註七　新書卷六十。

註八　唐書卷八三，太平公主傳云：『儀鳳中，吐蕃請主下嫁。后不欲棄之夷，乃眞爲宮如方士薰戒以拒和親』。

註九　舊書卷一九八頁七，又新書卷二二一上。

註十　同上

註十一　涼州今甘肅武威縣地，靈州今寧夏靈武縣地。

註十二　册府卷九七九頁一。

註十三　唐書卷二二一上頁八後。

註十四　同上

註十五　通典卷一九〇頁一後。

註十六　北史卷九六頁一。

註十七　隋書卷八三頁二。

第三章　與吐蕃之和親

一　文成公主

文成公主和吐蕃事，傳遍於人耳久矣；然多本諸藏人之傳說，間嘗載於報章；其稽諸史籍而詳考證者，尚未之見也。茲鉤索綜合，比次而述之。

（1）公主之身分　公主宗室女也。通典云：『貞觀十五年正月，以宗室女封文成公主降於吐蕃贊普[1]』，唐書云：『十五年，妻以宗女文成公主[2]』。會要亦云：『文成，宗室女，貞觀十五年正月十五日，封降於吐蕃贊普弃讚』。據於友人處得見一書，爲藏中某喇嘛所撰，稱公主爲太宗之妹。又新亞細亞月刊二卷五期有李尉蒼譯藏王松贊幹布迎娶文成公主記一文，稱公主爲太宗之女。可証公主出降吐蕃時，蕃人未知其非帝女，故今藏人尚沿其說也。公主所降蕃酋棄宗弃讚，亦名棄蘇農，或簡稱「弃讚」，「弃贊」；蒙古源流作『特勒德蘇隆贊[4]』。「贊普」爲其國王之稱，或稱「幹布」，皆轉音也。

(2)吐蕃請婚與吐谷渾之衰亡　贊普遣使初來請婚也，當貞觀八年（六三四）。册府元龜云：『太宗貞觀八年，吐蕃贊普弃讚嗣位，帝遣行人馮德遐往撫慰之，弃讚見德遐大悅。聞突厥及吐谷渾皆尚公主，乃遣使隨德遐入朝，多賚金寶，奉表求婚，帝未之許。使者既返，言於弃讚曰：『初至大國，待我甚厚，許嫁公主；會吐谷渾王入朝，有相離間，繇是禮薄，遂不許嫁』。弃讚遂與羊同連，發兵以擊吐谷渾。吐谷渾不能支，遁於青海之北，以避其鋒；其國人畜並爲吐蕃所掠。於是進兵攻黨項及白蘭諸羌；率其衆二十餘萬頓於松州西境，遣使貢金甲，云來迎公主。又謂其屬曰：『若大國不嫁公主於我，即當入寇』。遂進攻松州[5]』。新舊書吐蕃傳亦如是云。按吐谷渾可汗伏允於貞觀八年（六三四）五月爲其子尊王求婚，太宗許之，以不親迎而婚絕。吐蕃則於同年十一月來請，後於吐谷渾也[6]。吐蕃使因己國未蒙許婚而嫉吐谷渾，遂告其王，誣吐谷渾爲之阻；實則是時吐蕃寖强，正圖蠶食鄰國，擴張土宇，因此借名而興師，亦欲威脅唐廷許婚也。太宗患其侵擾，竟於貞觀十五年（六四一）許之婚。然其國自是尤盛，屢舉兵攻吐谷渾；吐谷渾遂漸衰亡，吐蕃盡有其地。

(3)公主與吐蕃之文化　吐蕃在今西藏地，喜馬拉亞山在其南，與印度相隔。地勢崎嶇，氣候嚴寒；人民結繩刻木以紀事，聯毳帳而居。自棄宗弃讚尚公主後，羨慕華人，遂仿築宮室，興文字，立法律，事佛教；故論西藏文化史者，無不以棄宗弃讚與文成公主爲鼻祖。今分述之。

(A)建築宮室　通典云：『貞觀十五年正月，以宗室女封文成公主降於吐蕃贊普，命禮部尚書江夏王道宗送之，贊普親迎於河源，見王人執子壻禮甚謹；覩大國服飾禮儀之美，俯仰有媿沮之色，謂所親曰：「我祖父未有通婚大國者，今我得尚公主，當築一城以誇後代[8]」』。會要及新舊書吐蕃傳亦如是云。按贊普所築之城，大抵在今前藏拉薩。舊書吐蕃傳曰：『其國都城號爲邏些城[9]』。新書吐蕃傳曰：『其贊普居跋布川，或邏娑川[10]』。「邏些」即「邏娑」，今「拉薩」之轉音也。跋布川疑即雅魯藏布江。今拉薩有廟名布達拉者，宏敞壯麗，藏人皆謂棄宗弄讚焚香坐禪之所。又其東五里許有大小招二寺：大招寺殿門外，長廡中唐番和盟碑猶存，旁有唐柳，儼若龍虬[11]；而小招寺坐西向東，爲公主悲思中國而築也。衛藏通志云『大招寺北半里許，番名喇木契，坐西向東，樓高三層，上有金殿一座，亦頗壯麗，乃唐公主所建。因唐公主悲思中國，故東向其門。殿內佛像名墨殊多爾濟，又有釋迦牟尼彌勒佛諸像；或云塑像內有唐公主肉身。座上書「默寂能仁」四字。其南即頗羅奈俗宅[12]』。綜此諸說，拋磚引玉，謂其故城在今拉薩，似可徵也。

(B)能赭面之裝飾　吐蕃俗以赭色塗面爲飾，故有呼之爲赭面國者。公主既至蕃，見而惡之；贊普遂令國人罷其俗。冊府元龜云：『公主惡其人赭面，弄讚令國中權且罷之，身亦釋氈裘，襲紈綺，漸慕華風，猶獵日【革】，至遣子弟入國學而習業焉[14]』。舊書亦云：『公主惡其人赭面，弄讚令國人權且罷之。自亦釋氈裘，襲紈綺，漸慕華風，仍遣酋豪子弟請入國學，以習詩書，又請中國識文之人典其表疏[15]』。于是文質彬彬，崇尚漢化矣。

(C)佛教　公主性慈悲，信奉佛教。唐高僧玄照赴印度，往返路過吐蕃，皆蒙公主資給。義淨撰玄照法師傳云：『背金府而出流沙，踐鐵門而登雪嶺，漱香池以結念，畢契四弘；陟葱阜而翹心，誓度有三。途經速利，過覩貨羅，遠跨胡疆，到吐蕃國，蒙文成公主送往北天』。又曰：『後因唐使王玄策歸鄉，表奏言其實德，遂蒙降勅，重詣西天追玄照入京。路次泥波羅國，蒙王發遣送至吐蕃。重見文成公主，深致禮遇，資給歸唐[16]』。近日人寺本婉雅由藏文譯出之于闐國史云：『文成公主請于王，曰：「今來僧伽由于闐國逃亡來此，求我國保護，當迎接彼等，與以資糧，於是王齎乘馬及糧食，迎諸僧至赭面國[17]』。足見公主非僅厚待漢僧，實以普濟僧人，修功德也。

今拉薩大招寺供一佛像，傳言公主由中國齎往吐蕃者。衛藏通志云：『西藏第一番王，傳七世至曲結松贊噶木布(棄宗弄讚)，迎唐公主；又差頭人倫布噶爾迎巴勒布王郭特巴爾郭恰之女拜木薩爲妾。唐公主帶來釋迦牟尼佛像，拜木薩帶來墨居多爾濟佛[18]』。又黃沛翹西藏圖考云：『大招左廊有贊普及公主並白布國王女塑像，內供釋迦牟尼佛，乃公主自中國請來者[19]』。按白布國或巴勒布，即吐蕃之南泥泊爾國，或稱泥婆羅；拜木薩或稱貝沙，藏人所謂泥泊爾公主是也。傳言棄宗弄讚娶文成公主後，又娶泥泊爾公主，因二國公主皆篤信佛教，故弄讚亦深受感化；旋遣使往印度學梵文；及歸，創造文字，翻譯經典：是爲佛教傳入西藏之始。惜我國史籍中不詳公主嫁後事迹，無從證其虛實。然太宗至高宗時，中國佛教盛行，所云佛像，或果爲公主遣使齎至其國，或爲高僧等經吐蕃時所贈者。

(D)法律　棄宗弄讚自尚公主後，崇奉佛教，欲以佛化國人，故依據釋迦牟尼之十條善行，製定法律。玆錄其譯出之文曰：『在上者應受制於法律，窮民應受治於合理之制度。立度量衡，開阡陌。教民寫讀，修禮儀。爭鬬者罰金；殺人者抵罪；盜賊則照其所竊財物之九倍罰之；寇盜他國者，斷其一股而流之；誑語者割舌。使民祀神，孝敬父母伯叔；以德報德，勿與良民鬬；熟讀聖經，明其義理；信果報。凡悖教義者棄之。助汝鄰里。節飲。有禮。還債宜勿用僞度量衡。勿聽汝之妻所言。苟有然諾，以神爲證[20]』。此其所謂法律，頗似基督教聖經中所載摩西之十條戒命。聞訖今藏人尚沿用之。其條例雖簡，蓋適宜於其民族也[21]。

以上所舉文成公主下降後吐蕃受唐文化之影響，移風易俗，乃其著要者也。至如唐書云：『又請蠶種，酒人與碾磑等諸工[22]』。亦中國工業傳至西藏之始，事具載新舊唐書吐蕃傳中，不別詳焉。

(4)公主薨　公主薨於高宗永隆元年(六八〇)。舊唐書云：『永隆元年，文成公主薨，高宗又遣使弔祭之[23]』。新書亦云：『永隆元年，文成公主薨，遣使者弔祠。又歸我陳行焉之喪[24]』。按棄宗弄讚死於永徽元年(六五〇)，則公主卒，已後於弄讚三十年矣。自弄讚死後，吐蕃復來寇邊。陳行焉者，即唐使，因不受屈，拘留蕃中而死。公主或亦嘆息和親無狀，東望而歌黃鵠也！若以古昏禮——二十而嫁——推之，則公主於貞觀十五年(六四一)出降，永隆元年(六八〇)卒，享年適一週甲。諸書皆不言公主死亡緣因，惟于闐國史云：『王妃(指公主)胸間忽長痘瘡數枚，旋而病死，其大臣等怒，謂其王曰：「吾國從未有此等病害，今南方諸僧漂流來此，遂使吾國受殃，當令速逐出境」。初，王妃病時，自知不能久存，告於王曰：「妾死後，妾所有財寶家畜皆分給諸僧人」，及死，王果從其言。諸僧被逐，携公主所遺物而去[25]』。按藏中山地有氣瘴，頗易致病，而人民不好洗濯，傳染病流行，種痘之方，其時尤不知也。聞今藏民自幼童至七八十之老人皆有患痘瘡病者[26]，于闐國史所云，或可補我國史籍之闕也。

二　金城公主

自棄宗弄讚卒後，其國相祿東贊父子相繼執政。東贊父子有勇略，拓地至萬里，爲中國邊患三十餘年。贊普數遣使來請昏，高宗未之許。長安三年(七〇三)，則天許之；然贊普因出征泥婆羅國戰死而未果[27]。中宗復位，再獻方物請昏，時唐廷正募猛士以禦突厥，故許金城公主以妻之。史籍中記公主事頗多，玆紬繹其要而述焉。

（1）公主之家世　公主乃雍王守禮之女，章懷太子賢之孫。通典云：『中宗神龍三年四月，以所養嗣雍王守禮女封金城公主出降吐蕃贊普[28]』。舊書云：『章懷太子賢，字明允，高宗第六子也。⋯調露元年，崇儼爲盜所殺，則天疑賢所爲。⋯於東宮馬坊搜得皂甲數百領，乃廢賢爲庶人，幽於別所。永淳二年，遷于巴州。文明元年，則天臨朝，令左金吾將軍丘神勣往巴州檢校賢宅，以備外虞。神勣遂閉於別室，逼令自殺，年三十二。則天舉哀於顯福門，貶神勣爲疊州刺史，追封賢爲雍王。⋯有三子——光順，守禮，守義。守禮本名光仁，垂拱初，改名守禮，授太子洗馬，封嗣雍王。⋯守禮以父得罪，與睿宗諸子同處於宮中，凡十餘年，不出庭院。⋯神龍中，遺詔進封邠王[29]』。按守禮以父得罪，拘留十餘年不出宮庭，其女自後亦託養於宮中，故通典稱公主爲『所養嗣雍王女』，舊書吐蕃傳亦同。中宗待之，亦較諸宗女優厚。神龍二年，（七六〇），與帝妃所生女同進封公主。會要云：『神龍二年，閏正月一日，勅置公主設官屬，鎮國太平公主，儀比親王。長寧，安樂唯不置長史，餘並同親王。〔宜〕城，新都，安定，金城等公主，非皇后所生，官員減半。其金城公主以出降吐蕃，特宜置司馬[30]』。其出降時，中宗下制亦曰：『金城公主，朕之少女[31]』。然則諸帝女中獨以金城許嫁蕃者，以其本爲養女，而先祖罪謫故也。

（2）公主出降　神龍三年（七〇七）中宗許吐蕃昏；而公主出降，後於許昏三年。舊書本紀曰：『神龍三年⋯三月。⋯吐蕃贊普遣大臣悉薰熱獻方物。⋯夏四月辛巳，以嗣雍王守禮女爲金城公主出降吐蕃贊普』。又曰：『景龍四年（七一〇）春，正月⋯丁丑，命左驍衛大將軍河源軍使揚矩爲送金城公主入吐蕃使。己卯，幸始平，送金城公主歸吐蕃[32]』。其所以遲延而未早昏者，大抵因公主及贊普尚幼也。通鑑云：『長安三年（七〇三）⋯吐蕃南境諸部皆叛，贊普器弩悉弄自將擊之，卒於軍中。諸子爭立，久之，國人立其子棄隸蹜贊爲贊普，生七年矣[33]』。又舊書云：『明年（長安三年）⋯國人立器弩悉弄之子棄隸蹜贊爲贊普，時年七歲。⋯俄而贊普之祖母遣其大臣悉薰然來獻方物，爲其孫請婚。中宗以所養雍王〔守〕禮女爲金城公主許嫁之[34]』。新書云：『帝念主幼，賜錦繒別數萬，雜伎諸工悉從，給龜玆樂[3]』。按公主於景龍四年（七一〇）出降，贊普年方十四，既云「主幼」，公主年齡必與贊普差等。則許昏時，公主年齡方十一二也。

中宗懦弱無能，好漫游，荒政事，吐蕃使來迎公主，尉于梨園觀戲毬。舊唐書本紀曰：『景龍三年，…十一月，…吐蕃贊普遣其大臣尚贊咄來逆女[36]』。封氏聞見記云：『景雲中，吐蕃遣使迎金城公主，中宗於梨園亭子觀打毬。吐蕃贊咄奏言：「臣部曲有善毬者，請與漢敵」。上令仗內試之，決數都，吐蕃皆勝[37]』。其時朝野之士，皆恥爲和親使。册府云：『帝乃召侍中紀處納謂曰：「昔文成公主出降，則江夏王送之；卿雅識蕃情，有安邊之略，可爲朕充此使也」。處納拜謝；旣而以不練邊事固辭。帝又令中書侍郎趙彥昭往；昭以爲旣充外使，恐其失權寵，殊不悅。司農卿趙履溫私言曰：「公，國之宰輔，而爲一介之使，不亦鄙乎」？彥昭曰：「計將安出」？履溫因爲陰託安樂公主密奏留之。丁丑，命驍衛大將軍楊矩充送金城公主使[38]』。而中宗自以『和親之義，繫我長策，紀邦茂範[39]』。遵循舊例而已！

出降時：中宗親送至始平縣。以公主年幼，惻然憐之。册府云：『己卯，幸始平縣以送金城公主。辛巳，設帳殿於百頃[泊澗]，引王公宰臣及吐蕃使人入宴中坐；酒闌，命吐蕃使進前，諭以公主幼孩，割慈遠嫁之[旨]，帝悲泣歔欷久之。因命從臣賦詩餞別，改始平爲金城，又改其地爲鳳池鄉愴別里[40]』。今全唐詩中所存其餞別詩，無慮二十首。茲摘錄數首，見以當日文人之感慨焉。

崔湜（澄瀾）　懷戎前策備，降女舊姻修。蕭鼓辭家怨，旌旗出塞愁。尚孩中念切，方遠御慈留。顧乏謀臣用，仍勞聖主憂[41]！

閻朝隱（友倩）　甥舅重親地，君臣厚義鄉；還將貴公主，嫁與褥氈王。鹵簿山河闇，胡笳道路長；回瞻父母國，日出在東方[42]！

沈佺期（雲卿）　金榜扶丹掖，銀河屬紫闈；那堪將鳳女，還以嫁烏孫!?玉龍歌中怨，珠辭掌上恩；西戎非我匹，明主至公存[43]。

武平一（甄）　廣化三邊靜，通姻四海安；還將膝下愛，特副域中歡。聖念飛玄藻，仙儀下白蘭；日斜征蓋沒，歸騎動鳴鑾[44]。

應制贈詩，大抵逢迎帝意；然如『顧乏謀臣用』，『西戎非我匹』等句，亦隱有譏諷之意也。

(3)公主出降以後　公主嫁後事頗繁，新舊唐書吐蕃傳已泰半備矣。茲輯其要，而增以新發得之史實，列述如左：

(A)吐蕃請九曲地　唐廷降公主後，外交之最失策者，莫如割九曲之地與吐蕃。舊唐書吐蕃傳云：『時楊矩爲安西都護，又與吐蕃比境，互相攻掠。吐蕃內雖怨怒，外敦和好。時揭矩爲鄯州都督，吐蕃遣使厚遺之；因請河西九曲之地，以爲金城公主湯沐之所；矩遂奏與之。吐蕃既得九曲，其地肥良，堪頓兵畜牧，又與唐境接近。自是復叛，始率兵入寇』[45]。按九曲地即漢之大小榆谷[45]，今青海東南境是也。公主既已下降，吐蕃將相坌達延乞徐力悉諾邏恭祿諸人爲其幼王主謀，假公主名以求割地，中宗以舅父自居，未便不允，此亦無可奈何之事也！然隴右河西邊境，從此復事征討，十餘年間，徵發不息，時來請和，旋而復叛。二國相攻伐事，不勝枚舉。

(B)公主欲奔箇失蜜國　冊府元龜云：『(開元十二年)八月，謝䫻國王特[勒]遣使羅火拔來朝。火拔奏曰：『謝䫻國去箇失蜜國一千五百里，箇失蜜國去吐蕃金城公主居處七日路程。公主去年五月遣使二人偷道向箇失蜜國傳言曰：『汝赤心向漢，我欲走出投汝，容受我否』？箇失蜜王聞其言，大喜。報曰：『公主但來，竭心以待』。時箇失蜜王又遣使報臣國王曰：『天子女欲走來投我國，必恐吐蕃兵馬來逐，我力不敵』。乞兵於我，即冀吐蕃破散，公主得達臣國。王聞之，極歡；遣使許諾于箇失密王，令臣入朝，面取進止。帝甚然之，賜帛百疋放還蕃』[47]。按謝䫻國及箇失密國，新書有傳。二國皆位於吐蕃之西；以今地形計之：謝䫻在阿富汗之南，箇失密當印度之北[48]。箇失密距吐蕃較近，素恭順於唐，每與中天竺同阨吐蕃之要道，禁其入寇；故公主謂其『赤心向漢』，欲投之也。然公主切願離出吐蕃之故，尚不甚明。按公主遣使潛道往告箇失密王，時當開元十一年(七二三)五月。吐蕃前此一年(七二二)，曾攻小勃律國，欲假道以犯安西四鎮。通鑑云：『開元十年……八月……癸未，吐蕃圍小勃律王沒謹忙，謹忙求救于北庭節度使張嵩曰：「勃律，唐之西門，勃律亡，則西域皆爲吐蕃矣」。嵩乃遣疏勒副使張思禮將蕃漢步騎四千救之，晝夜倍道與謹忙合擊吐蕃，大破之』[49]。公主必因此戰而益不安留於吐蕃，遂欲出逃他國。全唐文卷二八六及二八七載有玄宗賜公主書數則，書中大抵勸慰公主始終執柔順之道，大抵亦此時所賜也。自後不聞吐蕃有追尋公主事，知公主竟未逃往箇失蜜國。

(e)贊普與突騎施和親　公主降蕃後十餘年，贊普又與突騎施和親，同謀作亂。玄宗敕贊普書云：『皇帝問贊普：朕與彼國，既是舊親，近年以來，又加盟約，如此結固，仍有猜嫌。明知異域之心，亦難可保。比者，所有信使，惟知怨此相違。自料國家，何負於彼!?至於突騎施，蕞爾醜虜，頃年恃我爲援，幸至今日，而敢辜恩。朕未即誅之，待其惡積。贊普越界，與其婚姻。前者以意向道，即云將已告絕，朕亦委信，以爲必然；今乃定婚如初，爲惡可見。……彼突騎施人面獸心，偏僻荒遠，見利則背，與親實難。贊普背朕宿恩，非彼相存，應非長策，可熟思之』。又勅書云：『突騎施異方爲獸，不可以大道論之。贊普與其越境相親，只慮野心難得，但試相結，久後如何，於朕已然，義則合絕[50]』。按曲江公（張九齡）撰此書，當在其開元十一年（七二三）擢爲中書舍人以後。又據新舊書西突厥傳，知突厥騎施可汗蘇祿於開元十年娶交河公主後，又娶吐蕃及北突厥王女；開元十五年（七二七），吐蕃與突騎施相結來犯安西四鎮。則二國和親，必於開元十四年至十五年之間（七二二—七二七）。足見唐代以和親爲外交之政策，各國已成常例。而吐蕃贊普不以尙唐公主爲信，反結他國入寇；時公主在蕃，日聞兵戈之聲，不安之情，可想見也！

（D）請詩書　自文成公主出降後，吐蕃多有新改革，其慕漢之心益深。開元十九年（七三一）復請修好，遣使稱公主求詩書。時正字于休烈以爲吐蕃，國之寇讎，不可資以書，使知用兵權略，將不利於中國；而中書侍郎裴光庭奏曰：『吐蕃聾昧頑囂，久叛新服，因其有請，賜以詩書，庶使之漸陶聲教，化流無外。休烈徒知書有權略變詐之語，不知忠信禮義皆由書出也[52]』。玄宗遂聽光庭之諫，遣人繕寫與之。據册府所記：毛詩以外，尙有文選，禮記，左傳各一部[35]。吐蕃有文數，蓋自此始也。

（E）公主薨　公主在蕃三十年，開元二十八年（七四〇）薨。册府云：『二十八年十一月，金城公主薨，吐蕃遣使來告喪，……使到數月，始命有司爲公主於光順門外發哀，輟朝三日[54]』。通鑑亦云：『開元二十八年，……十二月：金城公主薨。吐蕃告喪，且請和，上不許[55]』。新書亦同。而舊書云：『二十九年春，金城公主薨，吐蕃遣使來告哀，且請和，上不許之。使到數月後，始爲公主舉哀於光順門外，輟朝三日[56]』。會要云：『二十九年，七月，金城公主薨。……使到數月，始命有司爲公主於光順門發哀，輟朝三日[75]』。則舊書所記，相差僅一二月；會要以爲開元二十九年七月，乃以發哀時計之也。至於全唐文謂公主太和中，歸國薨[58]』，是以太和公主會昌中歸國事誤爲金城公主之事矣。

註一　通典卷一九〇頁十一。

註二　唐書卷二一六上頁二後。

註三　會要卷六頁十五後。

註四　陳錫麟等撰蒙古流源提要。

註五　册府卷九七八頁二十。

註六　通鑑卷一九四頁九至十。

註七 吐谷渾自晉永嘉時有西，至龍朔三年（六六三）吐蕃取其地，凡三百五十年；貞元十四年（七九八）慕容復死，其封嗣絕。

註八 通典卷一九〇頁一一後。

註九 舊唐書卷一九六上頁一後。

註十 新唐書卷二一六上頁一後。

註十一 西藏圖考卷二頁一至二。

註十二 西藏圖考卷三頁一七至一八。

註十三 衞藏通志卷六頁四至五。

註十四 冊府卷九七八頁二一。又會要卷九七頁三。冊府誤以「革」作「華」。

註十五 舊唐書卷一六上頁二後。

註十六 大正新修大藏經卷五一頁一至十二。

註十七 于闐國史頁六。

註十八 衞藏通志卷六頁三至四。

註十九 西藏圖考卷三頁十八。

註二十 宮廷喇嘛沿革之西藏之過去與現在頁一七至一八。

註廿一 參看新亞細亞二卷五期西藏人民之生活。

註廿二 唐書卷二一六上頁三。

註廿三 舊唐書卷一九六上頁四。

註廿四 唐書卷二一六上頁五。

註廿五 于闐國史頁五六。

註廿六 新亞細亞二卷五期西藏人民之生活。

註廿七 舊唐書卷一九六上頁五。又通鑑卷二〇七頁十。冊府卷九七九頁二以見安「三」年作「二」年，誤。

註廿八 通典卷一九〇頁一七後。

註廿九 舊唐書卷八六頁五至七，又新唐書卷八一同。

註三十 會要卷六頁七，舊書誤以「宣城」作「宜城」。

註三一 全唐文卷一六頁六。

註三二 舊唐書卷七頁五至六。

註三三 通鑑卷二〇七頁一五。

註三四 舊唐書卷一九六頁五後。原誤以「守」爲「宋」。

註三五 新唐書卷二一七上頁七。

註三六 舊唐書卷七頁七至八。

註三七 封氏聞見記卷六「打毬」條。

註三八 冊府卷九七九頁三至四。

註三九 全唐文卷一六頁六降金城公主制。

註四十 冊府卷九七九頁三至四，原書錯誤甚多，據舊唐書吐蕃傳校正。

註四一 全唐詩卷三頁三十。

註四二 全唐詩卷三頁五九。

註四三 全唐詩卷四頁四三。

註四四 全唐詩卷四頁五八。

註四五 舊唐書卷一九六上頁六。

註四六 通鑑卷二一〇頁五至六。

註四七 冊府卷九七九頁七至八，又見全唐文卷九九九頁十九。

註四八　參看楊守敬地圖及武昌亞新地學社出版之中國歷代疆域圖。

註四九　通鑑卷二一二頁十五。小勃律國唐書有傳，在今印度北境，距長安九千里而贏。

註五十　全唐文卷二八七頁三至五。

註五一　舊唐書卷八頁十三至十四。

註五二　通鑑卷二一三頁十七，全唐文卷二九九頁四有其疏。

註五三　册府卷九九九頁十八。

註五四　册府卷九七九頁十三。

註五五　通鑑卷二一四頁二五。

註五六　舊唐書卷一九六上頁十後。

註五七　會要卷九七頁七。

註五八　全唐文一百頁九。

第四章　與突厥之和親

一　南和縣主

突厥自頡利可汗被擒（六三〇），部屬內徙後，國亡。中國北方無戎馬警，約三十年。及阿史德溫傅奉職二部反，立泥孰匐為可汗，諸部多歸之，突厥於是復盛，北方重有寇亂。延載元年，（六九四），默啜繼骨咄祿可汗而自立，據地東西萬餘里，控弦四十萬，國勢甚盛，屢犯邊塞，則天患之。頻遣使來請婚，皆未許。睿宗即位，復請和親，許以金山公主妻之。俄以助奚作亂，執殺唐人，玄宗絕其婚。及其子楊我支入宿衛，始許尚南和縣主。唐書云：『睿宗初立，又請和親，詔取宋王成器女為金山公主下嫁。會左羽林大將軍孫佺等與奚戰冷陘，為奚所執，獻諸默啜，默啜殺之。更以刑部尚書郭元振代休璟。玄宗立，絕和親。默啜乃遣子楊我支特勤入宿衛，固求婚；以蜀王女南河縣主妻之，下書慰勞可汗[1]』。册府元龜云：『玄宗先天二年……八月，突厥遣子楊我支來求婚，以蜀王女南和縣主下嫁于楊我支。降書謂可汗曰：「朕欲可汗恩義稠疊，故與王子更重結親，想可汗遠聞，當甚慰也[2]」』。審玄宗之意，以縣主嫁楊我支，仍為羈縻默啜。按是時默啜已衰老，部衆漸逃散，玄宗不以公主嫁之而以縣主妻其子，實一折衷之計也。

縣主封號，或作「南和」，或作「南河」。白居易曰：『勅公主之封號也，或以善地，或以嘉名[3]』。按唐書地理志：河北道邢州鉅鹿郡有南和縣，嶺南道順州順義郡有南河縣，則「南和」及「南河」皆地名。然察唐代和親公主之封號，皆以所嫁國相近地而名之，如永樂宜芳靜樂固安諸公主，下嫁奚及契丹國，其封號本河東河北二道中縣名；交河公主嫁西域突騎施，其封號本隴西道中之交河縣。今與和親者爲北方突厥，當從「甸和」爲是。

新舊唐書皆作『楊我支特勒』，「特勒」當作「特勤」。清末發見跋闕特勤碑云：『可汗之子弟謂之「特勤」』，其碑額及碑文，「特勤」皆是毀勤之「勤」字，唐新舊史凡書「特勤」皆作銜勒之「勒」字，誤也。諸突厥部之遺俗，猶呼可汗之子爲「特勤」「特謹」字也』。

唐書云：『楊我支死，詔宗親三等以上弔其家，是時突厥再上書求婚，帝未報[5]』。按通鑑卷二一一：開元二年（七一四）默啜又遣使請婚二次，楊我支死，當在是年[6]。嗣後突厥屢請和親。玄宗皆厚賜而遣之。故縣主爲突厥復興後唯一和親者也。

註一 唐書卷二一五上頁十五。

註二 册府卷九七九頁四。

註三 全唐文卷六五九頁二封太和長公主制。

註四 以下凡「特勒」皆改作「特勤」。

註五 同註一

註六 通鑑卷二一一頁四至八。默啜可汗死於開元四年（七一六），後於其子二年。

第五章 與奚之和親

一 固安公主

奚本東胡鮮卑之別種，隋以前號庫莫奚，始開於後魏。貞觀二十二年（六四八），其酋名可度者率衆內附，太宗以國姓賜之，就其地置饒樂都督府[1]，以可度爲都督，自後奚酋世襲其職；惟臣叛不常。突厥强時，其部衆皆臣屬之。開元三年（七一五），默啜政衰，酋長李大酺率衆來附；玄宗許妻以固安公主，使之爲所羈縻。

公主辛氏女，玄宗之從外甥，開元五年（七一七）二月，出降李大酺。通典云：『大唐開元五年，二月，奚首領李大酺入朝，封從外甥女辛氏爲固安公主以妻之[2]』。舊書本紀云：『五年……〔二〕月……丁巳，以辛景初女封爲固安縣主妻于奚首領饒樂郡王大酺[3]』。册府元龜云：『（開元四年十二月）詔曰：「固安縣主取來年二月五日出適奚都督李大酺，須早支料造作；宜令河東少尹慕容珣充男家禮會使，雒陽令薛曦爲副，少監李尙隱充女家禮會使，河南縣令鄭璿爲副[4]』。又會要亦云：『固安，從外甥女辛氏，開元五年二月，出降奚首領李大酺[5]』。則出降時爲縣主，嫁後始進封公主也。故通鑑云：『（開元五年）四月，賜奚王李大酺妃辛氏號固安公主[6]』。然册府又云：『（元開五年八月），又詔封從外〔甥〕女辛氏爲固安公主，出降奚王饒樂郡王李大酺[7]』。必爲撰稿時重鑄之誤。

通典云：『開元八年，大酺死，共立其弟魯蘇爲主，仍詔以固安公主爲妻。時魯蘇牙官塞默羯謀害魯蘇，翻歸突厥，公主密知之，遂設宴誘執而殺之；上嘉其功，賞賜累萬。公主嫡母妬主榮寵，乃上書主是庶女，此實欺罔稱嫡，請更以所生女嫁與魯蘇。上怒，令與魯蘇離婚；又封成安公主女韋氏爲東光公主以妻魯蘇[8]』。會要亦如是云。則大酺死後，公主從其俗再配李魯蘇矣。惟嫡母妬女，世所罕聞。舊書曰：『公主與嫡母未和，遞相論告，詔令離婚[9]』。知公主必亦饒舌刻薄，不遜其母。意者：公主本非嫡女，庶母欲以遠嫁而苦之，初上書稱生女；及公主荷寵，始白其實，而欲以生女嫁之；故玄宗怒，未允其請，遂別以韋氏女嫁奚酋也。

二　東光公主

固安公主離婚後，玄宗復以東光公主妻魯蘇。公主韋氏女，父捷，韋后之從子，尚中宗女成安公主[10]。通典譯「韋」作「嫣」，誤也[11]。會要云：『(開元)十年（七二二），詔魯蘇襲其兄官爵，又封〔成〕安公主韋氏〔女〕爲東光公主以妻之[12]』。冊府元龜云：『十年……奚饒樂郡王魯蘇入朝，……復以成安公主女韋氏爲東光公主以妻之[13]』。其冊封公主之制曰：『炎漢啓禮，蕃國是和，爲係降公主之親，單于聘良家之子，永惟前史，率由彝章。故成安公主韋氏〔女〕：六行克昭，四德聿備，漸公宮之訓，承內家之則；鳳林胡拜命，扞塞無虞，柔遠之思，已歸於上略，采楚之慶，載睦於和親；宜正湯沐之封，式崇下嫁之禮，可封東光公主，出降饒樂郡王魯蘇[14]』。按公主於開元十年（七二二）出降奚，與燕郡公主出降契丹同年[15]；故玄宗賜二蕃絹帛，二主名同見於一詔中。冊府元龜云：『(開元)十二年三月，遣使齎絹錦八萬段，分賜奚及契丹。詔曰：「公主出降蕃王，本擬安養部〔落〕，請人朝謁，深慮勞煩，朕知割恩，抑而未許，因加殊惠，以慰遠心。奚有五部落，宜賜物三萬段；其中取二萬段，先給征行遊奕兵士及百姓，餘一萬段與東光公主饒樂王衙官刺史縣令。契丹有八部落，宜賜物五萬段；其中取四萬段，先給征行遊奕兵士及百姓，餘一萬段與燕郡公主松漠王衙官刺史縣令。其物雜以絹布，務令均平。」給訖，奏聞[16]』。則奚國受賜時，公主已居蕃中二載矣。然通鑑云：『開元十四年，春正月，癸未，更立契丹松漠王李邵固爲廣化王，奚饒樂王李魯蘇爲奉誠王；以上從外甥陳氏爲東華公主妻邵固，以成安公主之女韋氏爲東光公主妻魯蘇[17]』。此以公主與東華出降契丹同年，與前所引不合。按溫公書此，本於舊書本紀。舊本紀云：『十年，……六月……以餘姚縣主女慕容氏爲燕郡公主，出降奚酋饒樂郡王李魯蘇』。又云：『十四年，春正月，癸亥，改封契丹松漠郡王李邵固爲廣化王，奚饒樂郡王李魯蘇爲奉誠王；封宗室外甥女二人爲公主，各以妻之。……三月，壬寅，以國甥東華公主降于契丹李邵固[18]』。是則劉昫等初以東光事誤混與燕郡事爲一，旋又疑魯蘇所尚者非燕郡，故復於十四年誤衍契丹酋尚主事爲二。開元天寶之間，國內承平，玄宗力欲羈縻外夷，公主和親者頗衆。奚及契丹二蕃，朝則同來，賜則同封，事迹每多相類，頗易淆混，故劉氏等已難辨明於前，溫公亦隨之而誤於後也。

開元十八年（七三〇），契丹大將叛降突厥，奚衆亦多附之，魯蘇不能制；公主來奔平盧軍。此皆見於新舊書奚傳中。此後公主事無聞。

三　宜芳公主

宜芳公主楊氏女，天寶四載（七四五）出降奚酋李延寵。會要云：『宜芳，外甥女楊氏，天寶四載三月十四日，出降饒樂都督懷信王李延寵[19]』。舊書本紀云：『四載，春三月，……壬申，封外孫獨孤氏女爲靜樂公主出降契丹松漠都督李懷節，封外孫楊氏女爲宜芳公主出降奚饒樂都督李延寵[20]』。而全唐詩云：『宜芳公主本豆盧氏女，有才色。天寶四載，奚霫無主，安祿山立其質子而以公主配之[21]』。不知所謂『本豆盧氏女』者何據？疑後人以靜安公主爲獨孤氏，遂竄改公主楊氏亦爲代北復姓也。按「宜芳」本河北道嵐州屬縣名。「芬」「芳」，一聲之轉，訓亦互同，可以通假。而以奚霫同稱，於此未允；蓋二者各自爲部，土地相屬，尤不宜橫混之。全唐詩又謂公主出降時，途中悲愁，作詩曰：『出嫁辭鄉國，由來此別離。聖恩愁遠道，行路泣相看。沙塞容顏盡，邊隅粉黛殘。妾心何所斷，他日望長安[22]』。檢史傳中此事未聞，疑爲後人僞託也。

公主出降後約六月，爲奚酋所殺。舊書本紀云：『天寶四載，……九月，契丹及奚酋長各殺公主，舉部落叛[23]』。通鑑亦云：『四載，……九月，……安祿山欲以邊功市寵，數侵奚契丹，奚契丹各殺公主以叛，祿山討破之[24]』。祿山邀功取寵，罪不容誅；而蕃酋本性悍暴，和親終不能羈其其誠款，於此可見矣。

註一　今熱河承德地。
註二　通典卷二頁一。
註三　舊書卷八頁七。原誤以「二」作「三」。
註四　冊府卷九七九頁五。
註五　會要卷六頁一五。
註六　通鑑卷二一一頁二三後。
註七　仝註三。

註八　通典卷二百卷一；會要卷六頁一五。

註九　舊書卷一九九下頁八。

註十　新書卷八三公主傳。

註十一　見前節所引

註十二　會要卷九六頁四後，又卷六頁一五。原以「戚」作「威」誤，又闕「女」字。

註十三　冊府卷九七九頁六後。

註十四　全唐文卷一九頁三，原奪「女」字。

註十五　燕郡事見下章。

註十六　冊府卷九七九頁七，又見唐文卷二九頁三。惟唐文缺「五萬段」以下二十一字，冊府奪「漢」字。

註十七　通鑑卷二一三頁一。

註十八　舊書卷八頁十三。

註十九　會要卷六頁十五。

註二十　舊書卷九頁六後。

註廿一　全唐詩卷一頁二一。

註廿二　同前。

註廿三　舊書卷九頁六後。

註廿四　通鑑卷二一五頁十四至十五。

第六章　與契丹之和親

一　永樂公主

開元天寶間，奚契丹兩蕃勢力相若；玄宗待遇之，亦未特有厚薄之殊。開元五年（七一七）二月，以固安公主妻奚酋，是年十二月，亦以永樂公主嫁契丹。永樂公主楊氏女，玄宗之外甥。冊府元龜云：『（開元五年）八月，詔曰：「故東平王外孫正議大夫復州司馬楊元嗣第七女：稟性才明，體光柔順，葭莩懿戚，教睦有倫，舜華穠〔穎〕，德容兼茂；屬賁王慕義，於以賜親，納采問名，茲焉迨吉；宜升外館之寵，俾耀邊城之地；可封永樂〔公主〕，出降契丹松漠王李失活」[1]』。通鑑云：『開元五年，……十一月，丙申，契丹王李失活入朝。十二月，壬午，以東平王外孫楊氏為永樂公主妻之』。胡註：『東平王續，紀王慎之子也。慎，太宗子』[2]。而通典云：『開元五年十一月，封宗室女為永樂公主，出降契丹松漠王李失活』[3]。舊書本紀云：『契丹首領松漠郡王李失活來朝，以宗女為永樂公主以妻之』[4]。則通典「宗室」之下當衍「出」字；舊書復循「室」字，是以誤為宗女也[5]。

契丹君長原姓大賀氏，受賜李姓，亦與奚同年（七三四）。其曾窟哥來降，太宗就其地置松漠都督府[6]，以窟哥為都督，自後契丹曾世襲之。然亦叛服不常，屢助突厥寇邊。默啜可汗晚年政衰，失活始離突厥來附；玄宗嘉勞之[7]，許妻以女。其得尚主之緣因與奚同。

公主結婚之夜，玄宗詔遣諸親高品及兩蕃太守領觀花燭；其時秘書正字孫逖亦偕往。今於全唐詩中得其同洛陽李少府觀永樂公主入蕃詩一首。其詩曰：『邊地鶯花少，年來未覺新；美人天上落，龍塞始應春』[8]。是時國內昇平，蕃酋款關降附，大抵朝士皆贊成以和親羈縻之也。

失活尙主後，一年而卒，其弟娑固繼立爲王。會要云：『六年，失活卒，玄宗爲之舉哀，贈特進；册立其從父弟娑固爲松漠郡王。七年十一月，娑固與公主來朝，宴於內殿』[9]。則公主亦從其俗而再配娑固矣。

二　燕郡公主

開元八年（七二〇），契丹衙將可突于叛，殺娑固而自專政。俄而立娑固從父弟鬱于爲酋長，遣使入朝請罪；玄宗仍册立鬱于爲松漠郡王，且許妻以燕郡公主。公主慕容氏女，亦玄宗之外甥。通典云：『（開元）十年，閏五月，敕餘姚縣主女慕容氏封爲燕郡公主，出降松漠郡王李鬱于』[10]。册府元龜云：『（開元十年），契丹松漠郡王李鬱于入朝請婚，封〔從〕妹夫〔率〕更令慕容嘉賓女爲燕郡〔公〕主以妻之』[11]。又封公主之制曰：『漢圖既采，蕃國是親，公主嫁烏孫之王，良家聘綺裘之長。欽有前志，抑有舊章。餘姚縣主長女慕容氏：柔懿爲德，幽閑在性，蘭儀載美，蕙問增芳，公宮之教夙成，師氏之謀可則；今林胡請屬，析律（下闕），懷撫外之仁，巳私於上略，而由內之德，亦資於元女；宜光茲寵命，膺此蕃服，俾遵下嫁之禮，以叶大邦之好，可封燕郡公主，出降與松漠郡王李鬱于』[12]。按慕容氏亦出自東胡；習染華化，遠始於魏[13]，自高宗時吐谷渾亡後，其族尤多內徙。慕容嘉賓之家世不可考，不知是否唐時始居內地。而率更令爲東宮領兵之官，且巳尙皇室女餘姚縣主，必同化於漢人久矣。然玄宗每選代北複姓女以嫁二蕃者，或以其種族本同，公主易從其習俗之故歟。

公主嫁後二年（七二四），鬱于死，弟吐于襲位，公主復配吐于。次年，其將可突于逐吐于出境，吐于携公主來奔，封遼陽郡王，留宿衛。

三　東華公主

吐于留漢未返，可突于奉李邵固爲酋長。玄宗復詔許襲王，拜左羽林衛大將軍，徙王廣化郡，以甥女東華公主妻之。舊書本紀云：『開元十四年，……三月，……以國甥東華公主降于契丹李召固』[14]。邵固封廣化王時，奚酋李魯蘇亦封奉誠王。玄宗下制曰：『李邵固等輸忠保塞，乃誠奉國，屬外宮中，無遠不屆。而華裔攜隔，等數有加，宜賜休名，俾承慶澤』[15]。按前章東光公主事所引通鑑及舊書本紀，因二人同年改封，遂誤以東光與東華同年出降，實則開元十年(七二二)東光已與燕郡同年出降，邵固今尚主，魯蘇尚有東光公主在蕃中。故二蕃相較，契丹多尚主一人，適於此時。

公主出降後三年(七三〇)，可突于復殺邵固，立屈烈為王，脅奚衆共降突厥。公主與奚東光公主同來奔平盧軍。

四　靜樂公主

可突于降突厥後，益驕悖，連年犯邊；趙含章薛楚玉相繼為范陽節度使，皆不能制。開元二十二年(七三四)，張守珪鎮范陽，誘其牙官李過折斬之，傳首東都；詔授過折為都督。其後契丹復叛。天寶四載(七四五)，其酋李懷秀復來降，玄宗又封甥女獨孤氏為靜樂公主以妻之。冊府元龜云：『四載，三月，封外孫女獨孤氏為靜樂公主降松漠都督崇順王李懷秀，……九月，奚及契丹酋長各殺公主，舉部以叛』[16]。又唐書安祿山傳云：『四載，奚契丹殺公主以叛。祿山幸邀功，肆其侵，於是兩蕃貳。祿山起軍擊契丹，還，奏夢李靖李勣求食於臣』[17]。則公主出降後方六月，與宜芳公主同受難矣。

註一　冊府卷九七九頁五至六。又見全唐文卷二七頁七。今據唐文改「

顏」為「顏」。「公主」二字，冊府原闕。

註二　通鑑卷二一一頁二六。

註三　通典卷二百頁三至四。

註四　舊書卷八頁八。

註五　會要卷六頁一五註亦稱宗室女，與其本書卷九六頁二稱楊元嗣女自相矛盾；且以開元五年公主出降誤為開元二十五年出降。

註六　今熱河東北邊境。

註七　全唐文卷十六頁十六有玄宗勞李失活詔。

註八　全唐詩卷四頁九十後，張說傳見舊書卷一九〇，新書卷二〇二。

註九　會要卷九六頁二。

註十　通典卷二百頁四。

註十一　冊府卷九七九頁六至七。原奪「從」字，又誤「幸」為「李」，「公」字原闕。

註十二　全唐文卷二二頁七。

註十三　通典卷一九六頁九至一一。

註十四　舊書卷八頁一三。

註十五　全唐文卷二二頁十二。

註十六　冊府卷九七九頁一四。

註十七　新書卷二二五上頁一後。

第七章　與突騎施之和親

一　交河公主

突騎施即 Turgas，或譯爲突厥施，突厥騎施；本西突厥之別部，地當伊犂流域。顯慶三年（六五八），高宗平西突厥後，以其地置府州，突騎施有二部，遂置嗢鹿都督府及潔山都督府，隸屬於崑陵都護[1]。及北突厥默啜可汗立（六九一），國勢益延於西突厥，突騎施亦隸屬之。默啜死（七一六），突騎施部將蘇祿遂統領其衆。屢遣使來朝；陰有窺邊之志。玄宗欲羈係之，賜名忠順可汗；又於開元十年（七二二）妻以阿史那氏女交河公主。通典云：『蘇祿者，突騎施別種也，頗善綏撫，十姓部落漸歸附之，衆二十萬，遂雄西域之地；尋遣使來朝。開元三年，制授蘇祿爲左羽林軍大將軍金方道經略大使，進爲特〔勤〕。遣侍御史解忠順齎璽書冊之爲忠順可汗。自是每年遣使朝獻，上乃立史懷道女爲金河公主以妻之[2]』。舊書西突厥傳亦同。新書傳云：『突騎施別種車鼻施啜蘇祿者，裒拾餘衆，自爲可汗。蘇祿善撫循其下，部種稍合，衆至二十萬，於是復雄西域。開元五年，始來朝，授右武衛大將軍突騎施都督，却所獻不受；以武衛中郎將王惠持節，拜蘇祿左羽林大將軍順國公，賜錦袍鈿帶魚袋七事，爲金方道經略大使。然詭猾不純臣于唐；天子羈係之，進號忠順可汗。其後閱一二歲，使者納貢，帝以阿史那懷道女爲交河公主妻之[3]』。通鑑云：『（開元十年）十二月，庚子，以十姓可汗阿史那懷道女爲交河公主嫁突騎施可汗蘇祿[4]』。按公主之封號，當作「交河」；其作「金河」者，或以阿史那昕妻亦封交河公主，避免二人同名而改之也。實則細察玄宗冊昕妻封號與公主同，蓋特有用意存焉。何則？公主於開元二十七年（七三九）返漢，時其兄阿史那昕爲濛池都護，玄宗將欲冊之爲十姓可汗，統領突騎施部衆；故于次年（七四〇）封其妻爲交河公主[5]，是欲繼公主和親之指也。昔睿宗以宋王成器女爲金山公主，許嫁北突厥，及玄宗即位未果婚，遂封其降將解火拔妻爲金山公主[6]，其意與此相同。若不細察，將以前後同名者誤爲一人也。

公主亦突厥人。自垂拱（六八五—六八八）以後，西突厥十姓部落頻被北突厥默啜侵掠，死散殆盡。其祖及父携六七萬人徙居內地，西突厥阿史那氏遂亡[7]。父懷道，自後仍統率其部落，官濛池都護，累授右屯衛大將軍光祿卿，轉太僕卿；公主自幼長於漢土也。姐金城郡君，嫁沙陁骨李輔國。陸心源唐金滿州都督賀蘭軍大使沙陁公夫人金城郡君阿史那氏墓志跋云：『夫人姓阿史那氏，繼往絕可汗步真之曾孫，竭忠事主可汗驃騎大將軍斛瑟羅之孫，十姓可汗右武衛大將軍懷道之長女也[8]』。按公主出適蘇祿，較其姐嫁沙陁後一年。史籍中未聞有玄宗與沙陁和親事，知其姐爲史懷道自主之婚也。

公主雖尤帝女，爲中國和親；以出身蕃族，仍不爲唐廷官吏所見重。開元十四年(七二六)，杜暹爲安西都護，公主遣其衙官以馬千匹詣安西互市，使者宣公主教。暹怒曰：『阿史那女，何得宣教於我』！杖其使者，留不遣，馬經雪死盡。蘇祿可汗大怒，發兵來寇四鎮。及杜暹入相，始引退。

蘇祿初執政，廉儉不私儲，衆樂爲之用。既尙唐公主，又潛通北突厥及吐蕃，亦娶二國主女爲可敦；由是費用漸廣，積貯抄掠所得，不施其下；因患風病，一手攣縮；其下諸部始携貳。開元二十六年(七三八)，其屬部首領莫賀達干叛，舉兵殺之。旋而國中內亂，玄宗遣兵討之，擒蘇祿子吐火仙，取公主還。通鑑云：『(開元)二十七年，……秋八月，乙亥，磧西節度使蓋嘉運擒突騎施可汗吐火仙。嘉運攻碎葉城，吐火仙出戰敗走，擒之於賀邏嶺。分遣疏勒鎮守使夫蒙靈詧與拔汗那王阿悉爛達干潛兵突入怛邏斯城，擒黑姓可汗爾微，遂入曳建城，取交河公主，悉收散髮之民數萬，以與拔汗那王，威震西陲』10。按此戰拔汗那王最有功績，遂爲其尙後主之張本。怛邏斯城卽今 Aulieta. 公主所居之故址，天寶七載(七四八)北庭節度使王正見薄伐，11就其地建有大雲寺；杜環經行西域時(七五〇—七五一)尙見之，其民必奉摩尼教也。惜古中夏領土，今爲強俄所據，罕有華人遊歷其境，唐代故蹟尙存否，不可得知矣。

註一　西突厥史料頁一九二至一九四，又丁謙突厥傳攷証頁一五。

註二　通典卷一九九頁一三至一四。舊唐書卷一九四下。

註三　新唐書卷二一五下頁十。按蘇祿於開元三年（七一五）在其突騎施本部稱可汗；次年，默啜死，別部多歸之，乃復自立爲可汗。其始來朝，當在開元三年，新唐書之「五」字疑爲「三」字之誤

註四　通鑑卷二一二頁一六。冊府卷九七九頁六謂公主於開元九年出降，誤也。

註五　通鑑卷二一四頁二四至二五。冊府妻爲交河公主在開元二十八年。全唐文卷三八頁十有冊交河公主文作二十一年，誤。

註六　舊唐書卷一九四頁一五後。又新唐書卷二一五頁一九。

註七　史籍中不言其內徙於何地，大抵仍不出嶺在西境。

註八　陸心源儀顧堂題跋卷十四頁五。

註九　通鑑卷二一三頁四。又新舊唐書西突厥傳。

註十　通鑑卷二一四頁二三。

註十一　通典卷一九三頁二二注。

第八章　與寧遠國之和親

一　和義公主

寧遠國本名拔汗那，漢之大宛地，卽今俄屬土耳其斯坦之費爾汗那省 (Ferghanah)，我國古籍中或譯爲鍰汗，沛

汗，破洛那等名[1]。玄宗時始改爲寧遠國。冊府元龜云：「(開元)二十九年，拔汗那王阿悉爛達干上表，請改國名，勅改爲寧遠國」[2]。唐書傳曰：「天寶三載(七四四)，改其國號寧遠，帝以外家姓賜其王曰竇，又封宗室女爲和義公主降之」[3]。按公主於天寶三載十二月出降，阿悉爛達干於天寶三載閏二月遣使來賀正，尚稱「拔汗那王」。及天寶四載九月來朝，始稱「寧遠國奉化王特進驃騎大將軍拔汗那王阿悉爛達干」。其後或簡稱「寧遠國王」，「寧遠國奉化王」[4]。則天寶三載以前，猶未改名；冊府繫「勅改爲寧遠國」於開元二十九年，疑爲誤衍也。

阿悉爛達干以開元二十七年助平突騎施有功，遂尚主，且得改國爲美名。玄宗封主下降制曰：「呼韓來享，位列侯王，烏孫入和，義通姻好。懷柔之道，今古攸同。寧遠國奉化王驃騎大將軍阿悉爛達干：志慕朝化，聲爲邊扞；漸摩教而有孚，勤職貢而無闕；誠深內附，禮異殊鄰；受錫嘉偶，特申殊澤。四從弟前河南府陽城縣令參第四女：質稟幽閑，性惟純懿，承姆師之訓導，寔宗人之光儀；固可以保合戎庭，克諧邦選，宜膺遠好，以寵名蕃；可封和義公主，降寧遠國奉化王」[5]。所謂「禮異殊鄰」，「特申殊澤」者，即比之突騎施可汗尚蕃女，而寧遠王尚唐皇室女也。所謂「勤職貢而無闕」者，可於冊府元龜卷九七〇至九七二中見之—自高宗咸亨二年(六七一)始來朝，開元間因突騎施之阻，朝貢遂闕；自開元末年至肅宗寶應元年，(七三六—七六二)，屢遣使來朝，貢羚頗黎，蛇黄，馬，豹，天狗等物。

拔汗那土膏腴，宜蒲萄，饒蘿果，香棗，桃，李等；多羊馬。有婆羅樹特爲奇絕：天寶初，安西道進獻二百莖於玄宗，請植之內地；謂其「不庇凡草，不止惡禽，聳幹無慚于松柏，成陰不愧于桃李」[6]。國中多城：唐書謂「有大城六，小城百」[7]；杜環經行紀亦云其「城有數十，兵有數萬」[8]。又云：自此國至西海(地中海)，人民盡居土室，衣羊皮疊布，男女皆著靴。大抵所謂城者，即歐西中古時代之村莊(Villages)也。聞近世其民仍以土木爲室，呼所居村莊爲克西拉克(Kishlak)[9]。自其國在唐代之交通觀之，東達中國，西通大食，其文化必甚發達。公主嫁後之生活，或較其居穹廬者爲優也。

註一　馮承鈞西域地名頁一一〇。又張星烺先生中西交通史料匯編第五冊頁一二八。

註二　冊府卷九九九頁十九。

註三　唐書卷二二一下頁五。

註四　冊府卷九七一頁十四至二十。

註五　全唐文卷二四頁十。又冊府卷九七九頁十三至十四。

註六　段成式酉陽雜俎卷十八頁四。今人每引杜環經行紀，謂其國有「波羅林」，「波」或原誤爲「婆」，形音近「娑」，後人復改爲「波」也。

註七　唐書卷二二一下頁四。

註八　通典卷一九二頁五後。

註九　Czaplicka, The Turks of Central Asia. pp. 33—47

第九章　與迴紇之和親

一　寧國公主

唐代與皇室和親之蕃國，惟迴紇尚帝女三人，帝女出降蕃酋，自寧國公主始。公主乃肅宗之幼女，初嫁鄭巽，次嫁薛康衡。安祿山陷京師，公主方嫠居[1]。及兩京克定，肅宗厚勞迴紇，歲賜絹帛二萬疋，許和親，乃以公主妻之。故肅宗封主下降制曰：『頃自兇渠作亂，宗社阽危。迴紇特表忠誠，載懷奉國；所以兵踰絕漠，力徇中原，頓除靑犢之妖，實賴烏孫之助。而先有情款，固求姻好。今兩京底定，百度惟貞；本皇輿而載寧，纘鴻業而攸重。斯言可復，厥德難忘。爰申降主之禮，用答勤王之志』[2]。據新舊書迴紇傳：公主出降時，肅宗送至咸陽磁門驛，公主泣而言曰：『國家事重，死且無恨』。知公主乃一勇毅之女子也。

公主所嫁可汗爲磨延啜，懷仁可汗骨力裴羅之子。骨力裴羅卒於天寶四載（七四五），磨延啜始繼立，號爲勒可汗；公主出降時（七五八），册命爲英武威遠毗伽闕可汗。或謂公主所嫁者爲骨力裴羅，本於舊書迴紇傳；蓋舊書原闕磨延啜，是以誤也[3]。

元史巴而朮阿而忒的斤傳敍述迴紇之先世，亦言有唐公主下嫁其國。曰：『……不可罕……傳三十餘君，是爲玉倫的斤。數與唐人相攻戰，久之，議和親以息民罷兵；於是唐以金蓮公主妻的斤之子葛勵的斤。居和林別力跛答，言婦所居山也。又有山曰天哥里于答哈，言天靈山也。南有石山曰胡力答，言福山也。唐使與相地者至其國，曰：「和林之盛疆，以有此山也，盍壞其山以弱其國」。乃告諸的斤曰：「既爲婚姻，將有求於爾，其與之乎？福山之石，於上國無所用，而唐人願見」。的斤遂與之。石大不能動，唐人以烈火焚之，沃以醲醋，其石碎，乃輦而去，國中鳥獸爲之悲號。後七日，玉倫的斤卒，災異屢見，民弗安居，傳位者又數亡；乃遷於交州』[4]。王國維先生謂此所謂金蓮公主者，即寧國公主也[5]。按其事與兩唐書不合，此必爲回鶻人西遷以後之自述。實則回鶻西徙後已不能紀述，其所記多荒忽。宋據帳而栽之，意在供後人比研之史料歟。

據新舊唐書迴紇傳：公主初至虜廷，可汗胡帽赭袍坐帳中，驕傲不爲禮，漢中王瑀乃解說公主爲帝生子，有德容，萬里來降，當以禮見；可汗遂起奉詔，獻馬，貂裘，白氎等謝賞，仍出兵助唐討賊。不數月，可汗死，其牙官都督等欲以公主殉葬。公主謂當依中國三年行服之禮；然亦略從其俗，剺面哭喪。剺面之意，胡三省注通鑑云：『漠北之俗，死者停屍於帳，子孫及親屬男女各殺牛馬陳於帳前祭之，遶帳走馬七匝，詣帳門，以刀剺面且哭，血淚俱流，如此者七度乃止[6]』。皇室淑女，爲夷狄所屈辱也如是，無怪古人多以和親爲恥也！

公主無子，遂于乾元二年(七五九)八月還國。時杜甫有詩曰：『開遣花門破，和親事却非。人憐漢公主，生得渡河歸。秋思抛雲髻，腰支賸寶衣。羣兇猶索戰，回首意多違[7]』。則工部之意，亦云和親非爲彌邊患之長策也。

二　少寧國公主

始寧國公主出降，肅宗以宗女媵之。及乾元二年(七五九)公主返國，榮王女仍留蕃中，蕃人呼之爲少寧國公主，或稱小寧國公主。舊唐書迴紇傳云：『貞元七年五月，庚申朔，以鴻臚少卿庾鋋兼御史大夫册迴紇可汗及弔祭使。是月，迴紇遣使律支達干等來朝，告小寧國公主薨，廢朝三日。故肅宗以寧國公主降迴紇，又以榮王女媵之。及寧國來歸，榮王女爲可敦，迴紇號爲小寧國公主，歷配英武英義二可汗。及天親可汗立，出居於外，生英武二子，爲天親可汗所殺。無幾薨[8]』。新書迴紇傳云：『詔鴻臚少卿庾鋋，册回鶻爲奉誠可汗。俄以律支達干來告少寧國公主之喪。主，榮王女也，始寧國下嫁，又以媵之，寧國後歸，因留回鶻中爲可敦，號少寧國，歷配英武英義二可汗；至天親可汗時，始居外。其配英義生二子，皆爲天親所殺[9]』。按英武可汗於乾元二年(七五九)卒，子移地健立，號牟羽可汗，代宗册爲頡咄登密施合俱錄英義建功毗伽可汗，即簡稱之英義可汗也。始英義爲葉護時，肅宗以僕固懷恩女妻之，大曆四年(七六九)，代宗又妻以懷恩女崇徽公主，英義既又以少寧國爲可敦，則唐廷前後以三女妻英義一人。天親可汗，即其國相莫賀達干；殺少寧國二子，大抵恐其爭王位也。二子之名，新書未載；舊書稱「英武二子」，疑「英武」二字爲誤衍上文可汗名。公主在蕃五十三年，而可汗更立者凡五。章後特附表以明之。

新舊書皆云迴紇號爲少寧國公主，不云唐廷亦封之爲公主也。今於全唐文中得一册和迴紇公主文。文曰：『維大曆二年，歲次丁未，⋯皇帝若曰：「帝乙歸妹，表於易象。魯侯築館，列在春秋。咨爾第某妹：雲漢之姿，聯華寢極；河洲之德，著美公宮；紫玉笄於錦車，題銀牓於毳幙；善修嬪則，蔵叶蕃情，實資輔佐之功，廣我懷柔之道；烏孫下嫁：已申飾配之儀，紅綬增榮，爰寵疏封之命；是用冊曰某公主，敬承徽禮，可不慎歟[10]」』。按此即正衔冊封公主之文也。何以証之？蓋寧國公主於乾元二年（七五九）歸國，距代宗大曆時已六年餘；少寧國在蕃中，蕃人敬戴之，無異正式和親之公主，故代宗謂其有輔佐之功，能廣懷柔之道也。少寧國本肅宗之從女，代宗當稱族妹，適與冊文符合。冊中云某公主，是未另賜封號，順蕃人之呼爲少寧國也。

冊府元龜云：『（貞元）四年，戊子，廻紇寧國公主及使至，帝御延喜門觀之，禁婦人及車輿觀者[11]』。按舊書廻紇傳及通鑑皆云：貞元四年，有廻紇毗伽公主及其大臣妻妾等來迎咸安公主。未聞寧國公主亦俱來。若冊府「寧國」二字非誤，當爲少寧國之省稱。則大親雖未尙少寧國，而少寧國亦助之迎唐女矣。

三　崇徽公主

登里可汗爲廻紇太子時，其父葛勒可汗爲之請婚，肅宗以僕固懷恩女妻之，史中不載其有公主之封號也。代宗嗣位，冊爲婆墨光親麗華毗伽可敦，大曆三年（七六九）卒；唐廷復妻以懷恩幼女崇徽公主爲繼室。舊書本紀云：『大曆四年，⋯五月，⋯以僕固懷恩女爲崇徽公主嫁廻紇可汗，仍令兵部侍郎李涵往冊命[12]』。冊府元龜云：『代宗大曆四年五月，冊僕固懷恩小女爲崇徽公主視同第十女，下嫁廻紇可汗爲可敦。遣兵部侍郎李涵兼御史大夫持節于廻紇，冊可敦，以綃帛二萬疋遣之。六月丁酉，崇徽公主辭赴廻紇，宰臣巳下百寮送至中渭橋[13]』。按僕固懷恩永泰元年（七六五）卒後，代宗念其平亂有功，憐之，畜其女于宮闈，養以爲女；故云『視同第十女[14]』也。

初，唐廷收復兩京，廻紇與有勞焉。自乾元以後，廻紇徒負功，歲求和市，每馬易四十縑，動至數萬匹，而馬皆駑瘠無用，唐廷苦之。公主抵蕃後，可汗仍遣使來問馬價。通鑑云：『六月丁酉，公主辭行至回紇。回紇來言曰：「唐約我爲市，馬既入而歸我賄不足，我於使人乎取之」。⋯書晉曰：「吾非無馬而與爾爲市，爲爾賜不旣多乎？爾之馬歲至，吾數皮而歸資。邊吏請致詰也，天子念爾有勞；故下詔禁侵犯。諸戎畏我大國之爾與也，莫敢校焉。爾之父子寧而畜馬蕃者，非我誰使之[15]」』！自後廻紇仍每歲使者率馬萬匹求售，代宗不欲逆其意，命有司讎市之。聞迴紇載歸賜物及馬價，共用車千餘乘云[16]。

公主和迴紇時，大抵民間甚非議之。晚唐李山甫代崇徽公主意詩云：『金釵墜地鬢堆雲，自別朝陽帝豈聞；遣妾一身安社稷，不知何處用將軍[17]』。又撰陰山關崇徽公主手跡：『一拓纖痕更不收，翠微蒼蘚幾經秋。誰陳帝子和蕃策，我是男兒爲國羞。寒雨洗來香已盡，淡煙籠著恨長留。可憐汾水知人意，旁與吞聲未忍休[18]』。蜀人雍陶亦撰陰地關見入蕃公主石上手跡一首：『漢家公主昔和親，石上今餘手跡存；風雨幾年侵不滅，分明纖指印苔痕[19]』。按公主手跡存於陰地關事，史中未見。李雍二氏作詩時，已後于公主和蕃八九十年，此必爲晚唐民間之傳說也。

四　咸安公主

迴紇本遊牧民族，逐水草而居。自登里可汗娶唐女，又與漢人互市日盛；遂建築宮殿，婦人有粉黛之飾[20]。然唐廷歲賜以縑帛數萬匹，財力爲之虛耗，仍不能止其侵暴。代宗崩(七八〇)，登里欲舉兵入寇，其相莫賀達干諫不從，遂殺之而自立，是爲合骨咄祿毗伽可汗。德宗詔京兆尹源休持節，冊爲武義成功可汗。數遣使來請婚，德宗以曾見辱於登里，懷恚未平，語宰相李泌曰：『和親待子孫圖之，朕不能已[21]』。時吐蕃復閙隴右，邊將告急。李泌因勸德宗許迴紇婚，前辱帝者爲登里，今此可汗殺登里有功，當妻以公主；且結好迴紇後，可招徠雲南大食，吐蕃之左右臂可斷，不敢再犯邊矣。德宗始然之，許以幼女咸安公主降迴紇。

(1)公主出降前獻畫圖　冊府云：『貞元三年？：八月丁酉，迴鶻可汗遣首領墨啜達干多覽將軍合闕達干等來貢方物，且請和親。帝以咸安公主嫁之，命見于麟德殿；且令齎公主畫圖就示可汗，以馬價絹五萬還之，許互市而去[22]』。會要亦云：『三年九月，遣迴紇使合闕將軍歸其國。初，合闕將其君命婚於我，許以咸安公主嫁之，命公主見合闕於麟德殿，且命中謁者齎公主畫圖就示可汗，以馬價絹五萬疋還之，許其互市而去[23]』。唐書迴紇傳亦略同。按和親有獻圖之說，或謂漢時行之，始見於西京雜記[24]。以雜記之著作時代尙有疑難，史家或未置信；不意唐代果有此事也。然檢史籍，未聞唐代其他和親公主亦如是，不卜其爲當代和親之一常例耶？抑惟咸安公主特有之舉耶？觀其面晤迴紇將軍於麟德殿，似由公主自願以圖示可汗也。

(2)公主出降　貞元四年(七八八)十月，迴紇宰相千餘及其國公主首領妻妾等五十餘人來迎公主。時迴紇可汗請于和親，其禮甚恭。上言曰：『昔爲兄弟，今即子壻。子壻半子也，彼猶父，此猶子也。父若患于西戎，子當遣之』。又屈辱吐蕃，納聘馬二千疋。憲宗亦令其公主及使者對於麟德殿，各有頒賜。十一月，以嗣滕王湛然爲送咸安公主及册迴紇可汗使，册公主爲孝順端正智慧長壽可敦，德宗御製詩送之[25]。會要謂事皆具實錄云。其時孫叔向有送公主詩曰：『鹵簿遲遲出國門，漢家公主嫁烏孫。玉顏便向穹廬去，衛霍空承明主恩[26]』。亦怨唐廷不善用將軍也。

(3)公主出降以後　公主出降後一年(七八九)，天親可汗卒；子多邏斯立，册爲登里羅沒密施俱錄忠貞毗伽可汗，娶僕固懷恩孫女爲妻。翌年(七九〇)三月，其弟弒之而立[27]。夏四月，其國次相帥衆殺篡者而立忠貞之子阿啜。二年之間，迴紇三易其可汗。時其大相頡干迦斯西擊吐蕃未返，貞元六年(七九〇)引兵還國，阿啜以父禮事之，於是其國稍安。後五年(七九五)，阿啜死，無子，國人立其相骨咄祿(懷信可汗)，公主賦配四可汗。會要云：『天親可汗卒，子忠貞可汗立。貞忠可汗卒，子奉誠可汗立。奉誠可汗卒，國人立其相，是爲懷[信]可汗。皆從[胡]法尚[28]公主』。則可汗五人中，獨忠貞之弟以卒國不久，未尚主也。公主於元和三年(八〇八)薨。迴紇遣使來告喪，輟朝三日。時白居易爲翰林學士，憲宗命之撰祭文，文曰：『…故鄉不返，烏孫之曲空傳，歸路雖遙，青塚之魂可復…』[2)]。辭意頗哀憫也。公主在蕃二十年，迴紇國中多亂，北方邊患亦息。唐廷此次和親所獲者，迴紇數出兵助擊吐蕃而已。

五　太和公主

咸安公主薨後數十日，回鶻騰里可汗卒，憲宗册新立者爲愛登里囉汨密施合毗伽保義可汗[3)]。保義有勇略，國勢復強。屢遣使來請婚，久未之許。元和末年，許之，保義未尚主而卒。及崇德可汗嗣立，始得尚太和公主。自其國請婚至公主還朝，中經二十餘年，事迹繁多，宜分別述之。

(1)回紇請婚及憲宗之對付　初，保義可汗遣使請和親，憲宗計禮費約五百萬緡，方中原用兵討彊節度，故未之許。元和八年(八一三)，復遣其使伊難珠來請婚[31]，仍未報。既而可汗親率衆三千餘至鸊鵜泉，邊軍戒嚴。宰相李絳上奏曰：『回紇凶強，不可無備，淮西窮蹙，事要經營。今江淮大縣，歲所入賦有二十萬緡者，足以備降主之費。陛下何愛一縣之賦，不以羈縻勁虜？回鶻若得許昏，必喜而無猜，然後可以修城塹，蓄甲兵，邊備既完，得專意淮西，功必萬全。今既未降公主，而虛弱西城，磧路無備，更修天德，以疑虜心。萬一北邊有警，則淮西遺醜，復延歲月之命矣。儻虜騎南牧，國家非步兵三萬，騎五千，則不足以抗禦。倘使一歲而勝之，其費豈特降主之比哉32』！憲宗不聽。時回鶻篤信摩尼，國中政事，摩尼亦得參預其間。憲宗欲利用摩尼以說諭回鶻可汗，趁其有將返國者，設宴款待之。舊唐書迴鶻傳云：『……宴歸國迴鶻摩尼八人，分至中書見宰臣。先是迴鶻請和親，憲宗使有司計之，禮費約五百萬貫，方內有誅討，未任其親。以摩尼爲迴鶻信奉，故使宰臣言其不可。乃詔宗正少卿李少誠使于迴鶻，太常博士殷侑副之，諭其來請之意33』。此後不聞回鶻再舉兵以威脅許昏，大抵摩尼已副憲宗之託矣。

元和十四年（八一九），諸藩鎮次第削平，河南北三十餘州，復歸中央節制。回鶻再請和親，憲宗念北虜有勳勞於王家，西戎歲爲邊患，遂以第九女永安公主許之。未幾，憲宗崩。穆宗初立，保義可汗來尙主而卒。崇德可汗繼立，遣使固請迎永安，未許，乃以太和妻之。會要云：『保義可汗旣立，遣使求婚，遂封第九妹爲永安公主，將以降嫁焉。其年三月，保義可汗卒。四月，册九姓回紇爲崇德可汗。五月，遣使請迎所許嫁公主，朝廷封第五妹爲太和公主以降。今回紇雖狄人，固請永安而終不許，故命中書舍人王起就鴻臚寺以宜諭焉34』。據唐書公主傳：永安於太和間乞爲道士，疑其本意即不願嫁番酋。而會要云：『迴鶻雖狄人，固請永安而終不許』。似謂唐以永安嫁回鶻，不知其含意也。然太和出降，實替代其妹，或以年齡較長，胆識較大之故歟？

（2）公主出降長慶元年（八二一）五月，迴鶻來迎公主。册府元龜云：『長慶元年，五月丙申，迴鶻宰相，公主，摩尼等五百七十三人入朝迎公主，館於鴻臚寺安置。癸亥，勅太和公主出降迴鶻爲可敦，宜令中書舍人王赴鴻臚寺宜諭之。……甲子，以左金吾衛大將軍胡証檢校戶部尙書持節充送公主入迴鶻及加册可汗使，光祿寺卿李憲加兼御史中丞充副使，太常博士殷侑改殿中侍御史充判官，以前曹州刺史李銳爲太府卿兼御史大夫持節赴迴鶻充婚禮使，以吏部員外郎陳鴻爲判官35』。於時吐蕃聞唐廷與迴鶻和親，遂犯靑塞堡；迴鶻奏以一萬騎出北庭，一萬騎出安西拒之，護衛公主歸其國36。是年七月，公主[illegible]發長安，儀衛甚盛。册府云：『七月，乙卯，正衙册太和長公主爲迴鶻可敦。辛酉，長公主發赴迴鶻國，帝以半〔仗〕御通化門。臨送，百僚章敬寺前立班，儀衛頗盛，士女傾城觀焉37』。李肇國史補亦云：『太和公主出降回鶻，上御通化門送之。百僚立班章敬寺門外，公主駐車幕次；百僚再拜，中使將命出幕，答拜而退38』。時人揚巨源有詩曰：『北路古來難，年光獨認寒。朝驚使騎起。邊月向眉殘。蘆井尋沙到，花門度磧看。薰風一萬里，來歲是長安』[39]。王建亦撰太和公主和蕃詩：『塞黑雲黃欲渡河，風沙眯眼雪相和。琵琶淚溼行聲小，斷得人腸不在多』[40]。悲涼哀怨之感，仍於文人翰藻中見之。

(3)公主出降以後：

(A)公主初至迴鶻時　胡証等送公主至漠南，迴鶻欲以公主疾驅徑路；証等抗志不屈，堅守漢儀[41]。公主既至迴鶻牙帳，依胡法拜可汗。冊府云：『既至虜廷，乃擇吉日，冊公主為廻鶻可敦。可汗先升樓東嚮坐，設氈幄於樓下，以居[公]主，使羣胡主教公主以胡法，公主始解唐服而衣胡衣。以一嫗侍，出樓前，西嚮拜，可汗坐而視。公主再俯拜，訖，復入氈幄中，解前所服而被可敦服—通裾大襦，皆茜色，金飾冠，如角前指。復出樓前俯拜可汗如初禮。虜先設大輿曲扆，廡前設小座。相者引出公主升輿，迴紇九[姓]相分負其輿，隨日右轉於廷者九；公主乃降升樓，與可汗俱東嚮坐，自是臣下朝拜謁，幷拜可敦。可敦自有牙帳，命二相出入帳中[42]』。按此段事實，乃胡証等還國後所告唐廷者；舊唐書迴紇傳亦記之，原必載於實錄。公主初至虜廷之情形，惟此段描寫最詳。昔寧國咸安等至迴鶻，疑亦相同也。

(B)黠戛斯破迴鶻得公主　崇德可汗尚主後，三年而卒。其弟曷薩特[勒](昭禮可汗)立；太和六年(八三二)，為其相掘羅勿所殺。可汗從子胡特[勒]立，是為彰信可汗，開成四年(八三九)，為沙陀兵所敗，自刎；國人立盍馺特[勒]為可汗[43]。值歲飢，遂疫，羊馬多死，國中益亂。俄而其別將名句錄莫賀者，引黠戛斯之衆攻回鶻城，殺可汗。黠戛斯取得公主，欲送還朝；途中為迴鶻烏介可汗所奪。黠戛斯自謂李陵後裔[44]，與唐同宗，上天入地，皆願覓得公主。故其上表云：『破滅回鶻之時，收得皇帝女公主。緣與大唐同姓之國，因不敢留公主；差都呂施合將軍送至南朝，至今不知信息。不知得達大唐，為復被奸人中路隔絕？緣此使不回，今出四十萬兵尋覓，上天入地，終須覓得。送公主使若入吐蕃國去，即至吐蕃[45]』。按黠戛斯破迴鶻後，迴鶻部衆分四支逃散；其一支西奔葛邏祿；一支投吐蕃；一支投安西；一支為可汗牙十三部，以烏介為可汗，南渡磧，來附漢廷。於時黠戛斯據有迴鶻故地，部衆彊盛。其揚名為尋覓公主而舉兵，實欲斷回鶻與吐蕃交通路綫，向南拓其疆土也。

(C)公主流離漠南時　烏介可汗既於途中刧回公主，率衆及公主南來，軍於天德軍之北，欲得天德及振武地以居。時有建言率兵擊之者；宰相李德裕以為回鶻曩昔有功，今飢且亂，新窮鳥入懷，宜遣使運糧以活之[46]。又遣通事舍人苗縝訪問公主[47]。及兵部郎中李拭行邊劃狀，其相赤心與王子嗢沒斯等欲將所部自歸；而公主亦遣使者來言烏介已立，因請命，許之。其大臣頡干伽思等表假振武居公主可汗，武宗不許；詔右金吾衛大將軍王會持節，慰撫其衆，輸糧二萬斛賜之，還其馬價絹，令中人好語開諭[48]。然迴鶻既失故地，迫處唐廷邊境，欲恃姻好之情，實行馳突之計。會昌二年（八四二）入雲朔，剽橫水，轉側天德振武間，盜畜牧自如；武宗乃詔河東軍討之，招降嗢沒斯等，賜以國姓，使之深入烏介部衆，諭降其下。既而烏介復侵逼振武，節度使劉沔遣麟州刺史石雄及都知兵馬使王逢帥沙陀契苾拓跋兵襲其牙帳，沔自以大軍繼之。雄鑿城爲十餘穴，夜引兵直攻烏介牙帳，追擊之於殺胡山；烏介被瘡與數百騎遁去，始取得公主還[49]。此皆會昌一二年間之事也。斯時迴鶻與唐之交涉，會昌一品集記載最詳。今此所舉，僅其概要耳。

(4)公主還國　烏介逃奔東北依和解室韋，不及將公主同行；石雄兵遇公主，因迎歸國，途經數十日，始抵長安。通鑑云：『會昌三年，……二月，庚寅，太和公主至京師，改封安定大長公主，詔宰相帥百官迎謁於章敬寺前。公主詣光順門，去盛服，脫簪珥，謝回鶻負恩，和蕃無狀之罪。上遣中使慰諭，然後入宮[50]』。于時宰相率百僚上表稱賀[51]。其宣城，貞寧，瓊貞，貞源等公主並宗室近親，長幼私第，未迎公主，敕各罰俸物及封絹。公主在蕃二十一年，轉戰而歸，人多憫之。時李敬方有詩曰：『二紀煙塵外，淒涼轉戰歸。遐荒悲蔡琰，漢使泣明妃。金殿更戎幄，青祛換毳衣。登車隨伴仗，謁廟入中閨；湯沐疏封在，關山故夢非。笑看鴻北向，休詠鵠南飛。宮髻憐新樣，庭柯想舊圍。生還侍兒少，熟識內家稀。鳳去樓扃夜，鸞孤匣掩輝。應憐禁園柳，相見倍依依[52]』！又李頻詩云：『天驕發使犯邊塵，漢將推功遂奪親。離亂應無初去貌，死生難有却回身。禁花半老曾攀樹，宮女多非舊識人。重上鳳樓追故事，幾多愁思向青春[53]』。讀此二詩，無異目覩公主返宮時之情境也。

註一　唐書公主傳

註二　全唐文卷四二頁三。

註三　觀堂集林卷十六，王國維書虞道園高昌王世勳碑後，[illegible]公主綜骨力裴羅，誤也。

註四　元史卷一二二。

註五　觀堂集林卷十六頁二三。

註六　通鑑卷二二一頁七後。

註七　全唐詩卷八頁三一。

註八　舊書卷一九五頁十。

註九　新書卷二一七上頁九。

註十　全唐文卷四九頁一後。

註十一　册府卷九七九頁十六。

註十二　舊書卷十一頁十五。

註十三　册府卷九七九頁十六。

註十四　通鑑卷二二四頁十六。

註十五　同上。

註十六　通鑑卷二二四頁二五。

註十七　全唐詩卷二四頁十三。

註十八　全唐詩二四頁十二。

註十九　全唐詩卷十九頁七一。廟字通庿。

註二十　通鑑卷二二六頁十一至十二。

註二一　唐書二一七上頁七後。

註二二　册府卷九七九頁十六至十七。

註二三　會要卷六頁十七。

註二四　西京雜記卷二頁一。

註二五　以上本册府卷九七九頁十六至十七，又會要卷六頁十七及新舊書迴紇傳。

註二六　全唐詩卷十七頁九四。

註二七　本通鑑卷二三三頁十九。按唐書迴紇傳謂可汗爲少可敦葉公主（葉護女）所逼死，可汗之弟乃自立，與通鑑異。考異謂通鑑本於實錄，故從之。

註二八　會要卷六頁十八。原誤以「信」爲「相」，以「敦」爲「故」。

註二九　全唐文卷六八一頁三。

註三十　王國維觀堂集林卷十六頁十八，謂自稱林習勢之九姓迴鶻可汗碑卽此人也。

註三一　册府卷九七九頁十七。

註三二　通鑑卷二三九頁七後。

註三三　舊書卷一九五頁十。

註三四　會要卷六頁十八至十九；又卷九八頁八。

註三五　册府卷九七九頁十八。

註三六　舊書卷一九五頁十一。

註三七　册府卷九七九頁十九，原誤「仗」爲「伏」。

註三八　唐國史補卷中頁二一。

註三九　全唐詩卷一二頁四七。楊氏字景山，貞元中進士。

註四十　全唐詩卷一一頁五七。王氏字仲初，潁川人，大曆中進士。

註四一　胡證隱傳，新舊書有傳。

註四二　册府卷九七九頁十九至二十，原誤「合」爲「又」，缺「並」字。

註四三　以上可汗卽位年代皆本舊書迴紇傳及通鑑，舊書迴紇傳與新書可汗。

註四四　黠戛斯即堅昆。酉陽雜俎卷四頁二云：「堅昆部落非狼種，其先所生之窟在曲漫山北。…其人髮黃目綠，赤髭髯。其髭髯俱黑者，漢將李陵及其兵衆之胤也」。又見唐書黠戛斯傳。

註四五　全唐文卷七〇七頁三。

註四六　通鑑卷二四六頁十五。

註四七　全唐文卷七〇三有李德裕遣使訪問公主狀。

註四八　全唐文卷六九九頁十。

註四九　通鑑卷二四七頁一。

註五十　通鑑卷二四七頁三。又唐書卷八三。

註五一　全唐文卷七二八頁六有其文。

註五二　全唐詩卷一九頁二七後。

註五三　全唐詩卷二二頁三。

回紇可汗尚主表

寧國公主（乾元元年出降，次年歸國。）＝英武威遠毗伽可汗（本名磨延啜，天寶四載即位，號葛勒可汗，又號唐而可汗，乾元二年卒。）＝少寧國公主（乾元元年出降，貞元七年卒。）

少寧國公主——頡咄登密施合俱錄英義建功毗伽可汗（英武子，本名移地健，乾元二年即位，號牟羽可汗，建中元年卒。）

頡咄登密施合俱錄英義建功毗伽可汗＝僕固懷恩女（肅宗時出降，大曆三年卒。）

頡咄登密施合俱錄英義建功毗伽可汗＝崇徽公主（大曆四年出降。）

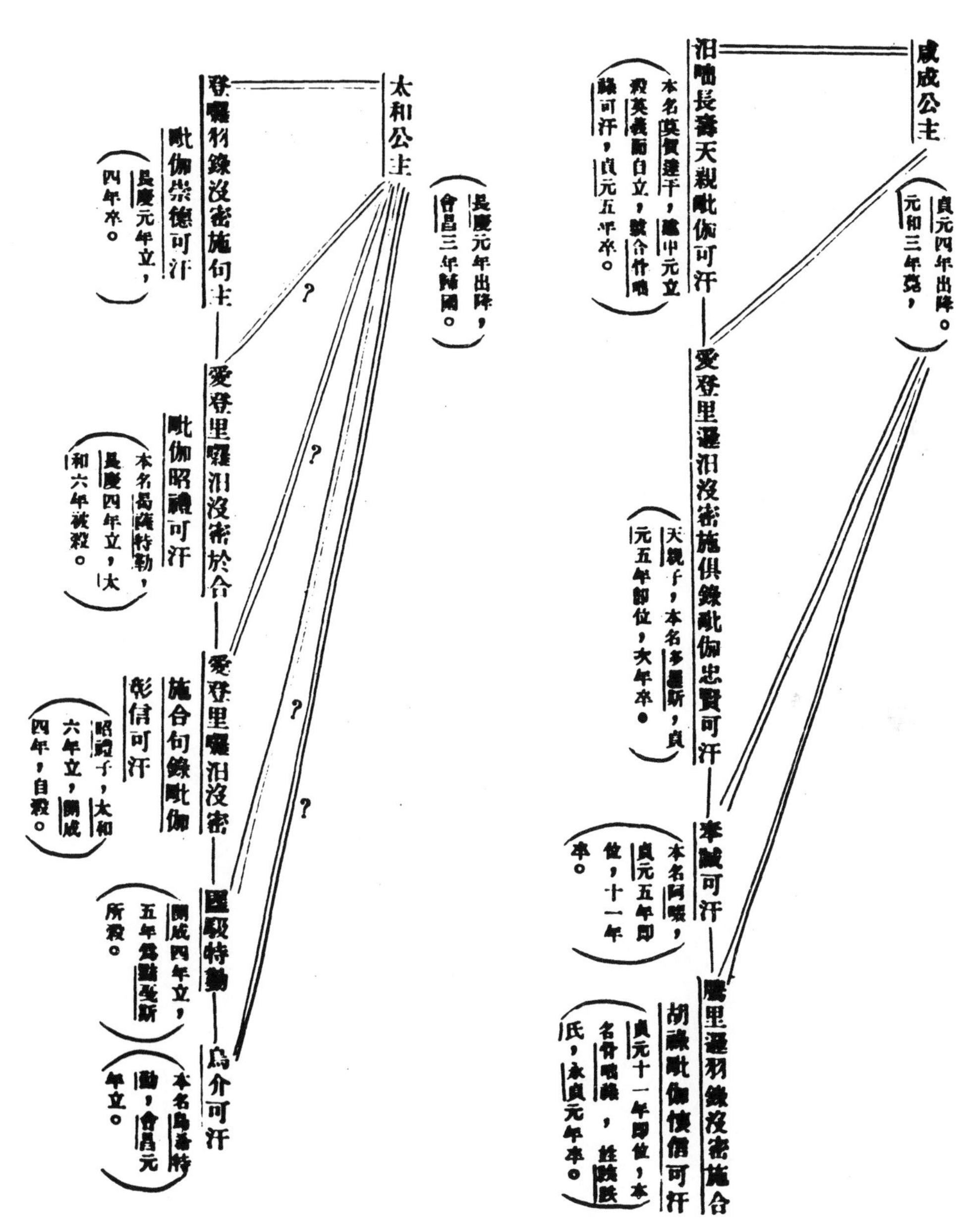

咸成公主
（貞元四年出降。元和三年薨，）
汨咄長壽天親毗伽可汗
（本名莫賀達干，建中元立殺英義而自立，號合骨咄祿可汗，貞元五年卒。）
愛登里邏汨沒密施俱錄毗伽忠貞可汗
（天親子，本名多邏斯，貞元五年即位，次年卒。）
奉誠可汗
（本名阿啜，貞元五年即位，十一年卒。）
騰里邏羽錄沒密施合胡祿毗伽懷信可汗
（貞元十一年即位，本名骨咄祿，姓跌跌氏，永貞元年卒。）
太和公主
（長慶元年出降，會昌三年歸國。）
登囉羽錄沒密施句主毗伽崇德可汗
（長慶元年立，四年卒。）
愛登里囉汨沒密施於合毗伽昭禮可汗
（本名曷薩特勒，長慶四年立，太和六年被殺。）
愛登里囉汨沒密施合句錄毗伽彰信可汗
（昭禮子，太和六年立，開成四年，自殺。）
㕎馺特勤
（開成四年立，五年為黠戛斯所殺。）
烏介可汗
（本名烏希特勒，會昌元年立。）
?
?
?
?

第十章　請和親而竟未尙主之蕃國

一　西突厥

高祖太宗之時，西突厥請婚凡五次：或請而弗許；或許而未果婚。以時勢移異，緣因複雜，茲分述如左：

(1)統葉護請尙主而未婚　冊府元龜云：『(武德)八年四月，宴西蕃突厥使。時中國以突厥爲患，故遣使與西突厥連和，以備北狄；於是葉護請婚。帝謂侍中裴矩曰：「西突厥與我懸遠，有急不得相助，今來請婚，其意如何」？對曰：「西蕃懸遠，誠如聖旨；但北寇盛彊，數爲邊患。當今之計，須遠交而近攻，權可許婚，以(怖)頡利，且羈縻之；待一二年後，中國完實，足抗北夷，然後徐思其宜：此蓋一時之策也」。帝然之，令高平王道立至其國，統葉護大悅。遇頡利頻歲入寇，西蕃路梗，繇是未果[1]』。按此事又見通典兩唐書及通鑑會要。惟通鑑及兩唐書西突厥傳謂勸高祖許葉護婚者爲封德彝，與冊府會要通鑑異。而新書裴矩傳載之，不載于封倫傳，知其與本書自相矛盾也。諸書所記，各有所本；疑其原作封氏者，誤也。高祖因裴矩諫而許葉護婚，志在相結以禦北突厥，冊府言之甚明。舊書云：『時統葉護自負強盛，無恩於國，部衆咸怨，歌邏祿種多叛之。頡利可汗不悅中國與之和親，數遣兵入寇；又遣使謂統葉護曰：「汝若迎唐家公主，要須經我國中而過」。統葉護患之，未克婚；爲其伯父所殺而自立[2]』。則頡利出兵阻梗葉護，爲妬其與唐廷和親也。葉護既不克迎公主，復爲伯父所殺；是以終未與唐和親。此則冊府之所未詳，特補苴焉。

(2)俟毘可汗及肆葉護可汗請婚未許　俟毘可汗殺統葉護而自立，國人不附，立統葉護子爲肆葉護可汗，國中由是有二牙。二牙互相攻伐，俱遣使來朝，且請婚。太宗以其國內多亂，皆未許。通典云：『初，統葉護令伯父分統突厥種類爲小可汗，及此自稱大可汗，國人不附。弩失畢部共推泥熟莫賀設爲可汗，泥熟不從。時統葉護之子咥利特(勤)避莫賀咄之難，亡在康居，泥熟遂迎而立之，是爲乙毗沙鉢羅肆葉護可汗。俱遣使來朝，各請婚於我；太宗不許，諷令各保所部，無相征伐[3]』。舊書西突厥傳亦如是云。新書傳謂俟毘可汗請婚而不言及肆葉護，係闕漏矣。又此事當在貞觀二年(六二九)，新書誤作貞觀四年。通鑑云：『二年……十二月，……西突厥……莫賀咄侯屈利俟毗可汗……乙毗鉢羅肆葉護可汗……俱遣使來請昏。上不許，曰：「汝國方亂，君臣未定，何得言昏」－且諭以各守部分，勿復相攻[4]』。按太宗不許婚之故，通典與舊書通鑑所云皆同；惟新書既以爲貞觀四年，則謂太宗報西突厥曰：『突厥方亂，君臣未定，何遽昏爲[5]』！似謂因北突厥內亂而却二可汗婚也，誤矣。

(3)咥利失可汗請婚未許　通典云：『泥熟卒，其弟同俄設立，是爲沙鉢羅咥利失可汗。以貞觀九年(六三五)上表請婚，獻馬五百匹；朝廷唯厚加撫慰，未許其婚[6]』。唐書亦云：『…歲二遣使率方物，遂請昏，帝慰而不諭[7]』。按西突厥此次請昏時，北突厥已亡；西突厥遠隔中土，國中多亂；是以請婚未蒙許也。

(4)咄陸可汗請婚未許　册府元龜云：『(貞觀)十七年(六四三)，八月，突厥咄陸可汗遣使求婚，帝謂曰：「爾數年闕朝獻，而敢留我使人；此如摘叢林一葉，盜海水一滴耳。於我大國無損，在爾禍識不足」。竟不許之[8]』。按此所謂『突厥』者，即『西突厥』之省也；『咄陸可汗』，即『乙毘咄陸可汗』。乙毘咄陸本名欲谷設[9]，貞觀十二年(六三八)爲部衆所立，與咥利失可汗中分伊列河。乙毘咄陸據河以西，部衆漸盛，西域諸國多臣屬之。十六年(六四二)，擊破吐火羅國，入寇伊州，爲安西都護郭孝恪所擊敗。咄陸性狠傲，留使者元孝友等不遣，太宗所以責之也。其請婚時，已狼狽西走，自保不暇，安望唐廷許妻以女乎？此事唯見册府；通典及兩唐書皆未載。

(5)射匱可汗請尚主而未婚　郭孝恪等擊敗咄陸後，乙毘射匱可汗立，復遣使來請婚；太宗令割西域五國爲聘禮。册府元龜云：『(貞觀)二十年，六月，西突厥乙毘射匱可汗遣使朝貢，仍求婚焉。帝璽書報其善心，優撫至甚[10]』。通典云：『中國使人先爲咄陸所拘者，射匱悉以禮資送歸長安，復遣使貢方物，請賜婚；太宗許之，令割龜茲于闐疏勒朱俱波葱嶺等五國以充聘禮。及太宗崩，賀魯反叛，射匱部落爲其所併[11]』。按此事又見兩唐書西突厥傳及會要通鑑。惟唐書謂『帝令割…五國爲聘禮，不克昏[12]』，其事之終結較明。然射匱何故而未克婚，各書皆未詳。按貞觀二十一二年間，太宗命阿史那社爾等伐龜茲[13]，大抵太宗未崩以前，射匱尚未割地，故未婚也。及永徽二年，賀魯叛，射匱爲之所殺，此又高宗時竟未尚主之故，彰彰甚明。

西突厥凡五次請婚，終未尚主，其細故已述如上。然自唐代大勢觀之；五次請婚，皆值中國升平時。太宗尤勵精圖治，初欲結之以禦北虜，旋欲乘其內亂，略取其地。及高宗即位，北國愈不振。故一舉而擒賀魯，再舉而斬眞珠葉護，西突厥遂爲封疆之臣。若其國勢強盛，唐廷或早降主矣。

二　薛延陀

薛延陀本爲鐵勒之屬部，與迴紇同種。故舊書附於鐵勒傳，新書附於迴紇傳。而會要別有傳外，又附見於沙陀突厥傳。[14] 大抵其東遷獨邏水以後，又號沙陀突厥也。獨邏水即今土拉河，[15] 距長安三千里而贏。薛延陀據有其地時，勝兵二十萬，國勢盛强，每率衆南侵。貞觀十五年（六四一），太宗遣李勣等擊之。次年，遣使來謝罪，因請婚；以禮不備，卒未尙主。舊書云：『（貞觀）十六年，遣其叔父泥孰俟斤來請婚，獻馬三千匹。太宗謂侍臣曰：『北狄世爲寇亂，今延陀崛强，須早爲之所。朕熟思之，唯有二策：選徒十萬，擊而虜之，滅除凶醜，百年無事，此一策也；若遂其來請，結以婚姻，緩轡羈縻，亦足三十年安靜，此亦一策也。未知何者爲先』？司空房玄齡對曰：『今大亂之後，瘡痍未復，且兵凶戰危，聖人所慎；和親之策，實天下幸甚』。太宗曰：『朕爲蒼生父母，苟可以利之，豈惜一女』！遂許以新興公主妻之。因徵夷男備親迎之禮，仍發詔將幸靈州與之會，夷男大悅；……於是稅諸部羊馬以爲聘財。……太宗乃發使受其羊馬。然夷男先無府藏，調斂其國，往返且萬里；既涉沙磧，無水草，羊馬多死，遂後期。太宗於是停幸靈州。既而其聘羊馬來，至所耗將半。議者，以爲夷狄不可禮義，畜若聘財，未備而與之婚，或輕中國，當須要其備禮；於是詔絕其婚』[15]。按此事又見通典通鑑會要册府及唐書迴紇傳。惟察太宗絕婚之故，非僅爲延陀禮不備也，實與時局有關焉。試觀侍臣有謂不可失信於蕃人者，太宗答曰：『昔漢匈奴强而中國弱，所以飾子女嫁與單于；今時中國强而北狄弱，漢兵一千，堪擊其數萬。延陀所以匍匐稽顙，恣我所爲，不敢驕慢者，以新得立爲長，雜姓本非其屬，將倚大國，用服其衆。彼同羅僕固等十餘部落，兵數萬，并力足制延陀；所以不敢發者，延陀爲我所立，懼中國也。今若以女妻之，大國子壻，增崇其禮，深結黨援，雜姓部落，屈膝低眉，更遵服之。夷狄之人，豈知禮義，微不得意，勒兵南下。如君所言，可謂養獸自噬也。吾今不與其女，頗簡使命；諸部落知吾棄之，其爭擊延陀必矣』[17]。則太宗之意，以爲中國勢力能抗延陀，即非和親，亦可馭制之。新舊書契苾何力傳謂太宗許婚延陀，爲求何力還國，絕婚之策，亦爲何力所　。其說與新舊書薛延陀傳稍異，而大意則同。

三　南詔

唐代中葉以後，西南諸民族中以地小而爲邊患最鉅者，則爲南詔。南詔原爲六部落所併合：高宗時來朝，開元間，吞併五詔，國力始增大。自後臣叛不常。乾符四年(八七七)，其會世隆卒，國勢寖衰。子法繼立，遣使入朝求婚，朝士爭議甚久，始許之。延至數年以後，黃巢平，卒未婚。唐書云：「乾符四年，遣陀西瑳段寶謡邕州節度使辛讜請修好，詔使者答報。未幾，寇西川，駢奏請與和親。右諫議大夫柳韜，吏部侍郎崔澹醜其事，上言：「遠蠻睢逆，乃因浮屠誘致，又議和親，垂笑後世；駢職上將，謀乖謬不可從」。遂寢。蠻使者再入朝，議和親；而駢徙荊南，持前請不置。宰相鄭畋盧攜爭不決，皆賜罷。……西川節度使崔安潛上言：「蠻耆鳥獸心，不識禮義，安可以賤隸尙貴主，失國家大體；潛等議可用。臣請募義征子，率十戶一保，願發山東銳兵六千戍諸州；比五年，蠻可爲奴」。久之，帝手詔問安潛和親事。答曰：「雲南姚州贊一縣，中國何資於彼；而遣重使加厚禮，彼且妄謂朝廷畏怯無能爲。脫有它請，陛下何以待之？且大宗近蜀，不可下小蠻夷。臣比移書，不言驃𦩘，黜所僭也。有如蠻使者不復至，當遣諜人伺其隙，可以得志」。南詔知蜀强，故襲安南，陷之；都護曾袞奔邕府，戍兵潰。會西川節度使陳敬瑄申和親議；時盧攜復輔政，與豆盧瑑皆厚駢，乃譎說帝曰：「陛下初即位，遣韓重使南詔，將官屬留蜀。期年，費不貲，蠻不肯迎。及駢節度西川，招嗢末繕甲調兵，蠻夷震動；遣趙宗政入獻見天子，附驃信再拜。雲慶之使，驃信答拜，其於禮不爲少。宣宗皇帝收三州七關，平江嶺以南。至大中十四年，內庫貲積如山，戶部延資充滿；故宰相敏中領西川，庫錢至三百萬緡，諸道亦然。咸通以來，蠻始叛命，再入安南。邕管一破，黔州四盜，西川遂圍。盧耽召兵東方戍海門，天下騷動。十有五年，賦輸不內京師者過半，中藏空虛，士死瘴癘，燎骨傳灰，人不念家，亡命爲盜，可爲痛心！前年，留宗政等，南方無虞。及遣還，彼獨龔望蒙法立。三年，比兵不出要防，其蓄力以間我虞。今朝廷府庫匱，甲兵少，牛叢有北兵七萬，首尾奔衝不能救，況安南客戍單寡，涉冬寇禍可虞；誠命使者臨報，縱未稱臣，且伐其謀，外以縻服蠻夷，內得蜀休息也」。帝謂然，乃以宗室女爲安化長公主許婚。……法遣宰相趙隆眉楊奇混段義宗朝行在，迎公主。高駢自揚州上言：「三人者，南詔心腹也，宜止而酖之，蠻可圖也」。帝從之。隆眉等皆死，自是謀臣盡矣，蠻益衰。中和元年，復遣使者來迎主，獻珍怪氈罽百牀，帝以方議公主車服爲解。後二年，又遣布燮楊奇肱來迎；詔檢校國子祭酒張譙爲禮會五禮使，徐雲虔副之，宗正少卿嗣虢王約爲婚使。未行而黃巢平。帝東還，乃歸其使」。按此事唯唐書記載稍詳：通鑑所言，與之符合。然唐書云：『帝東還，乃歸其使』，不申言公主竟未下嫁，語意含糊。通鑑云：…『（中和）三年，…十月，…以安化公主妻南詔19』。其下不言公主之消息，必闕漏矣，各書皆未詳記此事之終結，惟細察僖宗許婚之旨及二國時勢，方能辨之。夫南詔請婚時，唐廷適遣宋威討高仙芝；繼而黃巢亂起，僖宗恐南詔乘釁入寇，乃權且許婚以羈係之。及僖宗出奔成都，南詔數遣人來迎公主，或執殺其使人，或以公主車服未備為解而却之，此僖宗不願降主之証也。然絕婚之意，待黃巢平而始著。蓋流寇雖平，中國已困敝；且藩鎮跋扈，宦官專橫，內亂更迭未息，于時南詔亦衰。故竟不許婚，惟歸其使曉諭蒙舍而已。此即唐書所謂『歸還其使』，不云降主也。

註一　册府卷九七八頁二十，原誤以「佑」作「近」，
註二　舊書卷一九四下頁二。
註三　通典卷一九九頁九。
註四　通鑑卷一九三頁四。
註五　新書卷二一五下頁四後。
註六　通典卷一九九頁六。
註七　新書卷二一五下頁五。
註八　册府卷九七八頁二三。
註九　西突厥史料中所標之第十八代可汗。
註十　册府卷九七八頁二三。
註十一　通典卷一九九頁八。
註十二　唐書卷二二五下頁六。
註十三　通鑑卷一九八頁二一。
註十四　會要卷九四頁十二至十六有薛延陀傳，卷九六頁十四至十六有沙陀突厥傳。
註十五　丁謙回紇傳攷証。
註十六　舊書卷一九九下頁二至三。
註十七　册府卷九七八頁二二至二三。
註十八　唐書卷二二二中頁六至七。
註十九　通鑑卷二五五頁二一。

結論

唐代和親之國衆矣：東則奚契丹，西則吐谷渾吐蕃，北則突厥回紇；遠西則突騎施寧遠。八國之中，以吐蕃回紇為患最久，和親之事亦特繁。顧各國之來請婚，其動機有二：曰羨漢；曰借威。

（一）羨漢　蕃人處於磽荒之地，性情蠻野；大多以遊牧為生，逐水草而居，未勤紡織，器物不備：故羨漢人濟物之心生，欲結婣好，以利互市焉。吐蕃屢寇安西四鎮，回紇以馬易絹，其明驗也。

（二）借威　蕃國爲強時，若非與中國結好，其鄰蕃鮮畏服之。昔突厥毗伽可汗求婚，數請不蒙許，語鴻臚卿袁振曰：『聞入蕃公主皆非天子之女；今之所求，豈問眞假，頻請不得，實亦羞見諸蕃』。太宗絕薛延陀婚，亦欲使其鄰國反叛。則蕃人以爲尙唐室之女，可以威服其諸鄰也。

唐之與蕃人和親也，必其有利害之關係焉。其若國土懸遠，而緩急不能相助者，雖請不許也。許婚之故，其道有二：曰羈縻；曰借師。

（一）羈縻　以和親羈縻之國，在乎其關係於唐廷外交之大勢何如，強弱無定也。其強者，羈縻之使不爲中國害；其弱者，羈縻之使不附強蕃爲亂。故吐蕃以國強而尙主，吐谷渾國勢雖弱，以能牽掣吐蕃之東侵，遂亦尙主矣。

（二）借師　唐平內亂，若借師蕃國，大抵皆以和親酬之，禮數特豐。高祖之取關中也，借師突厥，故每遣使說頡利和親。肅宗即位以後，數借兵回紇以平安史及吐蕃之亂，不惜以帝女妻之。寧遠雖在西域；然以助平突騎施有功，遂亦尙公主也。

漢蕃既各以利相尙而和親；然其得失，則有不同。太宗時，與吐蕃和親；羈縻之效，數年而已。金城降後，九曲地失；從此西邊多事，寇亂益劇。玄宗數以女羈縻奚契丹；不能制安祿山之詭譎，二蕃世叛。回紇有戡亂之功，歲得馬價絹以萬計；而漢民苦賦斂，膏血爲之吸竭矣。所謂功之大者，其爲害亦深，豈虛語哉！然則和親之效，蓋可覩矣。

至以倫理道德觀之，皇室淑女，嬪于穹廬，從其烝母報子之俗，蓬垢流離於塞外，非但蔑視女子之人格，且失天朝之尊嚴也。

然吐蕃荒野之區，因尙唐公主而傾慕漢化，蔚然樹立西藏文化之基礎；回紇以和親之故，得貿易於京師，衣服飲食，仿效華人：此皆唐廷一時權便之策，而遂以夏變夷。今之倡言邊疆文化者，不可忽也。

附唐代和親公主出降次第表

公主封號	姓氏及身分	出降年月	和親國
弘化公主	宗女	貞觀十四年（六四〇）二月	吐谷渾

文成公主	宗女	貞觀十五年(六四一)正月	吐蕃
西平公主	宗女	同前	吐蕃
金城縣主	宗女	永徽三年(六五二)	吐谷渾
金明縣主	宗女	顯慶四至五年(六五九——六六〇)	吐谷渾
金城公主	宗女	神龍三年(七〇七)	吐蕃
南和縣主	宗女	先天二年(七一三)	突厥
固安公主	甥女，辛氏	開元五年(七一七)二月	奚
永樂公主	甥女，楊氏	開元五年(七一七)十二月	契丹
東光公主	甥女，韋氏	開元十年(七二二)正月	奚
燕郡公主	甥女，慕容氏	開元十年(七二二)六月	契丹
交河公主	降附蕃酋女，阿史那氏	開元十年(七二二)	突騎施
東華公主	甥女，陳氏	開元十四年(七二六)三月	契丹
和義公主	宗女	天寶三載(七四四)十二月	寧遠
宜芳公主	甥女，楊氏	天寶四載(七四五)三月	奚
靜樂公主	甥女，獨孤氏	天寶四載(七四五)三月	契丹
(闕)	功臣女，僕固氏	至德年間(七五六——七五八)	回紇
寧國公主	肅宗女	乾元元年(七五八)七月	回紇
少寧國公主	宗女	同前	回紇

崇徽公主	功臣女，僕固氏	大曆四年（七七〇）六月	回紇
咸安公主	代宗女	貞元四年（七八九）十月	回紇
太和公主	憲宗女	長慶元年（八二一）七月	回紇

參考書目

公羊傳　四部備要本
史記　上海圖書集成鉛印本
前漢書　同上
後漢書　同上
隋書　唐長孫無忌等撰　同上
北史　唐李延壽撰　同上
舊唐書　晉劉昫等撰　四部備要本
新唐書　宋歐陽修宋祁等撰　四部備要本
元史　明宋濂撰　明南監本北監本及清補刊本
大唐創業起居注　唐溫大雅撰明毛晉校　津逮秘書本
順宗實錄　唐韓愈撰　海山仙館叢書本
通典　唐杜佑撰　九通全書本
全唐文　清仁宗勅編　廣雅書局重刊本
全唐詩　清曹寅等校編　同文書局石印本
大唐西域求法高僧傳　唐義淨撰　大正新修大藏經
冊府元龜　宋王欽若等撰輯　嘉慶間西福文氏重刻本
唐會要　宋王溥撰　廣東刊本
通鑑　宋司馬光撰　四部備要本
文獻通考　宋馬端臨撰　九通全書本
西京雜記　漢劉歆撰　學津討原本
唐語林　唐王讜撰　惜陰軒叢書本
摭言　唐王保定撰　雅雨堂叢書本
初學記　唐徐堅撰　明嘉靖間刊本
封氏聞見記　唐封演撰，趙貞信校証　民二十二年北平燕大引得編纂處鉛印本
酉陽雜俎　唐段成式撰　四部叢刊本
唐國史補　唐李肇撰　津逮秘書本
南詔野史　明楊慎撰　光緒六年雲南書局刻本
闕特勤碑跋　清盛昱撰　光緒二二年刊本
和林金石錄　清李文田撰　靈鶼閣叢書本
儀顧堂題跋　清陸心源撰　歸安陸氏刊本
金石萃編　清王昶纂　上海掃葉山房印本
金石萃編補略　清王言編　光緒八年刊本
觀堂集林　王國維撰　密韻樓鉛印本
蒙古源流　清陸錫熊等譯，張爾田校補　民刻本

外國傳攷証　清丁謙撰　浙江圖書館叢書本
唐賈耽記邊州入四夷道里考實　清吳承志纂，劉承幹校　劉氏求恕齋刊本
衛藏通志　清和瑛撰　光緒間漸西村舍刊本
西藏圖攷　清黃沛翹撰　光緒間刊本
邊事彙鈔　清朱克敬撰　光緒六年長沙刊本
中西交通史料彙編　張星烺編撰　輔仁大學鉛印本
東洋史　王桐齡撰　商務印書館本
中國民族史　王桐齡撰　北平文化學社鉛印本
于闐國史　（日）寺本婉雅譯　日本東京丁子屋書店
西突厥史料　（法）沙畹撰，馮承鈞譯　商務印書館本
西藏之過去與現在　（英）柏爾撰，宮廷璋譯　商務印書館本
唐代疆域圖　清楊守敬撰　清末觀海堂楊氏刊本
中國歷代疆域戰爭合圖　武昌亞新地學社鉛印本
西域地名　馮承鈞撰　西北科學考查團叢刊
新亞細亞月刊　第二卷五期　民二十年八月
Mary A. Czaplicka, The Turks of Central Asia in history anl at the present day. Oxford, Clarendon, 1918.
W. Barthol', Turkestan down to the Mongol invesion. London. Luzac, 1928.

地學雜誌

北平闕城　中國地學會主編　每年四期　定價每期　道林紙本三角五分　報紙本二角五分

民國二十四年第一期
地理學本質論……李長傅
私擬縮小省區草案……胡應庚
中國產業地理（續）……高玉鐘
東胡民族考（續）……白鳥庫吉著　馮家昇譯
匪徒的聖山—貢噶瑞耐千巴（完）……J. F. Rock著　李者春譯
雜俎

民國二十四年第二期
宋元方志考……朱士嘉
中國產業地理（續）……高玉鐘
江淮中間地帶的地理概觀……張隱仁
菲列普之地理研究……蕭廷奎
東胡民族考（續）……白鳥庫吉著　馮家昇譯
唐古忒的市塲和準噶爾的商路……Mildred Cable女士著　顧鈞譯
蘇萊曼東遊記（完）……劉小蕙譯
覓地運動……林占鰲
雜俎
新書介紹—朱士嘉中國地方志綜錄

明季遺聞考補

姚家積

目錄

凡例

一、是篇以鄒漪明季遺聞爲綱，以予所考補者比事類附於後，幷低一格寫以示區別。

一、鄒氏之書有四本：以康熙甲寅（十三年）初刊本最爲完足，分爲四卷，第一卷紀李賊倡亂本末始辛未四月迄甲申三月皇清定鼎燕京之續，第二卷紀弘光南渡本末始甲申五月迄九月，第三卷紀弘光南渡本末始甲申十月迄乙酉五月皇清削平江浙之烈，第四卷紀隆武永曆繼立本末始乙酉八月迄庚寅十二月皇清底定閩廣之盛。卷首薛寀序及漪自序，全書每頁十八行，行二十字。南陵徐氏鈔本無序，卷一脫首頁，且中間亦有節略。（北平圖書館藏本）昭代叢書本不分卷，卷首記李自成事已删去，記弘光事以原刊卷二卷三兩卷倒置，詳略亦微有不同，卷四僅及李成棟反正其妾自刎而止。（見謝國楨晚明史籍考卷二頁十七）商務印書館排印明季稗史續編本即據叢書本重印者。玆所據乃康熙刊本，鄭文如先生所藏。

一、是篇編次分卷，一依鄒書，每卷幷標鄒書原題。

一、是篇於年月之考定，多參酌明史，因明史紀事雖間有避忌違異之處，然所系年月，自較野史為可憑信。其明清兩朝有差異處則為註明。

一、書中凡引錄野史之處，以諸書成書年代為序，不及備引，則採其最先者。蓋或謬或否，一考其說之所本，其後之沿襲者自可不辨而明。

一、鄒書卷一全紀流寇始末，茲將其所載流寇姓名摘出標列，而以其事蹟考附於後，特注意其起事及敗亡年月。其姓名之不見鄒書者，或以其事類附於同黨之後，或逕略之，因非鉅寇，實與大局無關。闖獻二賊，明史已立專傳，茲不贅考。

一、甲申死節諸人，未另為之考訂，即於贈諡條附辨之，免一事兩考，閱覽不便。

一、書中紀張縉彥李明睿等事，為人詬病，故特於緒言中為之剖辨，篇中不更贅述。

一、甲乙江上義師，亦注意其興滅及與義死難諸人，其中間經歷，除各野乘所紀有大異同者，間為考訂，餘概從略。

一、鄒書於弘光多微詞，其記「季女戀童」一事亦與談孺木棗林雜俎所云相合。李清多為弘光辨護，後來野史，兩說並存。然談氏身處南都，所紀多係目擊之事，自必有據，清殆因愛君而為之地。予以鄒氏所紀為不誤，故未重加考覈。其餘從略處，亦倣此例。

一、明季諸王及宗室事，徐鼒所小腆紀傳有宗藩傳，考核其詳，可補明史之闕。茲於紀傳所遺或未詳諸人之名見鄒書者，亦為考明，以補紀傳之闕。

一、魯王入海後事，紀事始末，及永曆庚寅以後事，因鄒書略之，故亦未及。

一、篇中所採參考書，擇其要者為解題附後，注意其成書年代，便與是篇互相參發。他所未著錄者尚多，如明史東華錄及清人詩文集筆記方志等，均散見篇中。其翻檢較艱者，則為註明卷頁之數；餘概從略。因野紀大半卷頁無多，易於覆按；而三藏參覽，多假他人之書，初未留意引註，此時又不及補入。未竟之功，以俟異日。

緒言

有明一代，甚斷斷於功令，非正三公而埒八座者，不得乘史筆。史館不有所避，則有所欲。(見談遷國榷序)故在野有識之士，本所見聞，每多撰述。凡此所涉，如紀開國舉難之始末，靖難建文之佚事，以及萬曆以後之朝局，皆非天下承平之時。『內之記註邸抄，多遺多諱；外之傳記誌狀，多諛多誤』。(二句李清三垣筆記序中語)史以秘而日僞。野史之興，亦勢使然也。迨夫明末，流寇肆毒，勦撫失宜。東人乘之，假包胥秦庭之哭，以滅寇爲名，長驅入關而主中國。其時福唐桂三王，偏安江左，轉徙閩粵。明朔猶存，民心思漢。大河南北，揭竿蠭起，紛紛以復故國相號召。而清廷自謂得天下於闖，喧賓奪主；遂不得不斥三王爲僭逆，汚義師以草竊。揚州十日，嘉定三屠，殺戮之慘，亙古所獨。蓋欲使蚩蚩之氓，不復知尙天有君而後已。當此之時，餘老遺黎，旣悯故國之淪亡，復懼文獻之散佚；遂皆發憤自爲信史，冀以信今而傳後。作者千家，遠邁前代，（全謝山謂野史千家。凌雪撰南天痕，所引諸書，自稱即有九百七十四種之多。）雖由明人喜紀載當時之事，實亦時勢爲之也。然說者每謂野史之病，在於獨成。蓋以委巷窮人，見聞難遍，不免妄據傳會傳聞之辭，以資記述，遂乖是非之眞。且各家所紀，同異實多，規避之處，亦所難免，又安在其爲信史哉！此言誠是，惟尙非探本抉源之論也。夫唐以前之史，何莫非成於獨手。書之信否，存乎其人。陳壽之志，沈約魏收之書，列爲正史。昔人嗤之；然不得幷謂馬記班書，皆不足觀，則獨成何害？昔錢東澗嘗論明季野史之僞：謂『自貞元之朝士，天寶之父老，桑海之遺民，一一皆沉淪竄伏；委巷道路，各以胸臆爲信史。於是國故亂於朱紫，俗語流爲丹青。黨枯仇朽，雜出於市朝；求金索米，公行其剽刦。才華之士，不自貴重。高文大篇，可以數縑邀取；鴻名偉伐，可以一醉博易』。（牧齋有學集卷十四啓禎野乘序）自是實情。然原其所以，皆由未嘗實心致力爲史，或非才具三長，心有餘而力不足；則亦如正史中之有陳志魏書，而不得謂野史中即無馬班也。且以明人而紀明萬曆以前之事，宜可以盡其底蘊，無所避忌；然成祖靖難，世宗議禮諸節，迄久猶未論定。況身處異代，以記故國之事，又疇敢直言賈禍，以身爲射的哉？蓋清初文字之禍特盛：如前明相國烏程朱國楨（按痛史莊氏史案稱國楨諡文肅，與明史同。鮚埼亭集外編卷二十二江浙兩大獄記誤作文恪，文恪則秀水朱國祚也。）嘗著明史。國變後，以叢本質於莊廷鑨，莊家故富，因竄名己作刻之。補崇禎一朝事，中多斥清之語。順治癸卯，歸安知縣吳之榮罷官，謀以告訐爲功，作起復地；乃白其書，時廷鑨已死，遂戮屍，而誅其弟廷鉞。江楚諸名士爲作序或列名書中者，幷株連死。刻工及鬻書者同日刑。惟海寧查繼佐仁和陸圻以先自首得免。（繼佐賴吳六奇救得免。圻女莘行有秋思草堂遺集，詳記圻事，收入痛史。）計死者已七十餘人，此謂莊史之獄。（傅以禮輯莊氏史案本末兩卷，採錄費之圻旅菴筆記。陳寅清榴龕隨筆，無名氏研堂見聞雜記，亭林文集，鮚埼亭集外編，陸莘行秋思草堂遺集，王士禎香祖筆記，及鈕琇觚賸等書。北平圖書館藏有鈔本。）而桐城方孝標先從三桂在滇，著有鈍齋文集滇黔紀聞。戢名世見而喜之，其著南山集即多采錄方氏之說。都諫趙申喬奏之。名世磔死，族皆棄市。孝標已死，其子及孫並坐斬，而諸為捐貲刊行及作序者皆編戍。方苞以藏板亦編旗下。(初皆論死)韓菼諸人平日與名世論文索連，僅得免議。是康熙辛卯壬辰間事。全謝山謂是獄得恩旨全活者三百餘人；則網羅之酷，可以懸知。此所謂南山之獄。考南獄之興，初無所謂大逆不道之事。惟莊書中有稱王杲孫塔即清德祖，建州都督即清太祖，而直書其名；李如柏李化龍熊明遇諸傳中，有『長山飫而銳士飲恨於沙燐，大將還而勁卒銷亡於左衽』等語；指孔耿為叛；及自丙辰迄癸未俱不書清年號，(按丙辰即萬曆四十四年，清太祖稱帝，始建元天命；而癸未則崇禎十六年也。)而書隆武永曆之即位正朔。(按其書今不可考，此據痛史莊氏史案中所載故老傳說。)方氏書中所紀何事，已不可考；今所傳南山集，僅為刪削遺篇，觸犯之由，亦不可知。全謝山謂：『其中極多悖逆語』，想亦不過斥虜奉朔等事。此在今日視之，揆諸史以紀實之義，固屬應爾。不謂清廷當日，竟以此殺人百數也。他如陳建明通紀，紀事止於正德，亦遭禁燬；而明會典並遭刪改，始得收入四庫全書。則其壓抑禁忌之情，可以概見。直至清高宗時，天下大定，始命以三藩事跡附輯覽之末及明史諸王傳後，而諸著書言遜國事者，方稍稍寬其禁令。則當日殷頑，處此淫威之下而為故國之史，縱能免於附會傳聞之謬，欲其直書無隱，亦實難已！吾人考史，端在能參合諸家同異以求其實，並源其所以致異之故；而於其規避之處，又當抉精探隱，考知其意而引伸之。不應故步自封，謂野史皆不足信。則同異及規避之處，適足以資考證也。

南明諸家之書，雖歷劫火，多有散佚；然就今所存者觀之，猶可知其時私家之秉筆者，未嘗無人。其間如興化李清映碧，山陰張岱宗子，海甯談遷孺木，與無錫鄒漪流綺等數人，並以保存文獻為己任，蒐集考定，畢生以之，其才識皆有足稱道者。岱有石匱遺書百有六卷，(見大瓢筆記，據予所見，岱所著尚有史闕十四卷及瑯嬛乞巧錄。史闕有民國七年北京安徽法學社排印本，詳考歷代各史異文，惟明史不與。乞巧錄尚未刊行，友人俞大綱君有傳鈔本，闡紀明歷代帝后名臣言行。而世人最悉其陶菴夢憶一書。)或謂谷應泰撰紀事本末，即得其稿而整齊之。(案葉廷琯吹網錄有辨明史紀事本末非谷書一篇，略云：四庫提要採邵廷采明遺民傳稱岱嘗輯明一代遺事為石匱藏書。孫志祖讀書脞錄述姚際恆[illegible]書錄語云：明史紀事本末，海昌一士人所作，亡後為某以計攫為己書，其事後遂論一篇，乃[illegible]杭諸生陸圻所作。然予嘗見鄒[illegible]今水[illegible]略例內一條云：蓋從朱竹垞先生游，一日語予曰：「谷氏紀事本末，徐徵付者，徵付諸生時，為谷鑑拔，故以此報之。然谷氏以私撰受累，徵付得脫然，幸矣」。至遺民傳云谷購書，亦非虛語。蓋由應泰初屬輯紀事一書，蘋村聞之而知所以報。即託谷名，購張書爲藍本，纂成紀事以獻。應泰受之，乃聘蘋京撰論。原注：「蘋村名倬，字方虎，德清人，康熙癸丑進士，官至禮部侍郎」。）遂有國榷百卷。（邵念魯思復堂集云：「明季稗史，談遷編年張岱列傳具有本末，谷應泰幷採之以成紀事」。則曹周亦嘗採國榷矣。）幷皆卷帙繁浩，或佚或殘。（蔣光煦東湖叢記謂「國榷傳鈔者僅崇禎一朝事耳」。北平圖書館藏國榷爲殘本，南京國學圖書館雖存完本，然傳鈔不廣。）惟清所著三垣筆記南渡錄，（據劉氏徵訪書目清所著尚有諸忠記略已佚。此皆就關涉南明者言之。）與瀫之啓禎野乘明季遺聞，幸得流傳至今。凡此數人，或據當日絲綸之簿，左右史之起居注，召對之籍，自爲考纂；或訪之朝廷，詢諸野老，祛愛憎，辨是非，廣徵見聞，雜著於篇，以爲後人考信之資。皆未嘗以胸臆爲史，固未可盡以東澗之論繩之也。談張之書，邵念魯稱其於稗史獨具本末；李氏諸書，世皆稱其持論平允；而萬季埜亦謂鄒書『頗有可節取者』。（見全謝山綏寇紀略跋中）時至今日，即無心爲史與僞混淆之千家野史，尚足爲吾人考事之助，又況此等書哉！

予因考南明史事，得窺四家之書，尤喜鄒瀫明季遺聞。以其紀載四王之事，首尾具備，簡賅得中，足爲一家之言。而首敘流寇始末，尤有灼見，蓋關獻賓與明運相終始也。嘗觀清人之留心明季史實者，若全謝山楊秋室李蒓客傳節子，皆於野史之說，考訂詳實；而徐鼒撰小腆紀年紀傳夏燮撰明通鑑亦多有所辨正。使後之考南明史者，得以探隱微而踏天日，功在不朽。然諸人之所論定，亦間有未盡或違眾之處。故予不揣末學，遂欲徵引諸書，爲遺聞推廣，而加以考證，補其闕略，亦所以繼全氏諸人未盡之志也。清末崑山李孫香引嘗做三國志裴注之例，補注瀫再來劫灰錄，（葉廷琯吹網錄卷四題氏錄補注跋嘗稱之，今李書不可得見。）予蓋師其意而成此篇。

然遺聞一書，頗爲世所詬病：林留菴『每論及瀫輒切齒，以爲吾同譜鄒木石，何不幸生此無賴子，專爲襍轉降附之張縉彥出脫』；閻百詩謂『瀫生平之壞，坐受張縉彥之賄，李明睿之囑』；皆指是書爲言。全謝山亦謂其書中出脫張縉彥曾被薦復糾叅，（俱見鮚埼亭集外編卷二十九跋綏寇紀略）『并詆其爲李明睿王鐸各曲筆增飾，思以雙手掩天下耳目』。（同上書卷四十九記方電明事）而林氏又進而謂吳梅村綏寇紀略亦爲瀫所竄改十五。遂無完本。全氏和之，（鮚埼亭集外編卷四十四與盧玉溪請借鈔續表忠記書云：「梅村之書，被鄒南瀫所竄改。」蓋全屬林氏之論。）其跋紀略遂謂：『觀瀫議論附見是書者，又頗爲李明睿粉飾，盛稱其請南遷之疏，同符吉水，幾得施行，而爲光時亨所阻，亦子虛也』。綜觀諸說，皆爲縉彥明睿王鐸而發。此皆事實所關，不可不辨。請先一考鄒氏之生平，及其著書之所本。

按鄒漪字流綺，南直無錫梁谿人。（前引全謝山與盧玉溪書謂梅村之書爲鄒南漪所竄改，則漪當又字南漪。）鄒氏固錫金鉅族。（明漪兩代科貢不絕，見縣志。）漪父式金，號木石，崇禎十三年進士，隆武中官泉州知府，尋告歸。（「木石」之號見結埼亭集外編卷二十九跋綏寇紀略，然未言其即爲式金。予按：四庫提要引曝書亭集謂梅村紀略最初爲式金所刊行，因疑漪乃其子，故得竄改梅村之書也。式金科第見光緒無錫金匱縣志。又按：遺聞前蘇宗序稱年家弟，據縣志宗爲崇禎四年進士。明人年誼不必同科，當即指式金言也。）漪爲黃漳浦弟子，（漳浦集無考。漪撰啓禎野乘，自敘稱壯遊虞山漳浦兩氏之門。錢牧齋有學集卷十四啓禎野乘序亦稱其爲漳浦高弟。）復遊錢虞山吳梅村兩氏之門。（牧齋有學集有「范陽後學鄒漪序」，范陽乃鄒氏郡望而非籍貫。序中稱「牧齋易簀時，以手訂有學集授遵王，予子弟及門，故得見而知之」，當即指漪。有學集卷八又有金陵寓舍贈梁谿鄒流綺詩，有「讀書昔已過袁豹，紬史今當繼董狐，金匱蕃章周六典，玉衣原廟漢三都」之句。梅村家藏稿卷三十鄒黎眉詩序云：「余與梁谿鄒子介同舉者閱者將四十年，子介之次子于度及其孫黎眉先後從余游，蓋予之交於鄒氏者三世矣」。後又謂于度早世，黎眉將入太學。不知兩人於漪何人。光緒縣志漪傳謂其從梅村遊。可知當日鄒氏子弟，多從學虞山梅村也。）博學多聞。平生交往多名士，新城王士禎歲暮懷人絕句所謂『花時曾過九龍山，第二泉邊挹妙顏，』即係指漪。（見光緒錫金縣志卷二十二文苑傳，按志卷三十四藝文志另錄有王士禎惠山下鄒流綺過訪及高橋晚望惠山寄徐遵儒仙心南流綺詩兩章。士禎雜著屢及鄒黎眉，然無及漪者。而當日名流，如陳其年尤西堂輩，集中曾不及漪。惟漪既與王漁洋往還，亦必能詩也，惜無考。又按漁洋山人自定年譜「順治十八年辛丑，催徵雲社湖，舟中作論詩懷人絕句六十首」，時二十八歲。居易錄云：「詩中所及，大半布衣」，則漪當亦未嘗仕進也。而漪當較士禎稍長，因其啓禎野乘二集自序謂甲申乙酉之間，曾刊行初集，則其時必不止十歲可知也。）自國變後，即屏居西村，從事撰述。留心故國文獻，初成啓禎野乘，記天啓崇禎兩朝事，錢牧齋稱其『網羅纂集，以繼其師（指漳浦）之志』者也。（牧齋野乘序）漪生卒年月皆不可考，惟知康熙十八年尚在而已。（啓禎野乘二集自序題康熙十八年。又按王士禎卒于康熙五十年，得年七十有八，見自定年譜。漪當先卒。漁洋精華錄卷七詩題云：「年來錢牧齋吳梅村周櫟園諸先生，鄒訏士陳伯璣方爾止董文友諸同人，相繼淪謝，悵望感懷，愴然有賦」。訏士當別爲一人也。）至遺聞一書，則成於順治十四年，蓋欲上續啓禎野乘，以存故國之史。其中敘永曆事僅及庚寅桂林之陷而止，當因永曆其時奔竄窮荒，尚屬殘喘，南天道阻，耳目難週故也。他如福桂年號，皆直筆不諱，則以成書猶在兩大獄前，文字之網未密而然。康熙無錫縣志書目於其書皆不入錄，即可知其後亦在禁忌之列矣。（滿辦禁書目錄載乾隆四十二年十月三十日准四庫全書處咨查繳違礙書籍二百四十三種中有啓禎野乘，禁書總目載乾隆四十一年十二月十三日奉上諭查辦應繳書目內有明季遺聞，道光沐雲更撰錫金志外始補錄漪兩書。）漪自謂是書敍事皆據邸報，其南都事只記耳目所及，浙事得之許子洽紀事，閩事本之其父所撰紀略，（此又可旁證漪父即式金，因式金曾官閩也。）粵事悉之瞿常熟家傳，及華方若新書，（見是書凡例中）蓋絕非道聽胸臆以為史者。綜漪生平，所師如漳浦梅村，皆當時所謂君子，所友如漁洋諸，亦皆名士，其所著書又皆盡有本末可跡，而林氏以下，并斥其書穢誣不堪，何耶？

且考張縉彥雖曾降闖，（弘光實錄鈔紀其事尤詳，明季實錄謂其獻城後被夾死，誤也。）然弘光時已有明旨錄用，命其經理河北山東，戴罪圖功，未嘗列六等中。是漪所紀各節，未為全誣。（鄒氏自序謂「張司馬矢忠北進，而加以不韙之名」，是殆欲辨其非降闖，則稍失實也。）要不得以其後又降清，（見國史貳臣傳）遂并謂其無北進之志。且縉彥為梅村同年，（據貳臣傳縉彥崇禎四年進士，梅村則四年之榜眼也。）明人最重年誼，又安知其非與梅村素厚，梅村預為飾詞，而漪更承師說以論定耶？王變初知開封，闖賊圍城，拒守著績。（見汴圍濕襟錄）其後與路振飛協守淮上，擒獲闖官武愫，乃其師也，竟不相認，毅然殺之。文孫符甲乙事案多稱道其事。全氏謂漪於變多曲筆，不明所指。今考漪書所紀，亦無與諸書立異之處，不知其何以獨斥漪書也。至李明睿請南遷事，諸書少有紀載，錢牧齋與吉水李文孫書（按即邦華之孫）云：『偶遊陪京，見一二野乘稗史記甲申南遷事，』（有學集卷三十八）則當日固有言之而漪得見之者。牧齋撰李忠文神道碑亦闢『群臣爭疏南遷』（有學集卷三十四），弘光時且有詔書暴狀光時亨，牧齋謂詔中未嘗以南遷一議通指兩家。（見牧齋與李文孫書）所謂兩家，蓋指李邦華與明睿而言，（事并見遺聞中）則南遷之議發于明睿可知。弘光時萬元吉又嘗上疏云：『及賊勢薰灼，廷臣勸南遷，出儲監國南都，語不擇音，亦權宜應爾，然已有邪妄議之者矣。』（見遺聞卷二頁十四）所謂勸出儲，倡於邦華，而勸南遷則明睿發之也。（呂留良撰明睿傳云：「明睿字太虛，天啓元年舉人，二年進士，選庶吉士，歷館坊，罷閒六七年，廷臣交薦，擢中允。時闖賊猖獗，京師震動。總憲李邦華密疏請太子監國南都，留不報，上疑未決。而明睿特請面對：太子幼，必上自出乃可有為，不用其策。寇逼，范景文等重理前說，不及事矣」。呂傳見乾隆南昌縣志。）善乎元吉之論曰：『由事後而觀，咸追恨違者之誤國，設事幸不敗，必共服（予按：「共服」當作「共服」。）議者之守經。天下事無全害，亦無全利』，可見南都當日實嘗聚訟於南遷之議。則全氏斥漪言為盡屬子虛，似偽武斷。而其論毅宗南遷一篇，更謂以毅宗之剛愎，決無南遷之理。（本集外編卷三十七）其意殆謂群臣因此必無敢言之者，據情懸揣，雖言之成理，奈即與其辨李襄城并死節篇引姜曰廣疏謂李邦華請南遷為閣輔所阻等語，（見全上書卷四十八）

自相牴牾也。且全氏記方翼明事又謂『鄒氏書中，有一事可採。謂南都翻逆案時，奉化方翼明上疏諫，發刑部擬罪。此事他野史不載，獨見鄒氏之書。予初不甚信，近始訪得其諫疏，又知其為李梅岑先生弟子，梅岑故遺民風節之高者也，當更博考翼明之生平而傳之』云云。特予考文孫符甲乙事案卷二有云：『浙江奉化布衣方翼明疏救祈克終事，指摘馬士英，有旨發刑部問罪』。鄒所紀當即本此。（遺聞卷二頁四十云：「奉化布衣方翼明抗疏直「政祈克終，着送刑部擬罪」，兩文全同，惟鄒改「救祈克終」為「政祈克終」，當是文書誤字，或文氏原未誤而列者誤也。）則全氏不當謂他野史不載。且云『初不甚信』，亦足見其於鄒早具成見。綜觀諸人於鄒書抑揚之處，皆未得當，予不得不疑其意別有在也。

茲銘鄭平子謂黃梨洲門戶之見太重，（見全謝山汰存錄跋）然此實明季清初人之通病，以梨洲之學問才識，猶所不免，餘可知已。說者每謂馬貴陽本非蓄意欲與南都諸君子相水火，（近人姚大榮氏馬閣老洗冤錄力為貴陽辯護，則亦矯枉過正者。且其所引證如劉獻廷五石瓠亦多不可盡信。）而阮圓海志在一官，若當時借邊才之說畀以遠方開府，其志即滿，（所謂「有官萬事足，無子一身輕」。）徒以諸君子不稍假借，遂致激其走險誤國，實非無見。晉菴謝山亦納此旨，（謝山跋蝗蝻錄即謂大鋮小人，必不以得官志滿而不為惡。）故謝山之斥明睿，則謂『明睿降清，曾為禮部，擬進懷宗謚法，尋罷官南歸，是身阮大鋮黨，（予按：明睿事見三垣筆記汰林旗組）其人蓋不足稱』。（見全氏跋綏寇紀略）然予考呂期叔撰傳稱『攝政王入燕，首詢廷臣曰：「漢官何人最賢」？衆以明睿對』。（見乾隆南昌縣志）程稜衞婁東耆舊傳梅村傳中亦謂明睿為正人，（見後引）則其人非全無可取。予謂明睿雖曾降清，其為懷宗請謚，猶可謂不忘故國，跋沈荀蔚蜀難敘略，亦非全不知忠義者。徒以身家念殷，未能一死，觀其甲乙之間，旋即告歸，過南都不朝，亦欲全身而已。若必以屈節責之，則當日改事者，豈僅明睿一人，如貳臣傳中之王永吉即以勤王逗遛，致陷京師，較之明睿又為何如。而鄒於書中亦嘗為之辨解，委罪三桂（卷一頁四十三），且于序中又謂其『能慷慨擔當，實心經世』，與盧九台史道隣并稱，而全氏不及一語。則可知全氏特嫉明睿之附大鋮而遂遷怒鄒書也。昔李映碧序三垣筆記嘗稱夏彝仲幸存錄無偏無黨，能得是非之正。而梨洲因其中於浙黨齊黨有恕詞，又於貴陽持議稍寬，遂指為「不幸存錄」，以梨洲特切齒於貴陽也。此又與全氏之斥鄒書何異。全氏跋汰存錄謂梨洲『於其人一墮門戶，必不肯原，此乃其生平習氣，亦未可信』。何亦躬自蹈之，遂謂明睿依附大鋮，必無請南遷之事，是豈考史求真之道耶？

循此以推，則諸人謂滋竄改梅村綏寇紀略爲明睿粉飾之說亦非也。按程穆衡婁東耆舊傳梅村傳云：『江右李太虛明睿。（據錢玉成所輯歷代典試題名鼎甲錄卷二：明睿江西南昌人，曾主天啓七年湖廣鄉試，取竟陵譚元春爲解元。又按阮葵生茶餘客話卷十二稱：叔子爲李太虛作閒閒影賦。李叔則明睿見之，舌撟不能下。似明睿別字叔則，而明睿爲沈荀蔚蜀難敘略自號閒閒老人，蓋明人喜取別字別號，隨時改號，實一人也。）落魄客授州（授州兩字疑有誤）七大司馬所，與約齋（卽梅村父，名琨。）善。一日，飲於七氏，太虛被酒，醉碎玉巵。主有誚言，太虛情恚去，約齋進而慰之。太虛曰：「君子奇才也，天如（按卽張溥）將以古學興東南，盍令從游乎」？約齋如其言』。又云：『故事：首甲進士刋房書，必首列房師鑑定，而公稿僅列天如名。「奸黨」（二字原文無，參上文補入。）知太虛宦不悅，因嗾之使譏公以蹊蹺。太虛正人，弗爲動；公亦歸過剞劂以自解』。（傳見程氏梅村詩箋前。太倉顧湄撰梅村行狀，澤州陳廷敬撰梅村墓表，顧師軾撰年譜，皆不載梅村與明睿關係。而明史及貳臣傳無明睿傳，縣志亦不詳其與梅村關係。幸程氏傳之。程氏歙人，占籍太倉，其說本之故老，時去吳氏未遠，說者謂其箋吳詩能得吳氏之旨，則其言必可信。）則吳李關係甚深。四庫總目謂紀略中『多回護楊嗣昌左良玉，亦涉恩怨之私。未爲公論』。（卷四十九史部紀事本末類）而諸人未嘗謂滋亦回護楊左，可知逃避回護左之咎（如盛稱良玉勸賊功及序中舉兵東下不爲叛之論，王士禛分甘餘話謂東林諸公，實快左以討馬阮爲名，圖誅其作賊。）必本梅村。則梅村爲史，旣能回護楊左，更何難感明睿知己提挈之情而爲之「粉飾」？又何難進而爲張溥諱「出脫」耶？故予謂遺聞於南都浙東閩粵各節，皆於凡例中明言所本，惟首卷紀流寇事，未嘗說明，其必本之梅村紀略無疑，因其首尾實與紀略吻合，而書中爲人所詬各節，亦必屬之梅村。緣滋見『野史紛紜，愛憎失實，』（遺聞自序中語）故遂據師說以折衷之，而不知梅村亦未能免於「恩怨之私」也。金氏旣憾明睿呈身大鋮之嫌，遂謂其必無請南遷之事，已屬強詞奪理；復因梅村列名復社，一代高文，度無袒護阮黨之理，或亦知之，未忍責難，（誠因滋齊在兼畏之列，而紀略以人因廢。）遂并以梅村所爲，轉嫁於滋，不亦冤乎！在滋生前旣已因刋紀略幾至破家，（此事罕見載記，惟梁玉繩清白士集卷二十八頁二十八[illegible]四欸綏寇紀略云：「吳氏綏寇紀略將付剞劂，鄒流綺以故人子弟之義，實任剞劂，因備載氏姓名參詳，遂罹獄，幾罹不測，舉家號哭，悉笑傷者，僅餘一空，篤溫山背秋岳曹公力爲解救，乃得釋」。梁氏乾隆時人，與金檜山友善，其言必有所本。又考禁書目錄載四庫館查辦違礙書籍條款內云：「綏寇紀略等書，亦并無違礙字句，現在外省一體查繳，蓋緣與錢謙益並稱江左三家，曾有合選詩集，是以牽連并及」。可知紀略曾一度遭禁。則梅村家藏稿前附汪式通序稱「鄒漪紀在，知身後大獄之慮」，未可信也。）而死後二百年來，其齊復黨「積辨」之誚，其受累於梅村亦多矣。予因全氏爲有清史學山斗，且尤熟於明末掌故，而其言未盡得實如此，故特爲之辨正。若謝菴者，又謂紀略『原名鹿樵野史，出一遺老之手，梅村得之，遂以行世』。（見全氏跋紀略中）梁玉繩已辨其謬。（前引其跋紀略後云：「朱竹垞謂梅村……輯成是篇，時地皆有可考，大倉唐孫華有讀梅村鹿樵紀聞詩。蓋梅村一號鹿樵居士，齊爲其自作無疑，間有鄙俚竄入，未必如太常所言出自他手也」。）是其於梅村即具成見，不惟妄言欺世。（或欲爲梅村地）而觀其所自著荷牐叢談，更多臆妄之說，則又不足深辨矣！

第一卷　紀李賊倡亂本末始辛未四月迄甲申三月皇清定鼎燕京之盛

賊首之有名號者，在秦則稱紫金梁，（王和尚）綏寇紀略稱王嘉允死，其署右丞白玉柱，署左丞紫金樑，復糾衆起兵三十六營，號二十萬。是紫金樑白玉柱同起在崇禎四年六月後。明史流寇傳稱金樑名王自用，六年，（綏寇紀略繫在五月）爲川將鄧杞射死。（綏寇紀略稱在濟源之善陽山）綏寇紀略又云：『或曰：自病死』。白玉柱事不詳。

滿天星，烈皇小識稱滿天星名張大受。明史流寇傳於其起事不詳。綏寇紀略稱其爲宜川賊，亦秦寇之一支也。按：明傳及紀略皆稱滿天星於四年二月降于楊鶴，尋又叛去。明傳并稱其於六年爲曹文詔所斬。然烈皇小識則云：『六年三月，張道濬設伏於三[illegible]川，斬其渠滿天星』。今考明史曹文詔傳：『六年三月，賊從河內上太行，文詔大敗之澤州，賊走潞安，文詔至陽城，遇賊不擊，自沁水潛師還擊之芹地劉村寨』。（此節所本紀略）是文詔六年三月有破賊澤州事，道濬時爲晉撫，而文詔以秦將援晉。明傳小識各紀所見，即是一事，正可互相照應也。至紀略後又稱九年三月，過天星滿天星混天星乞降于洪承疇。時滿天星既前死，又何來乞降事。按：紀略同年四月又載過天星降而復叛，小識所紀并同，惟未及滿天星。則九年三月之事，紀略或以過天星混天星名與滿天星相近，而誤及之歟？

蠍子塊，明史流寇傳稱蠍子塊崇禎四年與高迎祥張獻忠等三十六營聚山西；八年，聞洪承疇督師出關，遂與老回回獻忠曹操過天星諸賊先後復走陝西；後於十年與過天星犯涇陽三原，爲孫傳庭所收而降。而烈皇小識云：九年七月，高迎祥蠍子塊攻漢中不克，遂趨西安，秦撫孫傳庭設伏於盩厔，邀擊大破之，擒賊首高迎祥及劉哲，獻俘闕下。并云：『蝎子塊即劉哲』。今考綏寇紀略及明史孫傳庭傳亦稱生得迎祥及其頭哨黃龍僞總管劉哲三人，哲是否即蝎子塊無明文。然紀略又稱十年蝎子塊雄視河西，與西羌作約，則知紀略未嘗以爲一人。而傳庭傳別云：『九年賊亂關中，有名字者以十數，高迎祥最強，拓養坤黨最衆，所謂闖王蝎子塊者也』；又云：『十年，養坤及其黨張耀文來降，已而養坤叛去，急其下追斬之。擊賊惠登相（即過天星）於涇陽三原』。則稱蝎子塊名拓養坤。其稱養坤降而復叛以取死，又可補流寇傳所未及，則小識所云即劉哲者誤也。

老猸猸，（予按：今回子多馬姓，守應亦必回子，故號老回回。猸猸「犬」旁，乃惡之者所增，猶今皖匪張學良之改學狼也。）明史流寇傳稱其名馬守應，綏寇紀略作馬光玉。（明史劉國能傳亦作光玉，熊文燦傳作光裕。）明史曹文詔傳稱文詔於六年七月追斬老回回於濟源，未知何據。八年十三家賊大會滎陽，老猸猸固尚在也。綏寇紀略云：『十年四月，老猸猸病死，衆推其妻掌營』，亦不見他書。而諸書更多載老猸猸十年四月後事。十五年馬守應尚守夷陵。（見此書及見聞隨筆）明亡述略并稱其爲自成所併在十六年羅汝才亡後，（北略卷五李自成赴節亦云「自成併了老回回小袁營，兵威有數萬」。未著年月，當在此時。）又謂自成使人語獻忠曰：「馬守應已降，羅汝才誅死，」則老猸猸十六年猶未死也。然諸書別無參證，莫可折衷，以意度之，或守應光玉本爲二人，其中一人爲文詔所斬，一人死于十年四月，至守夷陵者實其妻代掌之營，而諸書未考，皆以老猸猸稱之，遂致錯出也。

邢管隊，管隊之名不見他書，李自成妻邢氏，是賊中固有邢姓矣。綏寇紀略稱有邢紅狼上天龍者，於五年據吳城以窺汾州，（烈皇小識稱五年十二月，邢滿川上天飛據吳城，當是一事。）不知紅狼是否管隊？遺聞敘晉賊三十二營中，亦有老邢，或管隊由秦竄晉也。然邢紅狼下落亦不可攷，惟明史陳奇瑜傳載奇瑜六年五月一疏，中有巡檢羅聖楚斬馬紅狼滿天飛語，諸書記賊名無滿天飛，疑即小識之上天飛，因疑馬紅狼又即邢紅狼也。（明史流寇傳有大紅狼，又不知是否一人。）

一字王，（劉小山）綏寇紀略稱拓先靈又名一字王，與此書稱劉小山者不同。先靈事詳紀略。紀略云：『四年閏十一月，降賊黨雄王得貴拓亨高凌志等糾賊千餘，攻綏德州，掠義合驛，王承恩擒福綠誘斬黨等七人。五年十月，一座城黨薛紅旗與拓先靈爲戴君恩殺于骨都寺』。予頗疑黨雄即譚雄，高凌志即高自知，（紀略別云：四年十一月，譚雄高自知陷安寨。）拓亨即拓先靈，而王得貴或即一朵雲也。（據紀畧一朵雲亦一座城黨。）紀略記譚黨兩人皆死於四年閏十一月，其爲一人而兩記，似可無疑。高自知爲譚雄之黨，高凌志爲黨雄之黨，與黨雄同死，而高自知死不詳，則凌志自知之爲一人，亦可無牴牾之處。一朵雲既黨一座城，然紀略言戴君恩殺薛紅旗拓先靈于骨都寺，獨不及之，故疑即前死于四年閏十一月之王得貴也。且黨等爲降賊，（見紀畧）拓先靈等亦降賊，（見明史楊鶴傳，先靈作先齡。）事又相合，則更可明諸人之二而一者矣。惟紀略稱拓亨死于四年閏十一月，拓先靈死于翌年十月，兩人事未盡符。今按：烈皇小識云：『四年十一月，（小識四年不敍閏，宜從紀畧作閏十一月。）陝西賊譚雄陷安寨，王承恩誘雄等五人斬之』。而紀略稱七人（見前），予故疑紀略之稱拓亨死於四年者，蓋先靈之複出，而致誤也。薛紅旗事不見他書，明史陳奇瑜傳，奇瑜六年五月疏報賊敗滅事，有他將斬草上飛一隻虎（當非李過，亦非[illegible]旭。）一翅飛雲裏手四天王薛紅旗輩，與紀略之稱紅旗死於五年十月者，亦無牴觸也。至諸書或稱張福臻（福臻爲延綏巡撫，五年受奇瑜代，見明史奇瑜傳。）或稱王承恩，（承恩時爲總兵）或稱戴君恩，（君恩爲參政，見奇瑜傳）或稱羅世勛，（世勛時爲參將）實皆一事，亦各據所見也。

領兵王，

領兵王等四人與豹五（王之臣）先後同死，事在七年。見明史艾萬年傳。

整齊王，

烈皇小識稱即張胖子。綏寇紀略云：『八年十月，賊從信陽走孝感應山，盧象昇以兵夾勦之』。小識云：『八年十一月，祖寬破賊整齊王于九嵩』。（據紀畧及明史祖寬傳當作九皋山，屬河南府嵩縣。）又云：『九年二月，湖廣賊九條龍張胖子等攻竹山』，此事之可考見者。此書亦一及整賊事，乃稱八年陳撫陳必謙與象昇協力勦賊，部將左良玉陳永福趙國柱等斬整齊王于宜陽，則整賊自不能攻竹山於九年，豈張胖子別是一人，而小識誤記耶？

闖塌天，（姓劉）

劉國能就撫後，於十四年九月死於葉縣，諸書皆無異辭。惟與國能同就撫後死於襄城之射塌天李萬慶，諸書於其就撫年月，紀載不一，今附辨之。烈皇小識（卷七）及北略（卷十八李自成陷襄城節）幷稱萬慶死於崇禎十四年十一月，明史萬慶傳作十五年正月，莊烈本紀及汪喬年傳又作十五年二月，明通鑑（卷八十八）亦從十五年二月之說。夏氏並有考異云：『孜傳宗龍以去年九月中旬戰沒，事聞方命喬年出關討賊，則喬年之奉詔，已在十月冬月間，而自成方圍南陽，喬年幷無赴援之事，必歲暮正初時明矣。且明史本傳所記喬年入襄城在二月二日，城陷在二十七日，核與本紀所記丁巳，僅相差十日，然其事同在是年之二月，固不誤也』。今按：十四年自成之由川入豫，先取洛陽，破葉縣，遂進圍汴梁，以官兵援集，又南轉經泌陽而破南陽，圍郾城，遂破襄城，喬年死之，賊乃乘勝還破歸德而復圍汴，（據此許）時十四年十二月杪也。（見汴圍濕襟錄第二圍）北略（卷十自成陷南陽節）與明史流寇傳所記行程年月皆同，則襄城之陷，事在汴城再圍之前，又按：喬年之代宗龍在九月，以當日朝廷特戰之急，斷不容有二月猶豫也。及喬年歿，賊再圍汴，乃不得不起孫傳庭以救汴。（明史莊烈帝本紀：十五年春正月癸未，傳庭為兵部侍郎督京軍救開封）。不然，以喬年近在一省，又何必捨近求遠耶？此尤可為喬年前死之證。越縵堂日記言夏氏史學甚疏，（同治八年二月二十九日條）則其言固未可視為定論也。喬年既死于十四年十一月，則萬慶隨喬年守襄城以殉，自亦當以小識北略所紀為是，明史萬慶喬年兩傳多相抵觸，皆未得實也。

過天星，（張五）

明史諸書皆稱過天星名惠登相，與此不同，或惠登相仍其綽號耶？過天星為十五家賊之一，（見綏寇紀畧破房縣）九年三月，秦賊受撫勢衰，過天星乃與滿天星混天星乞降于洪承疇，（見紀畧。滿天星未乞降，詳見前滿天星條。）四月，旋叛於延安（見烈皇小識）五月，從綏德安定華亭，謀入晉。（見紀畧）十年十月，又與李自成奪寧羌，混天王革里眼會之，分三道入川。（見前書，惟小識不及革里眼。）烈皇小識并稱其後于十三年六月與張獻忠有郄，闖羅汝才與張合，遂詣鄖昌降。然小識又有云：六月己卯（二十九日）過天星闖宋走關縣，屯南墻，知汝才東竄，而官兵漸迫，因北走。己卯為六月，晦，過天星已降，則不應復北走，是小識自相牴牾處。今按紀略於過天星之降雖不詳月日，然稱北竄事在閏六月二十四日，明曆十三年閏正月，清曆同年（崇德五年），則閏六月，（見東華錄太宗紀）想紀略必據清曆，是北竄事在六月二十四日。（又按小識於己卯下系丁巳，知丁巳是六月初七日，則己卯實乙卯之誤，乙卯，初五日也。）

不沾泥，

綏寇紀略云：四年二月，不沾泥攻米脂敗遁，手殺健將虎緋紫金龍以自贖。烈皇小識北略明通鑑（卷八十二）皆系之是年四月。北略（卷七洪承疇逐劉宗敏節）所紀尤詳，且稱四月二十四日丁卯，月日明確，較爲可信。

混世王，

明史流寇傳云：『六年春，總兵官曹文詔率陝西兵，偕諸將猛如虎虎大威頗希牧艾萬年張應昌等合勦，屢戰皆大克，前後殺混世王滿天星姬關鎖翻山動掌世王顯道神等』。綏寇紀略則明稱文詔以六年二月十三日殺混世王于西僫碧霞村。明史猛如虎傳以殺賊事歸之如虎。按：文詔傳紀逐賊事亦不稱其斬混世王，則如虎傳不誤也。烈皇小識於混世王事不詳，惟有云：『五年十二月，亂世王與紫金梁爭一掠婦擄小隊，遣弟混天王來投誠』。（卷三）予疑此混天王必混世王之誤，一因混天王既爲亂世王弟，自以名混世王爲相近。一因綏寇紀略（澠池渡篇）云：『六年正月，亂世王與紫金梁有隙，衆遂分爲七股：曰混世王，曰關鎖，曰八大王，曰曹操，曰掃塌天，曰興加哈利』。幷見明史文詔傳。兩賊之隙，即見小識，而七股之中，有混世王而無混天王也。至又有以混天王誤作混世王者，小識紀略幷云：十三年七月，小秦王混世王降於楊嗣昌，明史嗣昌傳從之。混世王已死于六年，何得又有降事，諸書自相矛盾，則此混世王又混天王之誤也。

曹操，

曹操名羅汝才。烈皇小識（卷八）見聞隨筆（李自成傳）北略（卷十九）明史流寇傳及此書於其死事，幷稱在十六年，自成陷承天後。隨筆明傳不系月日，此書作三月十一日，（十日殺革里眼，其明日即十一日也。）小識與北略作四月，北略附攷云：『他書載三月十一日甲辰自成殺汝才，而史略與編年則載四月內，予（計氏自稱）謂自成三月初十殺左革，明日復殺汝才，恐未必如此之速也』。然予則以爲闖之殺革，其機已洩，若遲延一月，使吉珪（北畧稱山東人元珪，小識作袁珪，諸書作山西人吉珪，隨筆又稱印馬以關隴輝者，黃州廩生也。）者，既能爲之謀於先，（隨筆曰：山西擧人吉珪爲汝才謀主，謂汝才曰：闖李帥非容人者，今群雄皆俯首，所願殺與左革耳，將軍何不早自計？汝才始憬然，然不爲備。）必更因革死以成己說，而發汝才之難。北略稱汝才多智而狡，故賊中號爲曹操，又焉得坐以待斃。自成倘不速圖，禍且及身，是未可以遠而致疑也。明史莊烈本紀及明通鑑亦稱十六年三月庚子，李自成殺羅汝才，倂其衆，事在三月，已可無疑。惟兩書稱庚子，與諸書之作十一日甲辰者，差五日，庚子初七日也。如從此說，則革賀之死，又當在初六日己亥，以其先於汝才一日也。

亂世王，

明史流寇傳稱十五年八月後，亂世王藺養成，爭世王劉希堯，與老𤊹𤊹革裡眼左金王同附自成，爲革左五營。（傳稱革左於十五年八月後以獻忠敗北投自成，疑五營之附，皆在是時。）又稱以劉希堯爲制將軍，以藺養成守夷陵。此書亦稱五賊皆闖偏稗，而以養成守夷陵，（此書此處稱闖養成「闖」當是「藺」之誤）事在自成殺汝才後，則自成併老𤊹𤊹後，始以養成代其守夷陵者也。養成初起事不詳，惟烈皇小識（卷三）載其五年十二月與紫金梁屯紅梯關吾兒峪。此書（卷一頁十七）別稱其號胡闖。又稱劉希堯爲治世王，爭世王則賀錦也，皆與他書不同。

九條龍，

明史流寇傳稱九條龍乃十三家賊之一也。然虎大威傳云：『大威六年從巡撫許鼎臣擊賊介休，殲其魁九條龍』。又鄧玘傳亦云：『七年正月，以賊盡入鄖襄，命玘援勦，解南漳圍，敗賊胡地冲，斬闖天王九條龍草上飛抓山虎雙翼虎』。按綏寇紀略（車箱困篇）云：七年閏八月，横天王九條龍二賊，由雒南上津趨鄖陽徐家廟，抵鄖川。烈皇小識又云：九年二月，湖廣賊九條龍張胖子等攻竹山。而十三家賊大會滎陽在八年正月，是九條龍無前死之理。大威玘兩傳所紀不符，當不足據。（玘傳又稱七年正月斬草上飛，陳奇瑜傳亦稱六年五月疏報斬草上飛，明傳紀賊名目不清多類此。）

賀雙全，

綏寇紀略云：『六年十一月，官兵破賊于武安之柳泉猛虎村。賊張妙手賀雙全等三十六家詭詞乞撫，受之。二十四日，賊從毛家寨渡河，是爲澠池縣之馬蹄窩』。（澠池渡[illegible]篇）此書亦稱六年十一月賀雙全新虎等因京營乞降。新虎不知何人，是與紀略所紀爲一事。則張妙手賀雙全同爲鉅寇，澠池一渡，關係綦鉅，而諸書不載兩人事，殊可異也。再按：明史練國事傳云：總督陳奇瑜以誤縱車箱峽之賊，（七年八月事）委罪陝撫練國事，國事疏辨，其叙賊事中有張妙手部九千一百餘人之語，則張妙手又係與李自成同困車箱峽，降而復叛者也。想賀雙全或亦在內。

高總管。

羣盜中高姓顯名者：高迎祥初稱闖王，九年七月二十二日爲陝撫孫傳庭禽于盩厔磔死。高傑以盜李自成妻偃興投降，南都封興平伯。與高加計爲三人。此稱總管，不知何指。按傑爲自成部下，或其人耶？傑與迎祥事跡，諸書無異辭。加計督賊，甞非此書所指，以同姓高，特將其事附附考於後：

高加計名見明史虎大威猛如虎兩傳。(烈皇小識卷四作陳道神高加計，綏寇紀畧卷一頁三十一作顧道神高加討，「計」「討」二字形近，未知孰誤。)綏寇紀略稱其爲計嵐賊，與其黨同里劉浩然并死於八年三月，與大威傳合。而如虎傳稱其死於八年二月。予按新撫吳甡(據明史甡傳，甡以左僉都御史巡撫山西)既察虎猛二將可用，更用諜以間賊，賊果內自疑，持劉浩然首來降，高加計乃出掠，爲二將追至忻代山中(當在今寧武中山附近)遂爲大威射斃；加計黨賀宗漢號活地草者，懼而僞降于寧州，劉光祚伏兵山陰斬之。(參見紀畧卷一及明史劉光祚傳)三人授首先後甚明。明史曹文詔傳又云：『會賊高加計已殲，而鳳陽告陷，遂肅兵而南，以八年三月會總督洪承疇于信陽』，尤足證加計死于二月。或賀宗漢以懼而僞降，稍隔時日，而紀略遂以高劉之死衍而并入三月也。

晉豫則稱郝光，

郝光名僅此一見，諸書載延西賊郝臨庵事甚詳，賊中別無郝姓，疑即此人。然臨菴實未嘗擾晉，或此書有誤耶？今以臨菴及其黨可天飛李都司獨行狼事，附攷於後：

烈皇小識云：『五年正月，時以西濠(明史作延綏)之捷，爲從來用兵第一。而延西諸賊郝臨菴可天飛屢爲官軍所敗，獨行狼復入其伍，據鐵角城，耕牧其中，爲持久計。洪承疇曹文詔進擊之，斬可天飛，其二賊亦生擒伏誅』。(卷三)北略紀事與小識同，(卷八洪賓破賊西濠大捷兩節)而綏寇紀略云：『五年八月初八日，曹文詔陣斬可天飛於何家寨』。西濠之捷，明史文詔傳及紀略皆系五年三月，可天飛死在西濠捷後，小識北略誤稱在正月者，殊不足辨。至紀略所稱，亦有未得實者。紀略以可天飛爲文詔追斬，按：清國史洪承疇傳云：『五年，同總兵曹文詔賀虎臣等剿賊慶陽平涼，擊斬賊渠可天飛等，降其將白廣恩，文詔復擊賊寧州鏵子山，賊黨殺獨行狼等以降』。(明史文詔傳與此合)明通鑑亦云：『五年八月，文詔與甯夏總兵賀虎臣，固原總兵楊麒，復破賊于甘泉之虎兕凹，賊窮追數百里，所俘獲甚衆。會洪承疇擊斬可天飛李都司于平涼，降其魁白廣恩，餘賊分竄者，文詔追殲之鏵子山，其黨殺獨行狼郝臨菴降』。(卷八十三，夏氏有改異。)是文詔先後敗賊西濠虎兕凹，承疇乃得于其間斬可天飛李都司。明本紀所云『五年八月甲戌，(初九日，與紀畧稱八日者小異。)洪承疇敗賊於甘泉，賊首白廣恩降』，蓋即指此。則可天飛非文詔所斬也。紀略紀獨行狼之死亦兩說互抵：一稱五年八月獨行狼可天飛伏誅；一稱十一月二十二日，賊持郝臨菴獨行狼二首來降。按：明史文詔傳云：『十月，三戰三敗，遂擊賊寧州鏵子山，其黨殺獨行狼郝臨菴以降』。折衷兩說，較得實也。

混天星，

綏寇紀略云：『九年三月，混天星與闖將起澄城，歷韓郃，過宜雒，循鄜延入環慶，涉寧夏固原界，十年十月，與李自成過天星入寧羌，分三道入四川』。蜀難叙略叙川賊十三家中亦有混天星，然不紀其敗亡事。明史左良玉傳稱川賊至十三年尚未蕩清，則其時混天星或猶未死也。烈皇小識亦載十年十月李自成過天星混天王革里眼等入川事。混天王名不見他書，惟此書稱其亦爲曾像賊三十二營之一。五年六月，爲湯九州斬于馬鞍山。則小識所稱之混天王必混天星之誤無疑矣。又按：烈皇小識云：『四年二月，王子順自號橫天一字王，苗美自號混天王』。然考綏寇紀略稱三年二月杜文煥追斬苗美于賀家灣，美既前死，又何來自號事，小識既未核明美死年月，則其所云自號混天王亦未可據信也。

闖和尚，

明史流寇傳云：『四年，羣賊闖正虎老徊𤞑曹操八金剛掃地王射塌天滿天星破甲錐邢紅狼上天龍蝎子塊過天星混世王等，及迎祥獻忠，共三十六營，衆二十餘萬，聚山西。五年，闖正虎據交城文水，窺太原；邢紅狼上天龍據吳城窺汾州；自用獻忠突沁州武鄉，陷遼州』。闖正虎事，與此書稱闖和尚者爲曾像賊三十二營之一，頗相符合。且明傳所紀三十六營賊名，與此書所紀三十二營，亦多相同。正虎當即和尚名也。綏寇紀略僅紀自用獻忠事，而餘者不詳。今按烈皇小識云：『五年二月，賊首搖天動獨頭虎據交城文水，北窺太原；邢滿川上天飛據吳城，東向汾州』。時事皆與明傳吻合。惟云獨頭虎而不及闖正虎。按獨頭虎名僅見紀略（紀畧稱其爲宜雒賊。四年九月，合于一丈青上天飛滿天星等五部。）及明傳，（傳云：「四年正月，別賊獨頭虎上天龍等先後降」。）其事跡諸書皆不詳，未知即正虎否也。

上天龍，

綏寇紀略稱上天龍與邢紅狼五年據吳城以窺汾州。烈皇小識作上天飛邢滿川。上天飛當即上天龍之異名。紀略又稱上天龍曾於四年七月降于楊鶴。明史鶴傳云：『四年正月，別賊拓先齡金翅鵬過天星田近菴獨頭虎上天龍等先後降』。又云：『七月，別賊李老柴獨行狼攻陷中部，田近菴以六百人守馬欄山應之』。紀略於後事不系月日。田近菴既降而以七月復叛，度上天龍或亦同降而同叛；鶴傳於正月稱上天龍等先後降，猶當在七月前也。紀略又稱上天龍死於十四年十二月，蓋與李自成圍開封時爲礮所殪，事見明史流寇傳及高名衡傳。然明史忠義郝景春傳（卷二百九十二）又稱獻忠殺房之變，遣賊陷城，景春擊斬其將上天龍，兩事必有一誤。（或有兩上天龍，一附闖，一附獻。）

新一字王，（此書又稱有新立一字王者，五年八月為左良玉所斬，與此是否一人，不可考。）

烈皇小識稱：三年四月，王子順自號橫天一字王，又稱一字王，當即此人。此書稱新一字王者，蓋以別於先死之一字王拓先靈也。（先叛事見前一字王條）王子順與王左掛同倡亂。（見明史流寇傳）綏寇紀略紀其於三年二月掠綏德州，及三月與張述聖姬三兒為官軍遏于延川而降兩事。小識（卷四）稱八年七月，一字王等部衆十餘萬，高迎祥統十二萬，亦自澠關出閿鄉，亦當是子順事。又考明史流寇傳紀十三家賊內有橫天王。橫天王既為劇賊，甚詳明史諸書，絕少道及其往來事跡者。明傳稱八年正月，群賊會滎陽，議以橫天王混十萬當陝兵，與小識所紀一字王自澠關出閿鄉事不相抵觸。且橫天一字王又稱一字王，想為稱呼便利計，則又何不可簡稱橫天王，故予以為橫天王亦即子順也。

順義王。

綏寇紀略殺房變篇稱順義王與順天王皆在十三家賊中，然明史流寇傳舉十三家賊有順天王而無順義王。（明傳以九條龍代之）按紀略東箱困篇所紀大會滎陽之十三家中亦無順義王，與明傳同。而明史熊文燦傳稱順義王為順天王黨，則順義王為小賊。此書不紀順天王，殊為疏漏。又按紀略稱十一年四月，順天王已前死，順義王為其下劉希才所殺，餘黨推改世王主之。（諸書所紀畧同）然考明史李萬慶傳云：『十一年十一月，汝才降，自成又大敗，關內賊勢益衰，惟萬慶光玉一條龍順天王最勁。十二年正月，順天王已死，有劉希才者，夜取順義王首以獻，餘黨推許可變（綏紀畧可變即改世王）為主，與胡可受皆降，自是群盜大衰』。文燦傳又云：『十二年三月，順天王已前死，其黨順義王為其下所殺』。是順天王之死，不得先於十一年十一月，而順義王又在其後也。紀略所紀，乖謬甚矣。

時湯九州駐兵水治，居安林磁武四州之要路。八月（五年）有陽邑鎮料泉清涼山九龍山王凱寨原康村湖南七捷，斬獲賊目（原作日，當誤）混天猴等。

混天猴諸書稱其名張應金，烈皇小識獨作張壬金。據諸書所紀，其敗亡時地，皆與此異。茲以其事跡附考於後。此書所紀，莫能辨其是非矣。

綏寇紀略云：五年七月一日，曹文詔等追賊于延水關，馬科部卒得混天猴之首以狗。又云：七月，馬科斬混天猴于延水關，賊可天飛等圍合水，文詔嘉譲大敗賊於銅川橋，越日，再于虎兕凹大破賊。又云：七月初四日，可天飛劉道江郝臨菴等因混天猴黨煽動，再圍合水，焚東關，文詔大敗之；初十日，又破之于銅川橋，十七日，又破之于虎兕凹。其敘事層次，皆與明史文詔賀虎臣兩傳相合。可天飛等之圍合水，蓋因混賊之黨以其渠已死而潰合于可天飛，因而煽亂所致；則混賊不與銅川橋之戰也。然明通鑑以爲合水之圍，銅川橋之戰，混大猴之死，虎兕凹之捷，皆在八月。幷稱文詔連敗慶陽賊，賊潰而西，復連兵圍合水；是以混賊其時尙存，故又以其死事附於銅川橋後。夏氏自言明本紀有五年八月洪承疇敗賊甘泉之文，而西濠及合水之戰，爲文詔關中兩大捷，史家但據承疇奏報，歸功承疇而不及文詔。（見卷八十三考異）其意本在辨明文詔之功，而於本紀月日未暇考核，不知其與文詔虎臣兩傳不符也。（本紀月日或以奏到爲準）至北略稱混天猴戕河西道張允登刼餉銀事。在四年十一月；及陷宜君事，在同年十二月（卷七混大猴陷甘泉節）者亦誤。据諸書：前事在閏十一月（見明史本紀及卷二百九十二忠義張允登傳，明通鑑卷八十二。）後事在五年正月，（見紀畧及明通鑑卷八十三）皆後於北略所紀一月。豈計氏不知四年有閏耶；

洪承疇率總兵曹文詔曹變蛟左良玉賀人龍等，凡破賊於寧塞，於西安，於延北，於西濠，於莊浪，斬賊渠神一魁等。

烈皇小識（卷三）云：四年八月，神一魁劫守將吳弘器，官兵圍之，其黨黃友才斬一魁以降。北略所紀略同。綏寇紀略稱一魁於四年二月廿降楊鶴于寧州，九月，復據寧塞以叛，十二月，伏誅。明通鑑亦云：『四年十二月，副將張應昌部將獲神一魁誅之；或曰：「官兵攻之急，其黨黃立中（當卽小識所稱黃友才）斬一魁首，獻之軍門」』。夏氏攷異云：『一魁之誅，諸書皆系之九月，據其始叛也』。則小識北略稱一魁死于八月，自屬不經。而明史楊鶴傳稱一魁叛於七月，或亦因諸書稱其死於八月而誤置也。考鶴傳稱九月，御史謝三賓劾鶴撫局不成。則一魁此時必猶未死，其後鶴罷而承疇代督三邊，始得平亂，卽此書所稱破賊寧塞事也。是一魁死日，當從紀略。

陳必謙與象昇協力勦賊，部領諸將左良玉陳永福趙國杜等，斬掃地王於郴。

綏寇紀略紀掃地王死凡三次：一云：『四年十二月，曹文詔斬掃地王於宜綏近嵐之郝家高粱丑山』；（卷一澠池渡）一云：『九年九月十五日，陳永福敗賊於郟縣之高家坡，掃地王授首』；（卷四宋陽讀）一云：『十二年二月，賀李二將從左路夾擊，賊潰陣堅不可動，我師奮勇壓戰，賊潰，墜崖澗者亡算，追奔四十餘里，左兵斬首二千二百八十有七，內有掃地王曹威白馬鄧天王等三十六級，皆賊將』；（開縣敗左良玉瑪瑙之捷）則明有二掃地王矣。四年事明史文詔傳及諸書皆不載；九年事即此書所紀；而於瑪瑙山之捷（烈皇小識明史本紀楊嗣昌傳左良玉傳明通鑑皆稱在十三年二月，嗣昌傳并云二月七日，雖與本紀稱初五日丙辰者小異，亦仍是二月也。惟此書與北略卷十六作六月，敘事亦微有不同。計氏附稱獻史略載二月事。未知孰是，疑紀略得實。）獲掃地王曹威級事，則并見明史楊嗣昌左良玉兩傳。明史取一遺二，可知其有所擇矣。惟烈皇小識又稱良玉二月瑪瑙之捷，無斬掃地王事，後且明稱掃地王李靖（後又自稱掃地王張一川，與此又異。）以獻忠敗，於六月乞降嗣昌，嗣昌以之隸監軍萬元吉標下。十月丙寅，擊賊梓潼，賊得而剮之，元吉請卹其妻子於夷陵。其稱掃地王降於六月，與此書及北略稱瑪瑙之捷在六月者，不無關合；而稱十月擊賊，亦與嗣昌傳十一月前賊陷梓潼昭化相合。則小識所紀，未爲無據，惜元吉題卹疏不可得考也。又按：東華錄（卷四頁十四）云：甲申六月『葉臣啓奏饒陽一路上賊悉平』。其原注云：『饒陽上賊康文斗即康少環，郭北畿即郭拱北，自號掃地王，曾降李自成』。則掃地王又有張李曹郭四姓矣。

十月，（九年）賊入舒城，參將張一龍勝之於谷家閘，獲其頭目搖天動等。副將孫應元勝之於烏紗山。

烈皇小識紀搖天動事最早，卷三（頁八）云：『九年十二月，賊首獨頭虎搖天動掠交城文水』，卷四（頁九）又云：『八年六月，隴西賊搖天動等幾陷西和，曹文詔赴援，力竭自刎』；兩事皆無可參證。小識稱文詔死難年月不悞，或搖賊事亦有據也。搖賊之死，見於明史盧象昇傳，傳云：『迎祥圍廬州不克，分道陷含山和州，進圍滁州。象昇率總兵祖寬遊擊羅岱救滁州，大戰於城東五里橋，斬賊首搖天動』。當即此書所紀張一龍事。然據紀略自成攻廬州在九年正月十七日，陷含山和州在同月廿四日，而圍滁州則二月初旬事也。（紀畧作正月事，然稱與和州之陷相距九晝夜，則二月矣。）是則兩書所紀，地雖相近，而人與時俱有未合。更考紀略稱十年四月，時老猶猶已病死，衆推其妻掌營，又分支賊別名搖天動共八營二十餘萬，結壘于桐城。而蜀難敘略亦稱川中賊有搖黃賊黃大王混天星搖天動黃龍等十三家，亂川者十餘年。明史秦良玉傳所紀略同。沈氏以曾在蜀而言蜀事，自較可信。若搖賊九年已死，又爲能圍桐城擾蜀東耶？至孫應元烈皇小識作張應元，明史賀人龍傳同，而紀略於同篇中兩稱之。按明史孫應元傳所紀應元時地官職，幷與諸書稱張應元者相當，明末武職有張應昌，從洪承疇擊賊延綏，諸書或因應昌而誤以應元姓張矣。

戊寅二月，賊渡河間光山等處，結連曹操及托天王。

常國安（綏寇紀畧常作脊）據烈皇小識即托天王也。綏寇紀略稱十三年五六月間，賊革左全營自歸，未幾颺去。王光恩素有善意，幷說其八營俱降，後見闖部猶豫，不能專決，久之，八營降者復叛。國安爲內鄖九營之一，（見紀畧）則亦同降而同叛去。然烈皇小識云：六月丁巳，（初七日）國安降於張應元（當作孫應元）幷令所部抓地虎往諭過天星降；其後更爲官軍出力破賊；所系月日，自庚申（初十）至庚午，（二十）屢次非然，則國安又似降而未嘗更叛也。考明史楊嗣昌傳又云：『十二年十一月，獻忠屢敗於興安，求撫不許，其黨托天王常國安，金翅鵰劉希原，來降』。此稱金翅鵰姓劉，與諸書稱王成功者不符；似國安之降亦不足據。且其後又云：『七月，監軍孔貞會等大破汝才豐邑坪，其黨混世王小秦王率其下降』。紀略敘述尤詳，文云：『七月，汝才小秦王混世王等自獨折回興山，十四日，孫應元等備興遠者敗之豐邑坪，十六日，小秦王混世王降，惟汝才逸去』。是可定國安亦在降者之列。其稱孫應元，亦與小識稱國安降於張應元者合。小識之六月，殆係八月之誤。（六月辛亥朔，八月庚戌朔，干支僅差一日故也。）而國安旣爲官軍盡力，則必不更叛矣。

戊寅六月，左良玉大敗賊于高坡，混十萬（本名侯世綸）帶傷遁，妻子囚執入省，混十萬亦旋降。（予按高坡，當即綏寇紀略之高家坡。）

混十萬綏寇紀略稱其又名馬進忠，紀略紀其事多與烈皇小識所紀整十萬事相合。紀略云：『九年六月，從山中直犇淅川，敗于陳永福，復竄山中。十二年三月，左良玉破之于鎮平關，遂降于熊文燦，繼又叛去』。而小識云：『十一年八月，賊轉操合整賊過天星托天王整齊王小秦王混世王整十萬革里眼於陝州，南走內鄉淅川』。又云：『十三年七月，整十萬稀地王小秦王金翅鵰托天王過天星闖家等七股，降於嗣昌，惟羅張相抗。（幷見嗣昌傳）所謂由陝出內淅，即紀略所謂敗于永福而復出也，故有鎮平關之敗；（此齊將良玉敗之高坡，未知是一事否，然年月固不同也。）而降于嗣昌，乃在穀房變後，參之紀略，是再降矣。兩人事跡旣相銜接，且按之諸書，羽黨與黨略同，然兩名從無一處幷見者，故予以二人爲一人。此書稱泥十萬本名侯世範，與紀略異。侯世範與泥十萬音相近，泥十萬或即世範之訛轉，而其原號爲帶十萬也。馬進忠又嘗是降後改名諸書所追記者，李錦改赤心（小腆紀年卷十一頁廿九）即其例也。

癸未二月十日，自成設酒縛革。

革里眼名賀一龍，烈皇小識係其死事於五月，然其後又敘四月，先後倒敘，疑五月乃三月之誤。北略紀事多襲小識之文，其自成陷常德系於三月，小識亦隸五月，可證也。北略又稱其死于二月初十日，然其下篇考云：『予謂自成三月初十日殺革左』，則二月亦三月之誤矣。至兩書皆稱左金王與革同死，別無可攷。惟諸野乘無紀左死者，或兩書無訛也。左金王名賀錦，綏寇紀略又作左監王。

襄城伯李國楨請勿犯陵寢，改殯先帝后，勿害太子二王三事，賊并諾。乃易他棺，葬以帝，祭以王。數日後，葬於田貴妃墓之斜，惟國楨一人往送。國楨隨自殺。（予按：馮夢龍燕都日記亦稱莊烈得葬，多賴國楨，魏禧嘗力辨國楨非死節。）

弘光實錄鈔（卷二頁十）紀國楨之死事，與此書相同。明季實錄（死節紀）所紀尤詳。顧炎武極稱國楨之忠，謂爲勳臣之冠；又引證閩中吳鴻弊血書稱『大行皇帝出喪之日，止一李襄城國楨匍伏哭送，葬畢自刎，真勳臣中第一人也』云云，以實其說。三垣筆記亦謂國楨殉難（又卷中頁十七）是其後南都贈謚，非無由也。然李清所記，全祖望已稱其失攷。（鮚埼亭集外編卷二十九跋三垣筆記）又著論詳辨諸書之誤，其言云：『國楨降，賊帥張能索金不遂，被拷不勝痛楚，自經死。北平王錦衣親見之。弘光定六等，解學龍貴國楨降賊之罰，及大鋮更定，南京諸勳衛爲之請，遂稱殉義。南京城未破時，都院李邦華請南遷，實爲國楨所阻，見南都姜日廣疏中。野史反謂其力請南遷。又云：帝后葬日，自縊其旁。攷左侍郎懋第北使密鈔及趙吏目一桂紀葬事甚詳，初不及國楨一字』。是國楨非徒無殉義之忠，且有阻遷之罪。故烈皇小識特書『大負先帝委任，終以拷掠死者，李國楨也』，嫉之已甚，遂并其爵亦不書矣。顧炎武黃宗羲或因南都贈謚，而信國楨爲死節也。

自成怒，即於四月十三日率兵往戰，盡戮吳襄家口三十餘人。三桂痛哭誓師，令其兵皆薙髮，刻期剿賊，軍聲大振。賊戰敗於一片石，二十六日，狼狽還京。二十八日，悉餘西行，輜重無算。或曰：太子二王挾之俱出。二十九日，焚宮殿，後隊亦去。

據烈皇小識一片石之戰在四月二十四日（東華錄作己卯二十二日）時吳三桂挾北兵入關，遂破自成，自成乃奔還京師，憤而殺三桂父及其家口三十八人。是與此書稱自成先殺吳驤家口然後交戰者不合。今按：吳耿尚孔四王合傳三桂傳云：『自成敗後，一日夜馳入京師，復令挾吳襄上城以招三桂。三桂射殺左右挾者。自成遂斬襄，懸其首於城上，并家口三十餘人，盡殺之。』與小識所紀甚合。予意自成既懼三桂驍勇，自必留襄以羈其心，斷不致未戰先殺以激怒之，則此書所紀事實倒置矣。至此書稱自成十二日作戰，當指其發京師日也。明季實錄（燕邸實鈔）亦稱其十三日迎戰，然謂其十九日返京則謬矣。又按：是書前稱自成擇于廿九日登極受朝賀，（卷一頁四十一。幸存錄云：「自成破都城不滿四十日，每欲僭位受賀，擇於四月二十七日，而迫於三桂，倉皇出走」，與此小異。）而東華錄別謂自成於三月二十二日稱帝燕京，國號大順，改元永昌。考永昌乃崇禎十六年四月自成在承天所建元，（歷代紀元編）其在西安時，已稱大順，（是書卷一頁二十三）非陷京師後始僭號也。自成敗後返京，諸書有稱其僭位後始西行者，有稱其未嘗成禮者，雖未知二說孰是，然可必其無三月二十二日之事也。

第二卷　紀弘光南渡本末始甲申五月迄九月

鳳陽總督馬士英移書可法及署兵部侍郎呂大器等，請奉福王爲帝。可法大器持不可。二十七日，右都御史張愼言，戶部尙書高弘圖，詹事府詹事姜曰廣，吏科給事中李沾，河南道御史郭維經，誠意伯劉孔昭，司禮太監韓贊周等，復集朝內會議，獨大器後至。議不決，孔昭沾贊周力持之，遂以福王告廟。

定策之議，諸書所紀略同。皆以爲福王之立，緣於士英；而可法實主潞藩，且致書士英，極貶福王，後遂以此爲士英所挾持也。然棗林雜俎紀其本末，頗有異辭。談氏謂高張之意，屬於洛陽；史頗不然之，意在衡藩。又謂士英初意不專雒陽，與史尙書同，偶値福王舟，擁而南，皆議。又云：『二十七日告奉先殿，姜詹事撰文，高尙　畢筆云：「神宗皇帝之第二子第一藩」云云，後李沾謂爲其手筆，俱非其實』。（見定策本末節）又云：『劉都督澤淸自臨淮逃淮安，柬馬士英，亦立潞王也。遣某幕客說金陵，及聞王即位，計殺客滅口。客脫走陳學士盟所，學士皆對高相國言之。貴陽謂膠東曰：「觀州原簡，將當相示」』。（

議論)談氏稱時寓總憲(張慎言)署中，所言多目擊，(見定策本末)而又與高弘圖相訟，高氏且為雜俎作序，記載自足為據。則士英以擁戴功自居，與澤清其後力攻諸臣，朱統𨨗之劾曰廣異議，皆屬誣辭。諸書雖稱可法為士英所賣，蓋猶未窮究此中曲折也。至嘉善吳亮中云：『史相手札稱周府保寧王某(原闕名，按明史表稱保寧王紹𤇺，崇禎十六年為李自成所掠，當即其人。)曾陷賊脫歸，相國才之，欲推立焉』。談氏已疑相國曉人，必無推立郡王之理，(見史相國督師節)亮中未知何人，想亦如統𨨗輩依附貴陽，而為之設詞以誣可法者。則定策之議，當日已是非莫明矣。又談氏稱高弘圖謂定策大事，內臣勳臣皆不當預議，時共側目，(見定策不預內臣節)其言當亦有據。然則孔昭贊周實未與議也。是或為孔昭後日廷攻諸賢之張本歟？

以初四日監國。

諸書(甲乙事案，聖安本紀，續幸存錄鈔，弘光實錄，南疆繹史，南明野史，小腆紀年，紀傳。)皆稱福王於五月初三日庚寅監國，惟紀福王之立作初四日。按明季實錄南中近報節敘弘光監國時序甚悉，有云：『初三日，百官朝服行告天禮，王升殿，百官行四拜禮，魏國公進監國之寶，王受訖，再行四拜禮乃退』。與棗林雜俎監國儀注節所紀相符，當非臆說。然同書監國福王詔書，則言于初四日暫受監國之號，朝見臣民於南都。則顧氏之說，前後矛盾。予意或以初三日成禮，初四日設朝，則諸書所紀，各有當矣，又諸書稱設朝在奉先殿。考談氏雜俎稱奉先殿嘉靖壬戌易稱皇極殿，南京諸殿俱廢，惟武英殿存。諸書稱奉先，蓋猶沿會典之舊，實則在武英也。(見監國儀注節)

十五日即位。

諸書(聖安本紀，甲乙事案，南疆繹史，紀福王之立，明季實錄，弘光登極詔，三藩紀事本末，明史史可法傳，弘光實錄鈔，南明野史，小腆紀年，紀傳。)皆稱福王於五月十五日壬寅即位，惟續幸存錄作十六日。按十五望日，於理為宜，夏氏當誤。(史可法督師江北書亦作十五日。)

可法請督師江北，士英專國。

聖安本紀稱可法於丁未出京督師，南疆繹史作丙午，小腆紀年紀傳(安宗紀)作乙巳。乙巳為五月十八，丙午十九，丁未則二十日也。而明史史可法傳又作十六癸卯。按甲乙事案稱士英於十六日擅自入朝，南略稱可法於是日自請督師江北，(卷一頁四。青燐屑亦謂可法士英於王卽位後廷爭出處事，士英不願出鎮，可法遂不得不出。)事案南略弘光實錄鈔又稱可法於十八日辭朝，本末甚晰。聖安本紀前又云：丙申(初九)召士英入京；己亥(十二)可法自請督師，紀事失實。則丁未之說，未可信也。

吏部尚書張愼言薦用原任大學士吳甡，吏部尚書鄭二俊。詔赦甡罪陛見；三俊候另議。二十三日早朝，劉孔昭約諸勳臣呼大小九卿科道於朝廷大罵愼言，欲逐之去。

聖安本紀稱愼言薦甡在五月二十二日己酉；而孔昭廷訐其薦誤國罪臣，本紀與諸書皆作二十三日庚戌，惟南疆繹史獨稱薦甡事在二十日丁未。揆之情勢，繹史必誤。孔昭之於愼言，初無仇隙。然孔昭與阮大鋮善，愼言改冢宰，率詔書逆案罷勿用，大鋮乃嗾孔昭拉勳臣同攻之。(本敍林維組勳臣跋扈節)是愼言固大鋮之所欲去之恐後者，故一得此釁，孔昭已不及其疏而廷訐之矣。此書後云二十四日孔昭補疏糾參，亦因高弘圖言其何遽毆爭也。設事在丁未，相距數日，則孔昭又何待補疏耶？

六月，史可法馬士英各奏吳三桂殺賊功，封三桂薊國公世襲。

諸書(甲乙事案，弘光實錄鈔，南略，南疆繹史，小腆紀傳。)皆系此事於五月乙卯。(二十八日)而聖安本紀作己卯。按五月干支無己卯，而六月有之，乃二十三日，相距過遠，此己卯當亦是乙卯之誤。惟紀福王之立明稱事在六月，與此書同。時南北間阻，音問稍遲，亦意中事。而顧炎武所纂聖安紀略亦稱事在六月，則又疑本紀之己卯不誤也。

士英奏薦欽案阮大鋮以知兵賜冠帶陛見。

南略南疆繹史小腆紀傳稱士英薦大鋮在六月壬戌(初六日)；甲乙事案作癸亥(初七日)，而別稱大鋮於甲子(初八日)陛見；弘光實錄鈔作乙丑(初九日)；聖安本紀又作丙寅(初十日)。按：南略稱命大鋮來京陛見，則與士英奏薦必非同日。及大鋮用，而諸正人如程註張愼言等，以其言不聽相繼去位，溯季實錄與紀福王之立首之有序。是大鋮之用，在程張去位之前可知。據本紀註以甲子，愼言以內寅相繼致仕。則大鋮陛見當從事案作甲子，而士英奏薦，宜作壬戌，庶幾相距二日內，諸臣得從容諫爭也。(實錄鈔詳紀諸臣諫諍者甚夥)至弘光實錄鈔載史可法進調停之說曰：『昨監國詔款內起廢一款，有除封疆逆案計典贓私不准起用一段，臣爲去之，後來不知何故復入此等字面，此示人以隘，不欲以天下之才，供天下之用也』。鄭維綸奏糾輔失言，而士英又奏，亦稱監國詔書，據閣臣史可法疏，謂逆案等事俱抹去，顧呂大器添入之，引爲口實。予甚疑可法何以爲作此論，其所謂不負其師者，(見方苞撰文集卷九左忠毅公紀事)果何在耶？

然諸書不及可法疏，此書錄維經疏，亦去其劾可法失言一節。不知諸書之刪削，爲其不實耶？抑爲賢者諱也？

上先帝餘謚曰思宗烈皇帝，周皇后曰孝節皇后。忻城伯趙之龍言「思」非美謚，請易爲毅宗烈皇帝。（弘光實錄鈔卷三頁十五作孝節烈皇后，予疑此遺一字。）

聖安本紀以此事系六月壬戌（初六日），弘光實錄作辛酉（初五日），南略作丁巳朔，南疆繹史作戊午朔。予按：事在朔日，當無疑義。而紀傳作初二日戊午，（小腆紀傳稱六月丁巳朔）乃襲繹史之誤，六月朔日固爲丁巳也。（據二十史朔閏表）至崇禎帝廟謚，南北不一，且數經更易。故朱彝尊稱『莊烈愍皇帝之謚，定自本朝；而野紀紛紜，或書思宗烈皇帝，或書毅宗烈皇帝，或書威宗烈皇帝，或書懷宗端皇帝』，（曝書亭集卷三十二史館上總裁第七書）可見一班。南都初謚，原爲紹天繹道剛明恪儉揆文奮武敦仁懋孝烈皇帝，廟號思宗，（見聖安本紀）皇后曰孝節烈皇后，（見南略）此書稱孝節者誤也。六月二十三日己卯，趙之龍糾高宏圖議思宗廟號之失，請改正，詔仍舊。（見南略。棗林雜俎先帝改謚節云：「張愼言先擬烈宗敏皇帝，高弘圖謂堯典「欽明文思，」獨「思」字未謚，以謚先帝」云云，則又嘗作烈宗思皇帝矣。與諸書稱思宗烈皇帝者異，未知孰是。又續幸存錄稱擬謚者爲顧錫疇，據此足明其誤。）其後以少宗伯管紹甯之請改毅宗。（見三垣筆記卷中頁二十三）而小腆紀年云：乙酉二月，改崇禎帝廟號爲毅宗正皇帝。李慈銘攷證稱隆武後又改毅宗爲威宗，（予按：思文大紀卷二頁九，乙酉八月十三日隆武帝立皇后詔中尚稱毅宗，則此時尚未改也，隆武遺事載其答魯王書卽稱威宗矣。）而烈皇帝之謚如故，諸書亦未有稱正皇帝之謚者。則余煌之請，（紀年稱改謚從禮部余煌請）或未行也。又按：清謚爲莊烈愍皇帝，陵曰思陵。明本紀記載甚晰。而李慈銘稱清謚端皇帝，（與上文考證皆見受禮廬日記讀小腆紀年條）予前引朱氏史館上書亦有懷宗端皇帝之稱。三垣筆記又云：『若請不稱懷帝而稱懷宗尤異，不知何家之宗也。金哀宗乃其末主承麟所謚，非蒙古所謚，我明止謚元庚申君曰順帝』。（卷中頁二十四）蓋懷宗端皇帝爲李明睿所擬初謚也。又明季實錄所存大清檄文有云：『喪祭盡哀，謚曰思宗皇帝，陵曰思陵，』正誤參半。且南都亦稱思陵，（見三垣筆記卷中頁二十四）豈顧氏有意代以明謚耶？

封福府千戶常應俊爲襄衛伯。…應俊者，本革工，值弘光出亡，應俊負之履雪中數十里，脫於難，…襲（原作異）衛有功者也。

小腆紀傳宏光紀稱六月戊寅（二十二日），封常應俊（聖安本紀又作應僕）襄衛伯，幷稱應俊曾於同月庚申（初四日）擢爲五軍都督府左都督，至是封伯。棗林雜俎敘其生平與此書同，惟稱其於南渡後官都督同知，猶少之，求放歸，(當應後爵)則知其官左都督(正一品)前，尚歷都督同知(從一品)，而非徑由千戶受封也。至其封爵，南疆繹史作襄城伯，襄城乃李國楨，必無需同之理。貳臣傳趙之龍傳敘乙酉南都降清勛臣作項城伯，然甲乙事案(六)明書襄衛，附列降臣之末，亦可明項城之誤。或應後爲項城人耶？

中允衛胤文兼兵科給事中，監興平伯軍。

聖安本紀云：甲申十月甲戌，(二十日，南疆繹史小腆紀傳并作癸酉，先一日。)以逃官前左春坊左中允衛胤文(繹史傳紀作右春坊，又無左中允三字。按明紀實錄刑釋諸臣敘及明史解學龍傳俱稱胤文爲諭德。中允秩六品，諭德則從五品，胤文或已遷諭德。紀傳繹史稱右春坊，又必爲右諭德矣。明史史可法傳猶稱中允，亦失考覈也。)兼兵科給事中，監興平伯軍。小腆紀傳胤文傳明稱其監興平軍事在疏劾史可法後，然史可法傳又稱在先，兩傳相犯，必有一誤。今按：明史史可法傳云：『士英忌可法威名，加故中允衛胤文兵部右侍郎總督興平軍，以奪可法權。允文傑同鄉也，陷賊南還，傑請爲己監軍，傑死，允文承士英旨疏詆可法，士英喜，故有是命』，事殆可信。緣興平留胤文監軍時，在史高和衷之後，必不容有疏詆之舉；及後與平死，胤文遂希旨求官。觀其先甘降賊，則小人慣技，不足怪也。

時獻賊在四川，陷涪州，再陷瀘州，順流下重慶。

聖安本紀稱獻忠陷重慶在六月丁丑(二十一日)，諸書日紀多同。而拜鵑山人見聞實錄云：『順治元年六月壬申，張獻忠自瀘州順流犯重慶，乙亥，衝佛圖關破之，遂陷重慶』。又云：『六月戊寅，獻忠陷重慶，執瑞王常浩將剮之，天雷大震，獻忠大呼曰：「天示雷霆，令我不殺瑞王耶？必剮王，天其奈我何！」雷旋止，王被磔，闔宮死之』。(見漁洋精華錄箋注卷七上頁三及頁四十註引。蜀道驛程記及蜀難敘略俱載瑞王本封漢中，李自成入陝，走重慶，及獻忠陷城，王遂與巡撫陳士奇知府王行儉巴縣令王錫同遇害。)所紀月次詳明，然與諸書相差一日。今按蜀難敘略稱：『六月曾英守涪州水路，趙榮貴守雞山陸路，俱敗而逃。賊遂得佛圖關，以火攻重慶府，大殺，次日，悉斷民右手，以瑞王及關南道陳纁(從王由陝奔川者)等縛於教場殺之』。沈荀蔚以親歷之事，筆之於書，自較傳聞可恃，雖文有脫誤，然月日猶足考信。所云瑞王等之死，後於城陷者一日，當得實情。參之諸書所紀，可想定城陷在丁丑，而王死在戊寅也。

九月，予北京殉難諸臣諡。

據李清南渡錄優卹之請，始於御史陳良弼。南略稱九月初三日戊子，賜北京殉難文臣二十一人，勳臣二人，戚臣一人諡，（結埼亭集外編卷二十九跋甲申十九忠臣事跡全氏云：十九忠臣，孟公在予附見，而南都又益以前陳侍御純德，則二十一矣。是即南略所稱之數，聖安本紀稱二十二人。然姓名俱未詳，不知又多何人也。）月日與此書合。然聖安本紀弘光實錄鈔皆作八月。（本紀作二十六日辛巳，實錄系二十八日癸未，月同而日不同。）又按：甲乙事案(二)以『予翰林汪偉諡文烈，御史王章諡忠烈』系於七月。偉亦十九人之一，事案又不及餘人，蓋予諡本有先後，故諸書各異也。（明季實錄諸臣題奏部稱顧錫疇七月七日題請，南略載八月廿四贈李邦華少保，可爲佐證。）

大學士范景文，諡文貞。

明季實錄稱景文字質公，官東閣大學士兼工部尚書，贈太傅。（贈官又見弘光實錄鈔卷二）明史本傳稱其字夢章，與實錄異。又云：『淸諡文忠。』（弘光實錄鈔云：「景文字質公。」）

戶部尚書倪元璐，諡文正。

明季實錄稱元璐字鴻寶，官戶部尚書兼翰林學士，（見文武光節立篇）實錄應正祀文臣篇東華錄（卷七順治十年六月辛亥賜諡）及明史本傳只稱其官尚書，小腆紀年記殉難諸臣又僅稱其爲翰林學士，李慈銘（受禮廬日記跋小腆紀年篇）已詳辨其誤。甲乙事案稱官戶部尚書兼侍讀學士亦誤也，諸書（實錄死節紀，弘光實錄鈔卷二，受禮廬日記，結埼亭集卷二十四文正公祠堂碑銘。）稱贈太保，惟明史本傳稱贈少保吏部尚書。明傳又稱其字玉汝，請諡亦爲文正。全祖望云：『鴻寶在明諡文正，淸諡文貞，明史幷作文正誤矣。明人本擬先生諡爲文忠，先生弟朗齋顧得文正，（此書本於三垣筆記卷下頁六）於是同難杞縣劉宮允亦用此諡』。（結埼亭集外編卷三十跋始寧倪尚書墓銘）則明傳稱贈少保，亦未足據也。（弘光實錄鈔云：「元璐字玉汝」。）

左都御史李邦華，諡忠文。

（予按：黃忠端集卷二十五有王忠文公碑，是「忠文」之諡不誤。）

明史表傳皆稱邦華於十五年冬代劉宗周爲左都御史，聖安紀略東華錄（卷七）亦作左都，明季實錄死節紀作右都御史，當誤。實錄又稱邦華字懋明，贈太保（與弘光實錄鈔合，然同書應正祀紀作贈太傅。）吏部尚書，（見應正祀紀，明史本傳同。）幷其諡忠文，與此書同。予按弘光實錄鈔聖安紀略兩書皆誤作文忠。（嘉慶禁書目錄有李忠文集，牧齋有學集卷三十四有忠文神道碑。）明傳稱其字孟闇，（據神道碑並作懋明）又稱：『淸諡忠肅』。（弘光實錄鈔云：「邦華字懋明」，誤。）

副都御史施邦曜，謚忠介。

明季實錄(死節紀)稱邦曜(弘光實錄鈔作邦燿)官左副都御史，與明史本傳同。幷云：贈左都御史。(弘光實錄鈔同)惟明傳又稱贈太子少保。傳云：『字爾韜』『清謚忠愍』。弘光實錄鈔則稱其字四明。

戎政侍郎王家彥，謚忠端。

明季實錄(死節紀)稱家彥字遜石，(同書燕都實抄作遜五)官協理京營戎政右侍郎，(聖安紀略亦稱右侍郎)贈太子太保，兵部尚書，與明史本傳同。惟實錄應正祀紀及弘光實錄鈔稱贈太子少保而已。明傳稱其字開美，與實錄異。又云：『清謚忠毅』。(弘光實錄鈔云：家彥字同丘。)

刑部侍郎孟兆祥，謚忠貞。

明季實錄稱兆祥字省形，官刑部右侍郎，(聖安紀畧明史本傳幷作右侍郎。)贈刑部尚書。(弘光實錄鈔明史本傳幷同。)明史本傳稱其字允吉，與實錄異。又云：『清謚忠靖』。弘光實錄鈔又稱字省形。

大理寺卿凌義渠，謚忠清。

明季實錄稱義渠字茗柯，贈刑部尚書，(弘光實錄鈔明史本傳贈官同)而同書應正祀文臣紀稱贈刑部侍郎。按明史職官志大理寺卿及侍郎皆正三品，贈官必無同秩之理，明史是也。忠清之謚，諸書皆同，惟弘光實錄鈔作忠靖。今考乾隆長山縣志(卷十四頁五十五)孝廉李伯成長中亦稱忠清，則忠靖當誤。明傳稱其字駿甫，與實錄異，而與弘光實錄鈔同。又云『清謚忠介』。

太常寺卿吳麟徵，謚忠節。

明季實錄(死節紀)稱麟徵字磊齋(鮚埼亭集外編卷十四施忠愍祠碑亦稱磊齋)官太常少卿，聖安紀略明史本傳所紀官銜幷同。小腆紀年別稱其官太常卿，李慈銘(日記選小腆紀年書)稱其蓋沿襲誤甲申傳信錄。弘光實錄鈔稱其得贈侍郎，明傳亦稱贈兵部右侍郎。實錄先稱贈太常少卿，是乃麟徵原官，後又稱工部侍郎。按明傳稱麟徵於京師被圍時，奉命守西直門，贈官似作兵部較適也。明傳稱麟徵字聖生，與實錄異，又云：『清謚貞肅』。(弘光實錄鈔云：「麟徵號磊齋」。)

庶子周鳳翔，謚文節。

聖安紀略稱鳳翔官右庶子，明季實錄(死節紀)作左庶子諭德，兩書若俱出顧氏手，何自相矛盾如此。按庶子五品，諭德從五品，不宜幷稱，明史本傳稱鳳翔歷中允諭德爲東宮講官，甲乙事案亦稱其官左庶子，則實錄正誤參半也。至其贈官諸書作禮部左侍郎，明史本傳作右侍郎，未知孰是。明傳稱其字儀伯，亦與實錄稱巢軒者異。傳又云：

『清謚文忠』。（弘光實錄鈔云：「鳳翔謚威軒」。）

論德馬世奇，謚文忠。

甲乙事案聖安紀略明季實錄。（實錄有作左諭德中允者，然兩官不得并舉也。）皆稱世奇官左諭德。然明史本傳云：『崇禎十一年進左諭德，父喪歸，久之還朝，進左庶子』，是世奇已陞官庶子。（諭德從五品，贈官禮部侍郎亦嫌品秩懸絕。）東華錄（卷七）作左中允，尤大謬矣。弘光實錄鈔又稱世奇得贈禮部右侍郎，明史本傳所紀并同。惟明傳稱其字君常，與明季實錄稱素修者異。傳又云：『清謚文肅』。（弘光實錄鈔云：「世奇字君常」。）

中允劉理順，謚文正。

甲乙事案聖安紀略東華錄（卷七）稱理順官左中允，明季實錄（死節紀）作左諭德中允，其應正祀紀亦作左中允。按明史本傳稱理順陞南京司業左中允以至右諭德，則諸書所紀左中允，其前銜也。實錄誤以諭德中允并舉，然稱其官諭德，與明史合；惟所稱左右微異而已。實錄又稱理順字湛陸，與明傳異。（傳作復禮，弘光實錄稱號湛六。）其贈官則明史諸書皆作正詹事。明傳又云：『清謚文烈』。

簡討汪偉，謚文烈。

明史本傳稱偉字叔度，明季實錄（死節紀）又稱其字長源。（弘光實錄鈔字同）偉贈官明史諸書皆作少詹事。明傳又云：『清謚文毅』。

太僕寺寺丞申佳胤，謚節愍。

明史本傳稱佳胤字孔嘉，明季實錄（死節紀）稱字園表，邸潑中節愍傳又稱字井眉，三者未知孰是，疑邸傳為可信也。佳胤贈官明史諸書皆作太僕少卿。至其易名明季實錄聖安紀略弘光實錄鈔邸傳及明史皆作節愍。魏石生申鳧盟（佳胤長子涵光也）傳及年譜稱佳胤為端愍。明傳云：『清謚端愍』，蓋從清謚也。甲乙事案作忠愍當誤。（弘光實錄鈔云：「佳胤字井眉」。）

給事中吳甘來，謚忠節。

明季實錄（殉止總紀）烈皇小識稱甘來官給事中，甲乙事案亦稱官戶科給事中。惟明史本傳稱甘來於崇禎十五年擢戶科都給事中，東華錄（卷七）亦作都給事中，當從之；因明史諸書皆稱其得贈太常卿，疑給事中（從七品）品秩過小，贈官不得懸絕如此也。實錄又稱甘來字甘泉，名字相犯。明傳稱其字和受，當較可信。（弘光實錄鈔云：「甘來字和受」。）傳又云：『清謚莊介』。（又按：甘來弟泰來字臨受，則和受不誤。）

御史陳良謨，謚恭愍。

明史本傳稱良謨於崇禎十二年出按四川，期滿當代，再留任，及還朝，不旋踵而京師陷。初只言其爲御史，竟未詳終於何官。明季實錄（死節紀）稱其爲四川道御史，（弘光實錄鈔同）或別有所據也。明傳又稱良謨字士亮，贈太僕卿，（鮚埼亭集卷六陳公神道碑贈官同）而明季實錄（死節紀）稱其字賓日，贈太僕少卿，（弘光實錄鈔贈官同）與明史異。按之全祖望陳公神道碑（鮚埼亭集卷六）士亮賓日兩字皆不誤，惟贈官無從考其孰是耳。良謨清謚恭潔，（見明傳）江東又賜謚忠貞，見全氏神道碑。全氏舟山宮井碑中又稱甲申殉難諸有臣陳忠愍公者，（鮚埼亭集卷二十四）當亦指良謨，（因殉難諸臣別無鄞人陳姓者。）不知何以作忠愍也。（弘光實錄鈔云「良謨號賓日」，誤。）

陳純德，謚恭節。

（遺聞卷一頁二十八又云：『賊陷山西，巡按陳純德與愍德同死』。）明季實錄（死節紀）稱純德字淡元，贈太僕少卿，（弘光實錄鈔贈官同）原官福建道御史，北京巡按提督學政。明史本傳則稱其字靜生，贈太僕卿，幷與實錄異，未知孰是。傳又云：純德擢御史巡按山西。甲乙事案引傳信錄云：『純德提督學政，二月出巡保定，三月八日撤考還京』。參據兩書，則實錄之北京巡按應作山西，蓋巡按提學，實兩事也。至甲申諸忠，惟純德清未附謚，全祖望曰：『嘗聞之黃先生曰：「甲申之難，陳侍御在俘戮之列，而議入之」，意者以此不預乎』。（鮚埼亭集外編卷二十九跋甲申十九忠臣事跡）今按：傳信錄稱純德城陷後被執拷掠死于家，甲申忠佞紀事亦列純德入受刑之臣，則全氏之說不誤。而清在北京，聞見較切，故不若南都之濫與贈謚也。（弘光實錄鈔云：「純德投繯死」。）

王章，謚忠烈。

明季實錄（應正祀紀）稱章官河南道御史，贈大理寺卿。其原官諸書皆作御史，無異辭。而贈官則弘光實錄鈔及明史本傳亦俱作大理寺卿，當不誤也。明傳又稱章字漢臣，清謚節愍，幷稱章次子之栻仕國爲職方主事，亦死難。之栻即全祖望所謂駕部也。（鮚埼亭集外編卷十一王玄趾事略）按明史職官志兵部四司，職方車駕，其二也，全氏所稱駕部，當指車駕，則與明史稱職方者異。然之栻鄞人，全氏熟於鄉邦掌故，疑明史所紀，不若其言爲可信也。又按：全氏稱章有子瞻辯，嘗知鄞縣，其後殉於金華，（鮚埼亭集外編卷二十二祭甲申三忠記）而未詳其爲之栻何人，不知即之栻否也。（弘光實錄鈔云：「章字漢臣」。）

吏部員外許直，謚忠節。

諸書（明季實錄先節紀，聖安紀畧，甲乙事案，弘光實錄鈔等）皆稱直官吏部員外郎，據明史本傳則考功司員外郎也。明季實錄稱直字若魯，贈太僕少卿。明傳載直字同，惟贈官作太僕卿。今考弘光實錄鈔亦作太僕寺卿，則實錄誤也。傳又云：『請諡忠愍』。（弘光實錄鈔云：「直字若魯」。）

兵部主事成德，諡忠毅。

明季實錄稱德官兵部主事，（光節紀）明史本傳亦作武庫司主事，與安紀略甲乙事案別作兵部郎中。紀略亦出顧炎武手，不知何以與實錄相犯也。明季實錄又稱德字元升，贈官光祿卿，與明史合。惟弘光實錄鈔另稱其得贈大理正卿。予謂主事秩止六品，贈官宜作光祿卿，觀同官金鉉贈官同品之太僕少卿可知也。明傳云：『請諡介愍』。（弘光實錄鈔云：「德字玄升」。）

金鉉，諡忠節。

明季實錄（光節紀）稱鉉（甲乙事案誤作金鋐）字一篋，官兵部主事，贈太僕少卿。（弘光實錄鈔贈官同）明史本傳稱其字伯玉，餘同實錄。惟甲乙事案稱其原官兵部員外郎，按事案誤稱其名作鋐，則所紀官秩亦難必其可信，明傳固明稱鉉十七年（崇禎）始起兵部主事也。明傳又云：『請諡忠潔』。又按全祖望舟山宮井碑（鮚埼亭集卷二十四）中稱甲申殉難諸臣中有金忠毅公，豈江東於鉉，又別有賜諡耶？（弘光實錄云：字伯玉。）

觀政進士孟章明，諡節愍。

弘光實錄鈔云：『章明，字顯之』。明史孟兆祥附傳稱章明得贈官河南道御史，（明季實錄同）請諡貞孝。甲乙事案諡節愍，當是節愍之誤也。又按明史（卷二百六十六）明季實錄皆載應附祀文臣七人，章明即其一也。餘為戶部郎中贈太僕寺少卿徐有聲，兵科給事中贈太僕少卿顧鋐，（明史弘光實錄鈔及鮚埼亭集外編卷二十九跋彭仲謀流寇志皆作鋐，明季實錄誤作鉉。）工科給事中贈太僕少卿彭琯，貴州道御史贈太僕少卿俞志虞，（明史稱鋐琯志虞皆為賊拷掠而死，不應濫贈恤者。弘光實錄鈔亦稱志虞為賊所殺。）總督畿南山東河北軍務仍兼巡撫贈尚書徐標，（明季實錄稱標為保定巡撫，弘光實錄鈔作眞定巡撫。明史稱標以崇禎十六年二月超擢右僉都御史巡撫保定，李自成陷山西，加標兵部右侍郎總督畿南山東軍務，仍兼巡撫，移駐眞定，旋標被戕。是明季實錄稱保定巡撫，乃標前官，而弘光實錄鈔稱眞定巡撫，乃因其以總督移駐眞定仍兼巡撫而誤也。）大名兵備副使贈右都御史朱廷煥。（以上六人姓名官職贈恤係參酌明史明季實錄弘光實錄鈔寫定者）

贈理順妻萬氏，妾李氏，德妣張氏，淑人；鉉妣章氏，妾王氏，偉妻耿氏，恭人；世奇妾朱氏，李氏，良謨妾時氏，孺人；建坊旌表。

明季實錄烈皇小識及明史（卷二百六十六）所紀應正祀婦人九人中無鉉妾王氏，而益以吳襄妻祖氏，贈二品夫人，未知孰是。又按世奇得贈禮部侍郎，秩三品，而其妾朱氏李氏贈孺人，秩七品；良謨得贈太僕少卿，秩四品，而其妾時氏亦贈孺人；宜皆有誤。若謂妾非妻比，則理順妾李氏何以又贈淑人耶？

又予勳戚惠安伯張慶臻，謚忠武。

明季實錄云：『贈太師，進侯爵』，弘光實錄鈔同。

襄城伯李國楨，謚貞武，

明季實錄云：『贈太子太師，進侯爵』，弘光實錄鈔同。（實錄稱國楨字朝瑞。）

新樂侯劉文炳，謚忠壯。

明季實錄云：『贈太師復國公，謚忠莊』，忠莊當是忠壯之誤。弘光實錄鈔同。

左都督劉文燿，謚忠果。

烈皇小識（八卷）稱文燿乃文炳之弟。明季實錄云：『贈太保，謚忠貞』，然弘光實錄鈔聖安紀略幷稱謚忠果也。

駙馬都尉鞏永固，謚貞愍。

明季實錄云：『贈少師』，弘光實錄鈔同。實錄又云：永固大興人，（見燕都實鈔）官都督，而明史公主傳則稱爲宛平人，官駙馬都尉。（聖安紀畧弘光實錄鈔同）按永固尚光宗女樂安公主，都尉是也。籍貫則不知孰是。實錄之都督，又其職也。

太監王承恩王之心謚忠愍，李鳳翔謚忠壯，鳳翔以降賊被殺者。

明季實錄（應正祀忠紀）云：『應正祀內臣一人，總督京營內臣王忠愍公承恩』，聖安紀略明史幷同。承恩蓋從帝死煤山者。然實錄長安道上驟（又作驟，當誤。）出闖賊罪狀以撫民逃正祀復仇說又云：十九日丙時，先帝披髮跣足崩於大內兔耳山，內監王之俊跪於帝前自縊，其後又稱提督京城內外巡捕訓練兵馬司禮監王之俊奇吾王德化王承恩王之新保定府容城人，是又以從帝死者爲之俊，而之俊承恩更判然兩人也。又按弘光實錄鈔稱承恩與張縉彥，爲賊所害，而稱從帝死者爲王之心，大興人。（卷二頁十）今考弘光實錄鈔前已稱正祀內臣王承恩，（卷二頁五）則承恩倘非從先帝死者，何得應正祀而反遺之心。且之心與李鳳翔高時明褚憲章方正化張國元六人爲附祀內臣，亦見此書。（明史明季實錄幷同）是其紀事前後矛盾，烏足徵信。意者其以承恩之心兩人事互相錯附耶？又考曝書亭集云：『內官從死者，或云王之臣，或云王之心，或云王之俊，其實則王承恩，章皇帝有諭祭文，此明徵矣』。（卷三十二史館上總裁第七書甲）今思陵旁有承恩塚，尤足釋疑。然則明季實錄或更誤之心爲之俊也。（貳臣傳張縉彥傳稱此縉彥者爲王德化，又可明弘光實錄鈔之誤。）

大同巡撫衛景瑗，謚忠毅。

明史景瑗傳云：『贈兵部尙書』（明季實錄弘光實錄鈔同）。

宣府巡撫朱之馮，謚忠壯。

明史之馮傳云：『贈兵部尙書』，明季實錄弘光實錄鈔稱贈右都御史。按明傳稱之馮以崇禎十六年正月擢右僉都御史巡撫宣府，則贈都御史亦不誤。惟其同官景瑗得贈尙書，當是贈尙書兼都御史也。明傳又稱之馮爲大興人，然弘光實錄鈔別作徐州，未知孰是。

總兵官周遇吉，謚忠武。

明季實錄弘光實錄鈔云：『贈太保』。

又先後補予開國諸臣謚：鄖國公馮國用謚武翼，濟國公丁德興謚武襄，德慶侯廖永忠謚武勇，定遠侯王弼謚武威，長興侯耿炳文謚忠愍，潁國公傅友德謚武靖，宋國公馮勝謚武壯，永義侯桑世傑謚忠烈，河門王俞廷玉（予按：據明史廷玉爵河間郡公，河門當是河間之誤，且廷玉幷未封王，河間王乃榮國公張玉所追封之爵。）謚武烈，東勝侯汪興祖謚武愍，【】【】侯茅成（予按：原闕兩字，據明史成爵當作東海郡公）謚武烈，濟陽侯丁普郎謚武節，高陽郡侯韓成謚忠壯，東邱郡侯花雲謚忠毅，丹陽縣男孫炎謚忠愍，當塗縣丞王愷謚壯愍，高陽郡侯許瑗（予按：據明史瑗爵爲太原郡侯）謚忠節，縉雲伯胡深（予按：據明史深爵縉雲郡伯）謚襄節，御史中丞章溢（予按：明傳稱溢兼贊善大夫）謚莊敏，晉府長史桂彥良謚敬安，祭酒劉崧（予按：明傳稱崧爲司業，卒官。）謚恭介，東莞伯何眞謚恭淸，平遙訓導葉居昇謚忠愍，姑熟郡公陶安，學士詹同俱謚文獻。

南略云：九月初三戊子，先後補予開國諸臣謚，是與此書所紀相同，與賜北京殉難諸臣謚同時也。聖安本紀南疆繹史不言補予開國諸臣謚，僅云：七月甲辰（十九日），追贈故潁國公傅友德麗江王，謚武靖，故宋國公馮勝寧陵王，謚武壯。（弘光實錄鈔又稱謚在七月丁未）本紀幷稱潁國宋國賜謚在七月甲辰，追贈王爵在八月癸亥。（兩公且皆贈特進光祿大夫左柱國）按：兩公贈謚，李淸於崇禎時曾爲題請，爲禮科徐耀所格，南渡後，再題始行。淸幷謂請謚者且數百人，數月告竣。（見三垣筆記卷下頁四）則諸書所紀月日，雖有先後，幷皆不誤。而傳爲兩公以遭際可憫，得贈王爵，故本紀釋史僅擧兩人以該其餘矣。（甲乙事案二頁十四所紀諸人謚殘闕不全，如云王愷謚莊愍，胡深謚襄節，文皆因形近而誤列也。）

第三卷　紀弘光南渡本末始甲申十月迄乙酉五月皇清削平江浙之烈

甲申十二月二十日，刑部尚書解學龍上從逆諸臣六等罪。

從逆一案，與南都國運相終始。（諸本續幸存錄）聖安本紀云：九月己亥，三法司奏定從逆條例，凡凌遲斬決不待時絞流及遣戍共十一則。十二月丁丑，（二十三日也。甲乙事案三頁十一別系之十二日丙寅下。）刑部尚書解學龍等奏定從賊諸臣獄。（丁丑又與此書所紀差三日，未知孰是。）南疆繹史小腆紀傳又載七月甲午法司請定逆案，繹史并載九月己亥事，頗疑其前後一事兩紀。然考此書前稱甲申七月，禮科袁彭年奏駁士英請誅從逆疏，是士英先此數日，必有疏請誅逆，繹史紀傳所紀，當指此也。其後三法司於九月奏定條例，然案固猶未定，迨學龍爲大司寇，始得結局。其所以遷延半載者，則以士英等因逆案欲倒「順案」，以陷諸異己者。（見明史士英傳。結埼亭集外編卷四十八增李國楨事稱大鋮更定逆案，學龍以國楨入降賊之列，而大鋮出之，可知附己者雖降賊亦可從寬開脫。）且借此以索賄，誠有如續幸存錄所云：『案定則不可翻，而賄亦無從得』，故遂七推五合，寬嚴之旨，相間而出，以延時日也。設非學龍乘士英注籍之便，諉之次輔王鐸，擬旨發允，則十二月猶未定案也。然學龍亦以此觸忤權奸而削籍矣。（見三垣筆記及學龍傳。）又按明季實錄載有弘光元年欽定從逆案，則敘旨又當至乙酉正月始下也。至六等姓名，諸書所紀，多與明史解學龍傳合，惟欽定從逆案記載稍有出入，當於下方分條詳之。

除在北京何瑞徵等二十二人，俟三年後定奪。

明史解學龍傳云：『其留北俟後定奪者，少詹事何瑞徵，（南略誤以爲瑞徵即南都死節之工部尚書何應瑞，小腆紀年已爲辨正，瑞徵河南信陽人，賊授宏文院掌院學士，見愛晚堂日記及小腆紀年附考。）楊觀光，（明季實錄從逆諸臣考稱其原官右庶子，翰林編修，金陵野鈔作編修，其官學士，皆與明史異。）太僕少卿張若麒，（若麒以崇禎十一年疏參黃道周受知于武陵，與同官沈迅，由刑部主事遷兵部郎中。十四年，往遼東贊畫于寧錦，促戰致敗，逮問下獄，事詳烈皇小識卷七。從逆諸臣考與同書叛逆諸臣及賊變爲官考皆稱張若麒，字天石，膠州人，兵部郎中，監軍失機，降賊，督兵爲賊守關，事與小識同。若麟當是若麒之誤，是其官止郎中，且失機降賊，當無升遷之理。明史作僕少，未知何據。又按小識稱麒又誤作方若麒，愛書誤作方賢。）副使方大猷，（從逆諸臣考云：原官河南僉事。）戶部侍郎黨崇雅，（從逆諸臣考云：字于蕃，寶雞人。）吏部侍郎熊文舉，（從逆諸臣考云：字雪堂，新建人也。）太僕卿葉初春。（從逆諸臣考云：字臣亭，湖口人。國史貳臣傳卷十二稱其以太僕寺卿擢工部左侍郎。）給事中熊甾學，（按國史貳臣傳卷十二云：合肥人。從逆諸臣攷云：字芝誠，合肥籍，甾川人，兵科給事。）戴明說，（從逆諸臣考云：字道默，滄州人，禮科左給事中。）孫承澤，（從逆諸臣考云：字北海，順天籍，益都人，刑科都給事中。爰書誤作承滿。）劉昌，（從逆諸臣考云：字潛州，祥符人，戶科左給事中。）御史涂必泓，（從逆諸臣考云：字印溪，南昌人。以河南道印。叛逆諸臣及賊授僞官考又稱其爲貴州道。或河南道其兼掌耶？必泓諸書作或必洪，避高宗諱也。明史泓亦缺筆可知。）張鳴駿，（從逆諸臣攷云：字賓陽，龍溪人，江西道。）司業薛所蘊，通政參議楷京仕，（從逆諸臣考云：誠固人，通政司左參議。）編修高爾儼，（從逆諸臣考云：字岱輿，靜海人。）戶部郎中衞周祚，（從逆諸臣考云：字文石，曲沃人。）及黃紀，孫襄，（紀錄考：逆降賊爲部屬，見甲申忠佞紀事。）十九人也』。與此書稱二十二人者不合。欽定爰書則列舉二十人，（甲乙事案三亦作二十人，姓名不全。）除明史之十九人外，更益以劉漢儒，（從逆諸臣考云：字藝生，大興人，原任江西道御史。）而弘光實錄鈔又稱其爲二十八人，（卷三頁十六，內九人姓名闕，餘十九人同明史，惟失孫襄而代以劉漢儒。）實無從決其爲幾人也。至知名之二十八人，據明季實錄及甲申忠佞紀事并皆降賊受職，不知何以有三年後定案之旨也。

一等應磔宋企郊等十一人。

明史解學龍傳云：『其一等應磔者：吏部員外郎宋企郊，舉人牛金星，平陽知府張嶙然（烈皇小識云：甲申二月，聞賊陷平陽，知府張嶙然迎降。）太僕少卿曹欽程，御史李振聲，喻上猷，山西提學參議黎志陞，陝西左布政使陸之祺，兵科給事中高翔漢，潼關道僉事楊王休，翰林院檢討劉世芳，十一人也』。欽定爰書弘光實錄鈔所紀姓名皆同。

二等應斬擬長繫秋決光時亨等四人。

明史解學龍傳云：『二等應斬秋決者：刑科給事中光時亨，河南提學僉事鞏焴，庶吉士周鍾，兵部主事方允昌，四人也』。

三等應絞擬贖陳名夏等七人。

明史解學龍傳云：『三等應絞擬贖者：翰林修撰兼戶兵二科都給事中陳名夏，戶科給事中楊枝起，廖國遴，（烈皇小識載枝起國遴崇禎十六年四月爲家武兵備錢天錫匿密疏逮擬，事敗革職下獄。欽定爰書中三等有楊起枝而無枝起，當是誤刊。從逆諸臣考云：起枝字扶曦，金山衞人，戶科給事中；國遴字孟符，長沙人，原任戶科給事中，革職；與小識合，惟枝起倒書作起枝。按甲申忠佞紀事弘光實錄鈔皆作枝起，從逆考誤也。）襄陽知府王承曾，（承曾降賊事見綏寇紀略。爰書誤作永曾。從逆諸臣攷云：字芥菴，夏邑人。）天津兵備副使原毓宗，（爰書誤原作袁。從逆諸臣攷又誤作凡，云：字頤菴，蒲城人。山東僉事，官職與明史異。）庶吉士何孕光，（孕光應從鮚埼亭集卷二十九跋崇禎十七年進士錄及弘光實錄鈔作胤光。從逆諸臣致云：允光字大次，杞縣人。孕允皆避世宗諱改書。愛書之允先與甲申忠佞紀事之允文又皆因與允光形近誤刊者也。）少詹事項煜，七人也』。

四等應戍擬贖王孫蕙等十五人。

明史解學龍傳云：『四等應戍擬贖者：禮部主事王孫蕙，翰林院檢討梁兆陽，（甲申忠佞紀事作兆鶚。）大理寺正錢位坤，總督侍郎侯恂，山西副使王乘鑑。御史陳羽白，（從逆諸臣致云：字質文，南靖人，廣東道。）裴希度，（從逆諸臣致云：字晉輔，曲陽籍，遵化人，陝西道。）張懋爵，（從逆諸臣致云：字修其，汾陽人，陝西道。）禮部郎中劉大巽，（叛逆諸臣及賊授僞官考云：字熙甫，廣昌人。）吏部員外郎郭萬象，（從逆諸臣致云：字一章，高陵人，文選郎中。甲申忠佞紀事亦稱其爲吏部郎中，明史不知何據。）給事中申芝芳，（從逆諸臣致云：字九如，嘉定人，禮科。）金汝礪（從逆諸臣致云：字太液，仁和人，工科。）舉人吳達，（從逆諸臣致云：字雲航，無錫人，歷官常熟知縣。又愛書與弘光實錄鈔皆作吳達源，惟甲申忠佞紀事作吳達。）修撰楊廷鑑，（從逆諸臣致云：字冰如，武進人。）及黃繼祖，（從逆諸臣致云：字吳璵，無錫人，阜城知縣。叛逆諸臣及賊授僞官考又作阜寧知縣。）十五人也』。弘光實錄鈔所載人數多寡同，惟以懋爵誤作茂業。欽定愛書則少乘鑑羽白大巽三人。

五等應徒擬贖沈元龍等十人。

明史解學龍傳云：『五等應徒擬贖者：通政使參議宋學顯（從逆諸臣致云：字令申，長洲人，通政司右參議。）諭德方拱乾，（從逆諸臣致云：字坦菴，桐城人，少詹兼侍讀。按書紀弘光時有偽太子事，亦皆稱拱乾爲東宮侍讀，明史蓋誤。）工部主事繆沅，（從逆諸臣致云：字廷宜。）給事中呂兆龍，（從逆諸臣致云：字騂鈴，金壇人，官中書舍人，官職與此特異。）傅振鐸，（從逆諸臣致云：字覺山，金溪人，兵科給事。）進士吳剛思，（從逆諸臣致云：特用吳剛思。又云：武進人，特用爲指庶長特用一榜也。）檢討方以智，（從逆諸臣致云：字楚公，桐城人。行朝錄稱其後於丁亥三月爲僧，全祖望云：以智丁亥從亡悟江爵入閩，庚寅始爲僧，黃氏失攷。語見鮚埼亭集外編卷二十九跋行朝錄。又據甲申忠佞紀事以智雖受刑而實未汚賊命也。）傅鼎銓，庶吉士張家玉，及沈元龍十人也』。欽定愛書所紀十人名與明史同，惟弘光實錄鈔九人，少一方拱乾，而以沈元龍作之龍。

六等應杖擬贖潘同春等八人。

明史解學龍傳云：『六等應杖擬贖者：工部員外郎潘同春（明季實錄刑辱諸臣考云：字哲生，餘姚人。）禮部員外郎吳泰來，（從逆諸臣考云：字覆受，新昌人，員外甘來之弟。）主事張琦，（從逆諸臣考云：字貴餘，無錫、。）行人王于曜，（從逆諸臣考云：王于曜，字伯子，華陰人。（爰書及弘光實錄鈔亦作王子曜。）行取知縣周壽明，進士徐家麟，（鮚埼亭集外編卷二十九，跋明崇禎十七年進士錄稱家麟鄖縣人，爲散官，明史畫佚其官矣。）及向列星李楠八人也』。八人中惟楠事跡無考，欽定爰書弘光實錄且佚其名。

存疑另擬翁元益等二十八人。

明史解學龍傳云：『其另存再議者：給事中翁元益，（從逆諸臣致云：字象韓，上海人，利科。）郭充，（從逆諸臣致云：字爾亢，隴西人，利科。）庶吉士翁榮，（從逆諸臣致錄作翁鼻。云字章菴，山陰人。弘光實錄鈔作翁皋。鮚埼亭集外編卷廿九跋明崇禎十七年進士錄又作翁槩。）吳爾壎，（從逆諸臣致云：苕溪爲令吳爾壎，字[illegible]，崇德人。叛逆姦臣及賊授僞官考又稱其爲遂溪人，授防禦，前後稱其官職皆自相矛盾。按鮚埼亭集跋崇禎進士錄云：崇德吳爾壎爲苕溪，則前說不誤。全氏又云：吳爾壎許爲將之任者，歸過，其後殉江都，則爾壎實非眞降也。其死事又見潛菴册中。）史可程，（可法弟。以可法故免誅。命其奉母閑住。從逆諸臣致云：字法喬。）王自超，（從逆諸臣致云：字茂遠，會稽人。）白孕謙，（當從弘光實錄鈔作白胤謙。從逆諸臣致云：字若水，陽城人。）梁清標，（從逆諸臣致云：字玉立，錦衣籍，真定人。）楊棲鵠，（從逆諸臣致云：字木千，西寧人。）張元琳，（叛逆姦臣及賊授僞官致云：字西塘，晉江人。）呂崇烈，（鮚埼亭集跋崇禎進士錄云：安邑人。）李化麟，（從逆諸臣致云：字淡河，陸城人。）朱積，（從逆諸臣致云：字古水，華陰人。按鮚埼亭集跋崇禎進士錄積作華亭，華陰誤。）楊熲，（從逆諸臣致云：字韓公，項城人。）劉廷琮（從逆諸臣致云：字卿章，番禺人。）吏部郎中侯佐（從逆諸臣致云：字東維，解州人，驗封員外。）員外郎左懋泰，（懋第弟也。或作兄。後降清。叛逆姦臣及賊授僞官致云：字且明）禮部郎中吳之琦，（從逆諸臣致云：字雲甫，晉江人，主事。）兵部員外郎鄒明魁，（弘光實錄鈔作明奎。從逆諸臣考云：鄒明，字彥先，雲晨人。）行人許作梅，（從逆諸臣致云：字傳嚴，新鄉人。）進士胡顯，（從逆諸臣致云：字爾梅，壽州人，候選。叛逆姦臣及賊授僞官致又稱其官行人。）太常博士龔懋熙，（刑部諸臣致云：字玉津，江津人。）及王之牧，王皋，（從逆諸臣致云：字喉黎，保德人。）梅鶚，姬琨（從逆諸臣致云：字鷺石，華州人，員外。）朱國壽，（從逆諸臣致云字生之，宛平籍，外鄉人，員外。）吳嵩孕，（弘光實錄鈔作嵩元）二十八人也』。欽定爰書少梅鶚吳嵩孕兩人，而弘光實錄鈔亦無梅鶚，且稱只二十七人。鶚事跡諸書不載，無可考也。又按鮚埼亭集跋崇禎十七年進士錄稱是科三十六庶常，不得免者三十四人，皆盡汚僞命，除前所載翁榮等十三人及周鍾何胤光張家玉三人（已見六等）外，尚有夷陵黃燦，豐城史垂譽，蒙化李長祥，嘉善魏學濂，晉江楊明烺，遂平魏天賞，懷寧劉餘謨，安福劉禦國，昆明舉鼎，晉江王九雲，新喻萬發祥，南昌羅憲汶，麻城傅學禹，淄川高珩，（從逆諸臣致誤作濮陵人，予按：康熙淄川縣志明稱其為邑人也。）掖縣張端，武陵胡統虞，淸苑張元錫，大名成克鞏等十八人。全氏云：『南中解尚書定六等逆案，傳聞不甚有據，如家玉發祥反誤入之』。（家玉後殉增城，發祥殉蕭圖。）又云：『魏學濂亦終死，要不失爲晚』。予按：以家玉入五等，誠屬不當。然發祥實未誤入也，不知全氏何據。至學濂之死，遺聞極稱之，幷錄其絕命詩一章，謂其先遣人至濟城，連絡義旅，冀得一當翼輔皇嗣，旣聞太子二王俱爲賊得，知事不可爲，遂就縊（卷一頁四十二）。然叛逆姦臣及賊授僞官攷云：學濂賊授戶部司務，其僕以學濂墮壞家門忠孝，（按學濂爲忠節公大中子，學洢弟。）對家主面自刎死。豈學濂連絡之事，幷其僕亦不知之乎。遺聞不能無飾詞之嫌，豈因忠節爲之諱耶？

乙酉正月，都督李際遇降淸。高傑冒雪防河，疏請重兵駐歸德，東西兼顧，聯絡河南總兵許定國以規中原。定國在睢，傑遣定國銀千兩，幣百疋。初十日傑抵睢州；明日，定國享傑，夜半伏兵起殺之，親兵遇害者過半，餘衆潰還。定國奔淸。

聖安本紀南疆繹史小腆紀傳皆稱李際遇於甲申十二月降淸。（系日微有不同，或作丙寅十二日，或作壬申十八日。）東華錄亦云：『十二月，豫親王師前鋒渡黃河。沿河寨堡，望風歸附。僞總兵許定國，土寨首領李際玉（玉蓋疑爲土寨之誤，際遇諸書有稱其爲總兵者，有稱都督者，又有稱土寇者。）各遣人來降』。是與此書月日異。今按靑燐屑云：『乙酉正月，闖部命監紀通判陳繹往河南招撫土寇劉洪起（原註混名一把抓），李際遇，楊四（予按：楊四係河南舞陽土賊受撫者，事見綏寇紀略。）等，使道過許定國營，且戒其勿令興平知也』。事在興平死前。若際遇已於十二月十二日（或十八日）先降，闖部豈猶不知，尚煩招撫命之耶？以諸書合觀之，定國際遇必先於十二月送款，實降又在正月初旬也。至此書稱傑奏欲聯絡定國，以規中原，故諸書多惜傑死，而忿定國之賣國。然據弘光實錄鈔（卷三頁十二）則傑實有併定國之意，爲定國者，自不能坐以待斃，而傑更輕之，以爲易圖，宜其死也。傑死在十一日，諸書無異辭；惟繹史作丙午（二十二日），是必丙申（十二日）之誤，傑死在十一日夜半，故繹史作十二日也。定國後死於順治五年，追授一等子（見貳臣傳本傳），弘光實錄鈔授晉南王，（卷四頁三，南略作平南侯。）及鹿樵紀聞稱死江陰，皆誤也。傑妻邢氏率子元爵請卹，弘光命所部將士仍歸邢氏統轄。史可法請以傑部將李本身爲提督，弘光以興平有子，將以兵馬信地，遂授他人，不允。……加李本身太子太保左都督提督本鎮，……贈傑太子太保，許其子襲爵。

高傑死，諸將互相雄長，幾至血刃。史可法以正月十八日得凶問，遂如彭城，於下弦之夕，與諸將盟，以興平之嫡甥李本深為提督，嫡弟高某為副將，立其子元爵為世子，(東華錄誤作元爵，於豫王下江南時降清。)衆始定。(參考聖安本紀首篇附聖武記。)其後可法為請于朝，以本深為提督，不允。邢氏及總督衛允文又請之，(允文為總督，據南疆繹史小腆紀傳在正月二十七日辛亥，聖安本紀作二十八日壬子，弘光實錄鈔又作二月十二日乙丑，則與繹史紀年稱以本深為提督，同在一日矣，必誤無疑。)雖允而命未下(見聖安本紀)，而本深等已棄汛南奔矣。此書所稱加本身太子太保左都督提督本鎮，(繹史紀年稱事在二月十二日乙丑，聖安本紀則作三月廿九壬子。)赴歸德，當是棄汛後事，蓋加官欲速之北返也。至所云加太子太保事，諸書無及之者，疑本深資淺，不應驟與傑等，當從聖安本紀作太子少保。傑軍制略見弘光實錄鈔，共為八營。前三營胡郭等(遺聞加本身提督赴歸德，下云有協總兵胡茂貞，左協總兵郭虎赴潁州與此合。)隨傑赴睢州，後五營駐徐州，而本身其總兵也(卷三頁十二)。

未幾，獲妖僧大悲。僧係齊庶宗，妄稱定王，下法司會審，棄市。

諸書皆稱大悲於二月癸未(三十日)伏誅。(甲乙事案誤二月為三月)惟小腆紀傳作三月乙酉(初二日)，與小腆紀年自相牴牾，當不足信。大悲或稱烈皇帝，或稱齊王，或稱定王，或稱潞王之弟，受封郡國公者；或曰是齊庶宗詐冒定王，或曰是吳僧大悲之行蹟，諸書所紀不一。甲乙事案紀其始末甚詳，並錄其在北鎮撫司口供(卷四頁一至三)，自稱係徽州府休寧縣商山永樂村人，父名朱世傑。生即喪母，三歲喪父。十五歲到蘇州楓橋永明庵，投拜僧環寓為師。則亦並非大悲之行蹟矣。其為詐冒無疑。設初從戎政張國維之言遽杖斃之(見小腆紀年)，自已無事；然阮大鋮與張孫振，欲借此鍛鍊以合擬藏一疏，故遂倡十八羅漢五十三參七十二菩薩之說，凡海內人望，蒐羅無遺，更為危辭有「潞王賢明」等語，冀一網而盡去之也(見幸存錄甲乙事案)。其所謂主使之錢謙益申紹芳，想亦由大鋮所教唆。口供稱謙益為蘇州人，已足明枉；而二人疏辯，其事旋解，可知士英亦不欲興此無名之獄。謙益無行，紹芳降闖，衆惡歸之，然此事則不能不為二人稱枉也。

士英意奪勇衛營篆授其子馬錫。

全祖望題士英傳謂錫非父所為：先歸，不豫禍：變則與父同死（外集卷三十據張怡聞見錄）。然陳松明詩紀事丁傳靖明事雜詠謂變後賣卜金陵以死，廣陽雜記謂錫請兵渡江時被殺，則全說俱謬矣。

陞馬乾僉都御史，巡撫四川。

馬乾，南疆繹史，明史王應熊傳（卷二百五十三），小腆紀傳皆作馬體乾，惟聖安本紀蜀難叙略則作乾，未知孰是。叙略云：『雲南人，原官遂州兵備，初衆議請代陳士奇者』。撫蜀之命，本紀及諸書皆稱在甲申十二月二十八日壬午，（南疆繹史獨作二十四日戊寅。）此書系之乙酉二月，相距數月矣。按此稱乾撫蜀之命，與瞿式耜撫粵西命同下，然據弘光實錄鈔式耜之命在正月十七日辛丑。則乾陞命月日，當亦不足據。

鴻臚寺少卿高夢箕密奏先帝太子在浙。三月初一日，命太監李繼周奉密札召至。……授以紙筆，供稱高陽人王之明，係駙馬王昺侄孫，家破南奔，遇高夢箕家人穆虎，教以詐冒東宮。……下之明刑部獄。傳諭：穆虎若非奸人，豈敢挾王之明冒認東宮。……主使附逆，實繁有徒，着法司窮治。蓋士英意在姜黃輩，而京師士民，以太子爲非僞也。

太子之來，據諸書所紀，約有二說：一謂吳三桂得太子，欲護之入京師，攝政王不許，檄之西行。三桂乃送太子於高起潛所，或稱太子逸於民間。（或曰：「太子非眞也。」）一謂吳三桂擁太子至永平，檄中外臣民，將奉入都即位。至渝河，陰逸之，至天津，浮海而南。八月抵淮上。有傳言沈定王於河者，起潛知朝中旨，欲加弑害。其姪鴻臚寺少卿夢箕不可，挾之至蘇杭。太子不堪羈旅，於元夕觀燈浩歎，爲路人所竊指。夢箕懼禍及己，乃赴京密奏。（參據南略傳信錄甲申紀變錄甲乙事案甲乙逸略弘光實錄鈔小腆紀年紀傳）。諸臣疑以傳疑，頗以爲太子非僞者。鮚埼亭集記江陰白孟新之言云：『目擊此事，太子初來，駐某寺，惟馬士英遣人至，得入見。漏五下，「馮可宗以騎迎去。明日，使朝官雜識，則皆言非矣。南京失守，有於士英第得馮可宗一緘，稱門生冒密啟獄事，恐動人耳目，當早決，其月日正太子在獄時事也』。（外集卷四十九記王之明事）許重熙甲乙彙略又云：『聞荷菴蘇某云：「東宮甚眞，其足骿骨左右各變，誰能爲之，特懾于積威，毋敢相剖耳」』。（按彙略又與此說雜出稱夢箕舍人穆虎高成道經山東，值少年求附行，同途久之，云：「我東宮也」。入南京夢箕邸中，留浹月，懼泄，夢箕移之杭州。又久之，治道往浙東，將匿之閩粵，以不自晦，上書刺其事」。則與上兩說稍異。然揆當時本南下，(彼既知其爲東宮，何以不先自之，諸書並皆不載，想亦傳聞。)是疑士英確別有用心，而太子實眞。棗林雜俎更謂豫王至留都，二日，即遣其北行，亦因其爲眞，恐搖動人心也。(東宮通)然予於太子蹤跡，實多疑惑。按北京陷後，太子二王，俱爲闖得，闖且待以杞宋之禮，封爲宋王(見北略，傳信錄稱宋晉封)。其後闖與三桂議和，三桂要以出太子二王然後罷兵，乃更設伏以陷之。闖出太子二王，果中伏敗走，然所出非眞也(見吳耿尚孔四王合傳)。以意度之，闖亦必不以眞往，則其後走陝走湖廣，必挾太子以行。乙酉二月，闖猶未死，太子更何由獨身徘徊於錢塘江上耶？設太子果至三桂軍中，容王既不許三桂護送至京，方天下擾攘之際，太子寶明社所寄，又焉肯任其陰縱，以爲揭竿者號召之資。三桂嫌疑借兵，實已臣清，吳梅村已致『衝冠一怒爲紅顏』(圓圓曲中語。)之譏，非無心爲明，奚啻觀火。惟當時南北梗阻，眞像莫明，故南都屢有封賜。而當時江左之人，又共抱『殺吾君者吾仇，殺吾仇者吾君』之念，亦不以三桂降清爲嫌，乃更從而獎之。陰逸之事，蓋說者力爲三桂地耳。且容王不許三桂護送太子至京，或已早悉其僞，不欲張皇以惑觀聽。因使縱之，移禍南國，故當時有太子北都所使之話(見南渡錄)。以三桂之狠狡，必欲得桂王而死之，吾知其果得太子，必將速獻以邀功，奈何更陰縱以取戾耶？李清歷官崇弘，目睹終始，於南渡錄中已力辨太子之誣。史可法亦有太子不死於賊必死於廟之疏。(見弘光實錄卷四頁二，青燐屑云：「史公向不知顧水，實爲具疏，後深悔之」。所指當非此疏，或可法初以爲眞而後知其僞也。實南渡後有疏謂「太子之來，失三桂實有符驗」，史可法明知之而不敢目，此豈大臣之道」，觀此亦歸屬也。)全祖望更據張怡聞之賊中云：『太子被害於通州』。(顧亭林外編二卷十九頁十一)是太子必無南來之理矣。鼎革之際，法網難周，崇禎殉國，民猶思之，故不逞之徒，咸欲假託心以資號召。觀北都亦有僞太子(見南略傳信錄東華錄)及太子三皇子事(順治八年見全上書)，夏陽男子之故智，本不足怪。惜立朝者無老成如高劉黎，一辨其僞，而可法諸臣言東宮處分，以息羣囂，事又不行。遂致羣情莫解，雖詔書屢下，愈辨而惑愈甚也。至其人是否眞王之明，初不過出於楊維垣之臆斷，謂王之明貌類太子。士英信之，據以入奏。(見甲乙事案五)弘光實錄鈔(卷四頁一)載有高倬馮可宗所上之明口供，然黃宗羲已疑供內所稱之明在北，有廬有僕，家亦溫飽，何故輕信襲洪範南方樂土之言，乘之而出矣。則亦未可據以爲信也。

十三日，又有故妃童氏自越其杰所至，命付錦衣衛監候，…尋庾死獄中。（予按：劉鑾五石瓠稱童氏國亡後，爲尼於金陵河南庵，當不足信。）

童妃之事，史所僅見。諸書多言其爲眞，尤以李徐二氏所攷論爲中肯要（見蟄叔堂日記讀南渡錄節及小腆紀年），然大抵皆緣情之論也。童妃至京，士英初亦勸王納之，以爲苟非至情所關，誰敢與王稱敵體。童妃在獄細書入宮月日相離情事甚悉，求馮可宗呈覽，弘光弗視，可宗辭豁。（見此書及釋史勘本甲乙事案）證之士英初請迎妃一疏，固不能不疑王之堅不相認之別有隱情也。嘗考弘光實錄鈔所紀童妃顚末，與諸書異。其言云：『先是帝在藩邸，有寶婆童氏與其女出入府中，帝與其女私通。聞帝即位，自稱爲后，民間亦以后目之。河南巡按御史稱臣而謁，見其應對贍敏，亦遂心折，與巡撫越其杰送至南京』。（卷四頁12●篇末更云：三月二十八日，童氏驗胎申報，帝益恥之。然按甲乙事案五云：可宗令穩婆驗氏產女，但汚褻失實，則馬士英順旨之舉也。今故不取。）是與棗林雜俎所稱聞之陳洪範云：『童氏從獄中上書，言某年月日娶我，某年月日陛下出亡，情節相合』。蓋娶妃猶在自成陷河南王出亡前也。且遺聞有云：『童氏生一子，已六歲』，尤足破諸書王遇妃於尉氏之說。（南略又稱王遇妃於曹州，按南略所紀福王十七年在懷，已自不符。吾疑其所稱曹州附近遇妃於靜待，當由尉氏訛作，則南略所紀，更屬荒謬矣。）而士英荒淫成性，私通之事，殊有可能。則實錄所紀，甚堪憑信。予疑士之堅不相認，爲不欲自暴其往日之穢行也。至當時力言童氏爲僞者，無過李清。然清稱童氏自供爲周王妃，與諸書之稱爲周府宮人異，顯有曲筆。而其稱妃之僞冒，由於劉良佐妻之誤信（兩語皆見南渡錄），更屬武斷。按棗林雜俎稱劉氏（此稱其爲劉澤淸姑，與南渡錄稱良佐妻者異，二者未知孰是。）。曾上馬士英夫人嘗教妃（童氏節），可知其亦非誤信而必確有所據也。童妃入京，諸書（聖安本紀南疆繹史小腆紀年紀傳）稱在三月九日壬辰，續幸存錄又作初三日丙戌，（錄云：東宮三月朔入都，三日而元妃至。）惟甲乙事案作十三日，與此書同。

四月初四日，寧南侯左良玉舉兵東下。

諸書皆稱左兵於三月東下。（諸書多不紀日，南疆繹史小腆紀年作二十五日戊申，弘光實錄鈔作二十八日辛亥。）惟甲乙事案作四月，與此書合。然靑燐屑稱四月二日，可法以弘光手詔示應廷吉曰：『左兵東矣，吾將赴難』，則寧南始叛，自當在三月下旬矣。其後四月初四日丙辰，良玉陷九江，即病死。其子夢庚代統其軍（見明史良玉傳）。而諸書於此後事，或仍書良玉者（如聖安本紀），亦失考也。（弘光實錄鈔又稱良玉初二日陷九江死，未知孰是。）至良玉稱兵，以除士英爲名，實則畏闖之見逼，欲東下就食耳。

時清兵已徇徐楊，下邑泗，乘勢渡淮。

按清兵以四月十三日乙丑下泗州，（見南疆釋史，南略，東華錄。聖安本紀作己丑，按四月無己丑，乃乙丑之訛也。）十四日丙寅渡淮。（見全上）泗州爲興平防地，軍潰南奔，東平隨之，托名勤王，大掠而東（見明史紀事本末）。甲乙事案（五）亦稱清兵入淮安，東平始逃。然遺聞稱『澤清率兵大掠而南，揚泗徐邳，勢同鼎沸』（卷三頁三十九），是以爲東平先泗州之下而逃。予按南略云：四月初七日，兵科錢某奏『劉澤清劉良佐退兵近郊，鎮兵避清南遷，占奪民房民物』（卷二頁二十一），則遺聞所紀，亦不誤也。

二十四日，清兵攻揚州。史可法禦之，薄有斬獲。攻益急，血奏請救，不報。可法開門出戰，清兵破城入。屠揚州，可法死之。

按東華錄稱清兵以十八日薄城下，與青燐屑稱十七日北兵陡至，情勢相符。是揚州被困七日，至二十五日始破，而清兵攻城不始于二十四日也。據野乘所紀，城破後史可法欲自裁不果，爲副將史德威（逸史又作史威）等擁出，死於亂兵，事當可信。明史可法傳所紀亦大同小異，蓋仍不能無曲筆也。至東華錄稱獲可法斬于軍前。（竹葉續記卷四頁十三引光緒臣條引葉陰客話亦稱獲史可法斬之。）乃清臣諱飾之辭，未可據信。而聖安本紀稱史公不知所在，亦失實也。其後遂有冒可法名以召衆者，（小腆紀傳稱戊子春，廬州人馮宏圖假史閣部名，攻英霍六安皆下。）青燐屑云：『有北將曰：「揚下淮揚，吾嘗先摧敵，若史公者，業手刃之矣。此固假稱名字，行當自敗，何必疑其母妻哉」』。此可以明本紀之枉，而辨東華錄之誣矣。可法之墓，據青燐屑云：『或曰：「在梅花嶺」，逸史云：「閒爲裨將史威所築」』。予意可法死於亂兵，其時必無暇爲之治墓。明史稱踰年家人舉袍笏招魂，葬於揚州郭外之梅花嶺者是也。吳綺揚州鼓吹詞序云：『梅花嶺在廣儲門外。萬曆中，太守吳秀開河，積土而成。舊名土山，後樹以梅，因名。有塘有祠，有樓有臺，嶺前有史相國可法墓，郡人葬其衣冠處也』（滄洋蕉幕錄捐卷五下頁四十八引）。則嶺亦揚州勝地也。可法後江東賜謚忠烈。（見鮚埼亭集外編卷二十梅花嶺記及李慈銘受禮廬日記讀顧忠宣公集節）而偕叢瑣記（卷一頁十二引曉亭雜錄）及續記（卷四頁十三）皆稱忠正。明史不載忠正，不知是否清廷所謚也。

捷聞，封得功靖國公，并晉大鉞大典太子太保。

遺聞稱得功以破左夢庚得進爵。然稱事在四月則誤。而弘光實錄鈔南疆釋史南略作五月壬午朔者亦誤也。據聖安本紀板子磯之捷在五月初二日（南略同），故本紀以進爵事系之五月初五日丙戌。甲乙事案五亦言初五日加得功太傅，當是一事，惟事案無進爵事。明史得功傳亦無進爵事，其稱加左柱國，又與事案異，未知孰是。至大鋮大典則朝命監得功軍者（見明史兩人傳）。又按監軍者尚有兵部主事馮元飈（見鮚埼亭集外編卷五馮公神道碑，惟全氏稱元飈以丙戌春改上江兵備僉事，持節視師稱監軍，丙戌當是乙酉之訛。）即世所傳三相公也。

五月初十日二鼓，弘光出奔；五鼓，士英奉太后召黔兵護衛走浙。

聖安本紀甲乙事案并稱福王於初十日辛卯出奔，蓋聞初九日清陷鎮江之訊也。南疆繹史亦系辛卯，惟以清陷鎮江亦系同日。考樵東先生識小錄（漁洋精華錄訓纂卷五上頁二十三註引）及東華錄皆稱清兵於初九日黎明渡江，則其下鎮江當在同日，繹史小誤。明史紀事本末又稱王十一日出走，亦是。以本紀事案及此書所云十日二鼓，即近十一日矣。至東華錄稱初十日聞福王率馬士英及諸太監潛遁，當亦傳聞之誤。按本紀事案皆稱士英於十一日壬辰出走，與此書稱初十日五鼓正合，則初十日何得預聞。並士英奉太后走浙，事在王奔之後，亦未嘗同走也。又按弘光實錄鈔稱王十三日甲午出奔，不見他書，當不足據。

十一日，忻城伯趙之龍閉各城門以待清兵。……十四日，時清豫王已薄都城，趙之龍同王之明出降。

南疆繹史稱十三日甲午，之龍迎降。弘光實錄鈔作十六日丁酉，皆與此書不合。今按聖安本紀云：『十二日癸巳，豫王至，營於郊壇北，趙之龍具啓於清，十五日丙申，大臣迎降』。甲乙事案所紀亦同。則之龍迎降，實在十五日。又按明史紀事本末稱清兵於十一日薄都城，當指清兵前哨，故此書稱之龍於十一日閉門以待，待大軍也。據此，則本紀稱之龍於十二日迎降前先曾具啓，亦自可信。

吏部尚書張捷，副都御史楊維垣自經死。

甲乙事案稱張捷楊維垣一以懼罪死，一以偽死潛遁，而為仇家所殺，是非死國明矣。夏允彝幸存錄力稱二人之大節凜然；江南聞見錄亦以二人入殉節之列，皆誤也。傅以禮跋聞見錄已辨正。然誤紀者，非僅二書。徐鼒小腆紀年考異甚詳，可參閱。又按江南聞見錄誤以張有譽為死節，傅以禮辨稱有譽其時方奔武康，後歸江陰，久之乃卒。明史無傳，事蹟具見南疆繹史。予按：甲乙事案亦稱有譽與高倬陳盟王心一等皆逃也。因張楊事附及於此。則弘光實錄鈔稱倬先一日自縊（卷四頁八）亦誤矣。

十二日，弘光駐太平府外二十里，……十三日，往蕪湖。

小腆紀傳系日與此書同，然聖安本紀南疆繹史皆稱王十日二鼓出幸太平，十二日癸巳已至蕪湖。疑當時倉卒出走，南都距太平甚近，無越日始達之理。本紀繹史，較爲可信。

十六日，豫王入京。

聖安本紀稱豫王十八日己亥入京，南疆繹史作十七戊戌，江南聞見錄更作二十三日。惟甲乙事案弘光實錄鈔皆作十六日丁酉，未知孰是。

劉良佐降，奉豫王命引北兵追弘光至蕪湖，於十五日及之。

據此，則良佐之降，在十五日前，聖安本紀作十五日，南疆繹史又作十六日。按本紀稱二十二日良佐得王（弘光實錄鈔作二十三日），二十五日至南京（甲乙事案作二十四日）。豈此書十五日乃二十五日之訛耶？然的日雖不可知，要當在王被擒之先無疑。而貳臣傳良佐傳云：豫親王多鐸下江南，福王就擒，良佐率兵十萬降（傳後亦明稱王爲良佐所擒）。則因簡略而顚倒事實，所云率兵十萬，疑亦誇妄，因本紀言每鎭兵只三萬也。

至於各處起兵見殺：則貴池諸生吳應箕，

小腆紀年及紀傳應箕傳（卷四十六）稱應箕起兵復建德東流，與金聲江天一相應。聲承制署爲池州推官監紀軍事（諸書又見南疆卷九）。乙酉九月兵潰，潛發源鄉門界，被執不屈死。（并見弘光實錄鈔，南明野史。）

宣城諸生麻三衡，

小腆紀年稱前山東巡撫邱祖德，與舉人錢龍文（明史卷二百七十七邱祖德傳作錢文龍），生員麻三衡沈壽堯，起兵攻寧國不克，壽堯死之（明史祖德傳稱壽堯陣歿）。乙酉七月，華陽山寨陷，祖德死之（并見紀傳祖德傳）。稽亭山寨陷，三衡被獲，與吳太平等七家軍相繼死於南京。據南路七家軍者，三衡太平與阮恒阮善長劉鼎甲胡天球馮百家也。祖德閩中贈太子太師吏部尚書，見紀年（卷十一頁十二），三衡閩中贈國子監博士，見弘光實錄鈔（卷四頁十七）；南明野史（卷中頁六十二）又稱國子監學正。

徽州鄉官金聲，

小腆紀年稱乙酉閏六日，御史金聲（弘光實錄作右僉都御史。考明史聲傳云：「崇禎時，聲以御史監軍，福王擢右僉都御史，唐王授右都御史兼兵部侍郎總督諸道軍」，則紀年實錄皆不誤也。又按：[illegible]典、群忠備遺錄云：「隆武初，拜聲兵部右侍郎兼都察院右副都御史」，與明史稱都御史者異。若以大清會典尙書兼都御史侍郎兼副都之例推之，則雖組爲是。）諸生江天一起兵，推官溫璜韓倘應之。九月，績溪陷，從天一被執，死於南京。然紀傳聲傳（卷四十六）稱九月二十四日城爲故御史黃澍詐陷（又見南略）；南略又稱十月張天錄至休寧，聲曰：「吾不出，恐百姓被害」，乃見天錄，執解南京（卷九金聲江天一起兵守績溪條附記）；弘光實錄鈔亦謂城守五月始下（卷四頁十七），東華錄載洪承疇疏報張天錄擒聲。亦在十月（卷五）；則聲等死當在十月矣。其同起先後死者：据南略尙有陳際遇，吳國禎，余元英，歙縣諸生項遠（弘光實錄鈔作項千里），洪士魁（實錄鈔作武舉洪二魁）副將維鶯交閔士英，都司汪以玉。（實錄鈔有指揮汪秋漢伯焵，未知是一人否。）弘光實錄鈔外得四人，曰王世德，余公讚，自刎；中軍程士皮被殺；許伯陣亡。余公讚不知是否即南略之余元英也。聲謚中贈禮部尙書，（明史聲傳作云：與謚文毅。）天一贈兵部主事，見弘光實錄鈔（卷四）。

蘇州原任遊擊魯之璵及韋武箭俱戰死。

南略所紀略同（卷九），惟明史邱祖德傳稱之璵爲原官副總兵，駐福山，與此稱遊擊者異。鹿樵紀聞又云：太湖將之璵，爲蘇州守將李延齡所殺（卷上頁二十三南都殉忠諸臣），之璵諸將又有誤作姓韓者。

嘉定原任通政使侯峒曾，城破，與子諸生侯玄潔被殺，進士黃淳耀與兄黃淵耀及舉人張錫眉龔用圓俱死。

小腆紀年稱進士黃淳耀，（諸書或稱淵耀爲淳耀弟，或稱爲兄。）舉人張錫眉，教諭龔用圓，（三藩紀事本末卷二頁二十二及明史侯峒曾傳皆誤作龔用圓。）諸生馬元調，夏雲蛟，唐全昌，（三人名不見於嘉定居城紀略，補史本嘉定乙酉紀事有見害二人。）奉前左通政侯峒曾拒守。（鹿樵紀聞卷上及嘉定居城紀略東將日剿皆稱拒守在閏六月十七日丁酉，惟嘉定乙酉紀事作在十九日己亥，按居城紀略日剿乙酉紀事原爲一書，俱出邑人朱子素手，惟前兩種皆經後人竄削，乙酉紀事足逸鈔作，最其原稿，疑較可信。）其後七月初四日城陷（見朱子素三書及明史侯峒曾傳），峒曾以下皆死之。（諸書或事蹟自縊死于七月初四日，卸城陷日也。南略作六月初四日，六月當是七月之誤。明史黃淳耀傳又云：自縊弘光元年七月二十四日自縊，亦誤。）諸生死者七十八人（嘉定乙酉紀事最詳）。

崑山諸生朱集璜，城破被執不順死，故將王公揚年七十戰死，諸生陶琰城破自刎死，原任狼山總兵王佐才爲亂兵殺死。

小腆紀年稱舉人周室瑜，貢生朱集璜，陳大任，殺投降縣承閻茂才，奉前狼山總兵王佐才（三藩紀事本末及明史侯峒曾傳皆作副總兵）拒守，前邑令楊永言與諸生吳其沆陶琰歸莊顧炎武起兵應之。城尋陷，（鹿樵紀聞卷上頁二十三云：七月初五日，黎明城破，午刻下令屠城，至七日午後封刀。南略云：城陷在七月初六日。三藩紀事本末云：七月初七日屠崑山，是又以城陷在初七日，因屠城決無越日之理。）佐才室瑜璜大任其沆咸皆死之。（諸書稱璜自刎，南略三藩紀事本末稱其自縊。）另有參將陳宏勛遊擊孫志尹同起，志尹戰死（以上並見紀傳卷四十六周室瑜傳）。王公揚事見南略，至弘光實錄鈔又稱崑山建義鄖陽撫治都御史王永祚主之（卷四頁十四），此異聞也，待攷。又據鹿樵紀聞，諸書稱王南陽，即佐才也。（卷上頁二十三云：推在籍總兵王南陽佐才爲主，甲乙事案亦有南陽而無佐才。）

松江原任中書李待問，博羅知縣章簡，城破被殺。吏部主事夏允彝投水死。總兵吳志葵黃蜚駐兵腐豆浜，被擒解至南京殺死。華亭教諭睦明永被執不順死。

小腆紀年稱前兵部侍郎沈猶龍，（明史猶龍傳云：以兵部右侍郎兼右僉都御史，福王召理部事不就。）兵科給事中陳子龍（魯王遙授兵部尚書），中書李待問，（三藩紀事本末誤作行人李待問，殉林續組蒐忠備遺節云：「總督倉場侍郎事李待問，原注：「此癸未進士授中書舍人之李存義也」。按明史沈猶龍傳弘光實錄鈔鹿樵紀聞皆稱待問字存我，當是存義之誤。總督倉場侍郎，或亦後所授職？）前羅源知縣章簡，（明史沈猶龍傳亦稱前官羅源，惟南略卷九稱其令博羅，與此書同。三藩紀事本末稱其爲兵部職方司主事，或爲崇禎時嘗知縣，南都官主事也。又明史鹿樵紀聞稱簡字坤鍮，惟弘光實錄鈔稱其字大弓。）起兵，（南略卷九謂子龍等條倡起兵在閏六月初十日。）與水師吳志葵黃蜚相應。八月城破，（南略卷九仝上條稱在八月初三日。）猶龍待問俱死之，吳黃二將亦於八月春申浦兵敗被執（見紀傳卷四十六沈猶龍傳）死（見弘光實錄鈔），子龍則丁亥四月二十四日因吳勝兆獄被逮投水死。（見南略卷九）同獄先後死者：戶部侍郎沈廷揚，（見紀傳永曆紀上，明史廷揚傳稱唐王授兵部右侍郎兼督水師，魯王授官亦如之。）兵科給事中揚廷樞，（見紀傳魯監國紀，南略卷九稱其死于五月朔）。及夏完淳夏爾縠等四十餘人（見南略及諸書）。而前延安府推官顧咸正子天逵及太學生侯岐曾并以匿子龍死。（見南略及紀傳卷四十六侯峒曾傳）其城破時同死者：據弘光實錄鈔尚有吏部主事夏允彝。（明史陳子龍傳云：甲申五月，福王授爲吏部考功司主事，三藩紀事本末稱其爲御史者非也。）華亭教諭眭明永，（殉林續組蒐忠備遺節稱明永乃丹陽貢士，然與三藩紀事本末皆誤書其姓爲睦。又明史沈猶龍傳稱明永投繯死，據南略則明永自經不死，出投泮池被執不屈死，弘光實錄鈔亦稱其遇害，則非投繯死也。）舉人吳綏如，（弘光實錄鈔所錄夏允彝絕命詞云：「卓哉吾友，虞求廣成。勿齋純知，「子才補生，願首從之，握手九京」。則除純知外，死者尚有五人。按應求徐有漢字，廣成侯峒曾字，勿齋徐汧字，補生黃淳耀字，子才不知何人。）傳從之，諸生胡名荃，戴池泓，徐念祖。

江陰屢攻不下，至三月乃尅，遂屠其城。典史陳明遇閤門投火，閻應元不順見殺，訓導馮某自縊明倫堂上，中書戚勳全家焚死。

明史侯峒曾傳於江陰城守事多採鹿樵紀聞之文。小腆紀年稱典史閻應元（明史侯峒曾傳云：字麗亨。鹿樵紀聞別作麗亭，未知孰是。弘光實錄鈔又誤其姓名爲閻其。）陳明遇（刻本荊駝逸史中許重熙江陰城守記有作陳明選者。）爲主，共事城守，貢生黃毓祺生員徐趨（明史稱爲毓祺門人）應之。（諸書皆稱毓祺起兵行塘，惟弘光實錄鈔作竹塘，疑地名以竹塘爲是，而行塘以形近誤也。）按江陰起義在閏六月初一日，閏六月十五日，明遇始迎前典史應元入城共事，（此據南略所記雖氏日誌，當較確鑿。韓菼江陰城守記稱應元以七月初九日入城，疑城中不應拒守月餘，始憶及之也。）至八月二十一日城陷，應元明遇死之。（明史鹿樵紀聞三藩紀事本末稱應元赴水被曳出死之。韓菼城守記許重熙城守記及南略謂其投南湖，義民陳止先救之，爲劉良佐所獲，見以勒不屈死。南略記雖氏日誌又稱其在南門願振東家自刎，仰藥死庭中，有黃嫻嫗者欲殮之，兵至不果，後屍不知何在。）毓祺仍拒守淮上未下，（南略云：晉王授毓祺兵部尚書。）丙戌十二月，又起兵襲縣城不克，趨死之。（南略紀聞皆稱趨於丁亥正月八日被執不屈遇害）己丑三月，毓祺被執至南京，不屈死。諸書於江陰事多有傳聞之訛，如弘光實錄鈔稱『城破，應元與其勇士猶從大江而去，北兵入城，空無人，熊嘆者久之。或曰：「應元已死於亂兵！」』云云，特其乖謬之尤甚者。餘如鹿樵紀聞稱守備陳瑞芝（南略作陳瑞之）與明遇同起，又云：瑞芝有巧思，以己意造鐵擋木銳，而不知瑞芝以不從倡義被殺，（閏六月初四日被執，明日見殺。）造軍器者乃其子也（見南城守記及南略）。又云：適淮撫田仰以益陽王至，衆即奉之爲主，而不知田仰所奉者爲義陽王朝墠（見嘉定屠城紀略及小腆紀傳）；且據南城守記及諸書江陰無奉益陽王事，宜明史於此等處皆删之也。又江陰倡義爲諸生許用，事見明史及諸書，惟許重熙城守記作許用德，（小腆紀年亦作許用德，後又誤作周德而去其姓。）疑城守記不誤。

及兵下嘉湖，吏部郎中錢棅戰歿，震澤原任吏部尚書徐石麒自縊，其僕祖敏徐錦從死。

小腆紀傳稱翰林屠象美，吏部郎中錢棅，生員鄭宗彝，起兵嘉興。城陷，前吏部尚書徐石麒（明史本傳稱石麒字寶摩，弘光實錄鈔稱字虞求，南略稱字寶摩號虞求，按夏允彝紀念詞有虞求師石麒，可補明史。）及象美宗彝死之。其宗彝傳（卷四十六）又稱乙酉六月，居鏤相繼死，宗彝再城守十六日，城以內應陷，宗彝與弟宗琦戰死。弘光實錄鈔亦稱嘉興曾兩次拒守，惟謂初陷時，象美從他門出走，士民追殺之，復相固守，至閏六月二十八日始陷，北兵居之。按：象美旣與城守，何至潛逃被殺，彙林雜俎紀其事頗詳，蓋士民誤殺也。（見逸典屠象美篇，又云：象美曾赴潞王之召，拜兵科左給事中。）三藩紀事本末謂象美再與城守事，則亦誤也。徐石麒本居郊外，以城破前三日（據弘光實錄鈔爲二十五日）入城，次日自縊死（見明史），見弘光實錄鈔南略，實不與義師事。鹿樵紀聞稱其率紳士與陳梧定盟，甲乙事案稱被推爲主，皆誤也。南略又稱石麒僕祖敏李讓皆從死，附注云：『甲乙諸書俱稱徐錦，非李讓也』。考弘光實錄鈔又作祖敏李成，改錦讓殆皆音近誤傳者。至鹿樵紀聞之尤誤者，則以爲錢士升亦與義師，而與石麒同死（見南國殉忠錄首尾兩節），士升與議，事或有之（起兵之錢棅據南略即士升之仲子），然明史明稱其國變後七年乃卒（卷二百五十一錢龍錫傳末），非死於此時也。

兵至杭州，潞王以城投順。

諸書皆稱潞王常淓不允監國，淸兵至遂降。李慈銘受禮廬日記讀小腆紀年稱紀年亦因誤據明史馬士英傳故云（李氏又謂明史之誤由於據南渡錄），幷引黃黎洲弘光實錄鈔顧亭林聖安本紀載王曾監國三日。然據明史張國維傳稱潞王監國杭州，李氏不知何以未提及之，是明史已自相矛盾矣。（予攷李氏所引聖安本紀實即文秉之甲乙事案，蓋監國之說，本紀無而事案有，兩書前人多混爲一，李氏殆亦偶失考。）今攷所知錄行朝錄隆武紀年有唐王勸王監國語，南明野史亦稱浙東已奉潞王監國（南疆錄[illegible]監國敘略頁七十二），與彙林雜俎王授屠象美兵科左給事（逸典屠象美篇），皆可證王曾監國。而弘光實錄鈔云：六月甲子（十三日），劉宗周與子汋書曰：『監國舉動，尙無足恃，此等疏宜朝上夕下，何至四五日全無行止』，則王監國且不止三日也。（黃忠端公集有潞王監國記，謂王六月八日始監國。）

其前遣使臣左懋第在北，聞江南陷，七日不食。攝政王召見，……懋第抗詞，惟一死，命薙髮不肯，於閏六月十九日殺之。……參謀兵部主事陳用極遊擊王一斌張良佐王廷佐劉統等五人從死。

明史左懋第傳稱懋第與從行兵部司務陳用極遊擊王一斌都司張良佐劉統王廷佐（諸人官職與遺聞異），於乙酉閏六月十二日以不降誅。南明野史月日與遺聞同（卷上頁四十九），然南略稱攝政王二十日尙召見左等，不屈始遇害。南略於北事多據傳聞，惜未能考明史所據耳。又諸書幷載懋第絕命詩截句一首，惟弘光實錄鈔作長短句沁園春一闋（卷四頁十八）。同使之陳洪範先以叅畫得放歸，結埼亭集又載其方下江南，與參預軍事職方吳祖錫有舊，乃謬爲矢大，言其降出於不得已，必得間以報故國。職方即以四萬貲充餉，洪範得金，實無易轍意（外編卷十二吳職方傳）。此事他書不載，特附及之。

第四卷　紀隆武永曆繼立本末始乙酉八月迄庚寅十二月皇淸底定閩廣之盛

立唐王爲監國，……擁入者艷翼戴功，不數日，即定議即帝位於福州，時閏六月十五日也。

思文大紀（卷一頁十一）所知錄（卷上）行朝錄（卷二）臺灣鄭氏始末（卷一）南明野史（卷中）皆稱唐王於閏六月初七日監國，二十七日即皇帝位（大紀即位在卷二頁一），隆武遺事海上見聞錄（疑爲道人逃，以後仝）。鹿樵紀聞二藩紀事本末（卷一頁八），又皆稱王以閏六月十五日即位。而全祖望張肯堂神道碑中又有『六月監國，七月稱制』之語（結埼亭集卷十頁六）。今按閩遊月記云：王即監國位于省城，越旬日而登極議起，諸老以監國名正，出關尺寸，建號未遲，示中外無利天下心，李侍御長倩伸其說，大鄭亦以爲然。所謂即位距監國纔旬，自不得在十五日。華廷獻時官閩中，必無誤記，而大紀冊立皇后詔中明稱閏六月二十七日卯時即位（卷二頁九），則遺聞誤矣。至全氏稱六月監國，當指六月二十六日唐王朝見人民於建安監國事（見大紀卷一頁五），其稱七月稱制，或偶忘明淸於乙酉六月皆置閏耶？

王，太祖後也，封南陽。初以父殀，失愛於祖，兩叔謀奪嫡，未得請名。及祖端王薨，守道陳奇瑜知府王之桂爲之請嗣。

所知錄行朝錄皆稱唐端王以崇禎五年薨，王襲封，時年三十有一（南明野史亦謂王三十一襲封）。今據思文大紀御書自叙（卷二頁三，南明野史卷中頁十二所錄同。閩遊月記亦謂王手書先遠世系，後及時艱。）稱『生於萬曆三十年四月初五日申時。崇禎二年二月，父爲叔鴆，朕督報仇，賴有司之持公，天啟心於祖考，請於烈廟，奉勅准封。本年十二月，祖考亦薨，朕乃奉藩。崇禎五年六月初二日受封，九年十一月二十一日奉降濮之命。至監國時年四十四歲』。大紀作者附稱自叙共分四節，一節二十八歲爲家難，二節自二十八歲（崇禎二年）十二月至三十五歲（九年）爲治國。則端王非薨於五年，而王已先於受封前三年治國，可正諸書之誤。明史表（卷一百二諸王表）稱非王（王七世祖）爲端王嫡二子，及嗣王於萬曆中封世孫南誤，亦可据自敘補正也。至自敘亦有誤者，如云：『朕始祖唐定王，高皇帝二十二子』（野史同），据明史長太祖庶二十二子爲惠王楹，無子封除，而唐定王桱乃庶二十三子，不得以惠王封除而不計也。又云：『洪武三十四年受封』，按太祖諸子，自慶王（庶十六子）而下，皆封於二十四年，且洪武三十四年係成祖追紀，觀野史作二十四年，則此或誤刊也。

封鄭芝龍爲平□侯，鄭鴻逵爲定□侯，鄭芝豹爲澄濟伯，鄭彩爲永勝伯。

諸鄭以擁戴功皆得晉爵。芝龍以南安伯晉封平彝侯（思文大紀），一作平虜侯（隆武遺事，海上見聞錄，及行朝錄附成功傳），一作平鹵侯（行朝錄）。鴻逵（初名芝彪，見甦楓紀聞卷中頁四。）以靖虜伯進封定清侯（思文大紀），一作定鹵侯（行朝錄），一作定虜伯。（隆武遺事。按伯必侯之誤，海上見聞錄亦作侯。）芝豹彩爵諸書皆同。行朝錄（附成功傳）又稱鄭芝虎以逐劉香歿於海，故不及封。按芝龍爵當係平虜侯，諸書以不敢斥清爲虜，故或缺一字，或改作鹵。鴻逵爵當係定虜侯。思文大紀云：『勅下閣部及府州縣各官屬，凡有「清」字俱去其點，概用「青」字』（卷二頁三），可知隆武於清，厭惡甚深，則鴻逵必不致爵定清也。其後芝龍又進平國公，（清國史芝龍傳稱芝龍由南安伯徑封平國公，誤也。）鴻逵進定國公，見海上見聞錄。（是書乙酉八月魯王遣陳謙奉表至閩下云：「遂解所佩南安伯勅印與平國」，則芝龍進公在八月前矣。）

以張肯堂爲吏部尚書，李長倩爲戶部尚書，曹學佺爲禮部尚書，吳春枝爲兵部尚書，周應期爲刑部尚書，鄭瑄爲工部尚書，馬思理爲通政使。

隆武遺事亦載唐王即位，以張肯堂等六人爲六部尚書（惟兵部尚書作周應期），馬思禮爲通政使。按全祖望張肯堂神道碑云：『唐王稱制，晉肯堂副樞，再晉總憲』。又云：『芝龍思黜之，猶以翼戴功晉太子少師，官冢宰，仍兼憲長。而以私人爲巡撫，奪其兵。乙酉八月詔以冢宰專掌院事，而以銓事屬之曾櫻』（鮚埼亭集卷十），故思文大紀唐王監國令旨列名有兵部右侍郎張肯堂及都察院右副都御史張肯堂（卷一頁十），所知錄亦稱以黃道周爲吏部尚書，兼大學士，以張肯堂爲兵部尚書，明史道周傳（卷二百五十五）不言其爲冢宰，亦屬疏失。小腆紀年所引道周出師劄付，署銜吏部尚書兼兵部尚書（卷十一頁八），可證所知錄之不誤，則肯堂初未嘗官冢宰，爲之當在道周出關後也。李長倩初以侍御（見閩遊月記，思文大紀卷一頁八作副使僉事。）爲戶部侍郎，所知錄行朝錄皆載乙酉八月戶部侍郎李長倩請開捐納事例可證，其時戶部尚書爲何楷，任命在諸臣之先（見思文大紀），旋以郊天禮劾芝龍鴻逵，上賞其風裁，即令掌都察院事（明史及兩錄），長倩升尚書，當在此時也。（所知錄前又稱以李長倩爲戶部尚書，自相矛盾。）曹學佺初爲太常少卿，而攝禮部者爲右侍郎劉若金（見思文大紀卷一頁十二）。明史文苑本傳亦稱其起授太常卿，尋遷禮部右侍郎，兼侍講學士（所知錄作關發甫學士），進尚書，思文大紀稱其以太常卿進禮部右侍郎，在給各守關兵十一月餉條後，前無月日，然可知必在十一月，則此時未爲尚書也。吳春枝初官太常少卿，掌河南道御史（見思文大紀卷一頁十），所知錄行朝錄稱兵部侍郎（行朝錄又稱兼右副都御史），時尚書則張肯堂也。三藩紀事本末（卷二），南略（卷十一頁三），南明野史，所紀諸人官職，亦皆襲而未核。（野史卷中頁四十八稱兵部侍郎李長倩，即與前稱尚書者自牴，黃忠端集卷八有論巡撫浙東兵部右侍郎吳春枝疏，又可明春枝曾爲侍郎也）。

芝龍幼習海，知海情，凡海盜皆故盟，或出門下。

劫灰錄（延平始末）及賜姓始末稱芝龍初從李習爲盜，父事之，崇禎中，受閩撫沈猶龍撫，棗林雜俎李習作李旦（叢贅鄭芝龍節），猶同姓也。而行朝錄（卷六附成功傳）台灣鄭氏始末偕國史（芝龍傳），稱芝龍事顏思齊爲盜，（鹿樵紀聞作顏振泉。行朝錄云：「芝龍雖從思齊爲盜，而委命思齊壻陳衷紀，思齊死，眾奉之爲主，然大權仍歸衷紀，崇禎元年九月，芝龍乃殺衷紀於島上」。）且言撫之者非猶龍，乃巡撫朱一馮，事在天啓六年。（臺灣鄭氏始末初言起蔡善繼巡海道，持撫臣朱欽相檄入海，繼言巡撫朱一馮檄都司洪先春等會戰於將軍澳，欲用爲部曲，而行朝錄又誤作朱一憑。）鹿樵紀聞又稱其崇禎元年受撫於熊文燦（行朝錄亦云）。按明史猶龍傳稱『崇禎元年召復故官，進太僕少卿，拜右僉都御史巡撫福建』，後以憂歸。文燦傳云：『以崇禎元年起福建左布政使，三月，就拜右僉都御史巡撫其地』。猶龍憂歸，不知在何時，然考竹櫻傳云：『崇禎十年，櫻以行賄命械赴京，詔至閩，巡撫沈猶龍……』云云，則十年尚未丁憂也。意猶龍必繼文燦者。文燦後以撫海賊功拜總理，辦流賊，明史故以撫芝龍事歸之，則劫灰錄賜姓始末之作猶龍者幷誤，而芝龍初受撫於一馮而復叛，兩書亦幷失記矣。芝龍小字一官（見臺灣鄭氏始末），或作飛黃（見鹿樵紀聞行朝錄），或作飛虹（見棗林雜俎）。

是時浙東亦奉魯王監國，……魯王監國紹興。

所知錄稱六月一日張國維等已迎魯王于台州，監國紹興；

行朝錄亦稱國維至台州，與陳函煇等共請王出監國，即日移紹興，事在七月前。航海遺聞云：『六月三日，王至臺城監國』。鹿樵紀聞稱監國在六月，甲乙事案稱魯王以六月初九日己丑(按六月無己丑，初九日應爲庚申，當有誤。)監國，鄭遵謙等以是迎王入紹，南略稱監國在六月二十七日戊寅，系日各異。然皆在六月，與明史張國維傳稱閏六月國維朝魯王於台州，請王監國，即日移駐紹興者，差異尚近。惟隆武遺事書尾存錄隆武與魯王御書中又明稱『王以七月十七日監國於台，八月十六日迎至於紹』，海上見聞錄亦稱監國於紹事在八月，則與諸書大異矣。予以爲御書所云，自必有據。若魯王已於六月監國，閩中比鄰，至閏六月諸臣豈得不知，而更擁立唐藩；設知而更爲，理已先屈，必不敢頒詔浙東。故唐王于爭立事諭楊文驄勅有云：『朕先監國登極四十日，在萬古自有至公』(見南明野史卷中頁五十三)。按唐王監國于閏六月初七日，魯王監國于七月十七日，恰四十日，勅稱登極，當指監國，此魯王所以奉詔即欲返台也。錢氏所知錄於浙東事多涉傳說，故多失實，獨怪黃梨洲何亦不加考核耶？惟黃氏之書，雖多本錢錄，而僅稱監國事在七月前，則似亦致疑於六月一日之不經矣。

於是黃道周以師相請募兵江西，…出兵徽州，爲清兵所擒。

明史黃道周傳言道周請自往江西圖恢復，以七月啓行。思文大紀作七月二十二日(卷二頁五)，海上見聞錄亦系八月朔。明史又稱道周以十二月兵潰被執，至江寧不屈死，東華錄亦然(卷五頁十五)。然據隆武遺事所知錄行朝錄臺灣鄭氏始末鹿樵紀聞於道周出師事或作九月，或作十月。行朝錄鹿樵紀聞思文大紀又稱其出師在鄭鴻逵鄭彩出師之先，隆武遺事所知錄則稱後之，所紀岐異不一。今按諸書稱道周因見鄭氏無志出關，憤而自効，則道周之出自宜先於兩鄭。思文大紀行朝錄稱兩鄭初出，唐王行推轂禮，事在王親征時，(據思文大紀隆武遺事臺灣鄭氏始末行朝錄親征在十二月初六日甲申，所知錄又作十二月十六日，大紀載八月十八日王欲親征不果，此蓋第二次也。)王之親征，蓋亦激於道周之無功，事之先後，必當如此。思文大紀明言鄭彩於八月二十八日出師，此即諸書所謂頓兵索餉，未嘗即行，亦即道周之所由發憤。小腆紀年初以道周出師系七月辛未(二十二日)，其後所錄道周剳付題隆武元年拾月拾伍日，中敍各節，又似初出師時情况(卷十一頁七頁八)，蓋以道周先鄭出師，而於九月始出關入贛故也。(莊氏忠端年譜云：八月十八日至延平，九月十九日出關，十月朔至據信。）觀莊起儔忠端年譜以出師出關爲兩事，即可知諸書參差之故，而明史實不誤也。至行朝錄稱道周死得諡忠烈，而王親征；思文本紀則謂其十二月二十四日被擒（卷三頁十四），丙戌三月一日被殺，（卷五頁四）。莊氏年譜作三月初五日，疑請不誤。）在親征後，又有不同。按李世熊寒支集有褒郎孤忠疏謂『道周死已閱月，通政司鄭鳳來猶駁云：「未得確報」，士大夫無有顓輔臣之烈以祈帷蓋之恩』。思文大紀亦云：『上謂侍臣曰：「輔臣道周，委身殉難，郎典宜于五月內察例具奏」』。（卷七頁二，按南明野史卷中頁五十八以此節爲丙戌五月，并改文中五月爲五日）。則忠烈之諡，稽遲可知。黃氏當以道周之出并其死事書之耳。南明野史紀道周之出，誤同諸書，觀其以唐王親征事誤系十二月初二日（卷中頁三十四），拉雜成書，未加深考，固知不足據信。三藩紀事本末并以兩鄭及道周之出皆系丙戌正月，尤屬無稽矣。

粵西有靖江王者，八月稱監國。……隨擒靖江王及楊國威與吏科給事中顧奕等，械至福州，王與國威奕俱斬于市。

南略亦稱靖江王亨嘉等三人皆斬于市（卷十一頁四）。考所知錄行朝錄則稱國威奕戮于市，亨嘉廢爲庶人，幽死。思文大紀云：『靖江王庶人亨嘉械至延中，上命錦衣衞王之臣用心防護，仍勅刑部侍郎馬思理安置，具議來奏，以服天下萬世之心』，時爲丙戌二月（卷五頁四）。南明野史并云：『安置連江，勅令所司嚴加鈐束』（卷中頁四十二）。是亨嘉實未被刑，而明史表稱其爲丁魁楚瞿式耜所殺亦誤也。又亨嘉事南略又作八月，兩錄皆作九月，亦宜從之。

蔣德璟告病去，而戶部尚書李長倩以餉不繼憂死，提學御史王協恭亦憤卒。

按道開以三人事系乙酉丙戌之際。考思文大紀云：『丙戌二月，戶部左侍郎李長倩上言親征餉詘，宜開納事例』，且條畢捐納銀數；（所知錄行朝錄以請開納事例系乙酉八月，不知是否一事，若是則當以大紀爲是，蓋此時距親征期近，而開納乃爲親征餉需也。）又云：『賜大學士蔣德璟乘馬一匹』，又云：『四月，命輔臣德璟察覈建甯屯田數目』，則長倩其時猶未死，且未進尚書，而德璟亦未去也。隆武遺事并係三人事於丙戌六月前，當不誤（頁六）。

吏部郎中趙玉成與尚書張肯堂同籍江南，疏言臣等生長海濱，請以水師千人，從海道直抵君山，襲取金陵。

水師之議，全祖望張肯堂神道碑（鮚埼亭集卷十）紀之甚悉。丙戌正月，肯堂議由海道攻金陵，中以鄭氏陰阻，兵餉不集，至七月猶未成行，故思文大紀載『四月請餉三萬』，『五月肯堂偕助海師餉銀一萬』也(卷六)。神道碑又稱以平海將軍周鶴芝爲前軍，定洋將軍辛一根爲中軍，樓船將軍林習爲後軍。按：周鶴芝，行朝錄(日本乞師)南明野史(附錄頁十八)作周崔芝，當是一人(因應懋紀聞附本乞師亦作周鶴芝)。思文大紀屢記其事。(卷四頁三，卷六頁十三，卷七頁一，卷七頁九) 皆稱其姓崔名芝，又嘗誤「鶴」爲「崔」而脫一「周」字。且大紀前既稱其『規徵務藩旨印，純忠可嘉，今海師倚任方降，即與掛平海將軍印』(卷七頁二)，而後又稱『肯堂疏薦其著于用海，上從之，曰：「崔芝侯立功即與掛印」』(卷七頁九，南明野史卷中頁六十全襲此條)，亦自相抵牾，宜南明野史作採錄後條也。林習諸書作林習山，海上見聞錄云：唐王即位，初封諸將，有林習山爲忠定伯，平國公芝龍部將也(卷一頁二)，疑即一人。又碑云：『肯堂行有日矣，芝龍忽以鄭必昌將步卒先公發，而令公待命島上，必昌受命，遂不出三關一步』。考海上見聞錄云：『丙戌九月，清兵至泉州，芝龍退保安平鎮，且勸令泉紳鄭必昌招之』(行朝錄附成功傳並鄭氏始末卷一頁十七皆載之)，此必昌當卽其人，則實先芝龍降清矣。必昌曾爲兵部尙書，隆武且贊其『儀發事件，慎重關切』。(見思文大紀卷五頁一，南明野史卷中頁四十七，大紀卷八頁三又稱其爲兵部侍郎。)

六月，皇子誕生。

所知錄行朝錄稱丙戌七月，唐王誕生元子，隆武遺事(卷十一頁八)南明野史皆作六月(野史並作六月朔)。按所知錄又言從龍諸臣，以皇恩悉皆封爵，御史錢邦芑疏言『元子誕生之辰，正浙東新破之日』，則事必在六月，因江上軍以五月下旬潰，而清兵於六月初一日渡錢塘也。若在七月，豈得猶謂之「新破」耶？皇子名野史作琳源，予按當作琳源，(唐同世序「聿」下爲「琳」，五行之次，金下爲水。)思文大紀載封唐王胞姪琳漢爲陳世子(卷四頁十一)，漢亦從水也，李懿錦稱猴共美野遊聞見錄亦作琳源(受祺廬日記續小腆紀年)。

三月，會隆武使陸清源賫詔至江犒師，馬士英唆方國安斬之。

隆武遺事南略(卷十王之仁江心殉難條) 亦稱丙戌三月，士英唆國安斬隆武賫詔犒軍使陸清源，所知錄行朝錄以事系二月，且只言清源散餉不平，兵譁而遁，不言其死也。按思文大紀云：『丙戌正月，命清源賫犒賞銀往江上』(卷四頁二)，其下又云：『命清源解犒賞銀一萬兩赴浙犒方國安軍前』，系于三月初一日前(卷五頁四)，是清源曾兩次奉使，諸書所紀，當指第二次，則發以二月而以三月至國安軍，南錄殆紀其發日也。至南錄稱清源不死，較爲可信。諸書皆云：江上師潰，國安念隆武曾以手敕相召，入閩必大用（遺聞後亦載之），思文大紀又云：『丙戌四月，上諭近臣曰：「靖彝侯方國安江上功最多，歸向又最切」』（卷五頁七），使前有斬使之事，則國安與王必皆不作是語矣。南明野史兩說幷存（卷中頁四十九）。

守關將施福盡撤兵還安平，聲言缺餉，蓋徵聞錢塘信也。

隆武遺事，所知錄（上頁九）行朝錄（附成功傳）思文大紀（卷四頁三）幷作施福，海上見聞錄臺灣鄭氏始末作施天福，見聞錄幷稱天福爲平國公部將，封武毅伯（行朝錄稱武毅伯施福），兩說未知孰是。所知錄又稱福撤兵回安海，按安海諸書皆作安平，見聞錄云：『丙戌九月，清兵至泉州，芝龍退保安平鎮』（卷一頁二），則安平尚在泉州之南。南明野史稱即芝龍所居之東石，在泉州郡城南三十里（卷中頁十五）。

五月二十七日夜，國安遂拔營走至紹，陳兵刼監國南行。二十八日，江上諸師聞（原本誤作「開」）報俱潰。……六月初一日，清兵渡江。

國安軍以五月二十七日潰走而南，二十八日，諸軍幷潰，（南明野史稱是夜月色甚明，荒謬可笑，諸書皆無此語。）清兵六月初一日渡江。然航海遺聞又稱丙戌六月初六日荊國公方國安，蕩胡將軍方元科，閣部馬士英，阮大鋮，方逢年等先走，巡邊閣部張國維護衛魯王監國於十七日至台州，其所紀月日，與諸書異。按汪氏既謂國安等先走，其必在清兵渡江前可知，則汪氏所紀未確也。而東華錄（卷五頁十七）及諸野史皆謂國安當時挾監國由紹至天台，欲以獻清，監國得脫，由台州入海，傳命國維防遏四邑，是國維初未及扈從，汪氏亦誤紀矣。方元科又見鮚林雜俎（逸與方國安條），雜俎稱尙有元振者，與元科同爲國安兄子，元科不言爲將軍，而稱其奮戰甚勇。按思文大紀云：『丙戌六月，閩中以錢塘沿江戰功，惟元科能用命，乃封爲定胡伯，幷發手勅以示優異』（當尙未聞江上潰信），若「蕩胡」爲魯王所命，則後不應又以封阮進，（張蒼水集外編卷四敘名振墓碑稱進封蕩胡伯，野史皆作蕩湖伯，予意「吳」「湖」皆是「胡」之異文，以避忌而改之者也。）汪氏當亦誤也。雜俎又稱『國安降後，與元振等皆被殺，後索羅見國安索命，疽發背卒於延平』，索羅當即貝勒博洛，時爲征南大將軍，以平浙閩（東華錄卷五頁十六），後平閩廣封端重親王，順治六年爲定西將軍討大同姜瓖，事具東華錄，幷未卒於延平，雜俎當誤傳。

禮部尚書余煌：…止衣冠赴水死。

明史余煌傳稱『魯王起禮部右侍郎，再起戶部尚書，皆不就。明年，以武將橫甚，拜兵部尚書，始受命』。南明野史亦稱魯王起兵部尚書，而禮部尚書爲王思任，（附錄頁七十四，航海遺聞行朝錄卷二頁二誤稱思任爲吏部。）後又云：『林篋舞期以丙戌四月十一日往日本乞師，斌卿止之，曰：「大司馬余煌有書來，此吳三桂之續也」』，航海遺聞亦稱其爲大司馬，不稱禮部也。然南略（卷十頁十六）南明野史（附錄頁十七）則稱其爲禮部尚書。今按隆武遺事稱煌以禮部尚書兼兵部事，是亦足袪諸書異稱之疑，而補明史之闕，且明野史前後亦未相犯也。又明史稱：『煌於六月初二日赴水，舟人拯起之，居二日，復投深處死』，諸書如隆武遺事南明野史皆稱煌死於五月二十九日（戌業六月朔前），惟南略雖未系日，按其紀事之序，固在六月一日之後。考諸書謂清兵於六月初一日渡江，則煌死自當在六月也。

禮部侍郎王思任不食死。

思任官職已有辨，參見上條。全祖望稱思任非死節，（結埼亭集外編卷四十七答諸生問思復堂集帖子）李慈銘息茶庵日記讀王山史祇齋集中亦云：『思任女端淑映然子集中有言思任之死，嫌其數十日之生之多者，蓋謂其非殉難也』。又云：『案季重（全氏集及南林雜俎並載王思任節，皆謂思任字遂東，與此異）卒於丙戌，在魯王航海之後，觀此則知其女已有違言』云。

衢州城破，樂安王楚王晉平王皆被殺。

隆武遺事南略（卷十張鵬翼見殺節）南明野史（附錄頁七十）亦載之，東華錄則稱『博洛旅報大兵克金華衢州二府，斬僞蜀王朱盛濃，樂安王朱誼石等』。予按蜀宗幾絕於甲申張獻忠之難，何由至浙？且「盛」爲楚府世系，盛濃當即前所稱之楚王，甲乙事案三藩紀事本末稱甲申十二月以楚宗朱盛濃爲池州府推官（卷一頁二十九），尤爲明證。魏大宗不知在何時，或諸書因其爲楚宗而誤作楚王也。樂安王見小腆紀傳宗藩傳（寧靖王術桂傳附），稱其名俊，（按明諸王宗室無單名者，代府命名第五字爲「俊」，然世系不符），台灣降，術桂死，始降清，事亦不符。考明史表寧藩府有樂安王，惟僅紀及第七世謀𡍩止，東華錄稱樂安王名誼石，「誼」爲秦府命名第九字，而寧府命名第九字爲「議」，兩音適同，則「誼石」殆議銘（五行次金）之誤耶？晉平王明史諸書皆不詳，明地理志亦無此地名，必誤，以郡王皆以地封也。

隆武自芝龍去後，乃定計幸贛。八月二十一日啓行。…二十四日抵順昌，聞清兵已及劍津，且踵至，倉皇騎而奔。

南略所紀略同。惟參考諸書，王蓋欲從汀入贛，往忠誠府，又何得更奔順昌。南略又稱二十二日駕至行宮，未明言行宮何地。今按閩遊月記亦稱駕至行宮。中使傳將召對，華廷獻時令歸化，是行宮當指歸化。由歸化經汀州而入贛，固順道也。此書與南略稱順昌者當有誤。

清兵至順昌，搜龍杠，得馬士英阮大鋮方國安父子方逢年連名請駕出關爲內應疏，在已降後。大鋮方遊山，自投崖死，仍戮屍。士英等四人駢斬延平城下。

明史馬士英傳紀士英之死，兩說並存，蓋與三藩紀事本末同本官報稱士英與吳日生同被擒見殺，而又採存野史稱其在台州山寺爲僧被擒以反覆死說。（閩遊月記海上見聞錄南略南明野史所紀與道聞同，行朝錄稱士英同國安從征福建，至中途伏誅，大鋮踰仙霞嶺，見雷演祚索命，墜馬死。鹿樵紀聞稱士英伏天台山寺中，其家丁縛之以獻，貝勒命剝其皮，實草懸道旁，時人以周延儒爲對，有「草裝瑤草之皮。莫笑犬羊之鞟」語。與東華錄卷五頁十七所云「爲大學士與士英潛通新昌縣山內，都統漢岱追至台州，士英屬下總兵某承恩等降，并報馬士英披剃爲僧，即至寺拘獲，并總兵趙體元斬之」，頗相契合。周馬聯語，又見棗林雜俎。紀聞後又舉南略等說，蓋亦莫可折衷也。）今按東華錄稱『浙閩總督張存仁疏報丙戌六月，獲吳日生于太湖，獲士英於新昌』，（新昌鄰接天台，野史之稱士英爲僧台州者，仍當作天台。）固截然爲兩事（卷五頁十六）。明史三藩紀事本末稱據官報王師討吳易并獲士英，則東華錄亦何嘗非官報耶？是兩書誤以兩事爲一事矣。況六月江上師潰，清師已抵錢唐，士英更何由得至太湖？倘謂其心存故國，欲聚義旅，何不于擁太后入浙之初，而忽於此強弱判然之秋，自陷其身。觀其入閩不得。計窮削髮，則忠義之事，豈其人耶？是知兩書所據，或冒功之疏，未得實也。至三藩紀事本末稱討易獲士英事在八月，諸野史并稱士英以八月死，亦皆未確。蓋疏既稱六月，行朝錄亦稱士英先阮方躍死，而清兵六月濟江，亦無八月始至新昌天台之理，則六月說是也。又紀事本末鹿樵紀聞皆謂與馬阮等同降者尚有禮部尚書謝三賓，（行朝錄云：三賓爲宗伯在乙酉十二月。）刑部尚書蘇壯（隆武遺事誤作蘇杜），朱之儔（諸書不載之儔事，惟前迎魯王監國時有朱之儔，疑爲大學士殆即其人。）鮚埼亭集外編并稱士英子鑾與之同死，（卷三十題馬士英傳，全氏稱說見張怡謏聞[illegible]。）前已有辨（頁五十六）。

清兵過延平而東，獨陳謙之子帥數騎追駕，爲其父報仇。及至贛州（疑是汀州之訛），時隆武將入贛，因停一日曝龍鳳衣，是以及於難，并擒曾后。……械至福州，貝勒斬隆武及后於市。

隆武遺事南略稱陳謙子爲父報仇，率清兵追獵。王在汀州，因曝龍衣停一日，遂與曾妃俱及於難。諸書亦多稱王死，惟鹿樵紀聞云：『唐王至邵武，知事不可爲，有二宮人縊死，取二棺釘之以出，其一則曾妃也，唐王易服潛遁。後至瓊州，爲僧於五指山。後鄭成功在鼓浪嶼，曾有使存問諸遺臣』。南明野史亦云：「永曆七年二月，『五指山復遣使來存問諸臣，使言思文今離五指，駐平遠縣，將起兵。故臣乃具疏請勅驗視，卒不可得』」(卷中頁七十三)。考五指在廣西鎮安府，與交趾鄰，非在瓊州(見居易錄卷十五引李文鳳月山叢談)。凡事若實，永曆何得不知。思文大紀有云：『王在延津知事已去，遂由汀郡出關，清遣騎追之，不及而返』，可知邵武之說爲誣矣。然大紀亦稱王不死，而當時實有王遁之說。故有謂唐王聿釗代死(見行朝錄)有謂衞臣貌類王者代死，(見行在陽秋行朝錄。原註：「或云衞臣張致遠」。)有謂福清伯周之藩代死也(鮚埼亭集外編卷十二周之藩傳)。東華錄稱『唐王聿釗走汀州，遣兵擒斬之，福建悉平』，則遂誤以聿釗爲聿鍵矣。

禮部尚書曹學佺通政使馬思理俱縊死。

隆武遺事所知錄南略俱稱通政使馬思理自縊死，而思文大紀別稱馬思理詐死遁海上，擁戴桂王，并稱其爲禮部侍郎，(卷八頁十，南明野史卷中頁六十七亦稱禮部侍郎馬思理遁走，惟頁六十八又稱禮部侍郎曹學佺通政使馬思理自縊，是自相舛牾，且學佺爲禮部尚書非侍郎也，是書拉雜失考多類此。)又作刑部侍郎(卷五頁四)。按李世熊寒支集爲道周乞恩疏稱通政使鄭鳳來(見前引)。思理爲通政使先於鳳來，在唐王監國之初，斷無此時尚未遷陞之理，則侍郎是。(但不知爲禮部抑爲刑部，或先官刑部後改禮部耶?)其遁走之說，別無可考。

九月八日入泉州，……大學士蔣德璟絕食死之。

南略所紀與此書同(卷十一頁十四)，惟明史德璟傳稱其九月病卒，未知何據。

永明猶在衰絰中也，於十月十四日監國，改元永曆。

行在陽秋劫灰錄行朝錄西南紀事小腆紀傳皆稱王於丙戌十月十四日監國肇慶，以十一月十八日庚寅即皇帝位。(紀事并云：王時年二十六。)明史瞿式耜傳謂王以十月十日監國，誤襲南略；粵游見聞又謂王於十月十四日即皇帝位。按王因聞唐王監國，羣臣勸進，始即帝位。廣州之立，既在十一月初，則事亦必在十一月。粵游見聞乃誤以監國爲即位日矣。劫灰錄又云，改元在即位後(頁二)。風倒梧桐記獨稱王於十月初九登極；未審何故。

福建舊相蘇觀生何吾騶俱遁回廣東，與布政使顧元鏡於十一月擁立隆武帝弟唐王聿鐭監國，年號紹武。

行在陽秋刼灰錄粵游見聞稱唐王以十一月自立於廣州而不系日，南疆繹史作十一月癸卯朔（原作癸亥，據解十一月癸卯朔）。小腆紀傳作十一月丁未（初五日），明史一作十一月朔（瞿式耜傳）；一作十一月二日（蘇觀生傳）。今按行朝錄稱十一月朔王監國，初五日王即帝位（他書不言王即帝位），則初一初五各指一事，兩皆不誤。惟觀生傳作初二日，與式耜傳不同者，誤也。王名聿鐭并見明史諸書，清國史（李成棟傳）亦作聿鐭。行朝錄誤作聿鎮，鎮為明英宗諱，是無相犯之理。小腆紀年又疑聿釗為聿鐭之譌字，其實釗鐭乃是二人，越縵堂日記有辨正。東華錄又稱順治四年二月，征南大將軍博洛奏報云：『廣州府偽唐王朱聿釗之弟聿鐭僭號昭武』，按昭武乃吳三桂年號，見三桂傳及聖武記，此乃紹武之訛也。臺灣鄭氏始末稱聿鐭為唐王第四弟（卷一頁十八）。

永曆遣兵科給事彭燿往諭之，燿粵東人，舊為秦令，有能聲，譬曉倫序監國先後國家仇讐利害，觀生等殺燿於市。

刼灰錄粵游見聞南疆繹史小腆紀傳皆以為永曆遣燿（見明史紀傳并云：主事陳嘉謨同使。）事在即位後，惟行在陽秋系之即位前。今按明史蘇觀生傳云：『永明王監國肇慶，遣彭燿陳嘉謨齎敕往諭，燿順德人，至廣州，以諸王禮見，備陳天潢倫序及監國先後事』，與此書所紀略同。其所云『監國遣使』及『監國先後』語，皆可明永曆時尚未正位也，陽秋所紀不誤。

右司馬林佳鼎督兵靖東郊，東將詐降，陷佳鼎沒於水。

行在陽秋載丙戌十一月二十九日總督林佳鼎捷於三水，時唐王遣督師陳際泰（陽秋誤作陳泰）逆戰，武靖伯李明忠（永曆所封）自韶州入援，大捷，際泰遁去。十二月初三日，佳鼎兵潰於海口以死，明忠走免。尋降於清（清國史李成棟傳云：「清兵克惠州，招撫潮州千乘，明總兵李承志李明忠皆以城降」。）後復反正（當在成棟反正時）。小腆紀傳稱明忠之捷在庚午（二十八日），先於陽秋所紀一日，明史蘇觀生傳又稱佳鼎之敗在十二月初二日（南疆繹史小腆紀傳亦作初二日甲戌），亦先一日，未知孰是。

十二月十五日，清朝總兵李成棟兵薄廣州，……奪門而入，副將杜永和擒紹武并周王益王遼王等謀斬之。

東華錄云：順治四年二月征南大將軍博洛奏報云；『總督佟養甲等率師進勦，斬朱聿𨮁幷僞周王肎𤪹益王思恢等』(卷六)。按周王名肎𤪹益王名思恢，此爲僅見。然於明諸王命名之例皆不相符，則亦非實也。小腆紀傳紹武紀稱周益遼等二十四王俱遇害，餘人封號槪不可考，更追論名字矣。東華錄未明言遼王何名，考紀傳宗藩傳靖王術桂傳遼封爲長陽王術雅所襲，此不知是術雅否耶？

是月十六日，成棟克定肇慶，隨發副將楊文甫張月領兵克取高雷廉三郡，即於二十九日一鼓而入梧州，廣西巡撫曹燁出降。

諸書皆稱成棟於丁亥正月十六日克肇慶，二十九日下梧州，惟南疆繹史稱下梧州在乙丑(二十三日)。考諸書稱成棟分兵于二十三日下高雷三州，兵分勢弱，則繹史之說，似傷過速。行在陽秋又以曹燁(明史瞿式耜傳作曹煒)之降系於丙戌十二月，按遺聞明稱燁降在梧州陷後，東明聞見錄所紀尤詳，陽秋當誤。蓋燁撫本駐梧州，而州城失陷之速，正以燁無固志也。

丁魁楚在岑溪，屯兵千餘。清朝招之不服，乃水陸設伏，大戰藤江，丁兵敗，魁楚中箭死之。

行在陽秋永曆實錄亦皆稱平粵公(兩廣紀略稱隆武封魁楚平粵伯，封公當在永曆時)。丁魁楚軍岑溪，成棟遣杜永和招之不至，與戰，魁楚中矢墮水死。然刦灰錄則稱魁楚爲成棟所誘見殺，南疆繹史小腆紀傳更謂成棟實殺魁楚，魁楚亦降而被害者，與遺聞所紀大異。今按東明聞見錄云：『輔臣丁魁楚以三百餘艘載黃金二十萬兩白金二百四十餘萬兩入岑溪，李成棟追及之，殺而投諸河，闔門無存者』。風倒梧桐記及兩廣紀略紀事尤詳，則魁楚實反覆之尤，死因應得，諸書所云拒戰而死，實出誤傳。觀其位至督輔，而明史不爲立傳(有傳附丁啓睿傳後)，或正以此少之也。魁楚之死，陽秋系之丁亥正月，聞見錄約系三月前，此書亦約系四月前，惟兩廣紀略作三月初四日，且稱其不死于岑溪而死於篷，因魁楚已涌成棟，東下迎之，欲仍督兩廣也。正月之說當不可信，蓋事必在正月二十九日梧州陷後，則三月初四日，宜可據也。

五月十四日，永曆竟駐武岡。

行在陽秋云：『丁亥五月甲戌，改武岡爲奉天府』，按五月干支無甲戌，小腆紀傳作甲寅者是，甲寅十四日也。

八月，清朝三王平定長沙，而衡州相繼盡失，

總兵黃朝選楊國棟等被執。

東華錄云：順治四年丁亥十二月，『孔有德奏屢敗僞總兵楊國棟於天津湖牛皮灘，追入長沙城，悉殲之』。行在陽秋更云：丁亥『五月癸亥，清陷龍陽縣，總兵楊國棟戰死，全家被殺』。然明史瞿式耜傳稱順治七年（庚寅）桂林之陷，武陵侯楊國棟及綏寧伯蒲纓寧武伯馬養麟皆逃去，陽秋所紀略同。觀國棟以家龍陽而封武陵伯，則先後自爲一人，是國棟未死，且未被執，而陽秋更自相矛盾矣。

八月，時巡道嚴起恆以儀表魁梧拜大學士。

行在陽秋稱丁亥『八月，以嚴起恆爲東閣大學士』，南疆繹史小腆紀傳皆作八月己巳，則朔日也。明史起恆傳稱起恆原官戶部右侍郎（陽秋作試侍郎），總督湖南錢法，隆武所授，（此稱巡道，疑資淺不能入相，明史當不誤。）至是拜禮部尚書兼閣銜。而小腆紀年又稱其是時仍以戶部侍郎原官入閣，後於戊子三月乙巳王在南寧，更命其兼吏部尚書，始終未爲宗伯，未知孰是。所知錄又謂起恆與吳炳同召入閣，考明史炳傳云：『永明王擢爲兵部右侍郎，從至桂林，令以本官兼東閣大學士，仍掌部事，又從至武岡』，是炳已先相，所知錄誤矣。

八月二十四日，武岡復敗。

行在陽秋云：丁亥『八月二十四日，清陷奉天，劉承胤以兵降清，閣臣吳炳不及出，幾被獲，踉蹌走慶遠』。所知錄稱奉天以二十五日陷。按小腆紀傳云：『八月辛卯（二十三日），清師逼奉天』，南疆繹史云：『八月壬辰．（二十四日，繹史原作壬午，爲十四日，與諸書所紀大異矣，壬午當是壬辰之誤。）奉天陷』，厥次甚明，因承胤之降，故奉天越宿即陷，則陽秋不誤。吳炳事諸書多異辭；明史炳傳稱其『扈王太子至城步，既至，城已爲清兵所據，遂被執送衡州，不食，自盡於湘山寺』。繹史亦稱其扈世子行，中道被執死，不言其爲自盡。所知錄逕稱其死。小腆紀傳又稱其與大司馬傅作霖同死。諸書所紀雖有出入，然稱其死節則一也。惟東明聞見錄稱其『以猪疾留城，清師執之，逼其薙髮投誠』。雖李慈銘已辨其誣，（越縵堂日記讀王夫之永曆實錄稱王氏以炳爲降而死者爲誣，并謂炳與郭之奇皆死節，然未舉證。）而明史謂炳曾被執至衡州然後自盡，固足以啟人之疑，兵事倥偬之際，眞相難明，陽秋稱其走慶遠，要爲無稽，然令人有恨其不早引決之慨也。

永曆又播越入粵，次柳州。

所知錄南疆繹史皆稱丁亥九月，永曆在柳州。行在陽秋則云：十月朔日駕幸柳城。小腆紀年亦云：九月己亥朔，上次靖州，十月戊辰朔，上如柳州。與陽秋同，兩說未知孰是。

十一月，永曆自象州抵桂。

劫灰錄稱王以丁亥十一月回桂。南疆繹史稱王于十月初十日丁丑南走象州，十一月丁酉朔回桂林。劉湘客留守傳亦云十一月上自象蹕桂（東明聞見錄引）皆與此書所紀相合。惟行在陽秋稱十一月戊戌朔駕幸象州，小腆紀傳稱十一月戊戌朔上在象州，兩書又同稱十二月初三日己巳上還桂林，所知錄謂十二月初五日上還桂林，爲不可解。今按十一月朔乃丁酉，戊戌爲初二日，是陽秋紀傳紀日已誤，明史瞿式耜傳謂王以十二月幸南寧，則亦不得於初三日或初五日回桂林，是三書所紀亦誤。予意王當以十一月朔回桂，更於月中復幸象州，遂以十二月至南寧，則諸書皆不相衝突矣。

是戊子二月二十二日也，時潰兵肆掠，蹂躪公署，職官無一得免。

行在陽秋云：『戊子二月十九日，清孔有德至全州，二十一日，永成伯（同書云：丁亥二月十一日，郝永忠受封南安侯，此處復言其爲永戊伯，當有誤。）郝永忠擁兵入桂，二十二日，駕發桂林。所知錄則云：『二月二十一日報北兵前驅至靈川，二十七日，郝永忠興安被襲，急奔回，過上移柳州，永忠放兵大掠』，所紀微有出入。今按東明聞見錄亦稱王以二月二十二日發桂林（小腆紀年作丁亥，亦二十二日），則所知錄稱二十七日永忠逼王移柳當誤。又據聞見錄永忠初未肯撤兵入桂，只聲言被襲，殆欲爲退兵地，是雖有此心而無此事。其後縱兵掠桂，乃王出奔後事，又與所知錄稱二十七日奔回者合，則陽秋稱永忠二十一日擁兵返桂者亦非也。

永歷駐南寧。

戊子三月朔爲丙申，行在陽秋誤作丙辰（丙辰則三月二十一日也）。陽秋後云：『三月乙巳，駕幸南寧』，則與所知錄稱王以三月初十日至南寧者，完全符合矣。

四月初一日，世子生。

行在陽秋南疆繹史小腆紀年紀傳皆稱戊子閏三月丙寅朔，（陽秋誤作丙戌）元子慈烜生。劫灰錄（頁四）與此書皆作四月朔，乃據清曆，四月即明曆閏三月也。惟所知錄行朝錄又作四月乙未朔，則爲明曆之四月，而清曆之閏四月矣。徐鼒已辨行朝錄之誤（見小腆紀年卷十五頁十六），是所知錄亦誤。

六月，李成棟有反向明朝報至。

李成棟反正事，諸書皆系之戊子四月，明史瞿式耜傳作閏三月，蓋據明曆也。行在陽秋又系二月，繼稱王遣吏部侍郎兼副都御史吳貞毓齎敕入廣東勞成棟，封成棟惠國公，佟養甲襄平伯。然按南疆繹史小腆紀年紀傳幷云：四月乙未朔（明四月即清閏四月），明遣吏部尚書吳貞毓祥符侯侯性勞成棟軍，封成棟惠國公，佟養甲襄平伯，杜永和江寧伯，羅成燿寶豐伯，董方策宣平伯，郝尚久（所知錄作郝尚六）新泰伯，張月博興伯（所知錄誤作傳興伯），閻可義（陽秋所知錄閻作間）武陟伯，（杜永和以下不見繹史，所知錄載之。）則勞軍事在四月，而成棟以閏三月反正，事當得實。蓋永曆當時播遷失所，一聞此訊，奚啻天外飛來，若二月成棟已反，豈有遲至三月後，始遣使相報耶？是陽秋必誤。至於所知錄與此書幷作六月，此書且謂六月成棟反訊始達，則勞軍事必更在後，當亦誤也。又按小腆紀年稱成棟命投誠進士洪天擢潘曾緯李綺齎奏赴南寧迎駕，南廣紀略又稱以洪天擢為銓左齎論勞成棟（見天擢傳），是天擢當與貞毓共使，而永曆即因其至更使返命者也。成棟封爵初非惠國公，所知錄云：『四月，成棟命部將羅成耀帶甲五十迎駕潯州（紀傳載迎駕事在七月甲子朔），封成棟廣昌侯』。東明聞見錄所紀尤詳，文云：『四月成棟來歸，封東安伯，不拜，進侯，又不拜，尋封惠國公』（東華錄卷六頁十三原奏疏中誤作兌國公）。所云進侯，似為東安，「廣昌」南都封劉良佐者，疑不當相同也。東明聞見錄南疆繹史小腆紀傳皆稱佟養甲於戊子十一月為成棟所殺，（越縵堂集外編卷十二頁上三忠傳跋作王宗令督陳陵工部員外郎陳純來襲殺養甲，同書卷四十二修廣東志局帖又謂養甲密遣人通表款白歸，為邏者所得，遣祭其陵，李元胤以兵沈之江中，溺死。）所知錄且云在初十，行在陽秋作七月，當誤。西粵新書作十月初九日，小腆紀年据明史稿桂王紀略已改正其誤。養甲死因，或謂其潛通清師（所知錄），或謂成棟兵敗，慮有他變，要之成棟與之不無宿恨也。又養甲諸書皆稱封襄平伯，聞見錄稱封漢城侯，無考，豈後又進侯耶？因成棟事，附敘於此。

己丑正月，清兵破湘潭，何騰蛟被執。

初騰蛟在衡州，聞李赤心方棄常德而東，急檄馬進忠由益陽至長沙，會師進取，而親詣忠貞營邀赤心入衛。至湘潭而赤心已不宿去，時進忠方奉檄，即遣部將宣威伯楊某迎護，則騰蛟已被擄，而楊某亦遂戰歿。小腆紀年紀其事甚詳，而東明聞見錄稱騰蛟同總兵馬進忠輕騎趨李赤心營，介會師恢復長沙，日已暮，駐師湘潭，會進忠兵已離城，所統止馬養麟五百人，因為清獲，敘事小異。予按：進忠赤心素不相能，騰蛟實未肯邀進忠詣忠貞營，此以事理推求可知。且時因進忠棄常德，湘中州縣復失，戊子十一月。

堵允錫始與赤心役湘潭，後攻長沙不克。行在陽秋稱戊子十一月初二進忠赤心兵至長沙者有誤，因進忠實走掠武岡，未與斯役。而紀年謂騰蛟檄進忠由益陽趨長沙，亦可證進忠并未至潭，則聞見錄所云『進忠兵已離城』，非實也。明史堵允錫傳謂『允錫率赤心等入湘潭與騰蛟會，騰蛟分允錫向江西，而自率進忠等向長沙』（又見劫灰錄騰蛟允錫兩傳中），當由誤據堵文忠公集孫順胡某所撰允錫表傳，孫胡曲筆，欲爲允錫諱，李慈銘已辨之（見日記讀文忠集節）。是騰蛟陷虜，進忠追救不及，固可以告無罪，而忠貞棄潭，允錫實不能辭責也。騰蛟贈謚，諸書或作文烈（明史本傳），或作文節（越縵堂日記引王夫之，永曆實錄），或作文忠（越縵堂日記引顯忠直集，及粵行紀事卷二頁三）。或作忠烈（西南紀事卷三頁十，及小腆紀年紀傳）。李慈銘謂明季死節諸臣贈謚以忠烈爲重，并舉魯王謚史可法隆武謚黃道周皆忠烈，以比中湘，斷作忠烈（日記讀顯忠直集）；然而又謂以中湘資望，當從王氏所紀作文忠（日記讀永曆實錄），自稱前議，當是偶失。予謂明季宰輔不由翰林者，雖已間用「文」謚，然孫承宗高弘圖陳子壯堵允錫瞿式耜吳貞毓（皆謚文忠）實莫不皆由甲科起家，獨中湘以乙科致位將輔，本不應得謚「文」，且當時旣以忠烈爲重，則贈謚似以忠烈較妥也。至李氏日記中

（讀小腆紀年節）又稱『吾鄉何中湘』，以中湘先本山陰人，戍籍黎平，故云（見劫灰錄騰蛟傳）。明史逕稱中湘爲貴州黎平衞人，又失之也。

二月，淸兵破信豐，李成棟歿於陣，……附成棟事夏王。

參據諸書，成棟於戊子己丑間，什三次攻贛。東明聞見錄云：『戊子六月，成棟攻贛州不下』，小腆紀年云：『我守將高進庫故隸左良玉麾下，與成棟有舊，僞輸款以緩其師，約以踰秋救不至即降，成棟爲所紿』，此初次也。（卷十五頁三十三。）紀年又云：『戊子八月甲辰（十二），桂王命成棟攻贛』，清國史亦云：『九月，成棟糾衆十餘萬，分路出信豐南安，合犯贛州』（李成棟傳），此二次也。其後成棟兵敗歸朝，（小腆紀傳稱在十月二十六日丁巳，東明聞見錄稱在十一月，行在陽秋又稱在十月壬午朔，予按壬午非十月朔，紀傳聞見錄既稱成棟兵敗在十一月之交，入朝在兵敗之後，至早宜在十一月。考十一月二十二日爲壬午，疑陽秋干支不誤，而系月誤也。）復以己丑正月踰嶺攻贛，（據陽秋，然陽秋前又稱十一月朔成棟請出師，十二月朔成棟師次南雄。所知錄亦云：十二月，成棟師再出南安，與陽秋略同。予考陽秋前已誤稱成棟十月入朝，即此稱十一月請出師亦誤無疑，以成棟此時尚未歸朝故也。且此書又稱己丑正月成棟殺[illegible]的王[illegible]及大學士朱[illegible]，則成棟本

無銜分身先出也）。以二月次信豐，歿于陣，紀年稱其敗歿在乙卯，即二月二十二日，此三次也。成棟贈爵，諸書皆作寧夏王，按行在陽秋云：『副都御史劉湘客，陝西布衣，爲成棟同鄉』（己丑正月廿八日條內），是寧夏之封，蓋因其爲陝人也。然清國史又稱成棟爲遼陽人（成棟傳），未知何據。

南昌敗書復再聞。先是聲桓踞南昌，清兵晝夜攻擊破之，王得仁伏誅，聲桓赴水死，於是先後贈聲桓□□王。

金聲桓王得仁之叛清歸明，諸書皆稱在戊子正月二十七日，惟行在陽秋作乙丑，則二十九日也，陽秋又謂當演劇時，聲桓有「畢竟衣冠文物好看」之語，清撫章于天遂疏劾其有反狀，聲桓發騎追獲其疏，與得仁殺于天。然予據三藩紀事本末（卷三）及小腆紀年（卷十五頁五）則「衣冠文物」之語，乃得仁事。緣得仁嘗於家張樂，自著明衣冠，令優人演郭子儀韓世忠故事，而持之者乃巡按董學成，（清國史聲桓傳又作董成學）非于天也。于天當時並未被害，清國史本傳稱其以戊子正月赴瑞州巡覈莊田，得仁因疑其往贛州請兵圖己，以告聲桓，遂襲之於江中，而挾以歸（紀年亦載此事），使造檄事，後以清兵圍南昌，懼其泄謀，乃殺之，事甚明確，陽秋當據傳聞誤記。初聲桓之反正也，自署豫國公，詔改封昌國公，見鮚埼亭集（外編卷廿九頁十四引錢肅圖語），風倒梧桐記云：『庚寅年清兵過嶺，杜永和守羊城，自二月至十二月，清兵凡三大敗，永和晉豫國公』（卷二頁十二）。所知錄云：『追贈惠國成棟爲寧夏王，諡忠武，昌國聲桓爲豫章王（可補遺聞缺文），諡忠烈』，皆足證行朝錄及諸書所稱聲桓封豫國公者之誤。蓋永和後封，必無與聲桓相同之理，而所知錄以惠國昌國並舉，尤可信其必據當時贈䘏之詔也。至清兵克南昌，諸書皆作己丑正月十九日戊寅，惟陽秋又稱一作二十九日，陽秋所系日前後皆與諸書小異，無可攷。城破之後，聲桓死之，或曰投水死（見繹史紀年），或曰自焚死（見東明聞見錄），或曰中矢投水死（見清國史本傳），要必一死無疑。惟東明聞見錄稱『得仁就死士三百，殺出滸岸門（紀年卷十六頁四又作得勝門），不知所之』，則與東華錄譚泰奏報（卷六頁十一）及聲桓傳稱生禽得仁正法者異，紀年兩說並存，蓋亦莫可攷也。

德化王朱慈爍踞將軍寨，先陷大田，繼破龍溪，攻順昌將樂。至十二月，清兵討平之，王被獲。

行在陽秋小腆紀年皆稱德化王慈爍於己丑十一月朔被獲遇害，惟小腆紀傳魏一桂傳（卷四十八）及宗藩鄖西王常淵傳中又稱有德化王某，卽四王常湖，(予按：西南紀事卷二頁二郡所王傳作常潤，明史表載益藩五世孫常湖於萬曆二十五年封，卒年不著，因疑諸書之稱常湖者，皆常潤形近之訛。)及永西王(明史表無)興安王(據明史表益藩五世孫敬王常遷庶五子由櫃，於萬曆三十五年以鎭國將軍進封興安，此當是其子行)同死戊子三月建寧之難。今攷明史表有二德化王：一卽慈煒，英宗子吉藩裔，表稱德化王常炆於萬曆二十四年以鎭國將軍加封，則慈煒乃其孫行也。一爲琛孃，太祖子瀋藩八世孫，隆慶六年封，萬曆二十七年薨。一爲常滌，憲宗子益藩五世孫，萬曆十八年封，薨年無考。子由楊於三十八年封長子，既而襲封，則紀傳紀年所稱兩德化自非一人，其死建寧者又必益藩裔，(或非由楊，因知係由楊，則明史具在，紀傳不當佚其名也。)因同死之郡西興安皆益藩裔也。

御史程源裴以擢官不得，伺權者指，攻其所必去，熒惑永曆聽，下給事中丁時魁金堡蒙正發及侍郎劉湘客詔獄。

梧州之獄，五虎中惟袁彭年先以憂去得免。(小腆紀年卷十七頁四稱王以彭年反正有功，特免議，蓋王欲寬之，而諸持之者亦因其已去而無如之何也。)諸書紀其事在庚寅二月丁亥(初四)，行在陽秋又稱『三月二十八日錄敕內閣枋五人罪于朝堂，追贓遣戍』，蓋因起獄歷經鞫鍊，擬式稍既七殘中救，嚴起恒又以相五虎能去，(紀年云：四月，起恒罷。)踰月餘始得定讞也。陽秋亦謂興獄以程源一疏，明史起恒傳及小腆紀年(卷十七頁八)皆稱吳貞毓等十四人合疏糾五虎，(紀傳列舉吳貞毓等之子萬翺程源郭之奇李用楫李日煒朱士鯤朱統鑰王命來陳光胤彭全等十二人，另據紀年卷十七頁四云：「壁殿御史呂爾璵錢秉鐙方新、仁樹之稱何在」語，貞毓乃易吉翔門下士」，及東明聞見錄稱「吉翔奪上，時朝太局，咸大怒，欲殺之」云云，則貞毓蓋於吉翔，當在十四人之列也)。源卽其一。東明聞見錄謂『貞毓嘗成棟反正時，曾勸上歸五羊；又以縣令爲于成棟得賄八百金，成棟輕之；堡奏其事，故銜之次骨，因及四人，遂有疏糾之事』，此爲僅見。觀王夫之永曆實錄力詆貞毓，或卽以此少之，則事之有無，正未可必。李慈銘力爲貞毓解，謂王氏不知其後有十八先生之獄(見日記故永曆實錄)，然當時吳楚相軋，貞毓不無君子之過也。湘客衛諸書或作翰林院侍讀(同見漁紀年)。或作詹事侍郎(陽秋)，或作禮部侍郎(嶺南紀事卷一頁九)，或作詹事府詹事(粵行紀事卷二頁五)，或作詹事兼副都御史，實則湘客以朱天麟王化澄言其非科目不當入內制，不自安，請外除，遂改僉都御史協理翰林院事，侍讀學士雖除而未任也(參越縵日記攷定)。

十一月初五日辰報清兵大舉入嚴關，……歐明，瞿式耜張同敞被執，……至閏十一月十月斬之。

諸書皆稱清兵於庚寅十一月初四日入嚴關（此從清曆，若明曆應爲初三日），與此書稱初五日聞報者正合。三藩紀事本末及明史瞿式耜傳稱在九月，不知何據。式耜同敞遂於初六日黎明同被擒，於十二月十七日丙申遇害（見庚寅始安事略粵行紀事行在陽秋所知錄西南紀事明史式耜傳及小腆紀年紀傳）。諸書或稱閏十一月十七日被害者，蓋用明曆，（兩粵夢遊記：云明閏庚寅十一月，清閏則在辛卯二月。）仍丙申日也。至小腆紀年稱清兵於初四日入嚴關，即以同日入桂林執式耜，則紀述不無小誤。按明曆十一月辛亥朔，清曆十一月庚戌朔，相差一日，疑紀年稱同日入桂乃誤從明曆之初四日（甲寅），而以爲即清曆之初四矣（清曆初四日爲癸丑，先甲寅一日）。行在陽秋又云：『十一月初六日，孔有德破桂林，自註云：『劉湘客作初五日，用異曆也』。予按：癸巳（永曆七年順治十年）清閏六月，明閏七月（見二十史朔閏表），今陽秋癸巳從閏六月，是從清曆，（然予按陽秋庚寅又從閏十一月，似又從明曆也，因清閏在辛卯二月。）則湘客異曆，當是明曆（湘客紀年自亦當用明曆），故予仍以爲陽秋係用清，曆庚寅從閏，或其偶誤也。）考清曆十一月初六日爲乙卯，實明曆初五日也，不知湘客何以作初正日，「正」「五」字近，殆必初五日之誤無疑。

參攷書目解題（略依成書年代先後爲次）

甲申忠佞紀事　荊駝逸史本

錢邦芑撰。記甲申殉難逃跡受刑受職諸臣，甚爲簡略。邦芑後於永曆時官都御史，爲僧以終，法名大錯。是書末云：『望新天子於從逆諸臣，大加大討』，則知其成於甲乙之間，弘光欽定及書未出之前也。

東塘日劄二卷　荊駝逸史本

嘉定朱子素九初述。記乙酉李成棟屠嘉定事，云係目擊，則成書當在順治初元也。按明季稗史中有嘉定屠城紀略，即係一書，惟編次略異，文字間有出入，傳以爲稱日劄或即避嫌改名者。又按痛史中有嘉定乙酉紀事一卷，亦即此書，原跋稱係舊鈔，『較冊本爲詳』。

汴圍濕襟錄　荊駝逸史本

明白愚撰。記崇禎辛巳壬午間闖賊圍開封事，分初圍二圍三圍三篇，皆用四字標題。事由目擊，故甚詳盡。書首有弘光元年乙酉朔周亮工湯開先兩序，及崇禎甲申二月自敘，是成書尚在國變前也。

烈皇小識八卷　明季稗史本

吳縣文乘撰。自敍稱竹塢遺民，屈大均南都殉難記稱『乘字蓀符，爲文肅公子，國變後，隱居竹塢。抱討思陵逆事，成書八卷』，即今所傳烈皇小識是也。後有告其通長興伯吳易軍者，獲之不辨而死，則是書當成於乙丙之間。（乘以丙戌六月死于杭州）其書多採疏奏，於東事黨局，記述尤詳。自敍稱於十七年中備集烈皇行事，成巨帙數十册，可見其致力之勤。惟是本編次，顛倒複出，不一而足，疑非文氏舊觀矣。乘所撰述，除此書與甲乙事案外，尚有殿閣詞林記定陵註略先撥志始。

聖安本紀六卷　荊駝逸史本

原題崑山亭林氏顧炎武著。倣春秋綱目傳例，每段後附以發明。李慈銘日記中頗疑其體例與本紀之名不相應，然猶以爲其議論迂腐，乃亭林少年時所爲。朱希祖氏已據雲自在龕藏鈔本斷定其即文乘之甲乙事案，因一書二名，遂與亭林所著相混。朱氏舉證謂鈔本原題竹塢遺民，今本改題崑山；序中所云遭仲氏之難，屏跡深山，與亭林身世不類；且鈔本所述予故大學士文某縊，今本則改作文震孟；（見中央研究院歷史語言研究所集刊第二本）皆可明其非亭林之書也。

北使紀略　荊駝逸史本

陳洪範撰。洪範副左懋第北使，潛款於清，得脫身南歸，遂作此以自飾。

弘光朝僞東宮僞后及黨禍紀略　荊駝逸史本

桐城戴名世田有著。名世後死文字之獄，別有南山集行世。其被收入者尚有孑遺錄（紀獻賊犯桐事，自崇禎乙亥迄乙酉。），榆林城守紀略（紀崇禎癸未闖賊攻城，至順治庚寅寇平爲止），揚州城守紀略（紀乙酉清兵破城事）等三種。

江南聞見錄　明季稗史本

佚名氏撰。記清豫王入南京始末，始乙酉五月初十日，止二十九日，大抵當時人之作。傅以禮跋是書謂其誤以嚴有禧爲死節，殆以當時傳說如此故也。

揚州十日記　明季稗史本　荊駝逸史本

江都王秀楚記。敍乙酉揚州陷後清兵屠城十日中事，頗過其實，王氏蓋百死之餘者也。

幸存錄　明季稗史本

題明吏部考功郎夏允彝述。記崇禎及南都南朝大事，參以論斷，稍倣紀事本末體。中多持平之論，如於浙黨齊黨有恕詞，而於馬士英亦不過責，故黃宗羲指爲「不幸存錄」，特著汰存錄以駁之。而人亦因謂是書出於文忠身後冒名者之所爲。然南疆繹史固明稱是書爲文忠絕筆也。全祖望謂

『是錄有二本：其一稍詳，且志阮大鋮語曰：「此敝門生錢謙益也」；而一本無之。恐疑前一本乃足本，若芟之者，乃丙戌以後東澗之客代爲洗雪而削去之耳』云云。今本無大鋮語，是非足本也。朱希祖氏所見本尚有序，題乙酉九月。

續幸存錄　明季稗史本

題雲間夏完淳存古著。分爲南都大略南都雜志兩篇。書末無名氏詳云：『以書生談朝事，其訛者十之三四，故予刪其訛而存其是，非全錄也』。全祖望跋是書謂『其中有云：「先人備位小宰」，按文忠僅官考功，而其時小宰乃呂大器，淳古不應昧於官制若此』，因疑其非淳古作，然他人又不應襲「幸存」之名，遂亦莫能折衷。予考今本并無其語，豈亦爲無名氏削去耶？又按全氏題南都雜志力斥其稱史閣部困於高興平等語之非，似以雜志另爲一書；然據今本則雜志特其中一篇耳。且全氏所引閣部各節與今本不差一字也，豈全氏所見者已割裂耶？

聖安本紀二卷　單行刻本　明季稗史本

崑山顧炎武撰。倣正史體，紀弘光一朝始末。謝國楨謂有題作聖安紀事者即是此書（見晚明史籍考）。予按坊間有所謂明季三朝野史四卷，分聖安紀略上下，思文紀略永曆紀略四篇（壬子夏六月[illegible]山房石印本），題崑山顧炎武輯。江都吳廟二焦錄校，其聖安紀略兩篇皆與本紀不同，疑非亭林手筆也，待攷。

明季實錄　明季稗史續編本

題崑山顧炎武寧人輯。亭林遺書中亦收之。多錄明末江左奏疏塘報，實錄之名，當由於此。後附蒼梧兄酉陽雜筆一篇，記五溪風俗及流賊擾常辰事。書尾有沈楙悳跋，可明其乃據昭代叢書本重印者。

倣指南錄　荊駝逸史本

題明中書舍人安福康范生訪軒氏著。（此本作范康生，然石印本爲康范生，予按鮚埼亭集外編卷二十九再題續表忠紀年有「以沈壽民康范生爲給事」語，則行朝錄卷一頁七頁八及小腆紀傳康生傳作范康生皆誤也。）紀丙戌萬元吉等之守贛州，范生身無城守，自跋稱『被執在檻，隨筆實錄，倣文山指南錄，故名』，其成書當在丙戌十月也（贛州以初四日陷，初跋署十月既望）。又按南疆繹史引書作虔事始末，當即一書。

三垣筆記三卷，附識三卷　古學彙刊本

興化李清映碧記。上兩卷紀崇禎朝事，餘一卷紀弘光朝事，附識并同。自序云：『先舉其所灼見以筆之書，其因附見者，猶云附述』。維嚴維藏，堪稱良史。全祖望李慈銘皆稱道之。清崇禎時入刑垣，轉吏垣，南都轉工垣，此書所由名也。（甫尚有諸忠紀略已佚，見劉世琯徵訪書目。）

南渡錄五卷 燕京大學藏鈔本

李清撰。記弘光一朝始末，（予考宋辛棄疾有南渡錄，此書必倣其名。）楊鳳苞傳以禮李慈銘皆極稱其詳核，惟清多為弘光洗刷，議論未可盡信也。

叢林雜俎 通行本

題鹽官談遷孺木撰。謝國楨晚明史籍考稱新會陳氏藏有鈔本，其中如先帝改謚諸條，皆較此書多出數十字，其它可補此書者頗多；可知此書已經後人竄改。按遷事蹟具見黃宗羲所撰墓表，朱彝尊靜志居詩話，及海寧縣志隱逸門。詩話稱其字仲木，一字觀若，與諸書稱孺木者異。高膠州序是書亦稱孺木，未知孰是也。是書條述萬曆以後舊事佚聞，下及江左時事，多足補史。膠州序在甲申九月，其自跋謂『相國序後，歲有增定，故書中多及乙酉事』。縣志稱是書凡十二卷，今所據本不分卷。

江陰城守記 荊駝逸史本

江陰許重熙撰。（另據談遷棗林雜俎逸典類忠備道節末引許重熙語，談氏似與重熙為友者，然稱其為常熟人，必當有據，則重熙非邑人也。）附韓菼城守記前，（晚明史籍考稱附韓記之後）而紀事之詳備遜之。書中稱陳明選（晚明二典史共主城守，石印本已校改為明遇。）又與韓記作陳明遇者異（明史諸書皆作明遇），亦備見也。重熙不詳與城守事否。

閩遊月記二卷 荊駝逸史本

明無錫華廷獻修伯撰。廷獻崇禎十五年特用出身八十八名，修武知縣，（見道光沐德史偶文外志卷一頁三十三，舊題名錄）●復社中人，隆武時，令歸化，此書紀閩事，即其宦遊時所聞見也，另有閩事紀略亦題華氏撰，晚明史籍考謂與此書不同。

所知錄三卷 荊駝逸史本 新會學社排印本多三卷

桐城錢秉鐙飲光撰，秉鐙後為僧，改名澄之。是書紀隆武永曆兩朝事，為黃宗羲行朝錄所本。其凡例云：『茲編於戊子以前，皆本諸劉客生（湘客字）之日記，於湖南戰功，多不甚悉，亦因其所記者而已。辛卯春，滯梧州（按永曆奔南寧，秉鐙從行不及，遂留梧，故是錄紀事止庚寅十一月。）村中，略加編摩，夏四月，始離粵地』，是其成書當在順治八年也。李慈銘謂三卷本非完書，今按有新會學社據傳鈔排印本，凡六卷，隆武紀事一卷，永曆紀年三卷，南渡三疑案阮大鋮本末小紀二卷，三案大鋮本末錢氏幷于凡例中及之，則是書應有六卷。疑李氏亦未見六卷本，僅據凡例以推定三卷非完書也。

庚寅始安事略 荊駝逸史本

題留元錫撰，記瞿張桂林殉國及式耜孫昌文改葬事。書中稱式耜先太師，有弟名元統。李慈銘稱；『全謝山謂當是留守族人所作，然觀末段敍昌文事竟似昌文自撰』。予謂不然，以書中文氣揣之，則元錫元純應爲式耜之子行，而昌文又元錫子行也。然按晚明史籍考於此書外，又著錄庚寅事略，稱明瞿純仁元錫撰，而史籍考於粵行紀事條下（卷十二頁二十四）又稱共美乃瞿純仁元初子，且某氏又有元初墓誌銘，則元錫或是元初之誤，考共美曾撰東明聞見錄稱式耜爲弟，則元初乃式耜父輩，視昌文爲曾祖行矣，究亦不知確否？

粵游見聞 明季稗史本

題前行人司行人瞿共美（原題誤作其美）記。起唐王次閩，迄清人犯高州大學士陳子壯之死何吾騶之降。以隆武爲綱，雜及桂王永曆事。全祖望題天南逸史引謂表紀年曰；『己丑，守輔瞿式耜同族瞿共美到粵，亦海上來也。明年，題授行人』，並疑逸史亦出其手。又據逸史共美乃式耜之兄，此書題行人，則寫成當在庚寅後矣。又小腆紀年云：『清兵入萬安，巡撫曠昭死之』，謂本粵游見聞郎謐攷，（按南疆繹史有郎謐攷，此不知指繹史抑謂見聞亦有郎謐攷，見卷十一頁廿。）若然，則今本無郎謐考，非完書矣。

東明聞見錄 明季稗史本

撰人佚。紀永曆朝事，起元年丁亥上至桂林，迄瞿式耜之死。按全祖望題天南逸史稱是書殆瞿留守族人所爲。故多稱先太師，又間稱稼軒，遇留守之書，稱之爲弟，又言在留守幕府爲之理錢局事，且自言乙酉幾死於腐世勛，其所志留守身後事，有御史姚端有楊藝有楊羨浮暨清碓云云。予檢之是書，所言皆若合符節，則全氏所見逸史，實即此書。然全氏亦別無確證以實逸史爲何人所作，僅稱其或共美所爲也。

風倒梧桐記二卷 荊駝逸史本

題三山何是非邛甫集。紀永曆事，其篇末自稱『起丙戌十月初九日永曆登極，至今五六年』（終於辛卯），則成書當在順治八年。

兩廣紀略 明季稗史本

華復蠡撰。敍戊子己丑以前所見閩粵變亂，並著丁魁楚洪天擢李綺三傳。李慈銘稱與荊駝逸史之粵中偶記是一書。

兩粵夢游記 荊駝逸史本

明吳縣馬光瀛菴撰。李慈銘稱光崇禎己卯知永寧州，永曆時官至全永巡撫。此記即紀其歷官事，迄於辛卯罷官北返為止，頗有他書所未見者。

江變紀略二卷 荊駝逸史本

新建徐世溥巨源撰。紀金王戊子據南昌反正事，至己丑正月十九日敗亡止，成書年月不可考。（巨源有榆墩集，順治丁酉卒，見雪橋詩話續集卷二）。

航海遺聞 荊駝逸史本

清汪光復撰，紀魯王始末。商務印書館排印有汪氏所撰明季續聞，名異而實即一書。

蜀難敍略 明季稗史續編本

太倉沈荀蔚文著，荀蔚父作宰華陽，死于獻賊之難。荀蔚隨任，於流賊禍蜀始末，多屬目見，纂為是書，起崇禎十五年（壬午）至康熙三年（甲辰）止。自稱『乙巳五月，初返里門，七月，錄成此書』，乙巳則康熙四年也。書後附范文英撰沈雲祚（荀蔚父）傳及李明容吳偉業等跋語十三則。

綏寇紀略十五卷 照曠閣本

太倉吳偉業駿公撰，專紀崇禎朝流寇事，共十二篇，皆以三字標題，如蘇鶚杜陽雜編之例。朱彝尊跋是書稱梅村以順治壬辰，舍館嘉興之萬壽宮，方輯綏寇紀略，久之，其鄒氏發雕，僅十二卷，而虞淵沉中下二卷未付棗木傳刻，蓋即指梁谿鄒氏本也。錢林文獻徵存錄謂張海鵬後於婁東訪得，補刊虞淵沉中下二卷附錄一卷，乃符十五卷之數，即是此本。錢氏又謂是書原題鹿樵紀聞。予按：今稗史中有鹿樵紀聞，與此書異。紀略原名鹿樵野史，有辨見鹿樵紀聞條，錢氏誤也。全祖望謂是書多為梅村門人鄒漪所竄改，并引陳介升語云：『疑其不類梅村本集，然觀通篇敘事，章法縣密，舍梅村亦莫能當此也』云。

明季北略二十四卷南略十八卷 琉璃廠半松居士排印本

無錫計六奇用賓撰。北略起神宗萬曆丙辰，迄思宗崇禎甲申；南略起甲申五月，至康熙四年乙巳永曆被害。李慈銘受禮廬日記謂北略多傳聞之失，南略則較詳覈，以聞見較親也。然予觀南略亦多襲野紀，雜抄成書，其疏謬亦不下北略也。兩書皆有康熙十年辛亥自序。

劫灰錄 痛史叢書本

題珠江寓舫偶記。不分卷，有永明王僭號始末，亡國諸人事考，（何騰蛟，堵胤錫，瞿式耜，何吾騶，陳子壯，張家玉，陳邦彥，李元胤，王祥，楊展，楊畏知，沐天波，李定國等十三人傳。）大臨始末，舟山始末，延平始末等五目。尤侗溫睿臨（史遺）劉繼莊（廣陽雜記）皆稱出馮甦手。葉廷琯（吹網錄）稱是書係方密之錢飲光輩一人所為，馮再來取為見聞隨筆，且謂其自序

（此本無）題壬申秋抄（康熙三十一年），乃是壬寅（康熙元年）傳寫之誤。傅以禮又辨方有兩粵新書，錢有所知錄，未必別成此書，然猶莫知作者誰何也。按晚明史籍考稱『馮氏承明史館（請集方略）之索，則取其言語不正者上之史館，而少涉忌諱者則自成一書，而題曰珠江寓舫，其實乃一書也』，推論較爲允當。考康熙十三年吳三桂使馮氏赴粵東說尚可喜，珠江寓舫，得毋指此耶？李慈銘又謂『是書所載，頗多舛誤，其丙戌下分注云：隆武唐王聿鍵，福王之子，紹武聿𨮁，桂王長子，則似於明史亦未嘗寓目矣』云云。果爲甦作，固不應疏若是，然予細檢書中，幷皆無之，不知李氏何所據也。

見聞隨筆二卷　台州叢書本

清臨海馮甦再來撰。與劫灰錄爲一書，惟隨筆多李自成張獻忠始末，而無大臨舟山延平三始末。

隆武遺事　痛史本

佚名撰。起乙酉五月，至丙戌冬鄭芝龍北降止。附紀三則，紀己丑德化王慈燁，癸巳舟山之陷，己亥成功北伐事。末載隆武答鄭監國御書。

思文大紀八卷　痛史本

佚名撰。紀隆武事，起弘光元年乙酉六月，（唐藩監國）至九月（清兵入福州），用綱目體。楊鳳苞秋室集謂是書一名丙戌三山野錄，又名爲思文紀略，（予按有刻顧炎武撰三朝野史中有思文紀略，然與此異。）

弘光實錄鈔四卷　痛史本

題古藏室史臣撰，傅以禮跋定爲棃州先生手筆，謂其書大致與顧苓金陵野鈔相出入，而不及李清南渡錄顧炎武聖安本紀（予疑此指文秉之甲乙事案，因顧著僅二卷，而文書六卷也。）之詳備。朱希祖氏據楊鳳苞南疆繹史跋及諸暨蔣廖振泉印黃棃洲遺書十種例言亦定爲棃洲作，幷謂全祖望作黃氏神道碑及黃氏七世孫炳垕作年譜皆詳載黃氏著述，其所以未及此書者・乃因散亡之故（見燕京學報第三期）。據楊跋是書一名弘光實錄，又名弘光紀年，蔣氏所得弘光紀年即是此書，其餘所得之隆武紀年永曆紀年魯紀年即今行朝錄中之三篇也。晚明史籍考稱是書序文與梅村野史所作鹿樵記聞序文全同，然予按其所錄兩書序，除起首『寒夜鼠嚙（鹿樵紀聞「嚙」作「[illegible]」）架上』至『將誰任之（紀聞無「之」字）乎』一節相類外，餘皆不同，今本亦然，不知謝君何謂也。是本尚少大臣月表（見傅跋）。原序題戊戌年冬十月甲子朔，則其成書在順治十五年也。

延平王戶官楊英從征實錄　國立中央研究院歷史語言研究所影印本

揚英輯。紀鄭氏事，起永曆三年己丑九月；至十六年壬寅(康熙元年)五月成功之死。自序稱『凡所隨從戰征事實，挨年逐月，採備造報』，蓋英以戶部主事從成功理餉，紀目見也。

東南紀事十二卷西南紀事十二卷　邵武徐氏叢書本

餘姚邵廷采念魯撰。晚明史籍考稱東南紀事成於康熙三十六七年間，西南紀事成於康熙二十八年。据吳德旋初月樓續聞見錄稱『邵氏從黃梨洲問逸事，受海外錄行朝錄，作東南紀事；得馮甦見聞隨筆，(朱希祖氏云：掛劫灰錄，是即隨筆之一部。)作西南紀事，(即覽在自序題康熙三十一年壬申，然紀事作於二十八年，又可明壬申乃傳寫之誤。)皆未成。或曰：既成而燬之也』。綠是書至光緒間徐幹始爲刊行，故吳氏亦未見及也。

行朝錄六卷　國粹叢書本　荊駝逸史本

餘姚黃宗羲太沖編撰。卷一隆武紀年，贛州失事，(鄧實氏稱贛州失事全用范康生所記，然予按前者略而後者詳)。紹武之立；卷二魯紀年上下，舟山興廢，日本乞師，四明山寨；卷三永曆紀年；卷四沙定洲之亂(附滇考)，賜姓始末(附明季遂志錄)；卷五江右紀變，張元著先生事略；卷六鄭成功傳。其魯紀年終鑑國八年(癸巳)，成功傳終康熙二十九年清廷命以成功及其子經兩柩歸南安(前蓋柩葬入京行獻俘禮)，江右紀變自注太倉陸世儀道威述。按李慈銘稱梨洲自言著此錄數十種，今所見僅十三種，當有遺佚，而梨洲卒于康熙三十四年，成功傳及三十九年事，殊爲不倫。且前既已有賜姓始末，(賜姓始末又另見明季稗史中，不著撰人姓名，除稍有出入外，首尾並同此篇，當即梨洲之文，此錄遺佚其名，或稗史僞拈一篇，因即收入，而又不知出梨洲手，故凡書「某」處皆錯爲文，全祖望謂南疆逸史亦同此誤。)亦不應又著成功傳。楊鳳苞跋釋史亦稱是傳即本隆武永曆兩紀年而合併者，當係後人僞託無疑，則更可明今本非其原來面目矣。晚明史籍考稱『成功傳則出諸明季遂志錄；(予按：劉鹿晚徵訪書目謂遂志錄出鄭亦鄒手)沙氏亂滇則出諸馮再來滇考；江右紀變則陸世儀所撰。後人不審，乃彙爲一編，惟紹興先正遺書本篇目較者，或較可據』。(予按：滇考今附沙定洲之亂，遂志錄僅見上書前目次，原文已佚，荊駝逸史亦未收入，未敢臆說。)當可信也。全祖望跋是書稱『作魯紀年一卷，最多訛錯，蓋當時道遠，不免傳聞之殊』。大抵梨洲是書於魯事多係身與目擊，故較詳盡，而梨洲皆稱錢飲光所知錄爲可信，其唐桂之事，多據是書，增飾而成，故不無耳食之病也。又按：日本乞師之說，初見全氏所撰梨洲神道碑。謝君(晚明史籍考)既據梁任公之說(飲冰室文集卷六十七黃梨洲朱舜水乞師日本辨)，疑梨洲不與其事，又謂吳騫(敬齋外國史記)及太冲本集遊地賦明言其有赴長崎事，未能折衷。予考乞師記載前後乞師凡四次：乙酉冬，崔芝遣人至撒斯瑪訴中國喪亂，後以余煌之言未果行，此爲第一次；丁亥，崔芝遣其義子林皐隨安昌王至日本乞師，不得要領而還，此爲第二次；戊子，斌卿使其弟孝卿隨馮京第往，日人輕孝卿，不果發兵，此爲第三次；己丑冬，以僧湛微言，奉慈聖李太后所賜藏經爲贄，以澄波將軍阮美爲使，於十一月朔出普陀，此爲末次。梁氏稱『謝山碑文敘此事於己丑，而注云第二次，則似又謂乞師記後別有一次，此與事實謬也』云云，不解所謂。考謝山原文云：『是年，監國由健跳至翁洲，復召公副馮京第乞師日本，抵長崎，不得請，公爲賦式微之章，以感將士』。自註：『是馮公第二次乞師事』。予按此第二次當即四次乞師中之第三次，而京第初次乞師，當即四次中之第二次。（黃文只有安昌伴使名，然謝書引勦奚記云：「丁亥六月，安昌王與馮京第乞師日本」。六月，黃文作三月，南明野史作正月，據此可知京第實與安昌同行也。）梁氏考梨洲未嘗與京第第二次乞師之行，謝君又明梨洲不得與京第第一次乞師事，（謝云：「爲京第副安昌，何得先生副京第」，蓋僅以情理揣度之也。）遂疑梨洲無至日本事。然謝山明稱梨洲被召在己丑，（王以己丑七月至翁，并見行朝錄。謝君引勦奚記謂先生歸家在辛卯八月前，未幾監國赴舟山，按辛卯清師攻舟山，王若非先在，方避之之不暇，必不致以此時往當其鋒也。勦奚記簡略有誤。）而京第南使在丁戊，本無同行之理。梨洲出使，要當在己丑副阮美以行。（梁氏謂乞師記後別有一次，殆指此次耶？）而京第同行與否，史無明文，不可得知。謝山或偶失考覈，誤以此爲京第二次出使也。（或謝山不知京第安昌同行，故以戊子事爲初次，己丑事爲二次，抑不知謝山另有所據否也。）則避地之賦，可釋疑矣。朱希祖氏謂是書成於康熙十八年左右，（見燕京學報第三期弘光實錄鈔跋）黃氏自序謂『國變至今，荏苒三十年』，可爲佐證。惟攷行朝錄卷一魯王之死引楊陸榮紀事本末言『帝與曾妃駢斬于汀州城下』作注，是成書又當在紀事本末後（按紀事本末成于康熙五十六年）。然予按邵廷采得行朝錄作東南紀事，（見紀事後，紀事成于康熙三十六七年間）則卷一之注，當是校者後增入者也。

也是錄　明季稗史本

題自非逸史編。紀事始永曆十二年（戊戌）王贊淑殺，迄三桂下緬王被難止。有桐溪應遙及淵子元益氏序，乃勝國遺民所爲也。序稱是篇出鄧凱手。全祖望亦謂鄧凱也是錄實實無虛語，是自非逸史爲凱別著矣。然傅以禮跋是書云：『謝山稱是書者李定國，與今本不合，而求野錄中載定國事頗詳，且同出凱手，因疑本是一書傳鈔致異』。予于求野錄亦疑凱不當一事兩書，傅氏之言，實獲我心；然謂兩錄必爲一書，則未敢苟同。按培林堂書目有周寧孔也是錄，或即是書，而凱所爲則求野錄也。

求野錄　明季稗史本

題客溪樵隱編。溫氏南疆繹史徵引書目稱鄧凱撰述，除也是錄外，尚有滇緬日記滇緬紀聞遺忠錄求野錄，然揆之事理，凱欲有所記述，儘可并爲一書，何必作兩篇耶？且是書所紀，除較也是錄多數月事外，（是錄始戊戌正月，也是錄始戊戌十二月。）餘皆多無出入。楊采南成紀事本末，採也是錄而不及是書，則成書（或先成而未行）必在其後也。按也是錄序有署桐山樵隱者，『皆思博採遺聞，以續明紀，得凱之書，而爲繕寫而藏之』。或是篇即其據凱書潤削而成者，而凱所爲實即滇緬日記紀聞，并也是求野皆非其所作也。

行在陽秋二卷　明季稗史本此書別無著本

佚名撰。紀永曆一朝始末，南疆逸史凡例稱劉湘客撰，小腆紀年因之。按湘客撰有日記，非此書也，傅以禮已排之。即書中敍五虎事，於湘客多微辭，於式耜殉國則稱湘客所用異辭，皆可明逸史之誤。傅氏又疑此即吳江戴笠之行在春秋，李慈銘已稱陽秋春秋實爲二書。朱希祖氏稱乃方以智同時所作，然亦未能得其姓名也。

海上聞見錄二卷　痛史本

題鷺島道人夢菴輯。紀臺灣鄭氏事，自永曆元年丁亥起，至永曆三十七年癸亥（康熙二十二年）止。

清代官書記臺灣鄭氏亡事四卷　民國十九年中央研究院歷史語言研究所鉛印本

原名平定海寇方略，康熙時官修而未刊行者，原稿在內閣檔案內尋出。有朱希祖氏序，記排印經過甚詳。

吳耿孔尚四王合傳　明季稗史本

佚名撰，亦見荊駝逸史中。傅以禮謂逸史本訛字較少，各傳後無總論。謝國楨稱與錢名世之四藩本末或是一書，錢書不見，未便懸揣。

鹿樵紀聞三卷　痛史本

題婁東梅村野史撰。鏡洋山人跋稱是書獻忠屠蜀篇中記介吳繼善降賊事：與吳梅村集中志衍傳異。又謂中卷記熙二十二年鄭氏之亡，時梅村已逝世，疑或經後人竄續，然猶不疑其非梅村作也。孫詒讓跋引吳兔牀拜經樓題跋謂是書或謂即綏寇紀略之別稱，孫氏因據照曠閣本紀略一校，則兩本截然不同，始疑梅村野史必非駿公。按孫東江讀鹿樵紀聞有感詩云：『石頭哀槳異塿情，自壞邊圖萬里城』，自注指東莞督師。今四十一篇中無記袁崇煥事者，東江與梅村同里，必曾見先生原稿。又是書卷中染晉宗人篇云：『余嘗至西安，猶見子斗先生』，據顧師軾所輯梅村年譜先生生平足跡未嘗至關中，何得有此，則此必後人託名所撰。而紀略原名鹿樵野史（見鮚埼亭集外編跋綏寇紀略引林爾蕃語）因避忌改今名，世人不察，以兩字相同，遂致誤混為即一書矣。

南天痕二十六卷附思陵改葬及二太子事一卷　宣統庚戌復古社排印本

題四明西亭凌雪纂修。同治十二年龍市識稱為殘明遺老寄名之作，以溫睿臨南疆逸史為藍本，例言亦全襲之，且自述引用書至九百七十四種，視溫氏之書為詳，而敘事簡雅，又可以方會史，為李瑤逸史摭遺所不及。

青燐屑二卷　明季稗史本

慈谿應喜臣著。（原注：「更名廷吉，字棐臣，戊辰進士」。）小腆紀傳稱喜臣為天啟丁卯進士，佐史閣部幕。（予按，潛邱劄記卷五與劉紫函第五書云：「關硎逸民即書中之應廷吉字棐臣者也，慈谿人，天啟丁卯順天鄉試舉人，與史道鄰同榜，故稱同年」。據此則原注是而紀傳誤矣。）南疆逸史又稱其為鄞縣人（據劄記則逸史亦誤），傳以禮據明貢舉考略及福建通志明其為慈谿人，戊辰進士，原題不誤。揚州之難，應氏得免，本其聞見，乃作是書。書末附一引逸史，則應氏享年甚高也。（逸史成於康熙四五十年）。

江陰城守記二卷　荊駝逸史本

題長洲慕廬甫韓菼編。紀乙酉江陰拒清兵事，自序稱成書在康熙乙未（五十四年），然序首稱『江頭片壤，沾國家深仁厚澤百有餘年』，與成書年代不符。李慈銘日記謂是書所殺三王（七王八王十王）事皆不聚。按菼康熙開殿試第一，官至大宗伯，卒諡文懿，三王殉城，不應不識其名；且菼以熙四十三年秋八月卒（見懷清堂集卷七十一朱氏所撰墓誌），亦無五十四年成書之理，是必後人所為而託其名以行者。

三藩紀事本末四卷　康熙刊本

青浦楊陸榮采南撰。有康熙五十六年自序。其凡例稱是編雜採劫灰、浮海、甲子江人事、江難也是、遺聞、編年、遂志等書，以正史（王鴻緒明史稿）為歸，繫年并用清朔。全祖望斥其多不經之語，而人地之謬，時日之舛，更僕不能數。又謂其尤者莫如魯王死於鄭氏一案（鮚埼亭集外編卷四十三[illegible]帖子）。澹泉所著尚有夢噫集殷頑集，亦紀明末事，已佚，見劉世珩徵訪書目。

南明野史三卷附錄一卷　商務印書館據涵芬樓藏五卷稿本鉛印本

題南沙三餘氏撰。或曰明末五小史，或曰五藩實錄，或曰明末紀事補遺，實即此一書，通紀福唐桂魯及晉王李[illegible]之事者也。李慈銘謂其紀載多他書所未見者，而於唐藩事尤詳。然予考其弘光一紀，多襲明季遺聞，隆武紹監國兩篇，并本行朝錄，文亦率少更易，即前人謬誤，亦未嘗加以駁訂，拉雜成書，實無足取；李氏殆未深究也。卷端有乾隆己未自序，己未，四年也。

南疆繹史勘本三十卷　都城琉璃廠半松居士排印本

清烏程溫睿臨鄰翼撰，吳郡李瑤子玉勘定。溫書原名南疆逸史；瑤因已有補釋之功。故改今名。逸史至今尚無刊本，此書遂得行世，李氏補勘，大要在首易其正朔，冠以清代年號，餘如溫書諱書溫體仁醜跡等處，亦多為補正。卷首有溫氏原序（溫氏成書約在康熙四五十年）及道光十年李氏自序。李氏尚有摭遺十八卷（有道光庚寅蕭山蔡氏[illegible]草堂補刊本），蓋以補此書之不逮也。

臺灣鄭氏始末六卷　民國二十三年國學文庫據吳興叢書重印本

清德清沈雲淵亭撰，烏程沈垚子敦註。淵亭自序云：『道光丙申（十六年）在京師，得閩人江日昇臺灣紀事本末四十九篇，憾其辭不雅馴，因參攷他書，為之刪潤，以成是書』。子敦作註則又後二年事，見跋語。書末另附凌霞跋，劉承幹跋。

小腆紀年附考二十卷　光緒四年京都琉璃廠書坊藏版

題前翰林院檢討加府事府贊善銜六合徐鼒撰。述紀四王及鄭氏始末，自順治元年甲申正月至康熙二十二年癸亥八月止，做綱目體。於明季野乘，徵引極博；尤服膺李世熊寒支集，故採其說特多。諸書有出入者，皆詳為考訂，附於每節之後，可謂為集成鉅構也。徐氏創為是書在道光庚戌（三十年）入史館後，至咸豐戊午（八年）始由其門人汪達利寫定。

小腆紀傳六十五卷補遺五卷　同治刻本

徐鼒撰，其子承禮補訂。鼒官福寧知府，卒于任。紀傳乃其未竟之稿，其子始為之詮次寫定，并為補其闕失；始得行世。承禮謂紀年以年繫，紀傳以人繫（見其自識），是兩書實相輔而行者也。

史通點煩篇臆補

洪業

劉子玄史通卷十五，摘錄古人史傳，點去其文之煩者，又或稍加字句以彌縫之，蓋所以示煩之爲累，而簡之可能也。傳刻之本既盡去其點，復於原文或增文輒有訛奪，於是顚倒重複，錯雜迷離；畫虎不成反類狗矣。顧子玄所錄舊書之文，皆尙存，可取讐校，而每條後所注增減字數，亦稍示指歸焉。十餘年前不揣愚陋，試取此篇，校之，點之，刪煩，補闕，以求適合所注字數。正文則從史通各刻本之法，姑不問其去取，亦不問其孰爲原有本文，孰爲新加側注，一貫錄之。加點則分左右二旁。右旁之點，點子玄所刪黜者也。左旁之點，點增易彌縫之字也。左點或空其心而爲圈，則指史通諸本原無其字，愚所酌加，以足成其數者也。取無點之文，加右點之文，讀之，則史傳原文具在。取無點之文，加左點之文讀之，則或即子玄刪定之文也。孰繁孰簡，瞭若指掌。然史傳刻本皆自宋而後，而子玄所錄，出於唐人抄本。偶有離異，安可以宋議唐？況史通宋本，今不可見，而明清刻本，縱僅能以其五概其九；蜀藩司之刊本，陸深之翻本，沈一貫之校刻，王惟儉之訓故，皆未見也。盧文弨之拾補，僅從何氏叔姪之校文。孫毓修之札記，粗依顧廣圻而過錄。諸家異文，如何決擇？去取之定，間憑臆斷。此則校讐，工同摸捉。執柯伐柯，雖取則之不遠；岐路之岐，亦亡羊之可慮。是以稿稱臆補，藏諸篋中，十餘年來，時復取出更易。非敢求爲劉氏功臣，聊作文字消遣耳。近見某先生亦理此篇（商務印書館國學小叢書，史通評，頁一一一至一二五），所爲多與鄙意未合。因復校錄舊作，以應史學年報徵文之命。用供學者參考，可乎？

二十四年七月四日

史通卷十五

外篇

點煩第六　總十八條

夫史之煩文已於叙事篇言之詳矣然凡俗難曉下愚不移雖七卷成言而三隅莫反蓋語曰百聞不如一見是以聚米爲谷賊虜之居[1]可知畫地成圖山川之形[2]易悉昔陶隱居本草藥有冷熱味者朱墨點其名阮孝緒七錄書有文德[3]殿者丹筆寫其字由是區分有別品類可知今輙擬其事鈔自古史傳文有煩者皆以筆點其[4]上（其點用朱材雌黃並得）凡字經點者盡宜去之如其間有文句虧

缺者細審側注於其右其側書亦用朱粉雖5黃等知正行用粉則側6注者用朱黃以此爲別或同7易數字或加足片言俾分布得所彌縫無闕庶覩者易悟其失自彰知8我9撫實而談非是10苟譏前哲　其一條

1 張之象本，張鼎思本，郭孔延本，黃叔琳本，浦起龍本，皆作盧實二字。盧文弨（羣書拾補）謂宋本作居字。

2 張之象本，張鼎思本，郭本，黃本，浦本，皆作形勢二字。盧云宋本無勢字。

3 張之象本作慮。

4 浦本有塡字。

5 張之象本，黃本，浦本，皆作雌。張鼎思本，郭本，皆作雄。

6 張之象本，張鼎思本，郭本，黃本，皆作別。浦本作側。盧謂宋本作側。

7 盧謂宋本作迺。

8 張鼎思本，黃本，浦本，皆作知。張之象本，郭本，皆作知，誤。

9 張鼎思本作必字，誤。

10 張之象本，張鼎思本，郭本，黃本，皆作是非。浦本作非是。盧謂宋本作非是。

孔子家語曰魯公索氏將祭而忘其牲孔子聞之曰公索氏不及二年必亡矣1一年而亡門人問曰昔公索氏亡其祭牲而夫子曰不及二年必亡今果如2期而亡夫子何以知3然除二十四字　其二條

1 張之象本，黃本，皆作必亡矣。張鼎思本，郭本，浦本，皆無必亡二字。按家語（四部叢刊影明翻宋本卷二葉十九上）作將亡，下無矣字。然太平御覽（鮑刻本卷五百二十六葉四下）所引則作必亡矣。又此下家語及御覽皆有後字。

2 無如二字，家語作過。

3 家語有其字。

家語曰晉將伐宋使1覘之宋陽門之介夫死司城子罕哭之哀覘者2反言於晉侯曰宋3陽門之介夫死而4司城子罕哭之哀民咸悅矣宋殆未可伐也除二十一字加5三字　其三條

1 家語（卷十葉四上）有人字。

2 家語作之字。

3 家語無宋字。

4 張之象本，黃本，浦本，皆有而字，與家語同。張鼎思本，郭本，皆無之。

5 張之象本，張鼎思本，郭本，黃本，皆作移。浦本作加。盧拾補亦作加。

史記五帝本紀曰諸侯之朝覲者不之丹朱而之舜百姓之獄訟者不之丹朱而之舜謳歌者皆1不謳歌2丹朱而謳歌舜……3舜年二十以孝聞三十而帝堯問可用者……（天下明德皆自虞帝始）4舜年二十以孝聞年三十堯舉之年五十攝行天子事年五十八堯崩年六十一代堯踐帝位……）除二十九字加七字　其四條

1 史記（乾隆四年殿本參上海涵芬樓影印劉喜海所藏百衲本）卷一，無皆字。張刪思本，郭本，黃本，亦皆無之。張之象本，浦本，皆有之。盧謂宋本有之。

2 不謂歟三字，在張刪思本，郭本，黃本，皆作不之二字。張之象本，浦本，皆作不謂歟，與史記同。盧謂宋本作不謂歟。

3 以上出堯紀。應有云云二字，業以四點代之；下同。

4 方括弧內字句，業抄自史記，雖子玄所留，非史通所有，附錄於此，以見子玄加減其上下文之故。

夏本紀曰禹之父曰鯀[1]鯀之父曰帝顓頊[2]顓頊[3]之父曰昌意昌意之父曰黃帝禹者黃帝之玄孫而[4]顓頊之孫也禹之曾大父[5]昌意及父鯀皆不得在帝位爲人臣者[6]鯀之子也 除五十七字加五字 案顓頊紀中已具云黃帝是顓頊祖矣此篇下云禹是顓頊孫則其上不得更言黃帝之玄孫既上云昌意及[7]鯀不得在帝位則於下文不當復云爲人臣今並於朱點之中復有此重複[8]遺文筆削庸可盡乎 其五條

1 盧文弨云宋本鯀皆作鮌。

2 張刪思本，郭本，皆脫頊字。

3 張之象本，浦本，皆作顓頊二字，與史記卷二同。盧云宋本作顓頊。張刪思本，郭本，皆作帝顓二字。黃本作帝顓頊三字。

4 史記有帝字。

5 史通有曰字。浦謂爲衍文，玆從去之。

6 盧云宋本有者字。

7 張刪思本譌作父。

8 張刪思本，黃本，皆譌作復。

項羽本紀曰項籍者字羽下相人也字羽初[1]起時年二十四
項氏世世爲楚將封於項故姓項氏其季父項梁梁父即[2]楚將項
燕爲秦將王翦所殺[3]者也燕子梁梁籍季父也項氏世世爲楚將
封於項故姓項氏 除三十二[4]字加二十四字竄革其次序 其六條

1 浦本照史記卷七補初字。

2 浦本照史記補卽字。

3 史記作戮字。

4 張之象本，張刪思本，郭本，黃本，皆作三十。浦本，作三十二。盧云宋本作三十二。

呂氏[1]本紀[2]曰呂太后者高祖微時妃也生孝惠帝女[3]魯元太后[4]公主及高祖爲漢王得定陶戚姬愛幸生趙隱王如意高祖嫌孝惠爲人仁弱高祖以爲不類我常欲廢太子立戚姬子如意如意[5]類我又戚姬幸常從上之關東日夜泣涕[6]欲立其子趙王如意以代太子呂后年長常留守希見上益疏如意立爲趙王後幾代太子者數矣賴大臣諍[7]之及留侯策太子得無廢此事見高惠二紀及諸王叔孫通張良等傳過爲重疊[8]矣今又見於呂氏紀因可略而不言 除七十五字加十二字[9] 其七條

1 張之象本，張刪思本，郭本，黃本，皆作氏。浦本改作后，與史記卷九同。成謂何焯亦改氏爲后。

2 張之象本爲作記。

3 女字，照史記補。

4 太后二字，照史記補。

5 張之象本，浦本，皆無如意二字，與史記同。張刪思本，郭本，黃本，皆脫之。成謂宋本無。

6 浦本作啼泣二字，與史記同。

7 史記作坐字。

8 張之象本，浦本，皆有無字。張刪思本，郭本，黃本皆無之。成云宋本有之。

9 浦本作加十字。不知何所據。

宋世家曰初元公之孫糾1景公殺之景公卒糾之子宋2公子特攻3殺太子而自立是爲昭公昭公者4元公之曾庶孫也昭公5父公孫糾糾父公子禤秦即元公少子也景公殺昭公父糾故昭公怨殺太子而自立除四十六字6加十三字　其八條

1 張之象本糾俱作糺。

2 宋字照史記卷三十八補。

3 張之象本特攻作得正。

4 張刪思本，郭本，皆脫者字。

5 此上九字，照史記補。

6 諸本皆作除三十六字。業疑其原爲卅六，姑改之。

三王世家曰大司馬臣去病昧死再拜上疏皇帝陛下陛下過聽使臣去病待罪行間宜專邊塞之思慮暴骸中野無以報乃敢惟他議以干用事者誠見陛下憂勞天下哀憐百姓以自忘虧膳貶樂損郎員皇子賴天能勝衣趨拜至今無位號師傅官陛下恭讓不恤羣臣私望不敢越職而言臣竊1不勝犬馬之2心昧死願陛下詔有司因盛夏吉時定皇子位惟陛下幸察臣去病昧死再拜以聞皇帝陛下三月乙亥御史臣光守尚書令奏未央宮3制曰下御史六年三月戊申朔乙亥御史臣光4尚書令丞非下御史書到言丞相臣青翟御史大夫臣湯太常臣充大行令臣息太子少傅臣安行宗正事昧死上言大司馬臣去病上疏曰陛下過聽使臣去病待罪行間宜專邊塞之思慮暴骸中野無以報乃敢惟他議以干用事者誠見陛下憂勞天下哀憐5百姓以自忘虧膳貶樂損郎員皇子賴天能勝衣趨拜至今無號位師傅官陛下恭讓不恤羣臣私望不敢越職而言臣竊1不勝犬馬之2心昧死願陛下詔有司因盛夏吉時定皇子位惟陛下幸察制曰下御史臣謹6與中二千石二千石7臣賀等議曰古者裂地立國並建諸侯以承天子所以尊宗廟重社稷也今臣去病上疏不忘其職因以宣恩乃道天子卑讓自貶以勞天下慮皇子未有號位臣青翟臣湯等宜奉義遵職愚憃8不逮事方今盛夏吉時臣青翟臣湯等9昧死請立皇子臣閎臣旦臣胥爲諸侯王昧死請所立國除一百八十四字　加一字10　其九條

1 張之象本，郭本，浦本，皆作竊，與史記卷六十同。張朋思本，黃本，皆作切。盧謂宋本作竊。

2 史記無之字。疑子玄所用本或有之。

3 張之象本，張朋思本，郭本，黃本，皆無宮字。浦本有之，與史記同。盧謂宋本有之。

4 浦本有守字，與史記同。然兼疑唐時史記本，或無守字，故司馬貞索隱乃誤解謂奏狀有尚書令官位，而史闕其名耳。

5 張朋思本作險，誤。

6 張之象本，張朋思本，郭本，黃本，皆無謹字。浦本照史記補之。盧謂宋本有之。

7 浦本照史記疊二千石三字。

8 史記作憧。其下有而字。

9 宜令義王此二十二字，張之象本，張朋思本，郭本，黃本，皆無之。浦本有之。盧謂宋本有之。

10 黃本脫加一字三字。

以上有言語相重者今略點發[1]如此但此一篇所記全宜削除今輒具錄於斯藉為鑒戒者爾凡為史者國有詔誥十分不當取其一焉故漢元帝詔曰蓋聞安民之道本由[2]陰陽間者陰陽錯謬風雨不時朕之不德庶幾羣公有敢言朕之過者今則不然媮合苟從未肯極言朕甚閔[3]焉永唯蒸庶之飢寒遠離父母妻子勞於非業之作衛於不居之宮恐非所以佐陰陽之道也其能甘泉建章宮衛士[4]各[5]令就農百官各省費條奏毋有所諱有司勉之毋犯四時之禁丞相御史舉天下明陰陽災異者各三人及荀悅撰漢紀[6]略其文曰朕惟衆庶之飢寒遠離父母妻子勞於非業之作衛於不居之宮其能甘泉建章[7]宮衛士各令就農[8]丞相御史舉天下明陰陽災異[9]者各三人自餘鈔撮他[10]皆倣此近則天例諸撰史者凡有制誥一字不遺唯去詔首稱門下詔尾云[11]主者施行而已時武承嗣監修國史見之大怒謂史官曰公輩是何人而敢輒減詔書自是史官寫詔靖雖門下敕詔亦錄役予聞此說每噓噓[12]而已必以三王世家相比其煩碎則又甚於斯是知史官之愚其來尚矣今之作者何獨笑武承嗣而已哉　其下條

1 張朋思本，郭本，黃本皆作厤。張之象本作發。盧云宋本作發。

2 漢書卷九，元紀初元二年詔，作繇，顏師古注曰與由同。

3 張之象本，張朋思本，郭本，黃本，浦本，皆作閔。盧云宋本作閔。

漢書作閔。

4 漢書脫士字。

5 漢書無各字。然考證引宋祁謂唐本監本有之。

6 張之象本作紀。張朋思本，郭本，黃本，浦本皆作記。

7 漢紀（康熙丙子襄平蔣國祥刻光緒丁丑盱眙南三餘書屋補刊本）卷二十

一作延章甘泉。

8 漢紀有詔字。

9 漢紀無災異二字。

10 張之象本作他。張鼎思本，郭本，黃本，浦本，皆作佗。業按去字不誤。子玄謂去詔首所稱門下二字及詔尾所云主者施行四字也。浦改去字，殊多事。

12 張之象本，黃本，皆作唱嗷。張鼎思本，郭本，皆作唱歎。浦本作嗢噱。

魏公子傳曰[1]高祖始微少時數聞公子賢及即天子位每過大梁常祠公子高祖十二年從擊黥布還爲公子置守冢五家世世歲以四時奉祠公子太史公曰吾過大梁之墟求問其所謂夷門以微信陵昔故事說者云當戰國之時夷門者城之東門也天下諸公子亦有喜[2]士者矣然而信陵君之接巖穴隱者不恥下交名冠諸侯有以也名冠諸侯不虛耳高祖每過之而令民祠奉[3]不絕也[4]

除十五字加二十字　共十一條

1 張之象本脫曰字。

2 史通誤作嘉，浦本從史記卷七十七改作喜。

3 原作祠奉，浦本照史記，改作奉祠。

4 浦本照史記補也字。

魯仲連傳曰仲連好奇偉俶[1]儻之畫策[2]而不肯仕官[3]任職好持高節遊於趙趙[4]孝成王時而秦王使白起破趙長平之軍前後四十餘萬秦兵[5]遂東圍邯鄲趙王恐諸侯之救兵莫敢擊秦軍[6]魏安釐王使將軍晉鄙救趙畏秦止於蕩[7]陰不進魏王使客將軍新垣衍間入邯鄲因平原君謂趙王曰秦所以爲[8]急圍趙者前與齊湣王爭強爲帝已而復歸帝號[9]今齊湣王已益弱方[10]今惟秦雄天下此非必[11]貪邯鄲其意欲復求爲帝趙誠發使尊秦昭王爲帝秦必喜罷兵[12]去平原君猶豫未有所決此時魯[13]連適遊趙會秦圍趙聞魏將欲令趙尊秦爲帝乃見平原君曰事將奈何平原君曰勝也何敢言事前亡四十萬之衆於外今又內圍邯鄲而不[14]去魏王使客將軍新垣衍令趙帝秦今其人在是[15]勝也何敢言事魯[13]連曰吾始以君爲天下之賢公子也吾乃今然後知君非天下之賢公子也梁客新垣衍安在吾請[16]爲君責而歸之平原君曰勝請爲紹介而見之於先生平原君遂見新垣衍曰東國有魯[13]連先生者今其人在此勝請爲紹介[17]交之於將軍新垣衍曰吾聞魯[13]連先生齊[18]之高士也衍人臣也使事有職吾不願見魯[13]連先生平原君曰勝[19]已洩之矣新垣衍許諾魯仲連見新垣衍而無言新垣衍曰吾視居此圍城之中者[20]皆有求[21]平原君者也今吾觀先生之玉貌非有所求於平原君[22]者也曷爲久[23]居此圍城[24]之中而不去魯[13]連……梁未觀[25]秦稱帝之害故耳[26]使梁觀[25]秦稱帝之害則必助趙矣新垣衍曰秦稱帝之害何如[27]魯連曰……吾將使秦王烹醢梁王新垣衍怏然不悅曰[28]噫[29]亦太甚矣[30]先生之言也先生又烏[31]能使秦王烹醢梁王魯[13]連曰固也[32]吾將言

之…33今秦萬乘之國也與梁亦萬乘之國也俱據萬乘之國各34
有稱王之名覩其一戰而勝欲從而帝之…於是新垣衍起再拜
而35謝曰始以先生爲庸人吾乃今日知先生爲天下之士也…33適
會魏公子無忌奪晉鄙軍以救趙擊秦軍秦軍36遂引而去於是平
原君欲封魯連魯連37辭讓謝使者三38終不肯受平原君乃置39
酒酒酣起前以千金爲魯連壽…原二40百七十五字加七字　共十二條

1 史記卷八十三作假。
2 史記有儻字。史通諸本脫之。
3 張鼎思本，郭本，浦本，皆作官，與史記同。張之象本，黃本，均誤作宦。
4 浦本照史記增趙字。
5 兵字照史記加。
6 軍字照史記加。
7 張之象本作湯。盧謂宋本作湯。
8 史記作所爲，史通作所以。
9 史記無覩字。
10 張之象本，張鼎思本，郭本，黃本，皆無方字。浦本有之，與史記同。盧云宋本有。
11 黃本脫必字。
12 此處黃本衍而字。
13 史記有仲字。
14 史記有能字。
15 史記作在是。史通作在此。
16 史記作且，亦作，故不疑請字乃子玄所改。
17 浦本誤多而字。
18 史記有國字。
19 史記有既字。
20 浦本照史記補首字。以文義所當有，故從之。
21 史記有於字。
22 盧文弨云宋本無君字。業疑此偶脫耳。孫毓修史通札記（附四部叢刊本史通後）且轉引盧氏羣書拾補謂當有求平原君者也句中，亦無君字。拾補無此言。
23 爲久二字，史記有，史通無。
24 史記作圍城，史通作重圍。業疑此子玄點易之迹也。
25 張之象本，張鼎思本，郭本，皆作觀。黃本，浦本皆作覩，與史記同。
26 張之象本，張鼎思本，郭本，黃本，皆作害也。浦本作害故耳。與史記同。盧謂宋本作害故耳。
27 張之象本，張鼎思本，郭本，黃本，皆作何如，與史記同。浦本作奈何，殆誤。
28 張之象本誤作也字。
29 史記作噫嘻。
30 張之象本，張鼎思本，郭本，黃本，皆作亦甚矣。盧謂宋本作亦泰矣。浦本作亦太甚矣，與史記同。

31 張之象本，張刪思本，郭本，黃本，皆作烏。浦本作烏，與史記同。盧謂宋本作烏。

32 史通作矣。浦本照史記改作也。

33 云云為浦本所加。

31 張刪思本，郭本，皆作各與史記同。張之象本，黃本，浦本，皆作交。

35 史記無而字。

36 浦本照史記[illegible]二字。

37 浦本照史記[illegible]二字。

38 史通作辭讓者三。史記作辭讓使者三。

39 張之象本，張刪思本，郭本，黃本，皆作致。浦本作置，與史記同。

40 張之象本，張刪思本，郭本，黃本，皆作三。浦本作二，盧謂宋本作二。

屈原賈生[1]傳曰[2]漢有賈生為長沙王太[3]傅過湘水投書以弔屈原賈生名誼洛陽人也…[4]乃以謫[5]賈生為長沙王太傅賈生既辭往行[6]聞長沙卑濕自以為[7]壽不得長又以謫去意不自得及渡湘水為賦以弔[8]屈原其詞曰…賈生為長沙王太[9]傅後三[10]年有鴞飛入賈生舍止於坐隅楚人命鴞曰鵩[11]賈生既以謫居長沙長沙[12]卑濕自以為恐[13]壽不得長傷悼之乃為賦以自廣其詞曰…懷王騎墮馬而死無後賈生自傷為傅[14]無狀哭泣[15]歲餘[16]亦死賈生之死[17]時年三十三[18]矣除七十六字加[19]二字

十三條

1 賈生二字，浦本所加，茲從之。

2 曰字，浦本所加，茲從之。

3 張之象本，張刪思本，皆作大。郭本，黃本，浦本，皆作太，與史記卷八十四同。

4 云云，浦本所加，茲從之。

5 史記有乃以二字，無謫字。史通有謫字，無乃以二字。

5 史通無行字。史記有之。

史記此處無為字。然下文有之，疑此處脫也。

8 張刪思本誤作吊。

9 史通無王太二字，史記有之。

10 張之象本，張刪思本，郭本，黃本，浦本，皆作三，與史記同。按漢書卷四十八亦作三。盧云宋本作二。宋本殆誤也。

11 張之象本誤作鵬。

12 張之象本，浦本，皆作長沙長沙四字，與史記同。盧謂宋本亦然。張刪思本，郭本，皆只作長沙二字。黃本只有長字一字。

13 史記有以為二字，無恐字。史通有恐字，無以為二字。

14 為傅二字，浦本照史記補之。

15 哭泣二字，浦本照史記補之。

16 張之象本脫餘字。

17 賈生之死四字，茲照史記補。

18 張之象本，浦本，皆作三，與史記同。張鼎思本，郭本，黃本，皆誤作二。

19 郭本誤作除字。

扁鵲倉公傳曰太倉公者齊太倉長臨淄[1]人也姓淳于氏[2]名意少而喜醫方術高后八年更受師同郡元里公乘陽慶慶[3]年七十餘無子使意盡去其故方更悉以禁方與[4]之傳黃帝扁鵲之脈[5]書五色診病知人死生決嫌疑定可治及藥論甚精受之三年爲人治病決死生[6]多驗…詔召問所爲治病死生驗者幾何人主名爲誰詔問故太倉長臣意方伎所長及所能治病者[7]有其書無有皆安受學受學幾何歲嘗有所驗何縣里人也何病醫藥已[8]其病之狀皆何如其[9]悉而[10]對臣意對曰自意少時喜醫藥[11]醫藥[12]方試之多不驗者至高[13]后八年[14]得見師臨淄元里公乘陽慶慶[15]年七十餘意得見事之謂意曰盡去而方書非是也慶有古先道遺傳黃帝扁鵲之脈書五色診病知人死生決嫌疑定可治及藥論[16]書甚精我家給富心愛公欲盡以我禁方書悉教公臣意即曰幸甚非意之所敢望也臣意即避席再拜謁受其脈書上下經五色診奇咳術揆度陰陽外變藥論石神接陰陽禁書受讀解驗之可一年所[17]明歲即驗之有驗[18]然尚未精也要事之三年所即嘗[19]以[20]爲人治[21]診病決死生有驗精良今慶已死十年所[22]臣意年盡三年年[23]三十九歲[24]也齊侍御[25]史成自言病頭痛[26]臣意診其脈告曰君之病惡不可言也（已下皆述一生醫療效驗事　除二百九十五字）

其十四條

1 史記卷一百五作篇，下同。

2 張之象本，浦本，皆有氏字，與史記同。張鼎思本，郭本，黃本，皆脫之。

3 張鼎思本，郭本，黃本，浦本，皆作元里公乘陽慶慶七字，與史記同。張之象本作公里公乘陽慶慶。盧云宋作元里陽公陽公六字。

4 史記作予。

5 史記作脈，下同。

6 自決嫌疑至此二十二字，張之象本，張鼎思本，郭本，黃本，皆無之，與史記異。浦本有之，且注曰古本有俗刪。纂按子玄所有史記本必有此段，可無疑，蓋史通卷十六雜說上史記第二條已引而譏其與下文重複也。又太平御覽卷七百二十一（鮑刻本葉六上）引倉公傳[illegible]節去此六句。

7 史通無者字，浦本照史記補之。

8 史通作與，浦本照史記改已字。

9 張之象本，張鼎思本，郭本，黃本，皆作其。盧云宋作其。浦本作其，與史記同。

10 張之象本，張鼎思本，郭本，黃本，皆作以。浦本作而。與史記同。盧云宋本作而。

11 張之象本，張鼎思本，郭本，黃本，皆作藥醫。盧從宋改作醫藥，與史記同。浦本亦作醫藥。

12 史通不帶此醫藥二字，與史記異。

13 史通有具字。浦謂史記脫也。案疑史通抄本衍耳。

14 史通有中字。案疑衍也。

15 史通作已字。浦本照史記改作厚字。

16 史通無論字。浦本照史記補之。

17 所字照史記補。

18 史通無之有驗三字。浦本照史記補之。

19 史通作當。浦本照史記改作嘗。其上無曾字。浦本照史記補之。盧云宋本有之。

20 史記作已。

21 治字照史記補。

22 所字照史記補。

23 三年年三字照史記補。浦本僅補三年二字，非。

24 張之象本，張刪恩本，郭本，黃本，皆無歲字。浦本有之。

25 史通無御字。浦本照史記補之。

25 張刪恩本，浦本，皆作納頭痛三字，與史記同。張之象本，郭本，黃本，皆作納也二字。盧云宋作納邪。

宋世家初云襄公嗣立[1]後[2]仍謂爲宋襄公不去宋襄[3]二字吳世家云闔閭越世家云勾踐每於其號上加吳王越王字句句未嘗捨之孟嘗君傳曰馮公形容狀貌甚辨案形容狀貌同是一說而敷演重出分爲四言凡如此流不可勝載其十二諸侯表曰孔子次春秋約其辭文去其煩重又屈原傳曰其文約其辭微觀子長此言實有深悟及自撰史記條無若此豈所謂非言之難而行之難乎

其十五條

1 張之象本，張刪恩本，郭本，黃本，皆作位。盧云宋作立。浦本作立。

2 史通諸本無後字。浦評文義加之，茲從右。

3 張刪恩本，郭本 皆有公字。張之象本，黃本，浦本，皆無之。

漢書龔遂傳曰上遣使者徵遂議曹王生請[1]從功曹以爲王生每[2]嗜酒亡節度不可從[3]遂不聽[4]從至京師王生日飲酒不視太守會遂引入宮王生醉從後呼曰明府且止願有所白遂還問其故王生曰天子即問君何以治渤[5]海君不可有所[6]陳對宜曰皆聖主之德非小臣之力也遂受其言既至前上果問以治狀遂對如王生言[7]天子悅其有讓笑曰君安得長者之言而稱之遂因前曰臣非知此乃臣議曹教戒臣也[8]上以遂年老不任公卿拜爲水衡都尉[9]議曹王生爲水衡丞除八十四字　其十六條

1 漢書卷八十九(乾隆四年殿本)作願。

2 漢書作業。

3 漢書作使。

4 漢書作忽遂二字。

5 盧云宋本作勃。

6 郭本脫所字。

7 史通無嘗字。疑抄脫也。晉書有之。

8 史通此處有云云二字。粲疑抄者所衍。此二字或本在全段之後。

9 進年老至此十三字，照晉書補。

新晉書袁宏傳曰：袁 1 宏有逸才文章絕美曾爲詠史詩是其風情所寄少孤貧以運租自業謝尙時鎮牛渚秋夜乘月率爾與左右微服泛江會宏在舫中諷其所作詠史詩 2 詠聲既淸會 3 詞又藻拔 4 遂駐聽久之遣問焉答云 5 是袁臨汝郎 6 誦 7 詩即其詠史之作也尙傾 8 率有勝致即迎升舟與之譚論申旦不寐 9 自此名譽日茂……從桓溫北征伐 10 作北征賦皆 11 其文之高者嘗與王珣伏滔同在 12 溫坐溫令滔讀其宏所作北征賦至聞所傳於相傳云獲麟於此 13 野誕靈物以瑞德奚授 14 體於虞者疚尼父之慟 15 泣似實慟而非假豈一性之足傷乃致傷於天下其本至此便改韻珣云此賦方傳千載無容率爾 16 今於天下之後 17 移韻徙 18 事然於寫送之致似爲未盡滔云得益寫韻一句或爲小勝溫曰卿思益之 19 宏應聲答曰感不絕於予心愬 20 流風而獨寫……謝安嘗 21 賞其機對辯 22 速後安爲揚 23 州刺史宏 24 自吏部郎出爲東陽郡乃祖道於冶 25 亭時賢皆集 26 安欲以 27 卒迫試之臨別執其手顧 28 就左右取以 29 一扇而授之曰聊以贈行宏應聲答曰輒當奉揚 30 仁風慰彼黎庶觀 31 者無不歎服時人歎其率 32 而能要焉

此事出檀道鸞晉陽秋及劉義慶世說　除一百一十四字加十九字33　共十七條

1 晉書（乾隆四年殿本）卷九十二此段起處無袁字。

2 浦起龍初疑此六字爲衍文，後乃悟其爲子玄所加者。下設者無不數屬六字亦然。

3 晉書有會字。張之象本，郭本，黃本，脫之。浦本補之。張鼎思本作亮字。粲疑子玄點去會字，而易以亮字。

4 晉書有拔字，無麗字。史通有麗字，無拔字。粲疑子玄點拔字，加麗字。

5 張鼎思本，郭本，黃本，浦本，皆作云字，同晉書。張之象本作曰。

6 張鼎思本，誦誦作所。

7 張之象本誦誦作從。

8 張鼎思本，張之象本，郭本，黃本，皆誤作頃。浦本照晉書改作傾。盧云何氏本作傾。殆亦依史校改也。

9 張之象本誤寐作昧。

10 史通作北伐，晉書作北征。粲疑子玄點去征字，加伐字。

11 浦本照晉書加皆字。

12 史通此處有桓字。浦謂爲衍文，粲從之。

13 張之象本，郭本，黃本，皆作北。張鼎思本，浦本，皆作此，與晉書同。

14 張鼎思本，郭本，黃本，皆作受。張之象本，浦本，皆作授，與晉書同。盧謂宋本作投。

15 晉書作泗，似誤字。世說新語注（明袁氏嘉趣堂本卷上之下葉三五下）引宏集作慟。

16 晉書作耳。

17 史通此處有使改二字。晉書無之。業疑爲衍文，浦本刪去，茲從之。

18 張之象本，張鼎思本，郭本，黃本，皆譌爲從。浦本照晉書改徙。

19 此六字，晉書有，史通無，殆因子玄點煩佚字，抄者誤遺之也。

20 晉書亦作懟。世說作泝，註引汝集作遡。

21 黃本作甞。張之象本，張鼎思本，郭本，浦本，皆作嘗，與晉書同。盧云宋嘗。

22 張之象本，張鼎思本，郭本，黃本，皆作辨。浦本作辯，與晉書同。

23 張之象本，張鼎思本，皆作楊。郭本，黃本，浦本，皆作揚，與晉書同。

24 張之象本，張鼎思本，郭本，皆脫衆字。黃本，浦本，皆有之，與晉書同。

25 郭本，黃本，皆譌作治。

26 史通此處有謝字，晉書無之。業疑此與上注十二中之桓字相似，抄者所衍也。

27 浦本脫以字。

28 張鼎思本，郭本，皆譌作願。

29 張之象本，張鼎思本，郭本，黃本，皆有以字，無取字。浦本照晉書改以爲取。業疑子玄點去取字，加以字也。

30 張之象本，譌作揚。

31 張之象本，張鼎思本，郭本，皆作願。黃本，浦本，皆作顧。與晉書同。

32 張之象本，張鼎思本，郭本，黃本，皆作卒。浦本作率，殆照晉書改也。

33 浦本作除一百一十四字加十九字。黃本作除一百十四字加十九字。張之象本，張鼎思本，郭本，皆作除一百一十四字加一十九字。

十六國春秋曰郭[1]瑀有女始笄妙選良偶有心於劉昞遂別設一席於座前謂諸弟子[2]曰吾有一女年向成長欲覓一快女婿[3]誰坐此席者吾當婚[4]焉昞遂攝衣來坐神志湛[5]然曰向聞先生欲求快女婿昞[6]其人也[7]除二十二字[8] 共十八條

1 黃本誤作禹。盧謂宋本作瑀。

2 郭本誤作子弟。

3 婿，盧謂宋本作壻；浦曰卽古婿字。

4 張鼎思本，郭本，黃本，皆作婿字。張之象本，浦本，皆作壻字。盧謂宋本作婿。

5 浦謂魏書〔乾隆四年殿本卷五十二〕劉昞傳作湛，不知誰字誤。業按北史卷三十四劉延明傳固作湛。

6 張鼎思本，郭本，皆脫昞字。張之象本，黃本，浦本，皆有之。

7 按魏書劉昞傳引此文，一字不省。北史劉延明傳，則省去年向成長四字，來字，及向聞先生欲求快女婿九字，共省十四字。

8 張鼎思本作除二十三字，張之象本，郭本，黃本，浦本，皆作除二十二字。黃本下又云除三十六字，盧謂宋本無之。

史通卷十五終

釋百姓

許同莘

古書言百姓者，皆謂「百官族姓」。上古平民無姓，因生賜姓，惟有德者足以當之。賜姓者世守其官，而設官之數約舉以百。帝王所與嗣治者，百官而已；故百官百姓，古義互訓。虞夏商周之際，帝王之下，兆民之上，自有此一等人介乎其間，其稱黎民兆民者，與百姓對舉而言。以兆民爲百姓，則春秋以後習俗之詞，及晉人僞撰之古文尚書而已。茲舉今文尚書數事明之。堯典：『平章百姓』，鄭注：『百姓，謂羣臣之父子兄弟』。又『百姓如喪考妣三年』，盤庚之誥『汝不和吉言於百姓』，呂刑，『士制百姓於刑之中』，孔傳皆訓百姓爲百官。正義曰：『百官謂之百姓者，左傳：「天子建德，因生以賜姓」。謂建立有德以爲公卿，因其所生之地而賜之，以爲其姓。令其收斂族親，自爲宗主。明王者任賢不任親，故以百姓言之』。按盤庚既遷，告於有衆，以百姓發端，而篇終則言：『邦伯師長百執事之人，尚皆敬哉』。『邦伯師長百執事之人』，即百姓也。孔傳雖王肅僞撰，而王氏家學，亦有淵源，故能以古義釋經。惟其僞撰古文，獨從今義。如大禹謨云：『罔違道以干百姓之譽，罔咈百姓以從己之欲』，開口便錯。凡僞古文尚書言百姓者，皆與今文違異。僞泰誓引孟子武成非敵百姓句，雖割裂其辭，解釋稍異；然史記周本記，武王至商國……商國百姓，咸待於郊』，此明是百官族姓，若云商國之民，咸待於郊，則不成文義矣。

詩天保：『羣黎百姓，徧爲爾德』，毛傳：『百姓，百官族姓也』。按羣黎百姓，對舉成文，方是昔儒之義。節南山，『不自爲政，卒勞百姓』。傳箋於此無訓釋，疑亦當作百官族姓解。尹氏秉國之成，不自爲政，任用姻婭。而姻婭膴仕者，又不堪任使。大夫百執事，乃困於馳驅鞅掌之間，故曰卒勞百姓，猶北山之詩，言勞於從事，役使不均也。

國語：『虢文公曰，稷則徧誡百姓，紀農協功』。韋氏解：『紀，謂綜理也，協同也』。按此謂誡百官，令以身率農，同功協力也。內史過曰：『百姓攜貳，民有遠志』。百姓與民分兩截言。高誘曰：『百姓兆民，本利而歸諸王』。韋解：『百姓，百官也。官有世功，受世族也』。周襄王曰：『昔我先王，規方千里，以備百姓兆民之用』。韋解：『百姓，百官有世功者』。周語言百姓，皆謂百族，蓋其時周室雖衰，名分猶在。齊語：『管子曰，遂滋民與無財，而敬百姓，則國安矣』。於民曰遂滋，於百姓則曰敬，所謂：『維桑與梓，必恭敬止』也。然世祿之家，夷於齊庶，春秋列國，往往有之。管子輕重篇：『功臣之家，人民百姓，皆獻其穀菽粟帛』。百姓獻粟帛於功臣之家，則失其先業可知。自是而後，百姓之名，漸視為無足重輕，為百姓者，不能預於典禮，而與兆民無別。則凡民不皆有姓，而亦以百姓概之：『忠信可結於百姓』，鮑叔牙語也。『使百姓莫不有藏惡於其心中』，里克語也。『暴虐以離百姓，反易民常』，晉悼公語也。孔子言修己以安百姓，德教加於百姓，百姓足君孰與不足，大臣不親，百姓不寧，此百姓皆謂民庶。雖以聖人之多能博物，亦不能正名而復古，於是辨章之義亡，收族之典廢矣。

百姓者，與國同休戚之人也。史記夏本紀，舜命禹治水。禹奉帝命，『命諸侯百姓興人徒以傅土』。當時百姓，蓋亦有土有民，與諸侯等。故國家大徭役，發其徒屬，急公趨事。堯典『百姓如喪考妣三年』。孟子釋之曰：『舜率諸侯以為堯三年喪』。是諸侯百姓，初無差別。『盤庚遷於殷，民不適有居』，盤庚責百官以『總于貨寶，具乃貝玉，皆動浮言，自作弗靖』。則殷之中葉，其百姓見利而忘害，不思國家遠大之計，已遠非唐虞可比。及乎東周，則百官有失職而謀叛者。左傳昭公二十二年：『王子朝因舊官百工之喪職秩者，與靈景之族以作亂。閔馬父曰，子朝必不克。其所與者，天所廢也』！百工，杜注以為百官，即百姓也。

帝王所以敬百姓者，既異於齊民，故遇大典禮，皆令百姓預之，而服物制度，亦與民庶有別。其灼然可知者，一曰郊祀。周禮太宰之職，祀五帝，則掌百官之誓戒；大司寇之職，『祀五帝則涖誓百官，戒於百族』。祀五帝，謂四郊及明堂。王應麟曰：『百姓王之族姓，雖不執事，亦必與祭』。郊特牲：『卜郊，獻命庫門之內，戒百官也；太廟之內，戒百姓也』。戒百姓，即所謂戒於百族也。一曰議朝政。周禮小司寇掌外朝之政，致萬民而詢焉。一曰詢國危，二曰詢國遷，三曰詢立君。『其位，王南鄉，三公及州長百姓北面，羣臣西面，羣吏東面』。一曰章服。國語：『周襄王曰，惟是死生之服物采章，以臨長百姓，而輕重布之』。采章，采色文章也。王所恃以臨長百姓者，服物采章而已；其輕重不齊，要之必在一命以上。則凡爲百姓者，皆得蒙章服之賜矣。一曰立社。祭法：『王爲羣姓立社曰大社；諸侯爲百姓立社曰國社；大夫以下成羣立社曰置社』。言羣姓者，孔疏以爲包百姓兆民言。諸侯爲百姓立社，蓋與民庶無預，故大夫以下，別聽其置社，而與庶人共之。一曰別市。周禮：『大市，日昃而市，百族爲主；朝市，朝時而市，商賈爲主；夕市，夕時而市，販夫販婦爲主』。鄭注：『因其便而分爲三時之制，所以事物極衆』。鄭司農云：『百族，百姓也』。賈公彥云：『百族或在城內，或在城外，容其來往，故於日昃以後主之』。按百族爲主，言日昃之時，往來於市者，以百族爲多，若今言某時官商聚集也。禮納女於天子曰「備百姓」，備百姓者，謂以廣子姓，亦尊之之詞。

其居家則以禮法率其子弟。書酒誥：『在昔殷先哲王，迪畏天，顯小民，越百姓里居，罔敢湎於酒，不惟不敢，亦不暇』。百姓不敢就於逸樂；不唯不敢，亦無暇及此，則居家敬慎可知。國語：『觀射父曰：「百姓夫婦，擇其令辰，奉其犧牲，敬其粢盛，潔其糞除，愼其采服，禋其酒醴，帥其子姓，從其時享，虔其宗祝，道其順辭，以昭祀其先祖。肅肅濟濟，如或臨之。於是乎合其州鄉朋友婚姻。比爾兄弟親戚。於是乎弭其百苛，殄其讒慝，合其嘉好，結其親暱，儷其上下，以申固其姓」』。此言家祭之備禮，其雍容肅穆氣象，後世名公鉅卿，講求家禮，能及此者鮮矣。

楚語：『觀射父對平王曰：「民之徹官百。王公子弟之質能言能聽，徹其官者，而物賜之姓，以監其官，是爲百姓」』。楚平王之時，中國士大夫，已無復誦述此義者，而觀射父乃能言之，此左史倚相之流亞也。屈原九章：『皇天之不純命兮，何百姓之震愆』，則後起之義矣。

蔡邕獨斷云：『百乘之家曰百姓；百姓之家，子男之國也』。論語百乘之家，鄭注以爲有采地者。孔疏云：『卿大夫有采地者地方百里，故云百乘之家』。按子男之國，地方五十里，春秋時之卿大夫，猶古之百姓也。古之百姓，其尊如子男，春秋之時，則百乘之家，大於古之百姓矣。

墨子云：『禹湯文武，兼愛天下之百姓；桀紂幽厲，兼惡天下之百姓』。此語大非。禹湯文武時之百姓，其數有限，不得謂之兼愛天下也。又云：『寡人以天子大夫，同率百姓，以守宗廟』，此則典籍相承，君人者誦習此語，而墨子承用之，於義不謬。

禮記祭義：『明命鬼神，以爲黔首，則百衆以畏，萬民以服』。正義曰：『百衆，謂百官，衆庶萬民，謂天下衆庶』。此記作在周末秦初，故稱黔首，按此蓋秦之儒生，誦古訓而爲此言，秦時吏無百衆萬民之分。史記始皇本紀云：『今天下已定，法令出一，百姓當家則力農工，士則學習法令』。可知秦法惟農工稱百姓，士猶不在此例。

知百姓之爲百官，則政教之原，官師之守，在於是矣。荀子榮辱篇：『循法則度量，刑辟圖籍不知其義，謹守其數，慎不敢損益也。父子相傳，以待王公，是故三代雖亡，治法猶存，是官人百吏之所以取祿秩也』。官人百吏，父子相傳，謹守其法，不敢損益，則學有專門，義有口授，故九流之學，皆出於古之官守，守此官者，非必有世業相傳之人。言氏族則曰百姓，言祿秩則曰百官，言學術則曰百家，百家之學，即百姓之家學，而百官之職守也。及其敝也，踣姓亡氏，微言絕，大義乖，百家之徒，推術而失其本，道術遂裂於天下，是故百姓之興廢，即百家學術之盛衰。孔子言夏殷之禮，而喟然於文獻不足徵，爲其墜緒之無傳也。三代之時，故家大族，所以重於天下者以此。

官師職守，最有關於文獻者。莫如國史之官。夏將亡而太史終古載其圖法奔商，殷將亡而內史向摯載其圖法之周（呂覽先識篇），皆以一家之守而存一朝史事。太史公自序：『先世重黎氏，世序天地，在周爲司馬氏，世典周史，去周適晉，分散在秦。至談而爲太史公，掌天官。有子遷』。此眞能世其家學者，重黎司馬，蓋百姓中之一族也。

哈佛燕京學社出版書籍目錄

古籀餘論　孫詒讓著　刻本二册實價大洋一元五角
尙書駢枝　孫詒讓著　刻本一册實價大洋八角
張氏吉金貞石錄　張埍著　刻本二册實價大洋一元八角
馬哥孛羅游記　第一册　張星烺譯　鉛字本定價三元
寶蘊樓彝器圖錄　容庚著　珂羅版本二册實價大洋十六元
歷代石經考　張國淦著　鉛字本二册實價大洋四元
王荊公年譜考略　蔡上翔著　附年譜推論熙豐知遇錄　楊希閔著　鉛字本六册實價大洋五元
碑傳集補　閔爾昌纂錄　鉛字本二十四册定價二十元
殷契卜辭（附釋文及文編）　容庚瞿潤緡同著　二十二年六月出版珂羅版本三册一函定價每部大洋十元
中國明器（燕京學報專號之一）　鄭德坤沈維鈞合著　二十二年一月出版鉛字本一册定價一元
唐代長安與西域文明（燕京學報專號之二）　向達著　二十二年十月出版鉛字本一册定價大洋二元
明史纂修考（燕京學報專號之三）　李晉華著　二十二年十二月出版定價二元
嘉靖禦倭江浙主客軍考（燕京學報專號之四）　黎光明著　二十二年十二月出版定價二元
遼史源流考與遼史初校（燕京學報專號之五）　馮家昇著　二十二年十二月出版鉛字本一册定價二元五角
燕京學報已出至十七期　一至二期售罄三至十二期每期實價五角
十三期起每期八角

大日本史之史學

周一良

目錄

大日本史解題

大日本史水戶藩主德川光圀所創修，自明曆三年(明永曆11，西1657)開史館，至明治三十九年(清光緒32，西1906)修成。以紀傳志表之體裁，敍神武天皇至後小松天皇明德三年(明洪武25，西1392)間事，凡三百九十七卷。計神武至後小松百代天皇本紀共七十三卷；后妃傳，皇子傳，皇女傳，羣傳，將軍傳，將軍家族傳，將軍家臣傳，文學傳，歌人傳，孝子傳，義烈傳，列女傳，隱逸傳，方技傳，叛臣傳，逆臣傳，諸蕃傳，共百七十卷；神祇志，氏族志，職官志，國郡志，食貨志，禮樂志，刑法志，陰陽志，佛事志，共百二十六卷；臣連二造表，公卿表，國郡司表，藏人檢非違使表，將軍僚屬表，共二十八卷。所見版本有昭和三年(民17，西1928)十月至四年十月茨城縣義公生誕三百年紀念會排印本，附修史始末，修史復古紀略，史館事記及紀傳人名索引，凡十七册。又明治四十四年（清宣統3，西1911）東京吉川弘文館排印本，附人名索引，無志表，凡七册。論贊與本書別行，號曰大日本史贊藪，凡五卷。所見版本有明治二年（清同治8，西1869）擁萬堂藏賴襄鈔本刊本，附襄跋尾二則，凡六册。

I　引言

近年我國學術界頗能留意歐美各國，舉凡政治，社會，經濟，學術等莫不顯精探討，而成就卓然，足以使彼本國學人心服者不乏其人。乃於相距最近，關係最深之日本，反似漠然。晚清之議新政也，羣起而談明治維新史，欲以資借鏡。然當時人率咸驟仿西洋之難收效，不得不求終南捷徑於日本，其目的在間接輸入西洋文明，而不在研究日本歷史。所見者甚短，而所知者甚淺，宜其曇花一現；謀能直接接受西洋文明，模擬西洋制度後，遂無人措意於日本。三數年來，逼於日本侵略之日甚一日，時勢所趨，於是研討彼邦當代史事者蔚起。雖然，頭疾醫頭，脚疾醫脚，因其今日之侵略乃消極地爲補救之計，孰若積極地研究彼富強之由來，所承受於其先民之遺業爲何如，歷代治亂興衰之迹爲何如，對之有系統的認識，然後能制彼而不制於彼也。知彼知己，百戰百勝，軍家之言何莫可施於政治外交以及一切國際間行爲？爲救亡圖存計，日本歷史之研究固今日當務之急矣。

抑尤有進者，日本三四十年來治所謂『支那學』之成績斐然可觀，姑不問其目的何在，然常有國人所不及者，則未可諱言。反顧我國，雖留學生之數已逾萬人，求精於日本語言文字者猶不多觀。即棄日本人治支那學之背景不論，祇就砥礪學術言，我國亦難免於落後之譏！

本於上述數端，一良擬從事於日本史之研究，而所以自大日本史入手，及所以撰爲是文之理由，當先申述之。大日本史紀神武天皇至後小松天皇千四百餘年之史事，最以詳贍精覈稱，上古中古史皆可由此得其大概，其一。此書諸志表，史事之外，兼可以考見其制度文物，其二。大日本史之在日本史書中，乃受中國影響最甚者，宜若無史學之可言矣；然而其書用我國史法而不爲所泥，能自出機杼以適應於特殊情勢，而創意之勝於我國史家者亦不少。至於其書之史觀及對思想界之影響，在日本歷史中皆卓犖可注意者，故表而出之，倘亦可以摧陷自來之見解，而誘發國人治日本史之興味乎？至於體裁義例之不合，及紀事之錯誤矛盾抵觸處，亦一一考訂之，蓋東邦學者雖頗重視此書，惟祇爲史料之集成耳，尚未有繩之以史法者，茲則一良願與東邦學子共商榷者也。

II　大日本史以前之日本史學

日本上古未有文字，設『語部』以傳述前代故事，口耳相傳，遞嬗不絕，是為歷史之濫觴。逮朝鮮人中國人相繼入日本，始使之掌朝廷記錄，其名曰『史』，義猶言文人。所用以紀事者乃漢文也。推古天皇時，聖德太子當國，與隋交通。慕向中國制度，因思模擬，令諸臣修國史，有天皇記國記諸目，然其書不傳。元明天皇和銅五年（唐先天元，西712）太安萬侶奉勅，據稗田阿禮所記憶之先代舊詞，用當時日本語寫之，成古事記三卷，為日本最古之歷史。其書以天皇朝代為次，紀古傳說，強半屬神話，固不足言史學。自元正天皇養老四年（唐開元8，西720）復有官修國史事，迄醍醐天皇延喜元年（後唐天復元，西901），官修之史凡六部，其時代包括神武天皇至光孝天皇，即日本書紀，續日本書紀，日本後紀，續日本後紀，日本文德實錄，日本三代實錄，所謂六國史者是也。日本書紀原稱日本紀，乃仿荀悅漢紀為之。六書皆用漢文，體制書法成擬中國，祇記錄史事，而修史者對於盛衰興亡，未有解釋批評。嗣後官修史書又有新國史，其書不傳。新國史之後官修之史無聞，然假名文字發展成熟，於是民間所撰一時一地一家一人之歷史漸多。其體裁則編年，傳記，物語，筆記，日記等，參差不同，漸與中國史書相遠矣。其中最足稱道者有慈圓（d.嘉祿元年，宋寶慶元，西1225）之愚管鈔，北畠親房（d.正平9，元至正14，西1354）之神皇正統記二書。慈圓係家為藤原氏，故其書目的在蹤迹藤原氏在政治上得失盛衰之理，應用佛家三時及因果報應之說，以解釋歷史。親房則生南北朝變亂之際，目覩天子流離顛沛，而己又為勤王最力者。是以其書闡明三種神器與皇統之關係，推擁有神器之南朝為正統，斥足利尊氏所立北朝諸帝為僭偽。二人皆具有獨特之史觀，依據之以解史事，慈圓開其端而親房衍其緒，人謂史學自愚管鈔正統記一變焉。

官修史既中止，幕府起而代朝廷負修史之責。最初者為鎌倉幕府之吾妻鏡，編撰之年代當在正元文應間（宋開慶景定間，西1259-1260）。用漢文及編年體，惟專載幕府事耳。逮德川家康為大將軍，致力於文治，倡導學術不遺餘力，史學因之大盛。林道春作本朝編年錄，其後修改增訂，仿司馬光通鑑之名，曰本朝通鑑。紀神武天皇至後陽成天皇事，凡二百七十八卷，引用書七百六十餘部，費時十餘年，至寬文十年（清康熙9，西1670）始成。其書之主旨亦與資治通鑑同，在供幕府行政之龜鑑，而綜貫的通史之作，則自是書始。當時考證之風漸開，較之前代著述，多明確可信據。而本朝通鑑以後纂輯諸史，徵引最繁，考訂最精，用力最多，當時最久，綜林氏書而上之者，當推水戶藩之大日本史焉。

III 大日本史之編撰

A 經始者之德川光圀

大日本史之編撰創意於德川光圀，而其子孫世繼其志，以抵於成。光圀字子龍，號梅里，常陸水戶藩之城主，家康之孫也。生於寬永五年(明崇禎元，西1628)，卒於元祿十三年(清康熙39，西1700)，謚義公。博覽群籍，年十八時，讀史記伯夷傳，慕其高義，因嘆不有史籍則後人無由觀感，始有修史之志。[1]明曆三年(明永曆11，西1657)時猶爲世子，創設史局於神田別莊，令府僚有文學者編修史記。光圀亦自搜求遺書，躬加檢閱。發凡起例，多出於光圀，而降神功皇后於列傳，爲大友天皇立本紀，及繫正統於南朝，三神器入京師始歸正統於後小松帝，尤爲光圀之卓見，世稱大日本史之三大特筆。光圀幼年越二兄而爲父後，及長不自安，乃使兄子襲爵。極重儒學，嘗師事朱舜水，舜水謂其『盛德仁武，聰明博雅，從諫弗咈，古今罕有』焉。[2]舜水歿後，光圀爲立碑，并輯其遺文。曾造大成殿於水戶，使藩士就舜水習祭禮。初光圀父賴房信神道，排釋氏。光圀紹其遺志，修造諸祠。尤好表彰勤王忠義之士，如爲楠正成建碑攝津湊川，貿田刪廣嚴寺僧爲香火之資皆是。所纂輯者又有禮儀類典及文集等，多與修史事業相關聯。

註一　世傳幕府所修本朝通鑑謂日本皇室乃吳泰伯後，光圀欲糾其謬，而有修史之意。實則光圀之開史館遠前於本朝通鑑之成書。寬文十年(清康熙9，西1620)光圀謁幕府，始獲見本朝通鑑之謬，阻其梓行，時水戶史館之創設已十三年矣。清原貞雄日本史學史(頁182-183)亦斥之爲世俗之說，全無根據。光圀修史動機起於史記伯夷傳，見大井廣代剛條所撰大日本史序，當不至誣其先人。而光圀受史記影響之深猶有數事可以證明之。元祿元年(清康熙27，西1688)遣大串元善於京師，致書藤原公規，有云：『某自壯歲發憤立志，欲編修本朝之史記，每苦載籍不備。別目所錄，皆可以資史記考據者』。(大日本史册17修史始末上頁9)是當時逕以『史記』名其書，一也。光圀嘗曰：『司馬遷史記誠爲史家之矜式，然有不爲忠臣義士立傳者，殊爲可惜。如漢紀信自焚而代高祖之死，何不爲之立傳乎』？(大日本史册17修史始末上頁12)史記尊崇備至而講習甚勤，二也。至其讓爵於姪，尤爲感於伯夷傳而然之明證。

註二　舜水遺書文集4/3a與陳遵之書。

B　史館及編撰次第

寬文十二年（清康熙11，西1672）光圀遷史館於礫川邸，取杜預左傳序『彰往考來』之意，名曰彰考館。元祿十一年（清康熙37，西1698）光圀既致仕，居西山，因徙史館於水戶。元祿十五年（清康熙41，西1702）光圀子綱條（肅公）分水戶史臣之半於江戶更立一館，自是遂兩館并立。逮享保十二年（清雍正5，西1727）廢江戶史館，移併水戶。至天明寬政之際，蓋又復開兩館，以訖修撰藏事[3]。開館後廿餘年間光圀自總館務。天和三年（清康熙22，西1683）始置總裁一人，元祿元年（清康熙27，西1688）置二人，四年加至三人，五年四人。其後遂無定員，而多不過四人[4]。光圀自奉甚儉約，而遇史臣極優，其俸祿自百五十石至四百石不等，二百石以上者達六十人，復時有宴享犒賜。水戶藩藏入三分之一咸用於修史事業焉[5]。

本紀及后妃皇子皇女三傳成於光圀歿之前一年——元祿十二年（清康熙38，西1699），及寶永六年（清康熙48，西1709）本紀列傳初稿成。光圀曾訂十志之目，而未遑修輯，至是館臣乃議修志。先是光圀生時未有定名，或稱本朝史記，或稱國史，或僅曰紀傳，而館臣私言，則曰倭史。至正德五年（清康熙54，西1715）乃有紀傳命名之議。江水二館擬『大日本史』及『皇朝新史』二名，綱條遂采大日本史之稱。此後屢經修改校訂，享和二年（清嘉慶7，西1802）別論贊於紀傳，文化六年（清嘉慶14，西1809）始梓紀傳二十六卷，至嘉永五年（清咸豐2，西1825）紀傳二百四十三卷刊刻竣事。志表則因修撰不易，復有人倡廢置之議，屢經辯難；卒以史書必待志表而後完，遂續修撰，至明治三十九年（清光緒32，西1906）始就。自明曆三年之開史館至此凡二百五十年。

註三　再度設館於江戶之年月不可考。據修史始末：『天明七年二月，彰考館災。寬政元年夏，總裁立原萬在江邸建言』。（大日本史冊17修史始末下頁47）似是因水戶彰考館被災而遷於江戶。又載：『寬政八年春，再修彰考館落成。秋，江館設總裁高橋廣備就水館校本紀』（同頁47）。蓋水館修復而江館遂并立不廢也。

註四　詳見後表。三浦周行德川光圀及其修史事業（史學雜誌39/7/9）文中謂：『總裁初設一人，至義公晚年安積覺，中村顧言，栗山愿，酒泉弘四人同爲之，亦總事也』。今案元祿五年四月以後，吉弘元常佐佐宗淳中村顧言鵜飼眞昌四人，即同爲總裁，固不待元祿十二年也。又顧言之爲總裁先於覺二年，不當因覺聲望學術之勝顧言而列名於其前。

註五　水戶雖與尾紀爲藩並列爲三家，而富厚遠不之及。今所遺留列傳稿本，多有利用已廢之簿登紙爲之者，可想見當時財政窘迫之一

班。見東京文理科大學史學科水戶東北地方研究旅行記事『大日本史草稿本』條(史潮2/2/172)

C 撰人

光圀雖躬自與於編撰，亦祇裁成其大者，猶不能無待於秉筆者也。當時行封建制，畛域風氣甚深，本藩之外雖有人才亦不之用。光圀則不然，所拔引史臣唯取其學，不問籍貫，老幼，及學派同異，以故能網羅四方學者，共成修史之盛業。館中諸臣有主朱子學者，有屬日本儒學派者，亦有反對朱子及信佛教者，光圀皆兼收並蓄之。在館諸臣亦能體光圀意，汲引後進不遺餘力。故光圀之世彰考館中濟濟甚盛，有『關西英髦，咸集府下』之稱焉。[6]光圀以後史館人才有盛衰，常有一二俊乂之士爲之首，茲述關係深且鉅者數人之事迹。大日本史雖根據於德川光圀之史觀，然史館諸臣非僅一遵光圀之命爲搜輯排比之工作而已，於體裁義例亦不少建議，當於第四章幷論之。

安積覺，字子先，號澹泊。十歲來江戶，師朱舜水。天和三年(清康熙22，西1683)始入館與編修，以博洽聞。元祿六年(清康熙32，西1693)爲總裁。九年，與佐佐宗淳中村顧言等修訂紀傳義例成，覺序其後謂：『反復論難，旁搜史漢以下諸史可爲柢準者，參互考覈。……整正以爲重修義例，於是執簡操觚之士臨文當事，確有所據』[7]。光圀經始之時蓋隨時定例，未有成規。元祿二年(清康熙28，西1689)總裁吉弘元常佐佐宗淳與編修諸人商訂修史義例，至是更修正之，俾共遵循。其後不無修補，大體要因於是也。寶永四年(清康熙46，西1707)覺辭總裁，與刊修事如故。是年校訂紀傳，又議定通例十條，特例十一條。正德三年(清康熙52，西1713)議定志目。享保元年(清康熙55，西1716)撰本紀列傳論贊。其後兼預修志及校訂紀傳事。元文二年(清乾隆2，西1737)卒。修編紀傳者凡數十家，而終始其間，用功獨勤者，唯覺一人。

立原萬字伯時，號翠軒。其父爲史館管庫，每憂安積覺卒後史館不得其人，因勵萬致學，欲以繼安積諸人之業。萬寶曆三年(清乾隆18，西1753)入館，以喜講漢唐之學，與史館諸臣之宗朱子者異，故淹滯累年。天明六年(清乾隆51，西1786)爲史館總裁。寬政元年(清乾隆54，西1789)建言，謂光圀之志專在紀傳，今志久久未成，紀傳亦不能付梓。宜停修志，而以當入志者分別附見於紀傳中，先校刊之，遂從其議。既而廢志之說不行，萬乃以享和三年(清嘉慶8，西1803)致仕。自寬延二年(清乾隆14，西1749)紀傳淨寫竣事，即束諸高閣，而志表之修又復遲遲不進，史館殆同虛設。寬政元年萬始召塙保己一重校紀傳，訂正頗多，史館自是復振，萬之功也。

藤田一正字子定，號幽谷。師立原萬，萬奇其才，引為彰考館生，時年十五。後任修志表事。寬政九年（清嘉慶2，西1791）一正自江館移書水戶館僚，論大日本史之稱有四不可。當改曰史稿，則名實相副，始與光圀志合。享和三年從其議。文化六年（清嘉慶14，西1809）請名於關白藤原家熙，家熙命仍舊名，於是定名大日本史。一正又主張必修志乃能竟光圀未遂之志，否則其書不完，忤立原萬，絕師弟誼。蓋一正承光圀遺旨，立論咸以皇室為中心，萬則傾向於幕府，政見不同，因而不及修史事也。

栗田寬，幼而好學。安政五年（清咸豐8，西1858）入彰考館，即有志於修志，鈔輯整比，孜孜不倦。明治五年（清同治11，西1872）出史館，十年（清光緒3，西1877）復受水戶家命修志表，兼以餘暇教授弟子。三十二年（清光緒25，西1899）卒。寬以前志表咸未着手，或修撰而不完，寬悉加增補，而於神祇氏族國郡三志用力尤深，其功殆與安積覺之於紀傳等焉。

今據藤田一正修史始末，岡崎正忠修史復古紀略，川口長孺史館事記，表列天和三年以降之史館總裁。文化五年而後則載籍無考，姑從蓋缺。史館又有假總裁副總裁之稱，以不詳其設置廢罷年月，亦不錄。諸人而外，如新井白石塙保己一，蒲生君平等，雖未嘗置身史館，而與館臣相友善，亦莫不間接有與於大日本史之修撰焉。

年代	人名	備考
天和三年（清康熙22）（西1683）	人見傳	十一月二十七日，傳為總裁
元祿元年（清康熙27）（西1688）	吉弘元常 佐佐宗淳	七月晦，傳免，元常宗淳同為總裁。
元祿四年（清康熙30）（西1691）	吉弘元常 佐佐宗淳 中村顧言	正月十一日，顧言為總裁。
元祿五年（清康熙31）（西1692）	吉弘元常 佐佐宗淳 中村顧言 鵜飼眞昌	四月七日，眞昌為總裁。
元祿六年（清康熙32）（西1693）	吉弘元常 佐佐宗淳 中村顧言 安積覺	四月十一日，眞昌卒。六月六日，覺為總裁。
元祿七年（清康熙33）（西1694）	佐佐宗淳 中村顧言 安積覺	六月晦，元常卒。
元祿九年（清康熙35）（西1696）	中村顧言 安積覺 大串元善	七月晦，宗淳免。十月二十五日，元善為總裁，十二月十二日卒。

年代	總裁	事項
元祿十年（清康熙36）（西1697）	中村顧言　安積覺　栗山愿	二月十一日，愿爲總裁。
元祿十二年（清康熙38）（西1699）	中村顧言　安積覺　栗山愿　酒泉弘	七月二十八日，弘爲總裁。
寶永三年（清康熙45）（西1706）	中村顧言　安積覺　酒泉弘	四月七日，愿卒。
寶永四年（清康熙46）（西1707）	中村顧言　酒泉弘　大井廣	二月二十八日，廣爲總裁。六月十二日覺辭總裁。
寶永七年（清康熙49）（西1710）	中村顧言　酒泉弘　大井廣　三宅緝明	閏八月十八日，緝明爲總裁。
正德元年（清康熙50）（西1711）	中村顧言　酒泉弘　大井廣　佐治毗	三月二十五日，幕府辟緝明爲學士。五月八日，毗爲總裁。
正德二年（清康熙51）（西1712）	酒泉弘　大井廣　佐治毗	正月八日，顧言卒。

年代	總裁	事項
正德四年（清康熙53）（西1714）	酒泉弘　大井廣　佐治毗　神代鼐	六月十二日，鼐爲總裁。
享保三年（清康熙57）（西1718）	大井廣　神代鼐	五月二十五日，弘卒。十月二十七日，毗卒。
享保四年（清康熙58）（西1719）	大井廣　神代鼐　小池友賢	七月七日，友賢爲總裁。
享保十年（清雍正3）（西1725）	大井廣　神代鼐	十二月二十六日，友賢罷。
享保十一年（清雍正4）（西1726）	大井廣　神代鼐　中島爲貞	二月二十一日，爲貞爲總裁。
享保十二年（清雍正5）（西1727）	大井廣　神代鼐　中島爲貞　打越直正	四月九日，直正爲總裁。
享保十三年（清雍正6）（西1728）	大井廣　中島爲貞　打越直正	二月二十四日，鼐卒。
享保十四年（清雍正7）（西1729）	大井廣　打越直正　依田[illegible]安	五月二十三日，爲貞卒。七月十九日，[illegible]安爲總裁。

年代	總裁	事項
享保十五年（清雍正8）（西1730）	大井廣 打越直正 依田虛安 小池友賢	正月十一日，友賢再爲總裁。
享保十八年（清雍正11）（西1733）	打越直正 依田虛安 小池友賢	十月九日，廣卒。
元文四年（清乾隆4）（西1739）	打越直正 依田虛安	十二月二十五日，友賢免。
元文五年（清乾隆5）（西1740）	依田虛安 增子淑時 河合正修	正月十三日，淑時正修同爲總裁。八月五日，直正卒。
寬保二年（清乾隆7）（西1742）	依田虛安 增子淑時 河合正修 德田庸	正月十三日，庸爲總裁。
延享元年（清乾隆9）（西1744）	增子淑時 河合正修 德田庸	十二月二十八日，虛安卒。
延享二年（清乾隆10）（西1745）	增子淑時 河合正修 德田庸 名越克敏	三月三日，克敏爲總裁。
寶曆五年（清乾隆20）（西1755）	增子淑時 德田庸 名越克敏	十一月八日，正修卒。
寶曆七年（清乾隆22）（西1757）	增子淑時 名越克敏	十二月二十五日，庸廢。
寶曆八年（清乾隆23）（西1758）	名越克敏 鈴木重祐	正月十二日，重祐爲總裁。七月二十五日，淑時卒。
明和元年（清乾隆29）（西1764）	名越克敏 鈴木重祐 富田敏貞	五月八日，敏貞爲總裁。
明和三年（清乾隆31）（西1766）	名越克敏 鈴木重祐 富田敏貞 德田庸	六月十八日，庸再爲總裁。
明和八年（清乾隆36）（西1771）	名越克敏 鈴木重祐 富田敏貞	十二月二十九日，庸卒。
安永四年（清乾隆40）（西1775）	鈴木重祐 富田敏貞	六月二十九日，克敏致仕。
安永五年（清乾隆41）（西1776）	鈴木重祐 富田敏貞 野口祐	正月十三日，祐爲總裁。
安永七年（清乾隆43）（西1778）	鈴木重祐 富田敏貞 大場景明	九月二十五日，祐卒。十月十三日，景明爲總裁。
天明四年（清乾隆49）（西1784）	鈴木重祐 富田敏貞	十二月二十一日，景明致仕。

年代	史臣	事蹟
天明六年（清乾隆51）（西1786）	鈴木重祐　富田敏貞　立原萬	六月十九日，萬爲總裁。
寬政三年（清乾隆56）（西1791）	鈴木重祐　立原萬	十月四日，敏貞致仕。
寬政五年（清乾隆58）（西1793）	立原萬	正月二十一日，重祐卒。
寬政十年（清嘉慶3）（西1798）	立原萬　菊池重固	二月二十五日，重固爲總裁。
寬政十一年（清嘉慶4）（西1799）	立原萬	五月四日重固罷。
享和三年（清嘉慶8）（西1803）		二月四日，萬致仕。高橋廣備川口長孺藤田一正共負史館責，而任總裁假總裁之職
文化三年（清嘉慶11）（西1806）	渡邊騰	三月九日，騰爲總裁。
文化四年（清嘉慶12）（西1807）	高橋廣備	二月五日，騰罷，猶統館務。八月十四日廣備爲總裁
文化五年（清嘉慶13）（西1808）	高橋廣備	五月二日，廣備罷。十二月二日，復爲總裁。

註六　大日本史冊17修史始末下頁30安積覺祭中村顧言文。

註七　同修史始末上頁16。

D　取材

既得其人矣，於是取材之問題繼之而生。光圀父賴房好學，又承襲家康所遺留，故水戶家藏書較他藩獨富。光圀更遣使四方，廣搜求之。當時藏書之家多自珍秘，不輕示人。既不同情於修史之舉，更無論借閱書籍。光圀雖強藩，亦未能臨之以權勢也。必卑詞厚禮，盡心力與之周旋，或誘施策略，僅而得如願。終光圀之世，蒐輯史料占史館工作十之七，綱條時史臣始得專致力於編修焉。

光圀之於蒐輯史料，用意至爲周密。每諄諄論其史臣，雖片紙隻字，亦不可略，惟恐有益於編撰也。南朝地處一隅，時日復短，故載籍甚少，蒐輯時尤深致意。蒐輯之地域以文獻最富之京都及近畿一帶爲主；吉弘佐佐稱飼大串諸史臣或久滯此地，或數度出使。此外則南至九州，北迄奧羽，搜訪殆遍全國，使臣每羈旅經年。上自皇室公卿之家，以及中央地方之官府神社寺院，無不搜求。或以水戶藏書與之交換，或求其借鈔，或遣史臣就其地摔錄，不得已者，乃購買之，蓋以財力所限，不得不爾也。

今就大日本史注考其所據之史料，約有三大類。官修及私修史書，公卿之日記，筆記及文集，各家及寺社所藏之文書及系圖，地方之地志及地圖，官府之檔案册籍，以及中國史書，為數約一千四百餘種[8]，皆文獻方面之材料也，此其一。墓誌，碑文，鐘銘，匾額等實物方面材料，徵引亦不下數十處，此其二[9]。土人傳說及故老傳說，以神祇志國郡志依據之者最多，蓋以濟文獻實物之窮也，此其三[10]。同為文獻資料，復廣蒐異本，并見於注[11]。取材之豐，在日本史書中嘗推巨擘，雖史學昌明，史料發現益夥之今日，學者猶時時引證此書之資料焉。

註八　此統檢全書而得之數，以繁冗不錄其目，尾崎雅嘉群書一覽國史類大日本史條(頁お—59)列舉其引用書目，末云：『通計六百七十餘部』。計其所列則六百五十七部，而其中經信記重出；榮花物語一名世繼物語，而并列二書；鳩嶺宮寺緣事鈔(大日本史2/219)作鳩嶺宮巫鈔；桂林遺芳鈔(5/301)脫鈔字；此類錯誤不一而足。引用書千四百餘種，乃謂六百七十餘種，猶不及其半者，因尾崎氏之書成於享保年間，時志表猶未修竟，故止者錄紀傳二百四十六卷，引用書亦止就紀傳言也。然今史考之，紀傳引用書籍檔案亦將近千種，尾崎之言要為疏畧矣。

註九　如鴨貴氏墓誌(大日本史11/39)，多賀城碑(全11/9,251)，本鄉長福寺鐘識(全11/117)妙心寺鐘銘(全10/115)，遠賀神社長祿四年扁額(全9 375)。

註十　如稱土人說(大日本史9/217,11/189)，土人傳說(全9/254)，古老傳說(9/213)。

註十一　如異本愚管鈔(大日本史1/13)，古本帝王系圖(全3/362)，文明古寫本日本書紀(全9/4)，京師本，杉原本，半井本保元物語(全3/23)。長門本，伊藤本，八坂本平家物語(全3/97)，今川家本，毛利家本，北條家本，西源院本，南都本，天正本，(全3/304)島津家本(全3/307)太平記。

E　編撰稽遲之原因

以如此大量之資料，修史者將何從而整理編纂之乎？當時雖無索引之作，然光圀應佐佐宗淳之請，許史臣讀書時以朱筆標識，此其用意固與後世之為索引相近矣。古籍傳寫既久，每多訛誤，欲據以修史，必先有定本，此校訂史籍之所以必先於編纂史書也。光圀嘗親校六國史，又命諸臣校正其他史籍，成參考保元物語，參考平治物語，參考源平盛衰記，參考太平記等，參考者校正之謂也。與校勘史籍相連者，斯為辨僞。史料中不無後人僞作，尤當元祿前後乃號稱僞書最盛之時代。光圀鑑定諸僞作書籍，記其原委，而別貯之。又命丸山可澄研究古人花押，成花押藪續花押藪二書，亦用以辨古書之真僞者也。

自開館迄光圀之歿，四十三年間，以史館諸臣強半致力於史料之蒐討校訂，僅成本紀及后妃等三傳。光圀歿後九年間，紀傳初稿遂成；蓋史料既具，光圀所拔擢者如安積覺輩猶在館中，故若是之速也。自是以後，館臣校訂紀傳，補修志表，然光圀舊人日漸凋謝，後進者學力不足以繼之，志表之修復難於紀傳。雖安積覺亦謂：『蓋修史既難，而修志尤難。……皇朝兵燹之餘，舊記殘缺，百不存一。農田賦稅，庸調徭役，糶糴賑恤，銅鐵錢鈔曆算沿革之詳，未易得其要領。況自源武衛爲總追捕使，王制一變，法令專出於武臣，欲以往古班田之制議之，豈可得乎？捃摭綴拾，非老牛〔覺之號〕所能負荷[12]』。當時總裁如酒泉弘佐治毘瑳，復戀戀於祿位，恐志表修竟則史館將閉也；於是又創續編之議。遲留因循，兩無所成，如是者幾五十年。逮立原萬爲總裁，始鑒於志表之成未可期，乃創議先校刊紀傳，姑舍志表。藤田一正則謂志表不可不修，於是刊紀傳與修志表遂并行。自寶永六年之始議修志，至明治卅八年之完成十志五表，凡一百九十六年，亦云久矣。雖是志表撰之不易，才難之嘆要爲主因也。

復次，史才之罕遇，資料之難搜，與夫考證排比之不易，易地皆然也；而司馬光修通鑑亦縈千餘年事，曾不至二百餘年始竟其業者；何耶？光圀之修大日本史蓋有更難於光修通鑑者存焉。其一曰變編年體制爲紀傳。安積覺送中村顧言序曰：『皇朝之古惟有編年實錄之書，而析爲紀傳，並分區別者，實我義公之所創立也。夫以古之所無，作之於今，體裁之難，從可知矣[13]』。其二曰用漢文。所據史籍除少數如六國史者外，皆是日本假名文字；譯爲漢文，尚須裁剪編輯，其周折可想見，固非深於漢學者莫辦。安積覺曰：『僕往年在江館，久與吉磬齋〔吉弘元常〕村篁溪〔中村顧言〕串雪瀾〔大串元善〕栗潛峰〔栗山愿〕諸子同編修事。如榮花物語至淺至近，而國語優柔，成於婦人之手；其難通曉恰如禹碑石鼓之文。……雪瀾迎刃而解，篁溪操觚而書，遂成各傳。……至於大鏡增鏡國字所書，譯之甚難[14]』。正德四年九月酒泉佐治兩總裁之解釋修史遲緩，歷敍采訪史料之需時日後，其末曰：『尤以譯日本假名文字爲漢文最需時日，若草率爲之，則其味不似[15]』。藤田一正亦云：『是時〔光圀時〕史館號爲多士，而才堪著述，能屬草稿者，僅十四五人[16]』。稿成後屢經校訂，觀今留傳之各次稿本，每每塗抹改削，面目全非，與今傳本亦迥異[17]，猶可窺當日之苦心。雖志在求合史法，恐文字之修訂亦屢屢校閱之一因。安積覺曰：『覺往年校訂日本史……專在資論贊之筆，至文章字句之間，不遑加刪潤。今欲授諸剞劂，不可不加再訂也[18]』。皆足見史臣之致意於潤色文字焉。

註十二　大日本史册17修史始末下頁38—39。

註十三　仝頁21。

註十四　仝頁40—41。

註十五　史學雜誌39/7/28三浦周行・德川光圀及其修史事業。

註十六　大日本史册17修史始末上頁18。

註十七　史潮2/2/172東京文理科大學史學科水戶　東北地方研究旅行記事『大日本史草稿本』條。

註十八　大日本史册17修史始末下頁39。

IV　大日本史之史學

明治維新以後，大日本史數見表彰，然學者類喜稱述其三大特筆之意義及編撰經過，偶有考覈內容者，亦復飣餖片段，未能綜貫全書，有所商榷。求其評論此書功過價值者，多在敍述編撰事實後作一二語，非失之籠統，即失之疏略。復有自專史之立場論大日本史者，如西田直二郎氏之論日本史學與文化史是，[19] 然大日本史固非專爲文化史而作，未可窺豹一斑，遽下斷語也。大日本史既仿中國正史體裁，今即以我國史家施於史書之法則繩其得失，舉凡體裁義例考訂等，皆試論述之。考訂一事以未得見其所根據之史料，較難爲力，然即就本書紀傳志表參互証之，亦足以考見其脫誤抵觸焉。

增訂修改，請俟異日。

註十九　桑原博士還曆紀念東洋史論叢頁 1099-1136。

A　史觀

欲明大日本史之修撰本於何種史觀，必先知德川時代皇室幕府與諸大名三者之關係。德川家康既設幕府於江戶，總攬全國，一意以鞏固武家勢力爲事。貌若尊仰朝廷，實則擯之於政治之外，天皇公卿等祇奉宗廟行故事而已。諸大名則隸於幕府，凡有除授官爵，皆由幕府以達朝廷，嚴防朝廷諸大名之接觸，畏其結大名以倒幕府也。而大名等亦置天皇朝廷於不顧，惟矢忠誠於將軍，尊之爲『國君』『大君』，雖助將軍以抗天皇亦所不惜焉。光圀覩王室之衰微，思有以振作之，始不顧幕府之猜忌，直接交通朝廷，事天皇至恭謹，復與京都公卿結姻戚。當時勅使至藩，大名惟令家臣往謁，光圀則一變其例，親謁勅使。自襲封以來，每年元日，必衣禮服遙拜京都。凡三公親書之書札，必先跪拜乃啟視，又恐書中名字花押散逸，則剪出焚毀。蓋其力所及，以表尊王之意，使幕府知戒懼，而他藩知大義名分之所在。光圀之史觀亦即源於此種政治上之主張。所任致諸史臣如中村顧言，鵜飼眞昌，栗山潛鋒，三宅觀瀾等，皆來自京都，能體光圀之意。光圀子孫亦世繼斯志，而烈公齊昭尤能見諸實行。是以此種尊王之史觀貫澈於大日本史，而繫正朔於南朝則此種史觀最強有力之表現也。抑考此種政治主張及史觀構成之原因，蓋光圀崇信儒學，又親受教於朱舜水，熟聞春秋尊王之義。自後醍醐天皇時，朱子綱目之學已流行於日本，至德川初期，朱學極盛，於是綱目正名分之精神亦深入人心。安積覺雖不喜綱目之苛刻，亦未嘗反對綱目一流之史觀，其帝大友議猶云取紫陽修綱目之微意。栗山愿亦以取旨朱子綱目稱[20]，則綱目與光圀等史觀之淵源可見矣。

尊神道而排佛教亦為大日本史史觀之中心。光圀父賴房即崇神道，光圀能繼其父之志。修史諸臣皆宗朱子者，儒家之排佛論亦與有力焉。其史觀之第三點可注意者，斯為攘夷。光圀時未揭此二字，然其主張則對內以皇室為中心，對外以日本為中心。嘗謂：『稱唐土曰中華，與其國人之言相應，由日本稱之則不可。日本之都宜稱為中華，安有稱外國曰中華哉[21]』！固非模擬中國，遂遽盲目推崇自居卑下也。其所以修大日本史亦無非欲鼓舞士氣，發揚國威，示日本之不下於中國耳。迨烈公齊昭作弘道館記，乃有尊王攘夷之言，排外風氣由是益烈，而此種史觀則始終流露於大日本史中也。至於寓襃貶以懲惡勸善，乃典型的中國史觀，大日本史自不免受其支配，光圀所謂『正閏皇統，是非人臣』者即此之謂。至於史觀之得失，則公言評判，不若就其表現於體裁義例及去取之間者論之為近理，故不贅於此。

註二十 史潮 2/1 中山久次郎：關於朱子之史學——尤其資治通鑑綱目 頁81—92

註二一 國風半月刊 4/7 張其春譯長岸米造著德川光圀創修之大日本史 頁 25 引西山遺事

B 體裁

上古之史因事命篇，如尚書是。既而有所不能盡，於是變而為春秋，不為常例者得從比事屬詞而得其所，體裁稍密。然編年之體逕而不曲，凡人與事苟有年月可紀與國政相觸者，雖細必書；其無言可紀，無事相値者，雖巨不得載。加之後世文物制度日益繁雜，若不別為專篇，敘其首尾，編年體絕不足以盡其蘊奧。是以子長創為紀傳表志傳之體，『顯隱必該，洪纖靡失』。雖亦不能無所短，如劉知幾之議，然以傳前人業績於後世論，要以是最為完密少罅隙矣。日本古史如日本書紀之類，雖仿中國，亦祇為編年之體。蓋上世事簡，編年體已足盡記載之能事。而紀傳志表之作，其分配裁成又遠較編年之按年直書為難也。時世雖變，而六國史以降公私修史仍以編年爲主，偶用傳記筆記體裁，迄德川幕府之修本朝通鑑，猶未能脫此窠臼。故光圀之撰大日本史毅然改易前脩，用紀傳體，雖自然之進步，抑光圀之愛讀史記亦不無影響乎？春秋之變而爲史記不過數百年耳，自日本書紀至大日本史其間殆及千年，且古事記成書時紀傳體已盛行於中國，乃歷千年始舍編年體而摸擬之，亦可怪也。紀傳之編次劉知幾嘗謂：『尋夫本紀所書，資傳乃顯；表志異體，不必相涉』。中國史書每仍史漢，以志表介於紀傳之間，偶有一二家使傳與本紀相附麗者，如魏收魏書等，蓋以紀傳先成而志續撰上耳，固非有感於紀傳之相爲經緯，而易其次第。大日本史志表之在紀傳後亦職斯故，所謂不廢之舉矣。

復次，大日本史之體裁最足特書表揭者，不在其用紀傳體，亦非紀傳志表之敘次，乃在其自注也。以今日史學眼光觀之，自注之長有三：著書未能盡免於繆誤，苟注出處，明去取之由，則聞見廣狹，功力疏密成可表見，而後之人又得因以溯其根據，考訂得失。章實齋所謂『纂輯之史則以博雅爲事，以一字必有按據爲歸』。其長一也。惟止標書名，不詳篇章，爲美中不足耳。每每大部之書修成後，徵材所取之書成遭舍棄，不數十年即亡失殆盡。中國歷朝正史之撰成，其陷古書於亡佚者不知其幾千百部也。苟采自注之體，因援引所及，並連注其詳略異同，可借以存古書之大概，不至散亡。國志世說之注如出於承祚義慶手，不遠愈於松之孝標久歷年所之後再爲掇拾補苴乎？此自注之長二。志表之類每非文體，其名物象數係連之則不成文，割棄之又嫌缺略，於是入之自注，與正文相別。所以明綱目經緯，讀之者不至目眩頭昏，而不知主從，篇幅省而功效大，其善三也。自注之體具此三長，乃中國史書唯史記漢書之志表有自注，其爲用只以明綱目耳。三國志以下不聞此體，如裴松之注三國志，徐無黨注新五代史之假手他人者亦不數觀，通鑑考異之類與本書別行，又不便觀覽。蓋古人著述之旨在采擇衆說，成一家言，非同纂輯，故不屑屑記注其所本。偶有考証，亦多別行也。章實齋文史通義史注篇稱史注之長，推崇備至。朱彝尊作日下舊聞悉注來歷；周書昌李南澗修歷城縣志師朱氏意，無論古書舊志，即案牘傳狀及出自口述，莫不一一注明。然朱氏書已在大日本史之後，縣志援周李之例者亦甚少。惟阮元國史儒林傳稿『凡各儒傳語皆采之載籍，接續成文，雙注各句之下，以記來歷，不敢杜撰一字』(凡例語)。斯乃畏私修國史之名，故排比史料，注其出處，非所以語於修史。有清一代言史學者於章氏史注之論什未措意，更無論施於著述，章氏固亦未及料異國學者，乃能先得其意見諸施行也。大日本史之所以倒爲此體者，安積覺曰：『參嚴諸書，甄別異同，則似溫公考異[22]』。知光圀之爲自注受意於通鑑考異。然竊有疑者，光圀受學於朱舜水，舜水餘姚人，浙東學派固主實事求是，不尚虛浮者也，則自注之體裁及考証之精神與舜水不無關聯，惜傳世舜水集中與光圀及史館諸臣書札雖不下數十通，竟無論史學者耳。

註二二 大日本史冊17修史始末下頁 41.

C 義例

修史義例屢有增減修訂，今傳延享元年(清乾隆9，西1744)所訂修史義例凡六十九條。大抵就中國正史之例與日本情勢合者取之，或仿其意，而加變通，惟偏重於書法字句者爲多。茲擇此書義例得失之大者論之。

甲 三大特筆及斷限

自後醍醐天皇討叛臣足利尊氏不克，南狩吉野，尊氏另立天皇於京都，於是南北兩朝廷分立，凡五十餘年。南朝天皇攜傳國三神器俱往，尊氏歿後，南北媾和，後龜山天皇入京都，授神器於北朝後小松天皇，南北始歸一統，時後小松帝明德三年(明洪武25，西1392)也。後世天皇系出北朝，而其初祖又爲足利氏所立，是以終足利幕府時代，咸以北朝爲正統，視南朝爲僭僞。南朝忠臣如楠正成新田義貞輩咸被目爲叛逆、北畠親房之神皇正統記雖主南朝正統之說，終不能勝也。迨德川幕府立，以暴易暴，其精神固無異於足利氏，是以幕府之修本朝通鑑仍以北朝爲正統。光圀始本於大義名分之觀念，及神器所在之藉口，毅然尊南朝爲正統，表彰楠正成等之忠義，而列尊氏從爲賊。至明治時，南北正統之爭猶未息，卒於四十四年以天皇之勅旨定南朝爲正統，光圀之志至是而完成焉。大日本史之初稿甚且以北朝天皇爲僞主，入之列傳，稱北兵曰賊，後以安積覺等議，改僞朝曰北朝，賊兵曰敵兵，稱五天皇曰帝，附載其事迹於後小松天皇本紀。史臣有諫光圀者，光圀曰：『唯此一事爲某假借，天下後世雖有罪我者，大義所存，我豈曲筆哉[23]』！考光圀之所以尊南朝，自出於春秋及通鑑綱目大義名分之史觀。神道家謂神道即皇道，顯明皇道大本，必考之歷史。而皇道之本神道之根源咸在三種神器，於是遂尊神器所在爲正統。光圀之史觀亦含有神道成分，此亦足以助吾人解釋其所以尊南朝也。

於此請附論此書之斷限。古事記日本書紀記神代傳說甚夥，光圀謂『神代之事率皆怪誕，雖載神武紀首，宜別作天神本紀地神本紀[24]』。其意猶本朝通鑑之列神代爲前編，皆源於金履祥之通鑑前編也。今大日本史始自神武，而天神本紀等未成書。其下斷於後小松帝明德三年者，蓋以是年神器入京，南北一統，國體復定於一尊。後小松天皇本紀末云：『初自後醍醐天皇南巡，至明德三年，凡五十七年。皇統分緒，京畿阻域，及帝受神器，海內始一統。車書同文軌，世世相承，寶祚無疆』。可窺其用意之所在，時代之畫分與其史觀固一貫也。光圀生時即命搜輯明德三年以後事，為續編，是知其有貫通古今之意，明德三年之斷限乃暫時之劃分耳。自班固斷代為書，失史遷通古今之遺意，反不若光圀之書為近之。蓋日本史上無異姓易代之事有以致之也。然續編所以久久不成者，當緣於史臣才力之不足，而紀述近代史事斯於幕府不能無抑揚，繫正統於南朝一事已為幕府所不滿，一度禁其梓行，矧紀當代事之更易觸忌諱乎？

與南朝正統論同為大日本史義例之三大特筆者，黜神功皇后於列傳，而進大友天皇於本紀也。仲哀天皇西征未捷而歿，神功皇后繼其志而伐新羅。及還，生應神天皇，遂攝政。古事記以神功皇后為大皇，然附於仲哀紀後。且於天皇皆言坐何宮治天下，神功獨不言；天皇之諱只在紀首一言，其後皆稱天皇，神功則悉稱其名；是雖稱之為大皇，而未與天皇等視也。日本書紀亦稱神功曰天皇，然列於皇后紀，稱其視政曰攝政，攝政元年之紀事有『群臣等尊皇后曰皇太后』之文，皆依違兩可，未有決斷。扶桑略記，神皇正統記等皆為立本紀，與天皇並列焉。大日本史退神功於后妃傳，而繫其攝政事於應神天皇本紀之首，稱攝政幾年，至后崩乃為應神元年。其言曰：『仲哀之崩天下無主，皇后奉遺腹以號令四海。……皇后疑於即眞矣。後世徒見其迹，遂列皇統世次，大失舊史之旨。古事記厯敘帝王治天下，直以應神接仲哀之後，不數皇后。至於日本紀則特書曰攝政元年，其義亦嚴矣。且女主即眞，如推古持統，皆稱天皇，而皇后則否。其後議定追謚，亦曰神功皇后，而不奉天皇之號。由是觀之，其不宜列於帝紀審矣。雖然，仲哀應神之際，皇后稱制，實行天子之事，故今不沒其實，備后舉動於二帝本紀，而不別作皇后紀』[25]。其為例當否，請於後論紀傳體裁時述之。

天智天皇歿，其弟天武天皇起兵，有所謂壬申之亂。大友皇子不得其死。其間大友皇子曾視政事，而即天皇位否，載籍頗有異說。日本書紀為天武天皇之子舍人親王所修，為君父諱，故天智之後即書天武，不為大友立紀。懷風藻大鏡扶桑略記水鏡年中行事秘鈔立坊次第西宮記諸書或載大友皇子立為太子，或記太子即天皇位，然如本朝通鑑等，猶未敢決然列大友於帝位。大日本史始於天智天武之間立本紀曰『天皇大友』，明治三年朝廷追謚曰弘文天皇，光圀之力也。

乙　本紀

本紀之體所以年經月緯，繫國家政事之大端，爲傳志表之綱領者也。大日本史之本紀雖效法歐公五代史，力求謹嚴簡潔，然書事猶未免於繁冗。如奉幣神社，避方忌，修經法，及修講於佛寺，皆天皇私事，無關於政體者也。然舉書無遺，甚至一年之中惟見此類，刺刺不休，殊乖體例矣。或以爲由此可見朝廷信神道崇佛教之誠心，及其與政事盛衰之關係，然此亦數語可了者，其詳當見神祇佛事志，固無庸贅如許筆墨，而自矜異爲徵文見意也。既有陰陽志以志災祥矣，則本紀中可省。乃今本紀詳載祥瑞災異，尤以仁明帝至清和帝本紀中爲最。連篇累牘，皆是怪異之事。將以見世變，則祥瑞之出非必治世，而災異亦不足以示政治之衰，且其可信與否又未敢必也。抑以求詳備，則既見於本紀，又詳於陰陽志，重複雜沓，何備之云乎？陰陽志序曰：『若夫天災地妖之類，既見本紀者，省約從簡，其未經記載者，具加搜采』[6]。今取本紀與陰陽志勘之，則本紀所書悉重見於陰陽志，志序之云誣矣。地震之記載自較災祥爲可信，然亦幷見於本紀及陰陽志，則不若刪紀存志之爲愈也。且其書法參差，或云地動，或云地震，或云地大動，或云地大震，區分何在亦不得而察焉[27]。

今傳修大日本史例與書中義例亦不盡合。列傳晚成，容有改易，本紀不應與義例相違繆也。如例十二：『爲親王爲皇太子前後兩書，但紀首不日』。注曰：『立爲皇太子，兩漢書紀首係年不月日；新唐書紀首係年月不日；宋史紀首亦係日。今據唐書[28]』。今取本紀覈之，紀首有係年月者，如聖武，孝謙，桓武，平城，嵯峨，淳和，仁明，清和，陽成，醍醐諸紀是，與例合。然有止係年者，聖武以前第二代之綏靖至四十四代之元正本紀皆然。或謂載籍無考，然於嗣帝之紀則詳考某年月日立某爲皇太子。亦有併係年月日者，如宇多紀，崇德紀，土御門紀皆是。蓋以立爲皇太子即日踐祚，不書日則無所承，要之俱逸於例矣。又如例十七：『即位下書年幾，神武至光孝正史多書爲皇太子下，或書即位下，一從本文』。註云：『前漢書書於爲皇太子下，今據後漢書書於即位下[29]』。例與注即相矛盾，今考本紀皆書於位下，是從後漢書，非各從正史本文也。

自白河天皇以上皇而聽政事，日本史上遂有所謂院政者。例二十二：『讓位後舉動詳載紀末，而不日。…如其臨御朝政，指揮軍事，則詳載後紀，而總其綱要於紀末』。注釋之曰：『新唐書宋史前紀略而後紀詳，然皇朝上皇有脈四五帝，而游幸諸國參綜機務者，散在各紀，而不總括於紀末，則難見一代之舉措，故前後詳略各隨其宜』[30]。蓋因時制宜，立意至善。然今讀本紀，每不免於重複之感者，因所謂略者既不能過略，而爲本紀體例所限，當詳者又無可加詳。加之不善變換詞藻，故雖求其詳略有別，終於無殊，致生複疊之感焉。

丙　列傳

列傳義例之可商者多於本紀，蓋修史時知本紀體貴嚴潔，討論義例獨詳。列傳成書稍晚，所徵史料較多，急於整齊排比之功，義例商訂遂疏也。觀修史例凡六十九條，而施於本紀者至五十四條，斯可知已。

史記以呂后臨朝，爲立本紀，班氏因之。新舊唐書皆爲武后立紀，成師史公之意。而新唐書則武后稱制以後立爲紀，稱制以前及私人行事別入后妃傳，爲例益精密。然呂后之臨朝意在滅劉興呂，武后則公然改國號曰周，是皆不以漢唐太后自居者也，故史公等立本紀以擬於諸帝。華嶠范曄之書因後漢六后臨朝，遂皆爲諸皇后立本紀，已失之矣。日本神功皇后祇攝政而未嘗爲天皇，故大日本史係其攝政事於應神紀首，而紀其私人行事於后妃傳，是善體史公諸人之意，而尤能應用新唐書之例者也。

列傳之首爲后妃皇子皇女，修大日本史例第五十七註云：『史記爲外戚世家，前漢書爲外戚傳，後漢書爲皇后紀，皆難依準。三國以下諸史多爲后妃傳，而附婦人婕妤才人等，今從之』[31]。至於皇子傳諸史往往有之，皇女傳則仿新唐書宋史之公主傳也。今觀三傳，大抵無事可敍，而皇女傳尤單簡。多則百許字，少則十數字。或只記母氏，或只書卒年，或只標贈敍。稍有事迹者，如爲后妃，則又已見於后妃傳。其人既無關大體，其事復無可傳述，與其立傳，不若從遼史例爲公主表，事能概括，而篇幅不費。其有特行當著者，則入之列女傳可矣。

叛臣逆臣之別始於新唐書，而大日本史因之。文學之外別立歌人，文學傳敍通漢學者，歌人傳則敍長於和歌者，亦以義起也。然類傳之最與中國正史異，而不可不立者，將軍傳與將軍家臣傳是。安積覺書重修紀傳義例後謂：『州郡兵馬之務，將士黜陟之政，專在鎌倉，而御教書與詔書并行，則其爲體名雖列傳，實如本紀。宜本之世家載記，以著其漸；參之藩鎮列傳，以通其變』[32]。創議者三宅緝明，而覺贊成之。將軍家族家臣皆附將軍傳後。

史漢類傳之法大抵聚時地相近，行迹相關者於一傳，偶有數人共傳，而其風勢之重爲一代特色者，則爲標品目。要取其事例相連，有相互補足發明之益，可以窺一時一地之風氣。非謂預立若干名目，無他事可傳者則入之彙傳，而彙傳以外之散傳不復以類聚也。後世漸失斯意，散傳不求其類聚，而彙傳則若製定規模，以人物分類入之，牽強拘束。如新五代史甚至盡人皆著品目，有同月旦。標目之傳愈多，而從史活用不拘之法亡矣。大日本史標目之傳甚少，而類傳亦頗能存古人以類相從之意，不陷於牽強。如卷一〇八至一〇九皆景行至天智時武臣之立功於新羅及蝦夷者；卷一一〇皆雄略至敏達時大臣之不得其死者；卷一一三爲推古至淳和之遣隋遣唐使；卷一一六爲入唐留學者與歸化人；卷一一七爲聖武至仁明時獲罪諸臣；卷一二一至一二二爲元明至嵯峨時征蝦夷之武將及陸奧出羽北方一帶之地方官；卷一三八爲藤原道長；一三九爲藤原氏之不附道長者；卷一五〇皆近衞至土御門時藤原氏以蹴鞠和歌等伎藝見幸者；卷一五七爲崇德至後鳥羽時藤原氏之以學識見長者；卷一六三至一六四爲元弘建武時與誅北條高時者；卷一七五爲新田義貞諸將；卷一七六爲中興諸將；卷一七七亦爲中興諸將而自北條氏來歸者；卷一七八爲歷事南北朝之文臣博學有文采者。又如卷一百十二傳天武纂位時爲大友皇子盡節及逃亡者十八人，及天武佐命之臣三十五人，傳前係之以短序；卷一六二傳承久之亂勤勞王事者，亦冠之以序。深得彙傳之意，而不別標品目，事迹彰而勸懲明，深合於史法焉。日本古代重氏族譜系，衍而爲門閥之社會，與我國南北朝時重高門之情勢極近似。故大日本史多以子孫附於父祖傳後，或別立傳，而卷帙相連，如平清盛傳後繼以平氏諸將，新田義貞傳後繼以義貞子及新田氏族人傳，將軍傳後繼以將軍家族傳，是其例之尤著者也。

列傳次敍當依時代，史遷之例本爾。散傳彙傳相間雜，品類標目者不盡居後也。後世咸以彙傳置後，截然別爲二類，而不知散傳之意亦在於彙，惟未顯標其類耳。大日本史雖存寓彙於散之意，而彙傳之列於篇末，猶未能違俗例。敍次當依時代固是通則，然有時以事勢所拘，不能無所變通。傳所以釋紀，目的在事而不在人，非用以排官位，敍尊卑也。中國舊史父傳常先於子，否則爲人所譏。大日本史藤原藤房季房傳在卷一六三，而其父宣房反在卷一七八，蓋二子早死，而宣房乃逮事後元融帝也。新田義重在卷一八八將軍家族傳，而六世孫義貞等則在其前，與楠正成名和長年結城宗廣等中興名將相次。足利義氏亦在卷一八八將軍家族傳，而其玄孫義尊在前將軍傳中。大內惟義亦在卷一八八將軍家族傳中，而子惟信承久之役勤王事，故列於卷一六二。皆因事制宜，不拘於時代前後親屬尊卑也。

魏書釋老志之後元史有釋老傳。大日本史既有佛事志，復傳僧侶，宜若詳備矣。乃純以意去取，如僧空海圓仁行基行信等，皆有可傳之事迹，竟因儒家之排佛而不爲立傳，散見於本紀及佛事志而已。至如僧圓觀文觀忠圓聖尋良忠祐覺宗信西河，皆以有與後醍醐天皇謀北條高時及勤王之功，俱列傳於卷一六八，非自矛盾乎？修大日本史例第六十條：『皇子爲僧皆載皇子傳，如其行實關佛教者略，而關世事者，詳[33]』。益不知所爲矣。

列傳敘事詳略之可商者，如後深草龜山兩皇統迭立之議發自北條貞時，亦惟貞時可以左右皇室，使兩帝之後更代爲天皇，是貞時傳當詳敘此事始末矣。乃於藤原定房傳詳記此事，達五百餘字，而貞時傳反不及其半。蓋因定房之日記吉續記載此事甚詳，因記定房此書遂牽連及之。實則定房唯奉後宇多上皇之命謁貞時以不奉詔，貞時乃創兩統迭立之議，定房與此事本無關，其詳略有乖義例矣。至列中國於諸蕃傳，其不自量尤可哂也。

丁　志表

大日本史凡十志，志總序曰：『夫祀祭者敬教之所本。敬神尊祖，孝敬之義達於天下，凡百制度亦由是而立焉。天皇以天祖之遺體，世傳天業；群臣以神明之胄裔，世亮天功。……故以神祇爲首。君傳天統，臣皆神胤，……而氏姓之法起焉。胙土命氏，以辨宗族，族必率氏上，宗必祭祖神。以氏爲官，官有世功，而賜之以姓；親疏有等，職官有品，故之以氏族職官。……官之於氏，氏之於地，有不可離者而存焉，故受之以國郡。齋庭之穗，織殿之繭，教民耕織，既利其用，又厚其生。以惟正之供，奉大嘗之祭，正德之教賴以明焉，故受之以食貨。大敍天秩各得其宜，彝倫昭明，而則粲然。自宮室衣冠，至宴饗歌舞，皆原於神世，以逮於民般，故受之以禮樂。彝教既明，威武亦振，大伴物部，各率其兵。攘寇賊姦宄，大則用兵，小則行刑。兵刑不分職，自古而爾，故受之以兵刑。及佛法之入，顛倒本末，毀損國體，災祥拘忌之說又隨而蠱惑人心，要皆方外之異言，而非神國之所尚矣，故受之以陰陽佛事以終焉[34]』。

審志之作欲其絜述大勢，與本紀相經緯，所謂『文則舉其梗概，務使典雅可誦。而於名物器數，無須屑屑求詳[35]』

也。劉昭補後漢志，始分條別類，稍變史漢整篇敍述之體，宋史以下益求詳整，與簿錄案牘之文日近。詳則詳矣，而讀者目之所覩惟是細節，失總挈綱領之意，章實齋曾深切譏之。大日本史即效法宋史，十志共一百二十六卷，可謂繁矣，然其義例有勝於宋史，爲中國史書所不及，使章氏之譏有所不能施者。十志每志各有總序，序歷代沿革，間以詔令奏牘，提綱挈領，能得梗概。而其細類之首，復各冠以小序，述此細類所紀之變遷，然後繼以名物象數，詳載列之。是以欲知大興革者可求之於各志總序，欲知細節之變遷者，可讀各細類之序。兼有提挈大凡及詳列名數之長，幾於每志皆可作專史讀，雖篇帙稍繁，又何害乎？

中國正史斷代爲書，故其修志必斤斤於時代標準，以便後人考覈沿革。臚列一代簿錄，自嫌繁瑣。大日本史既斷於明德三年，其總序敍自開國至明德變遷之大略，朝代年月之可考者皆注明之。而其述制度本身，或以初定制度之時代爲準，而增益其前後，如氏族志序謂：『乃據其書〔姓氏錄〕，參諸群籍，定其可識者[35]』。職官志序云：『今考舊史，參以諸書。……至其次序一以大寶令爲斷焉。而令外官有所屬者，雖或不爲正官，相沿已久，視爲正官者，按次補入焉。其廢置不一，附屬未詳，及出於一時權宜，不久而廢之類，皆附篇末[73]』。國郡志序：『今據延喜式和名鈔諸書，本於五畿七道之制，旁徵史籍，以著之篇[38]』。姓氏錄成於弘仁四年（唐元和10，西815），大寶令成於大寶元年（唐武后長安元，西701），五畿七道之制亦定於大寶元年也。或雜取諸時代之記載并列之，如神祇志序云：『苟載於令式，存於舊紀者，悉加採擇[39]』；食貨志序，『今本舊史，述神聖經濟之略，參據令條格式，以著其沿革[40]』。皆兼取歷代之簿錄，著其異而省其同，此大日本史體裁致然，非中國斷代史書所能爲也。

十志中惟神祇志爲中國史書所無。日本傳說皇室與人民皆天神後裔，『古者建官分職，制禮作樂，其所先者莫非所以事神祇，而凡百制度皆由是興[41]』。光圀等崇儒排佛，極力鼓吹神道之信仰，以發揚日本固有之精神，是以有神祇志之作，而列於篇首。『首述皇統之所出，神器之所傳，與神祇之功烈。次之以歷朝祀政之盛衰，而自神宮之典，祭祀之儀，大小之社，以迄於神官祭服之制，苟載於令式，存於舊記者，悉加採擇[42]』。光圀曾命著神代事於本紀之前，而其書訖未成，故神祇志首即記神代傳說，亦以補其缺也。魏收始志官氏釋老，大日本史分氏族職官，而改釋老曰佛事，以道教初不行於日本也。國郡志本名地理；禮樂志本分禮儀輿服音樂三志；兵志本名兵馬；陰陽志本分五行災祥二志。丙子修史義例有天文志[13]；元文六年分局修志書有天文藝文志[44]；享和三年議十二志目有天文文史[15]，皆志中之最要者，不審何以棄置未修。文史當即藝文，其稱謂之受章實齋學說影響不待言，亦一可注意事也。十二志目中有釋□志，蓋擬改佛事志之名，卒以無道教相配，遂仍舊貫耳。

中國正史中，宋書唐書而外，樂志載樂器者甚少。大日本史禮樂志中兼述樂器之制，兵志中述兵器，國郡志述山川形勢及人文風習，皆中國史書所未遑注意。然諸志之義例亦有未純者，如國郡志畿內總序云：『承和三年制，畿內國次以大和為第一，宜據新式，山城為首。延喜制因之[46]』。今志即以山城為首，大和次之，蓋依令式也。其餘七道所屬各國之次敍何據，志未明言，然今考之，東海道十五國，東山道八國，北陸道七國，皆自西而東；山陰道八國，山陽道八國，南海道六國，則自東而西；西海道十一國，則自東北而西南，敍次皆有條理，蓋亦令式之所定也。至於每國所屬郡之排列次序，則雜亂無理致，其以國府所在列為首郡者，惟山城國之乙訓郡，伊賀國之阿拜郡，尾張國之中島郡，伊豆國之田方郡，安房國之平群郡，上總國之市原郡，下總國之葛飾郡，飛驒國之大野郡，若狹國之遠敷郡，加賀國之能美郡，能登國之能登郡，越中國之射水郡，越後國之頸城郡，佐渡國之雜太郡，丹波國之桑田郡，薩摩國之高城郡，對馬國之下縣郡。其餘諸國國府所在之郡皆列於後，雜亂不一。郡治所在不盡可考，然就其可考者觀之，每郡領鄉之次序亦不以郡治所在為首。如西成郡領鄉十二，郡家鄉下云：『古郡領所治[47]』，而列第五。鈴鹿郡領鄉七，鈴鹿鄉下云：『郡司所治[48]』，而列第四，皆不可解也。又如神祇志諸國神社下每注今在某地，國郡志亦常注今某地，所謂今當指修志時言。然志非成於一時，則今之云者果何指乎？不於初見時明著之，義例之未善也。

大日本史凡五表，曰臣連二造，曰公卿，曰國郡司，所以表制度之常；曰藏人檢非違使，曰將軍僚屬，所以表制度之變。除國郡司表之以地為經外，皆以年為經，以官為緯，而係月於人名下，下至僚佐，苟有可考，莫不表見。繁密而不叢脞，可以無間然也。

戊　書法及載文

修大日本史例第二條：『歷年書太歲，以便檢閱。日從甲子上書某日者，據三代實錄，為使紀急事勢易推算也[49]』。安積覺曰：『晉書王濬傳：「臣以十五日至三山，明十六日悉將所領還圍石頭，去二月武昌失守」。其書月日不一而足。

苟不如是，則不足以見當時事勢。故義公嫌干支之勞推步，使值書日者，雖非史之正體，而三代實錄既有其例[50]。推算甲子每爲讀史者所苦，大日本史之幷書甲子及某日雖若贅疣，實書法至善者也。

復次，書法之義例亦時有未純者。如孝謙帝天平勝寶七年正月勅改年爲歲，天平寶字元年又勅：『其改天平勝寶九歲爲天平寶字元年』。則天平勝寶七八兩年自當以書歲爲是。淡海三船傳書天平勝寶八歲[51]，食貨志書勝寶七歲[52]。而大伴弟麻呂傳[53]及職官志[54]乃皆書天平勝寶八年。弟麻呂傳與三船傳所記一事，而書年書歲竟不一其例。女眞傳：『後一條帝寬仁三年三月，……焚掠對馬，……又寇壹岐……。四月，賊入筑前，侵怡土郡……。未詳其爲何賊，人稱爲刀夷（夷或作伊）。及得高麗牒狀，乃知其爲女眞也[55]』。紀傳中稱謂亦不一。後一條紀：『寬仁三年夏四月十七日甲辰，太宰府驛奏，刀伊賊入壹岐島。……二十五日壬子太宰府言，刀伊賊寇筑前[56]』。藤原隆家傳：『寬仁三年刀伊寇對馬壹岐二島，……進入筑前怡土郡[57]』。皆書曰刀伊。秋月種道傳又云：『女眞寇筑紫，［大藏］春實孫種材與其子光弘將兵擊賊，亦有功[58]』。如不讀女眞傳者，將不辨刀伊即女眞矣。氏族志多氏下注云：『多諸書或作太，又意富，意保，於保，音訓皆通。今悉據本書舉之，以使考索。凡音訓相通者下皆仿此[59]。於是足立遠元亦作安達遠基，安達遠元[60]；安部蟲麻呂亦作安倍蟲麻呂[61]；大伴馬養亦作大伴馬飼[62]。悠紀，齋忌，愉次，由貴，由機及主基，次，須岐，須貴，須機相錯出[63]，殊失畫一之例。其意在存原書面目，反不便考索。莫若以一最普通之寫法爲準，而分注其異同，或別爲立表，斯較便也。

在原業平傳：『阿保親王第五子也。天長中，與兄行平共賜姓在原[64]』。考阿保親王傳：『天長中，阿保上表援高岳親王例，請賜姓於諸子。詔仲平行平守平業平賜姓在原朝臣[65]』。氏族志同。苟如業平傳所云，則似止行平業平二人賜姓矣。元正紀：『靈龜二年四月十九日甲子，割河內大鳥和泉日根三郡，置和泉監[66]』。考之國郡志：『靈龜二年置珍努宮，以和泉日根二郡供之。尋加大鳥郡，改稱和泉監[67]』。則不當幷作一時之事書之，即使幷書，亦應先和泉日根而後大鳥，因大鳥之加在後，而和泉監之名又因和泉郡而得也。

源賴政傳：『知盛等勵兵雨射，我軍不能進。……平氏軍不能進，我兵舞蹈嘲笑[68]』。我軍指以仁王軍。楠正行傳云：『我兵死亡略盡[69]』，謂平氏兵也。新田義貞傳：『尊氏軍衆而不整，我軍進退齊一[70]』。源義經傳：『我兵稍阻，時空中有氣如白旗，見我舟上[71]』。我軍謂源氏軍也。春秋有內外之別，後世史書凡與外國對稱則曰我。諸傳既非對外國，而一方爲勤王之師，一方爲叛逆，地位復不相等，遽稱王師曰我，未見其可也。

史記漢書本紀多載詔令，後世史書或因或否，要視其有關時政否耳。大日本史本紀中載詔令極多，凡百數十通，而例行故事無與時政者十居七八，未免冗濫矣。列傳載文凡六十五篇，疏表占四之三，皆可借以知人論世者也。紀傳所載詩凡十四首，和歌凡八十四首，雖不盡有用者，然和歌每首只一二行而已，固無大害。惟所載之文原作非必皆是漢文，劉知幾曾論史家浮飾，謂記言當使若出其口，今遂譯日文爲漢疏奏啟，已全失本來面目，豈非浮飾之尤者乎？

註二三　大日本史冊17修史始末上頁12引年山紀聞。

註二四　仝頁7引年寳筆記。

註二五　仝4/14神功皇后傳。

註二六　仝13/347

註二七　仝冊1頁148—149文武天皇紀：『十年壬午，春正月十九日癸丑，地動。…三月…七日戊子，地震』。又1/143文武天皇紀：『三年十一月…地大動。』又1/151仝…『十二年…十月…十四日壬辰，京師諸國地大震』。

註二八　仝17修大日本史例頁3—4

註二九　大日本史冊17修大日本史例5.

註三十　仝。

註三一　仝頁11.

註三二　仝修史始末上頁17.

註三三　大日本史冊17修大日本史例12.

註三四　仝9/1-2.

註三五　見文史通義禮教篇。

註三六　大日本史10/2.

註三七　仝10/295.

註三八　仝11/2.

註三九　仝9/3.

註四十　仝12/3.

註四一　仝9/3.

註四二　仝。

註四三　仝冊17修史始末下頁29.

註四四　仝下44.

註四五　仝修史復古紀略頁23.

註四六　仝11/18.

註四七　仝11/70.

註四八　仝11/87.

註四九　大日本史冊17修大日本史例1.

註五十　仝修史始末下頁11.

註五一　仝8/19.

註五二　仝12/78.

註五三　仝5/200.

註五四　仝10/347.

註五五　仝8/328.

註五六　仝2/277.

註五七　仝5/376.

註五八　仝6/395.

註五九　仝10/10.

註六十　仝7/7.7/259.7/265.

註六一　仝5/182.5/183.

註六二　仝1/103.5.3).

註六三　仝9/24.9/62.9/63.

註六四　仝8/72.

註六五　仝4/293.

註六六　仝1/200.

註六七　仝11/60.

註六八 大日本史6/211.

註六九 全6 312.

註七十 全6 348.

註七一 全7/110.

D 考訂

甲 求是

大日本史實事求是之考證精神，由其自注可以窺知。如清和紀：『天皇即位於太極殿，……太政大臣良房，左大臣源信……並如故』。注云：『按大鏡裏書載良房時爲攝政，公卿補任亦書攝政太政大臣。二書又載貞觀七年帝加元服，良房辭攝政。八年，重敕攝行天下之政。然考三代實錄，八年八月二十九日，始書敕太政大臣攝行天下之政，而不言其再有攝政之命。蓋帝幼沖即位，良房以外戚大臣攝行庶政，猶未有攝政之名。其後帝年稍長，加元服，親機務，始特有攝政之勅也。二書以良房爲攝政之始，欲牽合後世攝關故事，故設此說耳，今不取[72]』。光孝紀：『二月……二十三日甲寅，即天皇位於太極殿。……太政大臣基經，左大臣源融……並如故』。注云：『按補任云：「二月二十三日，基經重爲關白」。神皇正統記云：「光孝踐祚，改攝政爲關白，此關白之始」。今考本書下文，六月詔百官奏事先諮稟太政大臣，然後奏聞，此即關白之義，而未有其名。關白之號則昉于仁和三年，扶桑略記愚管鈔所載詔文，及濫觴鈔可以爲確據。故補任正統記之說皆不取[73]』。

修大日本史例第一條：『凡紀傳之文，根據正史，務選其衍，不妄改削。本紀神武至持統全據日本紀，故下唯稱本書，不注書名。……下至三代實錄一例也。……其正史所不載，事雖至要，旁無明據者，不輙補湊之[74]』。態度至謹嚴，然引用之正史有未當者，亦爲訂正，於注中明著之。如應神紀：『癸未歲，正月三日戊子，皇太后立天皇爲皇太子，都磐余』。註云：『本書註曰，是謂若櫻宮。按若櫻宮號，實起於履中帝，是時未得有其號。蓋太后所都，履中仍都焉，遂有此號，故追稱之也[75]』。推古紀：『十五年秋七月三日庚戌，遣大禮小野妹子於隋』。註云：『本書自是以下，隋皆書唐，舊事紀據此爲遣唐使之始。按是年當大業三年，隋書亦載我遣使，明年，遣裴世清來，皆與本書合。二十六年「此四字疑衍文」書隋爲得。神皇正統記亦稱遣隋大使，故今悉改書隋[76]』。天武紀：『元年癸酉』。註云：『按本書以壬申年爲元年，今以壬申歲屬帝大友，以癸酉歲爲天皇即位元年，故與本書差一年。又案藥師寺塔銅槃有銘，相傳舍人親王書，其文曰：維清原宮馭宇天皇即位八年庚辰之歲。據此則當時實以是歲即位紀元審矣。如本書以壬申爲元年，直欲以天武接天智之統，故致此曲筆耳[77]』。廢帝紀：『三年己亥，春正月三日庚午，渤海來貢』。註云：『本書高麗，按此時高麗既滅，渤海有其地，本書舉其舊號，迭書渤海高麗，今一書渤海，以見其實[78]』。此例甚夥，可見雖信據六國史，仍不忘盡信書不如無書之意也。

亦有因牽涉所及，而考訂中國史籍之謬誤者。如多治比縣守傳：『靈龜初，…擢遣唐押使，養老元年授節刀赴唐』。註云：『新唐書日本傳曰：『開元初，粟田復朝，請從諸儒授經。詔四門助教趙玄默即鴻臚寺爲師，獻大幅布爲贄，悉賞物貿書以歸。其副朝臣仲滿慕華不肯去。據續日本紀粟田眞人大寶二年如唐，慶雲元年歸，後不再往。唐書所載粟田者蓋縣守也。養老元年當唐開元五年，與所謂開元初合，仲滿如唐，亦此時也』[79]。

乙　存疑

治考證者必先尚懷疑，不知爲不知，適所以爲知也。大日本史存疑之例最多，有本文不書，而著於自註者，如神武記：『追謚曰神武天皇』。註云：『追謚之制，未審其在何帝時，釋日本紀引私記曰：「神武等謚淡海三船奉勅撰也」。觀長記曰：「神武以下至文武，四十二代謚號，淡海公所制也」。二說不同。按古事記日本紀正文，絕不書追謚，則知和銅養老間，未有此制，明非不比等所撰矣。三船歷事孝謙廢帝光仁桓武數朝，而續日本紀姓氏錄等諸書成於桓武以後者，皆與追謚，則元正以前諸帝謚蓋孝謙以後所追奉也。然史無明文，故不書某朝追謚，下倣此[80]』。安寧紀：『皇太子卽天皇位』。註云：『按：據本書立爲皇太子時年二十一之文推之，則天皇卽位年二十九。然與本書崩年五十七之文不合。若據崩年推之，則此時年十九。然據本書懿德帝立爲太子，時年十六之文則天皇年十五，懿德帝已生，頗爲可疑。蓋立爲太子年二十一近是，而崩年五十七，五或六之誤。又按水鏡愚管鈔並云元年年二十，此亦據本書崩年推之耳。今姑闕缺，不註卽位時年歲[81]』。仁德紀註：『水鏡神皇正統紀並曰，此時天皇喜而歌曰…按延喜中講日本紀竟宴和歌，藤原時平詠天皇，其詞與此相近，恐後人改易以爲天皇御製與？然新古今集亦收之，既膾炙於人口，姑附於此[82]』。神祇志：『大嘗祭，凡天子卽位，嘗新穀，祭天神天照大神，並享天神地祇列于祀典者，謂之大嘗，又曰新嘗』。註云：『按上世大嘗，蓋與卽位無異。舊事本紀太祖卽位，天富命上天璽鏡劍，天種子命奏天神壽詞是也。故日本書紀書卽位而不書大嘗，唯清寧帝卽位明年行大嘗，是必別有故也。中宗元年正月即位，日本決釋云：「十一月癸卯行大嘗祭，王者一世一度大祭始于此」。據此分別即位大嘗者蓋昉于帝。帝多倣李唐制，以定典禮，則亦必倣彼以定即位禮，不得不與大嘗異其制，自此後大禮遂分為二也。然未得明證，附以備考83」。

又有本文依原書書之，而旁做成作，於注中表其疑者。如應神紀：『三十九年戊辰，百濟王直支使其妹新齊都媛入侍』。註云：『按本書，二十五年直支卒，子久爾辛立。據東國通鑑，是歲百濟比流王五年。此云直支者，疑有誤84』。天智紀：『甲子歲，……五月十七日甲子，唐百濟鎮將劉仁願遣朝散大夫郭務悰等進表獻物』。註云：『按唐書劉仁願先是歸唐，留鎮百濟者劉仁軌也，下倣此85』。神祇志：『〔延長〕五年修延喜式，凡天下諸社載官帳者三千一百三十二座』。註云：『按神社總數全與元慶元年文合，則似元慶中既有定數。然三代實錄元慶四年以大和宗像神三座預官社。本朝月令云，延喜十，以山科神二座載之官帳，則其有增損可知矣，附以備。氏族志：『清和帝時，神祇權大祐忌部宿禰高善改為齋部』。註云出於三代實錄，又云：『按廣成在平城朝，既自書齋部，即其改齋部非始此時。日本逸史引類聚國史逸文云，桓武帝時，正六位上忌部宿禰濱成等改為齋部。此說蓋近是87』。又：『秦氏，出自秦始皇三世孫孝武王』。註云：『按孝武子功滿以仲哀八年來朝，上距始皇世殆四百餘年。今言三世孫，實可疑也。三代實錄時原春風自言，出自始皇十一世孫功滿，秦永原亦言十二世，其言近是。然其他世數尚有可疑者，今皆從原文88』。

上舉諸例，皆有史籍足以證明其謬誤者也。有諸書記載相同，而其事不無疑惑，未有佐證者，則抉微發隱，全視識見。大日本史於此種史事，咸於註中表出之，亦至有助於讀史者也。遠藤盛遠〔即僧文覺〕傳：『文覺〔謂源賴朝〕曰：「公誠能興大事，請院宣〔即上皇詔書〕不難，我能為公辦之」！乃急赴福原，就院近臣前右兵衛督藤原光能請院宣還。謂賴朝曰：「公欲得院宣，先置莊園於神護寺……」……賴朝遂決意舉兵』。註謂據源平盛衰記，又云：『諸本平家物語載院宣，其文各異。豈有院宣一出，而文不同者乎？考諸實錄，略無所見。蓋文覺銳意興復神護寺，欲藉賴朝遂其本謀，故假託院宣以固其志歟？或賴朝亦潛合謀，故使為之歟？英雄舉動未易窺測，而其偽斷可知也。愚管鈔曰：「世傳光能偽稱法皇意，使文覺勸賴朝起兵，謬矣。文覺陰察時勢，託言法皇」。據此則當時已有此說，而作二書者不究其實，以為信然，觀者審諸89』。船長櫓傳：『本姓上，其先百濟人。初應神帝命荒田別求有識者於百濟，其國主貴須王以其孫辰孫王應之，隨使入朝。帝嘉之，以爲皇太子師，大闡儒風』。註謂出續日本紀桓武紀。又云：『辰孫王當應神帝時，荒田別得之百濟。而爲太子師，其事大類王仁。疑非別人也，而今無所考[90]』。

史臣撰述之先，留意於辨僞。前已論之。如安積覺謂總裁曰：『日本史頗有采是利治亂記京極家譜成文者，至南北講和之事，專據此書，既著爲論贊。今細考之，二書皆屬僞撰，決不可取。日本史既獻幕府不可揩改，然它日志表之成，亦必有更足改正之機，故以相告耳[91]』。將事紀乃僞書，註中每每舉之，而標其謬妄，不下十餘處[92]。源平盛衰紀太平記梅松論等近似稗官者，引用極爲審愼。時於註中辨其誣妄[93]，乃足以見大日本史之考證的精神焉。

丙　抵觸

大日本史數經校訂，猶未免於抵觸矛盾。校而出之，雖非犖犖大端，倘亦讀其書者所不廢也？有本文與注相矛盾者，如光仁紀：『寶龜八年五月七日丁巳，御重閣門觀射騎』。注云：『按孝謙帝以聖武帝忌月，廢端午節。至是又復，故省廢置，』而此後不書。……但未知有何故而延至七日。類聚國史收之于五日節宴，今據之』，而本文仍係其事於七日。

有紀與紀相抵觸者，如持統紀：『八年三月……以……爲鑄錢司[95]』。文武紀又云：『三年十二月……始置鑄錢司』。注云：『按日本紀持統帝八年三月以……爲鑄錢司，此云始置，未詳[96]』。是知其抵觸而未加考訂也。有傳與傳相矛盾者，如北條貞時傳：『〔正應〕五年高麗使其臣金有成來，言宜更通信于元，不則復有用兵之事。貞時仍有成拘留不遣[97]』。高麗傳則作伏見帝正應四年事[98]。有紀與傳相矛盾者，如後白河紀：『壽永二年十一月，……〔源〕義仲遂反，遷法皇于攝政基通五條第。十二月，徙御左馬權頭大江業忠六條西洞院第[99]』。源義經傳則云：『義仲敗走，時法皇在大膳大夫大江業忠六條第[100]』。

紀與志相抵觸者尤夥。天武紀：『十三年九月……十日癸丑，始奉神寶於伊勢兩大神宮』。註云：『十日以下闕太曆延文二年引神宮雜記。按實基本紀云，是時詔每二十年改造兩大神宮，雜事記著爲永式。延曆儀式延喜式等書亦載每二十年修造之文，而不載年月，姑附備考[101]』。是未敢必每二十年修造之例始於何時，故本文不書，而見於註也。神祇志乃一則曰：『天武帝十三年，改造二所大神宮，始發神寶使。自是以後，每二十年改造神宮』[102]。再則曰：『天武帝……十三年，造神宮，增舊制。爾後每二十年改作，又立爲永例』[103]。皆據大神宮雜事記大神宮例文，謂每二十年修造始於天武十三年，是與紀相違矣。同一神祇志中，先後亦復不同。其社殿條又云：『天武帝稱兵，有事於大神宮，有將定造宮年限之意。先是神宮殿舍門垣等，隨破修補。持統二年，改造大神宮，四年，修度會宮。自是而後，每二十年改造，永爲定制，實奉天武遺意也』[104]。謂二十年一修造之意創於天武，始行之者乃持統帝，誠矛盾不可究詰矣。桓武紀：『延曆二十三年二月五日庚戌，移大和石上社器仗於葛野郡』[105]。又：『二十四年二月十日庚戌，詔遣使還石上器仗於舊社，聚僧讀經，以鎮謝焉』[106]。神祇志：『〔延曆〕二十四年，以石川朝臣吉備人爲造石上神宮使。……即遷之〔神庫兵仗〕山城葛野郡。……已而寶庫自倒，適帝不悆。……巫具言遷轉神寶，故神靈震怒爲祟之狀。……奉幣鏡謝之，且所不悆，還納兵仗』[107]。皆係於二十四年，與本紀異。平城紀：『大同三年，……是月〔正月〕從五位下齋部廣成上古語拾遺』。註云本於古語拾遺，『一本爲二年所上』[108]。神祇志乃從一本，謂：『平城帝大同〔時〕……正六位上齋部宿禰廣成……乃著古語拾遺一卷，至二年上之』。註云：『正六位上據日本後紀』[109]。後醍醐紀：『正中元年九月十九日壬寅，先是天皇帝有討北條氏之意，中納言藤原資朝……等參豫計議，稱徵諸國武士，土岐賴兼，多治見國長應徵先至。既而事洩，是日北條高時殺賴兼國長於京師』。註謂據今出川家本毛利家本西源院本南都本太平記，參取增鏡，見行本太平記爲元德元年[110]。國郡志美濃國土岐郡下云：『元德中，土岐賴貞多治見國長奉密旨圖北條氏，事敗而死』[111]。從見行本太平記，且賴兼作賴貞，皆與本紀異。

丁　脫誤

攻大日本史之謬誤疏漏者，見聞所及，惟有宇野東風之『讀大日本史懷良親王傳』，載史學雜誌第二十三編第四、五號，及松本愛重之『解「松容」以辨大日本史之誤』，載國學院雜誌第二十九卷第一號。今先擇述兩文之大要，再陳鄙見。惟是載籍不備，祇能就其本書相互反覆勘讀，故所得無多，且近瑣屑。他日苟能廣爲涉獵，訂其疏謬，當不止此已。

大日本史懷良親王傳謂延元元年足利尊氏犯闕，懷良從駕幸延曆寺，及駕還京師，懷良奔匿吉野。後醍醐紀延元元年十月十日條亦紀懷良親王走吉野。宇野氏據元弘日記裡書鳩篇雜事記阿蘇文書毛利文書等，考定後醍醐天皇受尊氏降，還幸京師之前，懷良已西赴九州，奔匿吉野之云誣也。傳從元弘日記裡書，謂懷良延元二年從義良親王東赴陸奧，舟西漂至四國，乃詔任征西將軍，使赴鎮西。宇野氏據神皇正統記李花集鶴岡社務記錄等，疑懷良之曾從義良親王赴陸奧，更綜合諸書，參以事理，斷懷良舟之不能逆風過遠州灘紀州灘而西漂流至四國。傳及後醍醐紀皆謂懷良延元三年任征西將軍，宇野氏既考定無延元二年赴陸奧舟漂至四國之事，與考之阿蘇文書，高野山文書，五條文書，新葉和歌集，征西大將軍宮譜，定懷良之任征西將軍在延元元年，紀傳皆誤。傳又謂延元四年後村上帝即位，頒遺詔，戮力恢復。菊池武光迎入八代城，頃心輔衛。宇野氏據神皇正統記後村上帝之受禪在延元四年八月十五日，則頒遺詔於懷良當在翌年。又據忽那文書，五條文書，阿蘇文書等，訂菊池武光奉懷良入八代城之妄。傳於正平七年之後即記正平十三年事，宇野氏博稽群籍，知七年至十三年間事非不可曉，大日本史失於疏略。至於正平十七年以後，至天授時，懷良事迹亦皆斑斑可考，長慶天皇紀建德二年二月，及後龜山天皇紀天授二年八月，四年九月，咸載懷良之事，傳中乃不之及。惟記大保原之戰，寥寥數語，結之以『後不知所終』，亦可怪也。其糾其脫漏謬誤巨細凡十餘處。

大日本史源雅定傳註：『古事談曰：「雅定師自稱曰，我有六能，松君，雙六，末木，舞，笙，職者」。松君蓋松若丸，神樂曲也』[112]。松本氏據古寫本古事談，考定『松君』乃『松容』之誤。禮記學記：『待其從容，然後盡其聲』。鄭玄注從或作松，是『松容』即從容也。由從容應對引伸而爲侍應長者或貴人談論之意，日本古書——尤以平安朝時代之日記——用之最多，古事談謂松容爲雅定六能之一，即指其善侍人談論也。大日本史誤作松君，更解爲神樂曲，謬矣。然大日本史未嘗以此事入傳，惟在注中引古事談，或疑而未決。松本氏乃逕云大日本史列傳〔百四十六〕源雅定傳有『中院雅定有六能：松君，雙六，末末木，舞曲，笙，職者。松君蓋松若丸，神樂曲也』之記事[113]。一若大日本史之本文然。實則大日本史惟中注引古事談於『世稱中院右大臣』語下，而古事談文中雅定上無中院二字，末字不復，舞下無曲字。松本氏或據古本古事談，然既標『大日本史之誤謬』，自當引大日本史所引原文，不應據別本，更不應混大日本史正文與注文爲一也。[114]

源雅實傳：『雅實善舞，〔白河〕帝使伶人多忠方就習胡飲酒。……先是忠方弟助忠爲人所殺，帝哀惜曰：「神樂秘曲胡飲酒採桑老從此絕」！雅實曰：「…胡飲酒宰傳在臣，勿苦聖心」！』詎云出古事談[114]。今考禮樂志：『胡飲酒…堀河帝時，多資忠尤能此曲，後爲山村正貫所害。帝召其幼子忠方，使源雅實傳此曲。後雅實又傳之忠方子忠時』。詎云據雜秘別錄，參取古事談，體源鈔[115]。助與資同讀，善胡飲酒曲及爲人所害事皆同，則雅實傳之助忠當即禮樂志之資忠也。然傳謂助忠爲忠方弟，志則言資忠子忠方。以理度之，蓋多資忠善胡飲酒曲，既爲人所害，堀河帝恐其失傳，遂使源雅實傳諸其子，禮樂志之文爲是。雅實傳『忠方弟助忠』，弟字必是父字之誤。氏族志多氏下據源平盛衰記東鑑云：『堀河帝時，有多資忠。帝師之，受宮人曲。資忠子近方，孫好方，並有名[116]』。資忠亦即助忠，惟不列忠方忠時父子，斯爲疏略耳。

職官志神祇官：『堀河帝時，以華山皇子清仁親王玄孫顯廣王爲伯，自是子孫相承，竟爲世職，不任他族矣[117]』。案華山皇子清仁親王傳：『子延信，…〔後一條帝〕萬壽二年賜姓源朝臣…神祇伯。子康資王，…神祇伯。子孫世爲神祇伯。家稱白河[118]』。是自清仁親王之子延信即爲神祇伯，不待玄孫顯廣王爲伯始子孫相承爲世職，職官志誤也。又太政官：『凡升是職〔攝政關白〕者，雖左右大臣，亦居太政大臣之上，號曰一座，又曰「一上」，言物稀人臣也[11]』。謂「一上」爲攝政關白之異名。據職原鈔，則云：『官中事一向左大臣統領，故云一上』。今銳亦以『一上』爲左臣大之異稱，伊勢貞方，高田與清謂乃一上卿之略[120]。言泉又謂『一上』乃左大臣之異稱，如左大臣兼任關白，則以之稱右大臣。志亦誤。又職官志：『問民疾苦使，孝謙帝天平寶字二年置，長官一人，掌巡問民苦。…至醍醐帝時，有山城問民苦使[121]』。並列問民苦與問民疾苦之名。今考孝謙紀：『天平寶字二年春正月五日戊寅詔曰，…是以分使八道，巡問民苦[122]』。食貨志：『〔天平寶字〕二年遣使於八道，巡問民苦，謂之問民苦使[123]』。又：『延曆十八年發遣問民苦使[124]』。又：『巡察…問民苦…等使[125]』。又：『寬平八年，問山城民苦使平朝臣季長言…[126]』。又：『〔天平勝寶〕二年，東海東山問民苦使藤原朝臣淨辨言…[127]』。皆無疾字，則職官志之標問民疾苦使者誤矣。

職官志：『平城帝大同二年，改近衛爲左近衛，中衛爲右近衛。自是官名兵數雖時有沿革，而其爲六衛不改[128]』。兵志亦云：『平城帝時，以近衛府爲左近衛，中衛府爲右近衛。而六衛竟爲永制[12]』。今案：據本紀，大寶令養老令設衛門，左右衛士，左右兵衛等五衛府，聖武帝神龜五年增中衛府，爲六衛府。其後屢有增減，至光仁帝寶龜三年有近衛，中衛，左右兵衛，左右衛士，衛門等七衛府。平城帝大同二年四月始改近衛府爲左近衛，中衛府爲右近衛，而左右兵衛，左右衛士，衛門等五衛府如故，是大同二年亦共有七衛府也。大同三年七月始併衛門府於左右衛士府，與左右近衛府，左右兵衛府爲六衛。職官志記大同二年事，時衛門府猶未省併，其有七衛府。乃云『自是官名兵數雖有沿革，而其爲六衛不改』，誤矣。兵志祇云『平城帝時』，似可通大同二年三年而言，然敍改近衛爲左近衛，中衛爲右近衛後，遽云『六衛竟爲永制』，略衛門府之省併不言，一似左右近衛設立後即爲六衛，使六衛之云無所承，其誤與職官志同。

天武紀：『十年九月二日壬辰敕，自今以後停跪禮匍匐禮，更用難波朝廷之立禮』[130]。文武紀：『二年八月二十六日癸丑，定朝儀』[131]。又：『慶雲元年正月二十五日辛亥，始停百官跪伏之禮』[132]。『定朝儀』一語不足以示改立禮爲跪禮，則慶雲元年停百官跪伏之言無所受，讀者將疑天武十年既停跪禮，何以又有慶雲元年之命也。禮樂志：『天武帝十年，詔定禮儀言語之法，如跪禮匍匐禮並停之，行難波朝廷立禮。……文武帝二年，復改朝儀。……慶雲元年正月……停百官跪伏之禮』[133]。曰改朝儀，前後乃相合，紀之書法未當。聖武紀：『天平九年……十二月二十七日丙寅，改大倭國爲大養德國』[134]。又：『十九年……三月十六日辛卯，改大養德國復爲大倭國』[135]。考之國郡志大和國下云：『天平九年改大倭曰大養德，十九年復舊。天平勝寶元年，定爲今字』[136]。紀既書復爲大倭，而失書定用大和字。聖武紀：『天平十三年十二月十日丙戌，幷安房於上總，能登於越中』[137]。又：『十五年二月十一日辛巳，幷佐渡於越後』[138]。至孝謙帝天平寶字元年，復置安房能登二國，紀皆書之，而不及佐渡。今考國郡志北陸道條：『天平……十五年隸佐渡于越後，至天平勝寶四年依舊分立』[139]。紀失書之。又國郡志東海道條：『寶龜二年，先是武藏屬東山道，至是隸本道』[140]。光仁紀亦失書。嵯峨紀：『弘仁元年……三月十日庚戌，初置藏人所』[141]。而不及檢非違使之設置年月。今考職官志：『嵯峨帝即位，以巨勢朝臣野足藤原朝臣冬嗣爲藏人頭，又置檢非違使，二職始此』[142]。又：『仁明帝承和元年，置別當爲之長官』[143]。藏人檢非違使表同[144]。此職之設與藏人所同爲官制一大變革，自是而後，京師兵權由衛府人於檢非違使，每以公卿當斯任。迨源賴朝立守護于京師，以其家人補之，檢非違使權始衰。是其建置之始烏可不書乎？桓武紀：『延曆八年，……九月八日丁未，征東大將軍紀古佐美還自陸奧。十九日戊午，敕責古佐美等逗遛敗軍之罪，解鎮等副將軍池田眞枚安倍黑繩等官』[145]。按紀古佐美傳：『八年，古佐美至衣川，按兵不進。四月，上責告狀。……又奏曰：「副將軍入間廣成……等議……」九月，古佐美等遂歸京師……。古佐美廣成眞枚黑繩等皆承服』[146]。蝦夷傳亦云：『征東副將軍入間廣成……』[147]。紀責眞枚黑繩，而脫廣成。

後醍醐皇子傳凡十六人，而后妃傳後醍醐后妃中脫世良親王，靜尊法親王，僧恒性三皇子之母氏。源滿仲傳：『子賴光賴親賴信僧源賢』[148]。氏族志清和源氏下云：『滿仲生賴光賴親賴信賴平源賢』[149]。傳脫賴平。大江廣元傳：『子親廣時廣宗光季光忠成』[150]。氏族志大江氏下云：『廣元生六子：長親廣，次時廣，……次宗元〔與傳異〕……次季光，……次忠成，……次重清』[151]。傳脫重清。氏族志：高階氏：『峯緒子茂範養在原朝臣業平子師尙爲子』[152]。又：在原氏條云：『業平嘗使伊勢，與齋宮恬子內親王通，生師尙。高階茂範養爲己子，竟冒其姓』[153]。業平傳祇云：『二子棟梁滋春』[154]，恬子內親王[155]傳亦不及其事，皆脫漏也。大日本史之考訂史料雖審愼，亦不無疏略，如楠正成傳：『爲攝津河內和泉守護……帝追悼不已，贈正三位左近衞中將』。註謂據攝津兵庫廣嚴寺靈牌[156]。後世學者考訂，光圀所得之靈牌乃僞作者耳，類是之例，嘗復不少。

又有可疑者，如后妃傳宇多帝更衣有『源貞子，大納言昇女也』[157]。而醍醐帝更衣亦有源貞子，亦云昇女，[158]不應姊妹同名，二者當有一誤。神祇志：『〔崇德帝時〕大江匡房拜太宰帥，……藤原宗成爲因幡守，身不就國』。註云：『宗成姓據公卿補任』[159]。今考伊豫親王傳：『大同二年十月，藤原宗成勸伊豫潛謀不軌。……流斥……宗成』[160]。平城帝下距崇德帝幾三百年，則神祇志之宗成非必姓藤原氏矣。意者三百年後另有一藤原宗成，斯亦未敢即斷神祇志爲誤也。

戊　紀傳與志之比較

紀傳早成，志修在後，故時有補訂紀傳脫誤處。紀傳考訂疏失尙多，志較之遠爲謹嚴。如楠正成傳：『楠正成河內人，左大臣橘諸兄之裔也。……父曰正康』。註云：『案今所傳系圖數本互有異同謬誤，蓋後人之所作也。然無他可據，故姑從一本』[161]。氏族志則幷其父名而不載，祇云：『橘氏……其在河內者爲楠木氏，至贈左近衞中將正成爲中興元勳』。註謂：『東鑑建久元年有楠木四郎者，蓋是族也。按太平記唯云正成諸兄之後，不載父祖之名，而世所傳楠氏系圖云，諸兄十世孫曰遠保，遠保十四世孫正康生正成。橘氏系圖云，奈良麻呂玄孫廣相，廣相七世孫盛仲生正遠，即正成父也。梶川系圖云，盛仲生正玄，正玄生俊親正成。楠氏譜云，正遠生俊親，俊親生正成。諸說皆不合。且台記久安三年條，載楠正遠爲長者事，今正成之父與之同名，亦可疑。本傳姑從楠氏系圖，今又舉其異同概略，以待後考』[162]。又桓武紀：『延曆十三年（唐貞元10，西794）……是歲，建平野社』[163]。神祇志亦云：『延曆十三年始建平野社』[164]。然紀註云：『年中行事，公事根源並云延曆年中造，一代要記係年，故據之』。志此條下舉其所本爲：『類聚三代格，江家次第，一代要記』。案類聚三代格爲弘仁格貞觀格延喜格。弘仁格施行於嵯峨帝弘仁十一年（唐元和15，西820），貞觀格成於清和帝貞觀十一年（唐咸通10，西869），延喜格成於醍醐帝延長五年（後唐天成2，西927）。江家次第成書年代不可曉，然著者大江匡房卒於鳥羽帝天永二年（宋政和元，西1111）則書成必在此前。一代要記著者及成書年代皆不可知，然其書記事下逮花園帝文保二年（元延祐5，西1318），且稱花園天皇爲『當帝』，是其書最早亦成於花園帝文保二年也。志先舉類聚三代格，次以江家次第，殿以一代要記。取材確實，而依其書之可信與否及年代先後列之，尤爲謹嚴。本紀舍類聚三代格江家次第，而據一代要記，殊違史法矣。

志補紀傳之缺者，如聖武紀註云：『愚管鈔云，帝諱未詳。皇胤紹運錄云諱首。他書無所考，今不取』[165]。氏族志云：『孝謙帝〔聖武帝女，繼聖武爲大皇。〕天平寶字元年敕，……又令天下避內大臣太政大臣之名。於是諸氏首史二姓皆改爲毗登，或賜以別姓』。註：『按毗登又作人，凡諸氏有人姓者，原亦皆首史二姓，避聖武帝及藤原不比等也。據皇胤紹運錄，皇年代略記，如是院年代記等書，帝諱首。其說與政事要略合，本紀考證偶不及此，故闕而不書。今據上諸書，則帝諱爲首無疑』[166]。元明紀：『和銅六年……五月二日甲子，制畿內七道諸國郡鄉之名務用佳字』。註云：『僧仙覺萬葉集鈔曰，是歲……凡郡鄉村里之名定用二字，蓋謂此也』[167]。今案『務用佳字』四字無改用二字之意，紀引萬葉集鈔而不列諸正文，蓋猶有所疑也。國郡志河內國下：『古曰凡河內，……和銅六年省凡字』[168]。又東海道：『和銅六年制，國郡里名，必用二字，取嘉名，於是國號定矣』[169]。幷載取嘉名用二字之事，且著其例，所以訂正本紀之不足也。國郡志北島下載藤原保則平陸奧俘囚事，註曰：『舊所得保則傳有脫缺，不載此事，後得一本，頗得其詳，故今補本傳之缺』[170]。兵志紀懷良親王薨年，註曰：『懷良本傳薨年缺，今據二書〔五條家文書，豐後萬壽寺過去帳〕定爲是歲薨』[171]。氏族志巨勢氏記荒人事[172]，清原氏記賴元賴治事[173]，關氏記宗祐父子事[174]，下妻氏記政秦顯助事[175]，皆有可傳，而不見紀傳，亦可以補其缺也。又有訂傳之誤者，如北條時政傳：『直方生維方，…維方生僧聖範，聖範生時方，…曾祖直方養為己子』[176]。氏族志北條氏下云：『直方生維方，維方生盛方聖範。聖範子時方，為維方所子養』。註曰：『按諸本系圖往往有異同，時政傳據一本，為曾祖直方所養，偶失考，故今訂之』[177]。

註七二 大日本史2/63.
註七三 仝2/121.
註七四 仝17卷大日本史例頁1.
註七五 仝1/37.
註七六 仝1/97.
註七七 仝1/140.
註七八 仝1/255.
註七九 仝5/77.
註八十 仝1/7.
註八一 仝1/8.
註八二 仝1/45.
註八三 仝9/62.
註八四 仝1/41.
註八五 仝1/126.
註八六 仝9/42.
註八七 仝10/135.
註八八 仝10/215.
註八九 仝6/226.
註九十 仝8/5.
註九一 仝修史始末下頁36.
註九二 大日本史1/6.1/8.1/9.1/11.1/12.1/13.1/16.1/21.1/23.1/28.1/28.1/31.1/41.1/82.1/92.4/7.5/1.
註九三 仝6/94.6/100.6/105辨源平盛衰記之妄..6/250辨太平記之妄..6/310辨梅松論之妄。
註九四 仝1/285.
註九五 仝1/166.
註九六 仝1/193.
註九七 仝7/295.
註九八 大日本史8/291.
註九九 仝3/50.
註一百 仝7/101.
註一百一 仝1/153.
註一百二 仝9/22.
註一百三 仝9/104.
註一百四 仝9/549.
註一百五 仝1/321.
註一百六 仝1/322.
註一百七 仝9/30-1.
註一百八 仝1/330.
註一百九 仝9/31.
註一百十 仝3/305-6.
註百十一 仝11/222.
註百十二 仝6/63.
註百十三 國學院雜誌39/1/1.
註百十四 大日本史6/61.
註百十五 仝13/218.
註百十六 仝10/10.
註百十七 仝10/311.
註百十八 仝4/374.
註百十九 仝10/312.
註百二十 官職要解頁35太政官左大臣條
註百二一 大日本史10/380.
註百二二 仝1/250.
註百二三 仝12/13.
註百二四 仝12/18.
註百二五 仝12/24.
註百二六 仝12/35.
註百二七 仝12/61
註百二八 仝10/347.
註百二九 仝13/273.
註百三十 仝13/4.
註百三一 仝1/172.
註百三二 仝1/179-80.
註百三三 仝13/4.
註百三四 仝1/226.
註百三五 仝1/237.
註百三六 仝11/31.
註百三七 仝1/230.
註百三八 仝1/231.
註百三九 仝11/292.

註百五八　大日本史4/89.
註百五九　仝9/49.
註百六十　仝4/276.
註百六一　仝6/303.
註百六二　仝10/79.
註百六三　仝1/309.
註百六四　仝9/29.
註百六五　仝1/211.
註百六六　仝10/6.
註百六七　仝1/193.
註百六八　仝11/50.
註百六九　仝11/79.
註百七十　仝11/288.
註百七一　仝13/294.
註百七二　仝10/45.
註百七三　仝10/84.
註百四十　仝11/79.
註百四一　仝1/337.
註百四二　仝10/305.
註百四三　仝10/370.
註百四四　仝16/10.
註百四五　仝1/302.
註百四六　仝5/196.
註百四七　仝8/268.
註百四八　仝5/330.
註百四九　仝10/96.
註百五十　仝7/268.
註百五一　仝10/95.
註百五二　仝10/86.
註百五三　仝10/94.
註百五四　仝8/72.
註百五五　仝4/497.
註百五六　仝6/308.
註百五七　仝4/86.
註百七四　仝10/172.
註百七五　仝10/173.
註百七六　仝7/173.
註百七七　仝10/91.

E　論贊

大日本史紀傳之贊出安積覺手，本附紀傳之後，至享和三年（清嘉慶8，西1803）乃有刪贊之議。高橋廣備謂：『乃閱其論贊之詞，或有傷苛酷者，或有失允長者。加之妄引異邦史中其事暗合者，以衒其博。……先公之卓見，雖曰正閏皇統，不求是非人臣，以成一家之言。然其筆削大旨，惟務其實，不求其華，寧失於繁，莫過於簡。……故其論修史之要，不過曰據事直書，勸懲自見焉耳。安覺雖老於史學，其論贊之作既在公薨之後，以一人之胸臆，褒貶百世，不能稟旨於西山，而託以先公之撰，恐似誣先公矣。……元史已有其例，亦何疑[178]？』文化六年（清嘉慶14，西1809）復議刪贊事，川口長孺亦云：『再訂後紀傳或刪削，或補修，全換頭面，何得以舊稿之論贊加今日之紀傳乎[179]？』或言刪贊則三大特筆之義不明，長孺謂修史例既載其大意。且南北之事，後小松紀末據續神皇正統記辨神器有無，皇統正閏；帝大友事存壬申功臣敘論，惟神功皇后事不備，可概括論贊語而記於本傳注文。於是從長孺言，刪贊議乃決。中國正史自史記以降莫不有論或贊，甚且二者並存，多敷衍紀傳之事，更加文飾。褒貶興奪，亦未能盡當。至元史始不作論贊，而曲直是非固未嘗因之不明也。大日本史之刪論贊，良有識已。

今讀大日本史之論贊，雖詞富於理，未脫舊史積習，然亦未嘗無一二足稱道者。如應神紀贊：『及百濟新羅納貢，慨然思慕乎先帝之不能及見，至使廷臣感泣[180]』。橘諸兄傳贊：『舊史載孝謙上皇不豫，諸兄祇承人佐味宮守告云，大臣飲酒，言詞無禮，稍有反狀，上皇優容不問。諸兄知之，無幾致仕。蓋當此時，藤原仲麻呂大被變寵，醜聲彰聞，諸兄不勝憤歎，偶發於言詞耳，豈有不軌之謀乎[181]』？大江匡房傳贊：『大江匡房才能冠於一時，爲世矜式，嘗教源義家以兵法，故後之言兵者咸宗之[182]』。皆紀傳所無，劉子玄所謂『史之有論也，蓋欲事無重出』矣。賴山陽謂：『如源義經傳，以遺聞補傳中缺處，大佳[183]』。蓋指義經未死之事，然今義經傳註中記之，當是删贊時取贊文入註也。

日本上世模擬中國制度，時有未當者。如皇太子乃皇帝子或姪之將繼承皇位者也，而日本舊史凡立爲繼嗣者，不問其昭穆尊卑，皆稱皇太子，大日本史因之。故淸寧至仁賢紀贊云：『顯宗以弟先兄，仍以仁賢爲皇太子，名不正，言不順，蓋上世質樸之風未暇擇乎[184]』？六條紀贊：『……與以叔父爲皇太子，皆前古之所無[185]』。早良親王傳贊：『早良親王實桓武之弟也，此宜爲皇太弟，而不宜爲皇太子。舊史不書其故，豈帝未生子之前，以光仁之命子養之乎？抑當時典禮未備，概稱皇太子歟？今皆不可得而知也[186]』。若疑不能曉者，實則意在資其名之不正，顯以關係皇室，未肯斷然申言之耳。又如仁明紀贊之論史書溢美[187]，文德紀贊之論實錄隱諱[188]，宇多紀贊醍醐紀贊之論史書殘缺難徵[189]，垂仁紀聰姬爲皇后傳贊：『其曰皇后皇太后太皇太后，亦非當時實有此號，皆後世所追稱也[190]』。北條義時傳贊辨義時之所以不入叛臣傳，反覆申論，辨析入微[191]。皆深有合於劉知幾所謂論以『辨疑惑，釋凝滯』之旨，惜删贊時未能盡取以入註耳。

紀傳贊中數見排佛之論[192]，於女主之執政亦每致譏諷[193]，阿部仲麻呂等傳贊謂：『選學生而遣之唐，欲使之學聖賢之道，而成就人才也。阿部仲麻呂慕唐之文物，留而不歸，易姓名，受官爵，是蔑祖先而二本也，豈賢聖之道哉！世徒眩於才藻，不究其本，而歆艶其爲唐廷文士所推獎，過矣[194]』。凡此皆足窺光圀澹泊等尊王崇儒排佛之精神焉。

註百七八 大日本史册17修史復古紀略頁15—17.

註百七九 大日本史册17史館事記頁10.

註百八十 大日本史贊藪1/4b.

註百八一 仝3a/4b.

註百八二 仝3a/27b.

註百八三 仝5/27b.

註百八四 仝1/6b—1/7a.

註百八五 仝1/33b.

註百八六 仝2/17a.

註百八七 仝1/21a.

註百八八 仝1/21b.

註百八九 仝1/23a.又1/24a.

註百九十 仝2/3a.

註百九一 仝4/15.

註百九二　大日本史1/8b.1/9a.1/16a.1/22a.1/23b.1/30a.2/5a.2/15a.

註百九三　仝1/9b.1/11a.1/13b.

註百九四　仝3a/9a.

F　文字

史通言語篇譏後世史家『記其當世口語，罕能從實，而書方復追效昔人，示其稽古』。以爲工爲史者『事皆不謬，言必近眞，庶幾可與古人同居』。子玄猶論以古人語法記今人之言者耳，大日本史記本國人言語行事，而用異邦文字。遂致上自公卿朝士，下迨編甿皂隸，皆操華言。而其詞氣之典雅，出語之温文，又不分上下，不問男女，一例皆然，無復分別。與「言必近眞」之云相去遠矣。中國史家每取前人文字略加點竄，使爲己有，章實齋所謂史家之文唯恐其出於己也。大日本史所據史料，除僅有之數種如六國史爲純粹漢文者外，皆爲假名文字及準漢文。苟欲采用，必先迻譯，故遠不若中國史家於史料之能運用自如，不失其眞。今取一二假名文字之史籍如源平盛衰記與大日本史校，事實雖據原書，文詞全非其舊。即記人言談每每原書十語，約成一二，原書生動之致百無一存焉。

抑當時何以用漢文修史，無可考見。日本自推古天皇至平安朝末年爲漢文盛行時期，鎌倉幕府成立後，武人當政，文學之事歸於僧侶，漢文衰而假名文字及準漢文大盛。南北朝以降，宋僧來日者漸多，程朱學相繼輸入。習禪者必先通漢文，訖德川初期而宋學大行，程朱之學與韓柳之文並重，其盛況殆恢復平安時代之舊。是用漢文者，殆亦一時之風氣乎？且其體裁既仿中國正史，用日本文字當有未便也。惟光圀齊昭皆嘗患漢文之不能普及民間，光圀囑史臣譯藤原鎌足傳爲假名文字，齊昭自譯神武天皇紀爲假名文字，皆未竟其業。明治中，山路愛山氏譯大日本史爲口語，然祇敷衍其中史蹟，非仍原書體制。

大日本史之文字固不能動人，其詞藻亦未盡美。如綏靖紀：『風姿岐嶷[195]』。垂仁紀：『生而有岐嶷之資[196]』。天武紀：『生而岐嶷[197]』。菟道稚郎子傳：『皇太子讓位於仁德帝曰：……大王天姿岐嶷[198]』。源定傳：『生而岐嶷[199]』。廢太子恒貞傳：『幼岐嶷……，詔曰，皇太子恒貞風標岐嶷[200]』。成康親王傳：『幼而岐嶷[201]』。新羅傳：『稍長而岐嶷[202]』。凡八用岐嶷字，何其窮於變換耶？昔趙甌北嘗摘南北史句法之重複者，大日本史又延壽之不若矣。又如仁德紀云：『天皇……容兒美麗[203]』，美麗非所以施於男子。光仁紀：『四海晏如，刑罪罕用[204]』。罪若非罰字之誤，則不詞甚矣。桓武紀：『天皇天資好武[205]』。天資所以言人之智慧，好武乃人之性情也，烏可并係之乎？忠貞王傳：『能吏之化與橘良基見同稱[206]』『見同』生硬，不若『同見』之妥。高岳親王傳：『既而俄見廢[207]』，語貳疊。皆所未安也。尤有異者，平重盛傳：『淸盛〔謂重盛〕曰：「……自今而後，惟君之所計！」……重盛責諸弟曰：「大人衰耄，謀此不良，諸君何不切諫？……」……淸盛大愧惑，〔謂盛重〕曰：「惟內府所爲[208]！」』重盛以兄而稱弟爲君，猶可說也；淸盛爲重盛之父，乃稱之曰君，烏可乎哉！稱君已自不可，又以重盛爲內大臣，淸盛乃稱其官曰內府，尤不可解也。神祇志：『其後朝廷賜東寺於空海，海乃詭稱[209]……』。空海乃二字法名，而祇稱曰海，是玄奘亦可曰奘乎？馬遷葛亮，割裂姓名，盛於六朝文字之求對偶，後世常不能革此陋習，史家之大忌也。當時日本儒士模擬中華，文字中遇二字之姓必削其一，如安積覺之稱安覺等皆是，故空海之稱海，亦忝不爲怪矣。

註百九五 大日本史1/7
註百六九 仝1/19.
註百九七 仝1/135.
註百九八 仝4/229.
註百九九 仝4/304.
註二　百 仝4/313.
註二百一 仝4/321.
註二百二 仝8/245.
註二百三 仝1/48.
註二百四 仝1/290.
註二百五 仝1/324.
註二百六 仝4/280.

註二百七 大日本史4/294.
註二百八 仝6/169.—6/170.
註二百九 仝9/152.

V 結語 大日本史對於史學及思想之影響

大日本史告成於明治年間，而其影響所及，則不待全書竣事，已有足觀者。雖紀傳修成未付剞劂，然來水戶傳鈔者不乏其人，如名史家賴山陽之父春水即曾手鈔大日本史。且與史館諸臣相交者，亦往往得聞緒論。是大日本史早已流行於學者間，可以斷言；而影響於當時及後世之史家，又可必也。山鹿素行作中朝事實，斥一般儒者之崇中國，因斷明日本之國體，而以中朝爲稱，表示其日本中心主義。跡部良顯作南朝編年錄，以南朝爲正統。皆與大日本史不無關聯。新井白石作史疑，列神功皇后於后妃傳，升大友皇子爲天皇，說者謂白石著書時猶未見大日本史[210]，然白石與館臣之交友則遠在其前，其間當不無淵源矣！其體裁之影響後人者，如飯田忠彥作大日本野史，記後小松天皇明德四年以後迄仁孝天皇文政時事，儼然以續大日本史自居。成島良讓亦仿大日本史體裁，作南山史，記南朝二代史事。大日本史蒐集史料最富，且考證精覈可據，故常爲後世作史者所依傍。青山延光作國史紀事本末，記神武至南北統一時事，即離析大日本史之紀傳，以事命題，爲本末之體也。大日本史而後之史學名著，當推賴山陽之日本外史。山陽亦宗朱子學，喜讀通鑑綱目及大日本史。然病源平諸將之傳散見各處，不便於讀，且其書浩翰，未能普及。故作日本外史，幷補南北統一後事。其書在志『將家興廢』，謂幕府政治爲『宇宙未曾有之國勢』，故『敍之當用宇宙未曾有之文體』。而其書之導源，則在大日本史將軍傳也。山陽之政記尊南朝爲正統，排斥佛教，亦受大日本史之影響。史學之發達必有待於考證，大日本史之前不聞有考史之學。自光圀命今井弘濟校勘史籍，編纂參考太平記，參考保元物語，參考平治物語等，始有考訂史料之舉。自大日本史於自註記考證，考史之風始漸盛，斯又影響學術之至深且鉅者焉。

大日本史對於思想之影響較學術爲尤大。光圀創大義名分之論，尊皇室，崇神儒，排佛教。當時史館諸臣已蔚爲一派。至齊昭益發揚光大之，其弘道館記云：『奉神州之道，資西土之教。忠孝無二，文武不岐。學問事業，不殊其效。敬神崇儒，無有偏黨。集衆思，宣群力，以報國家無窮之恩』[211]。則足以表見其精神。此種思潮乃混合朱學與日本固有之神道而成，以尊王之政見爲骨幹，而寄託其一切政治學術之精神與見解於大日本史，所謂『學問事業不殊其效』也。明治以後稱此潮流曰水戶學，而大日本史則係水戶學根據之基礎。

然則水戶學對思想界之影響爲何如乎？應之曰：明治天皇所以得遂維新之業，十九由於水戶學也。維新前後之勤王志士及明治天皇佐命諸臣如吉田松陰，高山彥九郎，蒲生君平，佐久間象山，西鄉隆盛，木戶孝允等，莫不與水戶史館諸臣相交游，熟聞水戶大義名分之論，歸而唱導於鄉里。諸侯多傾向於水戶學說，當時諸藩學校所用以教授弟子者，十九爲水戶人士著作。而大日本史則無不列爲教科之首，達五十餘藩[212]。是以大日本史尊王之主張深入人心，其係正統於南朝，及楠正成新田義貞等南朝忠臣之表揚尤足以鼓舞士氣，使人人自奮，知幕府非一國之主，而欲盡忠於皇室。此種思潮傳播既廣，培植既深，幕府之倒遂成必然之勢矣。抑尤有進者，祇由志士之奔走，諸藩之順從，天皇之英明，苟將軍抗不奉命者，維新之事業亦不能若是之易。而當時將軍德川慶喜之所以慨然奉還大政者，因慶喜乃水戶烈公齊昭之子，以藩侯入爲將軍。當其出嗣時，所受之於齊昭者曰：『水戶家祖先以來以勤王爲主旨，朝廷有命，雖無理不得稍違。若宗家〔謂幕府〕彎弓而向朝廷，我必有爲朝廷而滅宗家之決心』[213]！此慶喜親告伊藤博文，自謂遵家教以奉還大政，是水戶學之影響殆普及於成就維新大業之各因素中也。明治三十三年贈光圀正一位，詔命有云：『夙慨皇道湮晦；深恐武門驕盈。明名分而託志於筆削；辨正邪而致意於勸懲。洵是勤王之倡首，實爲復古之南針[214]』，豈不信乎？歷史之學其究竟仍在於經世致用，非僅考訂記敍而已。惟其所以用之者代有不同，人有不同，自孔子作春秋之寓褒貶別善惡，至近世之唱唯物史論，一例也。自史法言，大日本史固多有未合，若謂致用，則大日本史之成就鉅矣！惟近年以來，日本言歷史教育者競以歷史爲工具，欲因之使國民尊天皇，敬帝室，束縛其思想，不至蠢然思動，蓋仍大日本史之舊貫，而變本加厲，遂不惜以史實牽就主張。乃忘大日本史雖以明大義名分爲最終目的，而所以達此目的者，固有待於考證精確之客觀的史文也。

註二百十　歷史與地理7/4栢原昌三：大日本史與史疑。

註二百十一　北條重直：水戶學與維新之風雲頁83引。

註二百十二　北條重直：水戶學與維新之風雲頁554—559.

註二百十三　仝頁22引德川慶喜公傳。又明治維史研究中平泉澄：從日本史上看來之明治維新頁43—44引澁澤子爵談話，開國五十年史頁62、大隈重信：德川慶喜公回顧錄。

註二百十四　國風半月刊4、7張其春譯淺岸來造著德川光圀創修之大日本史頁2299.引。

參考書目

凡日人著作俱錄原題，而本文徵引時則稱其譯名，以便對覽。

A　專書

德川光圀：大日本史，昭和三至四年茨城縣義公生誕三百年紀念會本。

安積覺：大日本史贊藪，明治二年擁萬堂本。

北條重直：水戶學ト維新ノ風雲，昭和七年東京修文館本。

清原貞雄：日本史學史，昭和三年東京中文館本。

西村天囚：日本宋學史，明治四十二年東京梁江堂本。

黑板勝美：國史ノ研究—總說，昭和八年東京岩波書店本。

小林博：詳說日本歷史，昭和三年東京大同館本。

大隈重信：開國五十年史，明治四十二年東京開國五十年史發行所本。

東京帝大史學會：明治維新史研究，昭和五年東京富山房本。

和田英松：官職要解，昭和六年東京明治書院本。

源平盛衰記，大正十五年東京博文館校註國文叢書本。

劉知幾：史通，輪盈圖刊浦氏通釋本。

章學誠：章氏遺書，民國十一年吳興劉氏嘉業堂刊本。

劉咸炘：史學述林，民國十八年雙流劉氏刊本。

劉承幹：明史例案，民國四年吳興劉氏嘉業堂叢書本。

洪飴孫：史目表，光緒三年授經堂重刊洪北江遺集本。

朱之瑜：舜水遺書，民國二年據日本刊本重印本。

尾崎雅嘉：羣書一覽，昭和六年東京吉川弘文館刊入田整三補訂本。

佐村八郎：國書解題，昭和六年東京六合館增定本。

大日本人名辭書刊行會：大日本人名辭書，昭和二年仝刊行會本。

B 論文

清原貞雄：日本史學ノ發達，歷史教育7/4

三浦周行：德川光圀ト其ノ修史事業，史學雜誌39/7

大川茂雄：水戶西山公，史學界6/4

井野邊茂雄：水幕ノ關係ヲ論ジテ烈公ノ心事ニ及ブ，國學院雜誌11/9

彌富破摩雄：佐藤一齋ニ送ル水戶烈公ノ書翰ニ就イテ，仝41/1

三浦周行：近世ノ燦ンダ二大史家，史林14/1

井野邊茂雄：水藩立原藤田兩門ノ爭，國學院雜誌17/6

三浦周行：近世史學史上ノ栗田寬先生，歷史ト地理，15/3

三浦周行：大日本史史ノ料采訪ニ就イテ，歷史ト地理17/1

史學科水戶東北地方研究旅行記事，史潮2/2

西田直二郎：日本ノ史學ト文化史，桑原博士還曆紀念東洋史論叢

中山久四郎：朱子ノ史學—殊ニ資治通鑑綱目ニ就イテ，史潮2/1

八代國治：神道家ト南朝正統論，國學院雜誌17/4

菊池謙二郎：大日本史ノ特筆ニ就イテ重野博士ノ說ヲ疑フ，史學雜誌11/12

仝：義公ノ修史ト三上三浦兩博士ノ說法ニ就イテ，仝40/2

平出鏗二郎：大友天皇考，仝8/8

宇野東風：大日本史恒良親王傳ヲ讀ム，仝23/4.5

松本愛重：「松容」ヲ說明シテ大日本史ノ誤ヲ辨ズ，國學院雜誌39/1

佐佐木正雄：水戶學ニ就イテ，歷史ト地理7/3

仝：江水ノ關係，仝7/6

樫村壽一：水戶學ノ社會史的思想史的考察，歷史ト地理32/2

井野邊茂雄：水戶學派ノ攘夷論，史林5/2

岡田正之：日本ノ漢文學，國學院雜誌26/9

栢原昌三：大日本史ト史疑，歷史ト地理7/4

古田良一：史學家賴山陽，史學雜誌42/12

張其春譯：德川光圀創修之大日本史，國風半月刊4/7(秦岸來遠原作，原題史學上ノ異彩，載日本精神講座卷三。)

哈佛燕京學社最近出版書籍（續）

武英殿彝器圖錄　容庚著　民國二十三年二月出版　珂羅版二册一函定價二十二元

乾隆間，敕編內府所藏彝器爲西清古鑑，甯壽鑑古諸書，熱河所藏獨未編纂。此書從熱河行宮所藏八百五十一器中選取百器爲武英殿彝器圖錄，視寶蘊樓彝器圖錄更爲精美。所收如匏壺，般仲盤，魚匜盤，乘輿鉦缶，皆獨一無二之品。且撫拓花紋與文字並列，尤足爲研究花紋之絕好資料。

甲骨文編　孫海波著　二十三年十月出版　石印本五册一函　定價十四元

本書采集殷虛書契前後編，殷虛書契菁華，鐵雲藏龜，鐵雲藏龜之餘，鐵雲藏龜拾遺，戩壽堂所藏殷虛文字等書八種，逐字排比而影摹之。其字太多不能盡摹者。記其卷頁，別爲備查一卷附于後。其方法與殷契卜辭所附之殷契文編相同。爲甲骨文最完備之字典。

明代倭寇考略（燕京學報專號之六）陳懋恒著　二十三年六月出版　鉛字本一册定價二元八角

此書考據倭寇之來源，進展，戡定諸事頗精審詳盡。全書分八章：（一）引言，（二）倭寇之來源；（三）倭寇猖獗之原因；（四）沿海各省之倭禍；（五）倭寇之首領；（六）倭寇之侵犯；（七）倭禍之戡定；（八）結論。全書約十萬言，參考書籍七十餘種，並附圖表說明；比之李晉華君所著之三百年前倭禍考材料較爲豐富；惟其內容詳略各有不同，可以互相參考。

明史佛郎機呂宋和蘭意大里亞四傳注釋（燕京學報專號之七）張維華著　二十三年六月出版　鉛字本一册定價大洋二元五角

本篇以中文史料爲經，西文載籍爲緯。材料豐富，條理分明。其要有三：一曰溯源，抉其言之所據，明其去取之跡；則其致誤之由可立見。二曰輯補，以明史四傳所載之文頗爲簡略，非廣事蒐證，無由明其原委。三曰比證，吾國載籍有須與西文對證而始明者，亦有破西人近於掩飾之說者。全書約八萬言，參考書籍百餘種，釐爲四卷，末附尤西堂初修明史外國傳佛郎機呂宋和蘭歐邏巴四傳原稿，萬（季野）王（鴻緒）二史稿及明史佛郎機呂宋和蘭意大里亞四傳互校，明史佛郎機呂宋和蘭意大里亞四傳大事年表。極便檢尋。

宋元南戲百一錄（燕京學報專號之八）錢南揚著　二十三年十二月出版　鉛字本一册定價二元

中國戲曲雖有千餘年之歷史，惟向來只當玩好，不爲學者所注意。自王靜安先生作宋元戲曲史，始有條理可言。錢君生長浙西，對於南戲有精深研究。五年前曾作宋元南戲考一文發表本報第七期。

本篇首總說，一名稱，二起原和沿革，三結構，四曲律，五文章，六名目。次收南戲四十五本，顧頡剛先生序謂『其目的固在輯佚，但看他的總說，論結構，論曲律，其精密已遠邁前文；在現在所有的材料之下，能作如此的研究，已可說達到了頂點』。誠非夸譽也。

吳愙齋先生年譜（燕京學報專號之十）顧廷龍著　二十四年三月出版　鉛字本一册定價六元

吳愙齋先生與晚清政治學術關繫甚鉅，此譜搜羅遺事，纖巨畢彰。關於政治方面，於故宮博物院所藏清軍機處檔案中錄出吳氏自秀才以迄去官所上摺奏，擇要附入。金石鑒別方面，凡題記，隨筆，均行撮入。書畫方面，凡所繪長卷巨册，精心名構，錄其原題，記其原委，繫諸作年，實首尾一貫，可見一斑。年譜之後有附錄二種，一爲著述目，一爲藏器目。足供研究近代史及金石書畫者之參攷。

戰國秦漢間人的造偽與辨偽

顧頡剛

研究歷史，第一步工作是審查史料。有了正確的史料做基礎，方可希望有正確的歷史著作出現。史料很多，大概可以分成三類：一類是實物，一類是記載，再有一類是傳說。這三類裏，都有可用的和不可用的，也有不可用於此而可用於彼的。作嚴密的審查，不使它借冒，也不使它冤枉，這便是我們研究歷史學的人的任務。

所謂偽，固有有意的作偽，但也有無意的成偽。我們知道作偽和成偽都有他們的環境的誘惑和壓迫，所以只須認清他們的環境，辨偽的工作便已做了一半。

我們研究學問的先決問題，第一是瞭解從前人的工作的結果，第二是認識我們今日所負的責任。現在許多人都在研究中國史，而中國的史料不可信的甚多，尤其是古史，又不曾經過整部的嚴密的審查，其中待我們努力解決的問題不知有多少。為了鼓勵大家的工作興趣，擔負起時代所賦予的責任，所以我略略搜集戰國秦漢間人的造偽與辨偽的事實，作成這一篇，希望讀者認識這兩種對抗的勢力，以及批評精神與辨偽工作的演進，好藉此明白自己所應處的地位。

在述說這問題之前，我們該得知道，所謂『歷史觀念』，在現在看來雖是很平常的一種心理，但其發展的艱難却遠過於我們的想像。『致用觀念』，在石器時代已有了，否則人類就不會製造出這些器具。這個觀念從此發達下去，成就了今日的精緻和奇偉的物質文明。但歷史觀念超出現實，它的利益不是一般人所能瞭解，所以非文化開展到了相當程度，決不會存在於人們的頭腦裏。將來不可知；截至現在止，它還只限於少數人的使用。古代當然更不必說。這少數人既已有了這個觀念，一定忍不住，要發之於言行；然而敵不過多數人的惰性，於是終被他們的宗教信仰或致用觀念所打倒。這是無可奈何的悲劇！若要這種悲劇不發生，只有兩條路。其一，大家逢到一件事情，就肯想一想，不儘跟人家跑。其二，看到不如己意的議論和著作肯寬容，不要黨同伐異。能沒這樣，歷史觀念的發達自然一日千里，而無用之用也定必超過致用觀念所收穫的實惠了。

只為古人缺乏了歷史觀念，所以最不愛惜史料；因而寫不成一部可靠的歷史。很古的時代如何，我們的智識不夠，無從提起。且從武王克商說起罷。當他成功之後，史記上說他『命南宮括史佚展九鼎寶玉』，『封諸侯，班賜宗彝，作分殷之器物』（周本紀），逸周書上說他『俘商舊寶玉萬四千，佩玉億有八萬』，以及麋，鹿，麞，豕等約一萬頭（世俘），他掠奪的只是些鼎彝，寶玉，牲畜，而不是殷商的歷史材料。固然，這種傳記百家之言也許是靠不住的，武王也許肯不注重實利；可是現有的證據已足夠證明這些記載了。安陽的殷墟，在三十年中發現了四五萬片的甲骨卜辭，近年經中央研究院大舉發掘，連宗廟宮室陵墓的遺址也找出來了。然而地下挖出的遺物只有大量的甲骨和瓦片，而銅器和玉器乃至少。這不是銅器和玉器已全被搶光了嗎？因為周人有致用觀念，所以把凡是値錢的東西都帶走了。又因為他們沒有歷史觀念，所以想不到開辦一個『故宮博物院』。他們看盤庚以來二百餘年卜用的甲骨，正如我們看一大堆廢紙似的。說到這兒，眞令我暗暗地叫一聲慚愧。十餘年前，北京的歷史博物館嫌四淸內閣大庫的檔案堆積得太多了，又占房屋，又費功夫，覺得討厭，所以就把其中不整齊的裝了八千麻袋，賣給紙廠，作為造還魂紙的原料。司法部中藏有明朝的刑部老檔，某一位總長看它是過時貨，下令燒了。七年前，國都南遷，蒙藏院的檔案無人保管，全數散出，賣給攤販包花生糖果。究竟甲骨的用處不如紙張，不能製造還魂紙，也不能包裹糖果，周武王覺得不能獲利，扔下了。後來康叔封于衞，他也許嫌這種東西討厭，但它又不像紙張的容易燒燬，只得留下了。誰想過了三千年，這種廢紙竟沾了人們的歷史觀念的光，忽然發生了用處，害得許多考古家和古董商費了全副的精力去搜求，騰起很高的行市！又誰想現在人們的歷史觀念，只會應用於數千年前的檔案（甲骨），而不會應用於數百年中的檔案！唉，人類的進步是這樣慢的。

因為古人太沒有歷史觀念了，所以中國號稱有五千年的歷史，但只賸下微乎其微的史料。現在再講一個故事。曹植做了鄄城侯，那邊有一座舊殿，是漢武帝的行宮，他拆毀了。因為有人假借了神話來反對，他就下令道：

昔湯之降也，則夏館無餘跡。武之興也，則殷臺無遺基。周之亡也，則伊洛無隻椽。秦之滅也，則阿房無尺柖。漢道衰則建章撤；靈帝崩則南宮燔。……况漢氏絕業，大魏龍興，隻人尺土非復漢有。是以咸陽則魏之西

都，伊洛爲魏之東京，故夷朱雀而樹閶闔，平建陽而建泰極。況下縣爲殿，爲狐狸之窟藏者乎！……（文館詞林六九五引）

他的話說得多麼爽快，有了新朝就該把舊朝的東西完全摧毀了！看了這文，誰還敢說中國人好古！在這種觀念之下，只有時行的留存與不時行的銷滅兩件事。然而不幸，歷史所記是十分之九屬於不時行的呵！

凡是沒有史料做基礎的歷史，當然只得收容許多傳說。這種傳說有眞的，也有假的；會自由流行，也會自由改變。改變的緣故，有無意的，也有有意的。中國的歷史，就結集於這樣的交互錯綜的狀態之中。你說它是假的罷，別人就會舉出眞的來塞住你的嘴。你說它是某種主義家的宣傳罷，別人也會從這些話中找出不是宣傳的證據。你說它都是眞的罷，只要你有些理性，你就受不住良心上的責備。你要逐事逐物去分析它們的眞或假罷，古代的史料傳下來的太少了，不夠做比較的工作。所以，這是研究歷史者所不能不過而又極不易過的一個難關。既經研究了歷史，誰不希望得到眞事實？既經做了研究工作，誰不希望早日完工？可是古人給我們的難題太多了，這個回答不好的責任是應當由古人擔負的，我們只有使盡自己的力量以求無愧於心而已。

我們在前面既知道古人沒有歷史觀念，不愛惜史料了，但從別方面看，則中國民族又有一個癖性，是喜歡保留古代的語言方式。我們現在尙鬧白話與文言之爭，好古者還想拿西元前數百年的白話作爲二十世紀的通用文字。古代也是如此。我們在左傳裏讀到周王的說話，就知他和春秋時一般人的口語有別。例如僖十二年，齊桓公使管夷吾平戎於王，王說：

舅氏！余嘉乃勳，應乃懿德，謂督不忘，往踐乃職，無逆朕命！

又如哀十六年，衛莊公使鄢武子告嗣位於周，王說：

肸以嘉命來告余一人。往謂叔父：余嘉乃成世，復爾祿次。敬之哉，方天之休！弗敬弗休，悔其可追！

雖然文氣卑弱，必不能像殷周間文字的樸茂，但春秋時有摹做古文字的風氣，即此可以推知。文既做古，當然有僞造古書的。孟子萬章篇上有一段話：

象曰，『謨蓋都君咸我績。牛羊，父母；倉廩，父母。干戈，朕；琴，朕；弤，朕；二嫂使治朕棲』。象往入舜宮，舜在牀琴。象曰，『鬱陶思君爾！』忸怩。舜曰，『惟茲臣庶，汝其于予治！』

此文易『謀』爲『謨』，易『皆』爲『咸』，易『功』爲『績』，又省去許多動詞，如『牛羊父母』，『舜在牀琴』等句，顯見作者要表示其爲唐虞的真傳，故有意不循戰國的語法。其他孟子中所引堯舜事，又有『祗載見瞽瞍』，『瞽瞍底豫』，『舜尚見帝』等句，也都用了古字易去今字。在這種空氣之下，帝典就出現了，邃古的名人也都有著作傳下來了。作者沒有新發見的史料，也沒有時代的觀念，只憑了個人的腦子去想，而用了貌似古人的文體寫出，拿來欺騙世人。戰國秦漢之間，這種東西不知出了多少。其後賴做古而成名的甚多，楊雄的太玄和法言最能表現這個特徵。又如司馬相如作封禪文，把『揆其所始，至於所終』寫作『揆厥所元，終都攸卒』，把『大道於是成』寫作『大行越成』，把『深恩廣大』寫作『湛恩厖鴻』，把『化蠻夷爲文明』寫作『曨昧昭晰』，簡直不講文法，專堆生字，到了畫符念咒的地步。

他們既已爲了沒有歷史觀念，失去許多好史料，現在又爲了沒有歷史觀念，喜歡用古文字來作文，引出許多僞書。在這雙重的搗亂之下，弄得中國的古書和古史觸處成了問題。從前君主時代，君主的權力的基礎建築在經書上，於是『非聖無法』可以判死罪（例如嵇康以『非毀典謨』而受誅），大家死心塌地，不敢去想，倒也能了。現在呢，君主是倒了。從前人沒有學術史的眼光，以爲最古的人是最聰明的（例如黃帝發明了幾十種東西，做了幾百卷書），什麼事情都是老早就規定妥當，不必由我們去想，倒也罷了。現在呢，知道智識由於積累，後人的本分是應追過前人了。我們在這種環境之下，哪能不起來問，哪能不起來幹。如果不這樣，我們簡直辜負了這時代。何况，在從前極束縛的環境之下，尚有起來問，起來幹的，我們如果在這大解放的日子還作無懷葛天之民，試問有什麼面目對着他們？

中國的文化中心，大家都知道是六經和孔子。六經的問題複雜，我們先來看孔子。記載孔子言行的論語，是有史以來第一部私家著作。我們可以在論語中看出孔子對于歷史的見解。

孔子雖是儒家的開創者，但這原是後來的儒家推尊他爲始祖而已，他並沒有創立一種主義，也沒有定出什麼具體的政治計畫來。他雖常提起夏殷，但夏殷的歷史差不多沒有說到。八佾篇云：

子曰，『夏禮，吾能言之，杞不足徵也。殷禮，吾能言之，宋不足徵也。文獻不足故也。足，則吾能徵之矣！』

他說夏殷之禮的『不足徵』由於他們後裔杞宋二國的『文獻不足』，似乎很能注意到史料上。但爲什麼對于夏殷之禮又兩云『吾能言之』呢？旣已沒有史料，他怎麼去講歷史呢？這不殺人疑惑？由我猜想，恐怕那時人對於夏殷的故事都隨便說，孔子也不能免。所謂『不足徵』的，是史料。所謂『吾能言』的，是傳說。照這樣講，孔子口裏的夏殷之禮就有問題了。

他又說，『行夏之時，乘殷之輅，服周之冕』（衞靈公）。又說，『周監于二代，郁郁乎文哉！吾從周』（八佾）。在這兩句話裏，可見他的心目中的夏殷的禮對于周代人的效用只在『留備擇取』的一點。他只拿了致用觀念來看夏殷，而不拿歷史觀念來看夏殷，這個意思表示得非常清楚。（要是他用了我們的態度，就得問『夏殷的禮究竟是怎樣的？』『夏殷的禮是怎樣變成的？』）在這種觀念之下，與周有關的尙可僅遺傳說，而與周無關的自然更不妨讓它澌滅了。

制度旣已只備擇取，史事當然只備勸懲。在論語裏，可以看出孔子和弟子們說話時稱引的人，只是把人類的性質品行分成數類，每類舉出幾個最有力量的代表。例如做人君的要無爲如堯舜，勤儉如禹稷，知人如舜湯；做人臣的，要能幹如周公管仲，忠直如史魚柳下惠，識見如伯夷蘧伯玉。他提起古人，不是傳授歷史知識，乃是教人去效法或警戒。這種觀念原是當時人所通有的。因爲日久流行在口頭的緣故，所以好人會儘量好，壞人會儘量壞。其實豈但當時人，就是現在，除掉研究歷史的專家以外，提到古人，誰不只記得幾個特別好的和特別壞的。你隨便走進一個戲園或評書館，就可以聽得能幹的姜太公和諸葛亮，勇敢的薛仁貴和楊繼業，奸詐的曹操和秦檜，方正的包龍圖和海瑞；以及武松黃天霸等義士，李太白唐伯虎等才子，楊貴妃崔鶯鶯等美人，妲己潘金蓮等淫婦。這些演員和聽衆，並不要求知道這班古人的年代先後與其特殊的環境，只覺得古來的人，或善或惡，其翹然特出於人羣的不過這幾個而已。有了這幾個，他們說話或唱戲時就儘夠引用了，要尋一個人物作自己的模範時也有所取資了。當時子貢究竟是一個智識分子，他聽了抑揚過甚的傳說不免引起了懷疑。他道，『紂之不善不如是之甚也，是以君子惡居下流，天下之惡皆歸焉』（子張）。這句話的反面，就是說，『周公之才之美不如是之甚也！是以居上流者，天下之善皆歸焉』。也就是說，『中流者非無善惡也，天下之善惡皆不歸焉』。這實在是一句聰明話，是我們的辨僞史中的第一句話。

古時只有代表人物而沒有史。今日則旣有留存於民衆心目間的代表人物，又有爲學者們所保存研究的歷史材料。這是古今的一大區別。古時雖以孔子之聖知，也曾起過『文獻不足』的感歎，但究竟受時代的束縛，惟有宛轉承就於致用的觀念之下而已。

孔子的思想最爲平實，他不願講『怪，力，亂，神』，所以我們翻開論語來，除了『鳳鳥不至，河不出圖』二語以外，毫無神話色彩（這二語本是很可疑的）。其實那時的社會最多神話。試看左傳，神降於莘，賜虢公土田（莊三十二年），太子申生縊死之後，狐突白日見他（僖十年），河神向楚子玉強索瓊弁玉纓（僖二十八年），夏后相奪衛康叔之享（僖三十一年），眞可謂『民神雜糅』。歷史傳說是社會情狀的反映，所以那時的古史可以斷定一半是神話，可惜沒有系統的著作流傳下來。流傳下來的，以楚辭中的天問爲最能表現那時人的歷史觀，但已是戰國初期的了（此文必非屈原著）。

天問是一篇史詩，用了一百八十餘個問題來叙述當時所有的上下古今的智識。篇中先問宇宙的着落，再問日月的運行，這就是所謂開闢的故事。於是問到人了，第一個是鯀，問他爲什麼治洪水時要聽鴟龜的話，爲什麼上帝把他永遠監禁在羽山。第二個就是禹，問他在極深的洪水中怎樣的塡起土來，應龍又怎樣的替他治水。第三個是康回，就是共工，問他怎樣一怒，土地就塌陷了東南一角。於是問到地方：東西南北哪邊長，太陽哪裏照不到，崑崙黑水在何方。從此斷了次序問起夏商周的歷史故事，其中也很多大可怪的傳說，爲儒家的典籍裏所沒有的。

在天問中，禹是一個上天下地，移山倒海的神人，鯀是給上帝禁壓在山裏的。洪水是開闢時所有；平治水土不是人的力量，乃是神和怪物合作的成績。有了這個瞭解，再去看詩書，那麼，玄鳥生商的故事，履帝武生稷的故事，『洪水芒芒，禹敷下土方』之句，『殛鯀於羽山』之文，均不必曲爲解釋而自然發現了它們的眞相。

不但如此。史記秦本紀說秦祖女修吞卵生子，中衍鳥身人言，也可信爲當時確有的史說。山經記陝西西部至甘肅一帶是一個上帝的國家，而黃帝便是那邊的上帝，即此可知秦祀黃帝的緣故，又可知道黃帝陵所以在橋山的緣故。其它如書中的『高宗肜日，越有雊雉』，金縢的『天乃雨，反風，禾則盡起』，以及趙世家中的秦讖，大宛列傳中的禹本紀，拿那時人的眼光看來，正是家常便飯，無所用其疑怪。

我們可以說：在戰國以前，古史的性質是宗教的，其主要的論題是奇蹟說。我們不能爲了孔子等少數人的清澈的理性，便把那時的眞相埋沒了。

到了戰國，情形就大變。戰國以前整個社會建築在階級制度上。左傳上說『人有十等』(昭七年)，士以上爲四等，皂以下爲六等，爲的是要使他們『服事其上而下無覬覦』(桓二年)。但後來因爲交通的便利，商業的發達，庶民就有了獨立的地位。又因諸侯的吞併，地力的開發，大國益增富強，管理國家的事不是幾個精神衰老過慣舒服日子的世家大族所能爲，庶民中的賢者就起而擠倒了世官。大家要奪政權，就大家要有智識。這樣的社會組織的大變動，當然對于思想學術有劇烈的影響，古史傳說遂更換了一種面目。

學術界中第一個起來順應時勢的，是墨子。他有堅定的主義，有具體的政治主張。他的第一個主張是『尚賢』，他說，『雖在農與工肆之人，有能則擧之，…故官無常貴而民無終賤』。他的第二個主張是『尚同』，他說，『選擇天下賢良聖知辯慧之人，立以爲天子；…選擇天下贊閱賢良聖知辯慧之人，置以爲三公』。這樣說來，一切封建制度，貴族階級，他們是準備全部打倒的；誰有本領誰做官，哪一個最有本領就請哪一個做天子。這等堅決的主張當然會博得民衆的多數同情，所以就是和他勢不兩立的儒家，也不能不採取他的學說。大學裏說的『身修而後家齊，家齊而後國治，國治而後天下平』，中庸裏說的『德爲聖人，尊爲天子，富有四海之內』，以及堯典的『克明峻德』一章，皐陶謨的『日宣三德』一章，都是儒家承受墨家學說的證據。

但當時人最沒有時代的自覺，他們不肯說『現在的社會這樣，所以我們要這樣』；只肯說『古時的社會本來是這樣的，所以我們要恢復古代的原樣』。然而，戰國的時勢是從古未有的創局，如何在古代找出相同的事例來呢？這在我們研究歷史的人看來，是絕對沒有辦法的事。但他們有小說家創作的手腕，有外交家說謊的天才，所以容易得很。他們說：舜是從畎畝之中擧起來的，伊尹是從庖廚之中拔出來的，傳說是從版築之間解放出來的，膠鬲是從魚鹽的商賈中挑選得來的，所以農夫也可以做天子，廚子，囚徒，魚販們也可以做大臣。他們又說：堯把天子讓與舜，舜把天子傳與禹，所以天子之位不是世襲的，一個天子老了就應當在臣民中選擇一個最有本領的人，把天下交給他管。這就是所謂『禪讓說』。一定要先有了墨子的尚賢主義，然後會發生堯舜的禪讓故事。這些故事也都從墨家中流傳到儒家，而我們小時就在四書中熟讀，認爲至眞至實的古代史了。

不過，儒家究竟和墨家不同。墨家講兼愛，儒家則講親親。墨家主張徹底尙賢，儒家還要保全貴族的世祿。所以從墨家的平等眼光看來，除了舉賢無第二法；從儒家的等差眼光看來，傳子比了舉賢還重要。因此，禪讓的故事，儒家雖因時勢的鼓盪而不得不受，但總想改變其意義。這一個苦衷，我們若小心讀孟子就可明白。

當禪讓說極盛的時候，燕王噲聽得着了迷，一心想追踪堯舜，就把國政完全交給他的相子之。有人對他說，『禹本來是傳天下與益的，但因他的兒子啓在政治上也有權力，他糾集黨羽攻益，把天下奪回來了。照這樣看，禹在表面上傳天下於益，其實是令啓自己奪取。現在你雖把國家交給子之，然而官吏大都是太子手下的人，實在還是太子用事呵！』燕王噲是眞心效法堯舜的，就把官員的印一起收了，交給子之，由他任用。子之南面行王事，燕王噲反做了他的臣。這樣三年，燕國大亂，將軍市被和太子平合謀，起兵攻子之；齊宣王又從外邊打進去，把子之打掉，燕王噲也死了（亦見戰國策燕策一及史記燕世家）。這是一個很美麗的故事之下的大犧牲。

當燕國亂時，有人詢問孟子的意見，他答道，『子噲不得與人燕，子之不得受燕於子噲。有仕於此而子悅之，不告於王而私與之，……則可乎！』（公孫丑下）以一個『言必稱堯舜』的人而對于熱心模仿堯舜的子噲子之反持這種冷酷的態度，實在令人無從索解。倘使他用了同樣的句法，說『堯不得以天下與舜，舜不得受天下於堯』，禪讓的偶像豈不是就此打碎了嗎？

有一次，萬章問他，『堯把天下傳給舜，有這件事嗎？』他用了批評燕事的態度回答道，『沒有，天子是不能把天下送給別人的』。話說得這樣斬釘截鐵，當然把這件故事推翻了。於是萬章再問道，『舜的天下是誰給他的呢？』他回答一句空洞的話，『是天給他的』。萬章這人眞利害，又反問他一句道，『天把天下給他的時候是明明白白的對他說話嗎？』這話要是問在西周時，那時的人當然回答說，是的，因爲大雅裏就有『有命自天，命此文王』（大明），以及『帝謂文王，「予懷明德……」』（皇矣）等句，天和人直接談話的事是很尋常的。但孟子的時代和他的學說已不容他這樣神道設教了，所以他答說，『天是不說話的，但借了人事來表現他的意思而已』。萬章再逼進一層，說，『怎麼借了人事來表現呢？』鬧到這樣，他再沒有什麼辦法，只得用了墨子的手段杜造出一段故事來，說道，『舜相堯有二十八年之久，這是天意。堯崩，三年之喪完了，舜避到南河的南面，好讓堯子繼承了天子之位，然而朝覲的諸侯不到堯子那邊去而到舜這邊來，打官司的也不到堯子那邊去而到舜這邊來，歌頌功德的又不歌堯子而歌舜。舜被臣民愛戴到這樣，他不做天子也不成了。這就是從人事上表現的天意！』(萬章上)這些話雖然講的是堯舜，其實是針對燕王噲的讓國說的。倘使子之能相子噲二十餘年，噲死之後他也離去燕都，燕的臣民也不戴太子平而戴他，那就是孟子理想中的禪讓了。然而這和堯典所謂『朕在位七十載，汝能庸命巽朕位』，『格汝舜，詢事考言，乃言底可績，三載，汝陟帝位』，『正月上日，受終于文祖』諸文能相合嗎？堯典中分明說堯直接讓位於舜，而孟子偏說舜是由臣民擁戴起來的，與堯無干，這不夠矛盾嗎？這樣看來，孟子所說的是儒家的堯舜，而堯典所記的竟是墨家的堯舜了！

豈但孟子反對禪讓，荀子的態度更要激烈。他在正說篇裏大聲疾呼道：

世俗之為說者曰：『堯舜擅讓。』是不然！天子者，勢位至尊，無敵於天下，夫有誰與讓矣！……曰：死而擅之。是又不然！……聖王已沒，天下無聖，則固莫足以擅天下矣。天下有聖而在後者，則天下不離，朝不易位，國不更制；天下厭然，與鄉(向)無以異也。……聖不在後子而在三公，則天下如歸，猶復而振之也；天下厭然，與鄉無以異也。……故天子生則天下一隆，致順而治，論德而定次；死則能任天下者必有之矣。夫禮義之分盡矣，擅讓惡用矣哉！

曰：老衰而擅。是又不然！血氣筋力則有衰，若夫智慮取舍則無衰。曰：老者不堪其勞而休也。是又畏事者之議也！天子者，勢至重而形至佚，心至愉而志無所詘，形不為勞，尊無上矣。……老者休也，休猶有安樂恬愉如是乎？故曰，諸侯有老，天子無老；有擅國，無擅天下；古今一也！

夫曰堯舜擅讓，是虛言也！是淺者之傳，陋者之說也！不知逆順之理，小大至不至之變也！未可與及天下之大理者也！

他的話說得何等決絕，徑斷禪讓說是『虛言』，是『淺者之傳，陋者之說』。比了孟子一方面說唐虞不是禪，一方面又說『唐虞禪』的扭扭捏捏，藏藏躲躲的態度，高明了多少？再拿荀子的話來和堯典比較，則『朕在位七十載，汝能庸命巽朕位』，豈不是『老衰而擅』；『帝乃殂落；……月正元日，舜格于文祖』，豈不是『死而擅之』；而『正月上日，受終于文祖』，又豈不是『堯舜擅讓』呢？堯典所言竟沒有一句不是荀子所反對的。堪笑後世讀書人都自居於儒家，而對于孟荀二大師之說似乎不曾看見，確認禪讓是唐虞之事，這是粗心呢，還是不敢提出這問題呢？

孟荀二氏都不願意聽禪讓之說，然而想不到從根本上解決，所以他們的反對不能成功。倘使他們能找出這傳說的源頭，說『這是墨家爲了宣傳主義而造出來的，我們儒家不該盲從』，豈不就連根剷去了？推求他們所以不說這話的理由，就因爲他們沒有歷史觀念，自身又被包圍於這樣的空氣之中，所以雖覺得這些話不對，而竟找不出辨僞的方法來。

由墨家的主義下所造成的故事，除此之外，可以推測的還有二端。

其一，『命』本是古人所最信仰的，到墨子始因激厲人們奮鬬的勇氣，主張非命。但現在尚書中，湯誓載桀之言曰『時日曷喪，予及汝皆亡』，西伯戡黎載紂之言曰，『我生不有命在天』，那麼，這兩位亡國之君都是主張信命而被人打倒的。固然這也許是周代史官的垂誡之作，但也大有從非命之說出來的可能。看非命上篇說，『於仲虺之告曰，「我聞於夏人矯天命，布命于下；帝伐之惡，龔喪厥師」，此言湯之所以非桀之執有命也。於太誓曰，「紂夷處不肯事上帝鬼神，……乃曰『吾民有命』」，此言武王所以非紂執有命也』，可見他確把桀紂當做定命論者的偶像，而作爲他的攻擊的目標的。

其二，墨子提倡尚賢，又注重實利與節儉，所以他把各種器物都定爲聖人或聖王所作，見得當時創造的艱難，現在使用的人應當鄭重。節用中篇說，『古者聖王制爲節用之法；……古者聖王制爲飲食之法；古者聖王制爲衣服之法；……古者聖人爲猛禽狡獸暴人害民，於是教民以兵行；……古者聖王爲大川廣谷之不可濟，於是利爲舟楫；……古者聖王制爲節葬之法；……聖王……爲宮室之法』，把百姓日用的東西一起歸於明王聖人的德惠。其他辭過非儒諸篇中也都有同樣的制作說。這原是他矯正世俗侈靡的好意。但是自從有了這個提示，創造事物的傳說就覺得有整理編排的必要，世本的作篇應時而興，把任何事物都確定了一個創始者。主張改制說的人見了，又利用這一套說作爲改制的根據，表示任何時代都可創造新事物：這就是淮南子氾論訓上的一段話。易學專家見了，也想把這一說應用到周易上，恰好易傳中有『以制器者尚其象』之文，就選取了十三卦分配制作，而有庖犧氏取離作網罟等等的故事。

墨子是創造理論以順應戰國時勢的第一人；因爲他鼓吹的最早，所以由這一學派發生的故事最爲深入而有力，一般人也忘記了這是墨家所創造的了。

在戰國的時勢中又有一個大運動，其性質的重要或者還超過了階級的破壞，這是種族的混合。本來『諸夏』和『蠻夷』的界限分得很嚴。所謂諸夏，是夏商之後，和由西方人主中原的姬姜兩大族。在這四族以外的，都被看作蠻夷。雖有很高的文化的楚國，奄有西周舊畿的秦國，中原人還是用了蠻夷的眼光看他們，而他們也自居於蠻夷。吳國，春秋時已承認他們為泰伯之後了，然而春秋經還稱其王為『吳子』，和赤狄的潞子一例。燕國，分明是召公奭之後，但因離中原稍遠，與鮮虞山戎比鄰，故當張儀說燕王時，燕王還說，『寡人蠻夷僻處，雖大男子裁如嬰兒』（燕策一）。可見除了種族的關係以外，還有地域的關係。那時的中夏是何等的狹小，諸夏是何等的稀少呵！

其實，就是諸夏的基本團體，夏商姬姜四族，他們也何嘗出於一家。夏的一族的來源固不可知，但商族是自以為『天命玄鳥』降下來的（商頌），周族是自以為上帝憑依了姜嫄而生下來的（大雅及魯頌）。這些事情的真不真是另一問題，但他們對於自己的祖先，都以為由於上帝的命令而出現，這個觀念的存在是鐵一般的事實。因為有了這種觀念，所以他們不承認始祖的前一代是人，他們不承認本族和別族有共同的祖先。至於姜姓民族，他們自己說是四嶽之後，而四嶽是共工的從孫，也不曾和其他三族認做本家。

當春秋時，居今河北省南部的有白狄，居今山西省南部的有赤狄（這是說一個大概，白狄也有在陝西的，赤狄也有在河北的）。其他以戎為名的，陝西有犬戎，驪戎，大戎，河北有山戎，湖北有盧戎；河南有陸渾之戎及揚拒泉皋伊雒之戎。以夷為名的，山東有萊夷，江蘇與安徽間有淮夷。淮夷或者是一個總名。那時江淮之間，種族部落至複雜。姓嬴的有江，黃，徐諸國。姓偃的有六，蓼，桐，英氏及舒蓼，舒庸，舒鳩諸國。不詳其姓的又有州來，鍾離，鍾吾諸國。更往南行，又有羣蠻和百濮。這些部落各有其歷史的文化；不幸他們不是諸夏，而我們現在所有的古史乃是諸夏傳下來的，所以找不到材料，似乎沒有什麼問題。其實那時的種族部落是說不盡的交錯複雜，問題之多乃遠過於我們的想像呢。

但是過了春秋，越滅了吳，就統一了東南部；楚東向滅越，又南越洞庭，西越巫山，就統一了淮水和長江兩流域。秦滅義渠和蜀，就統一了西北和西南兩部。齊向海上開拓，燕向東北開拓，趙向北部開拓，又統一了許多異民族的地域。留下韓魏，雖困居腹地，不得發展，也能融化中原諸戎狄。他們各為求富強，打了無數回仗。戰爭的結果，他們開闢了無數地方，這些地方是向不受中原文化的浸潤的；他們併合了無數種族，這些種族是向居於諸夏之外的。這樣地工作了二百餘年，於是春秋時的許多小國家和小種族全不見了。再經秦漢的統一，於是他們眞做了一家人了。

現在我們的鄰邦要用最刻毒的手段來消滅我們的民族，然而嘴裏唱的還是「同文同種，共存共榮」一類甜蜜的口號。戰國時的帝國主義者何嘗不是如此。他們爲要消滅許多小種族，就利用了同種的話來打破各方面的民族主義。本來楚的祖是祝融，到這時改爲帝高陽(顓頊)了。本來秦是玄鳥隕卵，女修吞而生子的，到這時也是顓頊的苗裔了。趙祖非子，非子也是女修之後，秦和趙就同祖了。本來越是純粹南方民族，和諸夏沒有絲毫關係的，到這時也是禹的子孫了。本來匈奴在極北，越在極南，無論如何聯不起來的，到這時都成了夏的後裔了。禹是被稱爲顓頊之孫的，是越和匈奴也同祖了顓頊。田齊自稱舜後而舜是顓頊的六世孫，他們也就與秦趙楚越匈奴爲一個系統下的分支了。這幾個有名的國家如此，許多被併的小民族當然都銷化於一鑪了。

以上說的是顓頊一系，還有帝嚳一系。自從甲骨卜辭發現以來，從裏邊尋得了『高祖夋』和『貞于夋』諸文，研究的結果知道夋即是帝夋，也就是帝嚳(王靜安先生說)。又甲骨文中，通常祖與妣都合祭，惟有妣乙是獨祭，而且對她也用最重大的貞祭，研究的結果知道她就是那無夫而生商的簡狄(傅斯年先生說)。合這二說，可知帝嚳即是命玄鳥下凡的上帝，妣乙乃是下界的女子，二者有神和人的區別。天問裏說，『簡狄在臺嚳何宜？玄鳥致貽女何喜？』即是說的這事。帝嚳爲商族的宗神，可無疑義。但周族是興于西方的，從初興到滅商也不過十數代，比了商的世系有四五十代的，歷史的長短相去懸殊。而且他們的文化有種種差異，顯然是兩個很不同的種族。周的始祖后稷雖也說是上帝之胤，但那時的上帝是很多的(看山海經可知)，商的宗神當然不即是周的宗神。然而到了種族混合大運動的時候，這兩個仇讐的種族忽然結成了親兄弟了。他們說：帝嚳是一位人王，他的元妃是姜嫄，產了后稷；他的次妃是簡狄，產了契。不但如此，他還有一個次妃，叫做慶都，產了帝堯。在這幾句話裏，埋着不知多少的矛盾，只消細心讀着便知。

據他們說，自古以來的朝代只有唐，虞，夏，商，周五個。照這樣分配，虞夏屬於顓頊系，唐商周屬於帝嚳系，似乎組織民族史的任務已告終了。但他們還覺得不滿意，以爲這兩枝必須併到一幹上纔好。黃帝本是一個最有權力的上帝；於是他們就從天上把他拉下來了。他們說：黃帝生昌意，昌意生顓頊，這是一支；黃帝生玄囂，玄囂生蟜極，蟜極生帝嚳，這是又一支。靠了這一句話，顓頊和帝嚳就成了同氣連枝的叔姪。二千餘年來，大家都自以爲黃帝的子孫，原因就在這裏。可惜逝者已矣；若能把戰國以前人從地下喚了起來，問他們這件事，他們一定摸不着頭腦呢。

記載這樣的世系的，有五帝德，帝繫姓諸篇，今在大戴禮記中。司馬遷雖說這二篇『儒者或不傳』，但他自己畢竟相信，所以全載入史記的本紀和世家中。

他們豈僅把上帝拉做了人王，使神的系統變作了人的系統；而且把四方小種族的祖先排列起來，使橫的系統變成了縱的系統。如伯夷，本是姜姓一族的祖先；皐陶，本是偃姓一族的祖先；益（或伯翳），本是嬴姓一族的祖先（見左傳及國語）：他們都請來放在堯典裏，使得他們和夏祖禹，商祖契，周祖稷成了同寅，於是這一班人的時代整齊劃一了。太皞，是任，宿，須句，顓臾諸國的祖先；少皞，是郯國的祖先；共工，是齊國的祖先；大庭氏，是原住在魯國之地的（見左傳及國語）：他們取來一齊說爲古帝王，於是顓頊帝嚳之前又堆上了許多的王者了。這樣一來，任何異種族異文化的古人都聯串到諸夏民族與中原文化的系統裏，直把『地圖』寫成了『年表』。

又不但此也，因種族的融合而使古代的疆域也隨着發展。本來所謂中原，不出黃河下流及濟水流域。夏商周千數百年間的都城，只有西周因舊國所在，建都於渭水流域，其它哪一個不是在黃河下流。勢力所及，西不度隴，南不越淮水荆山。所以商頌雖誇言武功，而說到邦畿，只有『千里』。孟子以王道爲其理想中的最高成就，他說到古代疆域，也不過是『夏后殷周之盛，地未有過千里者也』。荀子彊國篇中又說：

> 古者百王之一天下，臣諸侯也，未有過封內千里者也。今秦南乃有沙羨與俱，是乃江南也；北與胡貉爲鄰；西有巴戎；東在楚者乃界於齊，在韓者踰常山乃有臨慮，在魏者乃據圉津，去大梁百有二十里耳，其在趙者剡然有苓而據松柏之塞，負西海而固常山：是地徧天下也。……此所謂『廣大乎舜禹』也。

這裏說的是秦未滅六國時的疆域，把現今的地方來編排，除了陝西四川兩省較爲整齊外，其餘在湖北（沙羨），河南（臨慮），山東（圉津），河北（趙）的都是些零星小塊，然而荀子已詫歎爲『廣大乎舜禹』，可見到戰國之末還不曾把古代的地域放大。其後始皇二十六年成了統一的功業，丞相王綰等上帝號議云：

> 昔者五帝地方千里，其外侯服夷服諸侯或朝或否，天子

不能制。今陛下興義兵，誅殘賊，海內爲郡縣，法令由一統，自上古以來未嘗有，五帝所不及。

到三十四年，置酒咸陽宮，僕射周靑臣進頌道：

他時秦地不過千里；賴陛下神靈明聖，平定海內，放逐蠻夷，日月所照，莫不賓服。以諸侯爲郡縣，人人自安樂，……自上古不及陛下威德。

這都是說五帝的地方不及秦始皇的大，當時爲『諸侯』而今日爲『郡縣』，當時『不能制』而今日『由一統』。這是秦代公認的事實，還不甘改變舊日的地理觀念。所以琅邪臺刻石云：

普天之下，摶心揖志；器械一量，同書文字。日月所照，舟輿所載，皆終其命，莫不得意。……六合之內，皇帝之土，西涉流沙，南盡北戶，東有東海，北過大夏：人跡所至，無不臣者。……

這不是誇口，是事實。哪裏知道，古代的疆域竟因始皇的赫赫之功而改變了！

我們先看淮南子罷。他說古代的聖王，是：

昔者神農之治天下也，……其地南至交阯，北至幽都，東至暘谷，西至三危，莫不聽從。（主術訓）

他說古代的暴君，又是：

紂之地，左東海，右流沙，前交阯，後幽都。（泰族訓）

夏桀殷紂之盛也，人迹所至，舟車所通，莫不爲郡縣。（氾論訓）

在這種思想之下，於是凡秦臣向始皇進的頌辭都成了『古已有之』的了。說淮南不足信吧，再看五帝德：

顓頊……北至于幽陵，南至于交阯，西濟于流沙，東至于蟠木；動靜之物，大小之神，日月所照，莫不砥礪。

帝嚳……執中而獲天下；日月所照，風雨所至，莫不從順。

禹……巡九州，通九道，陂九澤，度九山，……據四海，平九州，戴九天；……四海之內，舟車所至，莫不賓服。

這不是把琅邪刻石之文生吞活剝了嗎？大約齊魯儒生對於始皇的功業看得眼紅了，不忍不把這一套話套在古聖王的頭上，好使五帝的地方不止千里，五帝的威德也追得上始皇。我們倘對此說還有疑惑，試想一想堯典和禹貢就更明白了。我們不必管九州和十二州的大規模的地方制，只須看『同律度量衡』不是『器械一量』嗎？『東漸于海，西被于流沙』不是『西涉流沙，東有東海』嗎？假使始皇之世已有了堯典禹貢，這些『不師古』的君臣爲什麼偏要鈔寫古帝王的老賬？

禹在古代的傳說中，本是平地成天的一個神人。到了這時，既由始皇統一的反映，遂得古帝王的土地必須和他一樣廣，於是禹的偶像遂重新喚起，而有禹貢一篇的著作，把當時的境域分做九州，硬叫禹担此分州的責任。其後爾雅有釋地等四篇，不管裏面的話和禹貢有無衝突，亦於篇末記云，『從釋地以下至九河，皆禹所名也』。即此可見，戰國秦漢之間，造成了兩個大偶像：種族的偶像是黃帝，疆域的偶像是禹。這是使中國之所以為中國的；這是使中國人之所以為中國人的。二千餘年來，中國的種族和疆域所以沒有多大的變化，就因這兩個大偶像已規定了一個型式。除了外族進來亂幹之外，中國人總不願把這個型式有所改變。所以雖不會很縮小，也不會很擴張了。

戰國是一個儘想升級的時代，平民要求高升做官，諸侯也要求高升做王。到宇內有了八九個王時，王位又不尊了，就再進一步稱帝了。在這種情形之下，舊制度已崩壞，新制度又急待創造，這是很費經營籌畫的一件事。加以史料散失，更有無從取材之苦。例如孟子，北宮錡問他，周朝的爵祿是怎樣排列的，他答道：

其詳不可得聞也。諸侯惡其害己也而皆去其籍。

這原是很老實的話。當時的諸侯為要適應時勢，創立新制，而苦於守術的人的反對，所以先把古代傳下來的文籍消滅了。在歷史觀念沒有發達之際，受了致用觀念的壓迫，出此殘暴的手段，也在情理之中。孟子既已看不到古籍，自己承認不知道，也就完了。但他又說：

然而軻也嘗聞其略也。天子一位，公一位，侯一位，伯一位，子男同一位，凡五等也。……

天子之制，地方千里，公侯皆方百里，伯七十里，子男五十里，凡四等。……（萬章下）

他所說的制度是從哪裏出來的呢？我們知道，他根據的是春秋。在春秋經裏，宋稱公，齊，魯，衛，陳等稱侯，鄭，曹，秦，燕等稱伯，楚，邾，鄫，吳等稱子，許和宿稱男，非常的固定，使人一看就可知道周王封建時所定的等次是如此的。春秋稱為孔子所作，還在諸侯去籍之前，當然是真事實。所以二千餘年來，大家對于孟子的話從不覺得有可疑之點。不幸得很，這幾年來金文研究發達，在彝器裏找出來的五等爵的材料，或者是和春秋不合的，如燕曾稱侯，秦邾稱公，鄧稱伯，許稱子；或者是亂稱一起的，如燕稱公又稱侯，邢稱伯又稱侯，芮稱公又稱伯，鄦稱伯又稱子。這就把人們對於春秋經的信仰動搖了。不但如此，大孟鼎說

『殷邊侯田』，新出土的矢令方彝說『衆諸侯侯田男』，這就令人想起了康誥裏的『侯甸男邦采衛』。加以研究，纔知道眞正的五等爵乃是『侯，甸，男，采，衛』，而公爲通稱，伯是長義，所以左傳裏說，『鄭，伯男也』（昭十三年），又說，『曹爲伯甸』（定四年），鄭爲男之長，曹爲甸之長。後來忘記了甸男的制度，只記得他們是伯，所以春秋裏就稱鄭曹之君爲伯了。至於采衛，乃是疏遠之封，所以鄭語引史伯之言曰，『妘姓鄔，鄶，路，偪陽，曹姓鄒，莒，皆爲采衛』。（說詳王樹民先生畿服說成變考。）即此可知『公，侯，伯，子，男』的五等爵，不是傳說，便是作春秋的人有意定出來的階級，與眞正的古制不合。春秋一書本和孔子沒有關係，所以論語中一字不提。大約到了戰國的中期，一班儒家受了時勢的薰陶，要想替本來的天子定下制度，他們在魯國的史官處找到一堆斷爛的記事竹簡，就來『筆則筆，削則削』，寄託他們的政治理想，騙人道：『這是孔子作的，孔子行的是天子之事』。

從春秋的著作看來，可知那時的儒家是怎樣的爲這大時代打算。他們對于未來的憧憬是借了過去的事實來表示的，所以他們口裏的古史就是他們對于政治的具體主張，所謂『祖述堯舜，憲章文武』，乃是水中的倒影。當齊宣王問孟子王政的時候，他答道：

昔者文王之治岐也，耕者九一，仕者世祿，關市譏而不征，澤梁無禁，罪人不孥。老而無妻曰鰥，老而無夫曰寡，老而無子曰獨，幼而無父曰孤，此四者天下之窮民而無告者；文王發政施仁，必先斯四者。

文王的史料流傳到戰國的怕也只有詩書中的一點，但詩書中的文王哪曾有這種事。這分明是孟子自己的王道政策，拉了文王下來擔承這個名義而已。

你們不信孟子會做這種事情嗎？請聽我說下去。孔孟二人雖然相去只一百多年，孟又自承是私淑孔的，但因爲這一百多年中社會變動得太劇烈了，個人當然不能跳出社會而獨立，所以他們的見解就無法一致。孔子只到過幾個諸侯之國（說周的話是不可信的；就使眞到了周，而那時的周王已僅亦得保諸侯一樣了），他心目中的模範政治家是幫齊桓公成就霸業的管仲，所以說『如其仁，如其仁！』又說『民到於今受其賜；微管仲，吾其被髮左衽矣！』把他推舉得簡直成了救世主。不過孔子的階級思想很深，他看『邦君樹塞門，管氏亦樹塞門；邦君有反坫，管氏亦有反坫』，對于其不知禮與不儉表示反感而已。一到孟子，就不然了。他那時，富強的諸侯都自立爲王了，他自己所提倡的也是王道了。管仲雖有本領，但他究沒有使齊桓公升爲王，所以孟子就瞧不起他。當齊宣王問他『桓文之事』時，他竟敢當面撒謊，說『仲尼之徒無道桓文之事者，是以後世無傳焉，臣未之聞也』。如果齊宣王當場把論語翻給他看，不知他有什麼話說？他既把『桓文之事』壓了下去，於是接着說，『無已，則王乎！』這一抑一揚之間就擡高了他自己的王道。他說，『諸侯行文王之政者，七年之內必爲政於天下矣』，這是他向各國君主寫的包票。他又說，『我非堯舜之道不敢以陳於王前』，這是他自己門面上掛的牌子。因此，堯，舜，文王的歷史就成了他的王道主義下的歷史。爲他陳義太高，齊宣王不敢接受，推託自己有好勇的毛病，他立刻舉出文王武王的好勇的故事，說這樣正可以走上王業的路；宣王再推託自己有好貨的毛病，他又舉出公劉好貨的故事；宣王更推託自己有好色的毛病，他又舉出古公亶父好色的故事，——他處處證明了那時的王者有實現他的王道的可能。梁惠王有一座園囿，他就勸他『與民偕樂』，效法文王的靈囿。滕文公對付不了大國的誅求，他就勸他『君子不以養人者害人』，效法太王的遷國。經他這樣一講，於是古代的王公都有了『聖聖傳心』的事實。在孔子的說話中，只把歷來名人的性格加以批評，雖有傳聞之誤，卻不致有何裝點。孟子呢，他簡直不管古代的事實究竟如何，（例如古公亶父是否好色，靈囿是否文王所築），只盡力把古代的王公硬裝到他的王道的模型裏去，好借着他們的牌子做他宣傳自己學說的手段。我們讀了他的書，所以深深的印着古聖王都十分相似的形象，那就是他把一副板子上印出來的東西填上不同的人名而送給我們的效果。

孟子最喜說古事，但他卻最沒有地理歷史的常識。他最喜引詩書，但他所引的詩書滿不是那麼一回事。正如緜篇，不過說公亶父到了岐下，娶姜女以立室家而已，他就斷章取義作爲他好色的證據，然則不好色者難道就絕了夫婦之倫嗎？因爲他的說話太隨便了，所以『戎狄是膺，荊舒是懲』之句，詩上已說明是贊美『周公之孫，莊公之子』的僖公的，他偏會歸給周公。淮水是入海的，泗水是入淮的，他偏會說禹『排淮泗而注之江』。這種事由我們看來，他本是一個志在救世的政治家而不是一個歷史學者，他的話說錯了是可以原諒的，我們只要取其理論而捨其引證，也就買到他的真珠了。不幸後世讀書的人拜倒於聖賢的名義之下，捧住了他的話當作古代的真事實，於是就發生了許多的僞史。例如他說『王者之迹息而詩亡，詩亡然後春秋作』，這也不過隨口講講而已，他原不曾做過一番時代的考據。但後人咬定了這句話，以爲詩確是春秋前的東西了！毛公釋詩，有『平王之孫』

的召南也說爲周初詩，而云『平，正也，武王女』。有『赫赫宗周，褒姒威之』的小雅也說爲西周詩，而云『詩人知其必滅周』。這些曲解是怎麼來的？就來在孟老先生沒有歷史的知識而偏做了歷史的權威上。

孔子雖慨歎夏殷文獻無徵，還喜歡把三代制度作比較。到孟子時，古文獻更無徵了，但他一樣的會比較，而且比得更詳細。例如滕文公問爲國時，他就說：

夏后氏五十而貢，殷人七十而助，周人百畝而徹，其實皆什一也。

設爲庠序學校以養之。……夏曰校，殷曰序，周曰庠，學則三代共之。

三代間的變遷之迹，他舉得這樣清楚。但我們早已知道，他表面說的是古事，實際則是發表自己的政見，所以在他敘述了三代田制和學制之後，就說，『有王者起，必來取法，是爲王者師也』，依然是寫包票的辦法。

三代的制度，就在這種情形之下愈講愈多。試看禮記明堂位所記的禮器，說到車，則是：

鸞車，有虞氏之路也；鉤車，夏后氏之路也；大路，殷路也；乘路，周路也。

說到旂旗，則是：

有虞氏之旂；夏后氏之綏，殷之大白；周之大赤。

說到馬，則是：

夏后氏駱馬黑鬣；殷人白馬黑首；周人黃馬蕃鬣。

說到尊，則是：

泰，有虞氏之尊也；山罍，夏后氏之尊也；著，殷尊也；犧象，周尊也。

說到爵，則是：

夏后氏以琖；殷以斝；周以爵。

說到勺，則是：

夏后氏以龍勺；殷以疏勺；周以蒲勺。

說到黍稷器，則是：

有虞氏之兩敦；夏后氏之四璉；殷之六瑚；周之八簋。

說到俎，則是：

有虞氏以梡；夏后氏以嶡；殷以椇；周以房俎。

說到豆，則是：

夏后氏以楬豆；殷玉豆；周獻豆。

這樣那樣，一件一件地搬了出來，好像那時真有一個歷史博物院，保存着四代的器物，故說得如數家珍。但倘使果真這樣了，孔子又何必興『文獻無徵』之歎呢？

上面所講的禮樂制度，我固然說它出于戰國秦漢間人之口，很不可信；但我也敢作保證：這是不會全假的。我們前邊提起過許多古代的帝王，分析的結果知道只是把各種族的祖先歸到一條線上，把原有的橫的系統變成了縱的系統。這種禮樂制度正與相類，他們把各地不同的器具禮法，依了他們的想像，再加上一點杜造，分配到虞夏商周去，算作四代的不同的制度。這樣做去，固然也很隨心，但終須費一番搜集材料的工夫；在這大規模的創立制度的時代，那些『為王者師』的野心勃勃的人物還耐不住這麻煩。於是有一種學說順應這需要而起，使得改制的人只須懂得了這種方式，便可不必操心而自然千變萬化。這就是陰陽五行說！

這種學說，是從陰陽的觀點，把世界上的萬事萬物分列為陰性和陽性兩類；又從五行的觀點，把金，木，水，火，土五種物質及其物性分配了世界上的萬事萬物。陰陽五行的本身既交互錯綜，陰陽與五行又交互錯綜，就引起了許多的變化。他們用了這種變化，說明自然界的狀態，更進而說明社會的狀態。他們以為這是天和人的一致的規律，是宇宙間的最高的原理，於是，計畫政治制度時要使用這原理，編排歷史系統時又要使用這原理。

陰陽五行說始於何時，尚難斷定。看論語記孔子的話這等多，而始終不曾提起過這個問題，可知在孔子時還沒有這一說；就算已有，那麼至少在孔子時大家還看得不重要。荀子非十二子篇云：

案往舊造說，謂之五行，甚僻違而無類，幽隱而無說，閉約而無解。……子思唱之，孟軻和之；世俗之溝猶瞀儒……遂受而傳之。

從這條看，五行之說是子思造出來的；子思是戰國初期的人，似可決定此說的發生年代。但那時何以沒有發生什麼影響，孟子書中何以全未提及此事，這些疑問沒有消除時，此說終是很可疑的。

這種學說的占有勢力，始於鄒衍。史記孟子荀卿列傳裏說他看許多國君不講德行，專喜奢侈，於是細細的研究陰陽消息之理，著了十餘萬言的書，說的話很奇怪；王公大人聽了害怕，自願歸向到仁義節儉。他的學說中的一種是五德終始說，大意是帝王將興時先會有豫兆。所以黃帝為土德，在他那時就有大螾大螻的祥瑞；禹是木德，草木暢茂；湯是金德，銀由山溢；周文王是火德，赤烏銜丹書從天而下（見呂氏春秋應同及史記封禪書）。他把五行支配帝王，所以朝代迭易，五行也就依次旋轉下去。五行的次序是講『相勝』的，木尅土，所以夏繼五帝；金尅木，所以商繼夏。但鄒衍時的歷史系統還未放得很長，所以雖說終而復始，而第一回的五德的輪子尚沒有轉完。後來秦始皇做了皇帝，就依據了他的學說改定制度。因爲尅火的是水，所以他繼周而自居於水德；水色爲黑，所以衣，服，旄，旌，節，旗都上黑；水數爲六，所以符和法冠都是六寸，輿和步都是六尺，乘是六馬（見史記秦始皇本紀）。用了他的說法，簡直從始有人類到人類滅絕，一切不用費心，因爲什麼事情都是命定的，你只要隨着它轉去，照辦它應有的事情就好了。

不知何時，這五德說分了一支叫做三統說。這一說也是循環的，不過把範圍縮小了些。他們說，帝王遞嬗是依了三個統的次序：這三個是黑統，白統，赤統。夏爲黑統，殷爲白統，周爲赤統，繼周者又爲黑統。禮記檀弓篇說：

> 夏后氏尚黑，大事斂用昏，戎事乘驪，牲用玄。殷人尚白，大事斂用日中，戎事乘翰，牲用白。周人尚赤，大事斂用日出，戎事乘騵，牲用騂。

這是很清楚的三統說：夏時什麼都黑，商時什麼都白，周時什麼都赤。在董仲舒的春秋繁露三代改制質文篇中，有這一說的詳細記載：

> 三正以黑統初，正日月朔于營室，斗建寅。天統氣始通化物，物見萌達。其色黑，故朝正服黑，首服藻黑，正路輿質黑，馬黑，大節綬幘尚黑，旗黑，大寶玉黑，郊牲黑。……冠于阼；昏禮迎于庭；喪禮殯于東階之上。祭牲黑牡；薦尚肝。樂器黑質。……親赤統，故日分平明，平明朝正。……
>
> 正白統者，歷正日月朔于虛；斗建丑。天統氣始蛻化物，物始芽。其色白，故朝正服白，首服藻白，正路輿質白，馬白，大節綬幘尚白，旗白，大寶玉白。……冠于堂；昏禮迎于堂；喪禮殯于楹柱之間。祭牲白牡；薦尚肝。樂器白質。……親黑統，故日分鳴晨，鳴晨朝正。……
>
> 正赤統者，歷日月朔于牽牛；斗建子。天統氣始施化物，物始動。其色赤，故朝正服赤，首服藻赤，正路輿質赤，馬赤，大節綬幘尚赤，旗赤，大寶玉赤，郊牲騂。……冠于房；昏禮逆于戶；喪禮殯于西階之上。祭牲騂牡，薦尚心。樂器赤質。……親白統，故日分夜半，夜半朝正。

董仲舒說，繼周的應該是黑統，所以孔子作春秋，把這一部書當作一個新的王朝，一切按照了黑統的規律去訂立政治制度。漢不繼秦而繼周，所以春秋是假想的黑統而漢則是現實的黑統。因此，孔子作春秋就是爲漢制法，這班春秋學家也就自居了漢朝的立法院委員的格資。在董氏的書裏，什麼三統，什麼四法，講得天花亂墜，眞使人覺得陰陽五行永遠地那麼樣轉，又覺得我們所有的一切全可從這些公式裏推排出來。可惜我們不是漢代人，這二十世紀已不容再作如此的信仰，否則我們眞可以委心任運了！

制度既可這樣推出，歷史當然也不會成例外。董氏這篇書中，說『文王受命而王，應天變殷作周號，時正赤統，親殷故夏，絀虞謂之帝舜，以軒轅爲黃帝，推神農以爲九皇』，就表示從周到神農共歷九代。周是本代；殷是前一代，應當『親』的；夏是前二代，應當『故』的：這是『三代』。虞是殷所『故』的，到周時就推出了三代以外，改稱爲帝；從此推上去，自堯，嚳，顓頊，黃帝，合爲『五帝』。神農是黃帝的前一代，稱爲『九皇』，九是代數，皇是稱號。爲什麼有王，帝，皇之別呢？他說，『遠者號尊，近者號卑』。所以周是稱王的，但經過了兩個別的朝代，他就改號爲帝了；再過了五個朝代，他就改號爲皇了。在這種議論上，證明了歷史事實是永遠在變動，只有做這變動的原理的循環說是不變的。

到了西漢之末。劉歆作世經，又另創了一種五德終始說，從伏羲的木德爲始，以五行相生說爲次：木生火，故炎帝以火德繼；火生土，故黃帝以土德繼；土生金，故少皞以金德繼；金生水，故顓頊以水德繼；水又生木，故帝嚳以木德繼；木又生火，故帝堯以火德繼；火又生土，故帝舜以土德繼；……這樣排下去，從伏羲到漢，這五德的系統北轉了兩次半，比較鄒衍的原說，內容豐富多了（文見漢書律曆志）。因爲中國一切學問都是到東漢時纔凝固的，所以他的話非常占勢力，所有講古史的書不提伏羲則已，一提到則未有不說他『以木德王』的。直到這四十年中，康有爲提出少皞本不列帝王位次之說（見新學僞經考），崔適又提出『劉歆欲明新之代漢猶舜之繼堯』之說（見史記探源），我們纔明白這一說的出現是有作用的。因爲漢代的五行思想太濃重了，所以王莽就變了這一套把戲來奪取漢的天下。他的意思是，『我是黃帝的子孫，也是舜的子孫，這兩位都是「以土德王」的，所以我也有「以土德王」的資格。漢是火德，他的祖帝堯也是火德。火德的堯是禪位與舜的，所以火德的漢也應禪位與我』。這原是一個有計畫的騙局，王莽爲主謀而劉歆爲助謀。但從黃帝到堯，以前的史說，中間只有顓頊和帝嚳兩代，用相生說的『土，金，水，木，火』的次序排來，黃帝爲土則堯只能爲水，堯如爲火則黃帝將爲金，無法印合於漢新禪讓的前定說。所以他們毅然決然，在黃帝顓頊之間插下一個少皞，使他居於金德的地位，於是王莽的戲法就變成功了！至於他的戲法爲什麼不跟他的政權一齊失敗呢？這因光武帝利用了他說的漢爲火德的話，將錯就錯，自稱以赤伏符受命，東漢的國命既明定爲火德，如果不用他的歷史系統即無法把漢排列在火德之下，所以只得承受了。

王莽只有把漢新的世系往上推，其它的世系還沒有提起。想不到到了東漢時，王符做了一部潛夫論，他把同德的帝王一起說作祖孫，更加密了他們的關係。鈔在下面，讓大家看看五德終始說下的歷史是這樣整齊的：

大人迹出雷澤，華胥履之，生伏羲，……世號太皞，……其德木。……後嗣帝嚳代顓頊氏。……後嗣姜嫄履大人迹，生姬棄。……太姒夢長人感己，生文王。……

有神如龍首出常羊，感任姒，生赤帝魁隗，身號炎帝，世號神農，代伏羲氏；其德火紀。……後嗣慶都與龍合婚，生伊堯，代高辛氏。……龍感女媼，劉季興。

大電繞樞炤野，感符寶，生黃帝軒轅，代炎帝氏；……其德土行。……後嗣握登見大虹，意感生重華虞舜，……堯乃禪位，……世號有虞。

大星如虹，下流華渚，女節夢接，生白帝摯青陽，世號少皞，代黃帝氏；……其德金行。……後嗣修紀見流星，意感生白帝文命戎禹，……舜乃禪位，……世號夏后。

搖光如月正白，感女樞幽防之宮，生黑帝顓頊，……身號高陽，世號共工，代少皞氏；其德水行。……娀簡吞燕卵，生子契。……扶都見白氣貫月，意感生黑帝子履，……身號湯，世號殷。（五德志）

你們看，他排列得多麼整齊：（1）帝王禪代，是依着五德次序的；（2）帝王世系，是後五德承接着前五德的；（3）然而受命而王的天子卻又來自天上的。他把每個帝王說成有三個父親：其一是感生之父，如伏羲之大人迹；其二是母所承之帝，如堯出於神農後嗣的慶都；其三是名義上的父，如文王的『以王季爲父』。一定要在這三個系統中都做了兒子，方有做帝王的資格，帝王眞神秘得不可思議了！

這種話如果只當笑話講，倒也有趣。可惜直到現在，還有人不願意把它當作笑話！

以上紛紛擾擾的，都是墨家和儒家的主張；現在還留下一個——道家。

道家和儒墨一樣的提倡復古，復他們理想中的古。墨家以爲從古尚賢，儒家以爲從古就有一定的制度，道家則以爲從古就是無爲的。他們的理想說得最簡單而淸楚的，是老子中的幾句話：

> 小國寡民。使有什佰之器而不用。使民重死而不遠徙。雖有舟輿，無所乘之。雖有甲兵，無所陳之。使人復結繩而用之。甘其食；美其服；安其居；樂其俗。隣國相望，雞犬之聲相聞，民至老死不相往來。

雖然這一段話裏有很顯著的衝突，一方面破壞物質文明(使有什佰之器而不用)，一方面又要享受物質文明(甘其食，美其服)，但他已捉住了戰國時的痛苦的根源。戰國時，因爲交通太便利了，所以發展的慾望日高，弱者對于強者的經濟侵略和武力侵略都無法避免，不論相隔得怎麼遠。他恨透了，所以寧可回復到閉國的時代，把器械，舟車，甲兵，文字全取消了。取消了這種東西之後，他以爲必能再過甘食美衣，安居樂俗的生活。他暗示古代人過的日子是這樣的快樂。

因爲有了這一個暗示，所以後來的道家就一味造出具體的事實來證明這個理論。莊子(這是一部從戰國到漢的道家的叢書，裏面也許有幾篇莊周的親筆，但非莊周作的一定比它多的多)繕性篇說：

> 古之人在混芒之中，與一世而得澹漠焉。當是時也，陰陽和靜，鬼神不擾，四時得節，萬物不傷，羣生不夭；人雖有知，無所用之：此之謂『至一』。當是時也，莫之爲而常自然。逮德下衰，及燧人伏戲始爲天下，是故順而不一。德又下衰，及神農黃帝始爲天下，是故安而不順。德又下衰，及唐虞始爲天下，興治化之流，澆淳散朴，離道以善，險德以行，然後去性而從於心；心與心識，知而不足以定天下，然後附之以文，益之以博；文滅質，博溺心，然後民始惑亂，無以反其性情而復其初。

這作者對於古代的觀念表示得何等淸楚：古人本來是最快樂的，因燧人伏羲變『無爲』爲『有爲』，德就衰了；神農黃帝之世更衰了，唐虞之世簡直是胡幹了。這眞是俗語說的『一蟹不如一蟹』呵！

淮南王書是漢文景時至武帝初結集的，那時正是道家學說獨霸的時代，所以本經訓裏有洋洋一大篇痛罵物質文明和政治組織的文字，闡明了社會進化就是痛苦加增這一個意義。這原是大亂以後的一種憤激之談，是對於戰國人信任知力和技巧的一種大反動。他們形容古代的快樂，甚至於說：

> 昔容成氏之時，道路雁行列處，託嬰兒於巢上，置餘糧於晦首，虎豹可尾，虺蛇可蹍，而不知其所由然。(本經訓)

於是就一代一代的衰敗下去了：

> 至伏羲氏，其道昧昧芒芒然，吟德懷和，被施頗烈，而知乃始昧昧晽晽，皆欲離其童蒙之心而覺視於天地之間；是故其德煩而不能一。及至神農黃帝，剖判大宗，竅領天地，……枝解葉貫，萬物百族，使各有經紀條貫，於此萬民睢睢盱盱然莫不竦身而載聽視；是故治而不能和下。棲遲至於昆吾夏后之世，嗜欲連於物，聰明誘於外，而性命失其得。施及周室之衰，澆淳散樸，離道以僞，儉德以行，而巧故萌生。周室衰而王道廢，儒墨乃始列道而議，分徒而訟，於是博學以疑聖，華誣以脅衆，弦歌鼓舞，緣飾詩書，以買名譽於天下；繁登降之禮，飾紱冕之服，聚衆不足以極其變，積財不足以贍其費：於是萬民乃始惴儺離跂，各欲行其知僞以求鑿枘於世，而錯擇名利。……夫世之所以喪性命，有衰漸以然，所由來者久矣！是故，聖人之學也，欲以返性於初而游心於虛也。（俶眞訓）

在這一段裏，把他們自己的意思說得很清楚了。他們因爲提倡一種『返性於初而游心於虛』之學，所以要說出許多古初的事情作爲修養的目標。他們因爲要證明『世之所以喪性命，有衰漸以然，所由來者久矣』這一個見解，所以一定要說成一代不如一代，從至德之世到伏羲神農時道德如何的低落，從伏羲神農到堯舜時道德又低落了多少。其實，他們何嘗眞知道古初，也何嘗定要戲侮黃帝堯舜，他們只想向『博學以疑聖，華誣以脅衆』的儒墨之徒作一個致命的攻擊。他們看儒墨之徒都喜歡『託古改制』，而結果鬧得一團糟，所以他們起來『託古改人生觀』，把對方的古制譏笑得一錢不値。這兩方面所鼓吹的『古』都曾經迷蒙了許多時候的人們的眼。大家讀了儒墨的書，堯舜的禪讓爲的是愛民，湯武的征誅也爲的是愛民，感覺到愛民是古帝王的一成不變的主義。回過頭來讀道家的書，神農之世是『臥則居居，起則于于』的，泰氏之世又是『其臥徐徐，其覺于于』的，古帝王的一成不變的主義乃是無思無爲。究竟哪一種是眞事實呢？以前的史家只會兼容並包，說頭上幾個帝王是無思無爲的，後來就變成勤政愛民了。這沒有別的原因，只爲儒墨的古史系統短（當儒墨起來時，古史系統只有這一點），道家的古史系統長（道家起來時，古史系統已放長了），逼得古史家於前段採用道家說，於後段採用儒墨說。二千年來，一班士流一想到皇古，誰沒有一個莊子和淮南所寫的幻影立在目前，於是羲皇時人的生活就成了他們追求的目標，今苦而古樂的觀念也就成了正統的古史觀。到現在，我們纔清切地知道，他們的主張和儒墨都是受的時代的影響，都是當時救弊的方術，但他們所說的古人古事則與儒墨同樣的不可信。

戰國秦漢四百餘年中，爲了階級的破壞，種族的混合，地域的擴張，大一統制度的規畫，陰陽五行原理的信仰，以及對于這大時代的擾亂的厭倦，立了許多應時的學說，就生出了許多爲證實這些學說而杜造的史事。曲禮上說，『毋勦說，毋雷同；必則古昔，稱先王』，這幾句話眞是說盡了那時人說話的態度。你們想，古昔先王的事情如果都有客觀的眞實，那麼他們的說話正和我們做考據文字一樣，應當無一字無來歷，如何能不勦說與不雷同呢？既不雷同而又『必』則古昔，這不是創造是什麼？但我們不像崔東壁先生那樣，罵百家之言爲要不得的異端邪說。我們站在歷史的立場上，看出這些說話雖是最不眞實的上古史，然而確是最眞實的戰國秦漢史，我們正可以利用了這些材料來捉住戰國秦漢人的眞思想和眞要求，就此在戰國秦漢史上提出幾個中心問題。這眞是歷史的境界的開拓！一般人對于我們常起誤會，以爲我們要把古代什麼東西都推翻的，願他們能平心靜氣想一想這個道理。

可是無論如何，這些最不眞實的上古史，當時和後世一班庸衆畢竟受了他們的欺騙，錯認爲最眞實的上古史。他們的學說既紛歧而混亂，所以我們的上古史也隨着它而紛歧而混亂。於是一班比較有理性的人時時舉出其懷疑之點，雖然在『信而好古』的空氣之中，雖然在『非聖無法』的禁制之下。

現在我們要問的，就是戰國秦漢的學者杜造了這些古史，當時曾發生了什麼反應？在歷史觀念極不發達的時候，當然對于他們的話只有『好，不好』的感覺，而沒有『眞，不眞』的分析。所以淮南子的脩務訓裏說：

> 世俗之人多尊古而賤今，故爲道者必託之於神農黃帝而後能入說。亂世闇主高遠其所從來，因而貴之。爲學者蔽於論而尊其所聞，相與危坐而稱之，正領而誦之。

這描寫當時的情形何等活現！爲了要動聽，所以託之神農黃帝。爲了來路遠，所以看得重。爲了盲目的信仰，所以留神地聽，用心地念。僞史就這樣地流傳下去了。

但是戰國時未嘗沒有聰明人，所以就有幾個人表示堅決的不信。例如荀子，他在非相篇裏說：

> 五帝之外無傳人；非無賢人也，久故也。五帝之中政；非無善政也，久故也。禹湯有傳政而不若周之察也；非無善政也，久故也。傳者久則論略，近則論詳；略則舉大，詳則舉小。……是以文久而滅，節族久而絕。

他主張不法先王，爲的是那時的典章制度巳不可知了，不如法那有『粲然之迹』的後王。其實，在他那時，五帝之外的傳人出來了不知多少，例如無懷，爲天，風后，力牧。五帝之中的傳政也出來了不知多少，例如封禪，巡狩，授時，分州。禹湯的傳政和周一樣多，爲的是在五德三統說之下早巳爲三代分配得一樣齊整。但他偏不承認五帝時有歷史傳下來，夏商時有詳細的歷史傳下來，這眞強悍得出奇！他在正論篇裏反對禪讓之說，已見上引；這一篇中還有一段反對象刑之說的，是：

> 世俗之爲說者曰，『治古無肉刑而有象刑……』。是不然！以爲治邪，則人固莫觸罪，非獨不用肉刑，亦不用象刑矣。以爲人或觸罪矣而直輕其刑，然則是殺人者不死，傷人者不刑也。……殺人者不死而傷人者不刑，是謂惠暴而寬賊也，非惡惡也。故象刑殆非生於治古，並起於亂今也！

戰國人描寫古代的安樂情形，以爲當時只用特別的衣服冠履來表示罪人所受的刑罰；他堅決反對，以爲這是『起於亂今』的『世俗之說』。若把這話擴而充之，簡直可以把當時口頭流傳的古史一筆鈎銷了。

同時，韓非在他的顯學篇中也對于儒墨二家建設的古史根本破壞。他道：

> 孔子墨子俱道堯舜而取舍不同，皆自謂眞堯舜；堯舜不復生，將使誰定儒墨之誠乎？殷周七百餘歲，虞夏二千餘歲，而不能定儒墨之眞；今乃欲審堯舜之道於三千歲之前，意者其不可必乎？無參驗而必之者，愚也。弗能必而據之者，誣也。故明據先王，必定堯舜者，非愚則誣也！

他把『言必稱堯舜』的人定爲『非愚即誣』，斷得何等痛快。堯舜尙且如此，堯舜以前的許多古帝王當然更無存在的價值了。在戰國的怒濤激浪之中竟有這樣獨立批評的議論，眞不能不令人欽服。

淮南王安集合了一班聰明的門客，著了一部書，裏邊雖也把古史講得天花亂墜，畢竟有些拆自己壁腳的聰明話。繆稱訓云：

> 三代之稱，千歲之積譽也。桀紂之謗，千歲之積毀也。

又氾論訓云：

> 今夫圖工好畫鬼魅而憎圖狗馬者，何也？鬼魅不世出而狗馬可日見也。夫存危治亂，非智不能；而道先稱古，雖愚有餘。

他把『道先稱古』譬之『畫鬼魅』，眞是把當時的古史傳說一椎打碎了。即此可見那時人的頭腦也有很清醒的，只是少數的清醒敵不過多數的糊塗而已。

除了正面反對之外，還有因神話傳說的不合理而強辭以解釋的。例如戰國時傳說『黃帝四面』，這當然說他一個脖子上長着四張臉。因爲這是神話，就有人替它解釋：

子貢問於孔子曰，『古者黃帝四面，信乎？』孔子曰，『黃帝取合己者四人，使治四方，不謀而親，不約而成，大有成功，此之謂「四面」也』。(太平御覽七十九引尸子)

經此一解，『四面』的神話就成了『四人治四方』的人事了！

又如那時傳說，云『黃帝三百年』，這當然說他活了三百歲或做了三百年的皇帝。又有人覺它不合理，替它解釋道：

宰我問於孔子曰，『昔者予聞諸榮伊，言黃帝三百年。請問黃帝者人邪，抑非人邪？何以至於三百年乎？』孔子曰，『……生而民得其利百年，死而民畏其神百年，亡而民用其教百年，故曰「三百年」』。(大戴禮記五帝德)

經此一解，『三百年』就成了『發生三百年的影響』了。又如那時傳說，有一種獸名爲夔，『狀如牛，蒼身而無角，一足，……其聲如雷，……黃帝得之，以其皮爲鼓，橛以雷獸之骨，聲聞五百里』(山海經大荒東經)；因爲有這雷聲鼓的傳說，於是訛傳夔爲樂官(左傳昭二十八年)，仍說這位樂官是一足。有人覺得它不合理，替它解釋道：

魯哀公問於孔子曰，『樂正夔一足，信乎？』孔子曰，『昔者舜欲以樂傳教於天下，乃令重黎舉夔於草莽之中而進之，舜以爲樂正。夔於是正六律，和五聲，以通八風，而天下大服。重黎又欲益求人。舜曰，「夫樂，天地之精也，得失之節也，故唯聖人爲能和樂之本也。夔能和之以平天下，若夔者一而足矣」。故曰「夔一足」，非一足也』。(呂氏春秋察傳)

經此一解，『一隻脚』就成了『一個就夠了』。從這三個例上，我們可以知道，當時人的智力已不能再信神話，他們和我們的懷疑正在同一點上出發。不過他們的膽子小，不敢明說它假，於是替它設法解釋。而又因膽子小，不敢自己負解釋的責任，於是把這些解釋的話推託在孔子的身上。因此，出發點雖在辨僞，但是結果則反而成了造僞：造了孔子的假話和古代的僞史來破除神話。不過這樣總比胡亂信仰的好一點，因爲它已經有了別擇眞僞的萌芽了。

自從秦始皇焚詩書百家語，戰國文化受了一次大摧殘。漢惠帝時，始除挾書之律。文帝時，開想到尚書，纔得了伏生，傳下二十八篇。武帝時，廣開獻書之路。成帝時，又使詔者陳農求遺書於天下，令劉向任宏等共同編校。西漢的皇室用了二百年的力量，把許多古籍和當代著述作一次大結集。漢人本是最缺乏歷史觀念的，只因校書的人看見的東西多了，不由得不因比較而生判斷，於是許多書籍就被定爲僞書。今將漢書藝文志所記的錄下：

太公二百三十七篇——近世又以爲太公術者所增加也。

文子九篇——與孔子並時而稱周平王問，似依託者也。

周訓十四篇——人間小書，其言俗薄。（顏注引別錄）

黃帝君臣十篇——起六國時，與老子相似也。

雜黃帝五十八篇——六國時賢者所作。

力牧二十二篇——六國時所作，託之力牧。力牧，黃帝相。

黃帝泰素二十篇——六國時韓諸公子所作。（顏注引別錄云，『或言韓諸公孫之所作也。言陰陽五行，以爲黃帝之道也』。）

孔甲盤盂二十六篇——黃帝之史，或曰夏帝孔甲，似皆非。

大命三十七篇——傳言禹所作，其文似後世語。

神農二十篇——六國時諸子疾時怠於農業，道耕農事，託之神農。

伊尹說二十七篇——其語淺薄，似依託也。

鬻子說十九篇——後世所加。

師曠六篇——見春秋，其言淺薄，本與此同，似因託之。

務成子十一篇——稱堯問，非古語。

天乙三篇——天乙謂湯，其時却殷時，皆依託也。

黃帝說四十篇——迂誕依託。

封胡五篇——黃帝臣，依託也。

風后十三篇——黃帝臣，依託也。

力牧十五篇——黃帝臣，依託也。

鬼容區三篇——黃帝臣，依託。

這樣的舉發它們的依託和增加，明定它們的時代和作者，更和今日的我們的態度相像。不過他們批評的範圍只限于諸子百家語，而我們今日則要擴而充之以至于詩書而已。

最有辨僞的眼光，且已把戰國時的僞史作一番大淘汰的工作的，是司馬遷。他生值漢家全盛時代，又有很好的家學，又居了全國文化中心的官職（大史公自序，『天下遺聞古事靡不畢集太史公』），再加以好游歷的習性，親見過許多歷史遺蹟，民情風俗，於是『網羅天下放失舊聞』，寫成了一部空前的著作——史記。這是中國第一部『究天人之際，通古今之變』的整個歷史記載。他對于上古的事情都不勉強充做知道；把覺得可疑的都刪芟了。他的審查古史料的標準，曾在伯夷列傳上宣布出來：

夫學者載籍極博，猶考信於六藝。詩書雖缺，然虞夏之文可知也。堯將遜位，讓于虞舜；舜禹之間，岳牧咸薦，乃試之於位：典職數十年，功用既興，然後授政，示天下重器，王者大統，傳天下若斯之難也。而說者曰，『堯讓天下於許由；許由不受，恥之，逃隱。及夏之時，有卞隨務光者』。此何以稱焉？太史公曰，余登箕山，其上蓋有許由冢云。孔子序列古之仁聖賢人，如吳太伯，伯夷之倫，詳矣。余以所聞由光義至高，其文辭不少概見，何哉？

許由不受堯禪，這個傳說自戰國至漢流傳得普遍極了，司馬遷並且親在箕山上見到他的墳墓，論理眞不應不信。但是他決定不爲立傳，原因是爲有了三個負面的理由：（一）此事不見於虞書，禪讓事也不該這等草率；（二）孔子列舉讓國的聖賢太伯伯夷等，但不及於許由；（三）許由沒有文辭傳下來。因爲他已不信逃堯禪的許由，所以就聯帶及於逃湯禪的卞隨，務光。從我們看來，他的思想固然還不及荀子澈底，但其敢於打破傳統信仰的膽量已大足使人欽服。試看後來，哪部高士傳中沒有許由們，誰不信他們的逃隱是眞事實？即此一端，可見司馬遷的眼光是怎樣的卓絕。誠然，史記這部書也常被人批評爲不謹愼，但他的『載籍極博，猶考信於六藝』這個標準，在考古學沒有發達的時候，實在不失爲一種有效的方法，尤其是在戰國秦漢間百家異說雜然並起的時候，因爲六藝中的史料比較還算純粹，著作時代也是比較的早呵。

六藝中的尙書是始於堯舜的；還有禮家雜記的五帝德和帝繫姓，雖然『儒者或不傳』，究竟還爲一部分的儒者所信，這兩篇中的歷史系統是從黃帝開始的。司馬遷在他自己所立的標準之下，根據了這些材料來寫史，所以他的書也起於黃帝。黃帝以前，他已在傳說中知道有神農氏（五帝本紀），伏羲（自序），無懷氏和泰帝（封禪書），但他毅然以黃帝爲斷限，黃帝以前的一切付之不聞不問。這件事看似容易，其實甚難；我們只要看唐司馬貞忍不住替他補作三皇本紀，就可知道他在方士和陰陽家極活動的空氣之中排斥許多古帝王是怎樣的有眼光與有勇氣了。

他雖承認有黃帝，而好些黃帝的記載他都不信。所以他說：

> 予付讀諜記，黃帝以來皆有年數，（三代世表）

似乎可以在他自己書中排出一個綜合的年表來了，然而他決絕地說：

> 稽其厤譜諜，終始五德之傳，……咸不同乖異。夫子之弗論次其年月，豈虛哉！（同上）

他因爲把各種年表比較的結果，沒有一種相同，覺得與其任意選取一種，不如乾脆缺着，所以共和以前但記世數。我們只要看史記以後講古史的書有哪幾種是沒有共和以前的年數的，就可以知道他的裁斷精神是怎樣的嚴厲和確定了。

他既定下了這樣的標準，就隨處把它使用。我們在史記裏，可以看到以下許多話：

學者多稱五帝，尚矣。然尚書獨載堯以來；而百家言黃帝，其文不雅馴，薦紳先生難言之。(五帝本紀)

五帝三代之記，尚矣。自殷以前，諸侯不可得而譜，周以來乃頗可著。(三代世表)

神農以前，尚矣。蓋黃帝考定星曆，建立五行，起消息，正閏餘。(曆書)

農工商交易之路通，而龜貝金錢刀布之幣興焉，所從來久遠。自高辛氏之前尚矣，靡得而記云。故書道唐虞之際，詩述殷周之世，……以禮義防於利。(平準書)

故言九州山川，尚書近之矣。至禹本紀，山海經所有怪物，余不敢言之也。(大宛列傳)

自古帝王將建國受命，興動事業，何嘗不寶卜筮以助善。唐虞以上，不可記已。自三代之興，各據禎祥。(龜策列傳)

夫神農以前，吾不知已。至若詩書所述虞夏以來，……使俗之漸民久矣。(貨殖列傳)

維三代尚矣，年紀不可考，蓋取之譜牒舊聞本于茲。(自序)

他一說到上古，就歎一聲『尚矣』，於是接着說，這『不可記』了，『不可考』了，『吾不知』了，『余不敢言』了。這種老實承認不知道的態度，試問比了一班儒者自以為萬事萬物都能明白，雖是文獻無徵之世也可用了排列法來排出它的制度的，要光明磊落了多少？

司馬遷以前，講古史的人多極了。三代以前固然是『尚矣』，但正因它『尚矣』，所以纔有話說，纔有說不盡的話。我們只要一看漢書藝文志，便可知道在司馬遷之世是時代愈古則材料愈多的。但他竟決意把歷史範圍最小的六藝做標準，合於這個標準的收進來，不合於這個標準的打出去，於是這一大堆燦爛奪目的古代材料都成了歷史的異端外道。他不肯收受這時代給與他的聰明，而只會讀平凡的書，使無數瑰瑋的故事失去了歷史的地位，這不是他的大魄力是什麼！

上面說的，是戰國秦漢間人的辨偽；在這一方面，司馬遷應為功首。下面說的，是兩漢的儒生和經師因整理材料而造偽；在這一方面，司馬遷固非罪魁，但也應當擔負一部分的責任。

『考信於六藝』固然不失爲一個審查史料的標準，但倘使沒有別的附加條件，這標準也會嫌太簡單的。他所謂六藝，是包括經和傳而言的，然而這些文字來路非一，時代又非一，經和傳已常相牴牾，經和經又自相牴牾；在這種情形之下，他應取怎樣的態度呢？何況經傳的材料不夠用，他畢竟要兼用諸子百家之言，又要採取傳說；這裏邊矛盾衝突之處當然不知有多少。他倘使沒有別的辦法去解決這些問題，那麼，他雖是志在『考信』而依然無濟於事。

不幸，他爲時代所限，不能得着很好的方法。他在自序裏說，『厥協六經異傳，整齊百家雜語』，這就是他的方法。六經的異傳，他要調和；百家的雜語，他要整齊。他不能把記述一事而互相差異的材料，斷定這個眞，那個僞；他只能說這個那個一齊對，把那些雜異之處想法安插的得當。這種『整齊故事』的方法，是漢代的儒生和經師的基本方法，其結果不知爲學術界中纏上了多少葛藤，眞所謂『治絲而棼之』。例如三代的天子本皆稱王，所以合稱則爲『三王』，這本是無疑的事實。但司馬遷也許爲了想不出舜把帝位禪禹，爲什麼禹要改稱爲王，也許因看見商代的王有帝甲，帝乙，帝辛，就覺得夏商之君的階位亦當爲帝，所以他就一一代他們加上尊號爲帝某某，甚至於『夏后啟』一名已有『后』字表明了他的階位，而亦貿貿然地稱爲『夏后帝啟』。到了周代，他看見文王，武王，成王，康王都直稱爲王，不好再稱他們爲『帝某王』了，於是在殷本紀的末尾記上一筆，『周武王爲天子，其後世貶帝號，號爲王』。照他所說，三代只有一代的王，云何而稱『三王』？又爲什麼虞夏商秦均爲帝，只有夾在中間的周貶稱爲王？這不是因整齊故事而造出的僞史嗎？又如周人稱王自太王始，其後爲王季文王，原是詩書中很明顯的事實。但他相信了當時詩經學家的話，以爲『詩人道西伯，蓋受命之年稱王』，於是稱王自文王始，而太王王季俱爲追尊。既爲追尊則當時不得稱王，所以他稱太王爲『古公』，王季爲『公季』。『古公』二字尚有根據，『公季』則直是杜撰之名。這又不是爲了整齊故事而造出的僞史嗎？其他如左傳中的『四凶族』和堯典的『四罪』，明是一事的異說，但他爲要厥協整齊，遂載四凶族於舜本紀攝試時，而載四罪咸服於堯本紀舜攝政時，逼着舜重演了一回。又如魯世家中，既已從金縢之說，說武王病時，周公請以身代，又從雜說，說成王少時病，周公在神前自己認罪：好像他老是自願替死似的。又如孔子世家中，既從論語，說孔子『不語怪，力，亂，神』，而又集錄國語中的許多關於孔子的神怪之談，好像他眞有二重人格似的。這都是他碰到衝了突牴牾的材料時，不懂得別擇而只懂得整齊的成績。這樣做去，舊問題還沒有解決，新問題又出來了。他雖不是有心造僞，而只緣他所用的方法會隨時引誘他造僞，所以他傳給我們的困累並不比戰國人減少。

東漢之世，學者們的智慧羣趨於訓詁一途，論理應當作些客觀的研究。但因當時的歷史觀念不夠，所以訓詁的方式不是隨文敷義，就是附會曲解。他們的目標在於貫通羣經，而實際則是張冠李戴，錯配鴛鴦，弄得一塌糊塗。訓詁中最有權威的是鄭玄，他曾偏注羣經，學問最博，而留下的新問題也最多。六經奥論中六經注疏辨曾批評他道：

大抵鄭氏學長於禮而深於經制，故先注禮而後箋詩；至於訓詁，又欲一一求合於周禮，此其所以失也。如注定之方中『騋牝三千』，則舉天子之制十有二閑。如注采芑『其車三千』，則舉司馬法兵車之數。如注甫田『歲取十千』，則舉井田一成之制。如注棫樸『六師及之』，則曰『殷末之制，未有周禮』。如此之類，則束縛太過；不知詩人一時之言，不可一一牽合也。康成長於禮，以禮言詩，過矣。

他爲什麼要這樣？只因他與司馬遷抱着同樣的心思。後漢書載鄭玄的戒子書云，『但念先聖之玄意，思整百家之不齊，亦庶幾以竭吾才』。可見他一生的才力全用在『思整不齊』上了。他不想想：『物之不齊，物之情也』，爲什麼老要這樣的削足適履呢？

他的經注，可駁的實在太多了，現在只舉詩書首篇中數事以見其大概。

堯典開頭說『曰若稽古帝堯』，足見作者承認自己遠在堯後，並不想冒充唐虞時代的著作。但鄭玄一定要認爲唐虞時作，而又礙於這樣明顯的證據，於是異想天開，說：

稽，同也；古，天也：言堯上同於天也。

這樣一來，也就混過去了，堯典是唐虞時著作的了。周禮有天，地，春，夏，秋，冬六官；堯典中則有九官，又有四岳，又有義和，和周禮不合。他一心要打通這個隔閡，好使周公的制度即是堯舜的制度，如此一方面可以擡高周禮的地位，一方面又見聖聖傳心的事實。於是他說：

堯既分陰陽爲四時，命義仲，和仲，義叔，和叔等爲之官，又主方岳之事，是爲四岳。

這樣一來，『義和』就和『四岳』合爲一了。他又說：

此命義和者，命爲天地之官。

這樣一來，『義和』又即是『天官，地官』了。他又說：

蓋春為秩宗，夏為司馬，秋為士，冬為共工，通稷與司徒，是六官之名見也。

於是伯夷為『春官』，皋陶為『秋官』，垂為『冬官』，合上羲和便是六官了。後世編輯唐虞官制的人，根據了他的說法，就可徑把周禮六官寫上去了。這是不是又新添了一筆偽史？固然從我們看來，堯典的本身已偽，所載的官制必不可信，但這總還不失為堯典作者的一個獨立的理想。獨奈何把絕不相干的周禮硬配上去，逼得它成為非驢非馬的一種東西呢？而且堯典命官，皋陶既誅勦『寇賊姦宄』，又制止『蠻夷猾夏』，若依周禮來說，他乃兼任夏秋二官，然而他的官名只有一個『士』字。鄭玄既把士定為秋官了，然則夏官又在堯典的哪裏呢？所以，即此硬配的工作，他也未能做好。

提到詩經的第一篇關雎，那更可笑。『窈窕淑女，君子好逑』，用我們的話說來，『美好的女子，是公子哥兒們所喜歡追求的』，原是一句很尋常的話。毛傳說『幽閒貞專之善女，宜為君子之好匹』，把動詞的『好』解作形容詞，把無限動詞的『逑』解作名詞，已嫌牽強，但還勉強說得過去。一到鄭玄的箋，他說：

怨耦曰仇。言后妃之德和諧，則幽閒處深宮貞專之善女，能為君子和好衆妾之怨者。言皆化后妃之德不嫉妬，謂三夫人以下。

這直令人墮入雲霧中，莫名其妙！站在那一邊的還是君子；但站在這一邊的有后妃，有善女（三夫人以下），又有衆妾之怨者，真不知道這一大羣女子是從哪裏來的？於是下面的『參差荇菜，左右流之』就成了：

后妃將共（供）荇菜之葅，必有助而求之者，言三夫人九嬪以下皆樂后妃之事。

而『寤寐求之』亦就成了：

后妃覺寐則常求此賢女，欲與之共己職也。

求了來怎樣呢？

賢女之助后妃共荇菜，其情意乃與琴瑟之志同。……琴瑟在堂，鐘鼓在庭，言共荇菜之時，上下之樂皆作，盛其禮也。

本來是一首男女慕悅的詩，現在慕悅者成了后妃，被慕悅者成了助后妃祭祀的賢女，中間又插入了和好衆妾之怨的三夫人。這是不是空中樓閣？依照他的詩譜，這是文王時詩，這位后妃豈不成了太姒？後世作周史的人，根據了他的話，自然太姒要做夢求賢，求了來要共供荇菜，要上下之樂皆作以盛其禮了。這是不是又添上了一筆偽史？

像這樣的胡鬧話，一部十三經注疏裏不知有多少。經書，是地下實物沒有進入學術界以前的惟一古史材料；注疏，又是國家頒行的正則的解釋。一班讀書人，誰不受它們的影響。二千來年學術界的所以烏烟瘴氣，它們不能不負絕大的責任。讀者不要以爲我們有意指摘它們的過失，我只望具有一點現代的理性的人去把他們的書讀一下。我寫到這裏，正和同學們共讀爾雅釋地，就把這篇中的『九州』舉出來做個例罷。

九州之制，尚書中的禹貢和周禮中的職方各有一個而不相同。禹貢既言禹，照前人之說當然是虞夏時事。職方既在周禮，照前人之說當然是周時事。這兩篇所說的九州不同，當然是夏制和周制的不同。商呢，書上沒有提起。所以班固在漢書地理志的敘論上說，『殷因於夏，亡所變改』，可見到了東漢初年，還承認商的九州即是夏的九州。當王莽之世，出了一部爾雅，其中釋地一篇多半鈔襲呂氏春秋和淮南王書而成。因此，其中的九州之名和呂氏有始覽全同，只有一個州名不同：呂覽說『東方爲青州，齊也』，爾雅說『齊曰營州』。然而青州營州之名雖異，而它對象的齊則相同。齊沒有二國，所以營州即是青州，——不過從五行上定名，東方爲青色，齊在東，故曰青州；從都邑上定名，齊都營丘，故曰營州而已。呂覽的九州既沒有指出是哪一代的制度，爾雅之說當然和它一樣。不幸爾雅是六藝的附庸，誦讀的人既多，附會之說就起。東漢時，李巡作爾雅注，就直斷這九州爲殷制（經典釋文引）。所以然之故，當然因爲它和夏制和周制都不同。『既不是夏，又不是周，那不是殷嗎！』這是他的感覺。從此以後，孫炎郭璞繼繼繩繩，都說是殷制，這件故事就這樣地實定了！這是一件。

堯典中有『肇十有二州』之語；這十二州的名目，書上沒有寫，所以在西漢人的解釋中都不肯具體指出。就是班固的地理志，也只說『堯遭洪水，天下分絕爲十二州』，舉不出十二個州名來。自從爾雅在學術界上占了地位，於是馬融首先說：

舜以冀州之北廣大，分置幷州；燕齊遼遠，分燕置幽州，分齊爲營州：於是爲十二州。（史記五帝本紀集解引）

他的根據，第一是禹貢上的『冀，兗，青，徐，揚，荊，豫，梁，雍』，第二是職方增出的『幽，幷』，第三是爾雅異名的『營』。他說，禹定的本是九州，舜嫌冀州太大，分爲冀幷二州；又嫌東方遼遠，更在冀兗青間分出幽營二州：九州加了三州，恰成十二，這不是奇巧的事嗎！從此以後，鄭玄僞孔依聲學舌，舜的十二州名又這樣的實定了！這是又一件。

爾雅作者嫌『青』的一名不固定（山東半島固以居東方而名青，山東南部和江蘇北部的徐州也在東方，何嘗不可名青），所以援用冀雍的辦法，以邑名爲州名而改爲營。想不到就爲這一個『營』字，竟注定了殷的九州名和舜的十二州名！這不但是虞夏商周的人想不到，就是爾雅的作者也何曾想到。然而唐宋以來，講地理沿革史的人又哪一個敢違背了這些東漢人所決定的事實？因此，我們所看見的歷史地圖，就儘多了虞舜十二州圖和爾雅殷制圖。『俗語不實，流爲丹青』，經學家給我們上的當，我們已是夠受的了！

在這漫天的烏煙瘴氣之中，我們的學術史是不是已墮入了黑暗時代？那也不盡然。『跛者不忘履，眇者不忘視』，這辨僞的一線曙光總是存在的。現在隨便舉幾個例。

泰誓，戰國時本來有的，所以諸子書中屢屢引到。不幸伏生的尚書沒有這一篇，直到武帝之世方說在河內發現。當時的儒生把伏生的二十八篇上配二十八宿，把泰誓一篇當作北斗（論衡正說），可見此篇地位之高。但最善附會的馬融忽然理性發現，批評道：

泰誓後得，案其文似若淺露。又云『八百諸侯不召自來，不期同時，不謀同辭』，及『火復于上，至于王屋，流爲鵰；五至，以穀俱來，舉火』，神怪，得無在子所不語中乎？又春秋引泰誓曰，『民之所欲，天必從之』。國語引泰誓曰，『朕夢協朕卜，襲于休祥，戎商必克』。孟子引泰誓曰，『我武惟揚，侵于之疆，取彼凶殘，我伐用張，于湯有光』。孫卿引泰誓曰，『獨夫受』。禮記引泰誓曰，『予克受，非予武，惟朕文考無罪；受克予，非朕文考有罪，惟予小子無良』。今文泰誓皆無此語。吾見書傳多矣，所引泰誓而不在泰誓者甚多，弗復悉記。略舉五事以明之，亦可知矣。（尚書正義泰誓篇首引馬融書序）

這一段文字有見解，有證據，宛然閻若璩尚書古文疏證的縮影，幾乎使我不信爲漢人文字。他的話說得這樣有力，所以後來僞造古文尚書的人重作泰誓時就把他所反對的神怪之語一齊刪削，又把他所提出的古書中所引的泰誓一齊收入了。

月令，爲天子居明堂的大政，由戰國至西漢醞釀了數百年而撰成的大文字（我不信爲呂氏春秋所原有，理由太長，俟別論），在東漢時占有極大的勢力。因此，既錄入逸周書，又錄入小戴記。事情真奇怪，那位最長于拉扯牽合的鄭玄偏會提出異議。他道：

月令本呂氏春秋十二月紀之首章也，以禮家好事抄合

之，後人因題之名曰禮記，言周公所作。其中官名時事多不合周法。（禮記正義月令篇首引鄭玄三禮目錄）

他又道：

> 凡此車馬衣服，……非周制也。周禮，朝，祀，戎，獵，車服各以其事，不以四時為異。又玉藻曰，『天子龍袞以祭，玄端而朝日，皮弁以日視朝』，與此皆殊。（孟春『衣青衣，服倉玉』下注）
>
> 三王之官，有司馬，無太尉。秦官則有太尉。今俗人皆云周公作月令，未通于古。（孟夏『命太尉』下注）

話說得這樣決絕，也迥異於他的『思整不齊』的常態。推原其故，就為他熟讀了周禮，拿所謂周公作的周禮和又一所謂周公作的月令相較，就呈露了很多的牴牾；他既決認周禮為周公作，只得反對月令為周公作了。可見一個學者只要肯把多種材料作比較的研究而不想穿鑿附會，他自會走上辨偽的一條路。

其他，如盧植的疑王制，臨碩的疑周禮，何休的疑左氏和穀梁，都是東漢時的佼佼者。至于王充論衡，對于古籍和傳說無所不疑，為中國思想史上的一部偉大著作，那更不用我介紹了。

我現在想特別介紹的是兩部書，一是許慎的五經異義，一是王肅的孔子家語。讀者要疑我舉得太不倫不類了嗎？請聽我講下去。後漢書許慎傳云：

> 慎以五經傳說，臧否不同，於是撰為五經異義。

可見他著書的着眼點在於比較同異。本來白虎通德論也是由比較同異來的（東漢章帝建初四年，詔諸儒於白虎觀考論五經同異，作白虎通德論，見後漢書楊終傳及班固傳），但那書在比較之後加以別擇，乃是求取信仰的正鵠；而這書將各家同異之點一一臚陳，目的乃在顯示他們的異相。固然在顯示了異相之後也要加以別擇，但這就是批評的態度而不是信仰的態度了。可惜這書已亡，雖經清代學者細心搜集，總不能完全。不然，我們研究漢代學術史時不知便利了多少呢。

這裏不便詳引，摘寫數條以見其方法：

> 今尚書歐陽說：春曰『昊天』，夏曰『蒼天』，秋曰『旻天』，冬曰『上天』：總為『皇天』。爾雅亦然。古尚書說云：天有五號，各用所宜稱之：尊而君之則曰『皇天』，元氣廣大則稱『昊天』，仁覆愍下則稱『旻天』，自上監下則稱『上天』，據遠視之蒼蒼然則稱『蒼天』。謹按：尚書，堯命羲和『欽若昊天』，總勅四時，知『昊天』不獨春。春秋左氏曰，『夏四月己丑，孔子卒』，稱『旻天不弔』，時非秋天。（周禮大宗伯疏等引）

公羊說：『譏二名』，謂二字作名若魏曼多也。左氏說：二名者，楚公子棄疾弒其君，即位之後改爲熊居，是爲二名。許愼謹案：文武賢臣有散宜生，蘇忿生，則公羊之說非也。（禮記曲禮上正義引）

詩齊，魯，韓，春秋公羊說：聖人皆無父，感天而生。左氏說：聖人皆有父。謹按：堯典『以親九族』，即堯母慶都感赤龍而生堯，堯安得九族而親之？禮讖云，『唐五廟』，知不感天而生。（毛詩生民正義引）

這樣的先敘今文學說，次述古文學說，再提出證據，加以批評，實在是一種有組織的辨僞著作，以前所沒有見過的。固然，他也許挾了家派的成見，站在古文學的立場上來駁今文，也許他的證據很薄弱，批評很陳腐，但無論如何，這種方式和態度確是値得稱讚的。尤其在東漢的烏烟瘴氣的時代，他能有這種分析的頭腦，我們不該不尊敬。

孔子家語，不但是一部僞書，而且是一部雜湊書，我現在把它列在辨僞類裏，似乎是笑話。但讀者須知，這是王肅的造僞以辨僞的手段。在王肅的時代，鄭玄的學說正極昌盛，王肅眼見他的說話有許多錯誤，然而一班學者把他捧作教主，有什麼法子可以打倒他？他只得假託聖言，造此一書。既作此書，遂作聖證論，拿聖人的證據來壓倒鄭玄。固然裏邊夾着許多好勝的私見，但也未嘗沒有公義。

鄭玄是最信讖緯的，他常用讖緯之說來注經，把幾部經書染上了很濃重的神話色彩。例如禮記大傳裏有兩句話：

> 禮：不王不禘。王者禘其祖之所自出，以其祖配之。

固然『祖』和『祖之所自出』的分別是一個含糊的問題，但並沒有涉及神怪。鄭玄作注，就說：

> 凡大祭曰禘。……大祭其先祖所由生，謂郊祀天也。王者之先祖皆感太微五帝之精以生，——蒼則靈威仰，赤則赤熛怒，黃則含樞紐，白則白招拒，黑則汁光紀，——皆用正歲之正月郊祭之，蓋特尊焉。

這種迂怪之談，使得理智較強的王肅忍受不下。所以他在家語的五帝篇裏寫道：

> 天有五行：木，火，金，水，土，分時化育以成萬物；其神謂之五帝。

又自己作注釋道：

> 五帝，五行之神，代天生物者。後世讖緯皆爲之名字，亦爲妖怪妄言。

這就把靈威仰，赤熛怒等的奇怪名字掃除了。又寫道：

> 古之王者易代而改號，取法五行。五行更王，終始相生，亦象其義。故其爲明王者而死配五行：是以太皞配

木，炎帝配火，黃帝配土，少皞配金，顓頊配水。……五行佐成上帝而稱五帝；太皞之屬配焉，亦云帝，從其號。

又自注道：

法五行更王，終始相生。……而諸說乃謂五精之帝下生王者，其爲蔽惑無可言者也。

這又把鄭玄的『王者之先祖皆感太微五帝之精以生』的說話打破了。鄭氏說王者的祖先是天上的五帝，他們把自己的血統降到世上，就成了人間的五帝；王氏說五行之神爲五帝，和人間的明王本沒有聯屬的關係，人間的明王死了之後，後人把他們上配五帝，他們方發生了關係：這是二家的根本歧異之點。五行是自然界的現象，並非怪物；明王死了纔配五行之神，也沒有什麼神秘；明王既非感五帝之精以生，當然有他們人世的祖先：這是王氏的一貫的見解。因此，他在聖證論裏就有下面一段話：(聖證論已佚，這是禮記正義作者所引的。)

(祭法，『有虞氏禘黃帝而郊嚳，祖顓頊而宗堯』。)案聖證論以此『禘黃帝』是宗廟五年祭之名，故小記云，『王者禘其祖之所自出，以其祖配之』。謂虞氏之祖出自黃帝，以祖顓頊配黃帝而祭，故云『以其祖配之』。依五帝本紀，黃帝爲虞氏九世祖；黃帝生昌意，昌意生顓頊，虞氏七世祖。以顓頊配黃帝而祭，是『禘其祖之所自出，以其祖配之也』。

這種話看似平常，而骨子裏則是對於讖緯的大反動，不知盪清了多少迷信。清代的經學家因爲尊重鄭玄的緣故，把王肅做了攻擊的目標。我在這兒，敢平心地說一聲：王肅的見解實在遠出於鄭玄之上，他的主張乃是一種進步的學說。

上面所說的戰國秦漢間的造僞和辨僞的事實因緣太略，但也大致可以看出一個趨勢來。戰國是一個大時代，什麼事須創新，然而『創新』的事業卻出在『復古』的口號之下，所以那時無論什麼制度和思想都反映到古代去，好像水上樓臺的倒影，於是戰國的燦爛成爲古代的燦爛，戰國的矛盾衝突成爲古代的矛盾衝突。到了秦，他們雖不唱復古的口號，但秦漢間的好古的學者們仍把秦的制度和思想往上推，一直推到了皇古，連得『事不師古』的始皇也處處追踪了古人。漢代承襲秦制，創新不多，所以除了王莽一朝之外，僞託的古也不多；但因那時是消化古文化的時候，而歷史觀念不發達，一班學者沒有學得整理的技能，偏任了這一批整理的工作，遂把古代文籍史事弄得一塌糊塗，要待我們將來費了不知多少力氣之後才有恢復原狀的希望。所以我們可以說：戰國大都是有意的作僞，而漢代則多半是無意的成僞。我們當于他們一概原諒，我們決不說，『這是假的，要不得！』我們只要把戰國的僞古史不放在上古史裏而放在戰國史裏，把漢代的僞古史也不放在上古史裏而放在漢代史裏。這樣的結果，便可使這些材料達到不僭冒和不冤枉的地步而得有適如其分的安插。這便是我們今日所應負的責任。

附言：

這篇文字原是擬東壁先生遺書序的一部分。東壁遺書是民國十年以來所標點的，到十四年本已完工；不幸我好求完備的習性祛除不了，總覺得應當再蒐新材料進去。繼續搜訪，到今十年，新材料居然加進不少，而書則至今未能出版，無以饜一般愛讀者的期望，歉仄已極。去年春夏間，逼着自己做一篇序文，要把二三千年中造僞和辨僞的兩種對抗的勢力作一度鳥瞰，使讀者們明白東壁先生在辨僞史中的地位，從此明白我們今日所應負的責任。不幸人事太多，我不到整段的時間作此長文，隨作隨輟，只寫成了戰國秦漢間的一段，而很重要的讖緯則尚未敘及(在這一年中，必作爲專文發表)。其後西北旅行，盤桓逾月，家母病逝，喪居一年，始終沒有能續寫。今春在蘇州，頗想動筆，而一切材料都不在手邊，空中樓閣搭不起來，只得把整理東壁遺書的經過寫一短序，送滬付印，這篇未完之稿就擱下來了。這次回平，承史學年報索稿，因把此序略加修飾，易爲本題發表。將來倘有時間，許我續作，那麼這篇『造僞和辨僞史』自必做完，因爲漢以下的材料我已收集了些，其中的問題不少，只要有時間總是可以寫下去的。

年來頗少作這類文字，此篇直是破例；而且因爲牽涉太廣，以致有的地方太粗疏，有的地方有罅漏，自己也覺得不能滿意。請讀者諸君千萬當作閒話看而不要當作論文看，使我可以減輕一些罪戾！

我想借了這個機會發表我的兩種牢騷；如果讀者們不厭其煩，請看下去。其一，我這幾年真太忙了，不但想作的文不能作，就是想讀的書也不能讀。固然也緣我自己好事，這樣那樣都想做，但社會上加給我的負擔實在太重了，使得我不喜歡做的這樣那樣也只得做，我真有些支持不下了！如果讀者們是真實的愛我而希望我在這一生中完成了我所應做的工作的，那麼，凡是可以不壓在我肩上的事情還是不再送給我罷！其二，五六年來，時時看見詆斥我的文字，固然我很願意虛懷接受，但有許多實在是不該接受的。我有時也很想回答，稍盡彼此辨解之意，可憐我再沒有時間作此等事，也就擱下來了。現在把我的意見寫幾句在下面，算做總答覆。以前中國的上古史材料只限于書本的記載，記得我在幼時就把馬驌繹史看作上古史的全部，恐怕那時存這心理的不止我一個人吧。我開始辨古史在民國十年，那時中國的考古工作只有地質調查所做了一點，社會上還不曾理會到這種事，當然不知道史料可從地底下掘出來的。那時唯物史觀也尚未流傳到中國來，誰想到研究歷史是應當分析社會的！我在那時，根據六經諸子，要推翻僞古史，而建設真古史，我自己既覺得這個責任擔當得起，就是社會上一般人也都這般的來屬望我，期望我。從現在看來，固然可笑，但論世知人，知道了那時的環境是怎樣的，也就不必對于我作過分的責備。其後考古學的成績一日千里，唯物史觀又像怒潮一樣奔騰而入，我雖因職務的束縛，未得多讀這方面的著作，但我深知道此事體大，必非一手一足之烈所克負荷，所以只願走稍短的路線，把精力集中在幾部古書上。我常想，也常說：我只望做一個中古期的上古史說的專門家，我只望盡我一生的力量把某幾篇古書考出一個結果。我決不敢說，也決不敢想：中國的上古史可由我一手包辦。事實具在，只要一看古史辨第一冊以下的自序便知。我只為各人有各人的道路可走，而我所走的路是審查書本上的史料，別方面的成績我也應略略知道，以備研究時的參考，我決不願阻擋別人的走路。我自覺只是全部古史工作中的某一部分的一員，並不曾想奪取別人的領導權而指揮全部的工作。我的工作是全部工作中應有的一部分，決沒有廢棄的道理；如果這一部分廢棄了，無論是研究考古學或唯物史觀的，也必然感到不便。建築一所屋子，尚且應當有的人運磚，有的人畚土，有的人斲木，有的人砌牆，必須這樣幹了方可有成功的日子。各人執業的不同，乃是一件大工作下面必有的分工，何嘗是相反相拒的勾當！若以為工作既異，便應相打，心眼兒如此窄隘，只配去三家村裏做小手工業，那可到大都市辦大工廠！所以除非說考證古文籍的工作是不該做的，才可使顧頡剛的工作根本失其存在的理由；倘使不這樣說，那麼這項工作就決沒有推翻的可能，至多只有在某一考證問題上應當駁正，某一考證材料上應當訂補而已。我深信，在考證中國古文籍方面不知尚有多少工作可做，盡我們的一生也不過開了一個頭而決不能終其事。這條路遙遠得很，個人的生命終嫌太短，沒有恆心的人和急功的人不必來走，不來走的人也不必對我們較生氣。我更希望人們，彼此應當知道學問領域之大而自己能力之小，不要像河伯一般，看見涇渭之間不辨牛馬，就自以為『天下之美為盡在己』。能夠這樣，彼此纔有合作的可能，而中國的學術界也纔有了發揚光大的日子！

廿四，七，廿六，顧頡剛記。

金陵學報 第四卷第二期 目錄

民國二十三年十一月出版 金陵大學中國文化研究所發行

食貨 半月刊 第二卷第六期 目錄

民國二十四年八月十六日 上海新生命書局出版

城隍考

鄧嗣禹

民國二十年之秋，余從許地山先生學中國禮俗史，以忙於畢業論文，未及撰述課藝。迨論文甫就，家父促歸，倉卒之間，難以覓題爲文。正徘徊沉思之際，友人破扉而入，探知其故，乃欣然曰：「是又何難！中國城隍廟，通都大邑，所在皆有，其傳說之來源頗古，而人民崇信甚篤。關係社會風俗，至深且鉅。際今破除迷信之風，甚囂塵上；然徒託之於空言，罕有見諸澈底之研究。子若考其來源，究其變遷，使人知其所以然，豈不愈於放言高論者乎？而此種責任，亦治史之人略當負荷者也；但不知君意如何耳？」余曰，唯唯，姑試考之。乃以數日之功，撰爲考略，以竟學業，然後歸家。翌作返校研究，凡涉獵所及，見有關於城隍者必摘錄之。歷時數年，積稿盈寸，苦無暇晷，爲之整理。會今夏六月，友人教史地於中學，其校址由城隍廟改充。學生每詢城隍之歷史，愧無以詳釋。問道於愚，已略答之。終嫌草率，未盡所懷。而興趣由是觸發，欲成一文，附於史學年報之後。故復以月餘之工，續檢各省方志，全唐詩文，釋道藏以及說部等書。所見城隍傳說，不問邪正，兼收並錄，成稿日累，遂覺爲難。雖知罣漏尚多，而此後暇時難得，不使遷延。姑纂成篇，以就正高明焉。

一　起源考

1　城隍神起源之時代

城隍之起源，先儒紛紛其說，有謂始於堯者，有謂宗於古蜡者，有謂始於漢者，有謂始於魏晉南北朝，亦有謂始於唐者。王崇簡冬夜箋記曰：『城隍之名見於易，若廟祀則莫究其始。記以天子大蜡八，伊耆氏始爲蜡（「原」註：伊耆，堯也）；蓋蜡祭八神，水庸居七。水則城也。庸則隍也，此正祭城隍之始』（頁二五，說鈴本。版本備考第一次）。孫承澤亦曰：『（上同）作秋傳，「鄭災祈於四鄘，宋災用馬於四墉」，皆其證也。庸字不同，古通用耳。由是觀之，城隍之祭，蓋始於堯矣』。（作明夢餘錄卷二二頁四古香齋本。以後省卷字）。

案王孫二氏以城隍之祭始於堯，未免附會。說文，「墉，城垣也；城，以盛民也。隍，城池也，有水曰池，無水曰隍，易曰「城復於隍」」。觀墉城二字之古文，似爲象形之狀，可以想見古代城池，由於掘土版築而成。故有築土之城，即有掘土之隍。城字墉字，金文有之，不見甲骨文；隍字二者皆不見，蓋其起源不甚古。呂氏春秋君守篇，謂「夏鯀作城」，其不足憑乎？若「城復於隍」，即本周易上經泰上六，城復於隍，勿用師」，意為城土頹圮，復反於隍，不可用師；此「城隍」二字見經傳之始。「城隍」二字聯用，始見班固西都賦序：「京都修宮室，浚城隍」。其後梁書陸倕傳，『師氏更修城隍為備禦』（[illegible]頁四下圖書集成本），以至唐寒山詩『儂家暫下山，入到城隍裏』（寒山詩二九頁五七下，石印本），皆為城池或城市之意，而無神之意義也。禮記郊特牲篇，「天子大蜡八」，謂所祭有八神。唐呂溫以水庸為城隍之祭（參宋趙與時賓退錄八頁五一，古書叢刊本），王孫諸氏承襲之。今案鄭注，「水庸，溝也」，意即洩水之溝渠。是水庸之祭，方之城隍，義殊不類，不能附會。孫氏所考，宋災出於左傳襄公九年，鄭災出於昭公十八年。四鄘之義，據鄭注孔疏，意即四城；而惠棟左傳補注，謂「鄘，水鄘也」（五，頁十七，守山閣本）。傳所言鄭宋皆火災，為火災而祀水溝，較孔疏所謂「祀四面之城」，於理為近。故方承觀曰：『城隍之神，不見於經』（五禮通考四九頁四五，乾隆間刊本）。伊耆二字，原註「古天子號」，有謂為神農，有謂為帝堯，說殊未定（詳參註疏，）

然則王孫二氏附會經傳，以為城隍始於堯，不足為據矣。

始於堯之說不足據，又有謂出於古時國門之祭者。宋羅濬等寶慶四明志城隍條云：『古者諸侯既立社稷，又為國立五祀：曰「司命，曰中霤，曰國門，曰國行，曰公厲」；鄭氏謂「國門為城門」，則今之城隍是也』（二頁三，宋咸淳本）。又或言『天子七祀有禁門，附祭京諸門，郡縣亦各祭其城門』（光緒吉安縣志三頁四廟碑記），皆溯源於古禮，似非無因。然顧炎武謂『鄭氏以國門為城門，則始有祭城之說，而非以為一國之主』（求古錄頁三五，行素草堂金石叢書本），即不以此說為然。今案城隍與城門，意義不同；且唐既祭城隍矣，而又有禁門之祭，則溯源古禮之說，又不足據矣。

溯源古禮之說不足據，又有始於漢代之說焉。元王惲汴梁路城隍廟記：『汴梁之廟祀城隍，其來尚矣。……世說秦功臣馮倚，見夢於漢高帝曰：「奉天帝夢與王知，領城隍陰事」，雖儀恍不可致詰，然自漢至今，遂為天下通祀』（秋澗文集四十頁十三，四部叢刊本）。宋前詔重修城隍廟記：『長樂圖經云：「漢周苛為項羽所殺，命州縣皆附郭立廟」，則城隍之祀，殆始於漢歟？』（同治長沙縣志十二頁一〇三）是尚猶移之詞也。道光永州府志乃下斷語曰：『考城隍之文著於大易，而祀始於漢』（六頁五下）；同治贛州府志亦曰：『城隍之祀厥自漢，啟於唐宋』(十三頁六下)。然考其實，元王惲稱世說所謂秦功臣蕭何之事，史記漢書中無考，世說新語亦不載，故自言不可致詰。可置勿論。宋前諸所引長樂圖經，只見廟祀，未名其神曰城隍，又可勿論。且指定人名爲城隍神之說，如春申君，紀信，灌嬰等，皆爲唐宋人傳說(詳後)，不能爲城隍始於漢之證。惟通典州郡典引『鮑至南雍州記云：「城內見有蕭相國廟，相傳謂爲城隍神」』(一七七頁二下，九通全書本)。今此書久佚，鮑至生卒時代不可考，觀隋唐志排比之序，及太平御覽所引，有「高齊之後」句(一七八頁八下，日本刊本)，則鮑至蓋爲隋初時人。隋初時人記漢代傳說，猶之清人謂相傳宋元某事如何，其不足爲城隍始於漢之證，又灼灼然明矣。

始於漢代之說不足據，又有始於魏晉六朝之說焉。宋趙與旹謂『城隍廟莫詳事始。……唐李陽冰謂「城隍神祀典無之，吳越有爾」。然成都城隍祠，太和中李德裕所建；李白作韋鄂州碑，謂「大水滅郭……言于城隍」，……杜牧爲黃州刺史，有祭城隍神文，……則不獨吳越爲然。又蕪湖城隍，建於吳赤烏二年(二三九)，高齊慕容儼梁武陵王祀城隍神，皆書於史，又不獨唐而已』(賓退錄八頁五二)。此即向謂城隍之起原，由唐而至六朝三國也。其後大明實錄載洪武二年命禮官考古制，張鼎思琅琊代醉篇(二九頁十二，日刊本)，與孫承澤等，皆輾轉鈔襲，忘其所本。故圖書集成禮儀典一二三九，謂蕪湖城隍廟建於吳赤烏二年，所據爲太平府志。今光緒間重印康熙本，雖有此說，而蕪湖縣志及黃梓重修城隍廟記，皆未言及，殆亦以爲不足憑矣。若以此爲憑，則方志言城隍之建築，尚有早於赤烏二年者，如光緒上虞縣志(三二頁七下)，謂「虞有城隍廟，建自後漢」，光緒浙江通志(二二一頁三)，謂始寧城隍廟，「創於東漢」，他如民國廬陵縣志(十三上頁四)，謂「創於東晉」，乾隆福州府志(十四頁五)，謂建於晉太康中遷城之後。此皆沿爲附會，無以徵信。故上虞志備考云：『上虞縣治，係唐時移置，今城隍廟云創自後漢，疑誤』(二頁四)。以此例彼，其他數處所紀者，皆可不言而喻。然則城隍始於吳之說，又不足據矣。

但慕容儼祀城隍，見於正史。北齊書儼傳：『大保二年(五五二)，……儼鎮郢城，……梁大都督……任約，率水陸軍奄至城下……又於上流鸚鵡洲上，造荻洪，竟數里，以塞船路。人信阻絕，城守孤懸，衆情危懼。城中先有神祠一所，俗號城隍神，……乃相率祈請，冀獲冥佑，須臾，衝風歘起，激，漂斷荻洪。約復以鐵鎖連緝，防禦彌切，儼還共祈請，風浪夜驚，復以斷絕，如此者再三，城人大喜，以爲神助』(十七頁七下)。北史(五三頁二)所載，與此相同。南史邵陵王綸傳，又云『大寶元年（九五〇），綸至郢州，……祭城隍神，將烹牛，有赤蛇繞牛口出』（五三頁八）。隋書（二三頁七）五行志，並記載之。考此兩事，同在郢州，年代亦近，蓋同出一源也。先是魏書（九頁二下）孝明紀云：『熙平二年（五一七），詔州鎮城隍，各令嚴固，齊會聚集，糾執妖訛』，此所謂嚴固城隍，不必為祀城隍之義。而鮑至南雍州記所云，可作旁證；故顧炎武曰：『予考其云亦為年者，固不足憑，而大約起於南北朝之世』（求古錄頁三四）。余按此種傳說，既一見於北齊書，二見於南史，三見於北史，四見於隋書，而又有南雍州記作旁證；其傳說之價值，雖不必高於稗官小說或方志所載，而皆唐以前書，則謂城隍神之起源，始於六世紀中葉，或始於齊梁之世，當可無疑也。

至若宋陸游德寧縣重修城隍廟記（渭南文集十七四部叢刊本），元余闕安慶城隍顯忠碑（青陽先生文集二四部叢刊續編本），清劉一麟城隍廟記（乾隆順天府志三二），皆謂城隍肇於唐，蓋又不免囿於李陽冰之碑文所述矣。

2　城隍神傳說所祀之人氏

城隍神之傳說，雖起源於齊梁；然世傳城隍神如紀信灌嬰等，皆秦漢時之人，不加考證，則起源時代之斷定，仍易於動搖。今按南雍州記，謂相傳蕭相國為城隍神，相國即蕭何，從現存史料觀之，此指定人名為城隍神之最早者。至唐宋之間，則有言祀春申君，紀信，龍且，蘇緘等人者，時代愈後，所祀之人愈多矣。

唐吳郡太守趙居貞春申君廟碑記，謂『春申君正陽而坐，朱英配饗其側，……宜正名於黃相，削訛議於城隍』（全唐文二九六頁十二下，廣雅書局重刊本）。按記中謂「宜削訛議於城隍」，是居貞不以訛議為然也。故歐陽棐集古錄目謂『吳郡有春申君故宮，後人因以為廟，俗譌謂之城隍神』（三頁十七下，行素草堂金石叢書本）。至宋范成大吳郡志（十二頁十下，烏程張氏宋本），王象之輿地紀勝（五頁十九，清道光重刊本），則徑謂春申君廟為城隍廟，毫無疑惑之意。明之中吳紀聞，又略加考證，謂『姑蘇城隍廟神，乃春申君也。按史記，春申君初相楚，後請封於江東，考烈王許之，因城故吳墟，以為都邑。吳郡志亦云，『春申君嘗造蛇門，以禦越軍，其廟食於此也固宜』（一頁十二下，涵芬室叢刊初編本）。經此考證頌揚，前此所謂訛傳，淘汰無存，而後琅琊代醉篇及今吳縣志（七八頁八一下），俱錄其詞，奉若天經，由是春申君為城隍神之傳說，蔓延不滅矣。

春申君之外，有祀紀信者。唐盧藏用紀信碑，略言『有漢忠烈，姓紀名信，官族代載，史失其書。……歷載數百，莫能表之。……紀公之墓，無而不斷』（唐文粹五三頁六至七，四部叢刊本）。於是立碑以紀之云云，是不過欲彰其忠烈，而未云祀爲城隍也。紀信爲漢高帝將，漢楚爭衡時，項羽圍滎陽甚急，信飾爲沛公衣冠，詐允沛公許降，沛公脫圍，楚人往觀識其非，縱火焚之，事見漢書高帝紀，而史遷班固皆未爲立傳。至唐長安二年（七〇二），盧藏用立碑於河南滎陽（參金石萃編六五頁一至二，掃葉山房本），僅欲顯其忠而已。而宋人輿地紀勝，謂英德府「城隍廟，其神漢紀信也」（九〇五頁八下）。陸游寧德縣……廟記，謂『故時祀紀侯爲城隍神，莫知其所以始』（一七頁五），寶佑四明志，謂「俗傳神姓紀名信」（二頁三），元袁桷等纂四明志，謂「舊志云祀漢紀信，殆不可考」（十五頁二下），是自唐至元，尚疑惑不定也。後世畢關縣志，漢中續修府志，鄞縣志，滄州府志等，則皆信之不疑矣。

徐中信與紀信之外，又有祀灌嬰之說。唐劉騊袁州城隍廟記云，『袁古之城壁，……大將軍灌嬰所築，……古今得以灌將軍稱祀焉，……所以報其固護城池，而福及生人也』（全唐文八〇二頁七）。此說則全定於唐，非前此二人唐代有訛傳，而唐宋間人實成之。顧唐人之言雖如此，宋人亦有致疑者，如賓退錄云，『考紀及傳，灌嬰蹤跡，未嘗到江南，（章貢志宋李聖獲）鑿空著書，可付一笑。洪駒父豫章職方乘，亦謂灌嬰在漢初定江南，故祀以爲城隍神』（今江西諸縣城隍，多指爲嬰，其實非也』。案趙氏之言雖如此，而一人懷疑之力，終屬微薄，故後南昌府志，吉水縣志，建昌府志，廬陵縣志，新建縣志等，皆謂城隍神爲紀信。惟同治贛州府志云「其說甚幻，然從來久矣」（十四頁十四）。山西通志所載，多有灌嬰廟，然並未祀爲城隍神也。

灌嬰之外，又有祀龐玉之說。梁開平二年吳越王〔錢〕鏐重修城隍廟記兼奏進封崇福侯廟記云：『故唐右衛將軍總管龐公諱玉，頃握兵符，首臨戎政，披榛建府，哺綏仁民，……屬鏐愛戴，黔庶謳謠，尋而罷市興嗟，餘芳不泯，衆情追仰，共立嚴祠』（金石粹編一一九頁二下），王昶謂立祠之時，『即在龐玉身後，其事當在唐初』（同上頁三下）。龐玉行誼，詳見唐書忠義龐堅傳（一九三頁一下），顧炎武，朱彝尊，錢大昕，洪頤煊，陸增祥等，並有所考證。以玉嘗守越州，且有善政，死後州人德之，祀爲城隍神，此始於五代之說也。

亦有宋人而祀宋人者，如宋史忠義傳，載蘇緘知邕州，蠻人入寇，緘堅守城，迄城陷，殺其家三十六人，縱火自焚。『緘沒後，交人謀寇桂州，行數舍，其衆見大兵從北來，呼曰，「蘇城隍領兵來報怨」，懼而引歸，邕人爲緘立祠』（四四六頁四下），又范旺傳，「旺守城死，邑人爲設像城隍以祭」（四四九頁三）又『濟熙間，李異守祁舒，有德於民，去郡而卒，邦人遂相傳爲城隍神矣，尤涉妄不經也』（實退錄八頁五五）。綜觀以上所述，指定某人爲城隍神，除南雍州記外，多淵源於唐，發生傳說；而唐宋間人以訛傳訛，信之不疑。其人雖有生於漢代以前者，而爲城隍神之傳說，則見於唐宋以後，故前謂不足爲漢有城隍之證也。唐宋以降，指定人名爲神之說，日益紛雜，爲省繁文，共列一表於后：

附城隍廟崇祀之人考略

人名	崇祀理由	地城	備考
蕭何	不詳	河南南陽襄陽穀城	鮑至南雍州記，實退錄八頁五四。
春申君	初城吳郡，並嘗重蛇門，以禦越軍。	江蘇吳縣	見前，並參實退錄所載之地城。
紀信	以死脫漢高祖之圍，唐人嘉其忠烈，故廟祀之。	鎮江太平華亭蕪湖漢中鄭縣灌川…	同上
灌嬰	曾築洪州城牆，故祀之。	江西各縣多祀之。	同上
龐玉	嘗守越州，惠澤在民，邦人追懷，故廟祀之。	浙江山陰	同上，又見會稽志六頁四下。
范增	不詳	安徽和縣	實退錄八頁五四，「和州爲范增」。
英布	不詳	江蘇儀徵，六合。	同上，「眞州六合，以爲英布」。
姚弋仲	不詳	湖北陽新	同上，「興國軍爲姚弋仲」。
蘇緘	殉節邕州，邑人祀之。	廣西邕寧	見前
范旺	守城死。		同上
馮倚	不詳	河南開封	元王惲汴梁城隍廟記，見前。
周苛	不詳	永嘉	實退錄及求古錄頁一五並謂永嘉爲周苛。
龍且	不詳	四川潼川	潼川府志五頁三七
桓彝	不詳	安徽宣城	太平廣記三○三頁一下，宣州司門條。
白季康	不詳	江蘇溧水	實退錄「溧水白季康，唐縣令也。」

趙汝濶	生爲太守，死作城隍。	湖南澧縣	宋洪邁夷堅續志後集二第一五五條（適園叢書本）
李異	有德於民，去郡而卒，相傳爲城隍神。	安徽舒城	實退錄同上
屈坦	生有神變，能生雲雨，後以故居爲州治，祀爲城隍。	浙江臨海	輿地紀勝十二頁二十下，實退錄，浙江通志二一七頁三八一一（商務影印本）
聶炳	以守城死賊，祀爲荊門城隍。	湖北荊門	湖北通志三一頁九八。（同上）
秦裕伯	不詳	上海	嘉慶松江府志十八頁八下，上海縣志三一頁十九，新聞齋筆記二頁十下，（筆記小說大觀本），並參本文神話傳說節。
周新	永樂中爲御史，以剛直不阿殺身，謂上帝命爲城隍。	浙江杭州嘉興紹興廣東南海	瑯琊代醉篇，七修類稿一頁三，嘉興府志十頁八，康熙錢塘縣志十三頁二下，吳山城隍廟志（共四卷）。…
茹侯	英烈忠毅	浙江定海	大德昌國州圖志一頁五，實退錄同上。
應知預	屯兵爲備，保障一方，生爲刺史，歿爲城隍。	江西高安應城	實退錄同上，乾隆南昌府志二二頁十六。
張松溪	明太祖鄱陽之役勤戰，自云鄱陽城隍	湖北黃陂	同治黃陂縣志二頁三四上。

沈恩	爲官忠直，崇禎六年敕命爲城隍。	江蘇青浦	號仁甫，明宏治丙辰進士，官四川左布政使，見松江府志十八頁二六。光緒青浦縣志三頁十二，新聞齋筆記三頁七。
劉鶚	創縣治，卒後邑人思之爲立廟。	福建古田	乾隆福州府志一五頁一下。
楊公	宰是令，殁卒，邑人奉爲邢臺城隍。	河北邢臺	順德府志十五頁四五。
游茂洪	功德在民，民祀以爲城隍神。	江西建昌	實退錄「南豐游茂洪，開元間曾知縣」。又見建昌府志九頁三三下。
陳正中	爲人剛直廉若，而死即見入城隍廟。	福建上杭	黎士弘仁恕堂筆記頁十：「訓死之日，有市民晚起出戶，見公乘輿入城隍廟，並訓此事上杭人多能言之」。（道光東武劉氏刊本）
胡鵬南	不詳	福建連江	李調元淡墨錄十三頁一（函海本）
朱亮祖	不詳	安徽寧國	明朱國禎湧幢小品頁三下，「寧國爲朱亮祖」，今嘉慶寧國府志，無此一說。
毛國鑑	不詳	江西省城隍	吳震方編則心寶鑑二頁十。

3 城隍神傳說起源之地域

城隍起源之時代與崇祀之人氏，既略考於前，則其起源之地域，易於核定。就起源時代觀之，六世紀中葉兩種傳說，即慕容儼與梁武陵王祀城隍之說，皆在郢城，今湖北武昌附近。就最初崇祀之人觀之，南雍州記所述之南陽，在今河南。春申君，紀信，灌嬰等人之祀，在今江西，安徽及江浙一帶。從各省方志觀之，唐宋以前之古城隍廟，多在江浙，兩湖，江西，安徽，福建及河南各省。其他則多修於明代。若取數省通志，見其紀城隍修築年代者統計之，則浙江通志中之城隍廟，建於後漢者一，建於唐五代者各五，建於宋者二十，元代五，明代三十二，清一，不詳建置年代者八。從湖北通志統計之，則建於唐者三，宋代無，元代者三，明代四十三，清十七，不詳者十。從畿輔通志統計之，僅有建於金者一，元代三，明代百有五，清十五，不詳者十七。從廣東通志統計之，建於宋五代者僅二縣，元三縣，其他七十餘處之城隍，則皆建於明清二代也。從廣西通志統計之，僅有元代者二，明二七，清二四，不詳者三五。雖太平廣記有羊城使者爲城隍之傳說，而廣東通志不載。雖李商隱祭城隍文，有四篇作廣西桂林一帶；而廣西通志所載城隍廟，皆以後另建，新舊不接，無法統計。再觀甘肅新疆西藏數省，雖甘肅新通志（二九頁十七）載寧夏城隍廟建於唐，而西藏與回疆兩通志，多載關帝廟，僅哈密有一城隍廟。承德府志，載乾隆二十七年，始建一廟。從中北之部觀之，東三省之城隍廟，多建於清朝，亦有建自民國，更有無城隍廟者。如民四纂修之寬城縣志，載有關帝廟十三處而無一城隍廟是也。故城隍地域之起源，非始於黃河流域，非始於珠江流域，乃始於長江流域也。蓋由中國中部，而後東南而北方，而西北東北：其最早之省區，則湖北，湖南，江浙，江西，安徽，福建等省是也。此中原因，殆因會稽俗多淫祀（見後漢書第五倫傳），故『吳俗畏鬼，必州縣必有城隍』（太平廣記一〇三第一條）。兩湖多爲古楚地，楚俗信巫尙鬼，離騷已詳紀之。江西爲道教發源地，城隍與道教，關係較切（詳後），故此數省，淫祀濅盛，傳說亦較早也。

今乘考地域之便，可訂先儒之失者，略附說之。李陽冰城隍廟記，謂城隍神祀典無之，吳越有爾。趙與旹舉蕪湖城隍廟，及張說李商隱祭文，以證其失，實則元和郡縣志，開元禮，通典等書，皆不言城隍。伯希和跋沙州圖經，謂其中分有「市觀城隍」，今檢敦煌石室遺書本，其中未見有城隍。敦煌二種，有『神力不經彈指間，須臾即至城隍廟』（頁二下，敦煌拾遺本），又非指城隍神，是知陽冰所言，未爲大失。兼知城隍廟之祀，唐代尚甚未普遍也。歐陽修集古錄跋李陽冰碑，謂宋非止吳越有城隍，天下皆有，而縣則少，語頗謹嚴。陸游寧德縣廟碑，謂唐以來郡縣皆有城隍；秦蕙田謂『京國郡邑，無乎不徧』（五禮通考四五頁三三下），斯則不確矣。蓋今世城隍廟，尚有多縣未建者，如河北之朝陽，赤峯，豐甯，灤平，平泉州等處，光緒畿輔通志，則言未建；他若東三省新疆西藏等處，更無論矣。反之有一城數廟者，如懷來城隍廟，在縣城內東南，而新保安及沙城東堡皆有廟（縣志五頁十三下）。一城之中，有府城隍廟有縣城隍廟者，有新城隍廟又有舊城隍廟者，有西安府大村落亦有城隍廟者（見石墨鐫華四頁八，知不足齋本），有城隍行宮亦有城隍別廟者，如敦煌縣志所載之行宮、及松江府志之別廟是也。凡此種種，均附述之。

總上三節所考，城隍神傳說之起源，始于六世紀中葉之齊梁，指名某人爲城隍神之起源，多始於唐定於宋，而有傳說之地域，則以武昌附近爲最先，江浙江西安徽等省次之。從大體言之，以長江流域爲最先，黃河流域次之，珠江流域又次之，東三省最後，此本章姑定之結論也。

二　變遷考

1　祀典之變遷

慕容儼與梁武陵王祀城隍，正史書之，翁注困學紀聞（二十頁二十，中華書局本），謂爲城隍神見祀典之始。然大唐開元禮，通典通考及資治通鑑等書，皆略而不載，蓋以史臣不稗官小說而爲之，無足輕重，不能謂爲入祀典之始也。齊梁以後，寂然無聞，降至於唐，乃漸普遍。開元五年（七一七）張說有祭城隍文（全唐文二二三頁六），此爲祀城隍有祭文之始。十五年張九齡有祭城隍文（同上二九三頁六），許遠有祭城隍文（三四五頁二，僅餘「眢井鳴翔，老蛟龍猘」數字，賓退錄八頁五，引作「眢井鳴翔，危堞神護」）。而韓愈（五六八頁十四），杜牧（七五六頁十六）並有之。李商隱祭城隍文，竟有九篇之多（七八一），羊士諤又有城隍賽雨詩二首（全唐詩十二頁三五）。總觀各家詩文詞，大抵爲求晴求雨，或求民康物阜，風調雨順，或求禦盜禳災，陰陽表裏，共負守土之責。而晴雨之祈，佔大多數。主祭祀者，則爲荊，洪，潮，黃，袁，懷，桂數州之刺史，或其他守土之官吏。然祀之固惟謹，而言之則不恭。如李白撰鄂州刺史韋公德政碑，中言鄂州大水滅郭，『韋公抗詞正色言於城隍曰：「若一日不雨，吾將伐喬木焚清祠」！精心感動，其應如響。……驟欲致祭，公又盱衡而稱曰：「……此淫昏之鬼，不載典祀，若煩國禮，是荒巫風」』（同上三六五頁十二）。

時對於城隍不若後世之尊崇，可以想見。先是乾元二年（七五九），李陽冰縉雲城隍廟記，有『五日不雨，將焚其廟』之句，其措詞之嚴厲，又可想見。幸而巧遇，及期大雨，於是自西谷遷廟於山巔，以答神休。是廟祀城隍，自唐已然；但不知塑像始于何時耳。

嘗觀方志所載廟碑記，有謂城隍塑像始于宋，亦有謂始於元者；就淺見所及，實始於唐。唐趙居貞春申君廟記，謂『大其堂庭，廣修偶像，……更修如在之儀；家閣穆穆，展哀榮也—儀衛肅肅，振威名也』（出處同前）。歐陽棐集古錄跋曰：『居貞廣其制，更易塑像，以天寶十載立』（三頁十七下）。劉驤袁州城隍廟記，有『構斯堂宇，環廊廚院，廳無寢殿，丘雄虹之』數句，段全緯城隍廟記（全唐文七二一頁十二），復有『廟貌如生，像容有睟』之句，則城隍之有塑像始於唐，甚顯明也。且不惟有塑像矣，而且有廚院，有家閣，有寢殿，有儀衛；則城隍夫人，雖無明文，似亦有之，此皆考祀典變遷之嘗留意者也。唐昭宗光化元年（八九八），已封華州城隍神為濟安侯（據後馮伸華州城隍神新廟記，見金石萃編一五六頁三），是封賜之事，亦肇於唐矣。

降至五代，封賜較多。梁開平二年（九〇八）吳越王錢鏐，嘗於鎮東軍（今紹興）臥龍山上，重建牆隍廟，奏請以故唐右衛總管龐玉為牆隍神，封崇福侯。撰文並勒石廟中，文見金石粹編（見前）及紹興府志。其所以稱「城隍」為「牆隍」者，因朱溫之父名「城」，故避諱改為「牆」，詳參顧炎武金石文字記（五頁二六，亭林先生遺書本）及趙紹祖金石續鈔（二頁四四至四七）。考此碑立於五代首基第一年，文中已謂『殿堂隆邃，儀衛精嚴，式修如在之儀』，復修日「重增儀像」，又可為唐朝有塑像之旁證。至謂表論降崇封，在梁開平二年，五代會要（十一頁十，墨海金壺本），謂在元年，似相牴牾。然細察之，殆敕封在元年，而立碑在二年也。至後唐廢帝清泰元年（九三四），『詔杭州城隍神改封順義保寧王，……湖州城隍神封阜俗安成王，越州城隍神封興德保闡王，從兩浙節度使錢元瓘奏請也』（冊府元龜二一四頁十二下，[illegible]花謝氏本）。隱帝乾祐三年八月，以蒙州城隍神為威靈王，從湖南節度使馬希範奏請也（會要十一頁十一）。『時海賊寇州，州人禱於神，城得不破，故有是請』（冊府同上頁十五下）。當時封爵之賜，所可知者，如是而已。

宋朝封祀，更形煩雜。宋史禮志所載，『建隆元年（九六〇），太祖平澤潞，仍祭……城隍，征揚州河東，並用此禮。……四年……十一月，詔以郊祀前一日，遣官奏告……城隍如儀』（一〇二頁七），城隍告祭，至此始入祀典。從此知趙紹祖謂『

城隍各邑有廟，而載在祀典，實始於明』（金石文鈔六頁三四嘉慶刊本），爲不確矣。是後封賜孔多，或錫廟額，或封王侯，未命者或襲鄰郡之稱，或承流俗所傳，郡異而縣不同，賓退錄所載，將近百數，故宋史禮志，亦謂『嶽瀆城隍，……封祀之多，不能盡錄云』（一〇五頁末）。惟有一事至要者，即水東日記載范文甫嘗問程伊川到官三日，例須謁廟（三十頁二），是地方官謁城隍廟之說，見於宋朝矣。

元世祖至元五年（一二六八）正月，上都建城隍廟，此見元史世祖本紀者（六頁六）；文宗天曆二年（一三二九）八月，加封上都城隍神爲護國保寧王，夫人爲護國保寧王妃，此見文宗本紀者（三三頁七）。而虞集大都城隍廟記，言之較詳，與紀微異。詞云：『世祖至元四年，……始城大都。……七年，大保臣劉秉忠【等】言，大都城既成，宜有明神主之，請立城隍廟，上然之，……兆於城西南隅，……城隍之廟，設像而祠之。封曰祐聖王。……天曆二年二月，……皇后遣內侍傳旨，……九月，……趙世安等奉敕封神，曰「護國保寧祐聖王」，其配曰「護國保寧祐聖王妃」』（道園學古錄二三頁四，四部叢刊本）。此即今北平都城隍廟之始建，亦即都城隍廟之所由昉也。城隍夫人之封，明見正史，亦始於此。而發軔於皇后之傳旨，豈非女權運動乎。當唐之時，城隍廟有綵殿家屬，吾人不敢斷言有城隍夫人。宋洪邁夷堅志城隍廟探術條，有『乃塑神像夫人之肩』句，則城隍有夫人之配偶，宋已有之。元更有封賜。此後習以爲常，苟無夫人塑像，必加補塑，故有乾隆間知州[illegible]捐建築城隍夫人寢室引（[illegible]州志七頁三）。文中言及『諒內治之宜然，……幸神麻之克御，……無煩少女之古』等語，是以人事而推及鬼神，吐詞良堪發噱。至元史此處列始建廟于至元五年，虞集之記作七年，新元史與舊史同，元典章元史類編不載，未審孰是。虞集爲當時人之記載，想較元史爲確也。

其時封祀之外，尚有賽神之舉。余闕安慶城隍廟碑，謂『五月之望，里俗相傳，以神生之日也。民無貧富咨巷閭出[illegible]神，吹簫代【伐】鼓，百戲遊像，與于國中，如是者盡三日而後止』（青陽先生文集二頁二下，四部叢刊續編本）。明清之時，賽神之風更甚，後當述之。

明太祖定鼎中原，即詔『天下有城池者，咸建廟宇』（同彰德廟碑記見交城縣志九頁二七）。洪武二年正月丙申，封京都及天下城隍神。『上謂禮官曰：「明有禮樂，幽有鬼神，若城隍者，歷代所祀，宜新封爵」，遂封京都城隍神爲承天鑒國司民昇福明靈王，其在北京開封府者，封爲承天鑒國司民顯聖王，臨濠府爲承天鑒國司民顯佑王，太平府爲承天鑒國司民靈佑王』（大明太祖高皇帝實錄一八頁九。北平圖書館鈔本）。其餘各府封公，各州封侯，縣封伯。又從禮官之請，以城隍及太歲等神合爲一壇，春秋祀之（春明夢餘錄二二頁五）。三年定制，京都祭太厲，歲以清明及十月朔日，以都城隍主祭（明史五十頁五禮志）。醴陵縣志：不知城隍主厲壇祭祀，始于何時，蓋失檢也。是年又正城隍神號，命從祀于山川壇（弘治大明會典八二頁十七）。旋詔革封號，止稱某州某府某縣城隍之神。未幾復降儀注，『凡府州縣新官到任，必先齋宿城隍廟，謁神與誓，在陰陽表裏，以安下民』（夢餘錄同上）。六月二十一日，又令各處城隍廟，屏去閒雜神道，府州縣廟宇，『俱如其公廨，設公座筆硯，如其守分，毀其塑像，舁置水中，取其泥塗壁，繪以雲山，其在兩廡亦如之』（邱濬大學衍義補六一頁六，瓊州刊本），此明太祖對于城隍之政令也。

綜合觀之，太祖初令建廟，繼仍元制加封號，尋去之，繼令守令到任，先謁城隍；繼又令毀偶像，是洪武之于城隍，改革不爲不多矣。自其令官謁廟而言之，可謂尊崇；自其令毀偶像而言之，可謂抑壓。自時厥後，城隍之祀，盛耶衰耶？不無疑問。觀方志載各處城隍廟，多建於明初，此爲盛狀。因前此君主之於城隍，從未見有號令全國普遍建廟也。城隍偶像，今皆有之，何時恢復，史文不詳，又啟疑問，而其考證，則非數語所能決矣。

顧炎武論城隍，謂『惜乎今之有司多不達者，往往妄爲衣冠之像，甚者又誤爲夫人以配之』（日知錄之餘三頁二，吳興劉刊本）。炎武明末清初時人，所謂「今之有司」，當指其時而言也。然明宣德九年（一四三四）有「指揮使西賓塑神像」之舉（松江府志一八頁一），正統十年（一四四五）有「陸奇裝塑神像」之舉（寧波府志十頁二下），景泰二年（一四五一）有涿州城隍祠神像，煥然一新之文（河北涿州志三頁二二），天順二年（一四五八）有高唐州城隍廟『增置兩司，……添塑神將兵像』之舉（光緒高唐州志四頁四），又有『神像鑄金爲之，文曰都城隍廟，正德五年造』之文（湖南通志頁一六九四），是知城隍塑像之恢復，必非在顧炎武之時。炎武之言誤矣。然此非本人之誤，乃因其錄菽園雜記（三頁四下，守山閣本）之詞也。春明夢餘錄載『都城隍廟，在都城之西刑部街，明永樂中建，中爲大威靈祠，塑都城隍神像，後爲寢祠，左右爲掌善惡二司』（卷頁同上）。其後宣德五年，正統十年，嘉靖二十七年，雍正四年，乾隆二十九年，皆屢加修葺（詳見日下舊聞考五十）。同治十年燬于火，僅存正殿（見天咫偶聞五頁一），現已改作公安局區署，不能入內參觀。詢之門警，正殿塑像皂隸，儼然猶存，永樂間重修，已塑城隍神像。是永樂以後，即漸復塑像矣。

洪武二十一年（一三八八），定城隍之祀，『春附祭於郊。

秋祭仍舊，後又罷。惟每歲八月祭帝王後一日，遣南京太常寺官致祭』(大明會典同上頁十九)。祭祀之禮樂儀節，詳見大明集禮王國祭城隍儀，茲不贅述。『世宗嘉靖九年(一五三〇)，罷都城隍郊壇從祀，歲以仲秋祭於廟』(會典同上)。是明代祀城隍，皆每年二祭或一祭也。乃小知錄載東莞城隍，又有一異聞焉。

『洪武二年，上在朝陽殿夢東莞城隍及靺鞨山土地云：『歲中致祭無祀，一次不敷，乞敕有司一年祭二次，庶幽魂得以均沾』。上覺而異之，召禮部議，詔天下無祀者，歲中清明日七月望日十月朔日致祭，著爲令(六頁十二，寶玉山房本)。近修東莞縣志(十八頁二下)，言之更詳。並載洪武三月十五日封賜。檢大明實錄，實無此事。而邑令沈曾同重修城隍廟記，至謂『迄今無祀鬼神，歲得三祀自神始，而城隍之神錫伯爵，號顯佑，亦自東莞始』(頁三下)，此誠無稽之談，不經甚矣。

然本文所記不經之言，尚不止此也。陔餘叢考(三二，頁二七甌北全集本。)引夷堅志有鄱陽城隍誕辰，城隍有誕辰，始見於此。其後各處傳聞不同，日期亦異。有以五月十五爲神誕者，安徽安慶浙江東陽是也(見元余闕碑，無[illegible]九頁九下，及浙江通志頁二八二四)。有以五月十七者，浙江新城縣是也(浙通三七五九)。有以五月二十八者，河南歸德是也(乾隆歸德府志一六頁五)。有以八月初二者，陝西陽縣是也(漢[illegible]修[illegible]志一四頁三七)。有以九月初九者，湖北荊門是也(湖北通志二一頁九八〇)，有以九月十二者，浙江會稽是也(會稽志六頁四下)。其他異說，不及備錄。當明朝初年，以國家功令，定每歲以五月十一日爲都城隍誕辰(王圻續通考一〇八頁八)，其後宏治八年(一四九五)，倪岳等議復張九功請正祀典疏，以爲『城隍之神，非人非鬼，安得誕辰，可謂謬妄』(皇明疏鈔四八頁三七，明刊本)。遂罷之(同上，通考)。然觀明清神誕日期，有如上述之多，可見遵行未久，施行未廣也。

清順治二年八月二十七日，祭城隍之神，遣太常寺堂官行禮，是後歲以爲常。八年題准　凡遇萬壽聖節，遣官致祭(圖書集成禮儀典二三九)。雍正四年議准，『嗣後祭都城隍，前期太常寺開列部院尚書左都御史題請，欽派一人致祭』。同治七年，禮部飭知，城隍祀列地祇，並非人鬼，嗣後不得稱公侯伯爵等字樣(光緒大清會典事例四四四頁四五)。光緒五年，以湖南有靈，永濟府城隍廟，加「廣澤」二字封號，御書「百福來綏」匾額；縣城隍廟，加「綏靖」二字封號，御書「留甘餘慶」匾額，俱懸於廟中(永濟縣志十二頁二七)。蓋至清朝，匾額之封多有之，公侯之封，則不經見也。光緒十年，定年每十月十日，慈禧太后萬壽聖誕，遣官致祭於都城隍廟，其祝文與歲祀祭文均甚簡單，僅言『惟神正直，質贊靈化，捍禦之功，都邑所賴。祇嚴歲祀，用答神庥，尚其歆格，永福黎庶，尚饗』（同上，一〇六五頁九）。而地方祭文，則名目繁多，如光緒撫江縣志，有祈捕蝗蝻告城隍文（十五頁十二），有疫厲告城隍文，甚至有修邑乘告城隍文。增修登州府志（十二頁，下至四）禳神隍文，則洋洋數百言，多抄自大明會典，略加點竄。因會典及通禮，止載京師都城隍遣官致祭之禮，省城隍合祀神祇壇，惟每月朔望守土官詣廟行禮，遇兩暘愆期，則禱於廟，他無定例。故地方祀城隍，依歸流俗，多有會典所未載者。如天咫偶聞所記，清明日南城城隍廟厲壇（十頁十二），五月初一至初十日，都城隍廟廟市（七頁十二），七月十五城隍廟赦孤（十二下），十月初一又有城隍出厲壇（十三），都門紀略雜詠頁九，言[illegible]城隍又出巡，旌旗蔽日少風塵，可憐多少如花女，愛作披枷帶鎖人」，此則天威咫尺之地，流俗行之，而會典所不能紀也。考都城隍廟市，明朝已盛行，五雜組，野獲編，日下舊聞，均詳言之。今北平已衰，而上海城隍廟市仍盛，古董玩器，不亞明代之風。至於出巡，京師以十月，宛平縣以四月二十二，大興縣以五月初一（燕京歲時記，頁六下光緒間刊本）。薊縣以清明日，清高宗有詩紀之（道光薊州志，頁十三下），清嘉錄卷二，記山塘看會，述吳中風俗，亦以清明日出巡，描述極詳。安徽黟陽，則以五月十五日為神誕期，『率以出巡，儀衛煊赫，好事者陳各戲以隨，爭奇鬥巧，萬衆聚觀。鼎沸者近十日』（同治黟縣三志九頁九下）。此皆不見祀典，而民間行之者也。其他崇祀之俗，幽微已歸納之，略謂『府城隍香火之盛，什伯於他神祠，……五節八壇，則舁二堂之像，俗呼「出會」，……人病，其戚若友聯名具疏於廟，以祈神佑，謂之「保福」……告疾謂之「拔狀」。或許願於神，病既愈，富室召優伶演劇供獻冠袍，鞾履。貧寒之子亦必倩祝史獻牲，謂之還願，無日無之。女子為後宮侍從，男子為廊下隸卒，署名腰牌上，注服月日年紀，其人死即肖像於廟，或病人時允罪人，有眾生為神犯者。有滿五年三年為滿者謂之「時犯」。遇清明節，殿前香火，焚化批文，名之曰「犯人香」，七月半十月朔節亦如之』（[illegible]，頁十三）。是民間祈祀之繁，較之會典所定，相差天淵矣。

總上祀典之變遷，唐朝則有祭文有廟祀，有塑像，有家廟儀衛，有封賜；五代及宋，封祀更多。元並封及夫人且有賽神之俗。明初仍加封，繼去封號，毀偶像，永樂以後，又恢復偶像。而主祭壇，開廟市，皆始於明。清仍明舊，惟民間祭祀之俗，日益繁多，此時代愈後積習日深使然也。

2 神話傳說之變遷

關於城隍之神話傳說，說部志乘，言之甚多，不能悉錄。今將各朝，攄拾數事，以明演變。其說之不經，固無俟言述，聊當姑妄言之，姑妄聽之可也。

唐代以前，慕容儼與梁武陵王祀城隍之神話，已屢述於前；李陽冰禱雨之詞，亦無庸贅述。前所未及者，如『唐洪州司馬王簡易，嘗得暴疾，…夢見一鬼，…手執符牒云：「奉城隍神命來追王簡易」…』（太平廣記一二四第一條）。又『開元末，宣州司戶卒，引見城隍神…』云云（同上三〇三第一條），是唐時城隍已主冥籍矣。唐裴鉶傳奇，載崔煒之入趙佗墓，遇羊城使者，因得歸。後謁城隍廟，見其神類使者，乃具酒肴以祭，因廣其廟（同上三四第二條）。是唐時城隍司土地之職也。唐尉遲樞南楚新聞云：『咸通中，有姓介朱者，…家於巫峽，禱於白馬神祠，忽聞神語曰：「愧子頻年相知，吾將爲湖南城隍神，上帝以吾有薄德於三峽之民，遂此陞擢，故明言與子別耳」』。（三一二第七條。案此節引廣記多條，不引原書者，因原書亡佚，或今本從廣記轉出數條，遺漏未載）。是唐時城隍有升遷之事也。廣異記又稱開元中，黃河之神，欲毁滑州城以爲河道。城隍欲與之戰，恐不克，乃「紫衣朱冠，通名參謁」刺史韋秀莊，求以二千人助戰，果得勝，河水乃漸退（同上三〇二第三條）。案城隍衣紫衣之說，始見於此。昭宗乾寧三年（八九六），藩臣李茂貞犯京師，韓建請昭宗幸華州。夜禱飼謁行宮，欲刺殺之。將及御屏，有神人厲聲曰：「汝陳許間一卒爾，蒙天子厚恩至此，輒敢爲弒逆事乎？」建倉皇出，明日訪之，迺華之城隍神云（詳見金石粹編一五六頁三）。是城隍爲地方保護之神也。但此事本紀書於乾寧四年，自不能言城隍事，五代史韓建傳，載其父謂建語，與城隍叱退之語略同，或作碑文者因其父之語而加以附會也。

宋徐鉉稽神錄曰：『僞吳玉山主簿朱拯赴選，至揚都，夢入官署，堂上紫衣正坐，…起揖拯曰：「君嘗以十千錢見與」，拯拜許諾，遂寤。頃補安福令，謁城隍，廟宇神像，皆如夢中。其神座後房漏梁壞，即以私財葺之，費如其數』（一第一條，學津討源本）。是縣令謁廟，城隍託夢，及衣紫衣之說，又見於十國矣。

陸游鎮江府城隍廟記，謂『城隍神實有靈德…時祈禱禳，昭答如響。昭興隆興之間，虜比入寇，金鼓之聲，震於江堦。…而居處弗懼，疾癘以息，則神實陰相之』（渭南文集十七頁五）。王象之輿地紀勝（七七頁十下），『端康初，有道士設醮伏壇上，…唯二人欣然有喜色，道士問此何人，醮者曰天下城隍神也，……湖海德安二郡之主也。其後干戈假偻，惟二郡無虞』。是城隍爲一方之保護神，宋人又有此觀念；城隍傳、與道士有關，宋時已見其端倪，此則尤當注意者也。趙與旹賓退錄：載『紹興辛未，潼川守……將新城隍祠，夢人齎文書來，稱新差土地』(八頁五五)，此又城隍與土地有關。洪邁夷堅志，載滑世昌以『行醫救人爲生，……淳熙十四年，……夢有客來訪，車騎甚都，通爲城隍神，……云「此邦明歲有非常大災，……以君平時用心仁慈，……上帝敕我救爾一家」。……夜未半，火作於市。……滑居烈焰中，……忽有壯夫數十輩，著紫衣突入，邀上轎，……徑昇至將臺下，相去六七里，……黎明人轎皆不見』(四六頁五下，筆記小說大觀本)。此則勉人爲善之說，神乎其神。並又言其着紫衣。又有建康士人陳堯道，……死後三年，有人夢「爲城隍作門客，掌牋記甚勞」(夷堅乙志二十頁八，十萬卷樓本)。贛州有城城隍廟，元塑兩馬，重修廟宇時，竟忘設置。踰月後，知縣夢紫衣吏立城下，『聲言曰：「出入乏騎乘」，……乃自捐俸錢，……塑飾，……至七月兼旬不雨，致禱祠下，……隨得霑澤』(夷堅志十七頁二，小說大觀本)。是城隍有屬吏皂隸與馬之說，宋時已然。同書九頁二，言朱琮有侍妾，與其妻不相容，凌虐至於自刎，終日爲祟，招閤山道士牒城隍拘縶，終未見效。四八頁七言饒州城隍廟有雀巢，後童欲探乳雀，而高不可升，乃踏神像夫人之肩，攀援而上。像泥遺踐跡落地，一孩旋即病死，其父亦然，是城隍管理鬼祟與神聖不可侵犯之說，宋時又具之。陔餘叢考(三五)引夷堅志，尚有傳說數條，此書今已不全，適園叢書本，十萬卷樓本，小說大觀本，均未尋獲，不錄。三教搜神記義勇武安王條，『祥符七年，解州刺史表奏云：「……自去歲以來，……鹽池減水，……」帝遣使詣詔至解州城隍廟祈禱。使夜夢神告曰，「吾城隍也，鹽之患，乃蚩尤也」』(三頁三，葉德輝刻本)，此亦城隍管一邑之厲鬼。由上以觀，城隍之神話傳說，宋時已甚發達矣。

元于欽齊乘云：『龍興寺東，耆舊相傳，金大定間，益都有潘府尹者，夢見城隍來謁曰：「公昔典郡，枉殺二人，今以相付」。即有二鬼相隨，驅之不去，逾年尹死』(四頁二四)，此元人記金代有城隍司因果報應之說也。

元至正十四年，『寡婦潘阿鬼，夜被偷兒負其資去，黎明告主將，……諭意於神，主將曰：「千里之境，官職其著，神職其幽，……今城境皆有盜寇，且距神宇不遠，……神必潛知之。當三日，倘有以發其伏，使此寇就吾擒，則將再新祠堂，……居三日，偷兒王六果被執獲，一郡驚嘆神之靈驗』(江西通志一四一頁五引元趙鼐重修城隍廟碑)。二十八年，有盜殺縣千片及奴二人，有司繫鄱佑于獄，久加考訊，不能得正兇。乃齋戒沐浴，禱於都城隍廟，同宿廡下，夜聞城隍審判聲，翌日再審，主犯自行指說，從此寃獄得伸，遠近聞之，莫不驚嘆（參日下舊聞考五十頁七下引『傅從政佑聖王廟應助碑』）。「至正中，……盜起江淮，郡縣陷沒者十七八，……大小格鬥，前後百餘。民率祈神而後行，朝卜以戰。則朝而捷……」（余闕碑）。陶宗儀輟耕錄夢條，載應才之婢，爲其妻妬逐，赴水而死，嘉興路城隍司，准海寧城隍司牒，爲婢告官，羈押一十八犯云（十一頁五以下，日本刊本）。是城隍審理陰間詞訟，且有層次階級。其陰陽表裏之觀念，與夫愚民之功用，元代已略具矣。

明太祖鄱陽之役，戰艦失舵，以足代之，洪武問何神助戰，對曰：「臣乃黃陂城隍澳塭土也」（同治黃陂縣志二頁二四下）。永樂北征，彷彿步武中有美髯者，乘大馬持大刀擁兵而前，勢如破竹。凱師犒賞，問之軍中，若有附者云，「臣荊門城隍也」（湖北通志三、頁九八〇）。正德七年，『妖賊李通寶倡亂肆擾，而鬱林城賴神獲存。萬曆間以事聞於朝，加封爲靈佑侯』（鬱林州志七頁三）。同年黃州『強盜壓境，民剄於兵，邑之幼耆及客，相率許于神，曾未浹旬，則電掣風馳，陰加竄逐』（黃州府志三九頁六四下），此城隍保境，或效忠助戰也。

而蕭士熙修廟記：謂『明將軍胡大海攻越，越城隍於空中現巨艦，長丈餘以觸胡，明日戰遂敗』（衡山縣志一九頁一四）。此自明太祖觀之，城隍助越爲不順矣。城隍之威靈如此，故長吏武夫，多敬畏之。如武安侯治大同，不謁神祠，惟騎馬過城隍廟，則舉手曰，「大哥好照顧」，此明葉盛水東日記（十六頁七）所言也。或互相禮敬，如『成化中永州知府楊盛赴任，途有永州太守來拜，問之，云是新除，及相見，言各行其事，無相妨也。楊心知爲城隍神，及抵郡，彼此相拜如前，每行香，則神迓於中門，僚屬皆不見也，人號打鬼楊』（永州府志六頁六）。又有『擢寧都守者，途遇一官，儀仗相同，會詢其故，曰「公主明，某主幽，相對不相妨也」。齋宿會神，舉動如兩賓相見禮，衆訝之，別無所見』（寧都縣志一四頁八下）。皆互相尊敬之例也。

除陰陽分治，效忠保境之神話外，尚有城隍司科場之事者，則明以前未見也。前明科場異聞錄，載正統六年鄉試，太原忻州城外，有文昌行宮，諸生王用予等，先期赴宮宿壇，忽有人促之曰「起！帝君升殿矣。……見天下城隍，呈送鄉試榜冊子」（上頁十四）。野獲編（二八頁六），載嘉靖五年，進士陸郴攜子杏源赴官，比鄰有箕女絕艷，杏源屢欲挑之未果，乃詣城隍廟祈禱，許事成酬謝。及歸，夜寢正酣，忽大叫號，云悲爲城隍神攝去，大怒……檢其祿，則注定甲戌狀元，乃沉吟曰：『是不可殺，當奏之上帝，……須臾，天符下，陸某革去鼎元』。直省科場異聞錄一頁九下，又記吳門王某姦母姨，奪其籍。其他異聞甚多，不及備錄。大抵城隍司彙送鄉試榜册子於文昌帝君，或某人本當中試，而命城隍察其行誼，是否身家清白，行爲良善，以定去留。蓋皆由明清科場習慣，揣摹臆造也。

至於清朝，則神話傳說，與時俱進，凡前代所有者，皆保存之而集其大成；所無者又創造之，由是日積月累，無奇不有：

有城隍爲民伸冤而止巡撫之屠戮者：

順治十年秋，海寇……犯縣治，……總兵官王燝督戰擊師，民聚而詬之。王怒，將之周巡撫，誣民通賊，周惑其說，將俟雞鳴屠之。是夕神降官署，儼立階下，周心動而止，是夜半，仍欲屠之，又見神直視搖首者數四，懼而輟其事。（陳其元庸閒齋筆記二頁十下。）

按此條題爲上海縣城隍之靈異，多錄曹一士頌序略（見松江府志十八頁八下），據言秦景容，諱裕伯，大名人。元至正進士，官至奉議大夫行臺侍御史，延平府總管內勸農事。會世亂，避居上海，題橋見志，世目爲「裕伯題橋」。張士誠據姑蘇招之，拒不往，明太祖即位，命中書省檄起之，固辭不起，居邑之東鄉長壽寺里，歿即葬於其地。太祖敕封爲城隍神云。

有城隍救火者：

繁昌縣保大圩潘姓者，族衆數百戶，大清康熙九年二月間，妖火爲祟，現男女二形，沿燒不止。里民……禱於邑令韓[illegible]敬禮神，……火自是立止。（太平府志四十頁十五下）

亦有城隍廟被焚而自顧不暇者：

乾隆四十四年九月二十八日夜間，……廟中有聲如雷，……道士驚覺，……瞥見神像斜坐於地下，……遂喚集廟祝，仍請神像歸位。……翼日爲十月朔，神盤出巡，祀孤回廟時，神色改常，似有愁慘之狀。是夜二更時分，左長生房失火，左主守六房，延燒無一存者。（吳山城隍廟志頁十二）

有城隍罰人示衆者：

嘉慶二十二年，山西[illegible]縣劉姓，下鄉無惡不作，通邑切齒。忽一日自縛縣治，兩手自然反接，口稱爲縣城隍鎖拏到，求本縣解至府城隍問罪。令以爲心疾，諭去促來。兩手俱無繩，而數人挈不可開。如此數日，令不得已，爲具文遣差解送府城隍，……劉即伏階下，號呼痛苦，……頃刻，受刑處俱青紫破爛。刑畢起，自背城隍仍負回本縣遍各門示衆，……[illegible]畢，七竅流血而死。（信徵錄頁十二，說鈴本）

有城隍爲忠於職務之人驅鬼者：

杭州……項有清，……患常山引地私販充斥，……每獲私鹽，必與重處法辦，……往往由此死。至乾隆間，有清患病，……見無數陰鬼魂纏不散，其家爲禱於城隍廟，是夜……忽見神燈直接鬼魂，鬼皆散去。（吳山城隍廟志三頁十四）

有城隍召人作證者：

浙江有士人夜夢至一官府，云都城隍也。…來君爲證，…旋聞都城隍升坐，…擧案示士人，士人以實對…（閱微草堂筆記四頁上，筆記小說大觀本）

有城隍皂隸持票拘人而被人駁斥者：

縣夫楊義，粗知文字，忽夢二鬼持拘票來拘，標名曰楊乂。義爭曰：我名「楊義」，不名「楊乂」，…二鬼不能強而去（同上五頁九）

有城隍審理案件一如陽間官府者：

樂鈞耳食錄秦少府條：有美女數人，歿後芳魂無依，爲強鬼所劫，乞憐郡秦秀，投牒吳縣城隍，城隍非他，秀之父也。…乃如所請，…並與朋輩數人，共宿廟中。「是夜聞城隍升廳事，鋃鐺鎖鏁諸其鄉地聲，次聞胥役吆喝聲，唱到聲。…城隍問曰，「誘良善，侮孤弱，淫惱不逞者誰爲首？」秀聞其聲音，宛然父也。…已聞考掠聲，衆鬼呼痛楚聲，女鬼感謝聲，歌讚聲，久之遂寂。（二頁九）

有城隍拘人以孝姑不肯行，而須取決於東獄大帝者：

竹汀言：有夜宿城隍廟廊者，聞殿中鬼語曰：「奉牒拘某婦，某婦戀病姑，不肯死，念念固結，不能攝取奈何？」城隍曰：「愚忠愚孝，多不計成敗，…此宜申嶽帝，取進止。（閱微筆記十七頁一下）

有城隍知人壽命者：

農夫陳四，夏夜…守瓜田，…見有數人影，…假寐聽之。中一人曰，「不知陳四已睡未？」又一人曰，「陳四不過數日即來從我輩游，何畏之有？昨上土地祠，見城隍牒矣」。又一人曰，「君不知耶，陳四延壽矣」。（同上四頁五下）

有城隍注擬子嗣者：

嘉興吳老人，…夢城隍神語之曰，「子積德半生，吾特畀子於尼，且命福生來爲汝孫矣。次日媳果產一男，遂名曰福生。（吳山廟志三頁十）

有城隍冥誅唆弄事非之人者：

平湖進士張虎候之子，…貧狡無賴。…與鄰人某殷富可啖，遂「一淫三婦」一詞，唆其恐家各訟之，官數月不結，張從中爲之料理，獲利百金，得意之極。七月初一日赴城隍廟拈香，拜不能起，似有人擊其胸者。即刻吐血數升，舁歸自述前事，且爲城隍所譴讓，不日死矣。（果報類編頁二六下）

有城隍冥誅因姦致死人命之徒者：

乾隆三十四年五月十五日，…李廷章在城隍廟演劇，方進大門，恍惚若有所見，踣撲在地，曰「吾命休矣」。有知其隱慝者，言陸皆姦室女有妊，恐人知覺，市藥墮胎，致女死於非命，冤魂訴之于神，故立時誅殛云。（吳山廟志三頁九）

有城隍皂隸漁色被誅者：

有賣絲者婦，…甚有姿首，忽得奇疾，…自云魂爲城隍列官所攝，逼爲妾媵，…遂城隍廟訊，…以列官鬼役付獄。…後列官塑像，無故自踣。（閱微筆記一六頁十。十一頁上下，又有城隍神之馬號義幼童被誅事，不錄）。

有城隍獎勵孝道枰人訓妻者：

杭州望仙橋周生，業儒，婦內悍，數忤其姑。…周孝而儒，不能制妻，惟日具疏訴城隍神。…命鬼面鬼持大鐵往擒其妻。…須臾鬼牽婦至。…城隍厲聲數其罪狀。…命夜叉拉下剝皮，放油鍋中。婦哀號伏罪，請後不敢。…城隍曰：「念汝夫孝，姑宥汝。」…乃各放歸。次日夫婦述此夢皆同，婦自此善視其姑。（袁枚子不語五頁二，隨園全集本）。

有城隍深知人情世故者：

李…病篤。…賦其困苦。…乃寄自爲一疏，遣人赴城隍廟焚之。大旨謂上有老母，不忍遽謝人世。…若壽數未絕，請即令痊愈，若壽限已到，亦即早令溘逝。…焚疏未及半時，…忽夢城隍遣人…來招曰：「人之壽數，非我所能主持，我已將大疏轉奏上帝矣。…我料上帝必有延壽之命。…拱手而別」。…不料是日遽卒。…以延壽慰之者，蓋城隍神知世故也。（庸盦筆記六頁四，小說大觀本）

有城隍治虎者：

陳勤修廟記：「城多虎患，予請於神，旬日間三虎就縛」（甘肅新通志二九頁一下）

張廷謨修廟記：「郊野有虎，延謨祝曰，願無噬人，是夜虎東渡河」（德安府志五頁三六）

有城隍作詩者：

江西有城隍托公韓國鑑詩：「轉眼年光又一新，世上曾無百歲人，寄語眾生多積善，分有福祿自天申」。（照心寶鑑頁十）。

案此出於扶乩之詞。而儒學正宗寶化集一頁十七下，有江夏城隍戒刀筆詩，二頁九下，有江夏城隍七古排調，詩無足取，其訓略云：「…吾忝一縣稽查人民之職，有功當錄，有愆當記，原以上達府城隍廟前，以定人之報施也。…且功名之始基，亦由吾輩數實轉府而于於科第…」（頁十下）。有武昌，咸寧，嘉魚等十二縣城隍唱和詩，每句皆包括一「武」字，然無可觀者。又教生船四頁八二，有「巴縣城隍儒公教子讀古」之詩，有希望子孫揚名顯親成家立業之意。此皆出於扶乩之語，始採什摭，更亞於道德說教者矣。

有神話傳說直令人莫明其妙者：

同治續修成都縣志：「劉焦鵰，年七十時，齒盡脫，一夕宿城隍廟中，感異夢，重生兩齒，圓潔光潤，排如瓜子，現年七十有六，有子五孫八皆係…」（七頁七下）

亦有城隍納賄被革職令閻而以美少年瓜代者：

康熙間，隴西城隍塑黑面而髯者，貌頗威嚴。忽於乾隆間改塑作白美少年，…問廟僧云：「雍正七年有謝某者，年甫二十，從其師在廟讀書。…夜間見一人來禱於神，乃隱於神後伺之。聞其祝云：「今夜若偷物有獲，必具三牲來獻」。…次日賊竟來還願，生…作文責之。將文焚燒，彼行路神上奏東嶽，當時革職拿問，一面將此城隍之位，奏明上帝，即以…補缺。…未三日，少年卒，廟中人聞呼騶聲云，是新城隍到任，嗣後塑像者易黑髯之貌爲美少年（子不語二二頁八）

右錄神話傳說，可見唐代以前，多爲晴雨之祈禱，地方之保護；唐以後則祈晴祈雨之說，逐漸消逝；保境效忠之說，至清亦希微；蓋從地方保護神之中心觀念，漸次傾向於陰陽表裏之說也。其說肇於唐宋，盛於明清，好事者又力事鋪張，舉凡地方官吏應行之事，如盜賊之捕禁，頑民之懲治，忠孝之祇勵，科學之提倡，官府之文移，胥吏之管轄，以及刑獄之審訊，皆以陽間所行，比擬陰事。或由方志沿譌附會，或由文人託諸諷刺寓言，或由小說采取街談巷議，或由僧道出諸幻想妄造，歷時日久，故傳說紛紛，渺茫無稽，複雜萬狀矣。

三　城隍神與釋道二家之關係

1　城隍神與釋家之關係

夫城隍傳說之起源，既如上述之簡單，而其傳說之變遷，又如上述之複雜，然則城隍神屬於佛教，抑屬於道教，抑或釋道等教，均無關係，此本節所欲論述者。

余於佛學，未窺門徑，本不敢致一詞；但聞諸前輩云：中國城隍神，與佛經中之毗沙門天王，似不無關係。初閱毗沙門天王經，實難以索明。繼觀重修諸天傳，似又有之。此書宋釋行霆作，其中北方天王傳云：『梵語毗沙門，此翻多聞，福德之名聞四方。……唐天寶中，西蕃…兵圍西涼府，不空三藏誦仁王密語，玄宗乃見神兵五百員在乎殿庭，帝問不空，不空曰，「毗沙天王子領兵救西安，請急設食發遣」。四月二十日，果奏二月十二日，城東北三十里雲霧間，見神兵偉皷角喧鳴，山地崩震，番部驚潰。彼營壘中有鼠，金色，咬弓，弩弦皆絕。北門樓有光明，大王怒視，番帥大奔。帝覽表，敕諸道城樓置天王像，此其始也。……又唐懿宗咸通二年，西川及四州【川】現僧相天王，皆有記錄，……其餘感通，難以盡紀。然多聞天王，帥鬼神而統八部，護世界而保國民，可謂顯矣。而國朝【宋】因唐制，凡立城寨，必先立像』。（續藏經第二編乙第二十二套頁一三二）

唐玄奘西域記卷十二，宋贊寧僧史略下城闍天王條，宋龐元英談藪（見十四學津討源本），並略記之。記中所謂『護世界而保國民，凡立城寨，必先立像』，則以為與城隍有關係，不無蛛絲馬跡之可尋。若觀元和七年，柳澈保唐寺毗沙門天王燈幢贊（見關中金石記四頁十四），僧皎然畫周長史昉畫毗沙門天王歌（全唐詩二十八、七），其中所謂『左挖吳鉤，右持寶塔』，『降魔大戟縮在手，倚天長劍橫諸身』，又觀日本佛教大辭典第三卷所繪之圖像，疑為封神榜中之托塔李天王，而非城隍神也。

毗沙門天王與中國城隍無關係，則華嚴綱要中，有『佛世界微塵數主城神，所謂寶峯光耀主城神，妙嚴宮殿主城神，清淨喜寶主城神，離憂清淨主城神，……香髻莊嚴主城神，妙寶光明主城神，如是等而為上首』（續藏經第一二編第十二套一頁三三九）。又云：『寶峯光耀主城神，得方便利益眾生解脫門，妙嚴宮殿主城神，得知衆生根教化成熟解脫門。……』（同上頁四、八）此處所謂主城神，謂與城隍有關係，似無不可；然觀全篇意義。則不類矣。

考佛教之輸入中國，不外西北陸路與東南海路兩途，前述城隍地域之起源，皆在長江流域，東南西北兩部，均較中部爲晚，此可爲城隍神之傳說，純由中國本土產生，非自印度佛教傳來之確證。惟以後崇拜儀式，則不免受有佛教之影響者。如城隍出巡或賽城隍之禮是也。僧史略卷上云：『行像者，自佛泥洹王臣，多恨不覩佛，由是立佛降生相，或作太子巡城像。（下述晉法顯到巴連弗城見行像之事從略）。今夏臺鹽武每年二月八日，僧戴夾苧佛像侍從，圍繞幡蓋，歌樂引導，謂之巡城。以城市行【街】市爲限，百姓賴其消災也（續藏經第二編頁一四六下）。

案僧史略所謂「行像」或「巡城」，明言由印度傳至中土，其傳入也甚早，魏書釋老志已言之，後世城隍出巡，蓋受佛教影響也。又如城隍塑像之服裝，廣異記載開元中城隍求人助戰事，已有紫衣朱冠之說。今存塑像可見者（各城隍廟中，可見其衣冠塑像。時代畫報八卷一期，有上海城隍神像，惜不能辨顏色），亦多爲紫袍或紅袍。而紫袍之賜，又與佛教不無關係也。僧史略上服章法式條：『案漢魏之世出家者，多著赤布僧伽梨，（頁百四七）。又卷下賜僧紫衣條云：『賜人服章，極則朱紫，……故曰加紫綬，必得金章介，僧但受其紫而不金也。……唐書則天朝，有僧法朗等重譯大雲經，……並封縣公，……皆賜紫袈裟。……代宗永泰中，章敬寺僧，……賜紫衣一副。……賜僧紫衣，洎晉周皆爾』（頁百五八）。其後城隍衣紫衣，加封賜，難免不受佛教之影響。然唐制三品以上官實衣紫也。至於十殿輪廻之說，印度雖有閻羅王（yama）兩兄妹，分司男女靈魂之事，然後世變爲十殿閻君，間有城隍廟塑東嶽七十二司者，則又不免參雜道家之思想矣。

2 城隍神與道教之關係

城隍與道教之關係，較佛教爲濃厚。約而述之，可得四端：一曰城隍廟多由道士住持也，元虞集大都城隍廟記『以道士段志祥築宮其旁，世守護之』，元王惲汴梁路城隍廟記，「敦請女冠住持」（見前）吳山城隍廟志：自元至明清，皆爲道士住持（詳見卷五），衡山縣志（一九頁二四）載明太祖馳使斬越城隍之首時，「道士夢神言，令負己以逃」。建昌府志（九頁五六下）載「成化二年，使守廟道士居之」。北通州志（二頁三三）「天順成化間道士花全敬等先後修葺」。漢南續修府志（二六頁二四下）命道士王道仙等革故鼎新，而民國八年修成之安東城隍廟，亦命道士主持（見志七頁十六），是自元至今，各處城隍廟，多爲道士住持也。然亦有僧徒住持，如西寧府新志（十四頁十二），則載其城隍廟爲康熙六十年住持釋廣智重建者也，餘姚城隍廟，則衆舉僧文顯募捐修築者也（浙江通志頁三八〇四）。特此僅千百之一耳。

二曰道教祈神設醮，多牒城隍司事。輿地紀勝（七七頁十下），有道士設醮伏壇上，而有二城隍與焉。是城隍與道教，自宋已生關係矣。道藏正乙部彩下册九六八，上清靈佑大法（卷二九頁三一五）有牒都城隍府城隍縣城隍等文。册九六齋法章奏門頁十八至二十，有牒天都大城隍之神，牒某州城隍，及某縣城隍之文。册九六一齋奏門頁七，有牒州縣城隍文，册九六二，九六九幷有之。其他道藏各部，言及城隍神者，多不可勝錄。此外三教瑞函一頁五一，有申本縣城隍文，卷六頁四下，有十一日都城隍誕辰表，卷三頁十二有申城隍移文解寃釋亡疏，卷十一頁十二，有城隍釋狐疏，卷十三頁二三有啟城隍疏，皆以城隍爲州府縣之主宰也。是則城隍與道教之關係，又較佛教爲密切矣。然城隍廟中，亦有作佛會者。如吳山城隍廟志云：『往例五月十七日，城隍神誕，紳紟士素各醵會爲神壽而郡中男婦之老者，每月十七日，羣集廟中，念佛一堂而散，名曰佛會』（三頁二十下）。是又不可一概而論也。

三曰城隍與其他各神，多與道教有關係，如城市中之土地廟，多附設於城隍廟。土地廟之傳說，始於祀漢末蔣子文，見古今說海蔣子文傳。其後道家附會之。城隍之上司，多爲東嶽大帝或玉皇上帝，故前述傳說中，有疑難不決者，則請示之。東嶽與玉皇之傳說，均見重增搜神記，吾鄉常寧城隍廟，即於後殿樓上，塑玉皇大帝之像。道家中之城隍神，與土地，東嶽，上帝等，似有統屬關係也。

此外如指定人名爲神，或亦受道家之影響。道家此風最盛，觀道要靈祇神鬼品經，幾於有一神即有一名，如『男淫之鬼名鐵文，女淫之鬼名戲亥，圊厠之鬼名須大』（道藏正乙部量八七五），故城隍廟，往往亦指名某人爲神也。

然此三端，尚不足爲城隍屬於道家之明證。其最有力者，當爲道藏有祀城隍之經典。即太上老君說城隍感應消災集福妙經。其開經偈，則曰：

積普施衣城隍尊　威靈顯赫鎮乾坤
護國安邦扶社稷　降施甘澤救生民
統轄大兵巡世界　賞善罰惡日同明

以後又開列各神位，計有：

天下都城隍威靈公　天下十三布政城隍之神

天下各府州縣城隍之神　兩廊一十八司曹案官班聯案

主管天下人生死案判官　主管長生注命案判官

主管病症疾疫案判官　主管福祿延壽案判官

主管注生子孫案判官　主管立應見報案判官

主管齋戒殺生案判官　主管勾押推勘案判官

主管風雨龍王案判官　主管追取遣返案判官

主管禁鬼窮魂案判官　主管善惡報應案判官

主管億劫魍魎餓鬼案判官　主管山林分野案判官

有城隍神位，凡二十六種，錄其要者如上，可見城隍之組織，城隍之職掌；尤可見道家之想像力矣。此經見續道藏隸字一〇六三冊，不詳撰述人及年代，其中言分十三布政司城隍，可知爲明代作品。觀此與上述三端，豈非城隍屬於道教乎。

然淺見所及，又不盡然。蓋城隍神起源於六朝，盛於唐宋。唐宋城隍之神話，無如元明清之光怪陸離也。若果出之於道家，則邪說異端，早已附會；道家載籍，早已言及，不待至明清而生，此其一。前引上清靈保大法卷二七頁二五有考證云：『近世多牒天下都城隍司，及遍考典故，並無所出。夫城者州軍之城郭是也，隍者城外之池是也，⋯城隍之稱，因城池之建而有神以主者爾。以道典言之，又無所出。⋯近者亦有人指冥中之他神，以其意義相近者，謂便是都城隍。殊不知城隍二字難以言天下都作一城，盡繞一池也，⋯使其別有所據，實有此神，而不行文移，亦不致違背典格，或無其神，謬非狂妄，以取美觀，則冥謫可逃乎？此說爲博古高識之士而言之，愚陋俗夫，不學小輩，必加竊笑矣，學者更加考訂而行之』。按此文雖謂不當牒天下都城隍，然其考城隍之起源，亦不過由於城池；且深通道典之徒，而不知所出，則吾人豈敢言城隍出於道家，此其二。

本此二點，可作一結論曰：城隍之神，非道非釋，惟受有釋道二家之影響及儀式，而受之於道家者爲更深耳。林傳甲作大中華京兆地理志，將城隍列於儒家（頁一四六），蓋以其無家可歸，見城隍列於祀典，或不得已而爲之；實則城隍非道非釋尤非儒也。然則人民何爲而崇拜之，曰有崇拜之原因與用意焉。

四　崇拜城隍之原因與用意

1　崇拜之原因

神之崇拜，原因多端，研究宗教起源者，各家說法不同，不能執一說以繩之。以城隍之起源論，有謂「城復於隍」及八蜡四郿之祭，即謂始於古代者，此由於名詞誤解之原因也。有謂『城隍之神，肇於古史之「造」字，其用著於周易之繫爻』（明曹安讕言長語上頁五寶顏堂秘笈本）。「造」字之意，周禮大祝掌六祈曰「造」，杜注：「祭於祖也」。意即城隍之起源，由於崇拜祖先之原因也。唐李商隱賽永福縣城隍神云：『考室立家，先立戶竈，聚人開邑，首起城隍，……固有明靈，降而營治』（全唐文三八一頁一）。段全偉城隍廟記，謂『陽之理化在乎人，陰之宰司在乎神，……則都邑之主其城隍之謂乎』？又謂『前年蠻寇卒來，戎備無素，但援郊鄙，不近闤闠，……則扶傾捍患之力，其隱靈幽贊之神乎？』（同上七二一頁十一）清翁士繩廟碑記，謂『升隍為城，以衛其民人，又以一城之大，有軍畫樓堞而守之，飛樓革洞，或不能近，以為此非盡其人之力，意有神陰庇焉，於是為祠祀之』（韶州府志一七頁四八）。此由於超人力（supernatural power）之原因也。前考城隍之起源，在六世紀中葉，謂城中先有神祠一所，俗號城隍神，戰時祈禱，驚風歘起，吹斷阻隄舟行之荻漢，鐵鎖；於是城人大喜，以為神助，此又超人力之實例也。梁武陵王祀城隍，將烹牛，有赤蛇繞牛口出，此似J. Frazer所謂由於幻術(magic)之原因也。其後指定人名以為城隍神，如春申君，紀信，灌嬰，龐玉，蘇緘之類，或有功於郡國，或忠正於生平，此又由於鬼魂觀念與英雄崇拜之原因也。後又各處指定人名為城隍神，或生作城隍二日，或如紀信本祀於江右，而甘肅[illegible]亦祀之，既非其所產生之地，又非其所著忠節之處（華州縣志一八頁十一下），此由於轉借傳說之原因也。唐順況有陰陽不測之謂神論（全唐文五二九頁七下），唐宋之時，祈晴祈雨，消災弭患，保境安民，御敵止暴之說，屢見不鮮。唐宋以降，各種傳說，皆發生之，如生死輪迴，因果報應，審理案件，管理鬼魔等說，皆紛紛而起，此由於陰陽觀念之原因也。唐時雖有城隍之祀，而主祭者常出言不遜，一日不晴，五日不雨，將焚其廟，恐怖觀念，甚為薄弱。晚唐以後，廟宇塑像，莊嚴寢殿，日益繁複，鬼面猙獰，日益兇惡！後竟將城隍夫人之像，則皆病死，神聖不可侵犯之念，日益增進；由是畏之、敬之、崇拜之，……此由於恐怖觀念之原因也。降至明清，崇拜日久，相沿成俗，神話傳說，竟以繁多，原始難溯，真偽莫辨，人民耳之所聞，目之所見，皆信以為真，無敢瀆侮。故自崇禎欲毀桂林城隍廟，介軍人執行，皆俯俯推諉，不敢奉命。推至排長，無可再推，始焚香禱告，禀明苦衷，然後毀之（獨立評論一四六頁十一），此又積習難返之原因也。

明此數因，則城隍神話之發生，豈非平淡無奇乎？以平淡無奇之傳說，而能迷信中國人士千餘年，豈無人能識其妄乎？曰非也，李白袁公德政碑，謂城隍爲「淫昏之鬼，不載祀典」（出處見前）；陳致雍請廢淫祠狀，力阻城隍之封爵，免滋淫祀（全唐文八七四頁四）。明張九公，倪岳，吳甫公等並非議之：石道立亦謂其「瀆亂不經，莫此爲甚」（乾隆澄清縣志頁六二），是非不知其謬也。知其謬而祀之者何也？曰積習難移，固爲一因；而政治之利用，亦重要之原因也。

2 崇拜城隍之用意

政治利用之法，宗於「神道設教」之古訓，基於「陰陽表裏」之觀念，行於「陰陽分治」之細則，達於「鑑察官吏愚弄小民」之功用，而歸於「專制獨裁君主獨尊」之極軌。周易觀曰：『聖王以神道設教，而天下服矣』，此「神道設教」之所由宗也。張九齡祭洪州城隍神，謂『道雖隔於幽明，事或同於表裏』，此陰陽表裏之說之所由昉也。故孟養性廟碑記：謂『天下府州縣皆設立城隍之神，與郡守縣尹，陰陽表裏。禮樂之用，刑政之務，則守令司之。鑒察之事，善惡之報，則城隍司之。故善良益知所勸，而祈其冥報，奸慝皆知所懲而畏其陰譴』（許河縣志八頁十三）。鄒文炳記曰：『縣之有城隍，猶之有縣官也。縣官理其明，城隍理其幽，縣官分立轄司，不能寄治於府；縣城隍崇飾廟貌，不能寄治府城隍，幽明之道，本無二致，此城隍之因乎時起乎義者也』（同治九江府志四九頁四五）。顧振新廟文，亦謂「陽有官而陰有神」，均受天子之敕命，保障一方。民之是非曲直，罪之輕重，決之於官，重者奏於朝廷，以彰極罰。此牧之責也。時之風雨調順，寒暑及時，此神之責也。牧守是邦，神護茲土，雖司有陰陽，而職無彼此』（高唐州志四頁九）。此陰陽分治之細則也。

其言雖出於清代官吏之口，而其謀實始於明。明太祖雄偉雄猜，畏中書省專權，則罷中書省而歸政於六部。天下大事，咸欲一手把握。畏地方官吏或不爲己用，而命城隍鑒視之。故洪武三年，令新官到任：必先齋宿城隍廟，謁神與誓；每月朔望，又令拜廟，申前誓也。又命城隍主祭厲壇，「控塞境場」，『一府境內人民，倘有忤逆不孝，不敬六親者，有姦盜詐僞，不畏公法者，有拗曲作直，欺壓良善者，有躲避差徭，靠損貧戶者，似此頑惡奸邪不良之徒，神必報於城隍，發露其事。……如有孝順父母，……畏懼官府，……神必達之城隍陰加護佑』，此皆見於大明會典（八二頁五）者。故陳繼儒曰：『城隍者官民之耳目，禍福之權衡也』（白石樵眞稿二十頁二八明刊本）。準此數則，以觀明清之神話，如城隍爲忠於職務之人驅鬼，爲獎勵孝道而替人調妻，爲懲罰無惡不作之徒而示衆冥誅等，豈非如法泡製者乎。前謂陰陽表裏之說，明請極爲發達也。

而陰陽表裏之爲用，收效甚弘；試觀爲政者之實驗報告：則有明內邱長莫是元曰：『今之蒞民有二難，一曰難於使民信，一曰難於使民畏。推心置腹，三令五申，冀民之我信，弗信也。試語之以鬼神之賚賜，欣然信矣。懸肺石，嚴箠楚，冀民之我畏，弗畏也，試語之以鬼神之禍福，爽然畏矣。以上之難信難畏者，而鬼神能使信且畏，則神道設教，其理可以相通』（畿輔通志頁四四四二）。王樒曰：『聖王神道以設教，非得已也。……巨姦大憝，凶狡不逞之徒，舞其智力，每足以倖逃法網。然其中夜惕息，捫心難安者，亦謂王法可逃，冥誅不可逃也。……然則砭愚訂頑，統黠首而偕之大道，捨茲奚恃哉』（定州續志四頁十九）。姜承業亦曰：『究其祭之之意，崇德報功之意少，神道設教之意多，試觀神像尊嚴，陪從猙獰，人之入廟中者，莫不毛髮森然，……以自致敬，蓋融於神像之前，而非避之心，不敢忽起，此則神道設教而導人以爲善去惡之歸也』（光緒安東縣志七頁十四）。觀此三家之言，以神像之尊嚴猙獰，元惡大憝，尚能使其敬畏，甚於刑戮刀誅；則一般小民，受其愚弄，更無疑矣。故曹安曰：『城隍惟有司拜祭，士庶無預』（讕言長語上頁七），是城隍之崇拜，尚有階級性也。蓋官府欲利用城隍以統治百姓，而城隍又多立於縣城中，縱無限制，鄉里士庶，亦少參與之機會。然則城隍之所以受崇拜者，乃爲政治之利用，豈非彰明顯著者乎？

夫旣爲神矣，而尙被人利用，作統治之工具；使城隍有知，當效陶淵明拂袖而去，不爲區區俸祿折腰矣。

顧城隍雖被地方官吏所利用，而地方官吏又爲君主所防抑也。新官到任，必與神誓，衡之乎今日新官就職，必須宣誓兼須有人監誓也。明初詔封其神爲監察司民，意或有取於此。故丘濬云：『加之以監察之名，蓋又付之鑒視糾察之任，……我聖祖主典神人，兼用……鬼神以爲治，幽明之間，各受其職，其所以克相上帝，寵綏萬方者至矣』（大學衍義補六一頁七）。換言之曰，即達於專制獨裁君主獨尊之極軌也。噫，太祖之用心深矣！惜乎明清官吏不之覺，或明知之而不能不奉行故事也。

奉行過篤，亦有不求治本，惟賴神佑者：如紫陽令陳僅，爲悍生自殺之案，屢見報呈，祈禱城隍，請求默佑（縣志八頁三九）；而不知考求百姓何爲而自殺。又如壺泉令裴陳佩，遇有疑獄必禱於神，有罹法免脫者禱於神，乃至出入必稟命於神，『出境則境內之事，藉神呵護』（縣志十一頁六六）。儼若城隍，爲其主宰。斯種依賴神佑之舉，可謂嘆觀止矣。

總結本文所考，城隍神之傳說，起源於六世紀中葉之齊梁，初見於長江流域之鄂諸江浙等省。至唐而漸盛，有廟祀塑像，唐末又有封爵。而傅會古人爲城隍神之說，亦多始於唐而定於宋。五代及宋，封賜加多，宋有城隍夫人及城隍生日之傳說，元則並封夫人爵。明仍元舊加封號，旋罷公侯伯之封，祇稱各府州縣城隍之神，復令毀偶像，命從祀於山川壇。凡新官到任，必謁神與誓，以收神靈鑒察之功效。永樂而後，塑像恢復，至清不變。清代祀典，春秋二祭，約與明同，無大改革，惟神話傳說，則以時世推移，積久愈多，光怪陸離，無奇不有。實則神話初起之時，驚風怒濤，吹斷荻葉，事有可能，有何奇異。後世史家紀述之，謂爲城隍傳說之始見，亦可目爲城隍神之起源。自此以後，寂然無聞。至唐開元五年，張說始有祭城隍文，稍後張九齡李商隱雖並有之。大致以城隍爲司邑之主，向之祈晴雨，禱安寧。夫久雨而後求晴，偶獲雨霽，事極尋常，又無神異之可言。然唐宋以後，陰陽表裏之說，日益盛行，好事者揣摩官府之情況，以附會於幽冥之城隍，或由英雄崇拜之觀念，而謂某人爲城隍神，因而神話傳說，紛雜萬狀。今察其起源，既由平淡無奇之說而生；考其變遷，亦不過膚淺凡庸之因襲，既非出於佛教，又非出於道教，尤非屬於儒教，惟略受釋道二教之影響，參雜一部分佛教儀式，道教神話。而彼君主利用之，欲以糾察地方官吏；地方官吏又利用廟中猙獰之塑像，以恐嚇百姓，使不敢越軌犯法，以便統治。是城隍本無神，惟傳說附會之，習俗因循之，官府利用之，歷時日久，積習難返矣。清嘉錄載吳縣城隍廟，『左右紙馬鋪，欄街擺賣香燭，錢糧不絕』（三頁十四），綜計城隍之祀千餘年，全國所費，不知凡幾？而廟宇皇皇，既廢地產；士人崇拜，復喪志氣，毀棄勦除，誰曰不宜。時至今日，善男信女，尚有祈福禳災，拈香賽神，趨之若鶩，儼若人間禍福，地方安寧，真有神靈主持者；斯則其愚不可及，其情可憫，其行可哀已。

評馬斯波羅中國上古史

齊思和

Maspero, Henri, *La Chine Antique* (M. E. Cavaignac, ed' (*Histoire de Monde* t. IV) Paris, 1927

西人之注意中國，蓋始於馬可波羅遊記之發表(十四世紀初年)。其後間有來華傳教，歸而著書，道所經歷者；由是西人對於華事，所知較詳。(詳見 Yule, Sir Henry, *Cathy and the Way Thither*. 2nd rev. ed. by H. Cordier 4 vols., London, 1913-1916)。自十八世紀以來，以中西交通頻繁，西方關於中國之著作漸多。大學者如福祿特爾(Voltaire)且借吾國，以諷刺歐洲。雖半屬寓言，徒引起其種人對華之興趣。及至十九世紀，西人來遠東經商傳教者益衆，研究中國文物制度者亦日多。惟著書者，大抵學殖淺陋，鮮通華文，往往逞其臆見，發為謬論。著籍雖多，可觀者少。如於中國文化之起源問題，或以起源於巴比倫，或以為得之於蘇末林人(Sumerians)；或以中國古代乃埃及之屬邦；甚或以為中華文物制度，皆淵源於美洲紅人者。(法人 H. Cordier 已將諸說彙述於其 *Histoire Général de la Chine* [4 vols. Paris, 1920-1921] 第一章。參觀 de Lacouperie, T., *Western Origin of the Chinese Civilization* [London, 1894]; Ross, John, *The Origin of the Chinese People* [London, 1916]; Ball, C. J., *Chinese & Sumerians* [London, 1913]; Brooks, C. W., *Early Migration* [San Francisco, 1876]) 所論雖歧，要皆以為中國文化必係外來，決非中國人所自創。附會穿鑿，所論毫無科學上之價值可言。其反響也遂又有一派學者，忽倡欲研究中國文化，須於吾國基本典籍，有相當研究，決非略知一二華語，即可侈談漢學。且如將中國典籍，譯成西文，介紹於國人，其為用較徒逞空論尤宏；翻譯之風，於是大盛。迻譯羣經者在英有來格(James Legge 所譯四書、詩、書、左傳，在 *Chinese Classics*, 5 vols. Honkong 1861-72 其後又譯禮記、易經，在 *Sacred Books of the East* 叢書中。)在法有苦錫(Seraphin Couvreur 在河間天主教堂任神父有年，所譯有四書，詩經，書經，禮記，儀詩，春秋左傳，易經等書，又編經學字典 *Dictionnaire Classique de la Langue Chinoise*，俱由河間大主教堂出版。）在德有衛禮賢 (Richard Wilhelm 在膠州任德人中文翻譯官有年，所譯有四書，易經等書。)其他僅譯一二經者，猶不計焉。至於諸子，譯老子者殆無慮十餘家。譯莊子者有魏格(P. Leon Wieger),翟理士(Herbert A. Giles) 來格 (James Legge) 衛禮賢 (Richard Wilhelm) 諸家。譯列子，呂氏春秋者有衛禮賢。譯荀子者有德卜士(H. H. Dubs)譯淮南子者有魏格。於是甲丙兩部要籍，大略皆有西文之翻譯。而沙畹之以一生精力，逐譯史記，每卷之前，皆有考證；疑義之下，悉附註釋。精博宏深，尤爲西方漢學界一大成就。今日之法國漢學家，皆承沙畹之遺風而興起者也。（按沙畹 Edouard Chavannes 曾在北京德使館任翻譯官，時任巴黎大學漢學教授。年少即着手譯史記，至死尚未蕆事，僅譯至孔子世家，其毅恆可見。今日法國漢學之盛，氏實啓之。）

自是以後，漢學之研究，漸成爲專門之學。非惟不通中文者，談漢學者漸少；即通曉文義者，亦漸舍普通而爲專門之學。如蘇斯爾 (L. de Saussure) 之於古代天文，高本漢 (Bernhard Karlgren) 之於小學，老佛 (Birthold Laufer) 之於金石，福克 (Alfred Forke) 之於哲學，佛蘭克 (Otto Franke) 之於今文學，格蘭內 (Warcel Granet) 之於古代社會，皆專門之學，爲世人所稱道。雖其成就不同，立論亦未必皆吾人之所能贊同，要皆終身從事其學者也。惟此皆就上古史言之。中古史治者極少。至於近世，研究者向鮮能應用中文材料，近雖此風稍革，然不通中文之「中國通」，固非一時之所盡可淘汰也。

二十年來，西方於中國上古史之研究既趨於專門的探討，與細密的考証，上古史之各方面，遂積聚無數之專書與論文，散在各處，搜集匪易。馬斯波羅氏 (Henri Maspero) 遂根據中國史料，匯集各家譯著，參以個人研究，而成中國上古史。實集五十年來西方上古史研究之大成。出版以後，風行一時，學者成奉爲西文方面關於中國上古史之最高權威，固其宜也。

亨利，馬斯波羅者，沙畹與高地爾之高足也。又嘗在安南遠東文化院研究漢學有年。及沙畹卒，遂繼之爲巴黎大學漢文教授。法國當代漢學家，伯希和 (Panl Pelliot) 外，實以氏爲巨擘。伯希和學甚博雜，而缺乏組織力與創造力，其生平鉅文，幾皆以書評式爲之。名滿天下，而未成一書，即其論文，亦鮮有篇幅甚長者。馬氏方面不及伯氏之廣，而精深過之，且深沈有思，善於著書。其重要論文，如尚書中之神話 ("Légendes Mythologiques dans le Chou King" *Journal Asiatique*

CCIV (1924),1-100 考證書經中羲和洪水等神話之演變，並與安南是類傳說相比較），如「中國文化之起源」("Les origines de la civilization Chinoise," *Annales de Géographie*, 1926, 136-163 於中國求中國文化之起源）；如中國古代之天文 ("L'Astronomie Chinoise avant les Han," *T'oung Pao*, XXVI, 4-5(1929) pp. 266-356 考證中國古代之天算）；如左傳之構成及其年代，("*La Composition et la Date du le Tso Tchouan*," *Mélanges Chinoises et Bouddhiques*, I (1931-1932),pp. 137-219 抨擊劉逢祿康有爲左傳晚出之說，以爲左傳絕非劉歆所僞造，於高本漢左傳眞僞考之外，別舉證據。）皆近年來西方漢學界有數之大作，爲治中國上古史者之所不容忽略者。而其「中國上古史」一書，尤爲其盛名之所寄。

中國上古史，爲卷四，爲章二十七，爲頁六百二十四，起於中國文化之由來，而訖於秦政之統一六國。卷一述中國文化之淵源。略論中國文化起源於中國後，即論原人之宇宙觀與神話，以爲堯舜大禹，皆是傳說中人物。及至殷代，始入於歷史時代，以地下之發掘，可以徵信也。於西周之興，敘述極簡，以尙書中之記載，多成於後人之手，不足憑信；故其取材，多出自毛詩。而馬氏於西周之史蹟，記載雖略；於西周之制度，則敘之特詳，且多據周禮及逸周書等書。（馬氏用九頁敘西周史事，而以四十頁敘西周制度。）不寧惟是：至第二卷則專述上古至西周之社會與宗教生活，其篇幅又當第一卷之一倍有半。（按第一卷一百零五頁，第二卷一百七十九頁。）馬氏分古代社會爲士與庶人兩大階級，地位不同，禮俗亦異。並採格蘭內之說，以爲冠婚喪祀，皆是士禮。庶人非惟無姓氏，且亦無婚姻，「奔而已矣」。惟格蘭內氏以貴族爲外來，故有其殊特之制度；馬氏則以貴族爲原始時代部族酋長之苗裔，故有其特殊之地位，此其異者。言上古社會階級，自不能不涉及其田制。馬氏大抵照普通說法，以爲中國上古之田制爲建封制度，故將 fief, investiture vassal, seigneur 等封建名辭，用之於中國古代之田制與社會組織。至於何以中國古代社會制度爲封建制度，中國封建制度，究與歐洲者有何異同，則未遑及焉。又馬氏不惟深信井田制度之爲歷史制度，且信其實行區域甚廣。又據孟子『夏后氏五十而貢，殷人七十而助，周人百畝而徹』之言，以爲在宋每井二百六十畝，在晉每井四百畝，在周每井千畝，此其論上古社會之大旨也。至其論中國古代之宗教，則以爲其大源爲神與祖。古代大哲其思想皆集中於較切近人事之問題。於天之性質，未暇深究；故對於天之觀念，大抵根據民衆之信仰。大抵古人以天爲無數之神靈所居住，其喜怒之情，與人無殊，惟其能力較人略大而已。天神之最高者爲上帝，其次又有五帝，主宰五方，如秦在西方，而祭白帝是也。與天神對立者爲地祇。自天子以至於庶人，皆祭於社。此其論神祇之大略也。至其論古人之祭祖先，則以爲祖宗之信仰，大抵原於魂與魄之觀念。古人以爲人死後，魂升於天，魄降於地。詩：『文王陟降，在帝左右』；謂魂也。左傳：『若敖氏之鬼不餒而』，謂魄也。古代之喪禮，與對祖先之祭祀，皆根據此觀念而生者也。惟祭者與鬼神，不能直接交通，須有居間之人；故祭祝者，在上古遂成一特殊之階級，曰祝，曰宗，曰巫，曰卜，曰史，其性質要皆相去不遠。顧古人雖重視祭祀，未必即信有鬼神。雖學者如墨子著論以明其存在，而以古卜家及陰陽說之影響，對鬼神之存在，表示懷疑者，人亦不少。蓋依陰陽之說，萬物之發生，皆由陰陽之激盪，固無待乎神力。而所謂皇天上帝者，遂漸失其神秘之意義，而變爲自然之天，於是於宇宙萬物，於宗教外，漸得一理智的解釋焉，此其論中國古代宗教之大略也。卷二述五霸之迭興，卷四敘戰國之縱橫，與六國之亡。取材多自左傳，國語，國策，史記；敘述偏於政治及軍事。末卷總論中國古代之文學，哲學，篇幅居全書三分之一，實本書最長之一卷，蓋亦作者最得意之一部也。其持論之最異者，如以文學發源於宗教。最古之文學，殆盡爲祀神祀祖而作，詩書所載，乃其流傳至今者也。如謂尚書最早各篇爲古代帝王祭祖先時所用歌舞之說明（頁四三三），此說明或於歌舞時者出，或由舞者說明，俱未可知。如古文尚書中之太誓，牧誓，武成，分器，皆「大武」之本事；如書中自湯征至湯誓，以及甘誓，乃祭禹，祀湯歌舞之本事也（頁四三三）。如其謂冏命，皋陶謨，益稷皆史官擬古之作，不可信爲事實（頁四三五—五四三六）。如其謂洪範，爲上古政治哲理之所寄，故不憚反覆詳言之。（頁四三七至四四二）。如其論古代哲學，謂孔子之生卒年月，皆不可考（頁四五五至四五九）；謂孔子未嘗爲魯司寇，不過爲季氏之一小吏而已。至季平子卒，康子繼之，孔子以失季氏歡，遂出走；非齊饋女樂，而孔子出走，如傳說所云也（頁四五七至四五九）。如其以易繫辭傳爲古代哲學之一大進步，別立一節專論之（頁四七六至四八五）。如其以老子一書之著者，當在墨子之後。如其以列子一書非僞，但亦非成於一人之手，要先秦之遺籍，以馬夷初列子僞書考，絕不足以証明列子之爲僞書，而以日人武內氏之列子冤詞（支那學第一卷第四期）爲足以破馬氏之論（頁四九一至四九二）。如其以爲列子楊朱篇非僞，乃後人誤入之於列子之書者（頁五〇九至五一五）。如其論史學之起源，以爲穆天子傳重耳周遊列國事，逸周書，管子，晏子春秋，吳子（記吳起事）蘇子之類，皆古代之演義小說；至春秋秦紀等書與，乃有眞正之史書。如其謂周禮大抵成於六國人手，所述殆亦爲託邦制。如其謂左傳成於周末，至漢時又經增益。如其論周末之科學運動，與外國之影響，以爲春秋末年中國漸與西方發生直接之關係，其影響爲地理知識之擴大與星象學之輸入。禹貢山海之書，鄒衍九州之論；天象分野之說，俱顯係受此影響從此之產物。皆足以引起吾人之注意。

馬氏之持論，大略如是。吾人於全書卒業後，於馬氏涉獵之廣博，態度之謹嚴，條理之淸晰，行文之流暢，惟有贊歎。以前西人之治中國古史者，如巴克之中國上古簡史，(Parker, E. H., *Ancient Chinese History Simplified*. London. 1908) 夏德之中國上古史 (Hirth, F., *The Ancient History of China*. New York. 1908) 俱享盛名。然巴氏殆未直接採用中國史料；夏氏雖大部根據繹史，然於基本之史料，亦未追一一深究。馬氏每樹一義，必註其所根據之原始史料；每用一史料，必批評其價值。吾人試一檢其細註，即可見其於古代之史料，徵引殆遍；而於後人之研究，亦能擇要引用。以一外人，而能搜羅詳盡若是，其用力之勤有足多者。惟馬氏於崔東壁之考信錄，與顧頡剛先生之古史辨，俱未徵引，稍可異耳。此外氏於近年來日人於中國古史之著作，間亦徵引。而於近二三十年西人關於中國古史之專書論文，網羅尤詳，採別尤嚴，亦最便於初學也。

吾人試以馬氏之書與二十年前夏德之書相較，不惟前者多根據原料，即其內容之豐富，亦遠非後者所可比擬。夏德之書，乃一偏狹的政治史。馬氏於文化之敍述，幾三倍於政治。故於制度之源流，宗教之信仰，社會之組織，學術之進步，咸能原原本本，加以探討。然馬氏與夏氏之異，即二十年來，西方於漢學之進步，馬氏固較夏氏爲淵博，抑亦以後來居上，所憑藉者，較夏氏爲廣也。

又有進者，馬氏非惟能網羅衆說，且能折衷至當。故其持論，恆較其所憑藉者，當於人心。如其述古代社會，大抵採自格蘭內之研究，而去其偏宕之說（按格蘭內之論古代社會之著作以 *Danses et Légendes de la Chine Ancienne* [Paris, 1925] 與 *Fêtes et Chansons Anciennes de la Chine* [Paris 1919] 二書最著名）。其論古代宗教，大抵依據格羅 de Groot 與格蘭內之說，然馬氏不採其中國宗教淵源於陰陽觀念之論。如其論中國哲學，大抵本之胡適之中國哲學史大綱，與其中國名學思想發展史；然馬氏置老子一書於孔孟之後，而棄其老子先於孔子之舊說，於中國古代學術思想之發達，解釋較爲合理。凡此之類皆足以見其能利用前人之成績，而不爲成說所囿也。

復次：馬氏以一外人治中國古史，有其困難，亦有其利益。夫古史最重要之史料爲羣經。故言古史，不能不涉及經學問題。而吾人於經學問題，往往先入爲主，爲成說所囿。如於今古文之辨，漢宋學之爭，往往不得於此，即偏於彼，殊難拔出於古人範圍之外。外人無師承之淵源，然亦無吾人之愛惜，反能持客觀態度，爲科學的整理。如馬氏論左傳，既不信古文家之說，以左傳作者必爲孔子之弟子；亦不取劉逢祿康有爲等之今文家言，必以之爲劉歆所僞造。於二說之外，別闢蹊徑，持論反常於人心。

且古史材料既少，文字又難，其有待於其他科學（如考古學，人類學，文字學，神話學，地質學，天文學等）之補助者，較中古與近古史爲尤甚。馬氏於諸輔助科學，既有相當之研究；於西方之文物制度，又知之甚詳。故其於古代傳說信仰之解釋，典章制度之考證，每有精義。如其論古代社會之構造，純用西方封建制度之名辭以解釋之，語多恰當。較不知封建制度爲何物，即侈談中國古代社會者，不可同日而語也。

雖然，吾人於馬氏之論，亦非悉能同意。以古史範圍之廣，問題之多，疏略謬誤，在所難免。吾人於此書之優點，既不惜詳爲表章，於其缺欠，亦無須爲之隱諱。夫學術愈討論而愈明，事理愈推求而愈精。謹標數義，以與馬君及世之讀是書者，一商榷之。

是書可議之處，可分應列入而未列，不應列入而反列，考證不精，事實謬誤，四類言之。

所謂應列而未列入者，如現代史學體例，於古史必始於史前期，以明有記載前人類之活動，與夫文化之淵源。五十年前，中國史前之遺跡，尚未發現；西人遂有中國無石器時代，與漢族西來之謬論。自仰韶沙鍋屯之石器陶器發現，世人始知中國亦有新石器時代。自內蒙與南滿之石器發現，世人始知中國亦有舊石器時代。自「北京人」發現，世人始知人類在中國有極悠久之歷史。北京人發現較晚，而新舊石器時代遺跡之發現，與安特生卜來克諸人研究之發表；固俱在馬氏成書之先。宜將其結果，列入首章。今皆棄而不取；反於傳說中，推測中國文化之起源，去取之間，殊爲失當。又如馬氏專闢一卷，敘述東周前之社會宗教生活，固非如舊式史家之僅重政治者。然文化之進步，以生產之方式爲基礎。其他典章文物，皆建設於此基礎之上者也。馬氏以一章論社會之組織，四章論古代之宗教；而於上古農業之發展，耕地之開拓，反皆缺而不論。輕重詳略，未見其宜。且古代社會經濟之變動，周初而外，殆未有甚於春秋之季年者也。前此農業極爲幼稚，耕作純用木具人力，費時多而收獲少，一人能耕之田，極爲有限。及至春秋末年，牛耕之法既興，鐵器之農具又作，於是工作之效力大增，開闢之地日廣，此實一大農業革命，亦上古最重要之事件也。人類耕作之能力既增，開闢之地日廣，又以生齒之日繁，貴族食邑之日廣，舊日極笨重繁複之田制，愈難實行而不得不加以改革。故春秋之中，田制之改革最多，如魯之初稅畝，晉之作轅田，鄭之作丘賦，其後魯之又作田賦，皆大勢所趨，不得不然者。雖守舊者如孔子，不明當時之趨勢，猶詆新法；而不知將來社會階級之泯滅，庶人之解放，皆源於此也。蓋依新制，農民但繳征賦，即可自由；而若與落沒之地主以相當之代價，即可成爲地主矣。故至戰國，土地私有制度完全成立，殆導源於春秋末年也。又以商業漸興，庶人致富者漸多，如鄭之弦高，應對秦師；晉之巨商，富埒王侯，而同時貴族以人數之日增，不能皆有采邑；甚或有降至下等階級者。如晉之欒范，「降在皂隸」，齊之公室，或不得食，皆其例也。且其時世卿之間，爭戰不已，又不得不與其庶人以特別權力，以冀爲己效死。此風在晉爲尤甚，亦以春秋末年，世家間之爭，在晉爲尤烈也。如『斐豹隸也』而『焚其丹書』。趙簡子之攻范氏，有功者『上大夫受縣，下大夫受郡，士田十萬，庶人工商遂，隸復其身』。於是庶人不得進仕之制遂廢。至商鞅之治秦，『有軍功者各以率受上爵，宗室非有軍功，論不得爵籍』。而社會階級，遂盡泯矣。

社會經濟方面，既有此大解放；舊日相沿而來，複雜迂緩之政治制度，亦以不合時代之需要，而有相同之改革。自東周以來，以列國間互相兼併，原始城市式之小國爲數日少，強國之領域日益擴大。加以春秋之世，大國中之世家，亦互相兼併。故至末年，不惟所餘僅十數強國，而大國之中，公室所餘者亦不多。如晉之三家，齊之陳氏是也。按東周時之制度，私家之政權，較國爲集中。私家之勢擴大，集中政體之制，亦隨之而擴大矣。及至戰國，則土地私有，中央集權之制度，完全成立；社會階級，遂漸消滅，此言數百年來，各種社會力量相激蕩之結果，固非待秦政統一天下，封建始廢，郡縣始興也。戰國末年思想之解放，學術之勃興，即受此大變動之影響。夫此種社會政治之大變動，其重要爲如何者？乃馬氏於春秋戰國，僅述其政治之大事，於封建制度之崩壞原因，集權制度興起之背景，戰國末年學術發達之由來，皆不能博考而詳辨之；此實本書之最大缺點也。

所謂不應列入而反列者，即史之體裁，貴乎詳略得宜，去取適當。馬氏之書，殆未足以語此。渠於春秋戰國間之社會變動，既毫不敘及，而於西周文化，反列爲專卷。核其頁數，自起源至西周之末，不過佔六十餘頁；而西周制度，宗教、社會，凡占二百二十餘頁｜抑此二百二十餘頁之中，敍制度者一章，敍社會者一章，敍宗教者竟至五章。輕重之間，殊失其平。抑觀其根據，大部皆非周時代之材料。如其論西周之制度，大抵本之周禮。夫周禮之僞，與其內容之不合西周制度，前人言之詳矣。即馬氏個人亦謂其成於紀元前四三世紀之間，所載之制度大抵皆非事實，安可據之研究西周之制度？至其所引其他史料，如國語，如呂氏春秋，如逸周書，其成書之時代，未見較周禮爲早，其言西周事未見較周禮爲可信。實則時至今日，吾人於西周制度，除於詩書中略窺其梗概外，其詳亦不可得而聞。至於東周，乃漸有可徵。馬氏此章，近於辭費。其論西周社會組織（頁一〇七至頁一五七），取材多自左傳，似較前章爲可信矣。然左傳託始自隱元年，所載蓋東周時事，亦未可據以推測西周之社會。至其論古代宗教，亦多據西周後之史料，東周之宗教信仰，雖非突然而生，然安知數百年中，無重要之變化。即如以陰陽解釋萬物之由來，據現存史料觀之，至易繫傳始成立。西周之時，是否有此理智的宇宙觀，誠屬疑問，諸章皆置於東周之前，未見其宜。又如末卷專論古代文學哲學，而篇幅幾佔全書三分之一。此固足見作者興趣之所在。然作者苟欲爲詳瞻之討論，宜另成專書。於通史內，僅能依其在全史中之重要，爲篇幅分配之標準，今則尾大不掉，未見其宜。惟其然也，故全書無組織，無剪裁，依似一論文集而已。

所謂考證不精者：夫歷史之研究，自十九世紀來，漸趨於科學化。史家須經長期之訓練，篤守嚴格之方法。馬氏持論，雖遠較格蘭內爲平允；然或證據不足，即輕下結論，或無所根據，即出其臆說，或事實與假定不分；或原料與次料無別。去吾人之理想尙遠。如其論古代之田制曰：『在所有采邑之內，無論其爲王畿，抑爲諸侯之封國，皆劃成所謂井。井者即分方地爲九小方，以八小方分與八家之長，供其食用，謂之私田。八家共耕其中之一小方，以其出產，歸之於地主，謂之公田。井之大小，隨地而異。在王畿內—即在渭水流域內—每井大抵千畝，每家長受田百畝爲私田，更以五畝爲居廬與菜圃。黃河兩岸，及其東方之平原，分於懷慶及開封之間者，其田制亦同。自此而北，在鄴之附近，每家受二百畝。在宋田益小，每井僅六百三十畝，每一小方，公田與私田，皆七十畝。位於汾水流域，其井益小，每井僅四百畝，分爲九小方；但此制消失極速，至四世紀之時，遂爲一較簡單新制所替代，依此新制，每家長受田五十畝，須爲公家耕五畝以當征稅』。自注曰：『周代文人，慣以當時宋代表夏殷二代之禮樂制度，故孟子所言二代之制度（[illegible]

本頁一一六）應作如是之解釋』。（頁一〇八至一一〇）

按就現存史料觀之，井田說發端於孟子。其後儒者愈推而愈細，愈說而愈歧。孟子之言，是否有所根據，抑係其一種理想，此誠上古史中之一大問題，非本文之所能詳論。吾人之所大惑不解者，即馬氏何以能據孟子：『夏后氏五十而貢，殷人七十而助，周人百畝而徹，其實皆什一也』之言，能生出以上之結論也。夫孟子之言，是否有所根據，抑純本之當時之傳說，吾人生於千載之後，安能窺其真像；其唯一之價值，不過代表時人之觀念而已。吾人既無其他佐證，固不能信其所述必是夏殷之制度；然吾人亦無理由謂其必根據列國之制度。縱謂其必據春秋時列國之制度，東周人所以為夏代文化之承繼者，乃杞而非晉也。馬氏果有何根據，能知其必非杞而為晉？即謂孟子所稱夏之制度，必指晉而非指杞，然孟子明謂「夏后氏五十而貢」，貢與助異，孟子於夏言貢未言助，馬氏又何以知晉必先行井田，後改貢制？況五十，七十，一百，乃東周人喜用之進位數，日人加藤繁氏言之詳矣；（見支那古田制の研究，頁四五至五十。）又何能堅信之耶？馬氏於以上諸問題，皆未顧及，遽將其理想，列入正文，儼若可信之史事。立論如是，寧足以取信於人？

又氏駁胡適之先生後儒井田論皆由孟子推源而來之說，以為公羊穀梁二傳與韓詩外傳中所載之井田制，雖與孟子中所載者相彷彿，未必即王制之抄襲孟子。至於周禮，則顯係別有所本云（頁一〇九註一）。按胡氏之說，是否妥當，非本文所能討論，要馬氏之說，亦非篤論。茲就最顯然者言之：馬氏謂公羊傳之說與孟子相近。今按公羊傳固無井田之說，馬氏所云，殆指宣公二年何休之注耳。夫注與經文，容可混為一談？疏略如是，安足以使胡氏心折？

又如馬氏本禮記月令之言，以為古者天子依四時之推移，而易其服飾與起居，如孟春之月，『天子居青陽左个，乘鸞路，駕倉龍，載青旂，衣青衣，服倉玉，食麥與羊，其器疏以達』是也（頁一四六）。又於論東周前之宗教思想曰：『天子之於每季易其居處，乃隨四時陰陽之代謝，故秋（陰）罰而春（陽）賞。且其宮中之五殿，俱與五行有關也』（頁二七六）。又於每年之農祭，亦據月令之言曰：『先立冬時，天子齋戒，百官從之。至時乃命有司曰：「天氣上騰，地氣下降，天地不通，閉塞而成冬」』（頁二四二）。馬氏於月令之文，前後徵引者凡三，其篤信可見。今按月令一篇，乃呂氏春秋十二紀之首，後人刪定為此記。呂氏春秋成於戰國末年，此篇不過代表當時陰陽家之一種理想，司馬談所謂：『陰陽，四時，八位，十二度，二十四節各有教令，順之者昌，逆之者不死則亡』。其中所載之曆法，既非周正；其所代表之天文農業知識，皆極進步，非戰國前之所能有。而其中之政治制度，亦無封建氣味。其純爲戰國末年人之一種理想可見。蓋其時天下統一之勢已成，所謂『車同軌，書同文』者，行將由理想而成爲事實。『統一後，天下俱應採取何種制度』，遂成爲迫切之問題。戰國諸學派，本各思「以其學易天下」；至是乃更進一步，易原則之討論，爲具體之計劃。草成憲法，以待未來天子之採用。周禮之說，五德之論，月令之文，以及其稍散碎雜見於管子，商君書，大戴記者，皆其類也。馬氏乃認爲事實，失之輕信。

又如馬氏深信列子非僞。又信楊朱一篇，乃楊氏之遺書，誤合於列子中者。夫列子之僞，自顏師古以來，論之者多矣。證據確鑿，已成定讞。即武內義雄氏之列子寃辭，亦僅駁列子出於王弼之說，固未能證明其爲先秦遺籍也。馬氏別無論證，而遽以其爲列子原書，未免鄰於武斷。至於楊朱，漢志雖著錄一篇，後無論之者，殆已久佚。其遺說之見於各書者，如韓非子稱其道說曰：『今有人於此，義不入危城，不處軍旅，不以天下大利易其脛一毛，世未必從而禮之，貴其智而高其行，以爲輕物重生之士也』。淮南子稱之曰：『全生保眞，不以物累形，楊子之所之一也，而孟子非之』。其非縱情恣慾，以戕其生如列子楊朱篇所云者可知。且荀子之非十二子，以它囂魏牟爲『縱性情，安恣睢，禽獸之行，不足以合文通治』，而不及名滿天下之楊朱，亦可見其說與魏牟不類矣。其不足信明甚。乃馬氏據此一篇，研究楊朱之學說，而不與其遺說之散見於羣書者相比較，似亦輕信也。

所謂事實謬誤者，如其論五帝，謂：『五帝各主一方，故秦在都城之西而祭白帝』（頁一一六）。自注云：『見史記卷五，沙畹譯本，册二，頁十六；册四，頁四二』（注一〇），今按秦之祠白帝，見史記封禪書與十二諸侯年表，秦本紀（卷五）並未明言其祠白帝也。馬氏殆未細檢。抑秦之祠者，亦不僅白帝，封禪書，『秦宣公作密畤於渭南祭青帝；自秦宣公密作祠後二百五十年，秦靈公於吳陽作上畤祭黃帝，作下畤祭炎帝』。若謂五帝各在一方，秦居西陲，故祭白帝，何以後祭青帝黃帝赤帝耶？馬氏未及此，亦其疏也。又如氏於孔子生平，自矜其獨本論語，取材謹嚴；而信『公山弗擾以費叛召，子欲往』之言，以爲季氏之用仲尼（見前），殆恐其與弗擾同叛也。此未讀崔東壁洙泗考信錄而致誤也。又如韓非子集解乃王先慎輯，而馬氏誤以爲王先謙（頁五〇八，注）。此未細檢書之內容而致誤者也。凡此之類，亦不勝舉，略舉數例，以待三反。

大疏略謬誤，著書者之所不能免，馬氏以一外人而治漢學，猶有其特殊之困難。是書要爲精心之作，非抄撮陳言者可比，雖有微瑕，不掩大瑜。況吾國自新文化運動以來，學者於古史研究之興趣獨濃，然至今尚未有一適合時代需要之中國上古史。故客歲商務印書館編印大學叢書，仍以二十年前之中學課本，在今日已成古董之夏曾佑中國古代史充數。則吾人於馬氏，又詎可求備於一人哉？

二十三年夏於天津寓廬。

燕京大學圖書館出板書目

萬曆三大征考　明茅瑞徵著　一冊一元
宋程純公明薛文清公年譜　清楊希閔編　一冊一元
知非集　清崔東壁著　一冊一元二角
東華錄綴言　清奕賡著　一冊一元
清語人名譯漢　清奕賡著　一冊一元
中國地方志備徵目　朱士嘉編　一冊四角
日本期刊三十八種東方學論文篇目附引得　一冊四元
燕京大學圖報　每冊四分
燕京大學圖書館目錄初稿（類書之部）鄧嗣禹編　一冊四元
紀錄彙編選刊　一冊一元
太平天國起義說　簡又文譯（附韓山文英文原著）　一冊一元五角
春覺齋論畫　林紓著　一冊一元

以上各書如蒙訂購請與北平隆福寺文奎堂接洽其有願以書籍交換者逕函燕京大學圖書館

史學研究

羅元鯤著　五角

著者羅先生，研究史學，極有心得。平日對於古書今籍以及新舊學者於史學問題研究之文章，詳爲搜羅，潛心研讀，故其言論，實可稱之爲集各家之大成。本書凡分三十二章，都七萬餘言，從史學之意義起直說到歷史教學之商榷，源源本本，詳述靡遺，既可作專家研究史學者之參考用，亦可作學校教授歷史者之參考用。

〈上海開明書店出版〉

燕京大學引得編纂處出版書目

說苑引得　引得第一號　每冊定價八角外埠酌加郵費

白虎通引得　引得第二號　每冊定價八角外埠酌加郵費

考古質疑引得　引得第三號　每冊定價六角外埠酌加郵費

歷代同姓名錄引得　引得第四號　每冊定價九角外埠酌加郵費

儀禮引得附鄭注引書及賈疏引書引得　引得第六號　每冊定價二元外埠酌加郵費

四庫全書總目及未收書目引得　引得第七號　每部定價四元外埠酌加郵費

全上古三代秦漢三國六朝文作者引得　引得第八號　每部定價四角外埠酌加郵費

三十三種清代傳記綜合引得　引得第九號　一厚冊定價大洋五圓

藝文志二十種綜合引得　引得第十號　四厚冊每部定價大洋二十元

佛藏子目引得　引得第十一號　三厚冊每部定價大洋四十元

世說新語引得附劉注引書引得　引得第十二號　每冊定價大洋一元

容齋隨筆五集綜合引得　引得第十三號　每部定價大洋二元

蘇氏演義引得　引得第十四號　定價大洋四角

太平廣記引得　引得第十五號　定價大洋三元

新唐書宰相世系表引得　引得第十六號　每部定價三元

水經注引得　引得第十七號　二厚冊定價大洋拾圓

唐詩紀事著者引得　引得第十八號　定價大洋五角

宋詩紀事作者引得　引得第十九號　定價大洋叁元伍角

元詩紀事著者引得　引得第二十號　定價大洋伍角

清代書畫家字號引得　引得第廿一號　每部定價大洋叁元

刊誤引得　引得第二十二號　每冊定價大洋伍角

讀史年表附引得　引得特刊第一號　每部定價三元外埠酌加郵費

諸史然疑校訂附引得　引得特刊第二號　每冊定價四角外埠酌加郵費

明代勅撰書考附引得　引得特刊第三號　每冊定價一元五角外埠酌加郵費

引得說　引得特刊第四號　定價大洋四角

勺園圖錄考　引得特刊第五號　每部定價大洋三元五角

日本期刊三十八種中東方學論文篇目坿引得　一厚冊定價西洋宣紙本五元五角報紙本四元

封氏聞見記校證　引得特刊第七號　兩厚冊定價五元

清畫傳輯佚三種　引得特刊第八號　毛邊紙印華裝一冊定價一元

北平隆福寺文奎堂總代售

開明書店「二十五史」及「二十五史補編」預約章程

第一、書的形式　二十五史布面本用上等瑞典厚報紙印成，本國使布面洋裝。共九本。都凡七千九百五十頁。版本大小，與樣本同。二十四史用淸乾隆殿本，新元史用庚午重印本，都縮小製成鋅版。另附人名索引布面洋裝一冊約五百頁大小見樣本。特製本大小版本頁數和布面本同，用上等字典紙印，西洋布面，真皮脊皮角燙金裝成五本。人名索引用道林紙布面洋裝一冊。

二十五史補編　五號字排印全書約七千頁，布面本紙張裝釘式樣與二十五史布面本同，裝成六巨冊；特製本亦與二十五史特製本同，裝成四冊。

第二、預約的日期　民國二十四年十月底截止。

第三、定價預約價和出書日期　列表於下：

書名	裝式	冊數	定價	預約價	出書日期	郵包費
二十五史	布面本	九大冊一小冊	七十元	四十四元	二十五年二月	國內及日本每部三元蒙古新疆及國外照郵章加付
	特製本	五大冊一小冊	照預約價目出書後不賣	六十六元	二十五年二月	按重量須照包裹寄國內郵費三元交通不便者照郵章遠處請先向郵局查詢國外照郵章收費
二十五史補編	布面本	六冊	六十元	三十六元	二十四年十二月起每月出書一冊	國內及日本每部二元二角蒙古新疆及國外照郵章加付
	特製本	四冊	照預約價目出書後不賣	五十四元	二十五年六月	包裹單經費二元二角其餘參照上例

聯合預定：同時兩種並購者，各照預約價九折計算，以前已定一種，今再補定他種者，補定之書亦照九折計算。郵包費一律照加。

第四、取書的辦法　分下面兩種：

（1）二十五史聲明自取的，預約時給預約憑單一張，出書之後，就請帶了預約憑單到原預約的地方取書。二十五史補編預約時除預約憑單外，都附給付書券，每期出書，請帶了預約憑單和付書券去取。

（2）要直接郵寄的，出書之後，我們就依照預約時所開的地址，交給郵政局掛號寄出。（倘使要把取書的辦法改變或者要搬動地方的時候，請早些寫信通知，並把預約憑單附來，讓可照改。）如果因為地址改變，或別種緣故寄不到的，可以代向郵局查詢，但不負賠償的責任。

此外還有幾件事，要請預約諸君注意的：

（1）預約憑單和付書券如有塗改，就作廢紙。

（2）預約憑單和付書券要請好好的保存。倘使遺失了，須找保人到原定的地方去掛失。一面再登報聲明，滿兩個月之後才可以補發。

（3）全書出齊之後，倘使過了一年還不來取書，預約憑單和付書券就此作廢，不再付書。

（4）書價和郵費都用上海通用的銀元做標準。上海通用的一角以下的郵票替也可以代現金。但祇作九五折計算。

「注意」——本店後又增多材料，提高定價，但優待預約，仍不加價。附增材料一覽：

漢書地理志詳釋 清呂吳調陽
漢志郡國沿革考 近人黃大華
新莽職方考 近人譚其驤
後漢皇子王世系表 近人黃大華
後漢中興功臣侯世系表 近人黃大華
後漢三公年表 近人黃大華
後漢公卿表 近人清練恕
後漢匈奴表 近人沈維賢
三國志三公宰輔表 近人黃大華
三國志世系表補遺 近人陶元珍
補晉書宗室王侯表 近人秦錫田
補晉書僭國年表 近人秦錫田
補晉書異姓封爵表 近人秦錫田
補晉書執政表 近人秦錫圭
補晉書方鎮表 近人秦錫圭
補晉書藝文志 近人黃逢元
晉五胡表 近人沈維賢
西秦百官表 清練恕
北周公卿表 清練恕
補宋書藝文志 近人聶崇岐
補南齊書藝文志 近人陳述
南北史補志未刊稿 清汪士鐸
補南北史藝文志 近人徐崇
補陳疆域志 近人臧勵龢
隋唐之際月表 近人黃大華
唐藩鎮年表 近人黃大華
二續唐折衝府考補 近人羅振玉
唐折衝府考校補 近人谷霽光
五代地理考 清練恕
金宰輔年表 近人黃大華
遼藝文志 近人繆荃孫
元西域三藩年表 近人黃大華
元分藩諸王世表 近人黃大華
建文遜國之際月表 清劉廷鑾
明宰輔七卿考略 近人黃大華
殘明宰輔表 清傅以禮
殘明大統曆 清傅以禮

要預約的，請將款項匯寄到上海開明書店上海總店定書課，或各省分店及各經理處。

史學通論

周容著　五角

本書上編作史學體系之探討，在縱的方面，爲史學演進之闡述，頗能明其源委，在橫的方面，爲史學及其他學科相互關係之發明，確立新史學之界說。次叙中國之史學界，自上古以迄近代，按作家年代先後次第叙述。下編爲歐洲史學界之叙述，體例與中國同，故後爲新史學討論，關於研究史學之方法等，皆有簡明的說明，頗爲糾正一般編狹不全的史學觀念，詢研究歷史者之重要參考書。

清史大綱

金兆豐著　二元八角　特價一元八角

金華金常孫先生兆豐，詞苑名宿，潛心掌故。民元以還，即任清史館編纂。殺饋其中垂二十載，實與清史稿之成相終始。平生所見實錄，秘檔及四方計書既富，晚歲乃有清史大綱之纂集。本所見聞，審愼著錄。故珍聞絡繹，紀事翔實。踵二十五史之後以治清代舊聞者得此，當有大快朵頤之感也。

增訂 叢書子目索引

金步瀛編　二元　特價一元三角

本書所收叢書凡四百種，子目一萬二千餘條。凡某書爲何人所撰，見收於何種叢書，一檢即得。向由浙江圖書館出版，已越三年。近復由原編者重加增訂，移付本店改排發行。爲治國學者所必備。

以上兩書特價，本年十月底截止，外埠每冊加郵包費一角六分，二本合寄二角二分。

上海開明書店，各省分店及經理處，均可訂購。

中國地理沿革史與民族演進史的專攻刊物

禹貢 半月刊

顧頡剛 譚其驤同編

民國廿三年三月一日始刊。每月一日，十六日出版

「……這數十年中，我們受外族的壓迫夠受了，因此，民族意識激發得非常高。在這種意識之下，大家希望有一部中國通史出來，好看看我們民族的成分究竟怎樣，到底有哪些地方是應當歸我們的。但這件工作的困難實在遠出於一般人的想像。民族與地理是不可分割的兩件事，我們的地理學既不發達，民族史的研究又怎樣可以取得根據？……

「研究地理沿革在前清曾經盛行過一時。可是最近數十年來此風衰落已到了極點：各種文史學報上就找不到這一類的論文，就是大學歷史系裏也找不到這一類的課程；而一般學歷史的人往往不知禹貢九州，漢十三部為何物，唐十道，宋十五路又是什麼。這眞是我們現代中國人的極端的恥辱！……

「我們是一羣學歷史的人，也是對于地理很有興趣的人，為了不忍坐視這樣有悠久歷史的民族沒有一部像樣的歷史書，所以立志要從根本做起。禹貢是中國地理沿革史的第一篇，用來表現我們工作的意義最簡單而清楚，所以就借了這個題目來稱呼我們的學會和這個刊物。我們要使一般學歷史的人，轉換一部分注意力到地理沿革這方面上，使我們的史學漸漸建築在穩固的基礎之上。我們一不偷懶，因為故紙堆中有的是地理書，不讀書的便不能說話；二不取巧務名，因為地理是事實並且是瑣碎的事實，不能但憑一二冷僻怪書便大發議論。我們一方面要恢復清代學者治禹貢，漢志，水經等書的刻苦耐勞而謹嚴的精神，一方面要利用今日更進步的方法——科學方法，以求博得更廣大的效果。

「本於具體的工作計劃，大致有下列幾方面：

「第一件工作，是想把沿革史中間的幾個重要問題研究清楚；從散漫而雜亂的故紙堆中整理出一部中國地理沿革史來。……

「第二件工作，是要把我們研究的結果，用最新式的繪製法，繪成若干種詳備精確而又合用的地理沿革圖。……

「第三件工作，是要廣事搜羅所有中國歷史上的地名，一一加以考證，用以編成一部可用，夠用，又精確而又詳備的中國歷史地名辭典。……

「第四件工作，是要完成清人未竟之業，把每一代的地理志都加以一番詳密的整理。……

「地理書籍中往往具有各種文化史料，例如：各正史地志什九皆載有州郡戶口物產，那豈不是最好的經濟史料？州郡間有詳其民戶所自來者，那豈不是最好的移民史料？所以我們的第五件工作是要把這些史料輯錄出來，作各種專題的研究。……」

——摘錄第一卷第一期的發刊詞

一卷一期

一卷二期

一卷三期

一卷四期

一卷五期

一卷六期

一卷七期

一卷八期

一卷九期

一卷十期

一卷十一期

一卷十二期

二卷一期

二卷二期

二卷三期

二卷四期

二卷五期

二卷六期

二卷七期

二卷八期

每期寄售洋弍角。預定半年一卷,十二期,洋一元五角,又郵費壹角半;全年二卷,二十四期,洋三元,又郵費三角。國外全年郵費二元四角。

禹貢學會出版

北平成府 蔣家胡同三號

禹貢學會出版地圖底本

目錄

地圖底本甲種分幅表

(比例尺:每幅均為二百萬分之一)

已出版者

14虎林,15永吉,16赤峯,17烏得,18居延,19哈密。

正校改者

1瑷琿,2漠河,3赤塔,4伊爾庫次克,5烏裘,6加達,7伯利,8海倫,9龍江,10克庫約,11庫倫,12烏里雅蘇台,13科布多,20迪化,21伊寧,22平涼,23北平,24歸綏,25寧夏,26敦煌,27婼羌,28溫宿,29烏魯克恰提,30京城,31縣城,32長安,33象州,31都蘭,35廿森,36和實,37蒲犂,38南京,39漢口,40成都,41昌都,42西泥沙,43臘大兌,44圖侯,45長沙,46貴流,47鹽井,48拉薩,49德里,50廈門,51香港,52昆明,53瓦城,54瓊山,55河內,55物潮。

地圖底本乙種分幅表

(比例尺:每幅均為五百萬分之一)

已出版者

2龍江,3庫倫,4科布多,9化迪,14[illegible]大兌,22[illegible]谷。

正校改者

1庫頁島,5上爾院,6[illegible],7北平,8歸綏,10塔什干,11東京,12南京,13長安,15喀布爾,16香港,17昆明,18拉薩,19喀喇蚩,20馬尼剌,21河內,23新加坡。

地圖底本甲種乙種之四大特色

(一)用經緯線分幅,比例同大,邊幅相銜接,分得開,合得攏,要大要小,得隨使用者的心意規定。

(二)每幅皆分印淺紅,淺綠,及黑灰藍色三種,使用者可以按着自己要加添之色面採選,如更免去黑色不顯之弊。凡縣界黑版套色圖以作對照,使可一目了然。

(三)每幅於圖邊,將經緯度每度之分度,十分其一分劃。以便使用者依據此分劃,精密的計算經緯度而添繪各種事物。

(四)爲免派地物繁密及添繪重線之淆亂,及預備使用者之多量添繪起見,本圖除將天然地物及有關行政之界線,城,市,關隘……列入外,他如道路,鐵道……概從省略。

丙種 第一號(一千萬分一)暗射全中國及南洋圖一幅已出版

定價 黑版套色每幅售洋一角二分;一色版淺紅及淺綠二種每幅售洋一角

定價二色版每幅三角,五色版每幅四角

批發簡章 凡寄售者一律七五折,現款批發七折,現款一百張以上者六五折,現款三百張以上者五五折,本會會員無論零整一律六折。

發行所 禹貢學會 北平成府蔣家胡同三號

北平總代售處 景山書社 北平景山東街十七號

史學年報第五期目錄

史學年報第二卷第一期（即第六期）目錄

中華民國二十四年九月出版

史學年報　第二卷第二期（總數第七期）

每冊定價七角

國內郵費，每冊另加五分，掛號費在外。

編輯者　燕京大學歷史學會

出版兼發行者　燕京大學歷史學會

印刷者　引得校印所　平西成府槐樹街十號

代售處　開明書店
上海總店上海福州路二七八
南京分店南京太平路一〇三
廣州分店廣州惠愛東路四二一
北平分店北平楊梅竹斜街四三
漢口分店漢口中山路一三〇一
長沙分店長沙南陽街一一
開明書局全國特約經售處
全國各郵政局

HISTORICAL ANNUAL

VOL. 2. NO. 2. (THE SEVENTH YEAR)

SEPTEMBER 1935

CONTENTS

PUBLISHED BY THE HISTORY SOCIETY

OF YENCHING UNIVERSITY, PEIPING, CHINA.

$ 1.30, postage included